U0487176

中国铜商文化研究资料系列丛书

国家古籍整理出版专项经费资助项目
云南"铜政四书"整理校注

《运铜纪程》校注

[清] 黎恂 著
杨黔云 总主编
王瑰 校注

西南交通大学出版社
·成都·

图书在版编目（CIP）数据

《运铜纪程》校注 /（清）黎恂著；杨黔云总主编；王瑰校注. —成都：西南交通大学出版社，2017.7
（云南"铜政四书"整理校注）
ISBN 978-7-5643-5634-7

Ⅰ.①运… Ⅱ.①黎… ②杨… ③王… Ⅲ.①铜－有色金属冶金－工业史－研究－云南－清代 Ⅳ.①F426.32

中国版本图书馆 CIP 数据核字（2017）第 179846 号

云南"铜政四书"整理校注
《YUNTONG JICHENG》JIAOZHU
《运铜纪程》校注

[清] 黎 恂 著
杨黔云 总主编
王 瑰 校 注

出 版 人	阳 晓
策 划 编 辑	黄庆斌
责 任 编 辑	吴 迪
特 邀 编 辑	罗业恺
封 面 设 计	严春艳
出 版 发 行	西南交通大学出版社 （四川省成都市二环路北一段 111 号 西南交通大学创新大厦 21 楼）
发 行 部 电 话	028-87600564　028-87600533
邮 政 编 码	610031
网　　　　址	http://www.xnjdcbs.com
印　　　　刷	成都市金雅迪彩色印刷有限公司
成 品 尺 寸	170 mm × 230 mm
印　　　　张	35.25
字　　　　数	541 千
版　　　　次	2017 年 7 月第 1 版
印　　　　次	2017 年 7 月第 1 次
书　　　　号	ISBN 978-7-5643-5634-7
定　　　　价	98.00 元

图书如有印装质量问题　本社负责退换
版权所有　盗版必究　举报电话：028-87600562

总　序

　　铜文化作为中华文化的瑰宝，在中国历史文化发展中闪耀着璀璨的光芒。早在公元前四千多年前位于今甘肃境内的人类遗址中，考古学家们就发现了人类使用的铜制物品，这是最早发现的生活在中华大地上的人们使用的铜制物品。当然，当时的铜以天然的红铜为主。之后，公元前十六世纪至公元前十一世纪，我们的祖先进入到了青铜器时代。随即铜和铜制品成为人们生活中不可缺少的物品，伴随人们走过了历史长河，我国也因此创造了辉煌的古代文明。

　　地处边疆地区的云南，素以产铜闻名于世。《云南铜志》载："滇之产铜，由来久矣。……我朝三迤郡县，所在多有宝藏之兴轶于往代，而铜亦遂为滇之要政。"储量丰富的铜矿，为云南铜文化的产生、发展创造了条件。滇铜又以滇东北的铜而闻名，从考古发掘和文献典籍记载来看，滇东北地区产铜较早。新石器时代，滇东北地区就已有较成熟的青铜器[1]。金正耀、岑晓琴用铅同位素对商妇好墓出土的青铜器及其他商周青铜器的铜料进行分析，认为妇好墓青铜器及其他商周青铜器的铜料有的来自今滇东北的昭通、东川、会泽、巧家等地[2]。到了汉代，滇东北地区的铜已负盛名。西汉在滇东北设置朱提郡领堂琅县，其辖地为今巧家、会泽、东川一带，任乃强先生认为"堂琅"是夷语"铜"的意思。《华阳国志》也记载，堂琅产"银、铅、白铜[3]、铜"。堂琅不仅产铜，还出产铜器，从全国各地考古出土的汉代铜锡铭文记载来看，以朱提、堂琅制造的铜洗为多，说明汉代滇东北的铜器制造已经为其他地区服务了。可见，滇东北的昭通、会泽、东川等地区从汉代开始就是铜文化发达的地区之一，这也为该地区以铜为中心的地方历史文化的研究提供了前提条件。

　　云南铜矿开发最盛的时期应为明清两朝，其中尤以清朝前期的规模最大、时间最长、影响最广泛。明朝建立后，随着政治稳定、经济繁荣，社会发展对铜的需求不断增加。1382年,明王朝击败蒙古残余在云南的势力,统一云南后,云南铜矿资源得到进一步开发利用。清朝建立后,康、雍、乾时期对云南铜矿的开采,特别是对滇东北地区铜矿开采达到顶峰。据严中平先生推断,滇铜开采最盛时年产达1200万~1300万斤[4],《清史稿》对云南铜业生产经营情况的记载较为真实地反映了当时的情况:"雍正初,岁出铜八九十万,不数年,且二三百万,岁供本路鼓铸。及运湖广、江西,仅百万有奇。乾隆初,岁发铜本银百万两。四、五年间,岁出六七百万或八九百万,最多乃至千二三百万。户、工两局,暨江南、江西、浙江、福建、陕西、湖北、广东、广西、贵州九路,岁需九百余万,悉取给焉。矿厂以汤丹、碌碌、大水沟、茂麓、狮子山、大功为最,宁台、金钗、义都、发古山、九度、万象次之。大厂矿丁六七万,次亦万余。近则土民,远及黔、粤,仰食矿利者,奔走相属。正厂峒老砂竭,辄开子厂以补其额。"[5]在这里值得一提的是,"矿丁六七万"左右的大规模铜矿如汤丹、碌碌(落雪)、大水沟皆为滇东北的铜矿。

铜矿业的大规模开发为云南,特别是滇东北地区的社会经济发展带来了深刻的影响。

(一) 促进了西南边疆地区交通运输业的发展

清代铜运是一个浩大而又繁琐的工程,滇铜京运涉及大半个中国。云南铜矿主要分布于滇东北、滇西和滇中三个区域,零散的铜厂分布,最终构筑了复杂的铜运体系。据《滇南矿厂舆程图略》"运第七"篇:"京铜年额六百三十三万一千四百四十斤,由子厂及正厂至店,厂员运之,由各店至泸店之员递运之,由店至通州运员分运之;局铜则厂员各运至局;采铜远厂则厂员先运至省,近厂则厂员自往厂运。"由于铜运,这一地区的古驿道和商道得以修筑、受到保护,并不断开辟,促进了该地区交通业的发展。值得一提的是,由于铜运而开通了多条入川线路,"乾隆七年,盐井渡河道开通。将东川一半京铜由水运交泸","乾隆十年,镇雄州罗星渡河道开通。将寻甸由威宁发运永宁铜斤,改由罗星渡水运泸店","(乾隆)十五年,永善县黄草坪河道开通。将东川由鲁甸发运宁一半铜斤改由黄草坪水运交泸",这些入川线路成为以后滇、川人员往来、货物运输的要道。另外，乾隆十八年至二十二年任东川知府的义宁，在任期间不断勘测铜运线路，"查有连升塘、以扯一带捷近小路一条，直至昭通，将长岭子、硝厂河等站裁撤，安建于朵格一路运送，移建站房、塘房，及法纳江大木桥一座，俱系义府捐资修建"[6]，最终修建了从东店经昭店直至四川的铜运干道。

（二）促进了清代全国铸币业的发展

清朝时期，铜钱使用的广泛度应为历朝之最，促进了铸币业的发展。从康熙至嘉庆，清朝的铸币数量从有代表性的"京局"——户部宝泉局和工部宝源局来看，是不断增长的。康熙六十年（1721），户部宝泉局和工部宝源局各铸36卯，铸钱67万余串[7]，而至嘉庆时期，据徐鼒所著的《度支辑略》钱法条记载，户部宝泉局，每年鼓铸72卯，铸钱899856串；工部宝源局，每年鼓铸70卯，铸钱437448串，如遇闰各加铸4卯[8]。自雍正七年始，朝廷在云南广泛开采铜矿以后，宝泉、宝源二局铸钱铜料主要来源于滇东北汤丹、碌碌等铜矿开采的"京铜"。云南铜原料还供应多个省份铸币，如江苏宝苏局、江西宝昌局、湖南宝南局、湖北宝武局、广东宝广局、广西宝桂局、陕西宝陕局、浙江宝浙局、福建宝福局、贵州宝黔局、贵州大定局等。滇铜广泛供应"京局"和各省局铸币，促进了清朝前期铸币业的发展。另外，铜矿开采还促进了云南本省铸币业的发展。滇铜京运和外运各省，由于路途遥远，运铜艰难，成本较高。据《续文献通考》钱币条记载，明嘉靖年间，因大量鼓铸银钱，朝廷决定在云南就近买料铸钱，以节省成本。明万历、天启年间，朝廷曾两次在滇开设钱局鼓铸铜钱。清康熙二十一年（1682），云贵总督蔡毓荣上书朝廷建议在蒙自、大理、禄丰、祥云开局铸钱。雍正元年（1723），宝云局于云南、大理、临安、沾益、建水设炉四十七座鼓铸铜钱。据《铜政便览》载，自雍正至嘉庆年间，云南省先后设云南省局、东川旧局、东川新局、顺宁局、永昌局、曲靖局、临安局、沾益局、大理局、楚雄局、广南局等十一局铸钱。各铸局虽然"复行停止，中间兴废不一"，但是比较诸局铸钱规模、数量、开设时间，地处滇东北地区的东川旧局、东川新局影响较大。

（三）促进了中原文化的传入

由于云南铜资源储量丰富，清初朝廷实施了一系列有利于铜矿开采的政策，最终迎来了"广示招徕"的局面，内地相邻诸省的富商大贾，都远道招募铜丁，前来采矿。据《东川府志》记载：乾隆二十一年（1756），云南巡抚郭一裕奏"东川一带……各厂共计二十余处，一应炉户、砂丁及佣工、贸易之人聚集者，不下数十万人。……且查各厂往来，皆四川、贵州、湖广、江西之人"[9]。乾隆四十一年（1776），云南约有移民人口95万[10]，而矿业开发中"矿工中绝大多数是移民"[11]。大量外来移民的涌入也改变了滇东北地方的人口结构，据民国《昭通县志》载："当乾嘉盛时，鲁甸之乐马厂大旺，而江南湖广粤秦等省人蚁附麇聚，或从事开采，或就地贸易，久之遂入昭通籍。"[12] 因此，随之而来的就是内地文化涌入云南。从滇东北现存众多会馆来看，会泽、昭通、巧家等地的古城都保留着众多内地移民修建的会馆。会馆是内地同乡移民建立联系的场所，是展现各地文化特色的窗口。当时涌入东川府开采铜矿的外省移民，形成一定规模和实力，并在东川地区修建的会馆有：江西人所建会馆"万寿宫"，湖南、湖北人所建会馆"寿佛寺"，福建人所建会馆"妈祖庙"，四川人所建会馆"川主宫"，贵州人所建会馆"忠烈祠"，陕西人所建会馆"关圣宫"，江苏、浙江、安徽人所建江南会馆"白衣观音阁"等。涌入昭通从事矿业开发和进行商贸活动的内地移民也建立了众多会馆，如：四川人建立的"川祖庙"，陕西人建立的"陕西庙"，江西人建立的"雷神庙"，福建人建立的"妈祖庙"以及两广会馆、两湖会馆、云南会馆、贵州会馆等。从各会馆供奉的神像、建筑风格、雕塑、绘画等来看，无论是福建人供奉的妈祖，还是江西人供奉许真君、山西人供奉关圣大帝，以及火神庙供奉的火神娘娘、马王庙供奉孙悟空、鲁班庙供奉的鲁班等，都显示出中原文化的痕迹，同时又带有各地文化的特点。建于清嘉庆二十四年（1819）的"三圣宫"（楚黔会馆），位于铜厂运送京铜至府城途中的白雾村驿站，是东川府产铜高峰时期，财力雄厚时设计建成的。三圣宫大殿内正中塑关羽，两侧为关平、周仓像，左边供孔子牌位，右边塑之文昌帝君，而故名"三圣宫"。将关羽、孔子、文昌共融于一庙之中，充分反映了当时人们对待宗教世俗的实用性及儒道合流的泛神现象。

清朝前期滇东北大规模的铜业开发，为该地区的地方历史文化内涵增添了丰富的内容。我们把以古东川府（今会泽县）为中心，大致包括滇东北会泽、东川、巧家以及相邻四川的会理、会东、通安等地域，由于铜矿开采的繁盛，而形成的独特的地方历史文化称为"铜商文化"。"铜商文化"研究除前所述的铜业开发的历史、铜运、铸币、移民与文化传播之外，还有许多内容可以挖掘，如：考古资料、地方官员的奏折、地方史志、文献通志、家谱、碑文等资料的整理与校注；铜业开发对滇东北环境影响的研究；移民与民族融合研究；铜政研究；铜的冶炼技术研究；铸币与金融发展研究；铜与东南亚、南亚经济贸易交流和文化传播的研究，等等。这些研究内容，是很有地方历史文化特色的，也是值得深入研究的。为深入开展以铜为主要研究对象的滇东北地方历史文化研究，曲靖师范学院成立了"中国铜商文化研究院"。校注云南"铜政四书"成为研究院开展工作的第一步。

研究院成立以后，针对铜商文化研究资料的繁多芜杂，确定了首先收集整理资料的工作思路。2015年，我们决定对清代铜业铜政古籍中保存完好，内容完整的四本书进行校注，合为云南"铜政四书"。四部古籍中，《云南铜志》《铜政便览》《滇南矿厂图略》三部都是清代云南督抚及产铜地方、铜政官员等必备必阅的资料。《云南铜志》系由乾嘉时期辅助云南督抚管理云南铜政数十年的昆明呈贡人戴瑞徵根据《云南铜政全书》及省府档案编纂，资料内容记载时间截止于嘉庆时，凡铜厂、陆运、京运、各省采买、铸币等的各项管理制度及经费预算等都一一备载；《铜政便览》成书于道光时期，未题何人所纂，全书共八卷，内容框架与《云南铜志》基本一致，但补充了道光时期的资料，滇铜生产衰落期的面貌得以呈现；《滇南矿厂图略》为清代状元，曾任云南巡抚的著名植物学家、矿物学家吴其濬编纂于道光年间，该书保存了丰富的清代矿冶技术资料，并有大量矿冶工具的清晰绘图。王昶的《云南铜政全书》残佚后，云南铜政的详情就以这三本资料所载最为详备了。《运铜纪程》是道光二十年京铜正运首起主运官大姚知县黎恂运铜至北京的全程往返日记，如实记载了滇铜万里京运的全部运作过程，与前三书合观，清代铜业铜政的全貌得以较为完整的呈现。

云南"铜政四书"的校注，出于为读者尽可能丰富地提供清代云南铜业铜政全貌资料的目的，主要采取资料补注的形式进行校注，在我们有限的能力范围内，尽量搜集相关资料补缀进去，期以丰富的材料启发研究的思路，所以我们的校注除非证据十足，一般不下结论性的语言。就每本书的校注而言，由于内容体例各有特点，如《云南铜志》《铜政便览》多数据，《滇南矿厂图略》多图，《运铜纪程》也可谓是游记，所以其校注要点各有侧重，校注方式不能划一，但求方式与内容的适宜。

这四本书的整理校注，得到了西南交通大学出版社的青睐，双方开展了合作，并获得2016年国家古籍整理出版专项经费的资助。具体的校注工作主要由我院青年研究人员负责完成。在校注过程中，我们也发现了一些问题：一是资料补注校注形式可能会导致校注显得繁杂，但这种校注方式也是一种新的尝试；二是补校资料缺乏与清代宫廷第一手档案资料的比对，今后我院将加强对这部分档案资料中有关铜文化资料的收集和整理；三是缺乏第一手现场调查资料，铜厂、铜运路线的调查资料补充，会使这些文献的记录更为丰富、清晰，这也是我院今后工作的重点。

经过近两年的努力，我们的云南"铜政四书"整理校注即将印刷出版，我们的研究工作也将进一步推向纵深。在此，谨向对我们的工作给予大力支持的云南省图书馆和贵州省图书馆的领导和工作人员、帮助我们成长的校内外专家学者、支持我们工作的各位校领导和职能部门的工作人员表示衷心感谢；向西南交通大学出版社的领导和云南"铜政四书"整理校注的各位编辑，以及四位校注者和研究院的其他工作人员表示感谢。祝我们的工作百尺竿头，更进一步。

杨黔云 于曲靖师范学院中国铜商文化研究院
2017年6月

注 释

[1] 鲁甸马厂发掘的新石器时代遗址中，有铜斧、铜剑等较为成熟的青铜时代文明的代表器物。

[2] 李晓岑：《商周中原青铜的矿料来源的再研究》，《自然科学史研究》，1993（3）。

[3] 白铜是一种铜合金，呈银白色而不含银，其成分一般是铜60%、镍20%、锌20%。

[4] 严中平编著：《清代云南铜政考》，中华书局，1948：7-42。

[5] （清）赵尔巽等撰：《清史稿》，中华书局，1978：3666。

[6] （清）方桂修、（清）胡蔚纂、梁晓强校注：《乾隆东川府志》，云南人民出版社，2006：266-267。

[7] 《清朝文献通考》，商务印书馆，1937：4980。

[8] 戴建兵：《清嘉庆道光年间的钱币研究》，《江苏钱币》，2009（4）。

[9] 乾隆《东川府志》卷十三《鼓铸》卷首序、卷七《祠祀》，光绪三十四年重印本。

[10] 秦树才、田志勇：《绿营兵与清代移民研究》，《清史研究》，2004（3）。

[11] 李中清：《明清时期中国西南的经济发展和人口增长》，载于中国社会科学院历史研究室：《清史论丛》（第三辑），中华书局，1984：86。

[12] 民国《昭通县志》卷十《种人志》。

前 言

《运铜纪程》，清代贵州遵义（治今贵州省遵义市）人黎恂著。道光二十年，云南大姚知县署理云州知州黎恂被委任为该年京铜首起正运官。道光二十年七月二十日（1840年8月17日），黎恂自云南省城昆明启程，经嵩明、寻甸、马龙、沾益、宣威、威宁、毕节陆路官道至四川永宁，自永宁乘船沿永宁河至纳溪入川江，下泸州。在泸州铜店领铜装船，遂沿江东下，至江苏仪征转入运河。沿运河至天津，卸铜转剥船运至通州，再起剥，车运至户部宝泉局、工部宝源局验收入库。按额交毕铜数，由户部堂官带领觐见皇帝。而后离京返滇，取道保定、郑州、南阳，绕道常德、铜仁至遵义，在家逗留四十余日。自遵义南下贵阳，过安顺，经平彝官道入滇，于道光二十二年七月十日（1842年8月15日）到达昆明销差。前后历时二年，往返行程一万六千五百里，备极艰辛。辑途中日记（只缺道光二十一年三月二十日，乙巳）汇为两编，一为《京运纪程》共两卷，一为《回黔纪程》一卷，但并未刊刻印行。民国时期，贵阳著名藏书家凌惕安采得，将两书合抄为一本，命为《运铜纪程》。

《运铜纪程》成书后，仍未大行于世。今凌惕安抄本保存在贵州省图书馆，仅有两套，分别为两册本和三册本，其保存完好，纸张硬实、墨迹清晰、书写工整，甚为难得。民国时期贵州文献杂志《贵州文献季刊》二、三期合刊，刻印了原书四分之一强，今贵州省图书馆、贵阳市档案馆均有藏，但多有别字、衍字、漏文等。任可澄主编的《民国贵州通志》已着手收录该书，未果而辞世，故不得录于其中而闻名。贵州省文史馆藏有完整刻本，但错误仍多。至今，该书仍不广为人知，但是其内容却有较高价值。

《运铜纪程》的内容，可分为三大块，即黎恂之所为、所见、所感。

所为之事，大要在于运铜主官的职务履行。凡领导随员、安排大事、管理船队、应急决策、危机处理、公关协调、检查监督等，皆亲历亲为，且逐日详细记录。这项内容，是目前可见的清代百余年滇铜京运史上，唯一一份铜运主官的具体事务记录，是对空白的填补。同时也可以之观照记载详备的清代京铜运输诸制度法规的具体执行情况，这也是该书最大的史料价值所在。其他内容，如闲时游览名胜古迹，与沿途官员的往来接触等，也可还原道光时期官场实景。

所见之事，包罗万象，但使之下笔记述的内容，必定是黎恂这位已有大半身阅历的官员见所未见或是能触发其诸多感怀的景物和事情。而这些，或者是具有典型地方代表性的景物和事项，或者是反映特定时代特征的景物和事项等，如在毕节官道上看见的纷纷运铅者，在武汉、天津看到的征调到沿海抵御英军侵略的兵员对沿途的滋扰，还有萧条的秦淮河，以及长江沿岸没落消失的集镇，桑蚕种植已经进入黔东一带，沿途遭遇的跋扈霸道的八旗官员，等等，都是很有价值的研究资料。对于研究清代鸦片战争前后的经济、政治、军事变化，以及沿途经济、民风、环境、社会生活等，也都有很高的史料价值。

所感之事，即黎恂沿途的各种感想，各因事、因景、因遇而异，有忧国忧民、有顾影自怜、有悲天悯人、有妄自菲薄、有牢骚满腹，透视出的是一个积极有为而淡泊名利的下级官员的细腻真实的心理。结合其沿途与诸类官员的交往情况，对于进一步研究正在没落的清王朝的官员们的心理状况也有较高价值。

作者黎恂（1785—1863），嘉庆十九年（1814）年三甲第七名进士。父黎安理，以孝义著称，誉满乡里，闻于京都，嘉庆中授山东长山县知县。黎恂为安理长子，督教最为严格，故黎恂德行庶务双修，文才武略兼备。中进士后，出任浙江桐乡知县，针对当地特点，以安静为治，奖励学士、提携学子，并好读不倦，以"人以进士为读书之终，我以进士为读书之始"自励，为桐乡士子传为佳话。后世桐乡修县志，列为桐乡名宦，并为之作传。嘉庆末，其父卒，遂辞官归籍丁忧。临回之时，轸念乡梓，以自己的养廉银白银万两购书，携带回遵义。丁忧结束，又请病假，在家近十五年，以读书、为学、授徒为事。后贵州闻名全国的"西南三巨儒"莫友芝、郑珍、黎庶昌，都依赖黎恂从桐乡购买回的书籍，以及黎恂的为学指引，成为名家。黎氏子孙在黎恂之后，终清一代，名士辈出，黎氏遂崛起为遵义第一名门，声名不坠，都肇端于黎恂此次回乡。道光十四年（1834），黎恂进京参加部选，拣发云南以知县用。初到云南，即遇曲靖府平彝县民发动叛乱，黎恂临危受命，署理平彝知县，三昼夜疾驰至平彝，迅速平定叛乱。后署理新平知县数月，即入方志《名宦传》。后又在大姚知县任上，创立团练，当叛乱之际，屡次成功抵御叛乱，保卫大姚平安。云贵总督林则徐，在全省推广其办法，并以"卓异"考评向朝廷举荐黎恂，黎恂遂升任东川府巧家厅同知。以出仕本非心愿，未赴任而称疾辞官，回籍修身读书。同治二年（1863）卒。

　　黎恂本有作旅行日记的习惯，在领铜差之前，已作有《北上纪程》。领受铜差后，又有友人力劝其抄录沿途公文。从此本《运铜纪程》来看，黎恂似乎没有抄写，可为一憾，但这个遗憾本是美中不足，不当苛求。

　　至于，黎恂究竟为什么要作此《运铜纪程》，其所言之"以备遗忘"应是主要原因之一，毕竟其时，滇铜京运已经一百年，运官已历数百人之多，却无人记录下这趟确保整个国家经济社会生活平稳运行的万里征程，对有历史感、抱负感的文人而言，本身就可谓是一种义务的缺失。此外，更主要的就应当是一种情怀的展示。黎恂，从其生平事迹来看，他是一个有情怀、有抱负、有能力的官僚，从《运铜纪程》中记录的很多事情来看，也确乎如此。他热爱这个国家的山川草木、生灵百姓，也有推动这片土地成为尧舜乐土的激情和干劲。但是他缺少施展才华的舞台，看到的又是自己有心无力的衰世景象，像陶渊明一样归隐田园，也是他在这部日记中多次流露的心境。当然，黎恂归隐田园，与陶渊明还是很不一样的。陶渊明的归隐是道家的归隐，黎恂的归隐是儒家的归隐，是"施于有政，是亦为政"的孔子教诲的践行。黎恂不热心仕途，两次辞官回乡，购书回家，广纳学子读书，自己亦不倦于读书，为学近三十年，正是这种儒者情怀的反映。

　　今依照贵州省图书馆藏凌惕安三册抄本，斗胆校注黎恂此书，也秉持该书的上述两大特点：其一在于补充滇铜开发、京运之相关资料，以便将滇铜京运放置到更完整的背景下考察研究；其二在于努力还原黎恂此行所行、所见、所感的背景依托，所以凡相关官制之流变、制度之详情、地方之沿革、山川之渊源、古迹之由来、人物之生平、环境之变迁、名物之功用等，都尽力有所补注，以便窥探其有所依据的真实心理状态，提供尽可能多的资料。

当然，本人也是鄙陋之人，为人浮躁、为学浅薄，再加时间催人，粗糙之处，在所难免，所注对象之相关文献多不能一一检索齐备（有的资料相信在清代中央档案或是通过所有相关方志的细密爬梳一定能找到，但所要投入的时间、精力和金钱，自度实无承受之力），遂多以《府县志》《一统志》等总括性文本为补，更无暇考辨每条相关文献的异同及其原因所在，只能提供相关文献的线索。斗胆敢请阅者诸公，尽情批判，以便鞭策区区知耻而后进，庶几减少流毒，少污人眼，得在圈中苟且偷生。

鄙陋后学　王　瑰
2017 年 3 月

凡　例

一、《运铜纪程》原书本无目录，本校注中的目录系校注者根据行程变化而私自拟定，以为阅读检索之便。

二、《运铜纪程》原文有自注，或出于页眉，或补于页行之间，或出于所注字词句之后随文而出，然皆小字。在本校注中，凡页眉之注皆以小字附于其出注段落之末，其他则附于其补、注字词句之后，依照原文次序不改，仍用小字。

三、为阅读之便，文中不管音义校补之注，皆以方括号的形式在原文断句的标点符号后标出，在每节末集中出注，每节重新编号。

四、凡需注音之字，一般用其同音常用字注，若同音字亦生僻，则用汉语拼音注。

五、较常用字的异体字，直接在文中替换为今字，不出注。

六、诸注释主要以引用古籍文献中相关资料的形式生成，注文内容本身一般不再出注。出注者主要是帝王年号的公元年与古地名之今名，以小括号的形式标注在帝王年号后。为阅读之方便计，在同一条注文中反复出现的帝王年号，才省略重复标注。其他认为有必要的注文之注则以小括号内"己案"的方式注出。

七、文中单字的音形义的辨别，全部依照《汉语大字典》，注文中不再标出。

八、正文和注文所引文献中的缺字和无法辨认的字体，皆以"□"代替。

九、注文中引用的文献名称，根据行文需要，或出现于补注字词句之后，或补充于该条注文末。

十、校注中或有引用《贵州文献季刊》二、三期合刊所载《运铜纪程》刻本者，只称《贵州文献季刊》。

十一、注文所引文献亦多有引用其他文献者，但古人引用重意同不重文同，多闻杂己语，难以辨明引用起迄，所以对这类引用中的引用不再用引号标出，引用诗词碑刻则标出。

目 录

一　至泸纪程 …………………………………………… 1
　　道光二十年五至六月 ………………………………… 2
　　道光二十年七月 ……………………………………… 8
　　道光二十年八月 ……………………………………… 20

二　川江纪程 …………………………………………… 40
　　道光二十年八月 ……………………………………… 41
　　道光二十年九月 ……………………………………… 47
　　道光二十年十月 ……………………………………… 56
　　道光二十年十一月 …………………………………… 72
　　道光二十年十二月 …………………………………… 115

三　长江纪程 …………………………………………… 141
　　道光二十年十二月 …………………………………… 142
　　道光二十一年正月 …………………………………… 147
　　道光二十一年二月 …………………………………… 154
　　道光二十一年三月 …………………………………… 193
　　道光二十一年闰三月 ………………………………… 235

四　运河纪程 …………………………………………… 243
　　道光二十一年闰三月 ………………………………… 244
　　道光二十一年四月 …………………………………… 260
　　道光二十一年五月 …………………………………… 270
　　道光二十一年六月 …………………………………… 292
　　道光二十一年七月 …………………………………… 331
　　道光二十一年八月 …………………………………… 352

五　交铜纪事 ·································· 358
　道光二十一年八月 ···························· 359
　道光二十一年九月 ···························· 362
　道光二十一年十月 ···························· 366
　道光二十一年十一月 ·························· 374
　道光二十一年十二月 ·························· 388
　道光二十二年正月 ···························· 395
　道光二十二年二月 ···························· 398

六　回滇纪程 ·································· 399
　道光二十二年二月 ···························· 400
　道光二十二年三月 ···························· 449
　道光二十二年四月 ···························· 481
　道光二十二年五月 ···························· 491
　道光二十二年六月 ···························· 493
　道光二十二年七月 ···························· 504

附录一　黎恂经行府厅州县表 ···················· 510

附录二　人物索引表 ···························· 515

附录三　民国《续遵义府志·黎恂传》 ············ 525

参考文献 ···································· 527

后　记 ······································ 545

一　至泸纪程

地点起止：昆明—泸州

时间起迄：道光二十年七月二十日至八月十六日

　　　　　　（1840 年 8 月 17 日至 1840 年 9 月 11 日）

道光二十年五至六月

道光二十年庚子二月，[1]派委本年正运一起京铜，[2]以限期待七月，住会城守候五六两月，办理领文等事，[3]并领自滇至泸水脚银二千五百两。[4]铜运每年六起，[5]自泸至汉阳各起，水脚银三万七千余两，[6]向例一起官带解至泸，亦具文请领。

注 释

[1] 道光：清入关后第六任皇帝宣宗爱新觉罗·旻宁年号，使用时间为1821—1850年，道光二十年，1840年（中国传统历法无法与西历一一对应，此处为大体时间，下同，不述）。庚子，道光二十年的干支。干支，即天干地支的简称。干支是中国的特殊纪时方式。由十天干：甲、乙、丙、丁、戊、己、庚、辛、壬、癸，居上位，分别与十二地支：子、丑、寅、卯、辰、巳、午、未、申、酉、戌、亥，居下位，按位次进行搭配，如甲子、乙丑，依次类推。天干有十，地支有十二，天干配完，地支尚余二，则又从天干的第一位起依次搭配地支所余，地支用尽，则再从其第一位搭配下去，如此循环而进，天干共配六轮、地支共配五轮而尽，共六十干支。又因其编排方式循环往复，有如编花，所以后世也称"六十花甲"。六十干支，目前可见，至晚在商代已经完全定型成熟，河南安阳殷墟出土的甲骨中已有完整的记载（见《甲骨文合集》第37986片甲骨）。一般认为当时只用来纪日，后渐渐扩张到纪年、纪月，成为中国特有的历法系统。本书记事，年号年后附干支年名，记事日后附干支日名，月之后则不附，下同，不述。本书所称月日，是据中国传统阴历，也称夏历、农历。

[2] 京铜：广义上讲，即运京之铜，在清代一般指运到北京，供应户、工二部铸钱局铸钱所用的铜材。有清一代，京铜大宗来源主要有三个渠道，一是国内采冶，一是外洋采买（主要从日本进口，偶尔也有少量来自越南），一是废铜回收。大体上，顺治年间（1644—1661）主要依赖国内采冶（抽课与国家购买）与废铜（废铜钱、废旧铜器）回收，康熙年间（1662—1712

则主要依靠日本进口的洋铜；雍正年间（1713—1725）三者皆备，但铜器回收数量也极大，民间禁止使用铜器，并将所有铜器折价卖给朝廷铸钱；乾隆（1726—1795）以降基本实现自给。乾隆时期，京城铸局用铜全部由云南直接供应后，"京铜"就特指云南运京铸钱之铜了。清戴瑞徵编《云南铜志》，认为京局用铜，由湖南、湖北、广东三省赴滇采买，每年办铜166.4万斤，起自何年，无案可考。今查乾隆《钦定大清会典则例》卷四十四《户部·钱法》与《皇朝文献通考》卷十三《钱币考》所载，顺治二年（1645）起，京城户部宝泉局、工部宝源局铸钱用铜始由崇文门、天津、临清、淮安四税关关差采买，后逐渐增加采买税关。同时，工部宝源局铸钱用铜，则由工部自己派员采买。顺治十七年（1660），工部请求与各关差均摊采买，各办90万斤，蒙准。康熙元年（1662），工部再请一并由关差采买，蒙准。后康熙十八年（1679），题准两淮、两浙、长芦、河东盐差各抽盐课办铜，二十年（1682）停止。康熙五十二年（1704），覆准"将江苏、安徽、江西、湖北、湖南等处所办之铜交与内务府商人等承办每年节省银五万两。再于两淮盐差增铜十七万斤，河东、广东盐差增铜各十万斤，福建盐差增铜六万斤，福建海关差增铜四万斤，交内务府商人照定限全交"，盐差以内务府铜商业务下属的形式，重新恢复，各办铜关差在业务上亦成为内务府铜商的下属。康熙五十四年（1706）议准买铜事务由户部及钱法衙门专理，停止内务府商人采办，同时又议准京铜"四百四十三万五千一百九十九斤，以五十五年为始，均分与江苏、安徽、江西、福建、浙江、湖北、湖南、广东八省督抚遴委贤能官，动正项采办"，八省采买正式形成京铜的供应制度，正式登场。但由省采买，起源却较早。《皇朝文献通考》卷十三《钱币考》载康熙元年"工部疏言，前令部员与芜湖等关及芦政差分办铜斤"，由此可知，关差、盐差之外，芦政差也曾负有买铜责任，芦政几乎各省皆有，所以这可能是各省买铜的滥觞。又据乾隆《钦定大清会典则例》，康熙十二年（1674）"题准浙江办铜每斤给价六分五厘外增脚价银五厘"，则是可考的明确由直省采买的开始。康熙四十二年（1704）"题准长芦、山东分办铜数动支盐课银照定价一钱外给水脚银五分"，可知山东也曾获得过办铜权。又据乾隆《云南通志》载康熙四十四年（1706），云南铜厂广开，奉令在省城开设官铜店，总督贝和诺题定按厂抽纳税铜，由请于额例抽纳外，预发工本，收买余铜，发运至省城官铜店，"卖给官商，以供各省承办京局额铜之用"，则至迟在该年，清廷京铜获取方式已是由各直省自行采买供应。康熙五十五年形成制度的八省采买，运转数年后，康熙六十年（1721）议准"八省分办之铜归并江、浙巡抚办解。自六十一年为始，江南办江苏、安徽、江西、福建、广东五省铜数，浙江办本省及湖北、湖南三省铜数"。雍正元年（1722），裁撤八省办铜，议准"铜政归并江、浙二省总办"。雍正二年（1723），经户部议准，由江苏承办本省及安徽、江西三省铜数，福建、广东二省以近海之地，自行按额收买洋铜，浙江所办三省铜数，亦因洋铜不敷，暂分出二省铜数交与湖北、湖南承办，至此，江浙二省总办的铜政废除。雍正四年（1725）覆准浙江旧欠铜亦交湖北、湖南分办。雍正五年（1726），浙江承办铜数亦交由湖广承办；江苏及其总办安徽、江西铜数，亦分滇铜一百万斤，运至镇江供应采买，江苏开始兼采洋铜、滇铜。雍正八年（1729），户部议准广东运解京铜自云南购买，但同年江苏以滇铜成色不足，停买滇铜，又全买洋铜。随后户部又议准"自雍正九年为始，将江苏铜数分出二省，交安徽、江西遴选大员，领本省司库银，亦赴江南海关募商采办，嗣后八省仍各办一省铜数。江苏、安徽、江西、浙江、福建五省分办洋铜，湖北、湖南、广东三省分办滇铜，各依限如额起解"。雍正九年（1731），以洋铜不足，令江苏、浙江兼办滇铜，同时准许安徽、江西、福建三省兼采滇铜以补洋铜之不足。雍正十二年（1734），因令云南广西府铸局铸钱运京，湖北、湖南、广东办解滇铜省份，自后年停止采买，额数转解广西府铸局代铸京钱。乾隆元年（1736），户部议准，洋铜由江、浙海关专办，管关道员加监督某处海关兼办铜务字样，换给关防，同时罢安徽、江西、福建三省办铜；又令云南每年办铜三十三万六千八百斤解交京局，以补足京局滇铜二百万斤额数，是为云南直接办解京铜之始。乾隆二年（1737），令江苏、浙江办解滇铜运京。乾隆三年（1738），定江苏、浙江应办京运额铜，转归云南办解；同年，又经户部议行，罢云南广西府铸钱运京，以其原铜解京交局铸造。由此，京局铸钱所需四百万铜斤，尽归云南办解，八省办运京铜制度最终结束，京铜就此转为运京滇铜的简称，基本沿袭至清亡。

正运：自京城铸钱局全部采用滇铜后，有两个意思：其一是运铜官的职称。乾隆三年（1738）议定《云南运铜条例》载，京运分八起，称为"八运"，每运委任现任府佐或州县官一员为正运，杂职官一员为协运，正运是全面负责每运京铜的官员，协运则是其副官。其二是正额铜运，与加运相对。乾隆三年，以云南产铜旺盛，供应京局和各省铸局采买后，剩余尚多，遂令每年添办铜一百七十万四千斤分委解铜之正运、协运各官搭解，此项铜额亦称"加运"，与正额相对。至乾隆五年（1740），更定《云南运铜条例》，加运铜不再由正运各运分解，比照正额铜，分四运单独解运，称"加运某起"，由此，加运既指加办的京铜，也指运送加铜的京运，正运的含义也与此相对。正运分若干起，按起运先后序次，分别称正运某起。正运一起，亦称正运头起。滇铜京运制度完善后，据《云南铜志》卷三《京运》记载，被委任的京运官应于五月到达云南省会，办理相关领运事宜，六月底自省城起程，定限二十三日内到达四川泸州铜店，时在七月下旬（若未遇闰六月），然后在四十日内领取铜斤装船完毕，九月初十日，自泸州起程东下。

[3] 会城：省治，为总督、巡抚、布政使、按察使、提督、学政等省级机构的经常驻地，时云南会城为昆明。领文：领取相关文书，据《云南铜志》卷三《京运》记载，所领主要文书为户部户科、工部工科的咨批文件。

[4] 滇：云南省的简称，此处指省城昆明。泸：泸州，四川属直隶州，川南永宁道治所。乾隆三年（1738），云南办运京铜，据《云南铜志》卷三《京运》记载，即将滇铜陆运至四川永宁县，永宁设铜店收贮，京运运官在永宁领铜由水路入长江、转运河，至通州。据《清实录·高宗实录》载乾隆七年（1742）二月，云贵总督张允随报开修大关河盐井渡，乾隆九年（1744）十二月报竣，云南东川、昭通一路滇铜，可经大关河入川江，直达泸州。《云南铜志》卷三《京运》又载，乾隆七年（1742）"盐井渡开通，分运铜斤。于泸州设店起，正、加运员领铜，即于泸州、永宁二店领运"，又载"九年，将正运八起，并为四运……仍于泸州、永宁二店兑发"；由此推测，泸州店之设当在乾隆九年盐井渡开通前后。至乾隆十六年（1751），《云南铜志》卷三《京运》载"永宁店裁撤，统归泸州收发"，泸州遂成为滇铜京运的唯一总站，京运官全至此领铜东出。

水脚银："脚价、脚费"泛指运费，"水脚"即水路运输费。另外，清代办运铜铅等事项，其运费有时由各关差征收专用，则"水脚银"便是各税关的征收税种之一。如办运京铜，《皇朝文献通考》卷十四《钱币考二》记载，康熙五十四年（1716）定八省办运京铜之制，京铜水脚银的来源也从税关、盐税和芦课征取，改为从国家正项钱粮中划拨。京运官由昆明至泸州，至四川永宁后，方有较长水路乘船，大部为陆路，且运官并不携铜至泸州，未知其水脚银何指？据《云南铜志》卷三《京运·请领银两》载，运官在泸州所领银两并无昆明至泸之任何名目。但思黎氏此行尚押解白银三万七千余两至泸，后文又言用银鞘驮马二十匹，茶叶铜器驮马八匹，此皆公事，沿途人马食宿费用必重，恐此水脚银便指此公事之运费杂费。非每年正运头起运官，无此押银之责，则无此项公费，故《云南铜志》不载。并见该节注释[6]。

[5] 京局用铜，由各关差采办之时，采买者自行运京。康熙五十四年（1716），定定局额铜由江、浙、湖、广、闽、粤等八省采买，然后始定京运之例，即每年分上下两运，上运四月起解，下运十月起解。后，办铜制度虽屡有变更，但京运之例未变，直到乾隆三年（1738），议定京局用铜全采滇铜，并由云南运京，始分两运为八运，乾隆五年（1740），加运亦单独解送，分四运，一年共十二运。乾隆八年（1743），又经户部议定，云南办解京铜原正运八运并为四运，加运四运并为两运，一年共六运。每运隔两月起解。乾隆二十三年（1758），为避川江盛夏水涨，经户部议准，四正运并作三运，二加运并作一运，共为正加四运，每年七月内开头运、九月内开二运、十一月内开三运、次年二月内开加运。又据戴瑞征《云南铜志》卷三《京运》所载，乾隆二十六年（1761），将三起正运均分为六起，一起加运均分为两起，一年共八起（据《云南铜志》）。又据《清实录·仁宗实录》《云南铜志》卷三《京运》载，嘉庆十一年（1807），奏准自十二年（1808）起，正运六起京铜改作四起，加运两起不变，其节省的两起养廉、帮费等银分加给正、加六起（刘锦藻《续皇朝文献通考》卷十九《钱币一》记为七年，当误，七年预定十二年事似属无由）。该制直到咸丰二年末，太平军进占武昌，阻断长江航道而被迫终止，后咸丰六年至同治十一年（1856—1872）的杜文秀起义，又彻底破坏了云南的铜冶环境，滇铜京运制便难以恢复。又据《清实录·德宗实录》的记载，光绪二年（1876），清廷重启

滇铜京运，但改道为经广西至广东，而后由广东海运至天津，再转京局，至光绪九年（1873），改归旧道，出川江、转运河、抵通州，但在运数和数量的制度上已经无力恢复。据《德宗实录》的相关记载，从光绪五年（1879）头、二起滇铜到京，二十四年（1898）云南矿务大臣唐炯疏报第十八起二批滇铜不能按期到京来看，清廷重开滇铜京运后，似已无法每年计起，而是总计起数，但每起之内，额定似乎是三批（如光绪二十三年七月庚子，户部奏"滇铜每年三批到京，一律加价，以广招来"，二十五年十月上谕"崧蕃、丁振铎、唐炯，督饬承办各员，实力攻采，按年办解三批，实运到京"），只是多数情况下每起只能交付两批，而每年解京总数，多不过百余万斤，少时才五十万斤。光绪三十一年（1905）年，唐炯辞职，清代滇铜京运的历史最终结束。

[6] 据《云南铜志》卷三《京运》载，自泸州至汉口，每起铜运应领水脚银三千六十三两六钱，六起则一万八千余两，与此"三万七千余两"之数相差悬远。但该志书在水脚银之外，尚有应领之沿途杂费银一千四百三十七两三钱、湖北归州新滩剥费银一百八十二两三钱一厘、新增杂费银一十九两五钱、一年养廉银一千二百二十六两二钱四分八厘五毫，共应领银六千二百二两五钱四分九厘五毫，以此乘六，则恰好"三万七千余两"之数，因此，此处是各起就所有应领费用而言，以水脚银最多，故以之为代。由此可见，京铜每年正运头起运官还负责押解全年从泸州到汉阳的运铜水脚银。

道光二十年七月

七月中旬，雇觅夫马，[1]整理行装，计用银鞘驮马二十匹、[2]茶叶铜器驮马八匹、行李驮马三匹、随人骑马四匹、眷累归家行李骑马九匹、赴泸舆夫四名、扛夫十二名、眷累归家抬扛挑夫二十名，[3]计舆马之费已数百金矣。[4]随人为田贵、王福、叶兴、王泰、杨庆，洎平彝差役晏发。[5]

二十日，戊申。午刻，大雨，街市成渠。未刻，雨霁，[6]启行。晚抵板桥，[7]眷累至已及更深。[8]是日出滇城者甚夥，[9]旅舍满，不能容，银鞘行李分置各店。住小店楼，窄窄不堪。计程四十里。

二十一日，己酉。以马价未清且前途宿站拥挤，[10]留住板桥，另移一店。未刻，姚生世俊自会城至。[11]

二十二日，庚戌，阴。途中北风甚厉，御棉衣犹畏寒。住杨林驿，[12]计程六十里。

二十三日，辛亥，晴。住易隆驿，[13]计程七十里。

二十四日，壬子，阴晴。住马龙州。[14]旅店窗隙风透入，枕席五更，项脑疼痛。计程八十六里。

二十五日，癸丑，晴。途中东北风甚厉，受凉，四肢酸痛。住沾益州，[15]延医诊视，服药。又料理眷属归家琐事，疲惫甚。署刺史高陶圃镶，[16]遣人送酒馔。[17]计程七十三里。

二十六日，甲寅，阴。命姚生护送眷累分途由平彝大路回籍。[18]盖年来，兆熙、兆祺、兆淳、兆普皆随侍在滇，[19]上秋自云州撤任回省，[20]冬间，已遣兆祺归，今夏五月，复遣兆熙洎随人高照偕船户先赴泸州造船，并遣兆淳、兆普同行至毕节，命家丁杨鸿等分途由黔西小路护送归家。兹行，惟熙妇洎婢二人侍其姑归耳。[21]是日，余以道远先行，中途薄云疏雨，湿从者衣，幸路阔而平坦。往来远铺，[22]计程八十五里。

二十七日，乙卯。朝雨，午晴。住宣威州，[23]计程九十五里。署刺史梁君调帘入省，[24]未见。由沾益至宣威，途皆平坦，惜地土硗瘠，[25]岁云秋矣，禾未吐穗，高不盈尺，山中惟苦荞、蜀黍，[26]亦皆歉薄。买腌肘百斤。[27]夜多蚊。

二十八日，丙辰，晴。舆中苦热。宣威城外数十里，地势开阔，渐乃坡陀上下，曲折难行。住倘塘驿，[28]溪阔数丈，盘江所发源也。[29]计程八十三里。[30]倘塘，宣威属，可渡巡检移驻此。[31]巡检彭君承裕因病未见，[32]遣人送酒菜。询之土人，云倘塘之上流五十里名放马坪，[33]溪源所出。又上流二十里，名盐塘口，[34]亦水发源处。[35]

二十九日，丁巳，阴晴。山路陡峻，行五十里至可渡河，[36]交贵州威宁州界。溪阔不过数丈，而水甚迅急，桥坏，以舟渡行者。[37]询之土人，云可渡。上流发源处距渡口五十里，又下流三十里至汉河，倘塘水来入焉。[38]过渡里许，有小市，居人胡叟延待茶茗。[39]询知，五月杪，兆熙兄弟亦于此小憩，[40]相距已两月矣。山行蛇蟠屈曲，幸石路新修治，易行。山半有薰风亭，可饮茶，行者便焉。住箐口铺一名金斗铺，[41]计程八十里。

注　释

[1]　夫马："夫"与"马"，指承担力役的人和马匹。

[2]　鞘：音同俏，徐铉《说文新附》云"刀室也"，即刀剑套，银鞘，即银质刀剑套，也引申指空心长筒状容器，《汉语大字典》释为"古时贮银，以便转运的空心木筒"。但此意可能在明清时期建立"银-钱"本位的货币体系后才产生。如明黄训所编《名臣经济录》卷二十四："煎银炭一百五十斤，价银三钱，银鞘铁箍价银二钱。"《世宗宪皇帝朱批谕旨》卷二百零六："凡饷银在船，银鞘之上必用长绳系板，备作浮标以防不虞。"

[3]　累：音同类，此处指妻子与资产，如《汉书·匈奴传上》："悉远其累重于余吾水北。"唐颜师古注："累重谓妻子资产也。"又如《晋书》卷九十五《艺术传·戴洋》："混欲迎其家累。"舆夫：抬轿子或其他乘舆的人役。扛夫：扛货物的人役。挑夫：挑担子的人役。

[4]　百金：百两银子。明清时期，白银作为货币广泛流通后，民间习用先秦和秦汉货币计量术语"金"来称呼银两，每金代表一两银子。若称"金若干两"，则指黄金若干两。

[5]　洎：音同季，此处"及"之意。平彝：云南曲靖府属县，道光十四五年（1834—1835），黎恂复赴部选，分发云南以知县用。至滇，遭平彝

民乱，即署理平彝知县，至十八年（1838）方卸任离去（据民国《元江志稿》卷十三《职官志一·官制题名》）。

[6] 霁：音同寄，雨、雪停后，天气放晴。

[7] 板桥：驿站名，为昆明北上第一驿，在昆明县境内。驿站，中国古代供传送公文的人或往来官员暂住、换马的处所。驿站这个词最早出现在《元史》中，但驿站之设，起源甚古。《说文解字》："驿，置骑也。"当官方用骑马、马车等方式传递公文的时候，中国古代的邮传方式就应发展到初期的驿站阶段了，也称为邮、传等。这种驿站至晚在战国后期已经出现，《吕氏春秋·士节》载"齐君闻之，大骇，乘驿而自追晏子"，汉代以降，"驿"字则不绝于书。不过，秦汉时期，学界普遍认为"邮、亭、驿、置"是主要的国家交通机构，结合秦汉简牍的进一步研究，则揭示出如后世驿站功能的交通机构主要在"置"之下。《后汉书·百官志一》载太尉属官法曹"主邮驿科程事"，但地方负责邮驿的具体官职官名，仍未有明确记载。到东晋，驿站制度就比较完善，《后汉书·志第二十九·舆服上》刘昭注："东晋犹有交通，共置承受傍郡文书，有邮有驿，行传以相付，县置屋二区，有承驿吏皆条所受书，每月吉上州郡。"唐代驿站制度在继承前代的基础上，趋于完善，据《新唐书·百官志一》所载，由兵部驾部郎中、员外郎管驿站事，驿站主官称驿长，天下有驿站一千六百三十九所，水道则设水驿，以舟作马。自汉至唐，一驿基本都是三十里，其间个别少数民族政权例外，如前秦，据《晋书·苻坚载记》载"二十里一亭四十里一驿"。宋代驿站如唐制，恐亦三十里一驿。元代开始，中国古代驿站正式得名"驿站"，但其里程不详，据《马克波罗游记》所载，中国全境有驿站一万所，每站二十五里，站有馆社，供张甚备，客使顿止，所用驿马多至二十万匹。明代建立，驿站制度承袭元朝，但站距有更改，今存《明实录·太祖实录》在十五年（1382）二月敕谕修建通云南驿道的上谕中说"准古法以六十里为一驿"。清代驿站，承袭元明而更完善之，驿站下还广设类似于分支机构的堡、铺，每驿则根据具体山川形势，六十里至八十里不等，清代一里，等于570米左右。驿站主官为驿丞，据《清史稿》卷一百一十六《职官志三》所载："驿丞，未入流。掌邮传迎送。凡舟车夫马，廪糗庖馔，视使客品秩为差，支直于府、州、县，籍其出入。"

10

[8] 更：古代的夜间计时单位。一夜分为五更，每更两小时。《颜氏家训》卷下《书证十七》："或问：'一夜何故五更？更何所训？'答曰：'汉魏以来，谓为甲夜、乙夜、丙夜、丁夜、戊夜'，又云'鼓一鼓、二鼓、三鼓、四鼓、五鼓'，亦云'一更、二更、三更、四更、五更'，皆以五为节……假令正月建寅，斗柄夕则指寅，晓则指午矣。自寅至午，凡历五辰。冬夏之月，虽复长短参差，然辰间辽阔，盈不至六，缩不至四，进退常在五者之间。更，历也，经也，故曰五更尔。"更深：即夜深，一般在三更时。

[9] 夥：音同伙，即多。

[10] 宿站：驿站供行旅休息、住宿处。

[11] 姚生世俊：姚世俊。生，古时对读书人的通称，常缀于姓后名前，在不得不提及某人姓名时，用以表示尊敬。据后文，姚生乃黎恂同乡，是黎恂在云南为官时的私聘幕僚。

[12] 杨林驿：在云南府嵩明州境，今为昆明市嵩明县杨林镇。据光绪《续修嵩明州志》卷二《邮旅》载，杨林驿"去州三十五里。西至板桥驿六十里，东至易隆驿七十里。旧《志》（指康熙《嵩明州志》）设马四十二匹，堡夫百名。又按道光《云南通志》，嵩明州杨林驿马四十匹，堡夫百名。又按《云南赋役全书》，杨林驿堡夫百名，又冷饭田。今驿马只存十匹，堡夫无稽查"。驿站旧址，在今嵩明县南杨林镇。

嵩明州，云南府属散州，在府城东北一百三十里。州地在上古为南交昧谷之交，夏商为梁州之域，周合梁于雍，为雍州鄨闸国属郡，乌蛮、车氏、枳氏居之。楚庄蹻入滇，建滇国，属之。后枳氏并乌蛮、车氏之地，名枳醆。汉开西南夷，立为长州，属益州郡。蜀汉建金城、阿葛二城，筑台与蛮盟，因名崧盟。西晋属晋宁郡，李氏据蜀，为汉州地，南朝为宁州地。隋属昆州，唐属南宁等羁縻州，后为南诏蒙氏所并，置为长州郡，大理段氏改为崧盟郡。元宪宗六年（1256）立为嵩明万户府，世祖至元十二年（1275）复名长州，十五年（1278）升为嵩盟府，二十二年（1285）复为嵩盟州，属中庆路，领邵甸、杨林二县。时有土司高秦明，族姓高阿况，复修金城居焉，改崧盟为嵩明，至明初仍为嵩明州，属云南府。又裁邵甸县为邵甸里。成化间（1465—1487）裁杨林县为金马里，并置杨林所。清初因之，康熙二十六年裁左、右、中、前、后、广六卫，杨林、木密、凤梧三所分境屯田，并入州境（据光绪《续修嵩明州志》卷一《历代沿革》，及嘉庆《重修大清一统志》卷四百七十六）。1913年，民国政府降州为县，遂为嵩明县，今仍之，为昆明市嵩明县。

[13] 易隆驿：曲靖府寻甸州境内驿站，系自杨林驿东行的第一站。旧址在今昆明市寻甸回族彝族自治县南塘子镇易隆村。

寻甸州，曲靖府属散州，在府城西一百三十里。州地初为古滇国地，汉时僰、剌蛮居此，号仲扎溢原部。晋为乌蛮之裔，号新丁部，语讹为仁地。南诏蒙氏时为仁地部，乌蛮居此，大理国段氏因之。元初置仁地万户府，至元十三年（1276）改为仁德府，领为美、归厚二县。明洪武中（1368—1398）改寻甸军民府，省二县入焉。成化中（1465—1487）改设流官，为寻甸府。清初因之，康熙八年（1669）降为州，改隶曲靖府（据嘉庆《重修大清一统志》卷四百八十四）。今为昆明市寻甸回族彝族自治县。

[14] 马龙州：曲靖府属散州，在府城西南五十里。州地初为古滇国地，汉开西南夷，属益州郡律高县地，后汉因之，三国汉为兴古郡地。晋析置西安县，齐为西中县，梁末废。唐为麻州地，天宝末（756）入于南诏国，为撒匿部僰剌居之，寻为盘瓠蛮纳垢所据，宋属大理国。元初置为纳垢千户所，世祖至元中（1264—1294）改为马龙州，领通泉县，隶曲靖路。明曰马龙州，永乐初（1403）并通泉县入焉，隶曲靖府。清因之，属曲靖府（据嘉庆《重修大清一统志》卷四百八十四，及民国《续修马龙县志》卷二《沿革》）。1929年，民国云南政府降之为马龙县，今仍之，为曲靖市马龙县。马龙驿在马龙州，是易隆驿向东的第一站。

[15] 沾益州：曲靖府属散州，在府城北三十里。州地初为古滇国地，汉开西南夷，属牂牁郡宛温县地，三国汉属兴古郡，晋为宛温县地，宋、齐因之。唐初置西平州，贞观中（627—649）改为盘州，天宝末（756）入于南诏国，僰、剌二种居之，后又为摩弥部所据，宋属大理国。元初隶摩弥万户府，世祖至元十三年（1276）改置沾益州，领交水、石梁、罗山三县，隶曲靖路。明永乐初（1403）省三县入州，隶曲靖府，清因之（据嘉庆《重修大清一统志》卷四百八十四，及光绪《沾益州志》卷一《建置》）。今为曲靖市沾益区。沾益州有南宁驿（也称交水驿），但既在州城，旅社客栈众多，未必会入住驿站。

[16] 署：代理。刺史：官名。汉武帝元封五年（前106），罢郡国监察御史，分天下为十三部州，各州设刺史一员，以六条问事："一条，强宗豪右，田宅逾制，以强凌弱，以众暴寡。二条，二千石不奉诏书，遵承典制，倍公向私，旁诏守利，侵渔百姓，聚敛为奸。三条，二千石不恤疑狱，风厉杀人，怒则任刑，喜则任赏，烦扰苛暴，剥戮黎元，为百姓所疾，山崩石裂，妖祥讹言。四条，二千石选署不平，苟阿所爱，蔽贤宠玩。五条，二千石子弟恃怙荣势，请任所监。打击地方高级官员子弟不法。六条，二千石违公下比，阿附豪强，通行货赂，割损政令。"刺史秩六百石，位轻而权重，主要监察地方高官、豪强的不法行为，维护国家权威、确保社会公平。汉成帝绥和元年（前8），改刺史为州牧，秩升二千石，但职掌不变，哀帝一度恢复旧制，不久又为州牧，王莽新朝因之。光武帝建武十八年（42），恢复刺史旧制，汉灵帝中平五年（188），以地方乱，接受刘焉建议，再恢复州牧制度，州牧遂成为一州最高军政长官。魏晋以后，复称刺史至于隋代，但一直是凌驾于郡上的军政机构，也有要州而称牧者。炀帝即位，罢州置郡，郡置太守。唐兴，高祖改郡为州，太守为刺史，州上设都督府，各统州若干；太宗时，分天下为十道，道设按察使以监察诸州；睿宗时一度置二十四都督府以统州郡，旋即以权力太重而罢；玄宗时期，一度改州为郡，但也十余年而罢，同时分十道为十五道，置十五采访使，监察诸州如汉刺史之职。终唐一代，基本州道郡府平级，都是地方一级军政机构。宋代，府、州、军、监都是直属于中央的地方统县机构，但知州而非刺史才是一州的主官，刺史与节度使、承宣使、观察使、团练使、防御史等，皆无具体职任，只是武臣迁转的职官次第，一般外任官初除管军便带正任刺史职。而宋以后，再无刺史之职。元代，地方行政有路、府、州、县四等，中书省及其派出的十一行中书省各领若干路的行政。大体上以路领州、领县，州县同级，但在中书省所领的腹里之地，也有以路领府、府领州、州领县的架构，而府与州也有不隶路而直隶于省者。明代亦设州，有散州和直隶州之别，散州同县，由府领，直隶州同府，布政使领，主官皆称知州，品秩也相同，从五品，低于知府而高于知县。清因明制，高宗中期升直隶州品秩五品。是为历代州制及其主官的演变简史（据《后汉书·百官志》《隋书·百官志》《新唐书·百官志》《宋史·百官志》《元史·百官志》

《明史·职官志》《清史稿·职官志》)。清代官场称呼州县主官，喜用汉代旧语为雅称，州主官或称刺史，或称州牧，在州县方志中，为表达对先父母官的尊敬，也常用此称法。

高陶圃镶：姓高，名镶，字陶圃。先秦时期，称呼人以姓、字、名为序，表示尊敬，如《左氏春秋传·僖公三十三年》载"夏四月辛巳，败秦师于殽，获百里孟明视、西乞术、白乙丙以归"，百里孟明视，即姓百里名视字孟明；汉以后以姓、名、字为序表示尊敬，如王安石《游褒禅山记》载"四人者：庐陵萧君圭君玉，长乐王回深父，余弟安国平父、安上纯父"，皆是。但是就此《运铜纪程》诸称呼来看，黎氏所采用的是先秦古法，先字后名。

[17] 馔：音同撰，指食物。

[18] 回籍：回到籍贯所在地。黎恂籍贵州遵义府遵义县（今贵州省遵义市遵义县）。平彝大路：即通过平彝县（今曲靖市富源县）进入贵州的官道，也即今所谓胜境关古驿道。

[19] 四人皆黎恂之子，兆熙次子、兆祺三子、兆普五子。兆淳，或为民国《续遵义府志》、民国《贵州通志》所载之兆铨。兆熙，早卒，余诸子民国《续遵义府志》皆有传。

[20] 云州：云南顺宁府属散州，在府城东三十里，黎氏由署理云州知州调为京铜运官。州地初为古蛮地，为白夷所据，蛮名猛佑，地名大侯塞，元中统初（1260）内附，属麓川路。明洪武二十四年（1391）置大侯长官司，正统三年（1438）改大侯土州，土官李氏世袭。万历二十六年（1598）改为云州，属顺宁府，清因之（据嘉庆《重修大清一统志》卷四百八十三）。今为云南省临沧市云县。

回省：回到省城昆明。时黎恂以受委京运之职，故去官至省城待命。

[21] 熙妇：其子兆熙之妻。姑：儿媳对丈夫母亲的古称，汉代犹普遍。

[22] 往：从前后文看，当是"住"之笔误。

铺：驿站间的节点名，是初设于元代的急递驿站，供专递公文和官府信件，密度大于驿站，依地里远近、人数多寡，每十里或十五里、二十五里设一铺（据《元史·兵志》）。民国《宣威县志》卷七《历代驿传》论驿、堡、铺之关系，及其具体运作颇为详核，其载："从前文报系由驿站传递，驿所在筑土为障，可资捍卫，故亦曰堡。堡之中柴米油盐床榻等物可资宿食，人夫牛马可备替换，故亦曰铺、曰站。堡之距离，长短虽无一定，而大概以六十里为率，每堡额设堡夫百名或数十名，视地方之冲繁或简僻以为伸缩。堡夫送往迎来，苦累殊甚，故《赋役全书》载有冷饭田名目，而分别其地其人之有无，此项田产以定工食裁留之等。堡夫统于驿，驿丞裁改归州署及巡检分管。驿有马，马之多少亦断以地之冲僻，差使往来，给夫给马各有定数。遇紧要文件，专弁驰送时，该驿站接换马匹尤不能稍涉违误。其寻常文件则由铺司转递，每十里为一铺，遇人烟稀少之处，展至十五里或二十五里不等，故初制十里设一驿长，实则每驿所管有少至二三铺者。每铺设铺司二人，以壮健善走者充之。有转递文书，到铺查点明晰，立即装裹启行。皆腰革带悬铃持枪，挟雨衣、斋文书，每一昼夜行四百里，夜则持炬火，道狭则车马者、负荷者闻铃避诸旁，夜亦以惊虎狼也。响及所之之铺，则铺人出以俟其至。而交换之各铺，均有号书记注交替时刻及有无摩擦损坏或乱行批写字样情形，有遗失尤便稽查。事详《元史·兵志》，明清多仍其旧。"清代驿站堡、铺制度更为深入、完善，达于不通驿道之处，又在州县广设铺，铺与铺间的距离，或十里、十五里、二十里、三十里、四十里、五十里不等，要在确保驿递进行时，一铺与邻铺联络，或一州一县与邻州州前铺、邻县县前铺实现迅速联络。各铺设铺司或铺兵数名，每年发给工食，也由各地地丁粮银正供内支销、汇报（据民国《新纂云南通志·交通考》）。今查民国《新纂云南通志·交通考一》据《大清会典事例》所制作的《清代云南铺站表》及光绪重修《沾益州志》卷二《邮传》，曲靖府沾益州有来远铺。今曲靖市沾益区炎方乡有来远村，距沾益城四十公里左右，道理既合，亦在古驿道上，其铺司旧地当在此。

[23] 宣威州：曲靖府属散州，在府城东北二百三十里。州地初为夜郎地，汉开西南夷，辟为牂柯郡宛温县地，三国汉属兴古郡，晋因之。东晋桓温平蜀，改名宛煖县，南朝宋复旧名，至隋因之。唐属盘州，后入于南诏，后为㸑、剌二种所据，州县名废。元置沾益州，明初设乌撒卫后三所，后改为沾益州。清顺治十六年（1660）移州治于交水，雍正五年（1727）割沾益州新化里至高坡顶设宣威州，属曲靖府。据嘉庆《重修大清一统志》

卷四百八十四，及民国《宣威县志》卷二。今为曲靖市代管宣威市。

[24] 君：中国古代对男子的敬称之一，非梁氏之名。查道光《宣威州志》卷三《秩官·知州》，道光十九年（1839）十月至二十一年（1841）四月，知州为梁金诏。金诏，浙江会稽县（今浙江省绍兴市）人，举人出身。

调帘入省：临时奉调到省城作乡试同考官。清代中后期，"帘"成为贡院的别称，乡试同考官也逐渐改变为从州县官中选用，官场上也便称这种现象为"调帘"。其详可参见田建阳的《清代乡试"调帘"溯源考》（《鸡西大学学报》，2015年第2期）。

[25] 硗瘠：音悄及，指土地坚硬而薄瘠。

[26] 荞麦：一种原产于亚洲的一年生草本植物，种子含丰富淀粉，供食用，也有极高药用价值，我国各地皆可栽培，但在肥沃土壤上较其他粮食作物产量为低，特别适种于干旱丘陵和凉爽的气候环境下，所以云南多产。蜀黍：据民国《新纂云南通志》卷六十二《物产考五》，属禾本科，高粱的别名，滇省多处皆产。此处所叙，当是仅就沾益至宣威官道两旁所见，至今这条大道两旁仍然白石嶙峋、连绵不尽，极像石漠景观。但宣威土产，从道光《宣威州志》的记载来看，还是比较丰富的，谷物、蔬果、花草、竹木、毛羽、药物、鱼蟹、食货，都有十数、几十种，仅谷物就有红谷、白谷、黑谷、小麦、大麦、高粱等三十五种，黑谷即荞麦。

[27] 腌肘：今所谓"宣威火腿"，查道光《宣威州志》不见有是物记载，但黎恂过而多买，恐在当时已有一定名气，至民国时期，则名气大盛。民国《宣威通志稿》卷七《建设》记载了其制作方法及美味原因："宣腿著名天下，气候使然，而外间人多疑其有秘制。或谓腌时必以香料杂入盐中，或谓腌腿之盐以含有硝质者为贵，说皆非也。宣人腌腿无他谬巧，亦不必尽用云盐，惟乘其热时，取就木盆或簸箕中，先尽皮面堆铺盐末，尽量揉擦，或取肚折皮一方，加于其上，用力揉之。盐由毛管透入中间，自能耐久。遇骨缝及有折叠处，皆须注意，草草略过，便易致腐，苍蝇乘间而入，不可收拾矣。腌既毕，纳入铁釜或瓦钵中，以肉压肉，层累而上，使盐多处皆傅着不坠，盐水亦浸渍皆透。逾五日，取而挂之暗处（楼下比楼上为佳），随时检视。经过雨季，则其味更佳。腌肉之法，同由外购入之腿及肉，则炒盐使热，或喷酒其上而后腌之，隔日再腌一次，亦不致败，惟其味总

次于趁热而腌者。又宣中饲豕，多用苞谷末，外间或专用菜蔬及浮萍木叶等类，有时放山泽间恣所欲食，故肉质亦较粗而薄。凡腌火腿及肉，每百斤以用盐五斤为度。盐以黑井产为贵，川盐腌者味尤佳而颜色不漂，故腌者多用黑盐。"

[28] 倘塘驿：在今宣威市倘塘镇，前一驿为宣威州城中之沾益驿（宣威州未从沾益分出前，是沾益州治所在，故其州城中驿站，仍名沾益驿），后一驿为可渡驿。

[29] 盘江：珠江源头，有南盘江、北盘江，此处指北盘江。北盘江古称牂牁江，系珠江水西江左岸支流，发源于云南省曲靖市沾益县马雄山西北麓，东北入宣威滇黔界，折而南下，多处为滇黔二省界河，于贵州省望谟县蔗香双江口与南盘江汇合后称红水河，是为西江上游。

[30] 自宣威至倘塘驿，据道光《宣威州志》卷一《程途》载"州城北至十里铺十里，十里铺至来宾铺十五里，至通南铺二十里，通南铺至旧堡子十里，旧堡子至七里店七里，七里店至倘塘七里"，共六十九里，与此八十三里不合，不知何故。

[31] 巡检：即巡检司，明清时期州县下属机构，负责基层治安和河坊等事，皆从九品。巡检之官，始于五代，称巡检使、都巡检使，为军中临时委派的巡查官。宋代始名巡检司，仍属军职，为非普遍常设的专官，专掌盗贼治安等事，受制于所在地方州县官。《宋史》卷一百六十七《职官志七》载其职掌及两宋间变化甚详，其云："巡检司。有沿边溪峒都巡检或蕃汉都巡检，或数州数县管界，或一州一县巡检，掌训治甲兵，巡逻州邑，擒捕盗贼事。又有刀鱼船战棹巡检，江河淮海置捉贼巡检及巡马递铺、巡河、巡捉私茶盐等，各视其名以修举职业，皆掌巡逻稽查之事。中兴以后，分置都巡检使。都巡检巡检州县，巡检掌土军、禁军招填教习之政令，以巡防扞御盗贼。凡沿江、沿海招集水军，控扼要害，及地分阔远处皆置巡检一员；往来接连，合相应援处，则置都巡检以总之；皆以材武大小使臣充，各随所在，听州县守令节制，本寨事并申取州县指挥。若海南琼管及归峡荆门等处，跨连数郡，控制溪峒，又置水陆都巡检使，或三州都巡检使，以增重之。"金、元亦设，职掌基本一致。明代始成为州县下属普遍常设机构，有一定行政权。《明史》卷七十五《职官志四》载其起源及职掌：

"巡检司巡检、副巡检，主缉捕盗贼，盘诘奸伪。凡在外各府州县关津要害处俱设，俾率徭役弓兵，警备不虞。初洪武二年（1369）以广西地接猺獞，始于关隘津要之处设巡检司以警奸盗，后遂增置各处。十三年（1380）二月特赐敕谕之，寻改为杂职，俱从九品。清基本承袭明制，《清史稿》卷一百一十六《职官三》："巡检司巡检，从九品，掌捕盗贼，诘奸宄，凡州县关津险要则置。隶州厅者，专司河防。"

[32] 彭君承裕：彭承裕，据道光《宣威州志》卷三《秩官·巡检》，系江西南丰（今江西省抚州市南丰县）人，监生，道光二十年（1840）任，二十二年（1842）八月离任。

[33] 放马坪：今宣威市龙潭镇放马坪村行政村南，有放马坪自然村，当即其地。

[34] 盐塘口：今曲靖市会泽县大井镇有盐塘村，在宣威西境与会泽交界处，方位、道里与此颇合，当即此地。

[35] 此段所指溪流，即倘塘河，道光《宣威州志》卷一《山川》："倘塘河在城北八十里，东流过皂卫河入可渡。"民国《宣威县志稿》卷三《河流》考证较甚细，其载："抱舒河，即倘塘河下游。河之上源出丁磨宗及新村，会于三汶，曰三汶河。东北流五里至发赛，为发赛河。又东北至钱家海子，西冲河自西来会。又东北至张家坡，堡子河自北来会。又东至倘塘城，南官坝河自东来会，自此以下皆称倘塘河。东北流经毛、杜二营，折向东南，色革、迷得等处之水自南入焉。又东至全记为抱舒河，北流至皂卫为皂卫河。"此诸河流皆汇入可渡河，为珠江源头之一北盘江的上游支流。

[36] 可渡河：珠江源流之一北盘江的上游，为贵州和云南界河，今属宣威市杨柳乡。道光《宣威州志》卷一《山川》载："可渡河，在城北一百三十里，水势汹涌非舟楫可渡，滇黔之限也。河北有堡军二十名，地名旧城。后坡顶即威宁州界。"可渡河是滇黔孔道，据该志卷二《关哨津梁》，明代之前，在河北岸即建有城堡，俗称旧城。明洪武十五年（1683），明军由此入滇，在河南距河建有小城。清代在此设有驿站，名可渡驿。道光《宣威州志》卷一《邮旅》云："旧惟堡夫四十名，属倘塘驿管辖，原额无马，今设马六匹。"今尚有关城、古驿道等遗存。

[37] 可渡河由于水势汹涌，其桥屡建屡坏，后遂不建。道光《宣威

州志》卷二《关哨津梁》载其建毁经过："可渡桥在城北一百三十里，跨可渡河，甚险。明傅友德攻乌蛮于此，今炮台、菅盘山遗址尚存。原系木板，在可渡关下。康熙二十八年（1690），总督范承勋建石桥于下游里许。三十三年，圮，威宁镇总兵唐希顺，复建木桥于旧处。康熙五十四年（1722），朽，总督葛琮重建，题其额曰'卧波'。雍正八年（1730）三月内，毁于火，九月内，重建木桥。"但此后，何年又坏，则文献失载。

[38]　汉河：见前可渡河注。

[39]　胡叟：胡姓老年男子。叟，音同擞，老年男子。

[40]　杪：音同秒，此处为末端之意。

[41]　箐口铺：乾隆《贵州通志》卷二《地理志·邮传》遍列全省驿站、铺司，并无箐口铺或金斗铺，惟有箐头铺，音与之近，或作者、抄者有笔误。今威宁县南有金斗乡，乡有金斗村，恰在可渡至威宁的古驿道上，当即其旧址所在。

道光二十年八月

八月初一日，戊午，阴晴。山路上下颇狭，住威宁州，贵西兵备道洎总兵官驻此。[1]近城山颇开展而多童，[2]又地势高寒，不宜五谷。城外平地百顷，被水淹没如滇之海子，[3]然民间惟种荞麦、蜀黍作粮。甚矣！斯地之穷瘠也！闻州刺史为盖君星阶，太原人，未往候。[4]计程八十里。夜雨。

初二日，己未，阴晴。马夫以马力不胜，另换马匹。留住威宁。

初三日，庚申。山路尚不甚险，中途值雨，从者衣履多湿。[5]住清水塘，[6]计程八十里。

初四日，辛酉，晴。山行上下重复，石路尚易行。午后，至了巴山塘，[7]近南一带山乱峰攒簇，[8]山半小石山疏密堆立，极奇。山出黑铅、丹砂、金银，昔年厂甚丰旺，[9]今衰矣。厂民数十家，淘沙为业。住七齐湾又名七家湾，[10]计程六十五里。自倘塘以东，道左无稻，至此，始见沟水泱泱流，田禾秀茂，人家亦渐多。

初五日，壬戌，晴。山路上下重复。住牛滚塘，[11]入毕节县界，[12]计程八十里。

初六日，癸亥，晴。行十里上七星关，[13]关下有溪，即可渡河之下流也，为七星河。[14]叠石架木为长桥，上覆铅为瓦，极整固。[15]天无片云，山行上下，舆夫苦热。沿途负铅者纷纷，皆运泸物也。[16]住高山铺，[17]计程五十里，店屋倾侧不堪。

初七日，甲子，晴。午刻，住毕节县，计程四十里。县令童君犟调帘去。[18]买髹漆、皮器数十件。[19]昨夕，感冒未愈，延医诊视，服药。毕节山秀而尖，向来科名颇盛，[20]惜县治前局面促狭，无平原广野之观，故建牙开府者，[21]寂然无闻。

初八日，乙丑，晴。山行石路上下，途中遇吴紫楼司马均自京旋，[22]旅店谈滇事移时。[23]住孙家铺，[24]计程七十里。感冒犹未瘳，日中嚏不止。夜，服药。四更，咳嗽不能眠，起披衣待旦。[25]

初九日，丙寅，晴，热甚。山行石路，上下甚艰。午刻，住白岩，计程四十里。[26]身汗而夹衣不敢解，[27]犹觉畏风。

初十日，丁卯。畏暑，寅刻即行。山路二十里许，复下山十余里，渡赤水河入四川永宁县界，[28]复上山八里。午刻，住判官脑，[29]计程五十五里。赤水河下流入仁怀厅境，[30]河西驻千总一员，[31]河东驻守备、把总二员，[32]两岸山势雄峻，亦扼要地也。是日，暑尤酷，肩舆中如处热甑。[33]酉刻，雷雨，店屋上漏、旁穿，又苦多蚊。雨后移榻，始获眠。感冒稍愈。

十一日，戊辰，晴。未曙即行，上山十五里至雪山关，关门叠石如城阙，上供佛及关帝像，主僧卖茶、饭以便行人。[34]当关顾盼，西黔东蜀，苍山万叠，耸列晴空，关居其中，实扼险要。于时，晓霞初散，[35]红日当空，凉风习习拂襟袖，令人心神俱爽。卓午，[36]住摩泥，[37]计程五十里。旅店颇雅洁。夜月明，乘凉檐宇下，听秋虫唧唧声，怅然有离别之感。

十二日，己巳，阴晴。山行，路颇崎岖。午后，住普市，[38]计程六十里。闻永宁久旱，溪河无水，舟不能行，心颇忧之。申刻，雷雨，凉爽。

十三日，庚午。晓行，遇雨，稍顷而止。黄雾漫漫，四山蓊郁，移时开霁。山路坡陀。未刻，抵永宁县，计程八十里。永宁夹溪分二城，东为叙永厅，西为永宁县，[39]川盐舟于此起载，[40]黔铅于此置局运泸，故市肆颇繁盛。往候承司马安、恒大令泰，[41]并嘱雇舟四只以待。夜，热甚，通宵汗不息。上次加运二起之项仙舟，[42]同日出滇城，至板桥，渠先行。[43]询之恒君，今晨方解缆去。自滇城至永宁县，陆路共一千四百二十二里。

十四日，辛未。晨，雨，移行李入船。巳刻，赴恒君招，同坐英参戎某、黔局委员陈少尉铸。[44]申刻，入船开行。晚泊双桥子。[45]溪水渐涸，滩濑清浅，[46]舟人费推移力。夜，月明。计水程五十里。四更，舟子起呼水涨尺余，闻之欣然。

十五日，壬申，晴，热甚。黎明解缆，舟行甚速，辰刻过天池，巳刻过江门峡口水驿。[47]江门为永宁河险滩，两岸巨石嶙峋，长二里许，竹箭奔流，篙师放溜瞬逝。晚泊湾滩，[48]计水程二百十里。微云点缀，月不甚明，登岸纳凉，汗犹渍体。舟篷彻夜不闭，扣弦歌咏。无酒无肴，谁云不可度中秋也？

十六日，癸酉，晴。午刻，抵纳溪县入川江。自永宁至纳溪，水程三百七十里。[49]未刻，抵泸州，[50]移入公寓，计水程一百五十里。兆熙督船户所造舟已成十三只。夜，热甚。自永宁至泸州，水路共四百十里。

注　释

[1] 威宁州：贵州大定府属散州，在府城西二百九十里。州地本古巴凡兀姑之地，世为乌蛮所居，属夜郎国。秦开为汉阳县，汉武帝开西南夷，重设汉阳县，属犍为郡，巴的甸部仍居之。后属犍为属国都尉，三国汉属朱提郡。唐为协州羁縻州地。宋为乌撒部。元时内附。至元十五年（1278）置乌撒路军民总管府，二十一年（1284）改军民宣抚司，二十四年（1287）升为乌撒乌蒙宣慰司。明洪武十四年（1381）改乌撒府隶云南布政司，十五年（1382）增置乌撒卫，隶云南都司，十六年（1383）升府为军民府，改隶四川布政使司。永乐十二年（1414）以乌撒卫改隶贵州都司。清康熙三年（1664）改置威宁府隶贵州省，二十六年（1287）省乌撒卫入焉。雍正七年（1729）降为州，隶大定府（据嘉庆《重修大清一统志》卷五百零九及民国《威宁县志》卷三《前事志》）。威宁以地处川、滇、黔三省要冲，雍正七年设威宁镇总兵官驻守。今仍名，为贵州省毕节市威宁彝族回族苗族自治县。

道：明清时期地方行政中介于省、府之间的事务性官职，主官称道员。道作为官称，初见于秦汉时期，为当时在非华夏族居住地区开置之县。隋唐之际有某道行军主管，道即军事通道，属临时而设之战区。唐太宗分天下为十道，玄宗又分为十五道，皆指监察区，有如汉之十三州刺史。宋兴，道废。明代地方复因事而设道，系中央监察部门及省级衙门布政使司、按察使司等之派出机构。道分监察道、分守道、分巡道、整饬兵备道以及若干专业事务道，如水利道、屯田道、管河道、盐法道、招练道、监军道等。诸道以事划区，其辖区并不要求地理上的重合。分巡道之始于明初，以虑地方守令之贪鄙不法，乃于直隶府州县设巡按御史、各布政司所属设试佥事，以监察之，后罢试佥事，改按察分司四十一道，是为分巡道。分守道起于太宗永乐年间（1403—1424），常令方面官巡视民间疾苦，后定制布政使司右参政、右参议分守各属府州县。整饬兵备道之设，源于仁宗洪熙年间（1425），以武臣疏于文墨，遣参政副使沈固、刘绍等往各总兵处整理文书、商榷机密，但不领军务。孝宗弘治年间（1488—1505），兵部尚书马文升，又虑地方武职不修，建议各整饬兵备道增加副佥一员专责整顿兵务，遂成地方军职。清代沿袭道员制度而更加完备。每省皆设道员，道名一般从其管辖地的诸府州县名中提字组成，亦有将一省按方位分区名道，如四川川南道、云南迤东道等，亦有以其负责事务命名者，如浙江粮道、山东运河道、天津海关道等。道员仍分三种，一为专项事务道，根据地方实情而设，如粮食、运河、盐务、矿务、茶马、水利、驻屯、驿传、通商等；一为作为布政使、按察使副手的道员，前者驻于地方称分守道，主管民事，后者驻于地方称分巡道，主管刑事；一为兵备道，有整饬兵备道和抚治兵备道两类，掌监督军事，并可临时受命直接参与或指挥军事行动。到清代中后期，各系统之道有合流趋势，兵备道一般不再单设，而是加于各分守、分巡道上，各道遂多成为省下府上的新一级军政机关。道员作为派出官员，品秩本不定，至清乾隆时期乃定为正四品。查乾隆《贵州通志》，无贵西兵备道，且贵西道驻安顺，但据民国《威宁州志》卷四《职官》所载，分巡贵西道，乾隆初移驻威宁，加兵备卫，此处所云贵西兵备道，当指此（据《明史·职官志》《清史稿·职官志》）。

总兵官：此处指威宁镇总兵官。总兵官，初设于明，本无品级、无定员，临时委派公、侯、伯、都督等率军出征，或总镇一方者称之，事毕则官解。英宗以后，逐渐成为各省、各军事重镇的常设军事武官，末期军事纷扰，设置益滥。清因之，在每省诸军事要地皆设，并定例为正二品常职，掌一镇军政，统辖本标官兵、分防将弁，以听于提督，职权不如明时。威宁镇总兵官，据民国《威宁县志》卷四《职官》所载，初设于清康熙三年（1664），时始定水西、乌撒，初设威宁府，雍正年间，威宁降为州，镇总兵未移（据《明史·职官志》《清史稿·职官志》）。

[2] 童：指山无草木或草木被伐光。

[3] 海子：指较大的湖泊。此海子即今贵州省威宁彝族苗族回族自治县的草海国家级自然保护区，主要保护对象为黑颈鹤和高原湿地生态系统。

[4] 盖星阶：据民国《威宁县志》卷四《职官》所载，乃山西曲沃（今山西省临汾市曲沃县）人，附贡出身，道光十八年（1838）三月初八日上任，道光二十一年（1841）五月卸任。

太原：指当时山西省会太原府，太原府下辖有太原县，均属今山西太原市。其籍贯与民国《威宁县志》所载曲沃人相异，曲沃属平阳府而非太原府。

候：此处指看望、问候。从全书来看，往来官员，拜访问候所经地方官长，似为当时官场礼节。

[5]　履：即鞋。

[6]　清水塘：威宁州境内的集市，民国《威宁县志》卷二《建置·市集》有载，但具体地点今文献难考。

[7]　了巴山塘：查民国《威宁县志》卷二《建置·村寨》有"了巴山"，但今查威宁县并无此地名，今威宁县草海镇大洼塘村有"丫巴山"，"了""丫"形近，但此丫巴山在威宁县城北郊，道里与此不合，不当是。据后文"山出黑铅、丹砂、金银"，则知必在铅、砂共出之厂附近。又民国《威宁县志》卷十五《金石》罗列威宁诸矿厂，铅矿所在皆有，朱砂则只载在洗菜河一侧出产，且在道光年间大旺，方位也与前往毕节之方向一致；另兔子街亦产铅，但未载衰旺时段，且查兔街应在威宁北境（因其地今尚有兔街乡、兔街村），并不在威宁往毕节方向上。以此推测，了巴山塘当在洗菜河附近，即今326国道赫章县水塘堡乡段右侧某处。

[8]　攒簇：向一处聚集的状貌。

[9]　清代铅、锡亦是国家铸币的重要材料，地位仅次于铜。全国产铅之地，以贵州为最，而贵州则以大定府为最，大定府又以威宁州、水城厅（今贵州六盘水）为最。据民国《威宁县志》卷十五《金石》所载，威宁前后所开的铅厂计有妈姑、羊角厂、猪硔厂、架子厂、窝铅厂、天硚厂、竹箐厂、大银厂、小银厂共九处；产丹砂之地有洗菜河、兔子街二处；产银之地有银厂口子厂（明万历二十二年开）、大银厂、小银厂三处；产金之地则无记载，另有铜厂、锡厂、铁厂若干。诸铜厂基本在乾嘉时期（1735—1820）发旺，而铅厂则交替兴旺，除乾隆十四年（1749）至二十九年（1765）间一度停运黑铅，交由湖南办运外，其兴旺基本持续至道、咸年间（1821—1861）。

[10]　七家湾：威宁州重要关津之一，民国《威宁县志》卷二《建置·关津》有载。今赫章县白果镇有七家湾村，当威宁通往毕节的326国道之上，赫章县为1941年分威宁县建，其古今地名当基本一致。七家湾，也是黔西北与省城联系的重要交通关节，据道光《大定府志》卷四十二《厂政》，贵州省城铸局所用铜铅采自大定府者，即在此汇集，而后转运省城。

[11] 牛滚塘：其详文献难考。

[12] 毕节县：贵州大定府属县，在府城北六十里。县地本西南夷夜郎国地，秦时属黔中郡，汉属牂柯郡鳖县地，后汉因之。晋永嘉中（307—313）改属平夷郡。唐罗甸国地，宋属大万谷落总管府，元属八番顺元等路宣慰司。明初为贵州宣慰司地，洪武十四年（1381），明军征云南，置乌蒙、乌撒等卫，毕节为驿站，十六年（1383）始置毕节卫，领守御所一，属贵州都司。二十二年（同治《毕节县志稿》为二十一年）分置赤水卫。清初因之，康熙二十六年（1687）改为毕节县，以赤水卫附入，属威宁府。雍正七年（1729）改属大定府（据嘉庆《重修大清一统志》卷五百零九及同治《毕节县志稿》卷一《建置》）。

[13] 七星关：中国西南古代名关，扼川滇黔三省要冲，遗址在今毕节市七星关区杨家湾镇七星村西六冲河畔七星山上。据乾隆《毕节县志》卷一《疆舆》，七星关在毕节城西北九十里，形如北斗，相传诸葛武侯南征过此，见群峰如七星罗列，特意祀祭，后人遂以七星名山。明洪武十五年（1382）在此建关，关城内包进四山，城外余三山，关城外坊额题"黔服雄关"，清乾隆二十一年（1756），知县董朱英重修关城。

[14] 七星关河：据乾隆《毕节县志》卷一《疆舆·山川》，河"在城西九十里，发源于云南镇雄州，合白马、后所、摘底三河会流出威宁州冠带河，六十里至天生桥，十里至此，又五十里至大定府磨得河"，该描述未指示该河水系。七星关河今名六冲河（又名六圭河），并非可渡河下流。可渡河为北盘江上游，属珠江水系，六冲河属长江水系，是乌江最大的一级支流，发源于毕节市赫章县境西北辅处乡兴旺村。但是同治《毕节县志稿》卷二《疆域上·山川》的考证即已明确指出，七星关河为乌江上源，其云："七星河，《山海经》蒙水出汉阳，西入江，聂阳西郭氏《传》汉阳县属朱提郡。《方舆纪要》七星河，毕节卫西九十里曰乌撒卫，流经此两岸壁立，有七星渡。《府志》蒙水即七星关河，乌江之源，出今威宁州西南十五里八仙海，又曰仙宿海；又东北至州城之西北隅，右纳龙泉、火星、大凹诸池泽之水，自北来南注之；又东北有银厂沟，水自南来注之；又东南流经黑章汛，北流至汛稍东，歇凉亭水东北流注之；又东北左受三道水；又东北沱沿河自北来注之；又东南历土坝、平坝、阿黑关而纳苴蚪河，汇为则底

河；又东南右会北乌河；又南至威宁州北界，右纳后山、岔河，至此为冠带河；冠带河东南流至天生桥而伏，又出而东南流二十里入毕节县界，经七星关；又绕回毕节西南之境五十里，入大定西南界，名磨得河；又东出于奢东、青岗二塘之间，名总己河。"可能在道光时期（1821—1850），尚未探明源流，故黎氏有可渡河下流之记。

[15] 此桥即七星桥，屡坏屡建，据乾隆《毕节县志》卷一《疆舆·津梁》载："七星桥，在城西九十里七星关下，为入滇要津。两旁峻岭耸峙，山泉从镇雄、威宁来，奔放冲突，急疾如飞。明永乐年间（1403—1424），以铁索挽舟济渡，时有倾覆。弘治年间（1488—1505）建木桥，嘉靖年间（1522—1566）羽士黄一中，募建石桥。国初乌酋阿克叛，毁。顺治十六年（1659），总督卞三元兴复。甫三年，桥孔自毁。康熙五年（1666），巡抚罗绘锦再建。二十七年（1688），水涨桥圮。三十七年（1698），威宁镇总兵唐希顺，建木桥颇善。五十四年（1715），大水冲折两柱，桥遂坏。乾隆九年（1744），士民捐募恢复，具呈上宪，益以□帑金。知县劳孝于酌议改建于旧桥之下流，立三石墩架木为桥，盖以瓦房。十九年（1754）五月初一遭回乱。二十年（1755），知县董朱英捐银□□□□两给里中贡生金淑国及子生员金如姚鸠工重建。离旧桥墩数十步，水中筑石墩一大座，两岸俱以大石密砌为墩。桥用大木三层迭盖，极其完固，即二三马驼并行，不克震动，上覆瓦房一十四间，每间内两旁皆设坐槛，槛外皆设板窗以避雨雪。两挽下设门启闭，各建坊一座。绅士、兵民立碑记其事。教谕吴纪撰文。二十二年（1757）十一月，复念桥房陶瓦、板窗等项，不免岁久破损，因再捐银二十两给在城生员秦学瀚、金溢国收领运用，每年三分生息，以备日后修理之费。恐二生不便验看勤修，酌议每年二生将息银六两交付金淑国父子收领。修整桥梁倘有余资，兼修武侯诸庙。修后开报秦学瀚等连名出结，送县查核。倘是年无需修葺，即将息银在行生息，开数送县立案备用。除取两造遵依存案外，各给印照一□纸遵守案卷贮礼房。"又据同治《毕节县志稿》卷四《营建志》载乾隆之后，"后□□时，易以铅瓦。咸丰十年（1860）为叛苗所毁。同治八年（1869），署知县刘应升拨义谷重修"。桥今已毁。

[16] 泸：即泸州。清代黔铅是仅次于滇铜的第二大运京铸币物资。《皇朝文献通考·钱币考五》简要记述了贵州早期办运京铅及供各省买铅的状

况："黔省各铅厂于乾隆四年（1739）议定，二八抽课外，余铅以一半官收一半听厂民自售。九年（1744），复以厂民未能广为售销，定余铅全数官为收买，自九年以后新开各厂，皆照此办理。是年，复以铅斤积产滋盛奏定运往汉口之例。至十三年（1748），以矿产更旺，除解京及黔蜀供铸，并存贮二百万斤，运往湖广一百万斤外，每年又余白铅五百万斤。户部议，各省现俱开铸，需铅甚多，令仍动项收买，添运至汉口发卖，并将铅本脚费核定价直，行知各省，画一买用。寻议定，拨莲花厂铅二百万斤、福集厂铅一百三十万斤、万福山厂铅一百三十万斤、济川厂铅二十万斤、天星厂铅二十万斤，共为五百万斤，各厂工本原有多寡不同，均匀配算，每百斤厂价一两四钱八分，加以水陆运脚，以价银三两六钱六厘销售，所售之银即抵还工本。十四年（1749），以直隶、江苏、浙江、福建、江西、湖北等处每年采买白铅，止约用二百万斤，无需五百万斤之多，复议定岁以二百万斤运至汉口，合之前议，解京各项约需九百余万斤之数。黔省岁产铅一千四百余万斤，除抽课外余铅仍半归官买、半听商卖，尽足敷用。"

不过，贵州产铅之地虽多，但论产量和持续时间，还是以位处黔西北之大定府之威宁州与水城厅为最，上述乾隆朝前期年收铅逾百万斤之莲花厂、福集厂、万福山厂等诸大厂，均在大定府辖境内，因此，京局用铅，大定府是主要供应地。大定府毕节县设有铅店，收兑和发运大定诸厂所产黑白铅。道光《大定府志》总叙该府诸铅厂事，较细，且颇可接《皇朝文献通考》之后续，其云："铅厂之可言者凡四。曰兴发，在大定西，产白铅。乾隆四十一年（1776）十一月试采，四十三年（1778）正月始行抽课，每采铅百斤，官抽课二十斤，余八十斤官购其半，每百斤予值银一两四钱。是时岁供宝黔二局之用，又运五十万斤至永宁以供四川采买，后渐衰歇。无论课余，凡厂所出，官概购之，每百斤予直一两八钱三分，郡直不敷者，通省各府捐贴。岁委佐杂官一员，在厂弹压。四十六年（1781）始不委官，令大定知府总理。五十六年（1791），铅出愈衰，始减川运为二十八万斤。嘉庆元年（1796），遂停川运。其运川之例，每趋一日程，人负铅一百斤，予脚值银一钱二分九厘二毫，自厂至永宁凡十一日程，辄百斤而费脚值银一两四钱二分一厘二毫。又运费银二分，铅直及脚费皆领于布政司库。四年（1799），知府王光显又以矿竭，请停。先是省城、大定二局，岁需铅二十三万一千三百余斤,至是布政使常明始令威宁妈姑厂供省局之铅,而大定居需铅八万三斤有奇,仍供自兴发厂,厂无铅,实设法供办也。事具大定档册。《黔南识略》云,大定水洞坡旧有铅厂供四川采买及省、定二局鼓铸。嘉庆元年、四年,额运不敷,奉准停止,今止供应定局鼓铸铅八万有奇,即此厂也。曰福集厂,在水城常平里。万福厂,在水城永顺里。《毕节志》云,福集厂产白铅,大吏于通省佐杂官内遴委一员管理厂务。设局毕节,每年运京铅一百五十万斤。自厂起运,经赤水渔塘转运至重庆,交委员收镕,运京局供鼓铸之用。又运楚铅,其数每岁大吏酌定,故无常额。自厂运至永宁,交委员转运汉口出售。《黔南识略》云,水城所属福集、万福二铅厂,均于嘉庆十九年(1814)详归西道管理。《水城档册》云,万福厂在永顺里二甲,福集厂在常平里八甲,皆经署通判张宝鉴请归巡道管理。凡此,皆水城铅厂之巅末也。曰妈姑厂,在威宁性化里,产白铅,乾隆十二年开采。每采铅百斤,官抽课二十斤,每岁额购铅二十万斤,至永宁交委员转运至京,及供川楚采买之用。曰柞子厂,在威宁州,产黑铅,乾隆三年开采。年久矿竭,附近有新开、朱红、塘子三厂承其课购。每采铅百斤,官抽课二十斤,余八十斤,官悉购之。每百斤官予值一两五钱,运至七家湾转运,供省、府二局鼓铸及楚省汉口出售之用,咸具《威宁州志》。《黔南识略》云,威宁州物产惟铅最多,妈姑、羊角、新发、白崖、马街、裸纳、黑泥、三家湾等厂,额抽课及采办白铅四百二十八万有奇。柞子、朱矿、裸布戛等厂,额抽课及采办黑铅共五十六万斤不等,即此。二厂之分目也,《威宁州志》云,天桥银沟厂产黑铅、白铅,长炉、高炉均有。当滇、蜀两省之冲。父老相传,此厂开自五代汉高祖天福中,旧有银。元明时,亦尝开采。乾隆中,商民张万高复辟其厂,是威宁复有天桥厂。其抽课、官购,亦即在二厂之额内也。《毕节志》云,朱砂厂产铅,本威宁州地,毕节县遣人管理也。每年运楚铅,其数由大吏临时酌定,自厂运至永宁,交委员运至汉口出售。乾隆二十年(1755)十月,矿竭封闭。此又废厂之一也。黔西、毕节档册皆云无厂,《平远志》不及厂事,当无产也。"

大定府出产黔铅既多,且交替兴旺,基本持续到清末。京铅、汉口铅,四川都是其必经之路,所以黎氏说运铅者纷纷。但是川黔一带,山高路险,又还是滇铜运泸的主要通道,道路拥挤、驼马人役不足常为官府所忧,为此，清廷亦多方开路，提升运力。《清实录·高宗实录》乾隆十九年（1754）载贵州巡抚定长奏："乾隆十年（1745）奏准动项开通毕节县之赤水河，直达川省重庆（已按：指经赤水河至合江入长江而达重庆），以便铅运。后因河道险阻，仍多由陆运。又将威宁水城应运铅，俱运交毕节县合办，更属周章。应请将水运铅，改由白沙以下之鱼塘为口岸，运至新龙滩起剥陆运，至二郎滩下船，直达川省。其毕节应办之水运铅，仍令就近办运。威宁州及水城厅应运之铅，照向例各由陆路分运永宁水次，就便省费。"该道，即赤水河道。乾隆十年奏准开通赤水河道，其上游地带虽一度开通，但终因水势滩石太险，旋即废弃，归复永宁一道。乾隆十九年定长之奏，则为以陆路避开赤水河之不可通航处，仍由赤水河出川江。虽获准开工，仍未获成功，或旋即废弃，故终为定制者，仍以永宁为长途运官领运店。然经永宁河出纳溪入川江与经赤水河出合江入川江，并在泸州直隶州之境界，故亦可以泸州代之。然，又乾隆二十四年（1759），据《皇朝文献通考·钱币考五》，因运力有限，福集等厂积铅二千余万斤，妈姑厂积铅三千余万斤，壅滞不销，久悬帑本，便议开浚贵州省城至平越府（今贵州省黔南州）河道，将京铅径由黔省水道直达湖广，陆续分运，但究竟以费力无功而罢，永宁、泸州仍为黔铅东运所必经。

[17] 高山铺：毕节驿递铺司之一。乾隆《贵州通志》卷二十三《邮传》载毕节诸铺，有两高山铺。查乾隆《毕节县志》卷一《屯堡》，在县东有高山堡，县西有云山铺（即高山铺），清代驿站体系有驿、有堡、有铺，堡、铺常有并设之例，民间或亦通称。或为区别起见，城西的高山铺又名云山铺。今毕节市七星关区（即原毕节县旧地），其东西部亦各有高山铺村，但此处所指是毕节城西之高山铺，今属长春堡镇，在326国道上。

[18] 翚：音同恢，据同治《毕节县志稿》卷十一《职官上》，童翚，湖南宁乡（今湖南省长沙市宁乡县）人，进士出身（据《明清进士题名碑录索引》系道光十三年，即1833年，三甲第三十七名进士），道光十九年（1839）任职，二十二年（1842）卸任。

县令，即知县。清代一县主官，不称县令，而称知县，秩正七品。"令"是官场沿用秦汉官制的雅称。按秦汉县制，万户以上为令，不足万户为长，后代因之。至唐，废县长之称，皆称县令。五代、辽、金同。至宋，县令始称知县。元代，县无分大小，皆有达鲁花赤、尹各一员，尹为主官，达鲁花赤为监治官。明代，恢复县主官名为知县，清因之（据《文献通考》《续文献通考》《宋史》《元史》《明史》《清史稿》）。

[19] 髹：音同休，赤黑漆、涂漆，此处应指赤黑漆器。

[20] 科名颇盛：即科举中士者较多。今仅从进士举例，据民国《贵州通志·选举志》根据省府档案所列举的有清一代贵州进士名录，从顺治至清末科举废除，贵州通省共出进士619人，其中省会所在之贵筑县118名，其次是贵阳县61名；地方上则以遵义为最，36名，其次则为毕节，29名。毕节所出进士大体集中在乾隆至道光时期，而省城贵筑、贵阳则以道咸以后为高峰，遵义则分布较为均衡。这暗示出铜铅运输对毕节的文教事业有一定提震作用。不过，古人迷信风水，但凡都城、会城、官衙、住宅的建造必尽可能择山水形胜之地。所建对象等级不同，其相应最适合之山水形胜也有不同规模。如都城所在，必背倚连绵之山，面朝流长之河，左拥右抱，平畴千里，方为形胜。省会、府县治所等，也以此为原则，各择一方形胜之地而建。毕节之山秀而尖，有人才出众之象，但要前程远大，才智得展，还须明堂广阔。而毕节山虽秀丽，却万山交错，并无足够广阔平畴广野，所以局面狭窄，一方士人难以施展才华。其后文称毕节士人"建牙开府者，寂然无闻"，即很少出现能够主政一方、独挡一面的文武将相，亦为此之故。

[21] 牙：初指将军之旗，《字汇·牙部》云："牙，将军之旗曰牙，立于帐前谓之牙帐，取其为国爪牙也。"《三国志·吴书·胡综传》："又作黄龙大牙，常在中军，诸军进退，视其所向。"以此，又引申为军队主将所在地的称呼，如《隋书·长孙览传》："晟遣降阧睨候雍间，知其牙内屡有灾变。"又引申为官署的称呼，后作"衙"，唐封演《封氏闻见记·公牙》："近代通谓府廷为公衙，公衙即古之公朝也。字本作牙……军中听号令，必至牙旗之下，称与府朝无异。近俗尚武，是以通呼公府为公牙，府门为牙门，字稍讹变，转而为衙也。"所以，建牙，或为独挡方面的军将，或为一方州、县、府、省等之主官。

开府：本指建立专门府衙，设立属官治事。秦汉三公皆设有属官，在府治事。自汉昭宣之时（前87—前48），霍光以大将军执政，大将军、大司马亦皆开府治事，后汉又增骠骑将军、车骑将军、卫将军皆开府，但此时尚无"开府"之名。三国时期，蜀将黄权降魏，魏以之为车骑将军开府仪同三司，始有"开府"之名。开府本是"三公"（汉代亦称三司）特权，以非三公而开府者，其官职亦同于公，如大将军、大司马等，自黄权始，以低于公位而开府者，一般以"开府仪同三司"为衔，不加"开府"，只加"仪同三司"者则不能开府治事，只是在驻行仪仗上享受公之待遇。南朝齐，开府仪同三司如三公，梁则次于三公，但都可如三公一般开府治事。晋以降，类似的官职，又有"如开府同三司"，则是享受三公的开府特权，而不能享受其驻行仪仗。终于南朝相沿不改。在北朝，后魏始有"仪同三司""开府仪同三司"诸衔，其位次于上公。后周（即北周）建德四年（575）改"开府仪同三司"为"开府仪同大将军"，仍增置"上开府仪同大将军"，又改"仪同三司"为"仪同大将军"，仍增置"上仪同大将军"，但实质未变。隋兴，文帝并以诸"开府仪同"为散官，但在开府的设置上，又在诸卫，如左勋卫、右翊卫等置开府、设属官，又有"仪同府"，虽未明言"开府"，但也比照诸卫设府置员。"开府仪同三司"亦有，但仅为四品散实官，至炀帝按汉魏制，升为从一品，位次三公。唐兴，武德七年（624）改"上开府仪同三司"为"上轻车都尉"，"开府仪同三司"为"轻车都尉"，"仪同三司"为"骑都尉"，后又以"开府仪同三司"为文散官，非本有开府权者，不再实有开府治事之权。但是，玄宗开元（713—741）以前旧例，开府、特进虽不带职事，皆给俸禄，得与朝会，班列依本品之次，皆崇官盛德罢剧就闲者居之，则是一种荣誉虚衔。宋兴，本无"开府仪同三司"衔，至神宗元丰年间（1078—1085）修改官制，复用此衔，但仅为宰相致仕去官的荣誉加衔，如文彦博为开府仪同三司守太师充护国军山南西道节度使而致仕。在金，亦有此官，为文官从一品散官，上等曰"开府仪同三司"，中等曰"仪同三司"；元代，则为文官正一品散官，头等"开府仪同三司"、次等"仪同三司"。明代，罢此官，清亦未设（据《文献通考》《钦定续文献通考》）。此处借指文武高官。

[22] 吴均：字紫楼。查民国《新纂云南通志》卷十三《历代职官表二》，道光时期，曾任云南府昆明县知县、永昌府同知、昭通府直隶同知、广南府知府。又据道光《广南府志》卷三《秩官》，归安（今浙江省湖州市

归安县）人，举人出身，道光十八年（1848）署理广南知府。此时，当在昭通直隶同知任上，故称司马。

司马：本先秦古官，掌兵马作战。汉武帝罢太尉，设大司马，冠于大将军、骠骑将军之上，宣帝时置大司马不冠将军，亦无印绶官属；成帝时赐大司马金印紫绶，置官属禄比丞相，去将军号，哀帝时复去大司马印绶、官属，将军如故，后又复赐大司马印绶，置官属，但去将军，位在司徒上。王莽居摄，以汉乃无小司徒，而定司马、司空之号，并加大，为大司马、大司空。后汉光武末，省大司马，以太尉代之，此后，常与太尉迭置不并列，至灵帝末始重新定置大司马。魏文帝复置大司马，但仍置太尉如故，由此太尉、大司马、大将军各自为官位，位在三公上。晋与南朝宋因之，南朝齐定大司马为赠官，罢开府，梁时又复开府，陈又为赠官。北朝后魏与齐，与大将军同为"二大"，位在三师下、三公上。后周改官制，以之为夏官大司马卿。自汉宣帝起，大司马实际成为文官职衔。隋兴，罢大司马官。又汉制，大将军属官有长史、司马各一人，秩千石。司马主兵，如太尉。大将军营五部，部校尉一人，比二千石；军司马一人，比千石。又有军假司马，为军司马之副官。军司马在别营领属，则为别部司马。如此，此时司马实为中下级军官。司马作为武职系统的职官称呼，一直相沿至明，元、清皆不设。北朝三公级别的官员而开府者，亦皆设有属官司马，但只相当于军事参谋。北朝以来，州有司马，但其具体职掌难考。隋兴，上上州刺史开府治事，属官中设司马，分责刺史府中军事事务。唐代，上等州、下等州皆置司马，惟中等州不置。宋代府州县，据《宋史·职官志》则不见有司马属官。清代官场习语中，雅称府同知、直隶厅同知为司马，州同、州判为州司马。

[23] 移时：经历一段时间。

[24] 孙家铺：毕节城东官道上的铺司。据乾隆《毕节县志》卷五《营汛志·塘铺》，从城东出，十里至观音桥，十里至迎宾铺，十里至木梯铺，十里至梅子沟，十里至层台汛，二十里至孙家铺，刚好七十里，与作者所行道里合，所经各铺应都在官道上（据同治《毕节县志稿》卷二《疆域·乡里》孙家铺在城东六十里，但今毕节市七星关区已无孙家铺地名，燕子口镇曾有孙家堡村，堡铺相邻，当即其地。又乾隆《毕节县志》卷一《疆舆·屯

堡》，在毕节东亦有孙家堡，但从燕子口镇方位、道里来看，原孙家铺在应在其附近）。

[25] 待旦：即等待天亮。

[26] 白岩：即白岩铺，毕节东部铺司。据乾隆《毕节县志》卷五《营汛志·塘铺》，孙家铺十里至小哨沟，五里至大哨沟，十里至小塘铺，十里至环秀桥，十里至白岩铺，共四十五里，可能有个别铺司并不在这条官道上。今七星关区白岩村邻近四川，当是其旧址。从毕节至永宁，黎氏所行官道，基本沿今厦蓉高速（G76）右侧延伸。

[27] 夹：同"袷"，音同夹，指夹层无丝絮填充而有表有里之双层衣服，一般在夏天穿着。

[28] 赤水河：今仍名赤水河，为长江川江段南岸支流，以河流含沙量高、水色赤黄而得名。发源于云南省镇雄县北部两河乡花果顶梁子，上游称鱼洞，东流至川、滇、黔交界处的梯子岩，经贵州省的毕节市、金沙县与四川省叙永县、古蔺县边界，进入贵州省仁怀市，又经习水县、赤水市，至四川省合江县汇入长江。乾隆《毕节县志》卷一《山川》："赤水河，旧名赤虺（音同毁），虺音似水，遂讹今名，在城东一百五十里。发源于云南镇雄州斑鸠井阿郎一百余里，至此又七十里，至鄢家渡八十里，至仁怀县与猿猴河合。"同治《毕节县志稿》记载更详："赤水河，《汉书》犍为郡南广大涉水，北至符入江，过郡三，行八百四十里。《华阳国志·平夷县》有虺（音义同跷；音掉，石名；又同'铫'，煮食物的瓦器）津（任乃强认为可能是今赤水渡，因为赤水上游，只有此处是重要渡口，沙岸平阔）、安乐水，《水经注》符县治安乐水会，水源南通宁州平夷郡鳖县，北经安乐县之东，又经符县下北入江。《明史》赤水卫东有赤水河。《方舆纪要》赤水河在赤水卫南，源自云南镇雄府，经城西五十里之红土川，东流经此，每逢雨涨，水色深赤。下流至永宁界，为永宁河。《府志》载：'赤水出镇雄州，东北百廿里（至）窝洛泥，曰厂丈河。东流，左会洛江水，又东南左会洛昔河，河出西北山而南注厂丈水。又南，右会洛甸河，河出镇雄东北三十里洗白，曰板桥河。河出镇雄东北籛卧，东南流经乐利溪，上五当大茶园、小茶园，而右会妥泥河出镇雄北，东历妥泥河而入于雨洒，雨洒又东南注洛甸，洛甸又东注厂丈，厂丈又东，右受母享河，河出镇雄东北

母享山，东北流经天生桥下，又东北入于厂丈。厂丈又东南流入毕节界，历两河岩、镰刀湾、岩梯，又东南流，西有阿朗水入之。水出镇雄东南界之阿朗而东注，右会北肇之水，水西北出而东南注阿朗。又东南至巴茅柯，入于赤水。又东南历大通口，又东南历镇江寺，又东南历许家渡，又东南经赤水汛，又东南孙家河注之。河出孙家铺东北流，板桥水注之，又东北入于赤水，谓之小河口。赤水又东南流，历大河口。大河，杉木河也，河出西南山而东北注之。又东北至壁峰岩，又东北历二道河，又东北经龙场，又东曰马蹄滩，滩右卧牛河水注之。卧牛以西为黔西界，又东流黔西州西北界，北界叙永厅，东界又屈而北流，至鄢家渡入仁怀界。'"

[29] 判官脑：查雍正《四川通志》、民国《叙永县志》，永宁皆无此山、关、铺或镇、乡、寨地名，其名或已失。

[30] 仁怀厅：即贵州仁怀直隶厅，在省治西北九百七十里。其地初为巴国地，秦并巴蜀，为巴郡地。汉开西南夷，为犍为郡鳖县地，后为犍为郡符县地。晋分符县南部置为安乐县，属之。隋为泸川郡地，唐为播州芙蓉、琅川诸县地，又分置乐源县隶珍州。北宋大观三年（1109）始置县，名仁怀，宣和三年（1121）降为堡。元因之，属播州宣抚司地（播南路），隶四川行省。明万历二十九年（1601），平播州土司杨应龙，置仁怀县，改为仁怀县，属四川遵义府。清初因之，雍正五年（1727）随遵义府改拨贵州，九年（1731），移县治于生界之亭子坝（从今赤水市移至今仁怀市），以旧县治为遵义府通盘驻地。乾隆四十一年（1776），改为直隶同知。据嘉庆《重修大清一统志》卷五百一十六及道光《仁怀直隶厅志》卷一《建置》。今为贵州省直属副厅级仁怀市。

[31] 千总：明代始设的下级武官，《明史·职官志》未载此官。查《明实录》，武宗正德七年（1512）二月甲申，提督军务都御史彭泽言十一事，有"宜令千总、把总所部各五人为伍，编定牌面，填写年貌"之语，则在此之前，已有千总之设。但今存《明实录》并不完整，不能以此断定最早出现在此时。从《明史》列传来看，《杨宁传》记载其子方一岁，便因其功荫得新安卫副千总，时在英宗复辟后。若是太祖、太宗定制，其起源不当失载，因此疑是代宗时期，于谦改革兵制时所始设。又据《明史》卷九十二《兵志四》所载"万历三年（1575），令陕西番贼功，视成化中例，军官

千总领五百人者，部下斩三十级，领千人者六十级；把总领五百人者十级，领千人者三十级，俱进一秩至三秩"来看，千总似并无固定带兵人数，且属于如总兵官、副兵官、参将、游击将军、守备、把总一样，本身是无品级、无定员，因事因地而设之武职。但在战斗力上，应该强于把总，因为对其作战要求更高，可能其所带的兵士在质量上要高于把总所带。清代，千总成为正式武职，初为正六品，康熙三十四年（1695），将千总改为从六品，五十八年（1718），仍为正六品，低于守备而高于把总，职掌同于把总、外委把总、额外外委，负责各营、哨、汛地的驻守。凡千总驻扎的营汛，其兵员，从同治《永宁州志》卷七《武备》来看，在60~100名。

[32] 守备、把总：皆明官而清因之。不过，守备、把总在明都是无品级、无定员，因事因地而设之武职，在清代，守备初为正四品，康熙三十四年（1695）定为正五品，把总则是正七品。守备在明代主要执掌一城一堡的守卫，而清代则主掌一城营务粮饷，属总务官（实际上，在有些地方也掌汛塘等驻防，如《大清一统志》卷四百一十八《关隘·赤水营》就云"本朝设守备驻防"），但官阶高于千总、把总。把总掌分防之汛塘哨所，有兵十数人到五十人不等。此处云守备、把总两员，则同时驻有守备、把总各一员之谓（据《明史·职官志》《清史稿·职官志》）。

[33] 甑：音同赠，蒸食物用的一种炊器。甑在中国出现甚早，考古发现之最早者在新石器时代晚期，陶土烧制，形如木桶，底部密布透气小孔，置放于鬲或镬上蒸煮，如现代之蒸笼。殷周时期亦有用青铜铸成者。今多用木或竹制成，云贵川山区农村，今犹多用者。

[34] 雪山关：川滇黔古道上的著名关隘，在雪山东侧。嘉庆《重修大清一统志》卷四百一十八《叙永直隶厅》载云雪山关在厅东一百里（就方位而言，说城南更确，但古人计方位，以出城门方位为序，凡从东城门出而到达者，均可言城东）。《大明一统志》谓高峻巉岩、幽隐莫测，方冬积雪，春尽始消。关有城，洪武年间（1368—1398）垒石而成，清代在关内设有铺司。关内又有云峰寺，即主僧卖茶、饭处。雪山关今址在四川省叙永县赤水镇北雪山村，在山顶两峰之间，山下即赤水河，是泸州市二级文物保护单位。雪山关是古代由川入黔、滇的交通要道，在山上可俯瞰三省，景观极壮。明代以来，文人经此，多有题咏，近世蔡锷、朱德亦曾合

作对联吟此胜景。雪山关所在之雪山，系四川盆地南沿最高峰，因山顶积雪时间长久而得名。主僧：即主持。

[35] 晓霞：即朝霞，日将出时出现的霞光。

[36] 卓午：即正当午。卓，此处为当、正之意。如唐李白诗《戏赠杜甫》："饭颗山头逢杜甫，头戴笠子日卓午。"

[37] 摩泥：地名，有摩泥铺，是川黔驿道上的铺司之一，雍正《四川通志》卷二十二下《驿传》载其在县东七十里。不过，该志书也载雪山关铺在县东八十里，若此，从雪山关下至摩泥铺只得十里，而黎氏十五里至雪山关，中午住店摩泥，一日共行五十里，则明显道里不合，多出二十五里，未知何故。今叙永县有摩尼镇，在川黔古驿道上，或其旧地。

[38] 普市：叙永县驿站和驿递铺司名。雍正《四川通志》卷二十二下《驿传》载普市驿在县东五十里。又嘉庆《重修大清一统志》卷四百一十八《叙永直隶厅·关隘》载云普市初开于明，洪武二十二年（1389），普定候设普市守御所于木案山下，因士民曾为市贸易于此，故以为名，康熙二十六年（1687）省入永宁县。今叙永县震东乡有普市村，在321国道上，亦是川黔古驿道沿线，距叙永县城所在20余公里，道里基本一致，当是其旧地。

[39] 叙永厅：即四川叙永直隶厅，在四川省治东南九百九十里，永宁县为其唯一所辖县。汉武帝开西南夷，为犍为郡地。晋宋及唐俱为蛮獠地，宋为泸州江安、合江二县地。元初在其地置西南番总管府，世祖至元二十五年（1288），改为永宁路，隶四川行省。至正（1341—1367）年间，改为永宁宣抚司。明洪武四年（1371），改为永宁安抚司，又增置永宁卫，分属贵州都司。八年（1375），复升安抚司为宣抚司，隶四川布政使司。后宣抚司废，永宁卫仍留。天启三年（1623），置为叙永直隶厅，隶叙州府。清初因之，康熙初（1662），以永宁卫隶贵州威宁府，二十六年（1687）改卫为县，是为永宁县，仍隶威宁府。雍正五年（1727），叙永厅并入永宁县，改隶四川叙州府。八年（1730），复设为叙永厅。乾隆元年（1736），升为直隶厅，由四川省直辖，领一县，即永宁县。叙永厅治永宁河东，永宁县治永宁河西（据嘉庆《重修大清一统志》卷四百一十八）。清末，永宁县又于光绪三十四年（1908）往东迁往古蔺场，宣统元年（1909）遂改永宁县为古蔺县。

[40] 川南一带，素来盛产盐。清自雍正八年（1730）定制，四川富顺、资州、射洪、中江、犍为、荣县等州县都有一定份额的盐引，向滇黔湘鄂边各府州县销售。黔西北一带，向食川盐。滇东北昭通、东川二府本食川盐，雍正四年改隶云南后，食滇盐，后以滇盐不敷，雍正七年，昭通、镇雄改食川盐，乾隆三年，东川、宣威、沾益、平彝，南宁皆改食川盐，其后不断增加盐引配额。乾隆十六年又将曲靖府属川盐配额，改拨东川、昭通二府，曲靖府则复食滇盐。滇东北一路向经水富、盐津、昭通一线进入，而黔西北经永宁转入。川盐自永宁河来者，实是逆流而至。黎氏此处云在永宁起载，似属不确，应是在永宁起剥上岸，转运毕节、威宁、仁怀等地（据乾隆《四川通志·盐法志》、民国《新纂云南通志·盐务考》、赵逵等《试论川盐古道》（《盐业史研究》，2014 年第 3 期）。

[41] 承司马安、恒大令泰：即叙永厅同知承安、永宁知县恒泰。承安、恒泰，民国《叙永县志》无职官志，其详难考。

[42] 项仙舟："舟"后文也常作"洲"，据后文，仙洲是字，名瀛。查《新纂云南通志·清代职官表》，项瀛，安徽太平人（今安徽省黄山市太平区），道光期间，曾任云南府易门县知县、两任临安府石屏州知州。易门县，今为玉溪市易门县；石屏州，今为红河州石屏县。

[43] 渠：此处为第三人称代词，相当于其、他。

[44] 英参戎某：即参戎英某。参戎，本意为参谋军事，也泛指参谋军事之职位，如《梁书·侯景传》："以柳敬礼为使持节大都督隶大丞相参戎事。"明清时期，用以指代参将。明代始设武职参将，但无定员、无品级，凡临时、临事设总兵、副总兵，则其下亦设参将若干，分主军务或领军作战，其下则有守备、游击将军等职。清代因之，设为正三品武职常职，上辖于镇守总兵官、副将，掌防汛军政，充各镇中军官。非战时，掌诸营者一般为参将（据《明史·职官志》《清史稿·职官志》）。英某，民国《叙永县志》无《职官志》，其详难考。

陈少尉铸：少尉，清代官场对典史的雅称。典史，本为典与史，《国语·周语上》载"瞽献典，史献书"，典指乐典，上古为盲人所掌，史则掌《书》，即记录上古圣君贤臣言行的书。秦汉以后典史逐渐联为一体出现，但仍为一个动宾短语，意为主持史事，如《魏书·自序》："始魏初，邓渊撰《代记》十余卷，其后崔浩典史，游雅、高允、程骏、李彪、崔光、李琰之世修其业。"元代始设典史为官，警巡院、印染局、制皮局等匠役机构因需而设，有定额，无品级，属流外官；但在各县，均设典史，其职掌《元史·百官志》未有明言。明代户部诸提举司，顺天府、应天府，亦设有典史，为底层文书类官员；诸县各设典史一人，为县主簿（正九品）下属，掌文移出纳，如无县丞，或无主簿，则分领其职，《明史·职官志》不载其品级。清代顺天、应天二府亦设典史；诸县亦各设一人，掌稽检狱囚，县无县丞、主簿者，则亦兼领其事；秩从九品下，未入流（据《文献通考》《宋史·职官志》《元史·百官志》《明史·职官志》《清史稿·职官志》）。民国《叙永县志》无《职官志》，陈铸之详难考。

[45] 双桥子：永宁河沿岸地名。据民国《叙永县志》卷一《山川·永宁河》，双桥子是三岔河汇入永宁河处。今叙永县龙凤乡北有双桥村，在永宁河右岸，当是其旧址所在。

[46] 濑：音同赖，指从沙石上流过的清水。《说文解字·水部》："濑，水流沙上也。"

[47] 江门峡：永宁河中著名峡谷，民国《叙永县志》未载。从今叙永县江门镇至纳溪区上马镇，沿江十多公里皆是。河西岸是在古驿道原址上扩建的321国道。口水驿：恐是从旧水驿所改之地名，今已不存，旧址当在江门镇江门峡口外。

[48] 湾滩：民国《叙永县志》未载，今泸州市纳溪区花果镇永宁河西岸，有湾滩地名，或即其旧地。

[49] 纳溪县：四川泸州直隶州属县，在州治西南四十里，永宁河入川江处。县地初为犍为郡江阳县地，汉末、三国属江阳郡，隋为泸州江南二县地，旧称溪里。北宋皇祐二年（1050）于溪口置军寨，称纳溪寨，设递运所、巡检司，属江安县，南宋绍兴五年（1135）升为县，属泸州，元明清因之（据嘉庆《重修大清一统志》卷四百一十二及嘉庆《纳溪县志》）。川江：即长江四川段，起于四川宜宾岷江入金沙江处，止于湖北宜昌。

[50] 泸州：即四川省辖泸州直隶州，在省治南七百五十里。州地在《禹贡》为梁州之域，后为巴国地，秦并巴蜀为巴郡地。汉开西南夷，为犍为郡枝江都尉地，后为犍为郡江阳、符二县地，建安十八年（213）益州刺

史刘璋分置为江阳郡。晋因之，南朝宋曰东江阳郡，齐因之，梁于郡置泸州，始得泸州之名。隋开皇初（581），郡废，文帝仁寿年间（601—604）置总管府，炀帝大业初（605）废总管府，改泸州为泸川郡，改郡治江阳县为泸川县（治今泸州市）。唐武德元年（618）复曰泸州，三年（620）置总管府，寻曰都督府。天宝初（742）曰泸川郡，乾元初（758）复曰泸州，属剑南道。五代属蜀，宋亦曰泸州泸川郡，宣和元年（1119）置泸川军节度，属潼川路。景定二年（1261）为元所取，寻收复，改曰江安州，属潼川路。元代，取定此地，仍名泸州。世祖至元二十年（1283）以州治泸川县省入，二十二年（1285），割属重庆路。明洪武初，升直隶州，属四川布政使司。清因之，属四川省，领纳溪、合江、江安三县，并九姓长官司（土司）（据嘉庆《重修大清一统志》卷四百一十二，及光绪《直隶泸州志》卷一《沿革》）。今为四川省泸州市。

二　川江纪程

地点起止：泸州—汉阳

时间起迄：道光二十年八月十七日至十二月二十日

　　　　　　（公元 1840 年 9 月 12 日至 1841 年 1 月 12 日）

道光二十年八月

十七日，甲戌，晴。谒护永宁道吕太守延庆，[1]并候贺州判登举、[2]邹吏目家模、[3]铜店滇员夏钟山大令铭修、谌春泉大令厚泽。[4]时州刺史黄杏川鲁溪调帘去，[5]护理州篆者纳溪徐笕飖大令锡金，也回县不遇。[6]热甚，夜雨达旦，稍凉。

十八日，乙亥。晨雨，至午方止。往申都司某，[7]护送王从九祖培、沈从九鹤年，[8]监兑薛典史开科，[9]黔省委运一起京铅清镇王对山大令畬。[10]

十九日，丙子，晴。交带解水脚银赴州库，余本运应领六千余两，扣存。[11]徐笕飖大令来。船户以新髹漆器置寓斋，余素畏见漆，遂受毒发疮。

二十日，丁丑，晴。晨过徐笕飖大令。夜雨。

二十一日，戊寅，阴雨终日。发船户甘长顺价银三千两。[12]

二十二日，己卯，阴。候石屏项仙舟刺史瀛。

二十三日，庚辰，晴。

二十四日，辛巳，晴。遣人赠州店诸公土仪。[13]

二十五日，壬午，阴。漆疮渐愈。

二十六日，癸未，晴。赴局开秤兑铜六百斤。监兑管少尉应龙，常州人也。[14]

二十七日，甲申，阴。赴各舟查视舱口。

二十八日，乙酉，阴雨。兑铜一万九千四百斤。

二十九日，丙戌，阴。兑铜五万斤。

三十日，丁亥，阴。兑铜七万斤。

注 释

[1] 永宁道：即川南道，治所在泸州。护永宁道，即护理永宁道。清代任官形式据光绪《大清会典》卷七记载："凡百官之任，有管理以重其务，有行走以供其职，有稽察以慎其法，有兼充以省其官，有差委以寄其责，

有分发以练其事，有署理以权其乏，与额缺官相辅焉。"其中，并无护理的任官方式，但在实际运作中则常有护理事件，据刘文波的研究，护理官是由上级主官或离任官员，在署理官或正任官未到达之前，暂时从属员中挑选出来，代行主官职责的官员，也常称为"护篆"，即暂时保护印章之意。署理官具有完全行政权力，护理官却具有不完全的行政权力，且在实际行使权力中，会因护理者的个体素质差异而呈现出权力行使的不同程度（据刘文波：《清代任官中的署理、护理差异》，《历史教学》，2011年第2期）。

吕太守延庆：即太守吕延庆。据《明清进士题名碑录索引》，吕氏系嘉庆二十五年（1820）庚辰科三甲第八十二名进士，山东掖县（今山东省莱州市）人。就《清实录》中散见事迹来看，吕氏道光年间（1821—1850）长期在四川为候补知府，故称其为太守。

太守：本郡主官名，后演化为宋代以降之知府，明清时期官场以之雅称知府。乾隆《钦定历代职官》卷五十三《知府直隶州知州等官表》载其起源演变及责权变化甚详，其云："守令为亲民之官，而以守统令，其职益繁则其任益重。三代分土建侯，今牧守之地，古之侯国也。惟畿内之地，百里内有州，四百里内有县，而州则属于乡大夫，县则属于遂大夫。盖地不置侯而治土治民必有统率，与今之府州职差相近。汉郡守秩二千石，置丞、尉、别驾、长史，侯国则以内史相治民，实为守土专官，故州牧刺史迭有变更，而郡守之职，由汉迄六朝不改。自南北分裂，置郡日多，州之所统无以大异于郡，隋唐之世或去郡或去州，盖亦因时制宜之法。然欲去郡而郡卒不可得而去，欲去州而总管府、采访使之设，则仍州制也，于是州名始降而与郡无异矣。若夫京都称府始于唐代，每府置尹及少尹以治之，诸郡不得侪焉。宋代又以潜藩建节之地，皆升为府。元明因之，置府浸广，而天下诸郡尽以府名，郡守则尽以知府名。然知府之称实起于宋之以京朝官出莅府事，因其犹带本衔，故曰以某官知某府耳。若不由京朝官出者，曰守、曰尹，原不相混。元代散府尚存府尹之目，至明而一概皆称为知府，无所区别矣。直隶州、知府之设不见于古时，惟后汉属国都尉，以县之离郡远者置之，稍有属县，与郡守分土而治，略见权舆。隋唐罢郡之后，州无不直隶者，虽名为州，其实郡也。渤海国大底规仿唐制，于隶府诸州之外有独奏州之称，于是州始异于郡，而惟独奏州则可以视郡。至明代，诸府之外领县，而视府差小者，以直隶州称之。若府州僚佐列代相仍，名制少异而大率相近。"

[2] 贺州判登举：即州判贺登举。州判：即州判官，地方官名。宋初为避免前代藩镇之弊，于太祖乾德初年（963），置诸州通判，是为州判之起源。宋代地方机构府、州、军、监，除小军、小监不置通判外，其他皆置。其位为主官之副，但凡地方一切军政司法事务，均须通判与主官签署，方可下发执行，或上报事件。哲宗元祐（1086—1094）时期，以知州为帅臣，其军事事务，通判不再共管。宋室南迁，因袭旧制，但凡遇军旅之事，则专任通判以钱粮之责。明代，诸州不分直隶与否，均设从七品判官，与从六品同知一起俱为知州的直接属官，但某州如人口太少，乡里不足三十个，且无属县，则裁去同知与判官，有属县则裁去同知，保留判官。判官无定员。清代诸州，大体因袭明制，但同知与判官，均改为州同、州判，品级不变。州同、州判，分掌粮务、水利、防海、管河诸职。州同雅称州驾、州司马，州判雅称别驾、州司马，黎氏此处未用雅称。另外，明清时期，在府级层面，也设判官，即通判，与同知并为知府属官，同知正五品，通判正六品。同知、通判掌清军、巡捕、管粮、治农、水利、屯田、牧马等事，明代无常职、无定员，清代有常职、无定员，职掌与明相同（据乾隆《钦定历代职官表》卷五十三《知府直隶州知州等官表》）。贺登举：据光绪《直隶泸州志》卷六《职官志》，为甘肃秦州直隶州徽县（今甘肃省陇南市徽县）人，副贡出身，道光十四年至二十一年（1834—1841）任泸州通判。

[3] 邹吏目家模：即吏目邹家模。吏目：明代为州同知和州判官的属员，定员一人，从九品，职掌为负责奸盗、监狱和相关文书事务，清因之（据《明史稿·职官志》《清史稿·职官志》）。邹家模：光绪《直隶泸州志》卷六《职官志》有吏目表，但未载邹家模，或《州志》记载有失。

[4] 夏铭修：字钟山，据民国《新纂云南通志》卷十三《清代云南职官表》，夏铭修为临安府宁州第五任知州，籍贯四川仁寿（今四川省眉山市仁寿县）。

谌厚泽：字春泉，据民国《新纂云南通志》卷十三《清代云南职官表》，谌厚泽道光时期，曾任顺宁府缅宁厅（今云南省临沧市临翔区）通判、武定直隶州禄劝县（今昆明市禄劝彝族苗族自治县）知县，籍贯贵州平远（今贵州省毕节市织金县）。

大令：是清代官场对知县的雅称，但此两人均称大令，则本官当为知县，若此，民国《新纂云南通志》可能对夏铭修的履历有所失载。此外，泸州铜店委员，向由滇省派出，然派出者几人、何衔，难考。黎氏此条记载则表明，泸州铜店委员之级别与京运委员大体一致，应为州县级主官，且或由两人同摄铜店事务。今查《清实录·高宗实录》乾隆十五年（1750）四月丙戌所载户部议准四川总督策楞疏称，金沙江水运京铜，改由黄草坪各事宜，其中一条规定"运铜经过地方，自永宁至巫山，则永宁道所辖之叙永厅、泸州、永宁、纳溪、合江等州县，川东道所辖之重庆府、江津、巴县、长寿、涪州、忠州、酆都、夔州府、万县、云阳、奉节、巫山等州县；自黄草坪至泸州，则永宁道所辖之叙州府、雷波卫、黄螂所、屏山、宜宾、南溪等县；俱应受云南节制，以重责成"，皇帝批复同意。由此，京运沿线之四川段，云南的行政权力进入四川，则似亦可能自此开始，泸州铜店的管理由滇省派员进行。

[5] 黄杏川鲁溪：即泸州直隶州知州黄鲁溪，字杏川。据光绪《直隶泸州志》卷六《职官》，黄氏系江苏吴县（今江苏省苏州市吴县）人，举人出身，道光十七年（1837）署理知州，次年卸任，十九年（1839）正式任为泸州知州，次年卸任。

[6] 徐筼飀锡金：即纳溪县知县徐锡金，字筼飀。筼，音同匀或勋。光绪《直隶泸州志》卷六《职官》只记录纳溪知县至嘉庆朝，未及此人，其详难考。

[7] 申都司某：即申姓都司。都司，明始设之武官，正二品，为都指挥使司的主官，与布政使司、按察使司，并为明代封疆大吏。清代地方亦设此武官，位在参将、游击之下，而所掌事务基本相同，亦为防汛军政，战时职充副将中军官。据光绪《直隶泸州志》卷六《职官》，泸州直隶州有都司驻扎，道光十九年至二十一年（1839—1841）有申定邦者为泸州都司，当即此人，但嘉庆二十三年（1818）后任者，该《志》皆未载籍贯。

[8] 护送：指运京滇铜之护送人员。滇铜京运有拨员护送之制，《云南铜志》卷三《京运·拨兵护送》载："正、加各运委员承运铜斤，经过沿途地方，滇省于运员起程时，详请督、抚，金给兵牌，交给运员领赍。正

运每起，派拨弁兵十九名，健役十名，加运每起，派拨弁兵十六名，健役八名护送。沿途各省督、抚，将藩臬大员开单请旨，每省酌派一员经理其事。俟铜船到境，各派勤干道、府一员，会同滇省委员照料，押送出境，递相交替。仍通饬沿途各属小心护送。并照催漕之例，会同营员，派拨兵役，催儹防护。经过川江险滩，地方文武员弁，预带兵役、水手、滩师，在滩所守候护送。值闸河行漕之时，责成巡漕御史查催。其滇省发给运员兵牌，俟铜斤到京交收后，将兵牌呈送兵部查销，换给照票祗领，回滇咨送兵部查销。"

此诸人称呼亦先字后名，王祖培字从九、沈鹤年字从九，详情难考。

[9] 薛典史开科：即典史薛开科。光绪《直隶泸州志》卷六《职官》于泸州典史只载至嘉庆十六年（1811），但所载合江县典史中，有直隶通州（今北京市通州区）人薛开科者，道光十七年至二十一年间（1837—1841）署理其职，当即其人。薛开科或系自合江临时抽调而来，特监督按额称铜上船者。

[10] 京局铸币用铅，亦按起运京。京局用铅，康熙五十四年（1715）议准每年采办三百九十五万六千七百九十九斤，由部给发价银，向商人铅矿采买。但其后，不知何年，有所下降。至雍正五年（1727），定铸币铜铅各半，每年增办铅至三百六十六万斤，不及康熙五十四年定额，仍由商人采办。雍正十三年（1735）起，以黔铅出产旺盛，由贵州巡抚委员照额收买运京，是为黔铅京运之始，依照当时采办京铜之例，每年分为上下两运，上运于四月起解，十月到部，下运于十月起解，次年三月到部。同时，商人办铅全面停止，湖南各铅厂所抽税铅，也有湖南巡抚委员解京。乾隆二十三年（1758），贵州巡抚周人骥为京铅避开川江夏涨难行之险，奏请上运于二月内起程，三月即可出峡，仍定限本年十月抵通；下运于八月内起程，九月即可出峡，仍定限次年四月抵通，蒙准。滇铜黔铅京运，据《皇朝文献通考》，只有运数制度而无起数制度。据《清实录·高宗实录》，运中分起最早出现在乾隆三十四年（1769）正月乙未的一道上谕中，其中提到："上年头运第二起、二运一二起铜斤。"又据《皇朝文献通考·钱币考五》乾隆二十九年（1764），户部议言："滇铜自四川泸州运至通州以十一月为期，或遇途次守冻，例准扣除，并无守风守水及封闸封峡等，一定程限承

运各官往往任意觇延。查滇铜至京，程途原非一日，途中风水顺逆，既难逆计，当川峡盛涨，更难冒险前进。至运河闸座，所以蓄泄水势，以济漕运，及封闭之日，各项船只例不开放。而铜船至京，又无他道可以绕越，兼旬守候，势所不免。应交沿途督抚，遇有铜船到境，实系封闸、封峡，及遇水浅起剥，查明属实，取结报部，以便扣限。其有风信骤发、水势暴涨，事出偶遭，一并准其照例扣除。如平水河道，人力可施，不得藉端逗遛。各船分起解运，应令节次抵通，亦不得任意后先，稽延时日，违者查核。"此即当时颁布的《滇铜运京守风守水及封闸封峡程限》。据此，每运分起似是由于运途中遭遇的不可抗情况而导致的每运船队割裂所致。从《高宗实录》中提到的每起运量来看，数据也不统一，因此运中之起数应当是非制度化的命名，而是对运程自然割裂状态的反映。但相沿至后期，却可能形成了习惯性制度，将每运分割为数起运京，从黔铅来看，本运三起，即派出了三个县令级运官，正是其映证。

清镇：县名，属贵阳府，今为贵阳市所辖县级市。畲：音同奢。王畲，字对山，时以清镇县令为京铅运官。据民国《清镇县志稿》卷八《秩官述要》，王氏西山西举人出身，道光十八年（1838）、二十一年（1841）两次任清镇知县，其间充京铅运官时由辽阳优贡王存诚代理知县。

[11] 据《云南铜志》卷三《京运》，京运官每起自泸州自汉口，共应领银六千二百二两五钱四分九厘。此银系由滇省解交四川永宁道查收、存贮，俟运员抵达泸州，查明泸州、重庆两处应给银数，分别给发运员承领。据黎氏前文"铜运每年六起，自泸至汉阳各起，水脚银三万七千余两，向例一起官带解至泸，亦具文请领"的记述，这笔银数应当可以交由运官顺路带至泸州。

[12] 甘长顺：其人难考。

[13] 土仪：用来作为礼物送人的土特产。

[14] 管应尉应龙：即少尉管应龙。常州：今江苏省常州市。

道光二十年九月

九月初一日，戊子，阴。各舟均修舱齐全，[1]计大船八、中船十四。

初二日，己丑，阴雨。兑铜十一万斤。谌春泉招饮，项仙舟酒后罥坐，[2]与余几决裂，春泉、钟山为解释，因争先兑铜故也。局例，先期开秤者，候兑毕方及他运，仙舟加运在余先，开秤在余后，以是两相持。是日，兆勋自家至。[3]

初三日，庚寅，阴雨。兑铜十一万斤。

初四日，辛卯，阴雨。兑铜三万斤。

初五日，壬辰，阴晴。兑铜九万斤。黔委员尹大令来。[4]

初六日，癸巳，阴晴。因店员为余及项仙舟释争，自本日始让渠开兑数日。[5]午，答黔省委运二起京铅桐梓尹晓湖大令思敬拜。[6]过春泉闲话。

初七日，甲午，阴雨。

初八日，乙未，阴雨。与船户议包办自汉阳至天津水脚，[7]缘在滇只议船户承办至汉阳，而船归余售，今视其人办事可靠，是以允令经理至津，[8]且以坚其志。

初九日，丙申，阴雨。

初十日，丁酉，阴雨。黔省委运三起京铅，署都江倅夏理堂刺史廷夒来。[9]

十一日，戊戌，阴雨。答夏刺史拜。

十二日，己亥，阴雨。候新署州牧邵小桥大令镇。邵君余杭人，[10]现任成都县，[11]曾任桐乡训导，与宋小茗同事年余，[12]盖在余桐邑任后二三年。[13]座间谈及旧事，为之悯然。午后，邵君来。夜，大雨。

十三日，庚子，阴雨。兑铜三万斤，江水涨高五尺。

十四日，辛丑，阴。兑铜十四万斤。

十五日，壬寅，阴。兑铜十万斤。

十六日，癸卯，阴。兑铜十万斤。晚晴。

十七日，甲辰，阴。兑铜十四万斤。

十八日，乙巳，阴。兑铜六万四千四百五十斤，又兑换尖铜二万一千七百斤。[14]圆载，[15]共兑正、耗、余铜一百十万四千四百五十斤。[16]

十九日，丙午，阴。州刺史邵小桥招饮。

二十日，丁未，阴。措备祭江牲醴各物。谌春泉来。春泉，平远州人，[17]其从叔忠宣，余庚午同榜，[18]其弟葆初厚光太守，[19]余弟子元乙酉同榜，[20]乡谊颇为亲切。

二十一日，戊申，晴霁。辰刻，祭江神。[21]未刻，移船赏犒船户、经工、行户人等酒馔、钱钞。[22]

二十二日，己酉，阴。移行李入船。

二十三日，庚戌，阴。移器具入船。

二十四日，辛亥，阴晴。

二十五日，壬子，晴。移寓入船。[23]兆勋雇舟由渝州归去。[24]

二十六日，癸丑，阴。姚生世俊忽自家至渝，并携兆淳来，云阴随侍至京，[25]自渝遣足致音。[26]余不可，更静，即雇舟遣仆陈二及来足星夜赴渝，令姚生雇夫送兆淳急追随兆勋，仍归家。是日，二起京铜运官庆宝斋通守霖至泸。[27]

二十七日，甲寅，阴雨。晨，往各处辞行。庆通守来。候项仙舟来告别。

二十八日，乙卯，晴霁。加运项仙舟全帮开行。午后，乘小舟渡江游大佛寺。[28]寺门俯临江岸，倚岩建立，梵刹四围慈竹阴浓，佛身高丈余，极壮丽。旁塑十八应真像，颇工致。[29]僧厨后岩石壁镌"山高水长，岩云水月"八大字。寺右岩壁镌"少鹤山"三字，大至三四尺许，笔锋甚锐。复过沙湾，步入二郎庙，殿宇卑陋，[30]庙前为二郎滩。遥望隔江忠山，高崎泸城，万家烟火，舟舰云集，信剧郡也！[31]未刻，剪江归船。

二十九日，丙辰，晴。拟游忠山，不果。往候庆君辞别，寄滇省书函。家人王泰者，彭松泉刺史衍墀所荐，[32]渠意欲派坐头船，作奸而与船户不协，余恐其误公，予之百余金，令其仍反滇。[33]杨庆拙笨，不耐苦辛，亦给资令归。

注 释

[1] 艌：音同念，指用桐油石灰填补船缝。

[2] 詈：音同利，骂、责骂之意。詈坐：即骂于座。

[3] 兆勋：即黎兆勋，黎恂长子，清末贵州著名诗人，民国《续遵义府志》卷二十上《列传一》载其传云："长子兆勋，字伯庸，号檬村，晚称礀门居士，性豪迈好义。生长宦家，无纨绔气。九岁能诗，长老异之，幼即随侍其祖官长山。及恂奉讳归，拥书万卷，兆勋尽发读之。与郑珍君共研席八年，又与莫征君交，三人最莫逆。年二十四，以古学见重于许学使，补诸生。十试于乡，不售，益纵其才为诗，诗所不能尽，又为诗余以达其趣。太守平翰尝折节下交之，一时知名士如监利王柏心、龚子真，阳湖徐华廷，中江李鸿裔，邑之唐炯，黎平胡长新，皆友善。后援永昌军例，报捐教职，署石阡教授，补开泰训导。时苗叛，奉檄募勇御贼，旋以防苗功，擢湖北鹤峰州州判。抵鄂，巡抚胡林翼重其才，留省署藩照磨兼大使。同治元年，调补随州州判，三年，奔丧，卒于家。著有《侍雪堂诗钞》《葑烟亭词》，所辑有《黎平诗系》，又尝与莫庭芝辑《黔诗纪事略》，未蒇事，贵阳陈田续成之。"

[4] 尹大令：贵州运送京铅委员尹知县，即下文之尹晓湖。

[5] 渠：第三人称代词，指他。

[6] 桐梓：贵州遵义府属县，北与重庆府接界，今为遵义市桐梓县。

尹思敬：字晓湖。查民国《桐梓县志》卷六《秩官》，道光二十三年（1843）尹思敬署任知县，而道光二十年（1840）起，四川荣昌举人甘雨施为署理知县。甘雨施之前，亦未见尹氏为知县。若此，黎氏所记与《县志》所载矛盾。又据民国《贵州通志·职官表八》，尹氏乃于道光二十三年由铜仁府铜仁县知县调署桐梓县，同书《宦绩志》有其传。《桐梓县志》载尹氏为附生（即秀才入府学者），民国《贵州通志·宦绩志十六》载其为监生，直隶大兴人，道光初期即任为铜仁知县，在任十余年，精明强干、决狱如神，除弊殆尽，为铜仁数十年难见之清官干吏，十七年（1837）调署安南县。后事则未载，要之署理安南县后，又调回铜仁，随即受铅差，运铅入京。黎氏整理此书稿或晚在道光二十三年尹思敬正式署理桐梓知县后，故误记其为桐梓知县。

[7] 汉阳：武汉三镇之一，在汉水之北，详见后文。

[8] 津：指天津，滇铜运京，运河航运的终点，详见后文。

[9] 都江：即都江厅，属贵州都匀府，今属都匀市三都水族自治县。倅：此处音同翠，副、副职、副官之意，但此处指都江通判，通判为知府之副贰。夏刺史名廷燮字理堂，其名，凌惕安抄写时用小字附在句末，未知黎氏原文如此，还是凌氏增补。查民国《贵州通志·职官志》未载有夏廷燮。

[10] 邵镇：名小桥。据同治《重修成都县志》卷四《职官志》及光绪《直隶泸州志》卷六《职官》，邵氏监生出身，道光二十年（1840）由成都知县调署泸州直隶州知州，二十五年（1845）卸任。余杭：浙江杭州府属县，今大致为杭州市余杭区。

[11] 成都县：四川成都府属县，府治，今大致为四川省成都市主城区辖地。

[12] 宋小茗：其详难考。

[13] 桐乡：浙江嘉兴府属县，今为嘉兴市属县级市。黎氏嘉庆十九年（1814）年中进士后，即分发浙江桐乡任知县，在任五年。

训导：明代始设的地方儒学系统的辅佐官，在府、州、县皆有。据《明史·职官志四》，儒学，在府设教授一人，训导四人；在州，设学正一人，训导三人；在县，设教谕一人，训导二人。教授、学正、教谕，掌教诲所属生员，训导佐之。清代因之，但训导各级均只设一人，且清代品秩更高。在明，府教授为从九品，州学正、县教谕及各级训导均无品。在清，府教授正七品，府训导从八品；州学正、县教谕皆正八品，其训导《清史稿》未载品级。

[14] 尖铜：疑指滇铜成品之紫板铜，以在上尖下圆之胃形将军炉中炼成，故得名。云南铜厂出产之铜，常有两类，一曰紫板铜，成色在八九成之间，状如木板，尚有铜的本色光辉紫色，故名。紫板铜再入上圆下方之蟹壳炉进行锻炼提纯，即得蟹壳铜，一般称为纯铜，成色在九成以上，充京运。云南铜厂出产之铜，尚未见"尖铜"记载，而黎氏特意指出兑尖铜若干斤，占比极小，当是蟹壳铜不足而以品质较低之紫板铜补足数额之故。道光以来，云南铜山渐形山空，铜质降低，且出产亦多不足，道光时

便常以四川乌坡厂铜协济运京滇铜。炼紫板铜之炉，恰有上尖下方之将军炉，故以尖铜指代之亦可。但据咨询生长于东川矿务局的清代东川铜矿研究专家曲靖梁晓强先生，尖铜就是指粗铜，紫板铜、蟹壳铜则都是精铜、高铜。后文黎恂交铜时，户部以部分铜铁砂过高为由刁难，或此之故。梁先生又云此"尖"字当为"余"字之误，但余铜额数为正铜额数之百分之三，正运每起当有三万余斤，此二万一千余斤显然不敷此数。又或为剩余未兑之铜。列此，存疑。

[15] 圆载：装载完成，即装载完成国家规定的载铜数。

[16] 滇铜运京，有正、耗、余铜三项。正铜，即国家所需运的实际铜数；耗铜指补偿水陆长途转运中的磨损和小额遗失，以保证正额铜数足额交付京局的铜数；余铜则为弥补运输途中正铜和耗铜的大额沉失而设。至京交足正铜、耗铜，尚有余铜，则由运官自行处理，以奖励其辛劳，后文道光二十一年十一月十七日，详载其事。

滇铜运京数，自康熙五十四年议定为八省采买之时，已是额数四百四十三万五千二百斤，各省均平采办五十余万斤，此数一度为定制，虽之后屡有八省内部代办之例，但所代办的数量还是依据被代办省份的原来定额。雍正五年（1727），定江苏、湖北、湖南采买滇铜运京时，其份额为二百万斤，其中江苏一万万斤，湖北、湖南共一百万斤。八年（1730），江苏全采洋铜，广东改办滇铜，滇铜运京数遂降为一百五十万余斤。九年（1731），又令江苏、浙江兼办滇铜，但不知具体采办数额，要之滇铜运京总数应上升到二百万斤以上。十二年（1734），开云南广西府局铸钱运京，湖北、湖南、广东办解滇铜每年一百六十六万三千二百斤，遂转运广西府，滇铜运京数仅有江苏、浙江二省兼采之数，恐不足五十万斤。乾隆二年（1737），令江苏、浙江办解滇铜二百万斤运京，三年（1738），改由云南直接办解。同年，又议定次年罢广西府铸局，原铜运京（据《云南铜志》卷三《京运》，实际上到六年才在执行层面开始），随即又定京局用铜四百余万斤，全用滇铜，由云南委员直接运京，并制定《云南运铜章程》。另又令云南加办京铜，至此，形成定制：滇省办正运铜四百万斤，连耗铜三十二万斤，内解宝泉局二百八十八万斤，解宝源局一百四十四万斤；办加运铜一百七十万四千斤，连耗铜十三万六千三百二十斤，内解宝泉局一百二十二万六千八百八十斤，解宝源局六十一万三千四百四十斤。滇铜总运京数便为六百一十六万零三百二十斤。起初，正运铜分八起、加运铜分四起平均解运，则每正运领铜五十四万斤，每加运领铜四十六万零八十斤。以上数据是根据《皇朝文献通考·钱币考四》的记载计算所得，但是这个数据与《云南铜志》卷三《京运》所载的正运五十万二千二百二十五斤、加运四十七万四百九十五斤十一两二钱之数并不吻合。究其原因，当是《通考》未将每百斤之外尚加入的余铜三斤计算进入之故，因为加入这个数据计算，就与《云南铜志》所载完全吻合。八年（1742，《云南铜志》为九年，其仍载为执行年），议定并正运八起为四起、加运四起为二起，正运每起领铜一百一十万斤（包含耗铜八万斤，余铜三万斤；《云南铜志》其数为一百一十万四千四百五十斤），加运每起领铜九十四万五千七百二十斤（包含耗铜六万八千一百六十斤，余铜二万五千五百六十斤；《云南铜志》其数为九十四万九百九十一斤六两四钱）。二十三年（1758，《云南铜志》记实际执行时间为二十四年），又并四正运为三正运，二加运为一加运，其各运领铜数《通考》未载，《云南铜志》载为正运一百四十七万二千八百斤，加运为一百八十八万一千九百八十二斤十二两八钱。又据《云南铜志》，乾隆二十六年（1761），又将三正运均分为六正运，一加运均分为二加运，正运每起领铜七十三万六千三百斤，加运每起领铜九十四万九百九十一斤六两四钱。嘉庆十二年（1807，据《清实录·仁宗实录》，批准时间为十一年），将正运六起并为四起，加运不变，正运每起领铜遂变为一百一十万四千四百五十斤，即恢复到乾隆八年定制。黎氏称圆载一百一十万四千四百五十斤，与此合，而历算黎氏每日兑铜共得一百零七万六千一百五十斤，尚差定额二万八千三百斤，或有漏载。

[17] 平远州：贵州大定府属州，在今毕节市织金县。大定府与黎氏籍贯地遵义府比邻。

[18] 庚午：嘉庆十五年（1810），时年黎氏中举。同榜，古人对科举考试同一榜录取者的称呼。谌忠宣，据道光《平远州志》卷十二《仕宦》，科名止于举人，但曾任内阁中书。民国《贵州通志·人物志》有传。

[19] 葆初厚光：名厚光，字葆初。据《明清进士题名碑录所引》，谌氏系道光六年（1826）三甲第二名进士，曾任四川乡试主考官、会试同考

官，时尚在大同府知府任上，故称太守。

[20] 乙酉：道光五年（1825）。据道光《平远州志》卷十一《选举》，谌厚光乃辛巳科（1821）举人，并不与其弟同科。此处或系黎恂以谌氏道光六年中进士逆推而得，并未询问求证。

子元，黎恂弟黎恺之字，科名止于举人，官贵阳府开州教谕，黎恂铜差完毕返滇时特意绕道往晤，后文有述。

[21] 川江船工习俗，开船远行之日必先祭祀江神。祭祀时先要在船头上杀鸡敬神，用鸡血沾上鸡毛，贴于桅杆上，把煮熟的雄鸡和猪肉"二刀头"供于船头上，烧钱纸、点香烛，求"王爷"保佑一路平安。祭祀的"王爷"叫"镇江王"，相传是斩蛟治洪的赵煜，川江沿线州县和大一点的乡镇都建有王爷庙。开船敬神之时，杀鸡的方法很有讲究，要一刀杀死，鸡在挣扎并刚叫一声时，立即用手捏住鸡嘴，叫声多被认为是不吉利的兆头，素有"一声福，二声福，三声、四声船要破"之说。杀鸡后，要验看刀口，如果刀口两面都有血迹，表示财喜旺，一路平安；若是两面都没有血迹，那就是不祥之兆，一路上要处处小心，以免出事（据铁波乐：《川江船文化》，《巴蜀史志》，2004年第3期）。

[22] 船户、经工、行户：皆旧时内陆水运的专业工种。船户，即船队船只的所有者。经工，文献中无此专业术语，据笔者咨询泸州市史志办资深川江航运研究员赵永康先生，可能相当于"经理"，即负责货船上诸日常管理事务的专业工种，从本书的前后文来看，也确乎如此，主要是船上货物管理，偶尔递送一些非重要文书。行户，赵先生亦言其是川江航运的专业工种，川江地方亦称"桡拐铺"，性质上是"行会""行帮"的一种，是川江航运诸工种人工与雇主间的中介机构，"行"读曰"航"；后文提到的明确承担了货物转运角色的具体人役也称"行户"，"行"则读曰"形"。

钞：中国古代对纸币的称呼。中国钞法起源于北宋的成都地区，时名为交子，后亦称"交钞"。南宋时期大量使用，元代一代皆行钞。明初因之，但逐渐不被民间接受，到孝宗弘治时期（1488—1505）官私皆无法行用，只用银与钱。清世祖顺治年间（1644—1661）亦兼行钞法，但比例较低，末年罢。清代钱庄兑票，民间也习称钞，此处与钱并举，或者就是钱的同义复合，或者在犒劳中对个别受赏较大者兼用钱庄兑票。

[23] 寓：寓所，此处代指床铺用品及船上办公器具等物。主运官即将率领船队出发，故须移此诸物上船。

[24] 渝州：重庆别称，以渝水（今嘉陵江）贯境而得名。重庆府，四川属府，在省治东南一千二百里。府地在《禹贡》为梁州之域，周为巴国。周慎靓王五年（前316）秦惠文王灭巴蜀，于巴国置巴郡。汉仍为巴郡，属益州，后汉因之。初平元年（190）刘璋改为永宁郡，建安六年（201）复为巴郡。三国属蜀汉，晋、宋、齐俱为巴郡。梁太清四年（550）武陵王萧纪于郡置楚州，西魏大统十七年（551）改曰巴州，后周闵帝元年（557）复曰楚州。隋开皇初（581）郡废改州，曰渝州。大业初（605）复罢州，为巴郡。唐武德元年（618）复名渝州。天宝初（742）改曰南平郡，乾元初（758）复为渝州，属剑南东道，五代因之。五代属蜀。宋曰渝州南平郡，属夔州路。崇宁元年（1102）改曰恭州，淳熙十六年（1189）以潜藩故地，升为重庆府。元至元十六年（1279）立重庆路总管府，属四川行省，至正二十二年（1362）明玉珍据此，建号曰夏。明洪武四年（1321）平之，仍曰重庆府，属四川布政使司。清因之，属四川省，领州二县十一。黎氏子黎兆勋自渝州去者，实是先沿江至重庆，取道重庆南綦江县回遵义（据嘉庆《重修大清一统志》卷三百八十七）。今仍名，为重庆直辖市。

[25] 阴：当为衍字，《贵州文献季刊》本无此字。

[26] 足：此处指代足力，临时雇佣的人力。音：即音讯，消息。遣足致音，即派人传来口信。

[27] 庆宝斋通守霖：即通守庆霖，字宝斋。通守：清代官场对通判的一种雅称。通守，本亦官名，隋文帝设，为郡太守之副官，文帝改郡为州，此官即罢。查民国《新纂云南通志》卷十三《清代职官表》，道光朝，云南任官中并无庆霖，但有正白旗人庆荫，为缅宁厅第五任通判，时代、官职均与此合。且就其字"宝斋"而言，用以释名"荫"比释"霖"切合得多。而霖、荫音近，亦恐为黎氏听讹之故。

[28] 大佛寺：泸州著名寺庙、名胜。光绪《直隶泸州志》卷四《寺观》："大佛寺，亦名开福寺，在州东岩。《名胜记》云东岩在汶江之东，宋绍兴中（1131—1162）邦人开创大像，依岩，不足以庇风。而近岁有庖者祁氏，亲死庐墓，弃俗奉香火于此岩。邦人信之，不十年，重楼复屋，佛

宫经藏甲于境内。碑目云《黄太史大像记》，醉僧……（有缺文）图、碑刻，并在此岩之开福寺。"原寺已毁损，今在其旧址重建有大佛寺。

[29] 十八应真：即汉传佛教所谓"十八罗汉"，指十八位永住世间护持正法之阿罗汉，以其为应受人天供养之真人，故又称十八应真。佛教经典中有十六罗汉之记载，而无十八罗汉之说。最早画十八罗汉者，有公元十世纪时之张玄及贯休，其后沙门觉范与大文豪苏东坡皆曾对此颂赞，且苏东坡所题之十八首赞文，每首皆标出罗汉之名，于十六罗汉之外，以庆友尊者为第十七罗汉，以宾头卢尊者为第十八罗汉。实际上庆友即难提蜜多罗，为着"法住记"之人；宾头卢即宾度卢颇罗堕，原已列为十六罗汉之首，此乃因不熟经典、不解梵语所致之误。然因此而使十六罗汉逐渐发展为十八罗汉。自元代以来，多数寺院的大殿中皆供有十八罗汉，且罗汉像之绘画及雕塑一般亦多以十八罗汉为主，自此，十八罗汉在我国远较十六罗汉普遍。此外，另有加上迦叶尊者、军徒钵叹尊者为十八者；西藏地区或加达摩多罗、布袋和尚，或加降龙、伏虎二尊者，或加摩耶夫人、弥勒二者（据《佛祖统纪》卷三十三《十六罗汉》，《中国佛教网·佛教辞典》）。

[30] 庳：音同必，指房屋矮小。

[31] 信：确实。剧郡：清代泸州直隶州，据《清史稿·地理志》为冲、繁、难之地，职为要缺，而直隶州等级同府，大体相当于旧时之郡，故称"剧郡"。剧，繁难、重要、险要之意。清代府厅州县皆分等级，以为选官补缺时之依据。其等级有四等：冲、繁、疲、难。冲指交通形势当冲要之地，繁指日常事务繁杂冗细，疲指民风刁顽，难指治理艰难。凡四项皆备者为最要缺，居三项为要缺，居二项中缺，只一项为简缺。

[32] 彭衍墀：字松泉。查民国《新纂云南通志》卷十三《清代职官表》，道光朝，彭衍墀曾任云南府晋宁州知州，楚雄府镇南州知州，开化府安平厅同知，昭通府大关厅同知，其籍贯为广东陆丰县（今为广东省汕尾市陆丰市）。又据道光《晋宁州志》卷八《职官》，彭氏为监生出身，道光十五年（1825）任晋宁州知州、道光三十年（1850）署理镇南州知州，推测彭氏当在第二次任晋宁州知州时调任铜差。

[33] 反：同"返"，返回。下文此类用法，同。

道光二十年十月

十月初一日，丁巳，阴晴。点梢、桡、撤夫入船。[1]全帮计大船八只、中船十四只、兵牌船一只、划船三只、小划船二十二只，共用人夫九百六十名。铜运一役，川江非梢、撤不能行。每船多至四五十人，盖撤八枝，每枝须六人，搬梢之时，撤夫十余人助力，船头方能转动。又每船梢、撤夫内必有领首二人，每值下滩，督催群夫用力，手执竹片，视惰者即扑之，喧呶嘈杂，[2]令人不堪。内经工、头工、柁工三名，[3]系选择充役，余皆无赖之徒，或杂以乞丐、贼匪。大难、稽查，既虑其逃，又虑其泊后上岸窃劫滋扰，为行江一大累。然惟铜铅差船则然，客船无是也。

初二日，戊午，阴晴。午刻，扫帮开行，江水比前消数尺矣。泊黄梅易，[4]计水程四十里。夜雨。

初三日，己未，阴雨。过镴口滩，[5]水势汹涌，第八号中船入镴碰岩石损坏，沉铜五万斤。余在滩乘划船查视，来舟瞥见此舟半浮半沉，急命飞桡渡江。坏船内仅存二三人，余皆溺毙，得登岸者，亦逃矣。尾随坏船行十余里，始命人持竹缆上岸拴系巨石间。[6]船底早脱，经工等附载货物均漂流无存。晚，全帮泊合江县，[7]计水程一百四十里。夜，往候高黻堂大令殿臣，乙酉孝廉、乙未进士，[8]嘱派役打捞沉铜。[9]

初四日，庚申，阴。雇水摸，[10]议捞铜。招工房吏叙文移知县、汛。晚，候汛弁苏君及高大令。[11]赠高君土仪，渠亦馈烛、肘等物。

初五日，辛酉，阴。登岸发签放各船讫，余始乘快划尾行，已午初矣。合江城右一水上通仁怀之茅台村水，入江处岸石上塑金像，俗称为吕洞宾，[12]名其地为洞宾岩。按范石湖《吴船录》云合江县对岸有庙曰登天王，[13]相传为吕光庙事。[14]苻坚以破虏将军平蜀有功，后其子绍即天王位，登天之名或以此。《张船山集》亦有合江西凉王庙诗。[15]愚俗不识此，惟知吕洞宾，闻之失笑。旋下钳口大滩，[16]复下六七滩，风逆，船行不驶，过松溉至白沙镇，[17]已值薄暮。[18]前船不知泊所，乃令十七船号以后来船，[19]均泊白沙对岸，仍乘快划追寻前船。中流黑夜，一叶颠簸于浪头，更深抵五台山，[20]群舟泊此。尚有十六号船不知所在。计水程一百五十里。过石门场，[21]有大佛寺倚岩建立，瓦屋高七层，船山诗"残云漏出斜阳影，飞上僧楼第七层"，[22]谓此也。

初六日，壬戌，阴雨冥濛。俟后船至方发签放各舟行，仍乘快划尾随。过尤溪至盐井石，[23]加运项仙舟亦坏一船于此。过龙门滩一带，[24]两岸黄柑万树，蔽岭缘坡，垂实累累。此物载售直达荆州、汉阳，为利固不少矣。午抵江津县，[25]往候张静山大令其仁，乙酉孝廉，丙戌进士，滇之太和人也。[26]嘱以兵牌，粘贴印花铜斤数目。[27]回船，张大令即来，兼送酒馔。解缆过铜礶驿，[28]旋下猫儿峡，[29]峭壁巉绝，余庚寅四月自成都归，[30]过此，遇风受险。岩前仅有佛像，今则岩下烧灰挖石炭者数十家。[31]傍岩亦有居民，近岸以细石垒砌成路，大非昔时景象。泊朱家沱，计程一百里。距江津城三十里，地名江口，綦江水流入焉。水出桐梓，名夜郎溪，又名南溪，亦曰东溪，又谓僰溪，合流数里即铜礶驿也。[32]

初七日，癸亥，晴霁。入坐船，行过龟亭子，小石山椭长耸立江中，孤特奇秀，石上草树蕃茂，上有亭及江神庙。[33]过水银口，顺江心石梁长二里许，亦险滩也。旋过钻灶子，[34]二石梁横亘江中，舟由石梁之南行，闻水盛时，行舟误触石梁必败。复过鱼洞溪、九龙等数滩。[35]午刻，抵重庆府，泊梁沱，[36]计水程一百里。姚生世俊来见，力恳帮办铜务，随同至京。谕以长江多险，不如归家稳适，渠必欲同行。勉从其请，命移行李入船。并知兆勋至渝，已携兆淳归去矣。自泸州至重庆，水路共五百三十里。

初八日，甲子，阴雨。往候黔委员王对山大令畬、[37]江北理民同知福司马珠郎阿。[38]赴潮音寺小憩。[39]寺在江北滨江石壁之上，前临城堞，俯瞰梁沱等处，历历在目，铜、铅船帮祀江神，演剧处也。[40]

初九日，乙丑，阴雨终日。

初十日，丙寅，阴雨。往候权巴县杨寓农刺史霈，[41]不值。[42]

十一日，丁卯，阴。雇小舟偕姚生泝江至鐍口，督办捞铜诸事。泊鱼洞溪，计六十里。

十二日，戊辰，阴。过江津县二里许，孤舟野泊，计九十里。

十三日，己巳，阴雨，晚晴。夜月微明，促舟子仍负纤行。更深，泊沙觜，[43]距中白沙二十里许，计行一百里。

十四日，庚午，晴。舟行滩濑，颇艰。晚，泊羊舌盘，[44]计一百里。是日，立冬。[45]

十五日，辛未，阴。过史坝沱，[46]有镇市。向来铜铅船自泸开行至此，齐帮处也。[47]午刻，抵合江。询之，馒口捞铜已有成数。是日，北风甚厉。晚，抵上白沙对岸泊，计程八十里。夜，雨风稍息。

十六日，壬申，阴。行三十里抵馒口，捞铜方获三万余斤。其沉溺在急湍处，水深不过二三丈，而奔流汹涌，用小舟八九只下锭于洪涛白浪中，水摸数十人轮流没水，一人上则一人下，赤体以布横结于腰，而以长绳系其间，如獭入水捕鱼然。入者稍顷，舟上人挽绳而出之，或摸获百斤，或祇获小块，或竟空手而出。大约此辈恃打捞为利薮，铜沉水底，彼皆审知，藉词不肯捞尽，留待运官去后，黑夜无人，渠辈始入水取出，私卖分肥，乃沿江水摸之积弊也。余驾小舟亲视打捞半时，晚宿滩侧别船中。

十七日，癸酉。晓雨，午晴。留姚生在滩协同家人高照、杨鸿经理捞铜，余掉原舟回渝。舟轻，载铜二千五百斤镇之。抵合江候高大令，嘱以严饬全捞，并出打捞全获印结。解维行，[48]晚泊史坝沱，乘月明复行。更深，泊羊石盘，计一百十里。

十八日，甲戌，阴。晚泊鱼洞溪，计程二百九十里。

十九日，乙亥，阴晴。晨，抵渝，所失一舟，船户已另购补牵归帮矣。夜，寄姚生信，遣经工纯永寿持往。[49]

二十日，丙子，晴。渡江谒徐梅桥太守泽醇，庚午同年也（庚辰进士）。[50]过杨寓农，仍不值。夜，项仙舟来。

二十一日，丁丑，晴。徐太守来。遣人馈府县厅土仪。

二十二日，戊寅。过项仙舟，不值。赴东山书院候黎药阶通守靖。[51]药阶，阆中人，[52]庚午蜀元，[53]庚辰会榜，任黔省州县，署黎平府，缘事镌职，[54]年六十五矣。又过巴县，候杨刺史寓农。

二十三日，己卯，晴。

二十四日，庚辰，阴。黎药阶来。

二十五日，辛巳，阴。巳刻，徐梅桥太守招饮，偕仙舟往。晚，舟人就舟前设台棚迎江神供奉，招优人歌唱饮酒，铜帮旧例也。[55]夜雨。

二十六日，壬午，阴晴。赴潮音寺祭江神，召优伶演剧，赏犒船户、经工、头、柁人等酒食、钱钞有差。宴客惟黎药阶至。护送彭芷湾、少尉兆衡来寺，[56]即留饮。

二十七日，癸未，阴雨。黔运铅三起委员夏理堂刺史来。

二十八日，甲申，阴。遣家丁田贵赴合江换印花。答拜夏理堂。

二十九日，乙酉，阴。加运项仙舟扫帮开行，余舟移缆系仙舟泊船处。

三十日，丙戌，阴。姚生信至，已获沉铜四万七千斤。

注　释

[1]　梢：音同稍，船舵尾，梢夫，即撑舵尾的船夫。桡：音同饶，即船桨。掆：当即㭭，后文或作"掆"，皆川江航运大船上专用的工具，据后文其使用情况来看，似乎是横生于梢上，与梢垂直，有如树枝从干发出，能够为增加的搬梢人力提供尽可能多的施力点，从而有效增加梢的转动力，控制船在险滩激流中的行进。

[2]　呶：音同闹，喧闹之意。

[3]　柁工：又称太公、后领江、后驾长，在船尾指挥操柁，指挥控制风帆行船，有时亲自参与其中，是行船的最高指挥者，有权指挥全船人工，全权裁决和处置一切行船事务，只是不得干预船主的经济和人事安排。柁工是船上最高技术工种。

头工：又称前领江、撑头、撑脑壳、前驾长、太公，在船头观察航向，瞭望水势，指挥前甲板船工，向柁工提出航行建议，有不受柁工约束的应急处置权。船只逆流失控，则通过亲自操作避免船只触礁撞岸。头工是船上仅次于柁工的技术工种。柁工、头工，详情参见赵永康：《川江地理考略》，团结出版社2016年版。

经工：据咨四川省泸州市史志办资深川江航运文化专家赵永康先生，川江航行并无"经工"之种，或当为经理的别称，主要负责管理和收发船上物资，以及其他非力役性的杂务。从《运铜纪程》全文提到的经工事务来看，确乎如此。

[4] 黄梅易：文献难考其详。

[5] 鳖口滩：光绪《直隶泸州志》载为灌口滩，《云南铜志》卷三《京运·滩次》载为鳖子口滩，系川江合江县段次险之滩。凡次险之滩，遇有遭风，沉失铜斤，打捞一年，限满无获，核明应赔铜价、运脚等银，着落地方官分赔十分之三，运员分赔十分之七，买铜补还清款。此滩以险故，常为劫匪所乘，光绪《直隶泸州志》卷一《救生船》载此滩"每遇洪水时，土匪乘势截劫。光绪初（1875），督宪丁宝桢造设救生红船，委员弹压，河道严肃清"。鳖口滩在今泸州市江阳区弥陀镇西，其地江宽滩多，江水分为四流。

另，下文将多次引用《云南铜志》卷三《京运·滩次》中诸险滩之文，皆只称《云南铜志》。

[6] 竹缆：即竹绳，用篾条编辫成的粗索。

[7] 合江县：四川泸州直隶州属县，在州城东一百二十里。县地初为巴国地，秦并巴蜀，为巴郡地。汉开西南夷，设为犍为郡符县，后汉改曰符节，建安中（196—220）分属江阳郡。晋仍名符县，永嘉后（313）废。南朝齐始改置安乐县，属东江阳郡，梁改置为安乐戍。北周保定四年（564）始改名合江县，属泸州。隋属泸川郡，唐属泸州。宋大观二年（1108）置滋州、纯州，又分置九支、安溪二县。宣和初（1119）废，南宋嘉熙初（1237）复旧治。元因之，迁县治于神臂山南，属重庆路，明洪武初（1321）又徙治于安乐山之麓，清因之。据光绪《泸州直隶州》卷一。今仍名，为泸州市合江县。

[8] 馥：音同伏。合江县令高殿臣，字馥堂。据光绪《直隶泸州志》卷六《职官》，高氏籍属汉军八旗，进士出身（据《明清进士题名碑录索引》为三甲第十名进士），道光十九年（1839）补授合江知县，二十二年（1842）卸任。

孝廉：汉武帝时期设立的选士察举科目之一，察举标准是"孝顺亲长、廉能正直"，为汉代取士最尊贵的途径，相沿至于三国，魏晋九品中正制产生后，被取代。明清时期，科场中雅称举人为孝廉。进士，出自《礼记·王制》："大乐正论造士之秀者，以告于王，而升诸司马，曰进士。司马辨论官材，论进士之贤者，以告于王，而定其论。论定，然后官之，任官，然后爵之，位定，然后禄之。"进士：儒家理想中士人从学习到为官的最后一个阶段。隋炀帝大业元年（605），开进士科，以诗赋取士，由于其为常设科目，难度又次于秀才科，故最受士子看重，后世虽考试内容有变，但基本形式一直延续到清末废除科举。隋唐时期凡通过尚书省主持的考试，皆为进士，至宋而增皇帝亲自主持的殿试，被殿试罢黜的不得为进士。宋仁宗时，殿试只调整名次，不罢黜进士。明朝科举制度分为四级，通过府试者为秀才，并取得参加省试，即乡试的资格，乡试中者为举人，同时取得参加礼部会试的资格，中者为贡士。贡士全部参加皇帝亲自主持的殿试，决定最终名次。录取者分为三甲，一甲三人依次为状元、榜眼、探花，称"进士及第"，二甲若干名，称"进士出身"，三甲若干名，称"同进士出身"，世人统称录取者为"进士"。乙酉年，即道光五年，1825年；乙未年，即道光十五年，1835年。

[9] 铜船行于长江、运河中，或遭险滩、风暴，船翻铜沉在所不免，故清廷既以滇铜万里运京，即不可不定沉铜打捞之制。但早期只是要求打捞，并无规定时限，遇事而奏，奏而具体采取办法。乾隆十五年（1749）始定沉铜打捞期限，并规定打捞分工、负责人员、惩罚办法等项，《清实录·高宗实录》是年九月乙巳详载此事："四川总督策楞奏称，滇黔运京铜铅，每有沉溺，请定打捞限期。应如所奏。嗣后如有沈失，酌留协运之员，或运员亲属家人，会同该地方文武员弁，勒限一年打捞。限满无获，及捞不足数，运员赔补。所沉铜铅，听自行打捞，报明照厂价收买，不许私售。至运船头舵、水手，责成地方官雇募，并立定处分之处。亦应如所奏，遇铜、铅到境，即协同运员，雇觅有身家船户，并熟练头舵水手，倘因所雇不妥，致有沉溺，将该地方官，照官员解送匠役，不将良工解送，以不谙之人塞责者，罚俸六个月之例议处。如实系风水骤发，非人力可施者，免议。再，一年限内，运员如有升迁事故，仍留在川打捞，俟事竣，分别赴任回籍。该地方文武官，照漕船失风例处分外，仍于限内停其升转，协同打捞。获过半者，免议。限满无获，或不及半，罚俸一年。至运员于满后赔补，应照江海挽运漂流米谷例，革职，限一年赔完，开复。逾年赔完，免罪，不准开复。二年不完，照律治罪严追。从之。"其打捞费用，《云南铜志》卷三《京运》载为："正、加各运委员运京铜斤，如有在途沉失者，均应查明沉铜处所，水深丈、尺若干，分别办理。如水深在三丈以外者，每百斤准

销捞费银三钱。每水摸一名，日给饭食银四分。如水深在四丈以外者，每百斤准销捞费银四钱。每水摸一名，日给饭食银四分。俟运员回滇，分晰报销。所销银两，在于铜息银内动支，俟奉部核复抵扣。沿途借支之项，如有不敷，饬追完解。如无借支者，发给运员承领。如沉铜打捞无获，或捞不足数者，其捞费及水摸工食，不准报销。"

　　[10]　水摸：即长江沿岸专业入水打捞人员，皆极熟水性者，以入水探测水情、摸探沉铜所在，并在水底系绳起铜而得名。水摸群体的产生源于京运铜铅的制度化、频繁化，从《清实录》来看，乾隆三十年（1765）始出现"水摸"之称呼，水摸业也当在此之前形成铜铅京运的辅助行业。《清实录·高宗实录》乾隆五十六年（1791）辛亥八月乙巳记载四川总督鄂辉《条奏铜运事宜》："如遇铜、铅失事，即雇水摸打捞，于水摸中选诚实一人，点为水摸头，专司督率，如一月内全获，于例给工价外，另赏银五十两，限外十日或半月内全获，以次递减，三月内全获者，毋庸奖赏，倘限内捞获稀少，或逾限不及一半，将水摸头枷责，如捏报偷摸情弊，加倍治罪。下军机大臣会部议行。"同治《钦定户部则例》卷三十六《钱法三》亦作记载，更详细："铜铅沉溺，雇募水摸探量水势，设法打捞，并于水摸中选诚实一人，点为水摸头，专司督率，如能一月内全获者，于例给工价之外，令该处地方官赏银五十两，限外十日或半月内全获者，以次递减。所赏银两该督、抚捐廉发还。三月内全获者，毋庸奖赏。倘限内捞获稀少，或逾限不及一半者，将水摸头严行比责、枷示河干。如捏报偷摸情弊，加倍治罪。"

　　[11]　弁：古代武官服皮弁，故后世称武官为弁。汛弁：即清代营、塘、汛分防体系中汛的武官。苏君：其详难考。

　　[12]　吕洞宾（798—？）：唐代道士，后被道教奉为神仙，是"八仙"中传闻最广的一位仙人。姓吕，名岩，字洞宾。一说为唐朝宗室，姓李，武则天时屠杀唐室子孙，于是携妻子隐居碧水丹山之间，改为吕姓。因常居岩石之下，故名岩。又常洞栖，故号洞宾。也有传说他是唐朝礼部侍郎吕渭之孙，因感仕途多蹇，转而学道。《宋史·陈抟传》记载吕岩为"关西逸人，有剑术，年百余岁。步履轻捷，顷刻数百里，数来抟斋中"，是位修道有术的高道。《全唐诗》收他的诗作二百多首。后世道教和民间称其为

"剑仙""酒仙""诗仙",闻名于世。吕洞宾得道成仙之前,曾流落风尘,在长安酒肆中遇钟离权,"黄粱一梦",于是感悟,求其超度。经过钟离先生生死财色十试,心无所动,于是得受金液大丹与灵宝毕法。后来又遇火龙真君,传以日月交拜之法。又受火龙真人天遁剑法,自称"一断贪嗔,二断爱欲,三断烦恼",并发誓尽渡天下众生,方愿上升仙去。民间流传有吕洞宾三醉岳阳楼,度铁拐李岳,飞剑斩黄龙等故事,吕仙形象广泛深入民间,妇孺皆知。宋代封吕洞宾为"妙通真人",元代封为"纯阳演政警化孚佑帝君",后世又称"吕纯阳"。王重阳创立全真道后,又被奉为"北五祖"之一,故道教又尊之为"吕祖"。嗣后全国各地广建吕祖祠庙,岁时祭祀,至今香火不断。相传吕祖诞辰为四月十四,道教多于此日设斋醮以志,纪念。吕洞宾著述甚丰,如《吕祖全书》《九真上书》《孚佑上帝天仙金丹心法》等,然大多为托名之作。

[13] 范石湖(1126—1193):名成大,字致能,号石湖,南宋著名诗人,吴郡(今江苏省苏州市)人。高宗绍兴二十四年(1154)进士,授户曹,监和剂局,隆兴元年(1163),迁正字,累迁著作佐郎,除吏部郎官。言者论其超躐,罢,奉祠。起知处州。除礼部员外郎兼崇政殿说书。隆兴再讲和,迁起居郎,假资政殿大学士,充金祈请国信使,得全节而归。除中书舍人,知静江府。除敷文阁待制、四川制置使。召对,除权吏部尚书,拜参知政事。两月,为言者所论,奉祠。起知明州,除端明殿学士,寻帅金陵。以病请闲,进资政殿学士,再领洞霄宫。绍熙三年(1192),加大学士,次年卒。成大素有文名,尤工于诗,有《石湖集》《揽辔录》《桂海虞衡集》行于世。《宋史》卷三百八十六有传。

《吴船录》上、下卷,为范成大所著中国古代著名旅程笔记。据《四库全书总目提要》卷五十八《史部十四·传记类二》载,孝宗淳熙元年(1174)范成大出任四川制置使,四年(1177)受诏回临安,从成都取水道东下,因途中见闻,始五月戊辰,迄十月己巳,写为日记,取杜甫"门泊东吴万里船"为意,编为《吴船录》。该书对沿途名胜古迹多所考证,为研究当时长江沿岸风物的重要历史资料。淳熙四年秋七月戊申,范氏记录该事,云"戊申。发泸州,百二十里至合江县。对岸有庙曰登天王,相传为吕光庙。事符坚,以破房将军平蜀有功,后其子绍即天王位,登天之名或以此。"

[14]　吕光（338—399）：字世明，略阳（今甘肃天水市秦安县）氐人，五代十六国时期后凉国的建立者，初为前秦皇帝苻坚所倚重之大将，以破虏将军为前秦平蜀。又受命率军平定西域。苻坚败于淝水，中原乱，前秦瓦解，吕光自西域得胜东返，闻讯，遂据河西姑臧（治今甘肃武威）建后凉国。公元389年，称三河王，改元麟嘉，396年夏，改称天王，国号大凉，改元龙飞。龙飞四年（399），以病重逊位太子，自称太上皇帝。旋卒，谥懿武皇帝，庙号太祖。《晋书》卷122有《吕光载记》。

[15]　苻坚（338—385）：字永固，又字文玉，略阳临渭（治今甘肃省天水市秦安区）氐人，十六国时期前秦开国君主苻洪之孙，前秦第四任君主、中国古代政治家。苻坚自幼好读汉族经史，博学多才而有经世大略，豪杰争附。袭父爵为东海王，前秦厉王寿光三年（357），发动政变，成功夺位。即位后，苻坚专任王猛，大行法治、摧折权豪、重农兴桑、养老崇礼，立学校、兴儒学、举人才，政治清明，境内大治。而后出兵四方，灭前燕、取巴蜀、逼东晋，短暂时间内，实现北方自西晋内乱以来的第一次统一。王猛卒，苻坚不听猛之遗嘱与众臣反对，执意兴百万之师南下攻晋，建元十九年（383）大败于淝水。暂时服从于前秦的原各族首领，趁时脱离，前秦政权顿时瓦解。二十一年（385）苻坚被羌族首领姚苌绞杀于新平佛寺（今陕西省咸阳市彬县静光寺）内。其子丕闻讯即位，上庙号世祖，谥宣昭皇帝。《晋书》卷一百一十三至一百一十四有《苻坚载记》。

吕绍（？—399）：吕光子。吕光称天王，以绍为太子。龙飞四年（399），吕光以病重，逊位于绍，立绍为天王。吕光卒，绍旋为其庶长兄吕纂所杀，谥隐王。《晋书》卷一百二十二有《吕光载记》有附传。

张船山：名问陶，字仲治，号船山，自号蜀山老猿，清代四川遂宁（今四川省遂宁市蓬溪县）人，清康熙、雍正朝名臣大学士张鹏翮（1649—1725）五世孙。乾隆五十五年（1790）进士，官至山东莱州知府，其家族自张鹏翮起，五代六进士。张船山一生致力于诗书画创作，著有《船山诗草》及《补遗》二十六卷，是清代乾嘉诗坛大家和著名诗学理论家，为性灵派后期的主将和代表人物，也是古代四川自明朝杨慎以来第一杰出的诗人。《清史稿》卷四百八十五有传。《张船山集》，或即今传世之《船山诗草》。乾隆五十七年十一月二十八日（1793年1月10日）张氏曾乘船从成都至荆州，沿途以诗纪行，编为《扁舟集》，黎氏所言即指其中经合江县所作之《合江县滩上作诗投西凉王（神为秦时吕光）》，全诗为："鳖部水东多石梁，舟人报赛情皇皇。下官既醉不持笏，一杯笑劝西凉王。西凉王，鬼神之事原渺茫，地险那得夸身强。腐鼠吓人极无味，索钱索肉尤荒唐。我等酒人一生死，便投水火殊平常。南渡洞庭北河曲，东窥沧海西瞿塘。腰间大剑亮如雪，我舟一过蛟龙藏，尔神虽暴毋猖狂。"

[16]　钳口大滩：即钳口滩，川江险滩之一，《云南铜志》载为次险之滩，地在合江县境。但据光绪《泸州直隶州志》及民国《合江县志》，俱无此滩记载，惟皆载有铃口滩，民国《合江县志》卷一《水道·大江》："……又二里曰铃口滩，石梁露脊，也易损舟。"钳、铃形近易混，以前后方位计之亦合，当为同一滩。"

[17]　松溉：四川重庆府永川县属地名，永川松子溉河汇入长江处。道光《重庆府志》卷一《山川·永川县》："松子溉，县南百里，源出龙洞山下，别流东入大江。罗洪载《大矶赋》：'大矶，九矶之首，矶在松溉东南。远见巨石横江，然未尝一至也。每夏，江水泛溢，声振百里……'"松溉以地处水陆冲衢，商业繁荣，素为川江北岸名镇。光绪《永川县志》卷三《场镇》载："松溉镇，县南九十里。水陆通衢，历代旧镇街市断续至两路口，十里贸民数百家，商贾骈集，百货皆备。东至津界朱杨溪八里，南至津界朱家沱十五里，西至张家场三十里，北至何家埂二十五里。"今仍名，为重庆市永川区松溉镇。

永川县：四川重庆府属县，在府城西稍南一百八十里。县地初为巴国地，秦汉为巴郡江州县地。晋穆帝时刘裕设东江阳郡，属之。隋开皇三年（583）罢郡，属泸州江阳县。大业元年（605）改江阳县为泸川县。唐至德二年（757）分巴县、万寿县、江津县，毗连地置璧山县，属之。乾元元年（758），又割泸、普、渝、合、资、荣六州界置昌州。大历六年（771）州废，十一年（776）复州，并置领四县，永川为其一，始得县名。五代及宋因之。元世祖至元中（1264—1294）州废，县地并入合州。洪武四年（1371）明并巴蜀，复置永川县，属重庆府。清初，蜀中丧乱，并璧山县于永川，雍正八年（1730）复置璧山县，永川县恢复，仍隶重庆府。据光绪《永川县志》卷一《舆地》。今仍名，为重庆市永川区。

白沙镇：江津县西长江上的重要关隘、市镇，今仍名，为重庆市江津区白沙镇，镇治在长江南岸。

[18] 薄：逼近。薄暮：临近傍晚之时。

[19] 十七船号：当为十七号船，笔误。

[20] 五台山：长江江津县段岸山，民国《江津县志》卷一《山脉》有载，云在县西五十里。今重庆市江津区长江南岸，有五台村，或即其地。

[21] 石门场：江津县沿江集市，民国属六合镇，据民国《江津县志》卷一《市镇》。今仍名，为重庆市江津区石门镇，在长江北岸。

[22] 该诗为张船山乾隆五十七年（1792）腊月，乘船自成都返回北京，经过江津石门驿，在江中见江岸大佛寺有感而作，诗名《石门驿》，全诗为："残云漏出斜阳影，飞上僧楼第七层。松溉山浓人入画，石门风乱水生棱。十年作赋嫌乌有，千里浮家感最能。恨少堆船三万卷，一冬闲煞读书灯。"

[23] 尤溪：此处指尤溪入长江处。尤溪，民国《江津县志》作游溪，未载源流。道光《重庆府志》卷一《山川》作油溪，云在江津县西北四十里，自璧山县斗牛石流十里，经华盖山下二十五里入江。今仍名，为重庆市江津区油溪镇，镇治在长江北岸。

盐井石：文献难考其详。

[24] 龙门滩：非险滩，《云南铜志》不载。道光《重庆府志》卷一《山川·江津县》载之："龙门滩，石梁如门，属王命工凿之，东流至县二十四里。"滩今仍存，在今江津区龙华镇东北长江中。

[25] 江津县：四川重庆府属县，在府城西南一百三十里。县地初为巴国地，秦属巴郡，汉为巴郡治江州县地，后世因之。南齐永明五年（487），江州县治移至㲼溪口，梁为武陵王萧纪所据。西魏分江州置江阳县，兼置七门郡。后周闵帝元年（557）移县治于今地。隋开皇初（581）郡废，改曰渝州，十八年（598）改县曰江津，仍属巴郡。唐初因之，属渝州，武德三年（620）析置万安县，五年（622）改名万寿县。五代属蜀。宋乾德五年（967）析置鼎山县，未建，废。元复今治，属重庆路。元末为明玉珍所据，洪武四年（1381）归附，仍今名，属重庆府。清因之。据民国《江津县志》卷二《沿革》。今仍名，为重庆市江津区。

[26] 张静山大令其仁：即江津县令张其仁，字静山。乙酉，道光五年（1825），丙戌，道光六年（1826）。太和，云南大理府属县，府治，今为云南省大理市。据《明清进士题名碑录索引》张氏为道光六年三甲第三十八名进士，又道光《重庆府志》卷四《职官志》载张氏道光十九年（1839）任为江津知县，二十二年（1842）卸任。

[27] 印花：指印有花纹的票据。印花铜斤数目，指粘贴记载各船所载京铜重量数目，入境、出镜日期的印花票据，以便沿途及入京核实查验。这是清廷京铜运输管理措施之一。

[28] 铜礶驿：即铜罐驿，重庆府巴县属水路驿站，道光《重庆府志》卷六《驿传》载在巴县西南一百二十里长江中。今仍名，为重庆市九龙坡区铜罐驿镇，镇治在长江北岸。

[29] 猫儿峡：川江著名峡谷，在重庆府巴县西境，铜罐驿下游。民国《巴县志》卷一下《水道》："大江自江津县东流至西彭乡江家溪入县境，至铜礶驿下游，两山壁立，约束江流，曰猫儿峡，古大毛峡也。《通志》载峡在县西。《蜀道驿程记》云：'猫儿峡连峰叠嶂，亏蔽云日，一山突起，石棱刻露，其色青碧，曰青石尾。长年云，夏秋水涨石尾没，则舟不敢行。峡内有栖真洞，《元一统志》云相传大茅君栖真于此。《蜀中名胜记》载《茅盈传》有巴谣曰神仙得此茅初成，驾鹤上升入太清，时下圆州戏赤城，继世而往在我盈，帝若学之腊嘉平。始皇闻之于是，改腊为嘉平也。'"

[30] 庚寅：道光十年（1830）。

[31] 石炭：即煤炭。但此处石炭言为烧灰所用，则当为今所谓石灰石，非煤炭。

[32] 綦江：又名南江，长江重庆段南岸支流。嘉庆《重修大清一统志》卷三百八十七《重庆府·山川》："綦江在綦江县东，自贵州遵义府桐梓县流入，又西北流入江津县东入大江，古名夜郎溪，今名綦江。《元和志》三溪县内有僰溪、东溪、葛溪。其僰溪在三溪县，又经南川县南四十步，又北至江津县南十四里，西北流入大江。《舆地纪胜》僰溪亦名夜郎溪，从夜郎境流过南平军城下，又东溪在军之西北。《元统志》南江在南川县，泉溪会合，至三溪口可通舟楫，行三十里至綦市，又至南江口入江。《名胜志》南江入綦江县界，其色苍白，名曰綦江。又僰溪在江津县东南三十里，来

自夜郎境，阔三十步、深七尺，可通二十石舟。《府志》綦江有三源，一自桐梓县坡头河流四十里至綦江县界捍水镇；一自桐梓县松坎，流五十里；又自仁怀县李漠坝，流六十里，亦皆至捍水镇。三派合流，名三岔河。又顺流一百十里入县界为綦江，又顺流四十里至县城东，又西北三十里至白渡口，入江津县界，又一百二十里至南江口入大江。"今仍名。

[33] 龟亭子：川江巴县段著名江心小山，在猫儿峡东白沙沱下。民国《巴县志》卷一下《水道》："（大江由猫儿）峡东至白沙沱下，有龟亭山矗立江中，绝类小岛。《通志》云龟亭在县西大江中，宛如龟形。《蜀道驿程记》云：'过龟亭子小山，卷石孤立江中，沧波四匝，亦浮玉之云，礽小孤之婢媵也。'今土人呼此为小南海，张问陶诗云：'不作奇峰也自殊，四围风浪影模糊。依稀十载曾游处，水满浔阳看小孤。'"龟亭山，今仍在，名龟亭岛，系重庆市区著名江中旅游景点。

[34] 钻灶子：川江巴县段水道名，当即民国《巴县志》所载之灶门子，详见后文"鱼洞溪"注。

[35] 鱼洞溪：在箭滩河汇入长江处，江中有石滩，滩多洞穴，穴中多鱼，故名鱼洞溪。据道光《重庆府志》卷一《山川》，旧曾设有水驿，在县西南六十里，后裁。今属重庆市巴南区，溪口至今仍为码头，名鱼洞客渡码头。

自水银口至九龙滩诸川江水道名，疑黎氏所载之顺序有颠倒。据民国《巴县志》卷一下《水道》所载，过龟亭山后，"更东则有沙碛横亘江心，成一大平原，名曰中坝。又东下至鱼洞溪，而水银口、竹节子、灶门子，经黄葛渡……又东至朝天门与嘉陵江会。"黎氏所云江心石梁，当即中坝，其由西而东之次序当为中坝—鱼洞溪—水银口—竹节子—钻灶子（灶门子）—九龙滩。九龙滩，民国《巴县志》未载，道光《重庆府志》卷一《山川》载之，云："在县西南八里玉屏山。岩高十余丈，滩在岩下，江心有九石昂首如龙。"

[36] 梁沱：在今重庆市江北区长江北岸，地名仍在。

[37] 黔委员：指贵州委派的京铅运京主官。

[38] 江北理民同知：即江北厅同知，属重庆府。厅地本巴国地，两汉两晋及南朝宋、齐俱为巴郡江州县地，南朝梁属楚州垫江县地。西魏、

北周以降俱为巴县地。明为巴县江北镇。清初因之。重庆府旧设督捕同知一员，雍正十一年（1733）以府同知分驻黔江，辖黔江、彭水二县。乾隆元年（1736）裁酉阳土司，改为直隶酉阳州，以黔、彭二县隶之，同知仍驻重庆府同知署。清乾隆十九年（1754）因镇署形势冲要，以重庆府同知移驻江北，以旧署变价建新署于江北镇，二十四年（1759）以巴县义、礼二里及仁里六甲隶之，颁江北镇理民督捕同知关防（据道光《江北厅志》卷一《沿革》）。今仍名，大致为重庆市江北区。

福珠郎阿：据道光《重庆府志》卷四《职官》，系内务府正白旗人，道光八年（1828）任。为官操守廉洁，吏治精明，在任十余年，创修城垣、培补庙垣、兴利除弊，皆以实心行实政。为治不扰，历任地方，民初若忘其德，而去后则思之不置。道光《江北厅志》，亦载。

[39] 潮音寺：江北厅长江北岸石壁上小寺庙，道光《重庆府志》未载，《江北厅志》只云在石壁上，录而不叙。

[40] 川江船工习俗，远行必祭江神，船工称为"王爷"，除此之外沿江州县和大一点的乡镇都建有王爷庙作为固定的祭祀地。船工们还组成了王爷会，以每年农历六月初六为王爷生日，全体船工都要出钱去吃王爷筵，请戏班子演戏酬神，其地一般就在江神庙。据铁波乐《川江船文化》。

[41] 杨寓农刺史霈：刺史杨霈，字寓农。据道光《重庆府志》卷四《职官》，杨氏系汉军镶黄旗人，进士出身［据《明清进士题名碑录索引》系道光九年（1829）己丑科二甲第69名进士］，道光十三年至十五年（1833—1835）及二十年（1940）两次任巴县知县。其第二次出任巴县，当是由某州知州调署，故云刺史。

权：即署理。清代并无"权"这种任官方式，但据光绪《大清会典》卷七载"凡百官之任，有管理以重其务、有行走以供其职、有稽察以慎其法、有兼充以省其官、有差委以寄其责、有分发以练其事、有署理以权其乏，与额缺官相辅焉"，则"权"正是"署理"之意。

[42] 不值：即不与相值，未逢、未遇见、未等到。

[43] 沙觜：道光《重庆府志》、民国《江津县志》均未载，恐因地名太小之故。但文中云其距中白沙二十里。白沙：即白沙镇，江津著名古镇，在江南岸狭长分布，其时既有中白沙之称，则当还有东、西白沙，又称沙

觜，觜即嘴，以理度之，其地当是东白沙口。

[44] 羊舌盘：当即道光《重庆府志》卷一《山川·岷江》之石羊废驿处，以江中有石如羊而得名，然云东流六十里即江津县，道理又颇不合。今重庆市江津区西长江南岸有羊石镇，与合江县史坝镇相邻，或即其旧地。

[45] 立冬：中国传统二十四节气之一，太阳位于黄经225°。立，建始，立冬，即冬天的开始，在每年公历的11月7日—8日。二十四节气以一年为一个周期，依次是立春、雨水、惊蛰、春分、清明、谷雨、立夏、小满、芒种、夏至、小暑、大暑、立秋、处暑、白露、秋分、寒露、霜降、立冬、小雪、大雪、冬至、小寒、大寒。

[46] 史坝沱：长江北岸江沱、市集，今仍名，属四川省泸州市合江县白米乡。

[47] 齐帮处：指汇集、清点各该运铜船之处。

[48] 维：此处指系船的缆绳。

[49] 纯永寿：其详难考。

[50] 徐梅桥太守泽醇：即重庆知府徐泽醇，字梅桥。庚辰：嘉庆二十五年（1820）。庚午：嘉庆十五年（1810），黎氏与徐氏同为该年举人。徐泽醇，道光《重庆府志》卷四《职官》载为汉军正蓝旗人，进士出身，道光十九年（1839）任。性刚正清廉，自矢单骑之官，不携眷口。勤恤民瘼，案无滞留，尤喜宏奖士类、振拔单寒。三年报最，擢升山西河东道。后官至山东巡抚、四川总督、吏部尚书。《清史稿》无传。另黎氏载其为庚辰进士，道光《重庆府志》亦载其进士出身，但查《明清进士题名碑录索引》并无此人。

[51] 此"东山书院"或是笔误，当为东川书院，清代重庆府直属的著名书院。道光《重庆府志》卷五《书院》："东川书院在重庆府治洪崖坊，旧在治平寺后藏经阁左，名渝州书院。乾隆三年（1738）知府李厚望指建，郡人龙为霖助构，易简有记。三十三年（1768）川东道宋邦绥迁建今所（三十三年不确，据道光《重庆府志》卷四《职官》载宋邦绥于乾隆十九年至二十二年间任重庆知府，三十三年并未复任，则二十一二年方较确），易今名，规制宏敞。二十四年（1859）知县王尔鉴置学基地（二十四年恐亦不确，据道光《重庆府志》卷四《职官》载王尔鉴于乾隆十六年至十八年间

为巴县知县,未载复任),岁收租银四百三十余两。五十八年(1793)知府蔡必昌、五十九年(1794)知府赵秉渊先后增置地租,每年收谷共三百四十三石,各处地租、房租银共八百六十五两九钱。道光十一年(1831)贵州仁怀厅贡生张坦捐资补修书院屋宇讲堂。"光绪二十九年(1900)废书院,兴学堂,东川书院改名为重庆府中学堂,今为重庆市第七中学。

重庆府通判黎靖,字药阶,据《明清进士题名碑录索引》系嘉庆二十五年(1820)庚辰科三甲第七十一名进士。

[52] 阆中:四川保宁府属县,今为四川省南充市阆中市。

[53] 庚午蜀元:即嘉庆十五年(1810)四川乡试解元。科举乡试第一名称解元。

[54] 镌:音同捐,有官吏降级、削职之意。据光绪《黎平府志》卷六《秩官志》,黎靖道光十四年(1834)署理黎平知府,次年即去职。

[55] 梁沱临江,有大码头,又处重庆两江交汇处,上下来往各船均在此休整,故船工在此祭祀江神,也恐因附近无有江神庙之故。

[56] 彭芷湾、兆衡:皆难考其详。

道光二十年十一月

十一月初一日，丁亥，晴。

初二日，戊子，阴。赴黎药阶，浼借程资。[1]晚，姚生、高照等自罐口捞铜毕，载剥船至。

初三日，己丑，阴。兑捞获铜斤，装重买第八号船，计少数千余斤。

初四日，庚寅，晴。

初五日，辛卯，阴。药阶遣人致汤姓借银者来议与贷，而允。

初六日，壬辰，阴。黔运铅二起委员尹晓湖大令来渝，见，过往答拜，并过夏理堂。

初七日，癸巳，阴。药阶招饮，同坐尹晓湖、郑冶亭土范，凤翔人，[2]壬午举人，[3]大挑分发黔省，丁艰，[4]起复，再拟至黔，渝人李、张二君。张曾任直隶州、县，[5]家饶于财。

初八日，甲午，阴雾冥濛。申发开行文报，徐太守嘱便带建枋三付至京。[6]此物关税甚昂，向来夹带者皆藏匿漏税，余以同年故，难却。渠交税银数十金，即付之经工等，令其度关纳税。

初九日，乙未，晴。赴府县各处辞别，贷汤姓银一千两发船户。

初十日，丙申，晴。徐太守馈米肉等物，复贷他姓银一千四十两发船户。

十一日，丁酉，晴。点梢、桡、掣夫入船，视泸州有加。向例，自泸雇役至渝，复由巴县江北厅饬夫行，另雇送宜昌。自渝以下，滩愈险，用夫愈众，而渝州五方杂处，应役尤多匪类，此次由船户自雇者半。午刻，全帮开行，东风大厉。晚泊唐家沱，[7]即铜锣峡口之上也，[8]计水程三十五里。命兆熙住头船，家丁田贵侍姚生住尾船，家丁高照住兵牌船，余坐船列为第六号，亦铜运旧例。随行益以杨鸿、张升二人，皆自家乡来者。

十二日，戊戌，阴晴。过铜锣峡，明廖永忠引舟师至此，[9]明玉珍出降处。[10]泊周家沱，距扇背沱之下五里。[11]铜舟至此，向例荔支园齐帮[12]，发给神福钱文，今泊于此，防夫岸役登岸滋扰耳。[13]仍遣丁赴扇背沱市肉千斤，给价四十金，铜运犒赏之繁若是。计水程一百三十里。武营护送陈君来尾船铜帮称为搬梢船，久不至。登岩广远望之，江水较八月涸三丈许。

十三日，己亥，晴。下台盘子滩，[14]登岸，鸣钲、[15]扬旗、放铳。[16]每一舟至，以钲、铳助其势，谓之札滩。[17]盖下滩争胜在须臾间，每船用夫数十名，全恃险滩用力，官在岸督视之则用力益奋，稍有懈者，其长立篷上鞭扑之，众声鼓噪，船上、岸上钲、铳齐鸣，箭发鸟逝，瞬息已过一舟矣。凡札滩一次，例赏夫役酒钱，谓之打宽，每夫钱数十文不等，其头、柁、夫长每名数百文，计每次须钱数十千。由此下峡，札滩有十余处，皆例给宽钱，总计盖须数百金云。此滩恶石盘江中，长二里许，水盛时船必由江南王家滩行，[18]日来水渐落，故不甚险。五里，抵长寿县，[19]城在江北山顶，雉堞倚石壁而建，山水颇秀。午刻，泊芭蕉沱，[20]计水程三十里。

十四日，庚子，阴晴。午刻，抵涪州。[21]涪为汉枳县地，秦司马错从枳县泝涪水取楚黔中地，即此。[22]涪陵江自思南府境流至州城，[23]东与川江会，《吴船录》称为黔江，[24]其上流即乌江也。乌江即《水经》之延水。[25]州北五里铁柜山，俯临大江，山下为北岩，伊川先生注《易》处，上有钩深书院，[26]兆熙挐小划登岸往游焉。下群猪滩，水落时，群石如猪，亦险滩也。[27]以水适归漕，易行。申刻，泊麻柳沱，[28]计水程一百四十里。

十五日，辛丑，未晓即雨。巳刻，冒雨开行，江水颇平。未刻，雨未息，泊泥沱子，[29]计水程六十里。

十六日，壬寅，阴。开行数十里，江路颇平。下巉碑梁，[30]水盛时极险。过丰都县，汉平都县也。[31]城在江北山下，县东北二里许，有平都山，道书七十二福地之一。[32]山有丰都殿，春月民人朝礼，香火最盛。《吴船录》云平都山，仙都道观，阪道数折乃至峰顶，碑牒所传前汉王方平、后汉阴长生，皆在此山得道仙去，有阴君丹炉。道家以冥狱所寓为丰都，宫羽流云是此地，然则仙宫地狱均在此山矣。[33]自涪以下，山势弥雄，秀气不若长寿以上。泊羊肚溪，[34]计水程一百二十里。

十七日，癸卯，阴晴。巳刻，过忠州，[35]州治在山半岩石上，颇为险要。州以巴郡守严颜忠烈而名。[36]《吴船录》云有四贤阁，谓刘晏、陆贽、李吉甫、白居易皆尝谪此舟者。[37]故迹不知存否？城西二里有滩，《水经》谓之虎须滩。[38]城东三十里为折鱼滩，水势冲激，鱼不能上，往往折回，故名，今俗名折尾子。[39]余登岸札滩，以水方平漕，滩不甚险。晚，泊抱鸡母沱，[40]入万县境矣，[41]计水程二百四十里。忠州滩石稠叠，均以水适归漕易行。

十八日，甲辰，晴。过湖滩，两岸巉石森列，长七八里，《志》称水势险急，夏涨，江面如湖。[42]此时，水涸波平矣。过天城山，三面峭壁，汉昭烈帝尝驻兵于此，俗称天子城。[43]巳刻，过万县，三国时羊渠县也，后又改为南浦。申刻，过云阳县。[44]城倚小山之半，楼堞甚小，城外江岸街市一条，不及万县人家之众。县在汉为朐䏰县，阚骃读曰蠢闰，[45]即蚯蚓也。土地下湿，多此虫，颜师古读朐为劬。[46]后周改为云安。地有盐利，自汉以来皆置官司。今湖北巴东以下，禁川盐入境，而铜、铅舟向于云阳一带私载盐斤入楚，希图倍售获利。关津查出，运官往往受累，余严切谕禁各船，第不知能净尽否？城左近无泊舟所，复行十五里，泊新军口，[47]江狭水急，无沱，第二、三、五号大船收缆不及，已直下东洋子滩去，[48]幸保平稳。计水程二百二十五里。是日，家中为兆祺完婚，[49]余旅泊荒江，良可嘅叹。[50]自忠以下，江流迅驶，滩石栉比无数，值冬令水落，波浪稍平，设七八月行此，吁可骇矣。治东江中，昔人于石上凿为塔，以定行舟之则。夜，各船摇荡，通宵不成眠。

十九日，乙巳，晴。余偕兆熙乘划船先至东洋子登岸札滩，怒涛汹涌，漩濆洄洑，[51]江面偪狭，[52]水势不舒，洄流倒冲。第八号船转入江南回流，盘旋不得出。第九号续下，两舟几至对撞，幸八号船忽顺急浪斜入江北洄流里去，九号船得斜行让过，岸上人为之胆落。小划一只，遇漩，人船并没，漩起复出，此人以一手把持划船，得不死。他船急救之，并小划亦救获。又一划被旋半截入水，复出亦无害。舟人习于水，出没浪中颇不惧，然亦太冒险矣！于时客舟下滩，入漩复起，掣入洄流者仍不少。距东洋子十余里为庙矶子，[53]已先遣船户往彼札滩，余视各船过毕，飞桨至庙矶滩头。众船皆下尽，奔流陡迅异常，犹及见尾船如箭弩之速，幸江面阔而直，故舟行无碍。此二滩素称极险，闻水再高四五尺，尤难行。余来，及水平，尚为稳适，犹不免惊心动魄也。下滩五里齐帮，东风急，不敢行，遂泊。散给头、柁放滩钱十余千，众夫双宽钱数十千。计水程三十里。

二十日，丙午，阴。下磁庄子，亦险滩也。[54]石梁横亘，最易坏舟，以水落滩平无碍，大船各只前去。三号及座船以风大难行，泊三块石，[55]

后舟至亦泊焉。三号船几被风吹入石梁，幸而得出。计水程四十五里。

二十一日，丁未，晴。午刻刻，[56]抵夔州府，[57]计水程六十里。入城谒署任宣太守瑛吉林人、[58]署奉节朱荇舫大令其章、[59]太守之兄宣祥亭太守麟。前在浙同寅数载，[60]其时祥亭任钱塘。[61]道光甲午冬，[62]祥亭由山西平定州任入觐旋，余将入都，遇于长兴店，[63]谈旧至宵分。旋闻升任西江，今询之，已因公镌级，家食久矣。[64]府城在江北山麓高原之上，[65]街市颇平坦，然形胜不及白帝城。城东角高处为学宫，即永安宫故址也。自重庆至夔州，水路共一千一百十五里。

二十二日，戊申，晴。陈太守接任宣守。[66]交卸税关，[67]船只搁不查验。[68]

二十三日，己酉，阴晴。税关遣人查验各船毕，余命田贵赴府讨关讫。东风甚厉，不能行，饭后偕兆熙、姚生乘小舟往游白帝城。[69]将抵滟滪堆，即泊岸登山，由北面逶迤而上，盘旋曲折方至山顶。上有庙宇，塑昭烈、武侯、关、张像。[70]唐宋遗迹无有，惟明人题咏碑刻尚存。白帝城本故鱼国，秦置鱼复县，公孙述更为白帝城，故巴东郡治此。西南因江为池，东临瀼溪，[71]三面皆峭绝，惟北面差迤平可上，地形洵属险隘。滟滪堆在其下，[72]突兀出江心。《水经注》云白帝城西有孤石，冬出水二十余丈，夏即没，秋时方出，亦谓之犹豫堆。此时，水落堆出十余丈，闻水深尤有五十余丈。黔运员王对山日前坏船于堆侧，铅不能捞，以遇风强行故也。江关即在白帝城对岸，亦曰捍关，古为守险之地。法孝直言鱼复捍关临江据水，[73]良是。[74]下即瞿塘峡，为三峡之门，两岸对峙，中贯一江，巉岩绝壁如斧削，上入霄汉，仰视之惊心骇目，洵壮观也![75]大瀼、东瀼二水，[76]由东合流至白帝城下入江，询之庙僧，则称为草堂河、东屯河，盖古今异名耳。东屯，杜子美所居，[77]惜未往寻其地。临风怀古，为之怃然！回舟至八阵碛，[78]登岸行蹟中，[79]四五里一望平沙碎石，杳无阵迹可寻。拣碛石明秀者升许归舟，置盆养水仙，已薄暮矣。

二十四日，庚戌，阴晴。解维下滟滪堆。入峡，余乘快划行过瞿唐，两崖壁立，咏杜诗"入天犹石色"五字，[80]始知善于形容。过白盐山下，[81]《水经注》谓崖高千余，俯临神渊，[82]亦雅切真景。崖下有泉出石罅，奔流入江，疑即放翁所称圣姥泉者。[83]停桡抵岸，汲一瓶烹茶，味颇甘美。

崖下无风，水平不波，《入蜀记》谓平如油盎，洵不诬也。[84]行三十里方出峡门，有市镇，即放翁所谓大溪口，今名戴溪，戴或系大字之讹，音同使然耳。[85]《吴船录》云峡中两岸高岩峻壁，斧凿之痕皴皴然，今所见确如其言。[86]又云峡中水性恶，饮辄生瘿，[87]妇人尤多。[88]余在滇见瘿人不少，兹行未遇项领肿起者，岂古今水性不同欤？复下滩数处，高浪喷激，令人失色。未刻，抵巫山县，[89]县治江北山半，遥望女观山，即所谓细腰宫者。[90]旋入峡，东风甚厉，峡山北岸即巫山十二峰，[91]烟云晻霭，林树蓊郁，望之不甚分明。舟行迅驶，山水奇观应接不暇。神女峰下为空望沱，江水冲激，近岸漩浪起伏无常，三号船至此遇漩起，推排几撞碰岸石，赖大掣撑抵获免。三掣尽折，亦险极矣。《吴船录》云巫险峡滩泷洞险，濆淖洄洑，其危又过夔峡。[92]神女庙之前滩尤汹怒，[93]盖即指空望沱而言。又云神女事，今庙中石刻引《墉城记》："瑶姬西王母之女，称云华夫人，助禹驱鬼神，斩石疏波有功，见纪从祀。有白马将军，俗传为驱之神山中，不问阴晴，常多云气，映带飘拂。"[94]然则仙灵所驻，拥护风云，固理所应有，乃宋玉一赋，竟以入梦，楚王肆行污蔑，斯亦文人罪过矣。然其《高唐赋》刻画山水形状，[95]实为曲尽其妙。峡中石壁愈出愈奇，纹理横斜，层层皴折，神工鬼斧不能为，不识造物融结山川时，何以巧妙若此！复行二十里许，水急风壮，遂泊横石溪，[96]分江南、江北，各泊十一舟，计水程一百四十里。夜，风弥厉，各船震撼，终夕有声。

二十五日，辛亥，阴雨、大风。头船强开行，不二里而前梢折断，遂泊，群舟已开行者亦泊。搜查各船私盐，搜出者抛入江中。盖巫山亦经工等揽载私盐之地，其盐以小舟装载，顺流附大舟行，乘便移入，倘收捡不严，一经关卡查出，累及运员矣。夜，风愈大，各船摇撼动荡，篷上大声怒吼，[97]樯竿掀簸，走石飞沙，令人震掉，[98]平生行江所仅见也。

二十六日，壬子，阴。仍守风。

二十七日，癸丑。遣高照泝流至巫山县，报守风。盖铜铅舟经过县境，例有定限，沿途兵役护送，地方官载明入境、出境时日，粘贴印花于兵牌，到部呈验；[99]如守风、水、闸、坝等项羁延，随处呈报咨展，此向例也。[100]午刻，风息，开霁，发签放船。峡水颇平。将晚，抵新崩滩，[101]急命后舟停泊，余乘划船下小滟滪石。更静，抵楠木园，座船及群舟早泊矣，计水程一百十里。四更，霜浓，衾枕寒甚。

二十八日，甲寅，晴。巳刻，出门扇峡，[102]至官渡口停泊。[103]卡官查私盐毕，大舟先行，余乘快划行三十里至湖北巴东县，[104]呼吏至舟，予以移知入境空白文结，即行。大舟六只均泊于锅笼沱，[105]时已暮矣，后舟仍泊官渡。计水程六十五里。自巫山入峡，至门扇峡出峡，共二百七十里。峡石峥嵘，千汇万状，[106]不可胜纪。江流促狭，幸滩不甚险，然所畏者惟风，缘两山偪束，风易紧峭耳。县治在江南，倚峻山之下，沿岸街市一条，又无城郭，荒瘠可知。峡内人家多倚高崖，零星散处，种山地自给，汲水皆以盎负，近江居者，始用桶荷担。古歌"巴东三峡巫峡长，猿啼三声泪沾裳"，而兹行未见一猿，询之舟人，云悬岩间极多，今天寒匿岩穴，故无出者。沿峡隔数十里亦有市肆，居人数十或百家不等。上水多无纤路，即有，皆依岩傍沙而行，间凿岩系铁索，负纤者挽以度，危险可畏。大概除上滩负纤外，皆待风顺乃行也。

二十九日，乙卯，阴晴，西风甚紧。晓起，命兆熙往札牛口滩，[107]余往札叶滩，滩距归州三十里，古名泄滩《入蜀记》称为业滩。[108]二滩水均归漕，无大险。又江水极盛时，新滩易下，叶滩难行，江水极涸时，叶滩易行，新滩难下，故谚云"有新无叶，有叶无新"。各船过毕，余仍坐划船行过归州。[109]未至州数里，有吒滩，[110]今名"四季惮"。《入蜀记》谓在天庆观下，乱石无数，[111]《吴船录》谓险过东奔即新崩滩，[112]皆实录，即《志》所云"人鲊瓮"也。[113]水大极难行，今以水平无碍。《归州志》称古夔子国，又谓楚熊绎始封此，东南七里有丹阳城，即熊绎所居，筚路蓝缕，以启山林，[114]后遂辟地数千里。[115]僻陋者，正未可忽。州在汉为秭归县，古治皆在江之右，元徙治江之左，今犹称江右者为老归州城。负山之半，形势褊小，屈原、宋玉皆生于此。[116]《吴船录》云原有庙在州东倚郭，传为玉故宅，[117]今存否不知也。过州十五里，峡左有小溪入江，名香溪，又名昭君溪。此溪出兴山县，县城前有珍珠潭，相传昭君洗妆处。按兴山，古秭归地，王嫱生于此，《志》称距归州东北四十里有昭君村。[118]今观州东北滨江一带，山多秀色，再入，山当弥佳，固宜钟美于是也。《入蜀记》载玉虚洞在香溪岸，岩窦灵奇，其水味美，色碧如黛。[119]今过此，见白沙清水，溪上人家芳树扶疏掩映，为峡中所绝无。计其中大有佳境，以不及寻访为憾。香溪口即白狗峡，两崖如削，俗称兵书宝剑峡，[120]入数里即新滩，[121]舟皆泊于峡中。南岸崖下距滩二里许，余偕船户等往视，滩水骇浪飞奔，望而生畏。舵工云癞子石未现，尚可放标。[122]盖新滩为峡江绝险处，每年十月以后，铜铅舟至此，例应起剥，设同知一员驻滩岸，专司其事。[123]惟起剥羁延时日，各运皆冒险放标，幸而无损，仍由新滩同知出起剥钤结申报。[124]然子石若现，滩水陡立，非剥载断不能下也。计水程一百里。夜来，风益盛，兴波助浪，众船摇撼，篷上如阵马之声，终夕不成眠。是日冬至。[125]

三十日，丙辰，晴。守风峡口，并与头、柁人等议放标费。

注　释

[1]　浼：同浼，音妹，有请托、央求之意。程资：即程途之资，旅途用费。

[2]　凤翔：陕西凤翔府属县，今为陕西省宝鸡市凤翔县。

[3]　壬午：道光二年（1822）。

[4]　大挑：清代举人的选拔任官制度。乾隆十七年（1752）定制，凡连续四科未中进士之举人，可参加吏部组织的大挑，以形貌、言语应对为主要考察点，优等者以知县分发，次等者以州县教职分发。嘉庆五年（1800）改为连续三科，后世因之。

丁艰：亦称丁忧、丁难，即遭父母丧而去官。西汉即有在职官员遇丧去官之例，历代沿袭，至明代定父母去世，在职官员离官回籍守丧三年之律，清因之。

[5]　清有直隶州，无直隶县，"任直隶州县"，州、县并举，"直隶"当非指行政区划，而指曾任为直隶省（已按，大致今河北及京津地区）的州、县主官。

[6]　建枋：一种木结构建筑构件，但据《中国古建筑术语辞典》并无"建枋"收录，疑即是标准术语称呼的"枋片"。枋片是穿斗结构建筑中纵向联系的构建。枋片位于纵向面阔的柱与柱之间，分屋面枋片及楼面枋片两大部分，以矩形为主，兼有由一根圆木对半锯开加工而成的半圆形。枋

片与柱用榫卯连结，起到每组梁架之间的联系及稳定作用。有时枋片上亦置短柱，重新分割开间，此时的枋片兼有承重作用。川陕楚交界一带是明清皇木的最大来源地，被砍伐的木材很多会在当地进行粗加工，加工之厂主要有圆木厂、枋板厂、猴柴厂、器具厂四类，枋板厂即专业生产枋木者。

[7] 唐家沱：川江上著名的回水沱，在今重庆市江北区唐家沱镇。

[8] 铜锣峡：川江上著名的峡谷，全长约2.5公里，今属重庆市江北区唐家沱镇铜锣镇。

[9] 廖永忠（1323—1375）：巢州（今安徽省合肥市巢湖县）人，廖永安弟，明代开国名将，封德庆侯，《明史》卷一百二十九有传。洪武四年（1371），永忠以征西副将军从汤和帅舟师伐蜀，为前锋，师至铜锣峡而蜀主明升请降。《明史》载该事经过较详，云："明年，以征西副将军从汤和帅舟师伐蜀。和驻大溪口，永忠先发。及旧夔府，破守将邹兴等兵。进至瞿塘关，山峻水急，蜀人设铁锁桥，横据关口，舟不得进。永忠密遣数百人持糗粮水筒，舁小舟逾山渡关，出其上流。蜀山多草木，令将士皆衣青蓑衣，鱼贯走崖石间。度已至，帅精锐出墨叶渡，夜五鼓，分两军攻其水陆寨。水军皆以铁裹船头，置火器而前。黎明，蜀人始觉，尽锐来拒。永忠已破其陆寨，会将士舁舟出江者，一时并发，上下夹攻，大破之，邹兴死。遂焚三桥，断横江铁索，擒同佥蒋达等八十余人。飞天张、铁头张等皆遁去，遂入夔府。明日，和始至，乃与和分道进，期会于重庆。永忠帅舟师直捣重庆，次铜锣峡。蜀主明升请降，永忠以和未至辞。俟和至，乃受降，承制抚慰。下令禁侵掠。卒取民七茄，立斩之。慰安戴寿、向大亨等家，令其子弟持书往成都招谕。寿等已为傅友德所败，及得书，遂降。蜀地悉平。帝制《平蜀文》旌其功，有傅一廖二之语，褒赉甚厚。"

[10] 明玉珍（1331—1366）：随县（今湖北省随州市）人。元顺帝至正十一年（1351），湖北罗田人徐寿辉起义于蕲州（今湖北蕲春），明玉珍随之起义于其家，聚众千余人。徐寿辉称帝，明玉珍归附之。至正十七年（1457），明玉珍帅部掠粮于川峡间，趁乱袭取重庆，被徐寿辉封为陇蜀行省右丞，开始割据巴蜀。二十年（1460），陈友谅弑徐寿辉自立，明玉珍遂以兵塞瞿塘峡，不与交通，自立为陇蜀王。二十二年（1362）春接受谋臣泸州人刘桢建议，即皇帝位于重庆，国号夏，建元天统，割据巴蜀。二十

六年，病亡，太子升即位。明洪武四年（1371），征西将军汤和伐蜀，明升降，国亡。《明史》卷一百二十三有传。

[11] 扇背沱：道光《重庆府志》卷一《山川》载长寿县西南三十里有扇沱渡，民国《长寿县志》同。今重庆市长寿区西长江南岸扇沱乡，乡治东今有扇沱码头，与长寿区治距离亦约相当，当是其旧地。其地陆岸如扇背向外凸起，嵌入江中，可能因此得名。周家泷：其详难考。

[12] 荔支园：其地以曾有荔枝园林而得名。自泸州沿江东至涪州（今重庆市涪陵区）旧时皆产荔枝，沿江岸有大荔枝园者，后世或以之名其地。据道光《重庆府志》卷三《物产·荔枝》："《华阳国志》江州有荔枝园。《寰宇记》乐温县产荔枝，其味犹胜诸岭。涪州城西五十里，唐时有妃子园，中有荔枝百余株，颗肥，为杨妃所喜。当时以马驰载，七日夜至京，人马多毙。然荔枝，叙泸（按即叙永、泸州）之品为上，涪州次之，合州又次之。今止嘉定州有数株，江北厅香国寺有二株，余州少有植者。"黎氏遣人购物之荔枝园，非唐时涪州城西五十里之妃子园，为道里相去尚远之故也。

[13] 该句第一个"岸"字，当为衍字，《贵州文献季刊》本亦无。

[14] 台盘子滩：非险滩，《云南铜志》卷三《京运·滩次》不载，该滩在扇背沱下十里。金科豫《解脱纪行录》："戊辰，行九十里舣舟扇背沱。己巳，行十里至台盘子滩……"今属重庆市长寿区朱家镇石盘村，在长江北岸。由于三峡大坝蓄水，台盘子滩已淹没。

[15] 钲：音同争，古乐器。作为乐器的钲有两种，一种形似钟而狭长，有长柄可执，击之而鸣。一种形圆如铜锣，悬而击之。

[16] 铳：音同冲，去声，中国古代用火药发射的管型火器，管材以铜为佳，其次则铁。铳是明清时期火器营的重要装备。

[17] 札滩：铜、铅等重运船只经过险滩时需要的一种过滩方式，轻运和客运船只一般不需要，其具体操作方式，文中已言。

[18] 王家滩：长江长寿县段险滩，在长江南侧，《云南铜志》载为次险之滩。民国《长寿县志》卷一《山川》载："王家滩治西南十四里，属千佛场界。自东南突出一矶，横插江心。盛夏滩险，旧设救生船两只，养□□□□□□。同治九年（1870）成都将军崇捐银八百两，添设两只。"滩今已淹没，其地南岸今仍有王家湾自然村，属重庆市长寿区江南街道对河村。

[19]　长寿县：四川重庆府属县，在府城在东北二百三十里。县地州地初为巴国地，秦为巴郡江州县地，汉为巴郡江州、枳县地。北周、隋为巴县地。唐武德二年（619）析巴县东部置乐温县，属南潾州，九年（626）改属涪州，宋因之。元至元二十年（1283）省入涪州，至正二十三年（1363）明玉珍割据巴蜀建国大夏，定都重庆，以其地有长寿山，山民多寿考，更名长寿县，明因之，洪武六年（1373）改隶重庆府。清因之（据道光《重庆府志》卷一《沿革》及嘉庆《重修大清一统志》卷三百八十七）。今仍名，为重庆市长寿区。

[20]　芭蕉沱：长江长寿段水沱，今仍名，临长江南岸，今属重庆市长寿区江南街道锯梁村。

[21]　涪州：四川重庆府属散州，在府城东稍南三百三十里。州地初为战国楚国枳邑地，秦并巴蜀属巴郡枳县，汉为巴郡涪陵县。后汉末，刘璋分巴郡南部立为巴东属国都尉，先主改为涪陵郡。东晋永和中（345—356）移涪陵郡治，南朝因之。李成废郡，复为涪陵县。南朝宋、齐仍为涪陵郡，北周因之，徙郡治于汉平县。隋开皇初（581）郡废，属梁州总管府。十三年（595），废涪陵郡，改汉平县为涪陵县，属巴郡。唐武德元年（618）废郡为涪州，仍治涪陵县，属江南道。上元二年（675），改隶江陵。天宝初（742），复为涪陵郡。乾元初（758）复为涪州，元和三年（808）领于黔州观察使。五代属蜀，宋亦曰涪州，属夔州路。元世祖至元二十年（1283），废涪陵县、乐温县，省入涪州，属重庆路。明仍曰涪州，领彭水、武隆二县。清初因之，康熙七年（1668），并武隆县入之，不领县（据同治《重修涪州志》卷一《沿革》）。民国二年（1913）降为涪陵县，今为重庆市涪陵区。

[22]　司马错：战国秦惠王将，夏阳（今陕西省渭南市韩城市）人，在秦国收取巴蜀、夺取楚西黔中郡上有决策和领兵作战之主要功劳，《史记》卷七十《张仪列传》附有其传。《华阳国志》卷三《蜀志》载其收蜀取巴定黔中事较详：

蜀王别封弟葭萌于汉中，号苴侯，命其邑曰葭萌焉。苴侯与巴王为好，巴与蜀仇，故蜀王怒，伐苴侯。苴侯奔巴，求救于秦。秦惠王方欲谋楚，群臣议曰："夫蜀，西僻之国，戎狄为邻，不如伐楚。"司马错、中尉田真黄曰："蜀有桀、纣之乱，其国富饶，得其布帛金银，足给军用。水通于楚，有巴之劲卒，浮大舶船以东向楚，楚地可得。得蜀则得楚，楚亡则天下并矣。"惠王曰："善。"……周慎王五年（前316）秋，秦大夫张仪、司马错、都尉墨等从石牛道伐蜀。蜀王自于葭萌拒之，败绩。……冬十月，蜀平，司马错等因取苴与巴。……（周赧王）六年（前309），陈壮反，杀蜀侯通国。秦遣庶长甘茂、张仪、司马错复伐蜀，诛陈壮。七年（前308），封子恽为蜀侯。司马错率巴、蜀众十万，大舶船万艘，米六百万斛，浮江伐楚，取商於之地为黔中郡。

[23] 思南府：贵州蜀府，府境在今贵州铜仁市西部及遵义市东部。

[24] 《吴船录》卷下七月辛亥日，记过黔江事，原文："……七十里，至涪州排亭之前，波涛大汹，溃淖如屋，不可梢船。过州，入黔江泊。此江自黔州来合大江。大江怒涨，水色黄浊，黔江乃清泠如玻璃，其下悉是石底。自成都登舟，至此始见清江。涪虽不与蕃部杂居，旧亦夷，俗号为四人。四人者，谓华人、巴人及廪君与盘瓠之种也。"

[25] 查《水经注》卷三十六，其名非延水，而是延江水，或称延江，又称涪陵江、涪水。《清史稿》卷六十九《地理志十六·涪州》载涪陵江即古延江，自彭水入，北合大江。同治《重修涪州志》卷一《山川》："涪陵江，城东。《通鉴纲目集览》载涪水自思州之上费溪发源，经黔州界与施州江会流，又经彭水、武隆二县，凡五百里，与蜀江会于涪州之东。《志》云自思州境流入黔州界，分流为施州江。其正流经经彭水、武隆二县，凡五百余里，与蜀江会于州之东。以来自黔中，亦名黔江。其水渊澄，清澈可鉴毛发，盖即为乌江下流矣。庚仲雍云别江出自武陵水，经延江水从鳖县东屈北流，自巴郡涪陵县注更始水。郦道元曰，更始水即延江支分之始，盖皆涪陵江矣。昔司马错溯舟取黔中地，即此。《寰宇记》载自万宁县西北二百八十里至关头滩，滩长百步，悬崖倒水，舟楫莫通。又有江门滩，在县前江中。旧《志》载自彭水江口镇入武隆界，一百二十里至白马滩入州界，又百一十里至州东入大江。按防江易于防边，防小江易于妨大江。大江平阔，湍急不可渡处，百里不过三四。涪陵江两崖夹峙，若神斧刻画，飞走迹绝，安流可渡处百里不过三四，就其可渡处筑炮台、立望楼，即仓促有事，随置暗桩，开伏濠、浮木笼、定板竿，守以团民，每扼要地屯兵

勇一哨，往来策应，虽悍匪不能飞渡也。同治元年（1862），发逆贿勇弁得渡，流毒南方数千里。然则天险终无如人何也。明末左南宁云，诸将无不受贼金钱者，独臣左手接贼钱，右手即断贼头耳。由此观之，后之君子，其慎所守哉。"今统称乌江，为贵州第一大河，北源六冲河出赫章县北，南源三岔河出威宁彝族回族苗族自治县香炉山花鱼洞，两源汇合后称鸭池河，东北流至息烽县乌江渡以下始称乌江。又经思南县、沿河县等入重庆市境，经酉阳土家族苗族自治县的万木乡、龚滩古镇，折向彭水县、武隆县到涪陵区入长江，全长一千余公里，流域面积近9万平方公里，为渝黔湘鄂边界重要河流。

[26] 铁柜山：同治《重修涪州志》卷一《山川》称为铁柜城山，系涪州城江北北山坪山系之顶峰。《方舆胜览》卷六十一《涪州》铁柜山，旧《经》一名吴君山，横亘江北，与涪陵县相对，雄压诸山。雍正《四川通志》卷二十三《山川·涪州》载铁柜山，在州北五里，形如铁柜，相传武侯尝屯兵于此。嘉庆《重修大清一统志》卷三百八十七《重庆府·山川》："铁柜山在涪州北，《舆地纪胜》一名吴君山，横亘江北，与废涪陵县相对，雄压诸山。马提幹诗'石鱼占岁稔，铁柜锁晴天'，即此。旧《志》山在州北五里，屹立如柜，相传武侯尝屯兵于此。其南二里为北岩山，即宋程颐注《易》之所。"铁柜山、北山坪，今皆仍名，属涪陵区江北街道。

钩深书院：涪州著名书院，名胜，位于铁柜山下北山坪南麓之北岩，北宋程颐注《易》于此地之普净寺辟堂，黄庭坚谪宜过此，与程颐相会，取《周易·系辞》"探赜索隐，钩深致远"之意，书"钩深堂"三字于岩壁。南宋嘉定十年（1217）涪州知州范仲武在北岩建书院，名北岩书院，后理学大盛，又名钩深书院。后年久失修而坏，清乾隆九年（1744）涪州知州罗克昌募资重建，嘉庆八年（1803）知州李炘重修头门一、仰止亭一、正堂三，中祀程颐。左四贤祠，右讲堂，东西书舍各二所，看司宅一所，遂完备。乾隆九年知州罗克昌复建书院，即置学田，岁收谷百余石。历任添设学田共二十四处，岁收租谷二百五十石，租钱百四十一千文（据同治《重修涪州志》卷三《学校》、道光《重庆府志》卷五《书院》）。光绪末年废书院、设学堂，钩深书院遂改名涪州师范中学堂，后又改为涪州中学堂。今其旧址为周易公园，有庙白岩寺，岩壁上存十幅古代摹岩石刻，其中程颐及其弟子的读书处和黄庭坚、朱熹等人的字刻保存尚完好，是涪陵著名的人文胜迹。

伊川先生：即程颐。程颐（1033—1107），字正叔，洛阳人，人称伊川先生，程颢之弟，北宋著名理学家和"旧党"。哲宗元祐元年（1086），经司马光、吕公著等人荐举，从平民起家至崇政殿说书，元祐二年（1087）诏罢经筵，先后任管勾西京国子监、嵩山崇福宫等闲职，在洛阳讲学十年。绍圣四年（1097）十一月，诏放归田里，又遣涪州编管，遂至涪州。在涪期间，按自己的学术思想注《易》九卷（即《伊川易传》，或称《周易程氏传》）。徽宗即位，被赦，隐居龙门，未久而故。《宋史》卷四百二十七有传。

[27] 群猪滩：长江涪州段著名险滩，《云南铜志》载为极险之滩。据该志，涪陵属极险之滩有二，黄鱼岭滩、群猪滩。又据该志，凡极险之滩，遇有遭风，沉失铜斤，打捞一年，限满无获，由该地方官取结、加结，咨部咨滇，会疏保题豁免。其应需铜价、运脚等银，于铜息银内动支，买铜补运清款。雍正《四川通志》卷二十三《山川·涪州》："群猪滩在州东十里，水落见群石如猪。马提斡诗'滩急群猪沸，崖高落马悬。'"《吴船录》卷下载舟船过群猪滩状："壬子，发涪州，过群猪滩，既险且长。水虽大涨，乱石犹森然。两旁他舟皆荡兀，惊怖号呼。"据道光《重庆府志》卷一《山川·涪州》，群猪滩在州城东北十里，水落群石如猪八，水涨喷溅最险，官府设有救生船一只。同治《重修涪州志》卷一《山川》："群猪滩，《方舆纪要》州东十里，水落见群石如猪。按夏初江水半涨，雪浪澎湃，盘涡犬牙交错，非练习水性者不能棹。涨盛，盘涡无数，险恶极不可行矣。滩声若雷，深夜尤彻。"群猪滩今在涪陵区清溪镇，清溪沟入长江处，三峡大坝蓄水满，滩常年被淹没，天险即消。

[28] 麻柳沱：长江水沱，其详难考。

[29] 泥沱子：长江水沱，其详难考。

[30] 巉碑梁：长江丰都县段著名险滩，《云南铜志》载为极险之滩，该县极险之滩唯此。光绪《重修丰都县志》卷八《山川》："巉碑梁滩，治西，上连送客堆，境内第一险滩。石梁亘江心，水满则没，半涨时下水船险，舟人或避险而南，则又驶入百丈滩矣。旧设救生船两只，水手二十名。按滩东西长三百四十三丈。"今已消除。

[31] 丰都县：四川忠州直隶州属县，在州西南一百一十里。县地在西汉为巴郡临江县地（治今重庆忠县），东汉永元二年（90）分临江西部置平都县，属巴郡，蜀汉延熙十七年（254）复省入临江县。隋恭帝义宁二年（618，李渊称帝后为唐武德元年）分临江县西部，即原平都县地，置丰都县，丰都始得名。唐高祖武德二年（619）分丰都县置南宾县，五代、宋、元皆因之。明太祖洪武年间（1368—1398），省南宾县入丰都县，清因之，属忠州直隶州（据嘉庆《重修大清一统志》卷四百十六）。今仍名，为重庆市丰都区。

[32] 平都山：丰都县名山。嘉庆《重修大清一统志》卷四百十六载此山："在丰都县东北。《隋书·地理志》临江县有平都山，《寰宇记》在丰都县北二里，县以此为名。后汉时，阴长生于此升天，亦张道陵二十四化之一也。《方舆胜览》自县东行一里许，始登山，石径萦回可二三里，平莹如扫。林木邃茂，夹径皆翠柏，殆数万株。麂鹿时出没林间，与人狎甚。有景德官，旧名仙都观，乃汉王方平得道之所。《明统志》在县东北三里，道书七十二福地之一。旧《志》，今亦名丰都山，顶有五云洞。"

七十二福地：即洞天福地。道教所划分七十二处名山洞府福地，其间多得道成仙之所。《云笈七签》卷二十七《洞天福地》："其次七十二福地，在大地名山之间。上帝命真人治之，其间多得道之所。"所载七十二福地依次为：第一地肺山，在江宁府勾容县界，昔陶隐居幽栖之处，真人谢允治之；第二盖竹山，在衢州仙都县，真人施存治之；第三仙磕山，在温州梁城县十五里，近白溪草市，真人张重华治之；第四东仙源，在台州黄岩县，属地仙刘奉林治之；第五西仙源，亦在台州黄岩县峤岭一百二十里，属地仙张兆期治之；第六南田山，在东海东，舟船往来可到，属刘真人治之；第七玉溜山，在东海近蓬莱岛，上多真仙居之，属地仙徐迈治之；第八青屿山，在东海之西，与扶桑相接，真人刘子光治之；第九郁木洞，在玉笥山南，是萧子云侍郎隐处，至今阴雨，犹闻丝竹之音，往往樵人遇之，属地仙赤鲁斑主之；第十丹霞山，在麻姑山，是蔡经真人得道之处，到今雨夜，多闻钟磬之声，属蔡真人治之；第十一君山，在洞庭青草湖中，属地仙侯生所治；第十二大若岩，在温州永嘉县东一百二十里，属地仙李方回治之；第十三焦源，在建州建阳县北，是尹真人隐处；第十四灵墟，在台州唐兴县北，是白云先生隐处；第十五沃州，在越州剡县南，属真人方明所治之；第十六天姥岑，在剡县南，属真人魏显仁治之；第十七若耶溪，在越州会稽县南，属真人山世远所治之；第十八金庭山，在庐州巢县，别名紫薇山，属马仙人治之；第十九清远山，在广州清远县，属阴真人治之；第二十安山，在交州北，安期生先生隐处，属先生治之；第二十一马岭山，在郴州郭内水东，苏耽隐处，属真人力牧主之；第二十二鹅羊山，在潭州长沙县，娄驾先生所隐处；第二十三洞真墟，在潭州长沙县，西岳真人韩终所治之处；第二十四青玉坛，在南岳祝融峰西，青乌公治之；第二十五光天坛，在衡岳西源头，风真人所治之处；第二十六洞灵源，在南岳招仙观西，邓先生所隐地也；第二十七洞宫山，在建州关隶镇五岭里，黄山公主之；第二十八陶山，在温州安国县，陶先生曾隐居此处；第二十九皇井，在温州横阳县，真人鲍察所治处；第三十烂柯山，在衢州信安县，王质先生隐处；第三十一勒溪，在建州建阳县东，是孔子遗砚之所；第三十二龙虎山，在信州贵溪县，仙人张巨君主之；第三十三灵山，在信州上饶县北，墨真人治之；第三十四泉源，在罗浮山中，仙人华子期治之；第三十五金精山，在虔州虔化县，仇季子治之；第三十六阁皂山，在吉州新淦县，郭真人所治处；第三十七始丰山，在洪州丰城县，尹真人所治之地；第三十八逍遥山，在洪州南昌县，徐真人治之地；第三十九东白源，在洪州新吴县东，刘仙人所治之地；第四十钵池山，在楚州，王乔得道之所；第四十一论山，在润州丹徒县，是终真人治之；第四十二毛公坛，在苏州长洲县，属庄仙人修道之所；第四十三鸡笼山，在和州历阳县，属郭真人治之；第四十四桐柏山，在唐州桐柏县，属李仙君所治之处；第四十五平都山，在忠州，是阴真君上升之处；第四十六绿萝山，在朗州武陵县，接桃源界；第四十七虎溪山，在江州南彭泽县，是五柳先生隐处；第四十八彰龙山，在潭州醴陵县北，属臧先生治之；第四十九抱福山，在连州连山县，属范真人所治处；第五十大面山，在益州成都县，属仙人柏成子治之；第五十一元晨山，在江州都昌县，孙真人、安期生治之；第五十二马蹄山，在饶州鄱阳县，真人子州所治之处；第五十三德山，在朗州武陵县，仙人张巨君治之；第五十四高溪蓝水山，在雍州蓝田县，并太上所游处；第五十五蓝水，在西都蓝田县，属地仙张兆期所治之处；第五十六玉峰，在西都京兆县，属仙人柏户治之；第五十七天柱山，在杭州于潜县，属地仙王柏元治之；第五十八商谷山，在商州，是四皓仙人隐处；第五十九张公洞，在常州宜兴县，真人康桑治之；第六十司马悔山，在台州天台山北，是李明仙人所治处；第六十一长在山，在齐州长山县，是毛真人治之；第六十二中条山，在河中府虞乡县，是赵仙人治处；第六十三茭湖鱼澄洞，在西古姚州，始皇先生曾隐居此处；第六十四绵竹山，在汉州绵竹县，是琼华夫人治之；第六十五泸水，在西梁州，是仙人安公治之；第六十六甘山，在黔南，是宁真人治处；第六十七瑰山，在汉州，是赤须先生治之；第六十八金城山，在古限戍，又云石戍，是石真人所治之处；第六十九云山，在邛州武刚县，属仙人卢生治之；第七十北邙山，在东都洛阳县，属魏真人治之；第七十一卢山，在福州连江县，属谢真人治之；第七十二东海山，在海州东二十五里，属王真人治之。有关七十二福地名次，所载者有所出入，可参见《太清玉册》。据《道教大辞典》。

[33] 此处所引为《吴船录》卷下七月壬子日记事，原文为："百二十里，至忠州丰都县。去县三里，有平都山仙都道观，本朝更名景德。冒大暑往游，阪道数折，乃至峰顶。碑牒所传，前汉王方平、后汉阴长生皆在此山得道仙去。有阴君丹炉及两君祠堂皆存。祠堂唐李吉甫所作，壁亦有吉甫像。有晋、隋、唐三殿，制度率痹狭，不突兀，故能久存。壁皆当时所画，不能尽精，惟隋殿后壁十仙像为奇笔，丰臞妍怪，各各不同，非若近世绘仙圣者一切为麾曼之状也。晋殿内壁亦有溪女等像，可亚隋壁。殿前浴丹池，不甚甘凉。满山古柏大数围，转运司岁遣官点视。相传为阴君手种。余以成都孔明庙柏观之，彼止刘蜀时物，乃大此数倍。然段文昌《修观记》已云'峭壁千仞，下临沸波，老柏万栽，上荫峰顶'，段时已称老柏，或真阴君所植，直差瘦耳。阴君以炼丹济人为道业，其法犹传，知石泉军章森德茂家有阴丹甚奇，即阴君丹法也。观中唐以来留题碑刻以百数，暑甚不暇遍读。道家以冥狱所寓为丰都，官羽流云，此地或是。"

[34] 羊肚溪：长江丰都县境小支流，文献难考其详。

[35] 忠州：即四川忠州直隶州，在省治东一千五百里。《禹贡》为梁州之域，周为巴国地，两汉至晋皆为巴郡临江县。南朝梁武帝大同六年（540）置临江郡，郡治临江县，西魏废帝二年（553）于县设置临州，领二郡三县，

州治临江县。隋开皇初（581），废临江郡，大业初（605）废临州，临江县改属巴东郡。义宁二年（618），废郡为州，仍为临州，治临江县。唐初因之，贞观八年（633），以县出忠臣，改临州为忠州，临江县仍旧。天宝初年（742），罢州复郡，为南宾郡，后复为忠州。五代不改，宋因之。南宋咸淳元年（1265）升忠州为咸淳府，仍治临江县。元代，降为忠州，州治临江县。明省临江县入忠州，属重庆府。清初因之，雍正十二年（1734）升忠州为直隶州，领丰都、梁山、垫江三县（据嘉庆《重修大清一统志》卷四百十六）。民国二年（1913）降为忠县，今仍名，为重庆市忠县。

[36] 严颜：汉末巴郡临江（今重庆忠县）人，其忠烈事，载在《三国志》卷三十六《蜀书·张飞传》中，其文曰："先主入益州，还攻刘璋。飞与诸葛亮等泝流而上，分定郡县。至江州，破璋将巴郡太守严颜，生获颜。飞呵颜曰：'大军至，何以不降？而敢拒战！'颜答曰：'卿等无状，侵夺我州，我州但有断头将军，无有降将军也！'飞怒令左右牵去斫头，颜色不变，曰：'斫头便斫头，何为怒邪！'飞壮而释之，引为宾客。"《华阳国志》卷五《公孙述刘二牧志》："刘主……率万人泝江西上。璋初勒所在供奉入境如归，刘主至巴郡，巴郡严颜抚心叹曰：'此所谓独坐穷山，放虎自卫者也。"

[37] 《吴船录》下卷七月癸丑载此事，原文云："癸丑，发竹平，七十里至忠州。有四贤阁，绘刘晏、陆贽、李吉甫、白居易像，皆尝谪此州者。"

刘晏（718—780）：字士安，唐代曹州南化（今山东省菏泽市东明县）人，名臣、宰相，中国古代著名经济改革家和理财家。年七岁，举神童，授秘书省正字。及长，以善理财，受知于玄宗，官至侍御史。历任地方与中央，皆显其卓能。安史乱后，中原残破，晏以宰相兼领领度支、盐铁、转运、铸钱、租庸等使，直接主持全国经济事务，改革漕运、盐政，建常平仓，任人唯贤、清廉公正、雷厉风行，迅速恢复了战乱后的经济，民不加赋而国用饶。《旧唐书》卷一百二十三、《新唐书》卷一百四十九有传。刘晏于德宗建中元年（780）二月，被构陷排挤，由尚书左仆射贬为忠州刺史，七月赐死于忠州任上，天下以为冤。

陆贽（754—805）：字敬舆，苏州嘉兴（今浙江省嘉兴市）人，唐代政治家、文学家，《旧唐书》卷一百三十九、《新唐书》卷一百五十七有传。

德宗贞元八年（792）陆贽拜相，任中书侍郎同平章事，力主爱人节用，轻徭薄赋，贞元十年（794）被构陷罢相，十一年（795）贬为忠州刺史。在任期间，因当地气候恶劣，疾疫流行，特编录《陆氏集验方》五十卷，供人们治病使用，百姓感戴。顺宗永贞元年，卒于忠州任上。

李吉甫（758—814）：字弘宪，赵郡（今河北省石家庄市赵县）人，《旧唐书》卷一百四十八、《新唐书》卷一百四十六有传。李吉甫是宪宗朝平定收服藩镇的重要决策者和功臣，历任内外要职，两次任相，居相位四年，卒于相位。吉甫早年在陆贽任相期间（792—795），被贬为明州长史，又升忠州刺史。

白居易（772—846）：字乐天，号香山居士，又号醉吟先生，祖籍太原（今山西省太原市），生于下邽（今陕西省渭南市），唐代著名诗人，中国古代伟大的现实主义诗人。进士出身，官至翰林学士、刑部尚书，历任诸州刺史。《旧唐书》卷一百六十六、《新唐书》卷一百一十九有传。宪宗元和十年（815），居易因率先上书请急捕刺杀武元衡凶手，被贬江州（今江西九江）司马。十三年（817），改忠州刺史，十五年（819）还京，在忠州两年。

刘、陆、李、白四人皆是唐代负有盛名的贤臣，故称"四贤"。嘉庆《重修大清一统志》卷四百十六《忠州直隶州·古迹》："四贤阁在州学，宋知州王辟之建。四贤谓唐刘晏、陆贽、李吉甫、白居易，皆谪官于此，故以名阁，宋黄庭坚记。"州南又有四贤祠，宋绍圣间（1094—1098）建。同治《忠州直隶州志》卷一《古迹》："四贤阁在州北内。四贤谓唐刘晏、陆贽、李吉甫、白居易，皆谪官于此，故以名阁。久圮无存。"

[38] 虎须滩：长江忠州段险滩，《水经注》卷三十三《江水》：江水右经虎须滩，滩水广大，夏断行旅。《禹贡锥指》卷十四下载"又经虎须滩，滩水广大，夏断行旅"，注"按今忠州西二里有石梁亘三十余丈横截江中，俗呼倒须滩，即此虎须滩也"。但《云南铜志》载忠州有次险滩滑石滩、銮珠背滩、凤凰子滩，有极险滩鱼洞子滩、折尾子滩，皆未有虎须滩，当为其滩之险未及次等之故。同治《重修忠州直隶州志》亦载此滩，仅言在县西一百里，亦当虽险而易过之故。另，奉节县亦有虎须滩。

[39] 折尾子：长江忠州段著名险滩，亦称折尾滩、折桅滩等，《云南

铜志》载为一等极险之滩。同治《直隶忠州志》卷一《山川》："折尾子滩，治东南四十五里。相传滩下有洞如城，中有物为害。乾隆四十年（1775）刺史甘隆滨沉铁以压之，滩水少杀。今滩上有'对我来'三字，系甘公立。"折尾子滩，历代沉船事故极多。

[40] 抱鸡母沱：长江万县段水沱，其详文献难考。

[41] 万县：四川夔州府属县，在府城西少南二百八十里。县地在秦汉为巴郡朐忍县地，东汉献帝建安二十一年（216），刘备分朐忍地置羊渠县，为万县建县之始。后主建兴八年（230），省羊渠置南浦县。西魏废帝二年（553），改南浦为鱼泉县，治所由江南迁至江北。北周时期（557—584），先改鱼泉县为安乡县，为信州和万川郡治。隋初废万川郡，开皇十八年（598），改安乡县为南浦县。炀帝大业三年（607），废信州置巴东郡，南浦县属巴东郡。唐高祖武德二年（619）置南浦州，领南浦、武宁、梁山三县；八年（626）州废，九年复置，改南浦州为浦州。贞观八年（634）改浦州为万州，天宝元年（742）改万州为南浦郡，干元元年（758）复为万州，仍治南浦县。宋万州先隶川峡路，后属夔州路，太祖开宝三年，以梁山为军，领南浦、武宁二县。元世祖至元二十年（1283），省南浦县入万州，领武宁一县。明洪武四年（1317），并武宁县入万州，六年（1373）降万县，属夔州府。清因之（据嘉庆《重修大清一统志》卷三百九十七、《清史稿》卷六十九《地理志十六》）。民国十七年（1928）置万县市，二十四年（1935）设万县专区，治万县市，领万、开、城口、巫溪、云阳、奉节、巫山、忠、石砫九县。今为重庆市万州区。

[42] 湖滩：长江万县段著名险滩。乾隆《大清一统志》卷三百零三《夔州府》："湖滩在万县西六十里，水势险急，春秋泛溢，江面如湖。"同治《增修万县志》卷四《大江险滩》："大湖滩，大水极险，小水次险。《省志》湖滩在县西六十里，水势险急，春夏泛滥，江面如湖。宋查龠有诗载《艺文》。其下为小湖滩。"《云南铜志》有万县无湖滩之载，但有一等极险滩大湖塘滩，当即此滩。

[43] 天城山：长江万县段著名江岸山。乾隆《大清一统志》卷三百零三《夔州府·山川》："天城山在万县西五里，四面峭立如堵，惟西北一径可登，一名天生城，相传汉昭烈曾于此驻兵，即《华阳国志》所云小石

城山也。"《华阳国志》卷一《巴志》："朐忍县，郡西二百九十里。水道有东阳、下瞿数滩，山有大、小石城。"今在万州区天城镇长江北岸。

汉昭烈帝：即刘备，三国蜀汉的建立者，亦称先主，谥昭烈。刘备（161—223），字玄德，涿郡涿县（今河北省涿州市）人，《三国志》卷三十二有传。刘备以汉献帝建安十三年（208）联合孙权，在赤壁大败曹操，然后收服荆州四郡。建安十六年（211），刘备率军入蜀，第一次经过天城山。二十四年（219），刘备称王于汉中，蜀汉章武元年（221），刘备称帝于成都，同年率大军征吴，又经过此处，次年大败于夷陵，逃归，驻扎于白帝城，并卒于该处，尚未上至天城山。既云驻军于天城山，又称"天子城"则当是刘备伐吴沿江东下时曾驻兵于此。

[44] 云阳县：四川夔州府属县，在府城西一百四十里。县地初为秦汉巴郡朐忍县地，汉末分巴郡，先后属固陵郡、巴东郡，晋属巴东郡，后世因之。后周武帝改为云安县，后世因之。至宋，开宝六年（973）置云安军，治云安县，属夔州路，开宝末（976）罢军。元世祖至元十五年（1278），复置云安军，县废，二十年（1283）升为州。明洪武六年（1373）降为县，改名云阳，属夔州府，清因之（据嘉庆《重修大清一统志》卷三百九十七）。今仍名，为重庆市云阳县。

[45] 阚骃：字玄阴，敦煌（今甘肃省敦煌市）人，博通经史，撰《十三州志》流行于世，为北凉武宣王所亲重。北凉亡，入魏，典校经籍，刊定诸子三千余卷。《魏书》卷五十二有传。

[46] 颜师古（581—645）：名籀，字师古，雍州万年（今陕西省西安市）人，北齐颜之推孙，隋唐时期著名学者、经学家、训诂学家、史学家。唐初校订五经，唐廷推行全国。又注《汉书》，至今犹为经典注本。隋时曾任安养县尉，入唐历官朝散大夫、敦煌公府文学、中书舍人、中书侍郎、秘书监、弘文馆学士，太宗赐爵琅琊县子。《旧唐书》卷七十七、《新唐书》卷一百九十八有传。朐、朐两字，今皆为"渠"音。

[47] 新军口：新军河入长江处，在云阳县境，明代在此设有新军镇。乾隆《大清一统志》卷三百九十七《夔州府·山川》载新军河在云阳县东北三十里，源出湖北恩施县界，东北流二百余里入大江。新军河，亦称新军水，云阳、奉节、万县、湖北利川四县交界处著名河流，流域主要在云

阳境，多藏名胜古迹。民国《云阳县志》卷五《山水下》："新军水源出湖北利川县与万县界之磨刀溪，北流，经其县之十一保塘房，过奉节县九甲东行约六十里入县境磁洞甲界。其上曰磁石塘，地产佳石，质理坚细中研材。土人凿取为砺，久而成穴，故曰磁洞也。东流十五里至万县堡子岭，过鱼口峡出县境，小龙盘沟水自万县七甲枫木村西来注之。又东经万县前六甲、利川县十四堡、奉节县都里九甲诸境，凡四十里至地坝滩，慈溪沟水自清水塘发源，流经曜灵书院前，至团坝河东来注之。溪流九曲，峰峦隐映，农田沃茂，烟树荫村，溪旁有荷荡、里湾诸胜，为耆儒谭先生隐处。书院，其讲学地也。由地坝滩北流十五里至海螺口，复入县境。又十五里至琵琶塘，万县分水岭水东流三十里经泥溪口来汇之。又北二十里至吴家营场，经张井、盐灶、榨坪甲，蒿草场水自场右来注之。溪之左右相对二里许，有卤水三井原，置上中下三灶，旧为官井引道，税率附于云安盐场，后经停废岁，惟里人自煮以给村社。又东北八里，东汇绿布河水。水源出石柱厅界，东流一百五十里至万县之赶场坝，受红凤山水。水出山麓西北，流二十里至三元场下复元桥，汇揭鼻河水。水源出云峰山人头寨下，寨在群峰之脊上，为高原，极目数里，忽于平底突起孤峰，其下土石巉崖，线路陡峻，攀援曲屈乃至初基。又上则石壁若削，嶙峋晴出，高劣百丈，关逾十亩。自昔因其垠堮，遭罅成道，天梯倒挂，拾级揉升。踵息崖腰，则前径拂额，登陟旷观，则靡远不尽，俯视平畴，一气混白。目眩口呿，惊怛觳缩，往往縻绠伏梯，乃得下矣。最上复缀石顶，如肩承颔。顶上仍有神祠，壁悬铁索，援之可上，然非素负趫捷者，不敢轻试也。寨趾道左有立石，状类丰碑，下戴以土，孤根如蒂，以指拟之，势若颠动，而终古员赑，无稍倾倚，又一奇矣。河水由县境谷庄甲云峰山麓西流至李家沟石洞平迤中，忽洼下圆深各两丈许，俗拟其形呼曰锅底，荡亦名天生荡矣。又西经里坪甲石桶山下，山脉自人头寨绵亘西行，连峰突兀，开若张屏，土人名之挂榜山。有孤峰中起，纯石而正圆，高数十丈，平顶周帀，峻壁如削，杂树丛生，经行旷望，俨如铜柱，高标霄汉，故以石桶为名也。又四十五里至苏麻坝出境，入万县之龙驹坝，与磨刀溪水合流至赶场坝入丝布河。又三十里至长滩井，西受虹溪水。又十里至沙滩场，又三十里至向家嘴，又五里至冉家沟，复入县境院庄下甲界。又北二里至张三田上渡，又北十里至东桥井渡口。旧尝煎盐纳课，与张井相埒，今久停废。又北十五里至支遥上甲，石坂滩、响滩子水由马路口马槽沟东流注之。又十里至长河坪，左纳里漕坝、生田沟水。又二十二里至坳口场，夜猫嵌左纳后漕沟及新桥沟，历龙登岸会大闯沟水。又东三里至沙嘴，纳仙桥观及水磨中下甲水，汇源益众，双流交驶，谓之雨汇口。又东北流三十里至马鞍山，山腰有市，为山货出江，县盐入山所经，近县之大聚也。右受蓝厂沟水，水源出五间甲，历蓼叶溪，至风火来注。又北流三十里至新军山，山势横迤，锁障溪流，屈曲北泻入江，《图经》所称新军水口也。并山为市，昔盛今衰。夏月盛涨，逆瀼入溪，舟行可达坳口场。同、光中乡人薛瑞图、李永中曾谋浚治以恤担负之苦。然岁中涨落无恒，竟难达也。秋汛既涸，江步石盘高露，舟人视上盘下盘为水，则盘平如砥。自江滨崖垠上入越山腰，抵溪麓，有昔人所凿方穴，计数石所。相传为前代尝施木栅以拒舟师，古记堙失，朝世莫考，亦捍关铁锁之类也。石上积沙，每晴雨郁蒸，则蚯蚓纠结至不容足，是亦秦汉名县之征也。凡新军水行境内者，一百二十里。后世县民在新军口设关扼守，以抗寇盗，改称新津口。"新津口在长江南岸，今其地为奉节县新津镇。

[48] 东洋子滩：长江云阳县段著名险滩，亦称东洋滩、东阳滩，《云南铜志》载为一等极险之滩。据《钦定大清会典则例》卷一百三十五，乾隆十五年（1750）覆准在此设救生船一只。道光《夔州府治》卷七《水利》："东洋滩在庙矶滩上。小水极险，大水次险，设有救生船一只，水手六名……系报部险滩。"民国《云阳县志》卷五《山水下·大江》载为东阳滩，云其地"尖峰寺、訾坪、千秋塝诸水从北流注之。江心巨石磊砢，石上处处花萼隐起，状如牡丹。非由雕饰，信天巧矣。江水半涨，激荡怒腾，《水经注》曰江上有破石，故亦谓破石滩。苟延光殁处也，故《书》所记县境名滩，此为着矣"。滩今已淹没，原址在今云阳县红狮镇临江村长江北侧。

[49] 兆祺：黎恂第三子。民国《续遵义府志》卷二十《列传一》载其传云："三子兆祺，字叔吉，号介亭，附学生，尝从兄兆勋及郑征君受诗法。咸丰十一年（1861），黄号贼趋渡上关，安号、白号贼袭三渡关、五里坎、大板角，分道入寇。兆祺奉县檄与张师敬各率乡勇御贼于高洞子、三渡关。同治元年（1862），贼势大甚，兆祺与弟兆蕃先成禹门寨，阅五月而

寨成，濠墙楼堞皆具，守御之器皆备，于是里中次第成数十砦，皆受指挥焉。秋八月，伪翼王石达开逼郡城，号十万，知县于钟岳调禹门寨团练助济军食，兆祺夤夜运往，绕道潜行以济，人心大定。归途为贼截击于河车坝，力战一日，夜乃得脱。三年（1864），吴元彪据绥阳，数衔枚袭寨，踰垣入纵火。兆祺亲督傅六、傅七兄弟巷战，力杀却去。次年刘岳昭征绥阳，悉恃禹门助饮转运军粮无匮。兆祺数论功，得奖知县。克绥阳，赏花翎，以知县用。后又随寨闾克湄潭，赏知府。旋赴金陵，依曾国藩。刘岳昭复招入滇，忽不乐曰我不惯趋侍贵人，遂翛然归居贵阳，以赋诗终老。著有《息影山房诗钞》二卷，自序《年谱》一卷，子汝弼、汝怀、汝谦皆举人。"

[50]　嘅：同慨。

[51]　濆：此处音同喷，水波涌起貌。洑：此处音同伏，洄流、漩涡。

[52]　偪：即逼。下文同。

[53]　庙矶子：即下文的庙矶滩，长江云阳县段著名险滩，《云南铜志》载为云阳县属一等极险之滩。据《钦定大清会典则例》卷一百三十五，乾隆十五年（1750）亦覆准在此设救生船一只。云阳县境内另有马岭子、塔江子、宝塔沱、磁庄子，亦同，《云南铜志》分别称为马岭滩、塔江滩、宝塔滩、磁庄滩，其中塔江滩为次险之滩，其余亦皆极险之滩。道光《夔州府治》卷七《水利》："庙矶滩，在县东四十五里。小水最险、大水次险，行舟畏之。设有救生船一只，水手六名。……系报部险滩。"据民国《云阳县志》卷五《山川下·大江》，庙矶滩有两处，皆在东洋滩下，一处未载其险情，一处详载其险。其险者亦曰落牛滩，云："落牛滩即庙矶滩矣。滩之南岸石矶横出，俗名鸡翅膊。矶上山巅有扬泗庙，是曰庙矶。矶下水湾石壁有灵羊像，不识何代所刻。间岁水涸，沙荡成窝，过者皆见。或被沙没，则亦忽诸。又下，近滩边石上，刻作鸡形冠，色正赤，岁久不渝，然须极涸乃见，故人不尽知也。北则乱石堆垛，束水激湍，江狭波讯，隼落箭逝。又南迤石梁，截浪旋趋，流沫千涡，水枯益险。若长夏雨集，则崖湾山涨斗泻入江，溪石迸注，隳突鼎沸，虽老于水程者，捩舵梢濆，亦莫济也。知县毛会抡修凿北岸，滩势难徙。廖鸿苞复于北岸筑堤，以御溪水，水漱其趾，石落滩潜，险乃益剧。道光三年（1823）知府恩成亲诣勘相，遍召老年汰公，询以方略。佥曰江面若宽，流缓澜平，诸险当弛。因念石梁潜

水，溪涨无常，皆难施治，惟摧铲鸡翅、捡拓石堆，更于水南平修纤道，以便挽运。自四年（1824）正月二十八日兴工，更阅三冬，糜财巨万，渐销巨患。乱堆之下，更有怪石，逆流碍舟，历岁冬涸，终未出水。五年（1825）冬月，石忽高露，成督众急凿巨障，幸平。水涨如故，商民欢踊，谓太守至诚，故获神助。委员金齐贤阿勘禀成绩，制府嘉异，贤其称职矣。"庙矶滩今已淹没，其原址在云阳县红狮镇庙矶村长江北侧。

[54] 磁庄子：即次庄子滩、磁庄滩，长江云阳县段著名险滩，《云南铜志》载为极险之滩。道光《夔州府治》卷七《水利》："磁庄滩，在东洋滩下。小水极险、大水次险。设有救生船一只，水手六名。……系报部险滩。"民国《云阳县志》卷五《山水下·大江》："……又东过磁庄滩，北受磁庄沟水。东行半里，复有一滩，波面镜平，常生暗浪，棹师不慎，辄踏危机。世路叵测，斯其例矣。"

[55] 三块石：其详文献难考。

[56] 此处衍一"刻"字，或缺一"方"字，为"午刻方刻"。

[57] 夔州府：四川属府，在省治东一千六百八十里。《禹贡》荆、梁二州之域，春秋时为庸国地，后属巴国，战国属楚，秦属巴郡，汉因之。后汉初平元年（190），刘璋分置固陵郡，建安六年（201）改为巴东郡，仍属益州，三国汉因之。晋泰始三年（267）分属梁州，太安二年（303）仍属益州，永和初（345）改云安州。宋泰始五年（469）置三巴校尉，萧齐建元二年（480）置巴州，永明元年（483）省。梁普通四年（523）改置信州，后周置总管府。隋开皇初（581）郡废，大业元年（605）府废，三年（607）复改州为巴东郡。唐武德元年（618）改曰信州，二年（619）改曰夔州，仍置总管府。贞观十四年（640）改都督府，后罢州，天宝元年（742），改云安郡，乾元元年（758）复曰夔州，二年（759）复升都督府，寻罢，属山南东道。天佑三年（906）升镇江军节度使。五代属蜀，后唐天成二年（927）改曰宁江军，寻复入蜀。宋初仍曰夔州云安郡、宁江军，节度为都督府，开宝六年（973）分置峡西路，咸平四年（1001）改夔州路。元世祖至元十五年（1278）立夔州路总管府，属四川省。明洪武四年（1371）秋改夔州府，九年（1376）降为夔州，隶重庆府，十三年（1380）复升为夔州府，属四川布政使司。清因之，属四川省。夔州府领六县：奉节、巫山、

云阳、万县、开、大宁（据嘉庆《重修大清一统志》卷三百九十七）。府地诸县，今皆属重庆市。

[58] 宣太守瑛：即代理夔州知府宣瑛。吉林，今吉林省吉林市。道光《夔州府志》记事止于道光十年（1830）前后，在黎恂铜差十年前，而光绪《吉林通志·人物志》亦未载此人，故其详难考。

[59] 奉节：四川夔州府属县，府治所在。奉节县地，春秋时为庸国之鱼邑，汉置为鱼腹县，属巴郡江关都尉治。后汉建安六年（201）分巴郡置巴东郡，奉节为郡治。三国汉章武二年（223）改曰永安，晋太康元年（280）复曰鱼复，宋齐因之。梁为信州治，西魏改曰人复。隋仍为巴东郡治，唐初为夔州治，贞观二十三年（649）复名奉节，宋因之。元为夔州路治。明洪武九年（1376）省县入州，十三年（1380）复置为夔州府治，清因之（据嘉庆《重修大清一统志》卷三百九十七）。今仍名，为重庆市奉节县。

朱其章：查光绪《奉节县志》卷二十四《秩官》并无该人，且虽载历任县官而无任职时间，但有浙江拔贡出身者朱有章，排序在后，当即其人。

[60] 同寅：即同僚。

[61] 钱塘：浙江杭州府属县，府治，今为浙江省杭州市。

[62] 道光甲午：即道光十四年（1834）。

[63] 长兴店：当为长辛店，详见后注。

[64] 即知府宣麟，字祥亭。据光绪《吉林通志》卷四十八《选举》，宣麟系乾隆五十九年（1794）恩贡出身。

据黎氏此处所述，宣麟之官至于知府，所任之地当为西江，但清代并无西江府。考西江，即珠江干流广西梧州至广东三水县段，流域大部属广东肇庆府地，则西江或指肇庆府。然现可见之道光《肇庆府志》，其知府题名止于道光十年（1830），故其是否确为肇庆知府难考。

[65] 此山即永安宫城（嘉庆《重修大清一统志》称为永安故城）遗址所在。乾隆《大清一统志》卷三百零三《夔州府·古迹》："永安宫城，今奉节县治。《蜀志》章武二年（223）改鱼复县曰永安，三年（224）先主殂于永安宫。《水经注》江水经永安宫南，诸葛亮受遗诏处也。其间平地可二十里许，江山回阔，入峡所无。城周十余里，背山面江，颓堙四毁，荆棘成林，左右民居多垦其中。《寰宇记》先主于永安县七里别置永安宫在平

地。后周天和元年（566）自白帝移州理于宫南五十步，宣政元年（578）复还白帝城。《入蜀记》夔州在山麓沙上，所谓鱼复永安宫也。宫今为州仓，而州仓在宫西北，景德中（1004—1007）转运使丁谓、薛颜所徙，比白帝颇平旷，然失险无复形胜矣。《府志》永安宫今为府儒学基。"道光《夔州府志》卷二《沿革·永安宫城》全文引此。

[66] 道光《夔州府志》记事止于道光十年（1830）前后，陈氏又止载姓，详情难考。

[67] 京局用铜正额，以国家必需，运载途中得享免税待遇，但依制每起铜运均配有百分之三之余铜，以赔补运途中正、耗意外沉失，至京交局有剩，则尽数听运官自行贩卖以补沿途费用或作为奖赏。以此，余铜须纳税。《皇朝文献通考》卷十七《钱币考》载乾隆十六年（1750）余铜纳税例：

又定解局盈余铜铅，听运官报税，自行售卖。奉上谕：户部所议铜铅交局盈余之处，奏称滇省运铜每百斤给有余铜三斤，以供折耗之用。额铜交足外，余剩令其尽数交局，余铅亦照此例。看来从前成例似是而非，解局铜铅既有定额，不足者责令赔补，则盈余者，即当听其售卖。盖盈余已在正额之外，即不得谓之官物，如应尽解尽收，则从前竟可不必定以额数矣。正额已完，又谁肯尽力？余数听其自售，以济京师民用，未尝不可。但以官解之余而私售漏税，则不可行，而且启弊，惟令据实纳税足矣。寻户部议定：凡交局所余铜、铅及点锡，令运员据实报明，移咨崇文门照数纳税。户部即将余剩数目，行知经过各关，核算税银，转行各督抚，俟委员差竣回省之时，于应领养廉项内扣留解部。如有以多报少、隐匿等弊，一经察出，即照漏税例治罪。

夔州府设有税关，名夔关，嘉庆《重修大清一统志》卷三百九十八《夔州府·关隘》载夔关在府城南，康熙六年初设（1667），雍正七年（1728）遣官监督，乾隆元年（1736）罢监督，由知府监收。其税额据乾隆《钦定大清会典则例》卷四十六《户部·关税上》载乾隆十八年（1753）定制："夔关税十有六万三千一百十四两有奇。凡商船货物均分地道，照部颁现行条例，征收米、豆、杂粮，均每石征银四分，其船之大小照依淮关梁头尺寸科税。"又据《云南铜志》卷三《京运·应纳关税》："按四川夔关《税例》，红铜每百斤，应征银三钱六分。"未载黄铜纳税幅度。又道光《夔州府治》卷十二《榷政》，夔关所征以木税为主，未单列铜税事。

[68] 滇铜运京，自京运官领铜而下，在沿途重要关口有盘验之例。《云南铜志》卷三《京运·兑铜盘验》载："正、加运员，在四川泸州店领运铜斤。责成四川永宁道，督同泸州知州，及运员与泸店委员，先将运员在滇所领铅码，与泸店石志码较准画一，然后秤兑铜斤。俟全数兑竣，取具运员钤领，店员出具钤结。一面申送滇省，详咨沿途督、抚，转饬查验盘兑。一面催令运员开行，及申报四川总督，飞饬川东道，俟铜斤到渝，委江北厅逐一过秤、出结。由川东道飞饬夔关查验，出结具报。其自夔关以下，令上站之员，开具铜斤细数清册，递交下游接护之员，按数查验。如无短少情弊，即具结放行，运抵汉口、仪征换船、过载，湖北、江南督、抚，饬令护送大员，眼同运员盘查过秤，具结申报。如铜斤交局，有亏短，将运员奏明，先交吏部议处。并查明，如系沿途盗卖及沉失，惟沿途派出之员是问。如系泸店短发，即将在泸各员，照例参办。"

[69] 白帝城：奉节著名古迹。乾隆《大清一统志》卷三百零三《夔州府·古迹》："白帝故城在奉节县东，公孙述所筑，历代皆为州郡治。宋始移治瀼西，置关于此。《后汉书·郡国志》巫县西有白帝城。《蜀志》建安一十八年（213）诸葛亮等将兵沂流，定白帝江州；章武二年（223）孙权闻先主住白帝，甚惧，遣使请和。《水经注》巴东郡治白帝山，城周回二百八十步，北缘马岭接赤岬山，其间平处，南北相去八十五丈，东西七十丈，又东傍东瀼溪，即以为隍，西南临大江，窥之眩目。惟马岭小差逶迤，犹斩山为路，羊肠数四，然后得上。《周书·蛮传》信州旧治白帝，天和元年（566）陆腾更于刘先主故宫城南，八阵之北，临江岸筑城移置信州。刘禹锡《夔州刺史厅壁记》州城初在瀼西，后周建德五年（576）总管王述移治白帝。《入蜀记》瞿唐关即唐故夔州，与白帝相连。《方舆胜览》州城以宋景德二年（1005）移治瀼西。韩宣《瞿唐城记》，夔州城在瀼西，关在瀼东。宝祐丙辰（1256）既城夔讫，以屯重兵，复城关城以屯轻兵。《元统志》宋淳祐二年（1242），复移州治白帝，至元二十二年（1362）仍还瀼西旧治。《府志》下关城在奉节县东十里，即白帝城也，明初割瞿唐卫右所置，周回数里。东南通赤岬，西北抵瞿塘滟滪。按杜甫诗'白帝夔州各异城'，《寰宇记》奉节县去州四里许，盖唐时州县异治也。"道光《夔州府志》卷二《沿革·永安宫城》全文引此。

[70] 武侯、关、张：即诸葛亮、关羽、张飞。诸葛亮（181—234），字孔明，琅邪阳都（今山东省沂南县）人。早年为躲避战乱，迁居荆州，隐居于南阳隆中。建安十三年（208），在刘备三顾茅庐的诚意打动下，出山辅助刘备，战赤壁、取荆州、定巴蜀。蜀汉章武元年（222），刘备伐吴，次年大败于夷陵，刘备退驻永安，次年托孤于诸葛亮。诸葛亮专权蜀汉，治民生、定南中、伐曹魏，蜀汉建兴十二年（234）操劳病逝于渭水前线。一生以忠义贤能著称，是三国时期杰出的政治家、军事家，封武乡侯，谥忠武侯，故后世多称"武侯"。《三国志》卷三十五有传。

关羽（？—220）：字云长，河东解良（今山西省运城市）人，三国名将。早年与张飞一起长年追随刘备，建安十九年（214），诸葛亮、张飞、赵云率军入蜀协助刘备定蜀后，独自镇守荆州，建安二十四年（219），关羽对曹魏发动樊城之役，水淹于禁七军，但随后被吕蒙偷袭，丢失荆州，年底被吴将杀于麦城。刘备称帝追谥忠义侯，后主又追谥壮缪侯。《三国志》卷三十六有传。

张飞（？—222）：字益德，涿郡人（今河北省保定市涿州市），三国名将。早年与关羽一起长年追随刘备，在刘备取荆州、收巴蜀等过程中，立有重要功劳。建安二十三年（218），在宕渠大败魏名将张合，一举稳定巴郡形势。建安二十六年（221）刘备称帝，封张飞车骑将军，领司隶校尉，进封西乡侯，蜀汉章武元年（222），在刘备伐吴前夕被刺于阆中，谥桓侯。《三国志》卷三十六有传。

[71] 瀼溪：瀼，音同囊。瀼溪，见下大瀼、东瀼注。

[72] 滟滪堆：又称滟滪石、滟滪石滩，长江奉节县段著名险滩，在长江三峡瞿塘峡口，《云南铜志》载为极险之滩，历代文人记述较多。嘉庆《重修大清一统志》卷三百九十七《夔州府·山川》："滟滪堆在奉节县西南瞿唐峡口。《水经注》白帝城西江中有孤石为滟滪石，冬出水二十余丈，夏则没。李肇《国史补》，蜀之三峡最为峻急，四月五月尤险，故行者歌之曰：'滟滪大如马，瞿唐不可下；滟滪大如牛，瞿唐不可留。'又梁简文帝滟滪歌：'滟滪大如幞，瞿唐不可触。'《寰宇记》滟滪堆周回二十丈，在州西南二百步蜀江中心，瞿唐峡口。冬水浅，屹然露百余丈，夏水涨没数十丈，其状如马，舟人不敢进。又曰'犹豫'，言舟子取途，不决水脉也，故曰'犹

预'。《入蜀记》瞿唐关西门正对滟滪堆,堆碎石积成,出水数十丈,其土人云方夏秋水涨时又高于堆数十丈,岁旱时石露大半,有三足如鼎状。"道光《夔州府治》卷七《水利》:"滟滪石滩在江下游,瞿塘峡口,离城十里。该滩大石在江心,屹立左右漕口二道。每年至四月起至十月止,江水泛涨,水淹大石,渍漩汹涌,波浪曲折,船被水摧,往往触石而碎。其深无底,为大水极险之滩。设有救生船一只,水手六名。"20世纪50年代为疏浚航道炸毁,滩险即除,三峡大坝蓄水满,更成安澜。

[73] 法孝直:即法正,字孝直,名正。法正(176—220),汉末扶风(今陕西省眉县)人,起初避乱成都,为刘璋下属,赤壁战后,与蜀人张松一起密谋迎刘备入蜀。建安十六年(211),法正为刘璋出使刘备,迎接刘备入蜀,正式投归刘备。在刘备收取巴蜀、安定人心、夺取汉中的过程中出谋划策,建立重要功劳。建安二十四年(219),刘备称汉中王,拜法正为尚书令、护军将军。次年,法正病逝。刘备称帝,追谥翼侯。蜀汉章武二年(222),刘备东征大败,诸葛亮感叹,若法正还在,必定能制止刘备东征,即便东征,也不会遭遇如此大败。《三国志》卷三十七有传。

[74] 良是:确实是,确实如此。

[75] 瞿塘峡:亦作瞿唐峡,长江三峡之一。嘉庆《重修大清一统志》卷三百九十七《夔州府·山川》:"瞿塘峡在奉节县东十三里,即广溪峡也。《水经注》江水东经广溪峡,乃三峡之首。其间三十里,颓岩依水,厥势殆交,中有瞿唐、黄龙二滩,夏水回洑,沿泝所忌。《寰宇记》峡在夔州东一里,古西陵峡也,连崖千丈,奔流电激,舟人为之恐惧。《吴船录》每一舟入峡,数里后舟方续发,水势怒激,恐狞相遇,不可解折也。峡中两岸,高岩峻壁。《入蜀记》发大溪口,入瞿唐峡,两壁对耸,上入霄汉,其中如削成,仰视天如匹练然。《明统志》瞿唐乃三峡之门,两岸对峙,中贯一江,滟滪堆当其口。"光绪《奉节县志》卷七《山川》:"瞿塘峡,治东十三里。两岸对峙,中贯一江,滟滪当其口。瞿者,大也。唐,水所聚也。又云瞿者,渠也,秋冬水落为渠;唐者,唐也,春夏水溢为唐。又旧名西陵峡,李白诗'日边攀垂萝,霞外倚穷石。'"今仍名,奉节有白帝城瞿塘峡风景名胜区,即其地。

[76] 大瀼:即大瀼水,长江奉节县段北岸支流,亦名梅溪河。嘉庆

《重修大清一统志》卷三百九十七《夔州府·山川》："大瀼水在奉节县东。《入蜀记》山之流，凡通江者，土人多谓之瀼。《方舆胜览》千顷池，一道南流为西瀼水。《明统志》大瀼水在府城东，自达州万顷池发源，经此流入大江。旧《志》在县东一里，按《舆图》此水源出太平厅分水岭，曰分水河，东南流三百里许，至府城东入江。"道光《夔州府志》所载未出此。今仍名。

东瀼：即东瀼水，亦长江奉节县段北岸支流，亦名梅溪河。嘉庆《重修大清一统志》卷三百九十七《夔州府·山川》："东瀼在奉节县东。《水经注》白帝城东傍东瀼溪。又王象之《方舆胜览》公孙述于水滨垦稻田，因号东屯（己按：王氏所著为《舆地纪胜》，《方舆胜览》系南宋祝穆所著）。旧《志》水在县东十里，源出长松岭，流经白帝山入大江。"道光《夔州府志》卷六《山川》："东瀼在县东。《水经注》：'白帝城东傍东瀼溪。'《舆地纪胜》：'公孙述于水滨垦稻田，号东屯。'"光绪《奉节县志》卷七《山川》："东瀼水，治东十五里，自长松岭发源，由白帝山脚流入岷江。公孙述于此垦稻田，号东屯。杜甫侨寓诗有'泥留虎斗迹，月挂客愁村'之句。草堂遗址尚在，又名为草堂河。"今仍名。

[77] 杜子美：即杜甫（712—770），字子美，河南巩县（今河南郑州市巩义市）人，自号少陵野老，唐代伟大的现实主义诗人，与李白合称"李杜"，又曾居官右拾遗、检校工部员外郎，故又称杜拾遗、杜工部，有《杜工部集》传世。《旧唐书》卷一百九十下、《新唐书》卷二百一有传。杜甫避乱蜀地期间，曾两次在奉节短暂居住。代宗大历元年至三年（766—768）间第二次在奉节居住时，代管东屯公田一百顷，自己租田、植果，参加劳动。乾隆《大清一统志》卷三百零三载《夔州府·古迹》："东屯，在奉节县东，杜甫自瀼西移居。《东屯诗》白盐危峤北，赤岬故城东。《舆地纪胜》公孙述于东瀼水滨垦稻田，因号东屯。稻田水畦延袤可得百余顷，前带清溪，后枕崇冈，树木葱倩，气象深秀，去白帝五里而近，稻米为蜀第一。吴潜《夔门志》东屯诸处宜瓜畴芋区，瀼西亦然。"清代，杜甫东屯居住旧址尚在，嘉庆《重修大清一统志》卷三百九十八《夔州府·古迹》："杜甫故宅在奉节县。陆游《高斋记》少陵居夔三徙居，皆名高斋，其诗曰次水门者，白帝城之高斋也；曰依药饵者，瀼西之高斋也；曰见一川者，东屯

之高斋也。今白帝已废为邱墟,瀼水为夔府治所,高斋不可识,独东屯有李氏者,居已数世,上距少陵才三易主,大历中(766—779)故券犹在。《方舆胜览》世传计台乃少陵故宅,今有祠堂。旧《志》明万历间(1573—1620)于瀼西故址建草阁。"东屯遗址今仍存,在重庆市奉节县草堂中学内,称东屯祠、奉节杜甫草堂。

[78] 八阵碛:奉节县著名古迹,又名八阵图。《方舆胜览》卷五十七《夔州路》有"八阵碛"条:"《荆州图经》云在奉节县西南七里,又云在永安宫南一里渚下平,碛上有孔明八阵图,聚细石为之,各高五丈,皆棋布相当,中间相去九尺,正中开南北巷,悉广五尺,凡六十四聚,或为人散乱及为夏水所没,及水退,复依然如故。又有二十四聚,作两层,其后每层各十二聚。《成都图经》云武侯之八阵凡三,在夔者六十有四,方阵法也;在牟弥者一百二十有八,当头阵法也;其在棋盘市者二百五十有六,十营法也。《兴元志》兴元西县亦有八阵,则八阵凡四矣。杜甫诗云'功盖三分国,名成八阵图。江流石不转,遗恨失吞吴',苏子瞻云'尝梦子美谓仆,世人多误会吾《八阵图诗》,以为先主、武侯恨不灭吴。非也,我意谓吴蜀唇齿,不当相图。晋所以能取蜀者,以蜀有吞吴之意。以此为恨耳',此说甚长。刘禹锡诗'轩皇传上略,蜀相运神机。水落龙蛇出,沙平鹅鹳飞',苏子瞻诗'平沙何茫茫,髣髴见石蕝。纵横满江上,岁岁沙水啮。孔明死已久,谁复辨行列?唯余八阵图,千古壮夔峡'。"乾隆《大清一统志》卷三百零三《夔州府·古迹》条:"八阵图碛在奉节县南。《水经注》江水经诸葛亮图垒南,石碛平旷,望兼川陆,有亮所造八阵图,东跨故垒,皆累细石为之。自垒西去,聚石八行,行间相去二丈,皆图兵势行藏之权,深识者所不能了。今夏水漂荡,岁月消损,高处可二三尺,下处磨灭殆尽。《寰宇记》八阵图在奉节县西南七里,《荆州图副》云永安宫南一里,渚下平碛,上周回四百十八丈,中有诸葛孔明八阵图,聚石为之,各高五尺,广十围,历然棋布纵横相当,中相去九尺,正中开南北庵,悉广五尺,凡六十四聚,或为人散乱及为夏水所没,冬水退后,依然如故。旧《志》在县南二里,《成都图经》云八阵凡三,在夔者六十有四,方阵法也;其二详见《新都县志》。"雍正《四川通志》卷二十六《古迹·奉节县》载"八阵图碛"条:在县南二里,大江之滨,其阵聚细石为之,各高五尺,广十围,

然棋布纵横相当，中间去九尺，正中开南北巷，悉广五尺，凡六十四。春夏为水所没，退复如故。晋桓温伐蜀经之，曰此常山蛇势也。杜甫诗江流石不转，遗恨失吞吴。光绪《奉节县志》卷三十四《古迹》："八阵图，治南二里，大江之滨。孔明入川时，磊石为阵，纵横皆八，八八六十四。磊外游兵二十四，磊磊高五尺，相去若九尺，广五尺。杜甫诗云：'功盖三分国，名成八阵图。江流石不转，遗恨失吞吴。'"今其地有鱼腹浦遗址公园。

[79]　蹟：当为"碛"之笔误。

[80]　杜甫诗《瞿塘两崖》中的一句，全诗为："三峡传何处，双崖壮此门。入天犹石色，穿水忽云根。猱玃须髯古，蛟龙窟宅尊。羲和冬驭近，愁畏日车翻。"

[81]　白盐山：长江奉节县段著名高山，即著名的夔门。嘉庆《重修大清一统志》卷三百九十七《夔州府·山川》："白盐山在奉节县东十七里隔江。《水经注》广溪峡北岸山上有神渊，渊北有白盐崖，高可千余丈，俯临神渊，土人见其高白，故名。天旱，燃木崖上，推其灰烬下秽渊中，寻降雨。常璩曰，县中有山泽水神，旱时鸣鼓祷雨，则必应嘉泽，《蜀都赋》所谓应鸣鼓而兴雨也。《寰宇记》在州城涧东山半，有龙池。祝穆《方舆胜览》在城一十七里，崖壁五十余里，其色炳耀，状若白盐。"道光《夔州府志》卷六《山川》："白盐山在县东隔江十七里。崖壁五十余里，其色炳耀，状若白盐，与赤甲山夹江对峙，即所谓夔门也。《水经注》广溪峡乃三峡之首山，上有神渊，渊北有白盐，岸高可千余丈，俯临神渊。土人见其高白，故名。天旱燃火，推其灰烬下秽渊中，则降雨。张珖书'赤甲白盐'四大字于上。《寰宇记》白盐山在州城涧东山，半有龙池。天旱烧石投地，鸣鼓其上，即雨。"今为奉节县夔门街道桃子山。

[82]　原文在《水经注》卷三十三，已为前注《大清一统志》所引。

[83]　此为陆游《入蜀记》卷四三月二十六日所记，原文："二十六日发大溪口，入瞿唐峡……过圣姥泉，盖石上一罅，人大呼于旁，则泉出，屡呼则屡出，可怪也。"道光《夔州府志》卷六《山川》："圣姥泉在县东。《入蜀记》瞿塘峡有圣姥泉，石上一罅，人呼于旁，则泉出，屡呼则屡出，亦异事也。"宋王巩《闻见杂录》："夔峡将至滟滪堆，峡左岩上有题'圣泉'二字，泉上有大石，谓之洞石，而初无泉也。过者击石大呼，则水自石下

出。予尝往焚香,俾舟人击而呼之,曰'山神土地,人渴矣',久之不报。一卒无室家,复大呼曰'龙王,万姓渴矣',随声水注。时正月雪下,其水如汤,或曰,夏则如冰。凡呼者必以万岁,别以龙王而呼之,水于是出矣。"

[84] 此为陆游《入蜀记》卷四三月二十六日所记,原文:"二十六日发大溪口,入瞿唐峡,两壁对耸,上入霄汉,其平如削成,仰视天如匹练,然水已落峡中,平如油盎。"

[85] 大溪口:瞿唐峡东口,南有溪流汇入长江,此处江面较为广阔,今属重庆市巫山县大溪乡。

[86] 此为《吴船录》卷下七月丁巳日所记,原文与此全同。

[87] 瘿:音同影,长在脖子上的一种囊状瘤子,中医称为瘿病,西医称为甲状腺肿大。然查光绪《奉节县志》,所载河流、乡镇,皆未有"大溪"。

[88] 此为《吴船录》卷下七月乙卯日所记,原文:乙卯。过午,风稍息,遂行百四十里至夔州……峡江水性大恶,饮则生瘿,妇人尤多。前过此时,婢子辈汲江而饮,数日后发热。一甫宿,项领肿起,十余人悉然,至西川月余方渐消散。守倅乃日取水于卧龙山泉,去郡十许里,前此不知也。

[89] 巫山县:四川夔州府属县,在府城东一百三十里。县地战国时为楚国巫郡地,秦改为巫县,汉因之,属南郡。后汉建安二十年(215),先主刘备改属宜都郡,二十四年(220)孙权收荆州,分置固陵郡,孙休时又分置建平郡,巫县为吴蜀之界。晋初置建平都尉,治此。咸宁元年(275)改都尉为建平郡,宋、齐以后因之。隋开皇初(581)郡废,改曰巫山县,属巫东郡,唐属夔州。宋、元属夔州路,明属夔州府,清因之(据嘉庆《重修大清一统志》卷三百九十七)。今仍名,为重庆市巫山县。

[90] 女观山:巫山名山。嘉庆《重修大清一统志》卷三百九十七《夔州府·山川》:"女观山在巫山县东北四里。《方舆胜览》有石如人形,相传昔有妇人,夫官于蜀,登山望夫,因化为石。"光绪《巫山县志》卷六《山川》:"女观山,县北四里。山半有石如人形,相传昔有妇人,其夫宦蜀,登山望夫,因化为石,故名望夫石。"又《四川通志》卷二十九中《宫室》:"楚王宫在夔州府巫山县东北一里,楚襄王所游地,黄庭坚谓即细腰宫。前有一池,今湮没略尽。一云在女观山西畔小山顶,三面皆荒山,南望江山,奇丽毕揽。"

[91] 巫山十二峰：指长江三峡两岸巫山的十二座山峰，又统称巫峰。《蜀中广记》卷二十二《名胜记·巫山县》："峡中有十二峰，曰望霞（神女）、翠屏、朝云、松峦、集仙、聚鹤、净日、上升、起云、栖凤、登龙、圣泉。其下即神女庙，范成大《吴船录》云：下巫山峡三十五里至神女庙，庙前滩尤汹怒，十二峰俱在北岸，前后映带，不能足其数。十二峰皆有名，不甚切事，不足录。所谓阳台、高唐、观人，云在来鹤峰上，亦未必是神女之事。据宋玉赋本以讽襄王，后世不察，一切以儿女亵之。今庙中石刻引《墉城记》瑶姬西王母之女，称云华夫人，助禹驱神鬼斩石疏波有功见纪，今封妙用真人，庙额曰凝真观。《入蜀记》云：二十三日，过巫山凝真观，谒妙用真人祠。真人即世所谓巫山神女也，祠正对巫山，峰恋上入霄汉，山脚直插江中，议者谓太、华、衡、庐皆无此奇。然十二峰者，不可悉见，所见八九峰，惟神女峰最称纤丽奇峭，宜为仙真所托。《祝史》云每八月十五夜月明，时有丝竹之音，往来峰顶上，峰顶上猿皆鸣达旦方渐止。庙后山半有石坛平旷，传云夏禹见神女，授符书于此坛上，观十二峰宛如屏障。是日，天宇晴霁，四顾无纤翳，惟神女峰上有白云数片，如鸾鹤翔舞，徘徊久之不散，亦可异也。祠旧有乌数百，送迎客舟，自唐幽州刺史李贻诗已云'群乌幸胙余'矣，近乾道元年（1165），忽不至，今绝无一乌，不知其故。"光绪《巫山县志》卷六《山川》："巫峰在县东，首尾一百二十里。《府志》沿峡一百六十里，屹立江干，所谓削出芙蓉也。峡中有十二峰，曰望霞，其峰特出，霞彩辉映；曰松峦，古松蓊郁；曰朝云，每日常有彩云；曰翠屏，耸翠如屏；曰集仙，峰顶石列，如仙相聚；曰聚鹤。峰多松杉，夜有鹤聚；曰净坛，峰恋秀净；曰起云，其峰常有云气腾起；曰上升，其峰突兀，势若飞升；曰飞凤，形如凤翔；曰登龙，其形蜿蜒，若龙腾霄汉；曰圣泉，峰顶有泉清冽。然十二峰不可悉见，所见八九峰，惟朝云峰最为纤丽。沈佺期诗：'巫山峰十二，合沓隐昭回。俯瞰琵琶峡，平看云雨台。'苏辙《巫山赋》：'峰峦属以十二兮，其九可见而三不知。'望霞、朝云、松峦、集仙、登龙、圣泉六峰在县东四十五里北岸。飞凤、翠屏、聚鹤三峰在县东四十五里南岸。净坛、起云、上升三峰在南岸后山，离江二十里。《全蜀艺文志》巫山十二峰在楚蜀之交，余尝过之，舟行迅疾，不及登览。近巫山尹王道于峰端摹得赵松云词十二首，传之，其词集中不载。以乐府

巫山一段，云按之可歌也。《古传记》称帝之季女曰瑶姬，精魂作草，实为灵芝。宋玉本此以托讽。后世词人转加缘饰，兹邱黩矣。重葩累藻，不越此意。余爱袁崧之语谓：'秀峰叠崿，奇构异形。木林萧森，离离蔚蔚。乃在霞气之表，仰瞩俯瞰，不觉忘返。自所履历，未始有也。'山水有灵，亦当惊知己于古矣。寻此语意，使人神游八极，而脱然自濯于晔花温荧之外。暇日因录松云词，并附袁语于后，以洗名山之诬，而识余未登之歉云。"

巫山：巫山县名山。嘉庆《重修大清一统志》卷三百九十七《夔州府·山川》："巫山在巫山县东，《汉书·地理志》巫县注，应邵曰巫山在西南。《水经注》江水东经巫峡，杜宇所凿（杜宇所凿之巫山，据研究，应当是成都的金堂峡），以通江水。郭仲产云：按《地理志》山在县西南，而今县东有巫山，将郡县居治无恒故也。江水历峡，东经新崩滩，其下十余里有大巫山，非惟三峡所无，乃当抗峰岷峨、偕岭衡岳，神梦涂所处，又帝女居焉。其间首尾百六十里谓之巫峡，盖因山为名。自三峡七百里中，两岸连山略无阙处，重岩叠嶂、隐天蔽日，自非亭午、夜分，不见曦月。至于夏水襄陵，沿泝阻绝，或王命急宣，有时朝发白帝，暮到江陵。其间千二百里，虽乘奔御风，不加疾也。春冬之间，则素湍绿潭，回清倒影，绝巘多生怪柏。悬泉瀑布飞漱其间，每晴初霜旦，林寒涧肃，常有高猿长啸，属引凄异，故渔者歌曰'巴东三峡巫峡长，猿鸣三声泪沾裳'。《明统志》巫峡在巫山县东三十里，即巫山也，与西陵、昭峡并称三峡。"《清统志》所言巫山，亦称大巫山。光绪《巫山县志》卷六《山川》有巫山、有大巫山。其云："巫山在今县南隔江三里，与南陵山并列。峻伟雄特，屹立县前，卉木丛杂，郁郁葱葱。每逢雨后晴初，苍翠如画，真有两山排闼送青之观。张九龄诗'巫山与天近，烟景常青荧'，即谓此也。一名巫咸山。晋郭璞《巫咸山赋》尧时巫咸殁，葬于是山，因以巫名。《名胜记》谓形如巫字，故名巫者，非也。""大巫山，一名大丹山，县东三十里。《水经注》江水东经巫峡，杜宇所凿，以通江水。中有大巫山，非惟三峡所无，《图经》谓此山当抗峰岷峨，偕岭衡岳，凝结翼附，并出青云。孟涂所处，帝女居焉。《山海经》夏后启之臣曰，孟涂司神于巴，巴人讼于孟涂之所。衣有血者，执之。《寰宇记》首尾一百六十里，谓之巫峡。……"今仍名。

[92] 此句第一个"险"当为衍字，所引在《吴船录》下卷七月戊午

日记事，原句为："乘水退，下巫峡，滩泷稠险，濆淖洄洑，其危又过夔峡。""洞"当为"稠"。

[93] 此句亦《吴船录》卷下七月戊午日记事，原句为："乘水退，下巫峡，滩泷稠险，濆淖洄洑，其危又过夔峡。三十五里至神女庙，庙前滩尤汹怒。"

[94] 《墉城记》：即《墉城集仙录》，前蜀杜光庭集，为道教女神仙传记合集，原为十卷，共录女仙109人，后残缺。宋人张君房《云笈七籤》收录之。

[95] 《高唐赋》：战国时期楚国著名赋作家宋玉的代表作，以描写巫山山水风情为主，清代严可均《全上古三代秦汉三国六朝文·全上古三代文》卷十辑入有其文。

[96] 横石溪：巫山巫峡长江北岸支流，光绪《巫山县志》卷六《山川》载该溪在县东二十里，有横石滩。今仍名，在重庆市巫山县望霞乡横石村横石溪入长江处，今有横石溪码头。

[97] 唬：通号，音同毫。

[98] 掉：此处当同悼，指畏惧、恐惧、惊惧。类似用法，下文同。

[99] 呈：此处指上行文书的一种。

[100] 铜铅京运为保证京局铸造的时间，各运段皆有时间限制，仁宗嘉庆十一年（1806），覆准将铜运正运六起并为四起，加运两起不变后，重新规定了运送时限，并成为定例。据《云南铜志》卷三《京运·运员期限》详载其制：

正运一起，委员应于五月到省，办理文件。六月底自省起程，定限二十三日抵泸。受兑铜斤，定限四十日，于九月初十日，自泸开行。

正运二起，委员于七月到省，办理文件。八月初十日自省起程，九月初三日抵泸。受兑铜斤，定限四十日，于十月二十日，自泸开行。

正运三起，委员于八月到省，办理文件。九月二十日自省起程，十月十三日抵泸，受兑铜斤。定限四十日，于十一月三十日，自泸开行。

正运四起，委员于九月到省，办理文件。十月三十日自省起程，十一月二十三日抵泸。受兑铜斤，定限四十日，于次年正月初十日，自泸开行。

加运一起，委员于十一月到省，办理文件。十二月初十日自省起程，次年正月初三日抵泸。受兑铜斤，定限三十日，于二月初十日，自泸开行。

加运二起，委员于十二月到省，办理文件。次年正月初十日自省起程，二月初三日抵泸。受兑铜斤，定限三十日，于三月初十日，自泸开行。

正、加运员，自泸州至重庆，定限二十日；在重庆换船、提包、过载，定限二十五日；自重庆至汉口，定限四十日；在汉口换船、换篓、过载，定限三十日；自汉口至仪征，定限二十八日；在仪征换船、换篓、过载，定限三十日；自仪征至山东鱼台县，定限四十四日五时；山东鱼台县［至］直隶景州，定限四十一日；自直隶景州至通州，定限三十六日；共定限九个月二十五日。

其沿途遇有患病、守风、守水、阻冻、让漕、起剥、过坝、修船等事，均应报明地方官，取结、出结，咨部、咨滇，方准扣除。至沿途守风，不得过四日。守水，不得过八日。倘间遇江水异涨，有实在不能依八日之限冒险开行者，所在道、府查验实在情形，取结具报，准其扣除。如有逗留，地方官弁徇情代为捏饰，及道府督催不力，一并严参议处。

又运京铜斤，如正限之外，运员逾限不及一月者，降一级留任，委解上司罚俸一年。逾一月以上者，降一级调用。两月以上者，降二级调用。三月以上者，降三级调用。四月以上者，降四级调用。至五月以上者，革职；委解上司，仍各降三级留任。

[101] 新崩滩：长江巫山县段著名险滩，《云南铜志》、道光《夔州府志》均未载，其险或在二、三等险滩之下。嘉庆《重修大清一统志》卷三百九十七《夔州府·山川》："新崩滩在巫山县东。《水经注》：江水经新崩滩。汉和帝永元十二年（100）巫山崩，晋太元二年（377）又崩，当崩之日，水逆流百余里，涌起数十丈。今滩上有石或圆如箪，或方如屋，若此者甚众。崩崖所陨，致怒湍流，故谓之新崩滩。其颓崖所余，比之诸岭尚为竦杰。《寰宇记》泓峡十二里有新崩滩。《吴船录》自神女庙东二十里至东奔滩，高浪大涡，巨艑掀舞，不当一叶。按东奔，盖新崩之讹。"光绪《巫山县志》卷六《山川》："新崩滩在县西七十里大溪口之下。盛宏之《荆州记》沿江峡三十里，有新崩滩……"

[102] 门扇峡：长江巴东县段的著名峡谷。乾隆《大清一统志》卷二百七十三《宜昌府·山川》："门扇峡在巴东县西三十里，漩涡极险。康熙

《湖广通志》卷十《山川志·宜昌府》门扇峡在巴（东）县西大江，两峰相对，峭壁如门。"同治《巴东县志》所载与此同。门扇峡，西起链子溪，东至巫峡口，全长约2.5公里，在今湖北省宜昌市巴东县西。

[103]　官渡口：即蜀口山，民国《湖北通志》卷九《山川·巴东县》载："蜀口山在县西四十九里，亘巫山界，旧名石门山，唐天宝六年（747）改名。今名官渡口，巫峡至此而终。"嘉庆《重修一统志》卷三百五十《宜昌府·山川》："蜀口山在巴东县西四十九里，旧名石门山，唐天宝六年改名。接四川夔州府巫山县界。"同治《巴东县志》卷二《山川》未载官渡口，有蜀口山，然仅录名而已。巴东县东，有山亦名石门，嘉庆《重修大清一统志》卷三百五十《宜昌府·山川》："石门山在巴东县东北三十五里。《水经注》石门滩北岸有山，上合下开，洞达东西，缘江步路所由。刘备为陆逊所破走，经此门，追者甚急，备乃烧铠断道。"同治《巴东县志》卷二《山川》："石门山，县西北在市里，山有石径，深若重门。汉昭烈帝为陆逊兵追急遁此。"今巴东县西长江上有官渡口镇，镇治当即古官渡口。

[104]　巴东县：湖北宜昌府属县，在府城西四百二十五里。县地初为古夔子国地，后入楚。秦为南郡巫县地，汉因之。三国初属蜀，后入吴，隶北荆州，晋隶荆州，俱属建平郡。梁置归乡县，并置信陵郡。后周郡废改县，曰乐乡，属信州。隋开皇末（600）改曰巴东，隶信州，大业中（605—617）属巴东郡；唐隶归州，宋元因之。明洪武九年（1376），改属夷陵州，后复属归州。清初因之，雍正十三年（1735）改属宜昌府（据嘉庆《重修大清一统志》卷三百五十及同治《巴东县志》卷一《沿革》）。今仍名，为湖北省宜昌市巴东县。

[105]　锅笼沱：其详文献难考。

[106]　汇：此处指类，种类。《汉语大字典》引《易·泰》："拔茅茹，以其汇，征吉。"孔颖达疏："汇，类也。以类相从。"

[107]　牛口滩：长江巴东县段险滩，著名长江渡口，有牛口镇。《云南铜志》与《钦定户部则例》卷三十六《钱法·险滩豁免》均未载此滩，同治《归州志》卷一《山川》有牛口山，"在巴东县东二十里，临大江，接归州界山，下即牛口镇"，《险隘》有"牛口"，"在州西七十里接巴东县界，昔曾设有巡检司"，《津梁》有"牛口渡"，"在治东北二十里大江中"。从其

方位、道理来看，应当是牛口滩所在。

[108] 叶滩：长江归州段著名险滩，亦名泄滩、业滩，《云南铜志》载为一等极险之滩。同治《宜昌府志》卷二《山川·归州》："泄滩，州西二十里，水势汹涌。有泄床石，长三十余丈，水落则石出，水涨则若隐若现，行者无不惊怖。土人云'有泄无新，有新无泄'，盖言新泄二滩，水涨则泄险，水涸则新险耳。"《入蜀记》记该事在卷四九月二十日，原句："遂登舟，过业滩，亦名滩也，水落舟轻，俄顷遂过。"

[109] 归州：湖北宜昌府属散州，府城西北三百零五里。州地初为汉南郡秭归县，后汉因之。建安中（196—220）孙权分属固陵郡，寻废。三国吴永安三年（260），分置建平郡。晋平吴，属建平郡，宋齐因之。北周改县曰长宁，兼置秭归郡。隋开皇（581）初郡废，县仍曰秭归，属信州。唐武德二年（619）析置归州，天宝初（742）改曰巴东郡，属山南东道，乾元初（758）复曰归州。五代初属蜀，后属南平，宋亦曰归州巴东郡，隶荆湖北路。元至元十二年（1276）立安抚司，十四年（1278）升为归州路总管府，十六年（1280）复降为州，属湖广行省。明洪武元年（1368）州废，县属夷陵州，寻复置归州，以秭归县省入，隶荆州府。清初因之，雍正六年（1728）改为直隶州，十三年（1735）改属宜昌府（据嘉庆《重修大清一统志》）。今仍名，为湖北省宜昌市秭归县。

[110] 吒滩：长江归州段著名险滩，亦名叱滩、咤滩。《明一统志》卷六十二《荆州府》："咤滩在归州西三里，舟行至此多覆，又名人鲊瓮。黄庭坚诗'命轻人鲊瓮头船'。"《云南铜志》无咤滩，有叱滩，为归州属一等极险之滩。嘉庆《重修大清一统志》卷三百五十《宜昌府·山川》亦有叱滩，云："在归州西二里，宋《范成大集》叱滩即人鲊瓮，亦名黄魔滩，在归州郭下，长石截然据江三之二，水盛时溃淖极大，号峡中最险处。《舆地纪胜》：有雷鸣洞，在大江之左，骇浪激石，声若雷鸣，故名。亦如溃叱之声，谓之叱滩。雷鸣洞之南分为三叱，官漕口为上叱、雷鸣洞为中叱、黄牛口为下叱。"同治《宜昌府志》卷二《山川·归州》："叱滩，州西二里。黄庭坚诗云'命轻人鲊瓮头船，日瘦鬼门关外人'，叱滩即人鲊瓮，亦名黄魔滩。长石截然据江三之二，五六月水势喷薄，声若雷霆，为归峡最险处。《志》曰滩在雷鸣洞南，分为三叱，官漕口为上叱、雷鸣洞为中叱、黄牛口

为下吒。舟行至此多覆,亦名人鲊瓮。"两滩距州城方位相同、道理相近,且"咤""吒"形近意同,又皆有"人鲊瓮"之名,实即同一滩。

[111] 原句在《入蜀记》卷四九月二十日记事,原句:"离归州,出巫峰门,过天庆观……殿前有柏,数百年物,观下即咤滩,乱石无数。"

[112] 《吴船录》卷下七月戊午日记该事,原句:"二十里至东奔滩,高浪大涡,巨舳掀舞,不当一槁叶,或为涡所使,如磨之旋,三老挽招竿叫呼力争以出涡。"

[113] 鲊:音同榨,一指用盐、米粉腌制的鱼,一泛指腌制品。人鲊瓮,腌制人的罐子,以比喻极言此处行船之险,得名于黄庭坚诗。康熙《湖广通志》卷十《山川志·直隶归州》:吒滩,州西三里,水石相激如喷吒声,舟行至此多覆。一名人鲊瓮,黄庭坚诗"命轻人鲊瓮头船"。同治《归州志》卷一《险隘·吒滩》:州西二里,黄庭坚诗云"命轻人鲊瓮头船,日瘦鬼门关外天",吒滩即人鲊瓮。黎氏所云《志》,或即指此二《志》。

[114] 筚路蓝缕,以启山林:引《左传》语。《左传·宣公十二年》:"楚自克庸以来,其君无日不讨国人而训之于民生之不易,祸至之无日,戒惧之不可以怠。在军,无日不讨军实而申儆之于胜之不可保,纣之百克,而卒无后。训以若敖、蚡冒,筚路蓝缕,以启山林。"《左传·昭公十二年》:"昔我先王熊绎,辟在荆山,筚路蓝缕,以处草莽。跋涉山林,以事天子。唯是桃弧、棘矢,以共御王事。"

[115] 此句所引,言楚国先祖创业初之大事,同治《归州志》卷一《沿革》载之甚详,其云:"《史记·楚世家》帝颛顼高阳之孙重黎为帝喾高辛氏火正,能光融天下,命曰祝融,其弟吴回嗣为祝融,生陆终,终生六子,最少曰季连,芈姓。其后中微,或在中国、或在蛮夷,弗能记其世。周文王时,季莲之苗裔曰鬻熊,为文王师,年已九十,未几遂卒。其子熊丽生熊狂,熊狂生熊绎。周成王举文武勤劳之后嗣而封熊绎于荆蛮,胙以子男之田,姓芈氏,居丹阳。熊绎元孙熊挚始治巫城,有疾,楚人废之,故别封为夔子而居丹阳(《路史》:丹阳城在归州东,谓之西楚,后徙枝江,亦曰丹阳,谓之南楚)。《乐纬》曰:熊渠嫡系熊挚,别居于夔,为楚附庸,后王命为夔子……"

[116] 屈原(约前340—前278):名平,字原,楚王宗室,战国时期

楚国文学家、政治家，《史记》卷八十四有传。屈原事楚怀王，其本传云："博闻强志，明于治乱，娴于辞令。入则与王图议国事，以出号令；出则接遇宾客，应对诸侯。王甚任之。"官至左徒。后因受佞臣谗言，怀王贬之为三闾大夫，并疏远、流放。其间屈原创作大量诗歌赋文抒发情感，如《楚辞》《离骚》《天问》等，深刻影响历代文人，成为流传至今的文学经典。在被楚怀王第二次流放时，胸中郁闷难解，遂投汨罗江而卒，今之端午节，即为纪念其投江而起。《史记》未载屈原生于何地，《大清一统志》、同治《归州志》皆言其为归州人。

宋玉（约前298—前222）：战国时期楚国著名辞赋家，曾从屈原游，正史无传，其文流传于今者，严可均《全上古三代文》卷十辑入有其文《高唐赋》《神女赋》《登徒子好色赋》等13篇。宋玉在归州曾居住过，但并非生于归州，同治《归州志》并未载其人，乃今襄阳市宜城市人。嘉庆《重修大清一统志》卷三百四十七《襄阳府·古迹》："宋玉宅在宜城县南三十里，《水经注》宜城县南有宋玉宅。按宋玉宅有三，此其里居也。一在归州，从屈原游学时所居，一在江陵，则服官郢都时居之。"同《志》卷三百四十八《襄阳府·人物》："宋玉，楚邔邑（乾隆《志》为宜城。已按，实同，一地之古今异名耳）人，屈原弟子，隽才辨给，善属文，为楚大夫，悯其师屈原忠而放逐，乃作《九辨》以述志。唐勒谗之于襄王，复著赋以自见，后世修辞者称之。"

[117]《吴船录》记该事在卷下七月己未日，原文："己未，泊归州……州东五里有清烈公祠，屈平庙也。秭归之名俗传以屈平被放，其姊女须先归，故以名。殆若戏论。好事者或书作此姊归字。倚郭秭归县亦传为宋玉宅。杜子美诗云'宋玉悲秋宅'，谓此。"

[118] 昭君：即王昭君，名嫱（约前52—前20），南郡秭归（今湖北省宜昌市兴山县）人。汉元帝时以良家子选入掖庭，竟宁元年（前33）汉匈和亲，王昭君嫁南匈奴呼韩邪单于为阏氏，在稳定和加深汉匈关系上发挥了重要作用，历代文人题咏颇多。其事迹散见于《汉书·匈奴传》《后汉书·匈奴传》《汉书·王莽传》。

香溪：长江归州段北岸支流，王昭君家乡的著名河流。嘉庆《重修大清一统志》卷三百五十《宜昌府·山川》："香溪在归州东十里，源出兴山县宁都，南流入江，其入江处谓之香溪口，一名昭君溪。《寰宇记》兴山县有香溪，即王昭君所游处。陆游《入蜀记》香溪源出昭君村，水味美甚，载在《水品》，色碧如黛，令人可爱。"同治《归州志》卷一《山川》："香溪，州东北二十里，源出兴山县，南流入江，其入江处谓之香溪口，一名昭君溪。相传昭君曾涤妆于此，因名。州东北四十里盖有昭君村云。康熙三年（1664）因合三省，官兵攻李寇于茅麓山，奉檄全省。郡守立塘运粮至此。《志》所云大江经前，香溪绕后者也。或谓乡溪者，误乡溪即乡口溪，俗谓之窑湾溪，在州东南，与香溪口紧相对。兴山县有香溪，即王昭君所游处（见《寰宇记》），香溪源出昭君村，水味甚美，载在《水品》，色碧如黛，澄清可拘。"香溪，今名仍旧，香溪口在秭归县香溪镇香溪村。

[119]　《入蜀记》卷四十月十五日载此事，原句："……离新滩，过白狗峡，泊舟兴山口，肩舆游玉虚洞。去江岸五里许，隔一溪，所谓香溪也，源出昭君村，水未（味）美，录于《水品》，色碧如黛。"

[120]　白狗峡：归州著名峡谷。嘉庆《重修大清一统志》卷三百五十《宜昌府·山川》："在归州东南十五里，亦称狗峡，一名鸡笼山。《水经注》乡口溪经狗峡西，峡崖奄中石隐起有狗形，形状具足，故以狗名峡。"又载："兵书峡，在归州北二十里。《名胜志》峡为诸葛武侯藏兵书之处，至今望之常若书卷然，又名铁棺峡。"同治《归州志》卷一《险隘》亦载此两峡，其云白狗峡："《舆地纪胜》云白狗峡在秭归县东二十里，亦称狗峡，亦名鸡笼山。两岸壁立、白石隐见、状如狗。杜甫诗白狗临斜北，黄牛更在东，白居易诗白狗次黄牛，滩如竹节稠。"其云兵书峡："在州东二十里，一名铁棺峡，迹在白狗峡东。唐将军王果为归州刺史，舟经峡中，望悬岩有物似棺，令人观之，果棺也，骸骨存焉。旁有碑志云'欲堕不堕遇王果，三百年后重收我'，果视之怃然，为之殓祭而去。又峡为诸葛武侯藏兵书处，至今望之若存书卷然，又名铁棺峡。"诸书但有白狗峡、兵书峡，并无兵书宝剑峡之称，疑是当地民间俗称。

[121]　新滩：长江归州段著名险滩。嘉庆《重修大清一统志》卷三百五十《宜昌府·山川》："新滩在归州东南二十五里。陆游《入蜀记》新滩南岸白官漕北曰龙门，龙门水湍激多暗石，官漕差可行，故舟率由南上，然石多锐，易穿船，为峡中最险处。《州志》明嘉靖二十一年（1542）久雨，

山颓,两岸壁立大石横填江心,天启五年(1625)按察使乔拱璧凿平之。"又据《钦定户部则例》卷三十六《钱法三·险滩豁免》,归州属可豁免沉铜险滩中新滩有三处,即新滩头、二、三滩。又同治《归州志》卷一《险隘》亦记载新滩三滩及其间诸险石丛,云:"新滩头,乱石森然,激水成漩,水小至险。赖子石,石出江心,阻截中溜,紧接头滩。今报部系属至险。鸡心石,大石罗列,舟从新滩中溜而下,必经石旁水道,最窄紧,接赖子石至险。新滩二,乱石堆集,皆成泡漩,水小至险。天平石,乱石相错,阻截正流,紧接二滩,水小至险。豆子石,圆石突出江面,泡漩沸腾,水小至险。新滩三,上游石多,激成泡漩,水小至险。"此诸滩石,《云南铜志》皆有罗列,惟赖子石,作癞子石,尽皆归州属一等极险之滩。

[122] 放标:当指对准江中或江岸某处标记放船而下,凭借天然水流形势,以札滩辅正航向,通过险滩。川江中多有此等标记。

[123] 《云南铜志》卷三《京运·起剥雇纤》载此例:"湖北归州新滩,定例全行起剥。自新滩剥至黑岩子归载,计程四十里,每百斤准销水脚银三分。"运铜官员至此,多不依例起剥,往往冒险放标。若成功放标而过,起剥管理和监督官员仍出具起剥文书,其间所省剥费给予相关人员,下文该通判"索费甚奢",可知其大部当为出具钤结之驻滩同知所得。

[124] 新滩同知:即宜昌府同知,以常驻新滩,故名。据同治《宜昌府志》卷八《职官考》,雍正十三年(1735)置宜昌府,即设同知,驻渔洋关,嘉庆四年(1799)改驻新滩。

[125] 冬至:中国传统历法二十四节气之一,又有"冬节""贺冬""长至节"等名。冬至日,太阳到达黄经 270°,白昼最短、夜晚最长。在中国古代,冬至日是国家重大节日,皇帝在这天亲临祭天,在民间亦有众多习俗。

道光二十年十二月

　　十二月初一日，丁巳，阴晴。放众舟下新滩，昨宵滩水涨高尺许。余及兆熙、姚生、甘船户均登岸札滩，众舟以次标下，飞涛汹立，浪高丈余，自辰至申，方下毕。午后风渐大，第二十一号舟竟由中流石上过，柁板撞坏，幸船底无损。按《吴船录》云此滩恶名雄三峡，汉晋时山再崩塞江，所以名。新滩石乱水涌，瞬息覆舟，上下欲脱免者必盘博陆行，[1]以虚舟过，是此险千年前已然矣。[2]《入蜀记》云新滩两岸，南曰官漕，北曰龙门，龙门水尤湍急，多暗石，官漕差可行，亦多锐石，故为峡中最险处。[3]余船皆由北漕，有二舟自南漕下，亦平顺。众舟下三滩即泊。余往谒署同知李通判，山阴人也，[4]初莅仕途，妄自尊大，乞伊结报索费甚奢。归舟，给头、柁人等放标钱，每舟六千，计费青蚨一百三十余千文。[5]

　　初二日，戊午，晴。放各船毕，命高照往送署同知土仪，议费，往返数四，予百五十金，始允出印结。[6]余不能待，傍晚，乘划船先行。风逆舟迟，二十一、二号船泊马肝峡上，[7]余座舟已前去，寄宿尾船。计程自新滩上峡口，至此八里许。夜静，风始息。

　　初三日，己未，晴。过马肝峡，悬崖上石如牛马肝肺状，俗称牛肝马肺峡。峡水尚平，旋过空舲峡，江中石堆现出，高五六丈。船户先在此札滩，余乘小舟至，亦登磐石视群舟过。石嶙峋挺立，水盛时，最易坏船。此时水虽落，江底尚有乱石，舵工不善趋避，船触暗石必坏。每年铜、铅舟至此，往往沉溺，即客舟亦常失事，故新滩起剥必过空舲方归载。今放标直下，获保平稳，私以为幸。空舲峡之名久矣，俗乃讹称通岭云。[8]复过腰站河，[9]巉滩稠叠，即《志》所称流头、狼尾等滩也，[10]水大时难行。午刻，过黄牛峡，岩上有石如黄牛状。又有石如人，黑色，荷戴蓑笠状，仰望不甚真。舟子云须微雨时视之，则悉见。古谚"朝发黄牛，暮宿黄牛；三朝三暮，黄牛如故"，即此，[11]然行数十里即不见，古语亦未足为据。其下即古黄陵庙，[12]今又有新庙焉。庙前巉石激水，有富贾开祥兴号者，捐资招匠凿十余年，今巉石殆尽，水大时坏舟颇少。此人于川江各滩石，锤凿险阻，靡费多金，诚有功于行旅矣。复至明月峡，[13]峡在江之左，岩

115

畔有石如月，又岩形如扇，一名扇子峡。江之右为石鼻山，[14]亦名石簰峡，古峡州治此。[15]悬岩千仞，下有虾蟆碚，[16]水自岩洞出，流经虾蟆背，散口鼻间，成水帘入江。洞水清冷沁骨，《水品》称为第四泉。[17]虾蟆石圆径数丈，放翁所谓"头鼻吻颔"，绝类，而脊背疱处尤逼真是也。[18]岩上又有石凸出如剑匣，亦酷似。大抵峡江两岸，高峰耸拔，岩石怪奇，千汇万状，难于形写，实极造化之巧。余停桡登岸，履基背视洞穴，汲水两瓮入船烹茗，味颇甘美，胜江水。复过下牢关，[19]尖岩耸秀，江路迂回。下至西陵峡，[20]岩石愈秀，水亦平缓矣。头船以下十一舟已至宜昌，余座舟行迟，将晚，遂泊西陵峡口，计水程一百六十里。自离夔州下三峡，水程共六百里。余每行皆乘小舟尾随，或先往滩头督视，严寒风紧，不遑避也。三峡为夔峡、巫峡、西陵峡。夔峡短，巫峡长，西陵峡多奇秀，虾蟆碚以下尤令人触目怡情。范石湖所称欧阳公泝峡来游，正不为黄牛庙，[21]信然。

初四日，庚申，晴。开行出峡口，山开水阔，始离峡隘。辰刻，抵宜昌府泊。[22]至喜亭前，亭后即江神庙。计水程十五里。宜昌，故楚西陵地，秦汉曰夷陵，南郡都尉治焉。周曰峡州，隋唐曰彝陵。郡当三峡之口，为上游重镇。战国时，秦拔彝陵，楚遂东徙；[23]昭烈帝讨吴，连营数十，陆逊固守彝陵，[24]昭烈败还；[25]晋王浚克西陵，因而亡吴；[26]险要可知矣。旧《志》在石鼻山上，后徙治步阐垒，[27]即今府城也。步阐，吴臣，以西陵降晋，为陆抗所诛。[28]垒，盖其结营处。向例，铜、铅舟至此，弃大梢、粗橃不用，舡户赁铁锚，[29]张帆摇舻，限期予三日。自夔州至宜昌，水路共六百里。

初五日，辛酉，阴、晴。前营谢游击、[30]宜昌沈通判来船查盐过事，[31]搜求于经工香盆中，获盐十余斤，指以为私。余未出见，船户跪求，乃舍去。闻向来川私盛行，铅、铜舟过关例有规费，今则弊绝风清，渠辈无所获利，故挑剔不已，苦差磨折，逐处刁难。可慨也夫！

初六日，壬戌，阴雨。谒程太守家颎、[32]未见。候东湖高大令振洛、[33]谢游击正国、沈通判耀鋆；同榜但敦五太守明伦署荆宜施道、[34]以查拿案犯在宜，亦往候焉。归舟已暮矣。是日，舟人竖樯张帆。

初七日，癸亥，阴。荆关查船。[35]但敦五遣人送酒肴至舟，并答拜。

初八日，甲子，阴雨。以特羊、特豕赴江神庙祭赛，[36]并赴川主庙进香。[37]馈谢、沈二人土物，一受一拒。

初九日，乙丑，阴雨。午后，赴但敦五乞借路资。夜，大雪。

初十日，丙寅，阴。但云湖敦五贷三百金来船。[38]午刻，全帮开行。申刻，风雪复至，泊白沙湾。[39]后舟因人夫未集，尚有迟留者舟至宜昌，渝送夫役尽去，另雇水手，然每船不过十余人也。计水程三十里。夜，雨雪。

十一日，丁卯，雪霁。开行入宜都县境。[40]宜都，汉夷道县地。过荆门，十二碚在大江南岸，其北岸为虎牙山，[41]与荆门相对，岩壁崭巇，形势高拨，杜诗所谓"群山万壑赴荆门"是也。[42]《志》称为荆南山，虎牙亦曰武牙。未刻，过县治，在江之南。申刻，风雪复至，泊白羊市，[43]计水程八十里。

十二日，戊辰，阴。巳刻，过枝江，[44]县城亦在江之南。县西有丹阳，楚自秭归之丹阳，迁国于此，仍曰丹阳。[45]枝江者，以蜀江至此分枝为诸洲而名。《志》云江西县西别出为沱，[46]而东复合于江，所谓江有沱也。[47]县有数十洲盘布江中，百里洲为最大。[48]下流至江陵境，复合。昔年铜船由羊角洲行，[49]近年由董市行，[50]均雇滩师，以近地人识水径，免舟误入浅沙故。向例索此处渔舟前引，名曰"引洪船"，因水手等需索无状，渔户闻，即避匿。即遣小舟赴彼舟买鱼，亦飞桨而逃，惧牵船索费耳。百里洲上有庾台，即庾子山故宅，[51]今为庾台寺见渔洋《蜀道驿程记》。[52]询之舟人，不知也。岸堤上茅屋栉比，皆被水灾寄居者。晚泊江口下北岸，[53]计水程一百十里。自枝江、松滋至江陵者，有九十九洲。[54]

十三日，己巳，晴。午刻，抵沙市，[55]计水程一百二十里。缮舱口册呈荆关。沙市距荆州府十里许，商贾云集之地，亦名沙头市。

十四日，庚午，晴。住沙市。舟中另易桡夫。

十五日，辛未，晴。开行。未刻，过郝穴。[56]将晚，过一洲，群雁飞集成阵，以数万计，或立足水中，或鼓翼沙上，或止而复飞，或去而复来，横斜曲折，长七八里。盖水落沙出，阳鸟攸居，真江湖乐事！吾辈利名缰锁，曾云飞水宿之不若矣！暮，泊石首县对江北岸，[57]计水程一百八十里。天宇澄洁，空江月明如画，理琴鼓《平沙》一曲。[58]

十六日，壬申。五更，月朗霜明，群舟皆解缆，余披衣起视。龙盖、马鞍、绣林诸小山错列江滨，平秀可爱。[59]《志》称绣林山，汉昭烈帝娶夫人处，其下沙步为刘郎浦。浦又作洑，读同伏音，谓洄流也。江行无风，柔橹咿哑，颇饶佳兴。晚，泊江北岸，计水程一百五十里。江天明月，船窗流览，几不欲眠。

十七日，癸酉，晴。辰刻，过车湾，[60]西距监利三十里。[61]未刻，过糍粑口。[62]暮，泊江中，地名董家塘，[63]计水程一百五十里。夜黑，不知舟尽泊否，月出，乘小舟上下数里间查视。

十八日，甲戌，阴。四更，群舟即开行，十里至观音洲，[64]对岸为城陵矶，[65]洞庭与大江汇流于此。[66]江南一带，山历落横斜，苍秀可喜。水平无风，舟行迟缓。未刻，过新堤，市镇繁富，舟樯凑集，属沔阳州境。[67]申刻，泊茅埠口，[68]亦沔阳境，计水程一百六十里。

十九日，乙亥，阴。四更即开行。巳刻，过嘉鱼县，[69]县因鱼岳山得名。[70]其山秀丽，前甲午经此，[71]盛夏水满，舟泊城外，遥望雉堞依山。今水涸，江路不见，县城亦不见山。晚，泊簰洲，[72]犹嘉鱼境，计水程一百五十里。

二十日，丙子，晴。四更开行。数日来更深解维，因残月尚明，可见江路，又连日风浪平静故也。巳刻，过金口镇，即《志》所称涂口，涂水由此入江。[73]晋宋时置汝阳县，今有巡检驻防，并置金口驿，镇在江之南。水盛时，舟可由镇上达湖南诸境。沿江一带，秀岭绵延。江北岸一山，迤斜苍翠，俗名大金山，山顶有祠宇粉墙，辉焕可观。未刻，过沌口，沌读撰音，[74]在江之北。自此入小水，可抵沙市，较大江为稳捷。申刻，全帮抵汉阳江滨停泊。[75]畏风，逆流挽入汉水内河，戌刻始泊毕，计水程一百五十里。向例铜、铅舟至此修舱并载，予限四十日，盖川江滩石之险，于斯始脱矣。自宜昌至汉阳，水路共一千二百八十里。

注　释

[1]　盘博：即盘剥。

[2]　此为《吴船录》卷下八月戊辰日记事，原句为："八月戊辰朔，发归州，两岸大石连延，蹲踞相望，顽狠之态不可状名。五里入白狗峡，山特奇峭。峡左小溪入玉虚洞，中可容数百人。三十里至新滩，此滩恶名豪三峡，汉晋时山再崩塞江，所以后名新滩。石乱水汹，瞬息覆溺。上下

欲脱免者，必盘博陆行，以虚舟过之。两岸多居民，号滩子，专以盘滩为业。余犯涨潦时来，水漫羡不复见滩，击楫飞渡，人翻以为快。"范氏以为此滩在汉晋时岸崩塞江而成，误。汉晋时崩者乃巴东县西之新崩滩，此新滩乃明嘉靖二十一年（1542）时崩成，俱见前注。黎氏因之，亦误。

[3]　此为《入蜀记》卷四十月十三日记事，原文为："十三日，舟上新滩，由南岸，上及十七八，船底为石所损，急遣人往拯之，仅不至沉。然锐石穿船底，牢不可动，盖舟人载陶器多所致。新滩两岸，南曰官漕，北曰龙门，龙门水尤湍急，多暗石，官漕差可行，然亦多锐石，故为峡中最崄处。非轻舟无一物，不可上下。舟人冒利以至此，可为戒云。"

[4]　李通判：同治《归州志》未载此人。山阴县，清代有二，一为山西大同府属县，今仍为山西大同市属山阴县；一为浙江绍兴府属县，今为浙江绍兴市。查同治《宜昌府志》卷六《职官表下》，有李畬吴，浙江山阴监生，道光二十年（1840）以候补通判署宜昌府同知，二十二年（1842）去任，当即此人。

[5]　青蚨：蚨，音同扶，本是一种传说中的虫子，后指铜钱。《太平御览》卷九百五十引《淮南万毕术》（汉刘安编著）"青蚨还钱"云："青蚨一名鱼，或曰蒲，以其子母各等，置瓮中，埋东行阴垣下，三日后开之，即相从。以母血涂八十一钱，以子血涂八十一钱，以其钱更互市，置子用母，置母用子，钱皆自还。"《搜神记》卷十三："南方有虫名嬍蝎，一名蝍蠋，又名青蚨，形似蝉而稍大，味辛美，可食。生子必依草叶，大如蚕子。取其子，母即飞来，不以远近。虽潜取其子，母必知处。以母血涂钱八十一文，以子血涂钱八十一文，每市物，或先用母钱，或先用子钱，皆复飞归，轮转无已。故《淮南子术》以之还钱，名曰青蚨。"

[6]　百五十金：即一百五十两白银。黎氏此次运铜共1104450斤，每斤剥费3分，即0.03两白银，放标而过新滩省剥费银共331两。李通判索费150两，几占一半，而土仪之费不算，故黎氏上文言其"初莅仕途，妄自尊大"。

[7]　马肝峡：长江归州段著名峡谷。据嘉庆《重修大清一统志》卷三百五十《宜昌府·山川》："马肝峡在归州东三十五里。陆游《入蜀记》：马肝峡口两山对立，修耸摩天，有石下垂如肝，故以名峡。其傍有狮子岩，岩中有一小石，蹲踞张颐，翠草被之，如青狮子。泉泠泠自岩中出，溪上

又有一小峰，孤起秀丽。"同治《归州志》与此同。马肝峡亦称牛肝马肺峡，在西陵峡上段，西距秭归香溪约15公里处，在新滩与崆岭滩之间，又名马肝峡，全长4.5公里，在秭归县屈原镇境内。

[8] 空舲峡：长江归州段著名峡谷。据嘉庆《重修大清一统志》卷三百五十《宜昌府·山川》："空舲峡在归州东南四十里，亦曰空泠峡。《水经注》：江水自建平至东界峡，盛宏之谓空舲峡。峡甚高峻，即宜都建平二界也。其间远望交岭表，有五六峰参差互出，上有奇石如二人形，攘袂相对。俗传两郡督邮争界于此，宜都督邮厥势小东倾，议者以为不如也。《舆地纪胜》：绝崖壁立，湍水迅急，上甚艰难，舲中所载物必悉下，然后得过，因名。《州志》：峡有大石，大石左下三石联珠峙伏水中，土人号曰三珠石，舟行必由大石左旋，掩柁右转，毫厘失顾，舟縻石上。明万历十八年（1590）知州吴守忠始凿平之，改名通舲峡。"通岭亦并非讹称。同治《归州志》卷一《险隘》："空舲峡，大石梁横截江心，梁头突出，水小至险。大二三珠，二三排列，水面紧接空舲石，水小至险。南丈珠，大二三珠余，喷逼溜南下，狂澜恣肆，水小至险。北丈珠，紧接南丈珠，逼溜之中露出珠石，冲激飞腾，水小至险。"空舲峡在今秭归县茅坪镇境，西起九曲垴，东至周家沱，全长2.5公里。

[9] 腰站河：也名腰站溪，诸志均未详叙此河。

[10] 流头、狼尾：长江东湖县段著名险滩。嘉庆《重修大清一统志》卷三百五十《宜昌府·山川》："流头滩在东湖县西一百里，一名虎头滩，或名狼头滩，有南北二滩。《水经注》：江水又东经流头滩，其水浚激奔瀑，鱼鳖所不能游，行者常苦之。袁崧曰：自蜀至此五千余里，下水五日，上水百日也。狼尾滩在东湖县西北九十余里。《水经注》：江水又东经狼尾滩而历人滩。袁崧曰：二滩相去二里，人滩水至峻峭，南岸有青石，夏没冬出，其石嵌崟数十步中，悉作人面形，因名曰人滩。"同治《宜昌府志》卷一《山川》：有虎头滩、狼头滩，互不相同。虎头滩在峡江，俗呼南岸为南虎滩，北岸为北虎滩，距县一百二十里。狼头滩，杜诗云"狼头如跋。"胡注云在彝陵境内。又狼尾滩，在峡江中，最险，疑即狼头滩。

[11] 黄牛峡：长江宜昌段著名峡谷。同治《东湖县志》卷六《山川》："黄牛峡在县西九十里。巨石排空，惊涛拍岸，峡中最险处也。汉诸葛亮立

祠祀黄牛之碑，碑记云犹有董江开导之势。古《传》所载黄龙助禹开江治水，九载而成功，信不诬也。后人于庙侧立武侯祠。"《吴船录》卷下八月戊辰记过黄牛峡事云："八十里至黄牛峡。上有洺川庙，黄牛之神也，亦云助禹疏川者庙。背大峰，峻壁之上，有黄迹如牛，一黑迹如人牵之云，此其神也。庙门两石马，一马缺一耳，东坡所书《欧阳公梦记》及诗甚详，至今人以此马为有灵，甚严惮之。古语云'朝发黄牛，暮宿黄牛，三朝三暮，黄牛如故'，言其山岢巆终日犹望见之。欧阳公诗中亦引用此语。然余顺流而下，回首即望断，如故之语亦好事者之言耳。"《入蜀记》卷四十月十一日亦记陆游过黄牛峡事，云："过达洞滩，滩恶，与骨肉皆乘轿陆行过滩。滩际多奇石，五色粲然可爱，亦或有文成物象及符书者。犹见黄牛峡庙后山，太白诗云'三朝上黄牛，三暮行太迟。三朝又三暮，不觉鬓成丝'，欧阳公云'朝朝暮暮见黄牛，徒使行人过此愁。山高更远望犹见，不是黄牛滞客舟'，盖谚谓'朝见黄牛，暮见黄牛，三朝三暮，黄牛如故'，故二公皆及之。欧阳公自荆渚赴夷陵而有《下牢三游》及《虾蟆碚黄牛庙诗》者，盖在官时来游也，故《忆夷陵山诗》云'忆尝只吏役，巨细悉经觐'，其后又云'荒烟下牢戍，百仞塞溪漱。虾蟆喷水帘，甘液胜饮酎'，亦尝到黄牛泊舟听猨狖也。"黄牛峡，在今宜昌市夷陵区黄牛山。

[12] 黄陵庙：长江东湖县段上著名古庙。嘉庆《重修大清一统志》卷三百五十《宜昌府·祠庙》："黄陵庙在东湖县西黄牛峡，一名黄牛庙，三国蜀汉建。庙有神龟及金莲花。相传诸葛亮有庙碑记，陆游《入蜀记》黄牛庙曰灵感神，封嘉应保安侯，皆绍兴以来制书也。欧诗刻石庙中。"同治《续修东湖县志》卷十《祠庙附》："黄陵庙祀禹及镇江王，在西塞坝，明州判秦云建，崇祯十五年（1642）及康熙十八年（1679）重修。一在三斗铺，一在黄牛峡，兼祀黄牛。汉诸葛亮建有碑记，历代重修。"黄陵庙，今仍存，是长江三峡地区至今保存较好的唯一一座以纪念大禹开江治水的禹王殿为主体建筑的古代建筑群，位于西陵峡中段长江南岸黄牛岩下，属宜昌市夷陵区三斗坪镇。黄陵庙保存有大量长江三峡特大洪水水位的水文遗迹和实物资料，为葛洲坝水利枢纽工程和长江三峡水利枢纽工程，提供了重要的历史水文依据。

[13] 明月峡：长江东湖县段著名峡谷。嘉庆《重修大清一统志》卷

三百五十《宜昌府·山川》："明月峡在东湖县西二十里，一名扇子峡。陆游《入蜀记》：扇子峡重山相掩，正如屏风扇，疑以此得名。《舆地纪胜》：高七百余仞，倚江面崖，石白如月，《天中记》茶生其间尤为绝品。"据同治《续修东湖县志》卷六《山川》，明月峡、扇子峡并非一峡两名，而各有其是。其载扇子峡"在县西五十里，蛤蟆碚在焉"，明月峡"在县西二十里悬岩间，白石状如月。李白诗'春水月峡来'，欧阳修诗'江山挂帆明月峡'"。明月峡，今仍名，在西陵峡东段，东距宜昌市 25 公里。

[14] 石鼻山：长江东湖县段名山、峡谷。嘉庆《重修大清一统志》卷三百五十《宜昌府·山川》："在东湖县西北三十里，一名石簰山，又名石簰峡。《宋史·地理志》：峡州建炎中移治石鼻山。陆游《入蜀记》：石簰峡石穴中有石，宛如老翁持渔竿状。《舆地纪胜》：《夷陵志》云后周移峡州治于石鼻山，其山隔大江，高五百余仞，广袤二十里，下临江流，中有石横亘六七十丈，如簰筏然。"同治《续修东湖县志》卷六《山川》："石鼻山在河西铺，峙江干，县西北四十里。高五百余仞，下临江流，中有巨石横亘六七十丈，如簰筏，因名。亦曰石鼻，后周移州治于此。"

[15] 唐、五代、宋，宜昌府皆为峡州夷陵郡。

[16] 虾蟆：即蛤蟆。

[17] 虾蟆碚：嘉庆《重修大清一统志》卷三百五十《宜昌府·山川》："虾蟆碚，在东湖县西北三十里石鼻山下。宋《黄庭坚集》：舟中望之，颐颔口吻甚类虾蟆。洞中石气清寒，流泉激激，泉味亦不极甘，但冷熨人齿。陆游《入蜀记》,《水品》所载第四泉是也。"同治《续修东湖县志》卷六《山川》所载与此颇异，云："虾蟆培（己按，培即碚）在县西五十里扇子峡，伏绝壁下，临江南岸，大数丈。宋黄庭坚云舟中望之，颐颔口吻宛然。培后有洞出泉，陆羽品其水味，为天下第四。陆游诗云巴东峡里最初峡，天下泉中第四泉。"

《水品》：明徐献忠撰，两卷，中国古代评论煎茶之水的专门著作。《四库全书总目提要》卷一百一十六《子部二十六》叙该书云："上卷为总论，一曰源，二曰清，三曰流，四曰甘，五曰寒，六曰品，七曰杂说。下卷详记诸水，自上池水至金山寒穴泉，目录列三十四名，而书中多喷雾崖瀑、万县西山包泉、云阳县天师泉、潼川盐亭县飞龙泉、遂宁县灵泉五名。盖目录偶脱。又麻姑山神功泉，目录在铁筛泉后，而书则居前，亦误倒也。其上卷第六篇中驳陆羽所品虎邱石水及二瀑水、吴松江水、张又新所品淮水，第七篇中驳羽煮水初沸调以盐味之说，亦自有见，然时有自相矛盾者。如上卷论瀑水不可饮，下卷乃列喷雾崖瀑，引张商英之说以为偏宜煮茗。下卷济南诸泉条中，论珍珠泉涌出珠泡为山气太盛，不可饮，天台桐柏宫水条，又谓涌起如珠，甘冽入品。恐亦一时兴到之言，不必尽为典要也。旧本题曰《水品全帙》，立名殊不可解。考田崇衡、蒋灼二跋皆称《水品》，无全帙字，疑书仅一册，藏弃家插架题签，于《水品》下写全帙字，传写者误连为书名也。今从旧跋，仍题曰《水品》焉。"

[18] 此句所引在《入蜀记》卷四十月九日下记事，原文为："九日微雪，过扇子峡，重山相掩，政如屏风扇，疑以此得名。登虾蟆碚，《水品》所载第四泉是也。虾蟆在山麓临江，头鼻吻颔绝类，而背脊疱处尤逼真，造物之巧有如此者。自背上深入，得一洞穴，石色绿润，泉泠泠有声，自洞出，垂虾蟆口鼻间成水帘入江。是日极寒，岩岭有积雪，而洞口温然如春。"

[19] 下牢关：《入蜀记》卷四细描其状及得名缘由："（十月）八日五鼓，尽解船过下牢关。夹江千峰万嶂，有竞起者、有独拔者、有崩欲压者、有危欲坠者、有横裂者、有直坼者、有凸者、有洼者、有镵者，奇怪不可尽状。初冬草木皆青苍不凋，西望重山如阙，江出其间，则所谓下牢溪也。欧阳文忠公有《下牢津诗》云入峡山渐曲，转滩山更多，即此也。"陆游《老学庵笔记》卷七："欧阳公谪夷陵时，诗云'江上孤峰蔽绿萝，县楼终日对嵯峨'，盖夷陵县治下临峡江，名绿萝溪，自此上沂即上牢、下牢关，皆山水清绝处。孤峰者，即甘泉寺山，有孝女泉及祠，在万竹间，亦幽邃可喜，峡人岁时游观颇盛。予入蜀往来皆过之……"东湖县又有下牢溪，同治《东湖县志》卷六《山川》载："下牢溪在社林铺，去城西北十五里。北发源于麻家溪，经下村。又西北发源于牛坪，经严偏峰小麻溪合水，会马岩为流，经三游洞下入江。"下牢关，《大清一统志》、康熙《湖广通志》、同治《东湖县志》均不载有此关，只在宋人笔记中出现，当是地方小地名，并未设关镇守，其地在下牢溪入长江处，今仍名，在宜昌市夷陵区西约3公里处。

[20] 西陵峡：长江三峡之一，在最东边，西起湖北省秭归县西香溪口，东至湖北省宜昌市南津关，以奇险著名，历代名人题咏甚多。嘉庆《重

修大清一统志》卷三百五十《宜昌府·山川》:"西陵峡在东湖县西北二十五里,一名夷山。《汉书·地理志》:夷陵注,应劭曰夷山在西北。《水经注》:江水又东经西陵峡。《宜都记》曰:自黄牛滩东入西陵峡,至峡口一百里许,山水纡曲,两岸高山重嶂,非日中夜半不见日月。绝壁或千许丈,林木高茂,猿鸣至清,山谷传响,泠泠不绝,所谓三峡,此其一也。《荆州记》:自夷陵沂江二十里入峡口,名为西陵峡,长二十里。《寰宇记》:《吴志》云陆逊破刘备,还屯夷陵,守峡口以备蜀,即此山是也。"同治《续修东湖县志》卷六《山川》:"西陵峡在县西北十五里,三峡之一。袁崧《宜都记》:自黄牛滩东入西陵界里许,山水纡曲,林木高茂,哀猿发声,陵谷响应,行者闻之,莫不怀土。"

[21] 此处所引在《吴船录》卷下八月戊辰日记事,原句:"自此以往,峡山尤奇。江道转至黄牛山背,谓之假十二峰,过假十二峰之下,两岸悉是奇峰,不可数计,不可以图画摹写,亦不可以言语形容,超妙胜绝殆有过巫峡处。欧阳公所以沂峡东游,正不为黄牛庙也。"

[22] 宜昌府:湖北属府,在省治西一千零八十里。《禹贡》荆州之地,春秋战国为楚地,秦汉为南郡地,归南郡都尉治。汉末建安十三年(208)为临江郡地,蜀汉为宜都郡地,晋宋齐因之。梁置宜州,西魏改曰拓州,北周改曰硖州,隋大业初(605)改曰夷陵郡。唐武德二年(619)改曰硖州,天宝初(742)曰夷陵郡,属山南东道;乾元初(758)复曰硖州。五代初属蜀,后属南平。宋曰硖州夷陵郡,属荆湖北路。元至正十七年(1357)升为峡州路,属荆湖北道。明洪武初(1368)为峡州府,九年(1376)降为夷陵州,属荆州府。清初因之,雍正十三年(1735)升为宜昌府,属湖北省,领州二县五(据嘉庆《重修大清一统志》卷三百五十)。今仍名,大致为湖北省宜昌市。

宜昌府治东湖县,县城即府城。县地初为汉南郡夷陵县地,建安中(196—220)属临江郡,蜀汉属宜都郡。吴黄武元年(222)改县曰西陵,晋太康元年(280)复曰夷陵,宋、齐因之。梁置宜州,西魏改曰拓州,北周改曰硖州。隋大业初(605)为夷陵郡治,唐、宋因之。元为峡州路治,明初为峡州府治,洪武九年(1376)府降为夷陵州,以夷陵县省入,属荆州府。清初因之,雍正十三年(1735)改设东湖县,为宜昌府治(据嘉庆

《重修大清一统志》卷三百五十）。民国元年（1912），改名宜昌县，今大致为宜昌市属夷陵、西陵等五区。

[23] 该句所述，根据《史记》，《史记》卷四十《楚世家》："（顷襄王）二十一年（前278），秦将白起遂拔我郢，烧先王墓夷陵，楚襄王兵散遂不复战，东北保于陈城。"又卷七十三《白起传》："其明年攻楚拔郢，烧夷陵，遂东至竟陵，楚王亡去郢，东走徙陈，秦以郢为南郡。"

[24] 无论汉晋、隋唐，夷陵之夷，皆未尝为"彝"，顺治时期改"夷"为"彝"。黎氏此处引用古名，而屡称"彝"者，为避满清出自东夷之讳，类似之例尚有云南曲靖府之平彝县。

[25] 指蜀汉章武二年（223）刘备东征夷陵之败，《三国志》卷三十二《先主传》载："二年春正月先主军还秭归，二月先主自秭归率诸将进军缘山截岭，于夷道猇亭驻营……镇北将军黄权督江北诸军与吴军相拒于夷陵道。夏六月黄气见，自秭归十余里中，广数十丈。后十余日陆议大破先主军于猇亭，将军冯习、张南等皆没。"

陆逊（183—245）：字伯言，吴郡吴县（今江苏省苏州市）人，本名议，《三国志》卷五十八有传。陆逊以献帝建安九年（204）入孙权幕府，蜀汉章武二年（222），以主帅身份在夷陵击败刘备所率蜀军，史称夷陵之战，三国势力由此相对均衡，三国鼎力形势由此稳定下来。吴黄龙元年（229），拜为上大将军、右都护，常年镇守荆州，对朝政多所匡正。吴赤乌七年（244），拜为丞相，一生多次谏言孙权。晚年卷入太子党争，屡被孙权责让，忧愤而卒。

[26] 王浚（206—286）：《晋书》作王濬，字士治，小字阿童，弘农郡湖县（今河南省三门峡市灵宝县）人，西晋名将，《晋书》卷四十二有传。王浚以武帝泰始八年（272）被任为广汉太守，同年转任益州刺史。在任期间安定民生、发展生产，积极筹备伐吴。武帝太康元年（280）正月，晋兴平吴之战，王浚率水陆大军自成都沿江而下，在西陵（即夷陵，刘备东征失败后，孙权改夷陵为西陵）一举攻破吴军的锁江铁链、铁锤，遂直下武昌、建业，受降吴主孙皓，平吴之役居功至伟。

[27] 步阐垒：即步阐城，东湖县著名古迹。嘉庆《重修大清一统志》卷三百五十《宜昌府·古迹》："步阐垒即东湖县治，亦称步阐故城。《水经

注》：郭洲上有步阐故城，方圆称洲，周回略满。故城洲上城周一里吴西陵督步骘所筑。孙皓凤皇（凰）元年（272）骘息，阐复为西陵督，据此城降晋。《唐书·地理志》：峡州，贞观元年（627）徙治步阐垒。"同治《续修东湖县志》卷八《古迹》："步阐城在下牢溪前。吴凤凰元年，步阐为西陵都督所筑。按《水经》载江水出峡，东南流经故城洲。注云洲附北岸，洲头曰郭洲，上有步阐故城，吴西陵督步陟所筑。凤凰元年陟息阐据城降晋。按此，则城迹当在今郭洲坝，旧《志》云在下牢溪，误。"随着宜昌地区的地质变迁，步阐垒所在郭洲坝已消亡，刘开美先生研究认为其旧址位于今宜昌市中心区樵湖岭一线以西、今宜昌市一中（西陵二路）以北至三江大桥以南之间的范围内。（见刘开美：《夷陵古城变迁中的步阐垒考》，《三峡大学学报（人文社科版）》，2007年第1期）。

[28] 步阐：三国吴丞相步骘次子。步骘卒，继业为西陵都督，加昭武将军，封西亭侯。凤皇元年（272），召为绕帐督，不敢应征命，遂以城降晋。同年陆抗收服西陵，斩步阐。《三国志》卷五十二《吴书·步骘传》有其附传。

[29] 舡：同船。下文同。

[30] 游击：即游击将军，汉武帝时初设，历代沿袭，惟元代未设，宋代为从五品武散官。明代游击将军为总兵官属官，无品级、无定员，临时临事而设，设时位在参将之下、守备之上。清代游击，初制正三品，顺治十年（1653）改从三品，与参将职掌同，掌防汛军政，充各镇中军官（据《文献通考》《宋史》《元史》《明史》《清史稿》）。谢游击，即下文所言之游击谢正国，但据同治《宜昌府志》卷十《兵防上》，只载谢正国道光二十五年（1849）任前营游击，或有失载。

[31] 沈通判：据同治《宜昌府志》卷八《职官表下》所载，即宜昌府通判沈耀鋆，道光二十年至三十年（1840—1850）在任，其间二十五至二十七年（1845—1847）以通判兼署东湖知县。

[32] 程太守家颎：即宜昌知府程家颎。家颎，河南商城（今河南省信阳市商城县）人，嘉庆癸酉举人（嘉庆十八年，1813），道光九年（1829）以内阁中书补授宜昌知府，道光十八年（1838）离任，十九年（1839）回任，二十年（1840）离任（据同治《宜昌府志》卷八《职官表下》）。

[33] 高大令振洛：即东湖知县高振洛。振洛进士出身（据《明清进士题名碑录索引》，系道光十八年，1838年，三甲第七十六名进士），河南邓州（今河南省南阳市邓州市）人，道光十九年（1839）县署宜昌府兴山县知县，二十年（1840）署东湖县知县（据同治《宜昌府志》卷八《职官表下》）。

[34] 但敦五太守明伦：即太守但明伦，字敦五。据民国《湖北通志》卷一百一十五《职官表九》，但氏为广顺州（贵州属，今黔南布依族苗族自治州长顺县）人，嘉庆进士，道光十八年（1838）任荆州府知府，二十年（1840）署理荆宜施道，同年回任荆州知府。据《明清进士题名碑录索引》但氏为嘉庆二十四年（1819）二甲第四十九名进士，非黎氏同榜进士，其云同榜系指同为嘉庆十五年（1814）贵州举人。但氏历任地方均有政声，道光二十年（1840）年调任江苏常镇通海兵备道，驻扬州，闻英军北犯，积极备战，次年英军沿江上，但氏率军民积极抵抗，挫败英军，并收复瓜州，为扬州百姓所感戴不已。文学造诣亦甚深，著作颇丰，以详实评点《聊斋志异》之《自批聊斋》最为著名。

荆宜施道：即分巡荆宜施道，据民国《湖北通志》卷一百一十五《职官表九》旧设上荆南道，驻荆州府，雍正六年（1718）改荆州道，乾隆元年（1736）改分巡荆宜施道，乾隆四十八年（1783）兼督荆州钞关。

[35] 荆关：清代长江重要税关之一。据康熙《湖广通志》卷二十九《职官志》，荆关是清代工部分司的一座税关，清初设，在湖北荆州，有监督一员。康熙四年（1665）裁并，有司兼摄，康熙九年（1670）复差部员征收，十年（1671）仍归有司管理，康熙五十五年（1716）由巡抚监收。荆关税，据《钦定大清会典》卷七十五《工部》，乾隆十八年（1753）定额一万七千十有九两有奇。又据同治《东湖县志》卷四《疆域上·关》，荆关在宜昌府东湖县（今夷陵区）设有上下两座分关。上关在铁川门外，临河。下关设于舟中，在小南门河下。初归荆州钦差部员监督，康熙十年归地方官管理，四十七年（1708）覆准荆关收税仍系部员监督。

[36] 特羊、特豕：即公羊、公猪。特，指雄性牲畜。中国自国重大祭祀用牲，皆用雄性，以示对神之尊崇。

[37] 川主庙：四川地区祭祀农神杜宇之庙，解放前，四川每县皆有。

宜昌地区，亦属川江文化区，往来之川人亦多，故亦或有川主庙之设。川人在各地之会馆，亦多称川主庙。

[38] 云湖：但明伦之号。

[39] 白沙湾：诸志未载。今宜昌市伍家岗区有白沙路，路南端即长江，此处江面较宽，有白沙垴客运码头，或是其旧地。

[40] 宜都县：湖北荆州府属县，在府城西北一百八十里。县地初为汉夷道县，属南郡，后汉因之。建安十三年（208）曹操置临江郡，十五年（210）先主改曰宜都郡，晋宋齐因之。陈析置宜都县。隋开皇七年（587）郡废，九年（589）置松州，十一年（591）州废，改宜都曰宜昌，属南郡。唐武德二年（619）复改宜昌为宜都，置江州；六年（623）改江州为东松州；贞观八年（634）州废，属峡州。五代及宋因之。元属峡州路，明属彝陵州，隶荆州府。本朝因之。雍正十三年（1735）改彝陵州为宜昌府，宜都县仍属荆州府（据嘉庆《重修大清一统志》卷三百四十四）。今为宜都县级市，属宜昌市。

[41] 虎牙山：长江荆门段名山。嘉庆《重修大清一统志》卷三百五十三《荆门直隶州·山川》："虎牙山在荆门州西南三里。《名胜志》：荆门山在城南，虎牙山在城西，各去五里，其山乱石巉岩，上合下开，有如虎牙重门之状，旧设虎牙关。乾隆《荆门州志》、同治《荆门直隶州志》皆未录此山。"

[42] 荆门：即荆门山，宜昌府东湖县、宜都县交界处名山，大部在东湖县境内。同治《宜昌府志》卷二《山川·东湖县》："荆门山在县南五十里，与虎牙衺（斜）迤相对，上合下空，有若门然，一名仙人桥。舟行至此，先避虎牙而南，复避荆门而北，横流湍急，悬崖千丈，非乘风奋楫，舟莫能进。昔公孙述作浮桥，为岑彭烧断。桥楼处郭璞《江赋》云虎牙杰竖以屹崒，荆门斗竦而盘薄。康熙五十三年（1714），荆州知府邱天英捐廉雇匠，于悬崖中开辟纤路，垂铁索石柱，以资攀援。宜昌知府李元英、李瑾续修（同治《东湖县志》卷六《山川》所载与此大同，唯括号中字有异，括号中为《东湖县志》字）。"嘉庆《重修大清一统志》卷三百四十四《荆州府·山川》："在宜都县西北五十里，与虎牙山相对。《荆州记》：荆门江南虎牙、江北荆门，上合下开。《水经注》：荆门虎牙二山楚之西塞，水势

急峻，故郭景纯《江赋》曰虎牙杰竖以屹崒，荆门斗辣而盘薄。《州志》：荆门山绝顶有石横跨两壁如桥，谓之仙人桥，舟行至此，先避虎牙而南，复避荆门而北，为大江绝险处。"同治《宜都县志》卷一《山川》亦载此山，但最为简略，并说明在东湖县境。"群山万壑赴荆门"，杜甫《咏怀古迹五首》之三的首句，全诗为："群山万壑赴荆门，生长明妃尚有村。一去紫台连朔漠，独留青冢向黄昏。画图省识春风面，环佩空归夜月魂。千载琵琶作胡语，分明怨恨曲中论。"

[43]　白羊市：据同治《宜都县志》卷二《市肆》，白羊市在善溪铺，去城十里。同书卷一上《善溪铺图》，善溪铺隔江在县东北，去城十里，白洋市入铺界。其旧址当在今荆州市枝江市江北白洋镇。

[44]　枝江：湖北荆州府属县，在府城西一百八十里。县地初为先秦古罗国地，汉置为枝江县，属南郡，三国置属宜都郡，晋仍属南郡，宋齐至隋因之。唐上元二年（675）省入长宁县，大历六年（771）复置，属江陵府，五代因之。宋熙宁六年（1073）省入松滋，元佑初（1086）复置。元属中兴路，明属荆州府，清因之。枝江自得县名，二千余年间曾被并入他县外，名称不曾变过，今为宜昌市枝江市（据嘉庆《重修大清一统志》卷三百四十四）。今仍名，为湖北省宜昌市枝江县。

[45]　丹阳：春秋时期楚文王都名丹阳，在秭归，后文王又迁都于枝江，仍名丹阳。嘉庆《重修大清一统志》卷三百五十《宜昌府·古迹》："丹阳城在归州东，亦称楚王城。《史记·楚世家》：周成王时封熊绎于楚蛮，封以子男之田，姓芈氏，居丹阳。《水经注》：丹阳城据山跨阜，周八里二百八十步，东北两面悉临绝涧，西带亭下溪，南枕大江，险峭壁立，信天固也。《元和郡县志》：丹阳城在秭归县东南七里。陆游《入蜀记》：隔江有楚王故城在山谷间，城中无尺寸土。《舆地纪胜》：今屈沱，楚王城是也，北枕大江。"同书卷三百四十四《荆州府·山川》："丹阳城在枝江县西。《后汉书·郡国志》：南郡枝江有丹阳聚。《通典》：枝江县，楚文王自丹阳徙都，亦曰丹阳。"同治《枝江县志》卷二《古迹》依《路史》，亦以丹阳迁于枝江是楚武王时。

[46]　《贵州文献季刊》本，该句第一个"西"字为"于"，"于县西别出为沱"，于文意颇确。

[47] 枝江江沱，长江枝江段干流变迁所致。光绪《荆州府志》卷三《山川·枝江·沱水》："《地理今释》按荆州之沱有二说。《汉书·地理志》云南郡枝江县，江沱出西，东入江。颜师古曰，沱，即江别出者也。《水经注》：江水东经上明城北注，其地夷敞，北据大江。江汜枝分，东入大江，县治洲上，故以枝江为称。是古枝江县有沱水也，今不可考。又孔颖达《正义》引郑注云：华容（清监利、石首二县地）有夏水，首出江、尾入沔，此所谓沱也。《禹贡锥指》：沱，江别名，《正义》曰'导江'言东别为沱，是沱为江之别名也。《释水》云：水自江出为沱，《诗·召南》曰江有沱，荆州之沱也。一在江北，《寰宇记》江自枝江县百里洲首派别，北为内江者是；一者江南，《水经注》夷水出鱼复县江，至夷道县北东入江者是。以上《施志》。按夷水即清江上游，不与江通。陈世铭曰《水经注》出鱼复县江句，读误。又按外江为江，内江为沱，故王晦叔谓百里洲夹江、沱二水之间，江之洪流常属外江。道光十年（1830）以前，尚如故，后外江积年淤淤，又沙洲棋布，壅塞江中，洪流徙行内江，而沱胜于江。是数千余年，江流一大变局也。"同治《枝江县志》所载同。

[48] 百里洲：枝江县著名江心岛，有上下百里洲。嘉庆重修《大清一统志》卷三百四十四《荆州府·山川》："百里洲在枝江县，东接江陵县界。《水经注》盛宏之曰枝江县左右有数十洲盘布江中，百里洲最大，其中桑田甘果映江依洲。《寰宇记》《荆州图》云其上宽广，土沃人丰，陂潭所产，足穰俭岁，又时宜五谷。《荆南志》云县界内洲大小凡三十七，其十九人居，十八无人居。《县志》明嘉靖中为江水冲断，分为上百里洲、下百里洲。"上、下百里洲，皆为枝江良田所在，据同治《枝江县志》卷二《地理志中》，其地皆编入为枝江县征粮区划九都之中。下百里洲编入第二都，距县城一百二十里；上百里洲属第七都，距县城一百里。百里洲亦枝江要冲之地，同治《枝江县志》卷首又特列《上下百里洲图》，并注云："踞江沱沮漳之间，倚堤防为保障，国赋民生所关綦重。而下百里洲壤接江陵，此界彼疆，尤宜剖晰。兹另作二洲图，分署其名，以补总图之未备，庶披览者瞭如指掌云。"百里洲，之仍名，为长江第二大冲积岛，第一大江心洲，今为枝江市百利洲镇。

[49] 羊角洲：长江枝江县段江心岛，又名南渚洲。康熙《湖广通志》

卷九《山川志·枝江县》："南渚洲，县东南六十里，一名羊角洲。"同治《枝江县志》卷二《地理志中》："羊角洲距县五十里，属第三都征粮区。"羊角洲今在百里洲上。

[50] 董市：长江枝江县段著名江滩、大市镇。嘉庆《重修大清一统志》卷三百四十四《荆州府·关隘》，董市在枝江县东六十里，亦谓之董滩口。据同治《枝江县志》卷二《地理志中》，董市属第三都征粮区，"距县城六十里。居民稠集，半于邑城，四方商贾云集"。今仍名，为枝江市长江北岸董市镇。

[51] 庾台：枝江县著名古迹，在百里洲上。嘉庆《重修大清一统志》卷三百四十四《荆州府·古迹》："庾台在枝江县东百里洲北，《舆地纪胜》相传庾子山宅。"同治《枝江县志》卷二《地理志中·古迹》："庾台在百里洲西。按《名胜志》一云庾信宅，一云庾亮讲经于此，亦名讲经台。考《晋书》，亮为荆州刺史，治武昌，与枝绝远，其云讲经于此，未知何据。王《志》又以江陵有庾信宅，遂谓庾信不应到枝江。"

庾子山：即庾信（513—581），子山为其字，南北朝时期著名诗人、文学家，南阳新野（今河南省南阳市新野县）人。信出身南朝七世举秀才、五代有文集之世家，幼而俊迈，聪敏绝伦。父名肩吾，与梁简文帝为文友，信自幼随父出入官廷，简文帝为太子，入为东宫学士，文名已著。遭侯景之乱，逃往江陵，事梁元帝。出使西魏，文名为魏廷所重。未返，西魏灭梁，遂留长安，官至车骑大将军、开府仪同三司。北周代魏，更迁骠骑大将军、开府仪同三司，故世亦称"庾开府"。周陈通好，南朝流寓人士，皆许返国，唯有庾信、王褒不可。虽蒙皇帝器重、诸王深交，北朝尊为文宗，仍自以仕敌国而羞怨不已，隋文帝开皇元年（581）遂卒，有《庾子山集》传世。《周书》卷四十一有传。

[52] 此引王士禛《蜀道驿程记》卷下十月二十一日记事，原句与此同。

渔阳：即渔阳山人，清初著名诗人、官员王士禛的别号。王世禛（1634—1711），字贻上，号阮亭，山东新城（今山东省淄博市桓台县）人，清初著名官员、诗人。顺治十二年（1657）年进士，授江南扬州推官，严反坐，宽无辜，所全活甚多。扬州盐贾逋课数万不能偿，士禛募款代输之，事乃解。康熙三年（1664），擢礼部主事，累迁户部郎中。十一年（1672），出典四川乡试。入对懋勤殿，赋诗称旨，改翰林院侍讲，迁侍读，入直南书房。上征其诗，录上三百篇，曰《御览集》。寻迁国子监祭酒，整条教，屏馈遗，奖拔皆知名士。数上疏请修礼仪并修监藏经史旧版，皆如所请行。二十三年（1684），迁少詹事，命祭告南海，丁父忧去官。二十九年（1690），起原官，再迁兵部督捕侍郎。三十一年（1692），调户部，命祭告西岳西镇江渎。三十七年（1698），迁左都御史，又迁刑部尚书，断狱颇明。四十三年（1704），受坐以瞻徇夺官。四十九年（1710），皇帝眷念诸旧臣，诏复职。五十年（1511），卒。以避世宗讳，追改名士正。乾隆三十年（1765）追谥文简。三十九年（1774）上谕改名士祯。《清史稿》卷二百六十六有传。

《蜀道驿程记》，两卷，康熙十一年（1672）王士禛出任四川乡试正考官，记其来往所经，上卷自京至成都，下卷自成都至河南新乡县止。书以详述来往所经驿站里程为主，后近二十年间，多所检阅修改，辨证沿途古事，为其诸行记中最精核者，康熙三十年（1691）方公诸于世（据《四库全书总目》卷六十四《史部二十·传记类存目六》）。该书对研究清代交通有较大意义。

[53] 江口：同治《枝江县志》卷二《地理志中》："江口在县东九十里"，又有江口港，"源出玉泉，由横溪分枝过青溪杨家滩，入西湖以入于江口"。江口在今枝江市治所在马家店街道，街道西长江北岸尚有江口村。

[54] 松滋：湖北荆州府属县，在府西南一百二十里。汉为高成县属南郡，后汉省入屡陵县，属武陵郡。魏复立属安丰郡。晋侨置松滋县属南郡，为郡治，松滋始得名；成帝咸康四年（338）置南河东郡。南北朝宋因之。齐曰河东郡，陈天嘉二年（561）置南荆州，寻废。隋平陈，废河东郡，县属南郡。唐属江陵府，五代及宋因之。元属中兴路。明属荆州府，清因之（据嘉庆《重修大清一统志》卷三百四十四）。今为荆州市属县级松滋市。

江陵：湖北荆州府属县，府治。县地初为春秋楚国郢都，汉置为江陵县，为南郡治，后汉因之。晋兼为荆州治，宋齐以后因之。隋为南郡治。唐为江陵府治，五代、宋、元因之。明为荆州府治，清因之（据嘉庆《重修大清一统志》卷三百四十四）。今大体为湖北省荆州市荆州区、沙市区、江陵区。

此九十九洲之数者，确为实数。嘉庆《重修大清一统志》卷三百四十四《荆州府·山川》："九十九洲，在江陵县西六十里，分属枝江、松滋二县界。《水经注》盛宏之曰自枝江县西至上明,东及江津,其中有九十九洲。《南史·梁元帝纪》江陵先有九十九洲,桓元(按元当为玄,避清圣祖玄烨讳)为荆州刺史,凿破一洲,以应百数,隋而崩散。太清末枝江杨言浦复生一洲,明年而帝即位。承圣末,其洲与大岸相通,唯九十九云。"光绪《荆州府志》卷七《古迹·枝江县》:"九十九洲,盛宏之《荆州记》云自县西至上明,东及江津,共有九十九洲。楚谚云'洲不百,故不出王者',桓元有问鼎之志,乃增一洲,以充百数。僭号数旬,宗灭身屠。及其消败,洲亦消毁。今上在西,忽有一洲自生,沙流廻薄,成不淹时。其后未几,龙飞江汉矣。《水经注》曰此今上,是盛宏之《荆州记》中语,谓宋文帝也。"同治《枝江县志》所载同。

[55] 沙市:荆州府江陵县下汛地,长江沿岸著名市镇。《明一统志》卷六十二《荆州府·古迹》有沙市城,城在府城东南一十五里,相传楚之故城,元末增筑,旧址尚存。嘉庆《重修大清一统志》卷三百四十五《荆州府·关隘》有沙市巡检司,"在江陵县东南十五里,即古沙头市。本朝雍正七年(1729)移通判驻此。《入蜀记》:过白湖,抛江至井子铺,日入,泊沙市。自公安至此六十里,自此至荆南陆行十里,舟不复进矣。"光绪《荆州府志》卷四《乡镇·江陵县》:"沙市在县东南十五里,一名沙津,一名沙头。《宋史·司马梦求传》:沙市距县十五里,南阻蜀江、北倚江陵,地势险固,为舟车之会。按沙市与草市皆江陵市之最大者,中沙市尤为繁盛,列肆则百货充牣,舟头则万舫鳞集。元稹之诗阛咽沙头市,玲珑竹岸窗,知其盛,在唐时已然矣。"光绪《续修江陵县志》所载未出此。光绪二年(1876),沙市已改称为南乡,废除巡司,设置汛,属江陵县。1895年中日《马关条约》签订,沙市内河通商口岸,20世纪初发展成为湖北省第二大良港。民国时期为江陵县辖汛、区,1949年解放后为湖北省辖市。1994年与荆州市合并,为市属沙市区。

[56] 郝穴:江陵县辖镇,在长江北岸,又名鹤穴。光绪《续修江陵县志》卷九《乡镇》:"郝穴市,乾隆五十四年(1789)奉文改为鹤穴,在城东南一百二十里,南滨大江。"光绪《荆州府志》卷三《山川·江陵县》:"鹤穴口在城东南九十里(施《志》作一百二十里),一名郝穴。大江经此分流,东北入红马湖。按郝穴与虎渡为大江南北岸分洩要口,元大德间

（1297—1307）重开六穴口，江陵则鹤穴，监利则赤穴，石首则宋穴、杨林、调弦、小岳，而獐捕不与焉。松滋有采穴，潜江有里设穴，合诸穴而九。明嘉靖初（1507）筑塞郝穴，大江遂溢，隆庆中（1567—1672）复浚之（《县志》引《志余》）。"1990 年《江陵县志·建置志》云郝穴："因古时常有白鹤翔集，晋代始称鹤渚或鹤穴，后称郝穴。外江、内河船只至此停靠，檣桅林立，商贾云集。清乾隆五十四年（1789）始设郝穴镇，置主簿管理，并设有郝穴口巡检司，在江陵县东南九十里。"今为郝穴镇，是现荆州市江陵区治所。

[57] 石首县：湖北荆州府属县，在府城东南一百八十里。县地在汉为华容县地，晋析置石首县，南朝宋仍省入华容县。唐武德四年（1621）复置，属江陵府。天宝元年（742）属荆州，五代及宋因之。元属中兴路，明属荆州府，清因之（据嘉庆《重修大清一统志》卷三百四十四）。今仍名，为荆州市属县级石首市。

[58] 《平沙》：即《平沙落雁》，中国古代著名琴曲，主要描摹大雁远志，抒发逸士心怀，有多种版本的谱曲流传。

[59] 此三山皆在石首县城内外之山。绣林山在西南，龙盖山在东，马鞍山在南。同治《石首县志》卷一《山水》："龙盖山，在县东二里，土名南岳山。《名胜志》：县之主山也，上有青石湫，号龙穴。"光绪《荆州府志》卷三《山川·石首县》："龙盖山在县东二里，一名南岳山，上有石湫，号龙穴。《水经注》：大江右得龙穴水是也。《名胜志》：山麓有李卫公祠，公下江陵，曾驻师于此（参《县志》）。"光绪《荆州府志》卷三《山川·石首县》："马鞍山在县大南门外，以形似名。在文笔山南（《县志》）。绣林山，嘉庆《重修大清一统志》卷三百四十四《荆州府·山川》："绣林山在石首县西南二里。《明统志》：旧名岐阳山，汉昭烈娶孙夫人于此，锦障如林，因名。旧有绣林亭。"康熙《湖广通志》卷九《山川·石首县》："绣林山，县西南二里。《郡国志》：旧名岐阳山，相传汉昭烈尝泊舟江北，孙夫人于此望之，一名望夫山。又北有刘郎浦，即先主迎婚处。杜甫诗'挂帆早发刘郎浦'是也。"此三山多历代文人题咏。今皆仍名，并辟有南岳山森林公园。

[60] 车湾：荆州府监利县长江北岸集市。同治《监利县志》卷一《古

迹·市》："车湾市，在县东三十里地，滨大江，商舫鳞集。"今仍名，为监利县车湾镇。

[61] 监利：湖北荆州府属县，在府城东二百四十里。县地春秋时期为楚国容城地，汉置为华容县，属南郡，后汉因之。三国吴析置监利县，寻省。晋太康五年（284）复立，属南郡；永嘉（307—312）中属成都国，建兴（313—316）中仍还南郡。南朝宋孝建元年（454）改属巴陵，齐因之，梁以后废华容入监利，属荆州。隋属沔阳郡。唐属复州。五代梁属江陵府，宋因之。元属中兴路，明属荆州府，清因之（据嘉庆《重修大清一统志》卷三百四十四）。今为荆州市监利县。

[62] 糍粑口：其详文献难考。

[63] 董家塘：其详文献难考。

[64] 观音洲：据同治《巴陵县志》卷五《山川》，从城陵矶渡江而北十五里至观音洲，在与湖北荆州府监利县分界处。

[65] 城陵矶：长江巴陵县段长江中游著名石滩。嘉庆《重修大清一统志》卷三百五十八《岳州府·山川》："城陵矶在巴陵县北十五里。《水经注》：江水东经忌置山南，江之右岸有城陵山，山有故城。旧《志》：山在巴陵县北蜀江口也，江西来洞庭，南注合流于此，为一郡水口，半隶临湘界。"光绪《巴陵县志》卷五《山川》："城陵矶在县东北十五里，接临湘界。《水经注》：江水东经忌置山南，江之右岸有城陵山，山有故城。旧《志》：蜀江东来、洞庭南注，合流于此，为一郡水口。《方舆纪要》：山东有白石、翟家二湖汇焉。每舟行，多阻风涛。陆行，则寻山历涧，迂回三十余里。旧尝于二湖口横木为梁，颇利涉。弘治中（1488—1505）筑永济堤于矶南，长四千丈，于旧置梁处为桥二，以便行者。岳州有事，城陵矶其必争之地也。"

巴陵县，湖南岳州府属县，府治。县地初先秦古麋子国，汉为长沙郡下隽县地。晋太康元年（280）置巴陵县，仍属长沙郡。宋元嘉十六年（439）为巴陵郡治，齐因之。梁为巴州治，隋为巴陵郡治，唐为岳州治，宋元因之。明洪武九年（1376）省入州，十四年复置（1381）为岳州府治，清因之（据嘉庆《重修大清一统志》卷三百五十八）。民国二年（1913）废府存县，改巴陵县为岳阳县。今大致为湖南省岳阳市市辖诸区。

岳州府，湖南属府，在省治东北三百三十里。府地在《禹贡》为荆州之域，为三苗国地。春秋时属楚，亦为麇、罗二国地。战国属楚。秦为长沙郡地，汉属长沙国，后汉复为郡。三国属吴，晋始置巴陵县，属长沙郡。宋元嘉十六年（439）分长沙置巴陵郡，属湘州，寻属郢州，齐因之。梁兼置巴州。隋平陈，郡废，改巴州曰岳州，大业初（605）又改罗州，寻曰巴陵郡。唐武德四年（621）复置巴州，六年（623）仍曰岳州；天宝元年（742）改为巴陵郡，乾元元年（758）复曰岳州，属江南西道。五代属楚，后属周。宋曰岳州巴陵郡岳阳军，属荆湖北路。绍兴二十五年（1155）改曰纯州华容军，三十一年（1161）复故。元至元十二年（1275）为岳州路，属湖广行省。明洪武二年（1369）改为岳州府，九年（1376）降为州，十四年（1381）复为府，隶湖广布政使司。清初因之，康熙三年（1664）属湖南省，领县四（据嘉庆《重修大清一统志》卷三百五十八）。今大致为湖南省岳阳市。

[66] 洞庭：即洞庭湖，古代又称云梦、九江、重湖，中国文化、物产名湖。嘉庆《重修大清一统志》卷三百五十八《岳州府·山川》："洞庭湖在巴陵县西南。宋儒以为《禹贡》九江也，为湖南众水之汇。巴陵居其东，华容及澧州之安乡二县居其北。常德府之龙阳县居其西南，沅江县居其南，长沙府湘阴县居其东南。每夏秋水涨，周围八百余里，其沿边则有青草湖、翁湖、赤沙湖、黄驿湖、安南湖、大通湖，并名合为洞庭。至冬春水落，众湖俱涸，则退为洲、汊、沟、港。《尚书·禹贡·九江孔殷》蔡传：九江即今之洞庭也。《水经注》言：九江在长沙下隽西北，今岳州巴陵县即楚之巴陵，汉之下隽也。沅水、渐水、元水、辰水、叙水、酉水、澧水、资水、湘水皆合于洞庭，意以是名九江也。《山海经》：洞庭之山，帝之二女居之，是常游于江渊，澧沅之错交潇湘之渊，是在九江之间。注，长沙巴陵县西有洞庭陂，潜伏通江水，经湘水，又北过下隽县西，微水从东来，流注之，又北至巴邱山入于江。注，湘水左会小青口，资水也，世谓之益阳江；湘水左迳鹿角山东，又北合查浦，又北得万浦；湘水左则沅水注之，谓之横房口，右属微水，西流注于江，谓之麋湖口水；湘水左则澧水注之，世谓之武陵江；凡此四水同注洞庭，北会大江，名之五渚。《战国策》曰：秦与荆战，大破之，取洞庭五渚也。湖水广圆五百余里，日月若出没其中。湖中右岸有山，世谓之笛乌头石，石北右会翁湖口水，上承

翁湖，左会洞浦，所谓三苗之国，左洞庭者也。又北对养口，水色清异，东北入于大江，有清浊之别，谓之江会也。《元和志》：洞庭湖在巴陵县西一里五十步。孙光宪《北梦琐言》：湘江北流至岳阳达蜀江，夏潦后蜀江涨势高，遏住湘江，让而益为洞庭湖，凡数百里，而君山宛在水中。秋水归壑，则此山复居于陆，唯一川湘水而已。按以洞庭湖为《禹贡》之九江，始于宋，渤海胡氏、曾氏而折中于朱子，近世多主其说。但九水中，元水之元字，乃无字之讹，无水在今辰州府，下流入洞庭湖。"乾隆《岳州府志》卷五《山川·巴陵县》："洞庭湖在城西南，北跨石首、安乡、华容，西跨龙阳、沅江，东跨巴陵、临湘，南跨湘阴，凡八县。卑湿之地，随水所注，各辟子湖，巨浸八九百里。入湖九水，惟湘、沅源最远，故每岁视二水大小为湖面广狭，而消涨迟速，则又视江汉为归。若荆襄江涨，湖将不雨而溢。湖中有山浮峙，如水沤随波上下。滨湖多风，令节尤可先验。本《禹贡》九江，亦名云梦泽、巴邱湖、太湖。湖神代有敕封，有司春秋致祭。"洞庭湖是我国第二大淡水湖，在长江中游荆江南岸，跨岳阳、汨罗、湘阴、望城、益阳、沅江、汉寿、常德、津市、安乡和南县等县市，湖面面积随入水之盛枯有所消涨，湖盆周长为800余公里，天然湖泊容积178亿立方米，河道容积42亿立方米，具备强大的蓄洪能力，为长江流域重要调蓄湖泊，是江汉平原、武汉三镇的重要度汛保障。

[67] 沔阳州：湖北汉阳府属散州，在府城南二百四十里。县地在汉为江夏郡云杜县，后汉因之。晋元康中（291—299）改属竟陵郡，南朝宋、齐因之。梁置沔阳郡。西魏改置建兴县，北周置复州。隋开皇初（581）郡废，移州治竟陵，以建兴县属之，仁寿三年（603）仍为复州治；大业初（605）改州曰沔州，县曰沔阳县，寻又改州曰沔阳郡。唐武德五年（622）改郡曰复州，移治竟陵，以沔阳属之。贞观七年（633）又移州来治。天宝初（742）曰竟陵郡，乾元初（758）仍曰复州，宝应二年复移州治竟陵，以县属之，属山南东道。宋乾德三年（965）分置玉沙县，宝元二年（1039）废沔阳入玉沙，熙宁六年（1073）又省玉沙入监利县，元祐元年（1086）复置玉沙县，仍属复州，端平三年（1236）复移州来治。元至元十三年（1276）改复州为复州路，十五年（1278）升为沔阳府属荆湖北道。明洪武九年（1376）降为州，以所治玉沙县省入直隶湖广布政使司，嘉靖十年（1532）改属承

天府。清乾隆二十八年（1763）改属汉阳府，沔州境分置文泉县，三十年（1765）仍并县入州（据嘉庆《重修大清一统志》卷三百三十八）。今大致为湖北省仙桃市。

[68] 茅埠口：长江沔阳州段连江湖泊黄蓬湖支流之一。光绪《沔阳州志》卷二《山川》："江水在州南二百里，自监利白螺山南入境，经乌林南，东过茅埠口……"又"黄蓬湖在沔阳州东南一百八十里（旧《志》《一统志》《通志》所一百四十里），受纳茅埠口、许家池、连太舍、白螺、上下洪湖、连子潭诸水，趋复车达新滩入江，亦入太白湖，江溢则溯回入汉"。嘉庆《重修大清一统志》卷三百三十八《汉阳府·山川》："黄蓬湖在沔阳州东南一百四十里，黄蓬山下。纳茅埠口、许家池诸水，连大舍、白螺、上洪等湖，趋复车河，达新滩入江。"

[69] 嘉鱼县：湖北武昌府属县，在府城西南一百五十里。县地初为汉沙羡县地，晋太康初（280）分置沙阳县，属武昌郡。南朝宋元嘉十六年（439）改属巴陵郡，孝建初（454）属江夏郡，齐为江夏郡治，梁置沙州，陈废。隋省县入蒲圻，于其地置鲇渎镇。五代南唐保大中（943—957）升为嘉鱼县，属鄂州。宋熙宁六年（1073）析复州地入之，元属武昌路，明属武昌府，清因之（据嘉庆《重修大清一统志》卷三百三十五）。今仍名，大致为湖北咸宁市嘉鱼县。

[70] 鱼岳山：长江嘉鱼县段名山，曾在江中，后成江岸之山。嘉庆《重修大清一统志》卷三百三十五《武昌府·山川》："鱼岳山在嘉鱼县西半里，一名江岛山。《水经注》：鱼岳山在大江中，扬子洲南，孤峙中洲。隋唐《地理志》蒲圻有鱼岳山。《寰宇记》：鱼岳山去旧蒲圻县一百二十里。《明统志》：今去水已远，山在平地。《县志》：西面削壁高耸，崖洞奇险。"康熙《湖广通志》卷七《山川·嘉鱼县》："鱼岳山县西一里。《水经注》：在大江中杨子洲南。今距江二里许，盖水势决彼填此而然也。山皆石，独西一面峭壁高耸，崖洞奇险，以其临江，又名江岛山。"同治《重修嘉鱼县志》卷一《山川》："鱼岳山，《水经注》云：在大江中杨子洲南，一名江岛山。江流淤啮，洲已不存。今去江一里许。"鱼岳山在今嘉鱼县鱼岳镇西北长江南岸。

[71] 甲午：指道光十四年，1834年。是年，黎恂家居十五年后，再出为官，当是其进京待选时经此北上。

[72] 簰洲：嘉鱼县属镇，长江著名关隘。同治《重修嘉鱼县志》卷一《疆域》："簰洲镇，在县北一百里。"同卷《营建》："簰洲巡检司署，在县北七十里。洪武元年（1368）巡检李颜建。"今嘉鱼县长江北岸有簰洲湾镇，即其旧地。

[73] 金口镇：长江江夏县段南岸名镇、关隘。康熙《湖广通志》卷十三《关隘志·江夏县》："金口镇在县南六十里，镇上设有巡检司。"又卷七《山川志·江夏县·涂水》在"县南九十里，在涂口，一名金口。晋汝南郡建此，至今商贾辐辏，人烟鳞集，称上游重镇"。又卷七十七《古迹志（寺观附）·江夏县·汝南城》："在县南涂口。《宋书·地理志》：汝南侯相本沙羡土，晋末汝南郡民流寓夏口，因立为汝南县。"同治《江夏县志》所载未出此。涂水，亦称金水。金口镇，今为武汉市江夏区金口镇，镇治仍在长江南岸。

[74] 沌：音同撰，沌口，沌水入江处。康熙《湖广通志》卷七《山川志·汉阳县·沌水》："沌水，沌音撰，县西南三十里。汉水别出三汊，汇太白湖，至于沌口，南入于江，今名其地曰沌口。晋郭舒留沌口，税湖泽以自结，周文悉众御之。史照曰，江夏安陆有沌水，其地曰沌口。《水经注·沌水》：上承阳县之白湖，东南流为沌水，迳阳县南注于江，谓之沌口，有阳都尉焉。按白湖即太白湖，阳字上疑有缺文，宜曰沔阳也。经阳县南及阳都尉，上疑应有沌字，晋沌阳县或在此。"沌口有镇，同《志》卷十三《关隘志（津梁附）·汉阳县·沌口镇》："在县西南三十里。《晋书·列传》：陶侃为荆州刺史，领西阳、江夏、武昌，镇此。"同治《续辑汉阳县志》所载未出此。沌口，今已废镇，为武汉市汉阳区街道名，江北岸尚有装卸码头仍名沌口，或是其旧址所在。

[75] 汉阳：指汉阳府属汉阳县，府治所在。县地在汉为江夏郡沙羡县地，后汉末曾为沙羡县治，晋置石阳县，属江夏郡，后改名曲阳，宋又改名曲陵，齐为沌阳，梁为梁安郡地。隋开皇十七年（597）改置汉津县，大业初（605）改曰汉阳，属沔阳郡。唐初为沔州治，宝历二年（825）州废，县属鄂州。五代周为汉阳军治，宋因之。元为汉阳府治，明初属武昌府，后复为汉阳府治，清因之（据嘉庆《重修大清一统志》卷三百三十八）。今为武汉市汉阳区。

汉阳府，湖北属府，在省治西北十里。府地在《禹贡》为荆州之域，春秋战国属楚，秦属南郡，汉属江夏郡，后汉因之，建安中（196—220）为江夏郡治。三国属吴，晋属江夏郡，宋、齐因之。隋置汉阳县，属沔阳郡。唐武德四年（621）析置沔州，天宝初（742）曰汉阳郡。乾元初（758）复曰沔州，属江南道，建中二年（781）州废，四年（783）复置，宝历二年（826）又废，属鄂州。五代周显德五年（958）置汉阳军，宋熙宁四年（1071）仍废属鄂州。元祐初（1086）复置军，属荆湖北路，绍兴五年（1135）废，七年（1137）复置。元至元中（1264—1294）升为汉阳府，属湖广行中书省。明洪武九年（1376）省入武昌府，十三年（1380）复置府，属湖广布政使司。清初因之，康熙三年（1664）属湖北省，领县四州一（据嘉庆《重修大清一统志》卷三百三十八）。今大致为武汉市西部地区。

三 长江纪程

地点起止：汉阳—仪征

时间起迄：道光二十年十二月二十一日至二十一年闰三月初四（公元 1841 年 1 月 13 日至 4 月 24 日）

道光二十年十二月

二十一日，丁丑，阴雨。北风大作，幸前数日星夜遄征，[1]得达汉镇，否则，今日必守风嘉鱼境矣。王对山、项仙舟两帮皆先到汉，过候二君。

二十二日，戊寅，晴。项仙舟祭江招饮。

二十三日，己卯，晴。谒汉阳夏太守廷桢、[2]候赵大令德辙，[3]未晤。

二十四日，庚辰，晴。渡江至武昌，[4]谒伍实生中丞长华，[5]未见。复谒孙方伯善宝，[6]阅堤工未旋。复谒武昌明太守俊、[7]陈东屏司马坡、[8]何璜溪大令渭珍，师宗人，行六，[9]午后归。夜，汉口市不戒于火，[10]延烧数百家。

二十五日，辛巳，阴雨。具禀领藩库应给水脚银。[11]

二十六日，壬午，阴雨。兵牌船未至，别雇小舟令人往探。

二十七日，癸未，阴雨。夜，大雪，甚寒。

二十八日，甲申，阴。

二十九日，乙酉，雪花飞舞。晡时，高照乘小舟至，云阻风不能行也。移知汉阳县抵境日期。

三十日，丙戌，阴雨。

注　释

[1]　遄：音同船，此处指快速、迅疾。

[2]　夏太守廷桢：即汉阳府知府夏廷桢。据民国《湖北通志》卷十五《职官表》，夏氏于道光二十年十二月至三十年三月（1841—1850）间任汉阳府知府。又据《明清进士题名碑录索引》，夏氏系江西新建（今南昌市新建区）人，道光十二年（1832）二甲第八十八名进士。《清史稿》无传。

[3]　赵大令德辙：即汉阳县知县赵德辙。据同治《续辑汉阳县志》卷十四《秩官表》，赵氏山西人，进士出身，道光二十一年（1841）初任汉阳知县，二十三年（1843）去职一年，二十四至二十六年（1844—1846）再任汉阳知县。又据《明清进士题名碑录索引》，赵氏系山西解州（今山西省运城市盐湖区）人，道光十五年（1835）三甲第三十五名进士。《清史稿》无传。

[4]　武昌：指武昌府，为湖北省治所在。武昌府，《禹贡》荆州之域，周属楚，秦属南郡，汉属江夏郡（南境为长沙国地），后汉因之。三国吴分东境置武昌郡、晋为武昌郡地；南境为长沙、建昌二郡地（李吉甫《元和郡县志》：晋庾翼为荆州，曾理于此）。属荆州，后属江州（初治武昌，后移治浔阳）。南境属湘州［自晋怀帝永嘉元年（307）分置湘州，至宋文帝元嘉二十九年（452），时置时省，省时郡仍属荆州］。南朝宋孝建元年（454）仍移江夏郡治，分置郢州东南为武昌郡，西北为巴陵郡地，齐因之。梁分郢州置北新州，又分北新置土、富、洄、泉、毫五州，又置沙州及上嵩郡。隋平陈，州郡俱废，改置鄂州。大业初（605）仍曰江夏郡。唐武德四年（621）复曰鄂州，属江南西道。天宝初（742）改曰江夏郡，乾元初（759）复曰鄂州，元和初（806）置鄂岳观察使治，宝历初（824）又为武昌军节度使。五代初属吴，仍曰武昌军，后唐遥改为武清军，南唐因之。宋曰鄂州江夏郡、武昌军节度使，属荆湖北路；南境兴国军属江南西路。元为武昌路，为湖广行省治；兴国路属湖广行中书省。明曰武昌府，为湖广布政使司治，清因之。康熙三年（1664）为湖北省治，领州一县九（据道光《大清一统统志》卷三百三十五）。府治今在武汉市武昌区。

江夏县，武昌府治，县城即府城。县地在汉为沙羡县，属江夏郡，后汉因之。三国吴为江夏郡治，后属武昌，寻省，晋太康元年（280）复立。东晋尝为荆州治，咸和中（326—334）侨立汝南县，太元三年（378）省沙羡入之。南朝宋孝建初（454）为郢州及江夏郡治，齐移郡治沙南，梁、陈因之。隋开皇初（581）郡废，改县曰江夏，为鄂州治。大业初（605）仍为江夏郡治，唐仍为鄂州治，五代、宋因之。元为武昌路治，明为武昌府治，清因之（据道光《大清一统志》卷三百三十五）。今仍名，大致为武汉市江夏区。

[5]　伍实生中丞长华：即湖北巡抚伍长华（1779—1840），字实生，号云卿，江苏上元县（今南京市）人，回族，道光朝著名大臣，黎恂同榜进士。伍长华出生于南京回族名门，嘉庆十九年（1814）年进士一甲第三名。四校京闱，一任浙江乡试主考官，一任广东学政。道光二年（1822）出为外官，历任广西右江道、广东盐运使、长芦盐运使、甘肃按察使、云南布政使、湖北巡抚、署理湖光总督，所至皆有政声，于盐法、铜政建树

尤显。在湖广任上，竭力协助林则徐禁烟，林去职、被贬后，仍于湖广禁烟不止。道光二十一年（1841）因在主审湖广总督周天爵案中，秉公持正，得罪上官，以审讯不力革职回籍，次年卒。《清史稿》《清史列传》俱无传，《方志》中亦无专传，惟《续碑传集》及台北故宫博物馆所藏清代档案中事迹较全（据伍贻业：《台湾故宫博物院藏清代南京回族探花伍长华之史料》，《西北第二民族学院学报（哲学社会科学版）》，1990年第2期）。

中丞：清代官场对巡抚的雅称。本秦始设官，御史大夫属官，全称御史中丞。《汉书》卷十九上《百官公卿表·御史大夫》："御史大夫，秦官，位上卿，银印青绶，掌副丞相。有两丞，秩千石。一曰中丞，在殿中兰台掌图籍秘书，外督部刺史，内领侍御史员十五人，受公卿奏事、举劾按章。"西汉成、哀之世，升御史大夫为大司空，御史中丞一度改为大司空长史、御史长史。东汉时期，御史大夫升为大司空，御史台（又称兰台寺）独立，御史中丞为主官，后世魏晋因之。南朝梁初建时，置御史大夫官，武帝天监元年（502）复名中丞。南朝自齐至梁，御史中丞威仪权力不断加重，官场习称之为南司。北朝诸代御史中丞亦为显官，仍督百官，惟北魏改名为御史中尉，后周为司宪中大夫。隋避文帝父杨忠讳，复名御史大夫，唐初因之。高宗时期一度改为大司宪，武后复旧，设御史中丞二人为大夫副手，后主官常不任，御史中丞实际担任监察，宋因之。明清时期，御史台废，设督察院负责监察百官，都察院主官为左右都御史，副官为左右副都御史，左都御史在京任职，右都御史一般授予地方总督，右副都御史则授予地方巡抚。右副都御史，正类御史中丞，故以之雅称巡抚（据《文献通考》卷五十三《职官考七·御史台》以及《明史·职官志》《清史稿·职官志》）。

[6] 孙方伯善宝：即湖北布政使孙善宝（生卒年不详），字楚珍，山东济宁（今山东省济宁市）人，道光朝体仁阁大学士孙玉庭之子。嘉庆十二年（1807）举人，以荫生授刑部员外郎，道光十九年（1839）任云南按察使，二十年（1840）迁湖北布政使。黎氏侯任京运官于昆明时，与其可能有所往来。《清史稿》卷三百六十六《孙玉庭传》有附传。

方伯：明清官场对布政使的雅称。方伯，本非官名，方指地方，伯，通霸，方伯即地方诸侯之伯，主要用在商周之时，春秋时期所谓"五霸"即作"伯"。商末，周文王为西伯，即西方诸侯之霸。后在口语中用以泛称某一大行政区（监察区）的主官，如汉之刺史，唐之道采访使、观察使、明清之布政使等。

[7] 武昌明太守俊：即武昌府知府明俊。据民国《湖北通志》卷一百一十五《职官表九》，明俊系满洲镶黄旗人，道光十八年（1838）任施南府知府，道光二十三年（1843）有满洲镶黄旗人明峻，任武昌府知府。未知此两人为同一人否？若然，则此时（道光二十年末）黎氏无由得见为武昌知府之明俊。又据同治《施南府志》，满洲镶黄旗人明俊道光十八年（1838）任施南府知府，二十年（1840）为人所代，而民国《湖北通志》道光十四年（1834）崇善任武昌府知府，直到二十三年方载为明峻取代。然明俊为黎氏所亲见，当不误，恐明俊即明峻，二十年去任施南府者，即署理武昌知府，又三年即真。

[8] 陈东屏司马坡：即武昌府同知陈坡，字东屏。民国《湖北通志·职官表》未录知府以下文职官，《武昌府志》尚未见有康熙后编撰者公开出版，故陈氏其人详情难考。

[9] 何璜溪大令谓珍：即江夏县令何谓珍，谓珍，当作渭珍，其名。据同治《江夏县志》卷三《职官》，渭珍，云南师宗（今云南省曲靖市师宗县）举人，道光二十年（1840）任江夏县令。璜溪，行六，或为其号。民国《新纂云南通志》卷二百七《名贤传五》："师宗乡贤何辅龙，长子渭珍，官武昌府同知。"然，此时尚在武昌县令任上。

[10] 汉口市：指汉口经营百物之市场。汉口，又称沔口、夏口，武汉三镇之一，皆汉水入长江处，以汉水名称变化而异名，实皆一地。汉口为四方要冲，商业繁盛。乾隆《汉阳府志》卷十二有《汉镇形势说》："汉镇一镇耳，而九州（原文洲）之货备至焉。其故何哉？盖以其所处之地势则然耳。武汉常九州之腹心，四方之孔道，贸迁有无皆于此相对代焉。故明代盛于江夏之金沙洲，河徙而渐移于汉阳之汉口，至本朝而尽徙之。今之盛，甲于天下矣。夫汉镇非都会、非郡邑，而人烟数十里、行户数千家、典铺数十座、船舶数千万，九州诸大名镇皆有让焉。非镇之有能也，势则然耳。"又民国《汉口小志·序一》："夏口为东南一大都会，自春秋至季汉，地本在江北岸，今为汉口地。洎东吴置夏口督，屯江南，地名遂移南岸，为今武昌省会地。"《汉口小志·建置志》："汉口在明洪武间（1368—1398）

尚无人居住，至天顺时（1457—1464）始有民人张添爵等祖父在此筑基盖屋。嘉靖四年（1525）丈量，上岸有张添爵等房屋六百三十间，下岸有徐文高等房屋六（原文六在屋前）百五十一间，房屋建筑之始实系于此。自宏治（当为弘治，避清高宗讳，1488—1505）浉水由郭师口直冲入江，汉口乃有停泊之所，交易往来，汇聚于此。遂建居仁、由义、循礼、大智四坊，由额公祠至艾家嘴长十五里。其接驾嘴码头则前清乾隆四年（1739）邑人崔元文募修；三善巷至艾家嘴大街则邑人徐谔捐建；米厂、新码头、沈家庙、万安巷、武圣庙各圈则同治三年（1864）郡守钟谦钧建修；此街巷建筑之可考据者也。汉口巡司在汉阳县北，旧在汉水南岸，后在北岸。往来要道，居民填溢，商贾辐辏，为楚中第一繁盛处。明设巡司，本朝添设巡司，分仁义礼智两司，分府同知驻此。"今在武汉市汉阳区。

[11] 按《云南铜志》卷三《京运·请领银两》，正运运抵汉口后，"又在湖北藩库，请领自汉口至仪征水脚银二千六百八两五钱"。但对于加运，"其自汉口至仪征，系由湖北拨给站船。自仪征至通州，系由江南拨给站船，不给水脚"。黎氏所运为道光二十年正运一起，故须在湖北领银。这也是正运与加运的重要区别，但在实际中，从本书加运项仙舟诸事来看，仍未以站船接运至京，仍如正运。但曲靖梁晓强先生认为，清廷制度轻易不改，可能是正值运兵至沿海抗英，站船被征之故。

道光二十一年正月

道光二十一年辛丑，[1]正月元日，丁亥，晴霁。舟中无事，与兆熙、姚生联句消遣。[2]晚，兵牌船始至。

初二日，戊子，晴。

初三日，己丑，晴。提中舡载归二号大船。

初四日，庚寅，晴。辰刻，大舟八号皆竖樯竿。渡江谒孙方伯浼发水脚银，方伯允，即给出，命田贵等赴库承领，余往黄鹤楼游憩以待。[3]忆自辛巳正月由浙归，[4]路过武昌，登楼凭眺，距今已二十年，风景不殊，故人零落，念之悯然。午后，领银三千八百五十余两。东北风大作，江波汹涌，畏不敢渡，欲就仙枣亭道士处借宿。[5]既而见游人张帆径渡者纷纷，余亦放胆携银囊、挟仆从上渡船。中流白浪如山，轻舟出没掀舞，令人失色。稍顷，抵岸，赁肩归舟。

初五日，辛卯，晴。辰，过项仙舟，已开行矣。座舡修舱，别雇民舡移居。

初六日，壬辰，阴。各船并载修舱，纷纷喧哄。

初七日，癸巳，晴。东北风大作，天寒凛冽，江波鼓荡封渡，各船并载修舱。

初八日，甲午，阴。樯、柁皆冻冰，秤较川江捞获铜入座舡。[6]杭人孙悦者来求助。[7]夜雪。具文赴藩库借支养廉银三百两。[8]

初九日，乙未，雪霁。夜，复雪。

初十日，丙申，雪深数寸。仆辈扫篷背、船头以通行。孙悦来，嬲不已，[9]予以青蚨五千。江天积雪晃朗，景色可玩。

十一日，丁酉，阴冻，寒甚。丁酉荐卷何生颐龄上年中科公车，[10]便至何璜溪署，闻余在此，渡江来谒。遣人馈汉阳守、令土仪，以出结、转报，有烦于彼也。

十二日，戊戌，晴霁，雪渐融。各舟修舱毕，大船八只不敷，买民船三只补之，价五百金有余。中舡原载铜各五万斤，提出并载各大舡，其船弃而不用，售之，每舟仅值钱十余千，不及泸州原买价十分之二。船户拆数只修补大船，余材以作柴薪。盖自泸至汉中，[11]舡一项已枉费六七百金矣。[12]

十三日，己亥，晴。是日，立春。[13]

十四日，庚子，晴。夜月明。

十五日，辛丑，晴。夜月明。

十六日，壬寅，晴。各舟提并铜动斤毕，[14]座舡修毕。

十七日，癸卯，晴。移归住座舡。

十八日，甲辰，晴。舟人架帆。

十九日，乙巳，阴晴。舟人竖旗迎神，歌唱饮酒。

二十日，丙午，阴晴。以牲醴祭江神，犒赏十一舟头、柁、老排，宴八行及水手人等。[15]计自此至天津，每舟例用柁工一人、头工一人、老排一人，三人者主持船政，其水手则每舟六人。

二十一日，丁未，晴。

二十二日，戊申，晴。

二十三日，己酉，晴。

二十四日，庚戌，晴。饭后步往后湖，殊无佳致，惟游人杂沓，茶寮、酒肆纷列耳。地平衍，夏秋多淹没，宜少楼阁之胜也。

二十五日，辛亥，阴。午后，雨至夜。

二十六日，壬子。辰刻，全帮开行里许，仍泊汉江口内，[16]以盘验未毕，船户等夹带杉槁未齐故也。[17]大风，霾，红日无光，江路难行。英吉利夷寇不靖，[18]檄调楚兵赴浙防堵。[19]是日，兵船开行数百只，江滨纷扰殊甚。

二十七日，癸丑，风，霾未散。

二十八日，甲寅，阴晴而风，霾未净。

二十九日，乙卯。寅刻，闻雷。夜雨。

注　释

[1]　道光二十一年：1841年，干支为辛丑年。

[2]　联句：古代作诗的一种方式，一般由若干人共同作成，每人作一句或数句，联结成一篇完整的诗，是中国古代文人颇为爱好的休闲消遣活动。

[3] 黄鹤楼：江夏县著名古迹，中国古代名楼、历史文化名楼。乾隆《大清一统志》卷三百三十六《武昌府二·古迹》："黄鹤楼在江夏县西。《元和志》江夏城西南角，因矶为楼，名黄鹤。《寰宇记》：昔楼费祎登仙，每乘黄鹤于此楼憩驾，故名。"民国《湖北通志》卷十五《古迹·江夏县》："黄鹤楼在县西，自南朝已著，因山得名，号为天下绝景。今楼已废，故址亦不复存。闻老吏云在石镜亭、南楼之间，正对鹦鹉洲，犹可想见其地也。楼凡三层，外圆内方，祀吕仙像，角巾、卉服、横笛，制甚古。明嘉靖末（1566）燬，隆庆五年（1571）都御史刘悫重建。万历二十五年（1597）丁酉一月，无故自火，延烧万家，又为流贼张献忠所燬，今楼乃楚书楼移建也（《叶慕庵集》）。清顺治十三年（1656）御史上官铉重建，康熙三年（1664）燬，总督张长庚重建。二十年（1681）雷震，四十三年（1704）总督喻成龙、巡抚刘殿衡修。乾隆四十四年（1779）御书'江汉仙踪'题额。咸丰六年（1856）燬于兵，总督官文重建。同治七年（1868）总督李翰章成之。光绪十年（1884）八月灾。"黄鹤楼，今仍名，1981年依清同治时期楼式用现代价建筑材料增高扩大而建之，1985年建成，5层，高51.4米，为国家5A级景区。

[4] 辛巳：道光元年，1821年，时年黎氏从浙江桐乡知县丁忧回籍。

[5] 仙枣亭：文献难考。

[6] 此句意即将本放于别船的，先前在川江沉没而获打捞的铜，秤量后转放入自己所在的座船。

[7] 孙悦：其人难考，或是黎氏任职浙江桐乡时之故旧。

[8] 为保障滇铜克服沿途偶发事件，足额按期抵京交局，清廷定制允许运官沿途借支养廉等银，《云南铜志》卷三《京运·沿途借支》载："正、加各运委员，在途遭风沉铜，及起剥、雇纤、守冻等事，原领水脚费等项银两不敷应用，例准报明所在地方官，查明属实，出结申报。各本省上司核明，酌量借给，咨部咨滇。俟运员差竣回滇，在于该员名下，照数酌追，完解清楚。详咨借银省分，作正开销。滇省将追获银两，留为办铜工本之用。于每年题拨铜本银两案内，声明计除。如运事故，力不能完者，查明任籍，并无财产隐寄，取结详咨，在于派委该员运铜之各上司名下，按以十股摊赔。俟完解清楚，详咨报拨清款。"

[9] 嬲：音同鸟，指纠缠、戏弄。

[10] 中科公车：即登进士第。汉代从民间征辟士人，或进京考试、或应征辟为官，对其中优异者有用国家车马迎接至京的制度，明清时期遂以入京参加会试的举人为公车。丁酉荐卷，即黎恂丁酉年（道光十七年，1837）充云南乡试同考官时所评阅推荐的试卷）。何生颐龄，颐龄当非其名而其字，其名或为其仁。因查《明清进士题名碑录索引》道光二十年进士并无何颐龄者，民国《新纂云南通志》之《列传》《名贤》诸篇，及道光《昆明县志》昆明历代进士中，皆无此人，惟该年三甲第一名进士何其仁，为云南昆明人，而颐龄为字可释其仁之名，两人当为一人，黎氏此处当以字称。

[11] 此汉中，指汉水之中，即其泊船之汉口，不可连读成陕西之汉中。

[12] 从川江至长江及运河，航道、水势、风势、气候均有差异，所以在汉口要对一些船只进行处理，或修、或卖、或改造、或新造，但求适合不同水域的长途航行。

[13] 立春：中国传统二十四节气之一，一年中的第一个节气，太阳到达黄经315°，表示春天的开始，常在公历的每年2月3日—5日出现。

[14] 此句中"动"字，当为衍字。

[15] 老排：长江中下游对船上厨师的称呼，川江则称"烧火的"，是船上的重要技术工种，地位仅次于柁工、头工，且是其主要晋升来源；八行，本指忠、孝、悌、和、姻、睦、任、恤八种美好品行，宋徽宗大观元年诏立八行取士科。但此意放在此处颇不可解，行或当读作"行业"之行，为此时黎氏从武汉东下，在此更换部分船只，又重新招募诸种船工，牵涉之行户亦多，"八行"者或泛指经纪诸工之行户。

[16] 汉江口：即汉江入长江处。汉江，又称汉水、汉江河、沔水、沮水等，长江最大支流。嘉庆《重修大清一统志》卷二百三十七《汉中府一·山川》："汉水，在宁羌州北，源出嶓冢山，东流经沔县南，又东经褒城县南，又东经府治南郑县南，又东经城固县、洋县南、西乡县东北，东南流入兴安州石泉县界……"同《志》卷三百三十八《汉阳府·山川》："汉水自安陆府天门县东流入沔阳州界，又东流入汉川县界，又东流入汉阳县界，至县北汉口入江，一名沔水、一名沮水。《书·禹贡》：嶓蒙导漾，东

流为汉,至于大别南入于江。《汉书·地理志》:沮水南至沙羡南入江。《水经注》:沔水东与力口合,又东南涢水入焉,又东经沌水口,又东经沔阳县北,又东经林鄣故城北,又南至江夏沙羡县北,南入于江。《元和志》:汉阳县汉水自汉川县流入。《寰宇记》:汉水在汉川县东南四十五里。《府志》:汉水故道在今汉口北十里许,从黄金口入排沙口,东北折,环抱牯牛洲;至鹅公口,又西南转北至郭师口对岸,曰襄河口,约长四十里;然后下汉口。成化初(1465)忽于排沙口下郭师口上,直通一道,约长十里,汉水经从此下,而故道遂淤,今鱼利略存,不通舟楫,俗呼为襄河,以上流自襄阳来也。又水有自云梦苕河出者,有自应城五龙河出者,有自竟陵皂角河出者,有经田二河、沉下湖出者,有经回流湾及经南湖、金刚脑出者,皆涢口以上诸小水流入于汉者也。有自猪龙潭经汉阳三汊,会白水,又经东西二至山,过陈门湖下蔡店者,此汉之别流分于涢口之上、合于涢水之下而复于汉者也。旧《志》:汉水自沔阳州沈波亭入汉川县境,会城隍港水,又东分流为麻布港,又东右会却月湖、左会江西湖之水,折而北,右会白日、段庄二湖之水,左会麻布港水,东北流经县城东而北,左经石冈口稍东,右会许家湖而东流,凡一百八十里入汉阳县界。至涢口会涢水,分流为金牛港,又东过蔡店、临漳山,又东过黄金口,南流至县北郭师口,一支南流经大别山后至汉口,一支北出,亦至汉口,为前襄河,凡一百二十里入大江。"乾隆《汉阳府志》卷十八《山川·汉阳县》:"汉水在城北三里。《禹贡》:嶓冢导漾,东流为汉,又东为沧浪之水,过三澨,至于大别南入于江。蔡注:水发源嶓冢,至武都为汉。《汉志》:东汉水受氐道水,一名沔,过江夏谓之夏水,入江,故又名夏口。《水经》:沔水南至江夏沙羡县北,南入于江。注:庾仲邕曰夏口一曰沔口。《图经》:汉水至江夏安陆县,又名沔。《通鉴》梁武帝筑汉口城以守鲁山。盖夏口、沔口、汉口,名有三而实则一也。自孙权筑城于黄鹤山东北,以夏口为名,于是夏口之称移于口南,而汉水所出专为沔口,通接梁、雍,是为要津也。后人或疑汉、沔为二,故《湖光通志》于汉水之外别书沔水,注之曰在县西三十里;又书沌水曰在县西南四十里。夫县西南三十里正一沌水出江耳,安从得沔水乎?又安得四十里外之沌水乎?其讹甚矣。再《荆州府志》:监利县堤防下有庞公渡,即中夏口,是夏水之首,江之沱也。自庞公渡塞,夏水遂不与汉沔合此，自言中夏口非《汉志》《水经》所言之夏口也。今列江、汉、沌三水源流分合之故而削沔水，使考者有征焉。《秦志》曰：水自竟陵乾滩镇入汉川之田二河，经张池曰两河口，循县治下涓口，然后经蔡居、临嶂山、郭师口，又北出大别山，后东入于江者，汉之正流也；又有自孝感安河出者，有自云梦苕河出者，有自历城、五龙河出者，有自天门皂角河出者，有经廻流湾及经南河金刚脑出者，此者涓口以上，小水出汉者也；有自猪龙潭经汉阳、三汊，会白水，又经东西二至山，过陈门湖，下蔡店者，此汉水之别流也，分于涓口之上合于涓口之下而复于（己按：此处恐缺"一"字）者也。"

今一般统称汉江，发源于秦岭南麓陕西宁强县境内，流经汉中市勉县（古称沔县）称沔水，东流至汉中称汉水，自陕西安康至湖北丹江口段古称沧浪水，襄阳以下别名襄江、襄水，在湖北省武汉市江汉区龙王庙汇入长江，全长1577公里。汉水是我国著名文化大河——江、淮、河、汉之一。

[17] 槁：枯木干。杉槁，即杉树干。

[18] 当时音译，英吉利三字前皆有口字，即今称之英国，下同，俱改。

[19] 此即中国近代史上的第一次鸦片战争。道光二十年（1840）六月，在林则徐虎门销烟（道光十九年，1839）一年后，英军海军少将懿律、驻华商务监督义律率领英军舰船47艘、陆军4000人，陆续抵达广东珠江口外，封锁海口，中英第一次鸦片战争由此开始。之后，英军除留一部继续封锁珠江口外，继续北上，并于同年七月，攻占浙江定海（今浙江舟山市），而后分部继续北上，于八月抵达天津大沽口。道光帝同意通商、谈判，英军返回广东。但是，道光帝并非真心依赖谈判，背地里也在做战争准备。对此《清实录·宣宗实录》道光二十一年（1841）正月辛卯日上谕，对此次调兵范围、调兵原因、调兵目的都有反映，其云："谕内阁：我朝抚驭外夷，全以恩义，各国果能恭顺，无不曲加优礼，以期共乐升平。前因西夷鸦片烟流毒日甚，特颁禁令，力挽浇风。惟英吉利恃其骄悍，不肯具结，是以降旨绝其贸易。乃并不知愧悔，日肆鸱张，突于上年六月间，乘驾夷船数十只直犯定海，占据城池，复于福建、浙江、江苏、山东、直隶、奉天各省洋面，任意往来，多方滋扰。该逆夷桀骜不驯，至于此极。原不难整我师旅，悉数歼除，因念该夷投递书函，自鸣冤抑，不可不为之查究，

以示大公。特命大学士琦善驰赴广东，据实查办，倘该夷稍有天良，自应全数直粤，静候办理。乃一半起碇南行，一半仍留定海，是其狡黠情形，已堪发指。近闻数月以来，奸淫妇女，携掠资财，建筑炮台，开挖河道，且令伪官出示，谕民纳粮。百姓何辜？罹此荼毒！兴言及此，寝馈难安。迨琦善抵粤后，明白开导，仍敢要求无厌，既思索偿烟价，又复请给唛头。朕早料其反复无常，断非信义之所能喻，特于年前简调四川、贵州、湖南、江西各路精兵，前赴广东，又调湖北、湖南、安徽各路精兵，前赴浙江，预备攻剿。兹据琦善驰奏，该逆夷于上年十二月十五日纠约汉奸，乘坐多船，直逼虎门洋面，开炮轰击，伤我官兵，并将大角炮台攻破、沙角炮台占据，是其逆天悖理，性等犬羊，实覆载所难容，亦神人所共愤。惟有痛加剿洗，聚而歼旃，方足以彰天讨而慰民望。现在所调各省劲兵，计可赶到。着伊里布克日进兵，收复定海，以苏吾民之困，并着琦善激励士卒，奋勇直前，务使逆夷授首，槛送京师，尽法惩治。其该夷之丑类、从逆之汉奸，尤当设法擒拿，尽杀乃止。至沿海各省洋面，叠经降旨，严密防范。着各将军督抚等加意巡查，来则攻击。并晓谕官民人等，人思敌忾，志切同仇，迅赞肤功，共膺上赏。朕实有厚望焉。将此通谕中外知之。"

三 长江纪程

道光二十一年二月

二月初一日，丙辰，阴雨，间以雪霰，[1]舟中寒冷。

初二日，丁巳，雨雪半日。舟人既每舡赏给四十金矣，而搭载杉条不已，怒斥甘船户，乃减去一二。申报开行文件。

初三日，戊午，阴晴。开行，渡江南岸数里，泊盐艘侧。前请借养廉银始领出。

初四日，己未，阴。始张帆行，过青山矶，[2]迤斜十余里，山色明秀。过阳逻镇，[3]《入蜀记》所云杨罗洑大堤高柳，居民稠聚是也。[4]滨江山阜，高可数丈，《志》称汉昭烈帝约孙吴拒曹兵，旦夕使人于此逻吴兵之至，因名。[5]晚，泊江中，计水程九十里。午后，雾雨迷濛，江天夜黑，群舟上下相距五六里许。

初五日，庚申，阴。张帆抢斜风行，沿江山阜皆秀致宜人。午后，座舟搁浅，百计牵挽始移行。群舟候望，皆早泊以待座舟。至巳晚矣，亦泊江中，尚有三舟前去，不知远近。计水程四十里。夜雨，风厉，浪撼船有声。

初六日，辛酉，阴晴。巳刻，过团风镇，[6]午刻，过黄州府。[7]舟自赤壁矶前行，矶又名赤鼻，相传为周公瑾败曹操之地。[8]《方舆纪胜》以为败曹之赤壁在嘉鱼县境，[9]时刘备拒樊口，进兵逆战，遇于赤壁，则赤壁在樊口之上；又赤壁初战，操军不利，引次江北，则赤壁当在江南，理或然也。[10]府城北枕山阜，地势平衍，苏公所居之临皋、东坡雪堂皆在城外，以不得留访遗迹为恨。[11]对江十里即武昌县，[12]县本楚邑，楚熊渠封中子红为鄂王。[13]吴大帝自公安徙鄂，[14]改曰武昌。黄龙初，[15]以陆逊辅太子镇此。[16]晋时谢尚、庾亮、庾翼、陶侃、温峤、桓温并镇武昌，皆此地，非今日之武昌府城也。[17]县背江倚山，实扼险要。樊山在其西，[18]下有寒溪，[19]注江处谓之樊口，[20]东坡、次山，均有故迹。[21]遥望万松岭，[22]松括参天，令人神往。过刘郎洑，坡诗"江上青山亦何有，伍洲遥对刘郎洑"是也。[23]申刻，头、座舡皆搁浅，群舟人助力始移行。旋泊巴河北岸，[24]即东坡晓至巴河迎子由处，[25]计水程八十里。夜雨。

初七日，壬戌，阴雨。行三十里至兰溪，[26]泊江南岸，属蕲水县境。[27]

东坡诗"山下兰芽短浸溪",[28]即此。终日夜风雨不止,更深弥厉,江水激船有声。

初八日,癸亥,阴。顺风挂帆,过回风矶,[29]矶在江北岸,放翁所云江滨石跡,水急浪涌者也。[30]江水汹至,折为回流,行舟至此多艰。值西风大厉,头船转入回洑中,群舟竭力推挽,乃免过黄石港,[31]烟火数百家,为泊舟佳处。自此以下,苍山千叠,岩谷回互,即西塞山,[32]地属大冶县。张志和《渔父词》"西塞山前白鹭飞",[33]《入蜀记》以为指此。[34]按:志和,金华人,侨寓吴兴,[35]往来苕霅间,[36]未尝至楚地也,疑《西塞山词》当在湖州,此特山名偶同耳。山侧临江为散花洲,[37]赤壁战胜,吴王散花劳军于此。洲下为道士洑,危岩竦立,气象雄峻,《入蜀记》称石壁数百尺,了无窍穴,竹树迸根,交络其上,[38]今则石隙间生苔藓,竹树全无。岩之阴,坡陀渐低,地颇幽静,千竿修竹,秀致可观。未刻,过蕲州,[39]峭帆破浪,驶如奔马,骇目惊心。州城倚山滨江,江中矶上叠石高数丈,名钓鱼台,建阁于其上。[40]申刻,过牛关矶,江北岸,一山如牛眠状,矶石当其首。夏水盛涨时,舟行至此多患。矶上有江神祠,《入蜀记》称为刘官矶,[41]谓汉昭烈入吴尝舣舟于此,因名,未知确否。[42]矶下数里即田家镇,[43]广济县属。[44]余庚辰残腊,[45]泊舟于此守风,夜被贼入船攫数百金去,咨文、衣物并失。其时岸上娼赌风盛,无赖猬集,实为招贼之媒。盖湖南、北两省粮艘,春间在此齐帮,市物纷集,匪类因而啸聚。今视岸间屋舍渐少,此辈亦觉寥寥,风景不似昔年矣。[46]各舟已挂帆前去,闻第七号舟在蕲州搁浅,头、座、尾船遂泊以待命,各老排步往助力。湖南乾州兵船数十亦泊此,[47]纷纷扰扰无已时。计水程一百五十里。《吴兴志》西塞,郡城南一带远山是也,唐张志和游钓于此,有《西塞山渔父词》,山石遂著。[48]辛巳春正,在矶上守风,[49]田家镇巡检以失事故,遣弓兵护送,在此巡防两夜。

初九日,甲子,晴。晨起,兵船已行,江平无风,船窗清爽,遥望江南岸诸山,尖秀明净,对景怡颜。七号舟更静始至。

初十日,乙丑。守风。细雨终日夜。

十一日,丙寅,阴雨。开行十五里至盘塘,[50]雨益甚,遂泊。午后,风微顺,复开行。泊武家穴,[51]计水程三十里。西风益盛,终夜各舟摇撼不息。

十二日，丁卯。西风凄厉，张数叶帆，行九十里。前船泊以待者，亦皆挂帆行。午刻，抵九江府琵琶亭，[52]上北岸，计水程一百十里。九江，吴头楚尾地，唐宋之江州也。大江至此为浔阳江，古称东南重地。今设关巡道驻此，专司关税，兼司景德镇窑厂。[53]自汉阳至九江府，水路共五百四十里。

十三日，戊辰。挽头、座舡渡江，泊于龙开河口，即溢浦港也，又谓之溢口。[54]兵船纷纷拥挤，不能挽入内河，故暂泊于此。往谒道府县，均以应办兵差，不见。

十四日，己巳。五更，北风大作，各舡挤入内河，人声鼎沸，江涛汹涌，余舟亦震荡掀簸。午刻，雨至，风稍息。兵舡仍延搁不行，地方官促之再四，夜中始有数舟解缆。

十五日，庚午。镇篸兵船开行，[55]始将头、座舟挽入溢浦口小河，并往促众船渡江来泊。夜，雷雨。

十六日，辛未。饭后，赴道府县，仍不见。湖北兵船又至。午后，风雨大作，江浪如天。夜，风暴愈甚，群舟震掉不已。

十七日，壬申。风仍厉，雪霰复下，午后稍息。遣人馈道府县土物，不受。兵船复至一带，兵官巨舟侧，兵丁船户喧嚷可憎。是日寒冷。

十八日，癸酉，阴。午后，北风始息。

十九日，甲戌，阴。饭后，赴关谒榷使福泰<small>内务府人</small>，[56]仍拒不见。申刻，有襄阳兵七八人，[57]登第四八十号船，勒柂工当差，竟逞凶持刀击伤水手，并凿断八号船缆四条。合帮鼓噪，舁余至关喧哄，[58]满堂使役不能禁，福榷使始出见。余恳其弹压楚兵，渠竟畏兵如虎，辞曰不能。恳其减让关税，则又重财如命，拒曰不能。复赴德化县，[59]县尹已出城。赴舟查视，彼恶兵早逃矣。昏暮归舟，北风复发，江浪汹涌。

二十日，乙亥，阴雨。饭后，赴关议船税。复至德化候王大令<small>嘉麟</small>，[60]极言兵丁之暴，渠亦攒眉无计，盖承办兵差，亦大受其蹂躏矣。国家养兵百年，无事之时坐耗廪粮，及至檄调出征，则以为往将死敌，咸怀怨望。此次两湖南、北调兵四千，沿途骚扰，官办船只，渠辈索钱卖放；复沿江封闭客船，肆行殴辱；入市估买估赊，略无忌惮；领弁、领带置之不问。每经过地方，勒索州县馈赆，[61]自数金至数十金不等，视将弁职之大小为率，弗应，则停住不行，地方官莫敢谁何，不得已，如其欲始行。余昔年侍长山公于於陵,[62]值嘉庆十八年曹、滑教匪滋事,[63]办应兵差,曾身膺其累,今复见此,为之慨然。夜,北风大发,群舟震撼。

二十一日,丙子,阴。北风甚厉,江波涌立。饭后,上岸间步至琵琶亭,[64]高柳四围,景象开豁。惜其地势低平,为夏涨所淹,亭台已多倾圮。前有碑,刊"唐白司马送客处"。[65]嘉庆三年,[66]九江同知田涵斋文龙所立,[67]碑阴刊《送客图》图及记、跋,笔致皆隽秀。时修建斯亭者,全椎使也。[68]中有天后阁、关帝庙。弥望数十里青草无际,乃梅家湖也。南望庐山,[69]烟霭空濛,惜不得往游为恨。又城西南紫桑山,[70]汉晋于此置县,陶元亮家于此。[71]遥望山林秀美,想见高士栖隐之胜。昔人不为五斗折腰,向乡里小儿,[72]今余一官落拓,万里长途,备历风波之险,至此为关税羁延,[73]低首下心,尚不能了事,仰慕前修,有愧多矣。时兆熙偕行。夜,北风撼船不息。

二十二日,丁丑。雨终日不绝,济以雪霰。夜寒。

二十三日,戊寅。雨雪终日。住湓浦十日矣,而关税未清,给库纹银四百四十两,[74]始允。夜雪堆蓬。

二十四日,己卯,阴。守风,不能行。买麻布、葛布等物。

二十五日,庚辰。黎明,雷雨。守风,不能行。阴雨终日。

二十六日,辛巳,阴雨。风略顺,卯刻挂帆,行六十里,将午,抵湖口县对岸,[75]后舟未至,遂泊以待。湖口当彭蠡委输之口,[76]因以名县。自县西行,则泝浔阳入楚蜀,南行则达南康、[77]豫章,[78]东行则下皖江、[79]金陵。[80]风帆出没,县其襟要地也。县北洲外为江之支流,又其北为大江。余船泊支流北岸。入暮,北风凄紧,雪霰击船声铮铮然,摇撼不已。夜寒,甚于去腊。《志》称石钟山有二,在县治之南北。《水经注》云西枕彭蠡,连峰叠嶂,壁立峭削。苏子瞻作《记》,所谓空中多窍,与风水相吞吐,有窾坎镗鞳之声者。[81]今相距不远,未获往寻。而泊舟江渚,北风怒号,波涛喷涌,激岸打船,令人生恐,终夕噌吰之声不绝,[82]亦如游石钟山矣。

二十七日,壬午。始渐开霁,守风,不能行。

二十八日,癸未,阴晴。北风稍弱,抢风张帆行。遥望石钟山,绝壁高耸,下多穴罅,宜其微波入而有声也。湖口以下滨江数十里,山多赭黄,[83]不生草木。午刻,过彭泽县。[84]汉晋之彭泽县治在湖口县东,即今东流县也，[85]盖陶元亮为令处。[86]今治则陈时移置，改名龙城，[87]南唐时又徙置者。[88]县西南诸山与庐山夹湖而峙，群峰耸翠，幽胜爽人心目。县倚山为城，左右两矶巉峭滨江，雉堞曲折跨山脊，甚为雄秀。市井亦颇繁盛。小孤山在城北大江中，[89]孤峰耸立，巉峭秀拔。《入蜀记》云自数十里外望之，碧峰巉然孤起，非他山可比，愈近愈秀，[90]信不诬也。山上苔竹森茂，祠宇雄杰，俗称为小孤祠，《入蜀记》谓神曰"安济夫人"，[91]未识今何号称。澎浪矶与小孤对江相望，俗讹为彭郎矶。[92]《宿松志》云小孤，宿松县属，[93]旧在江北岸，与江西彭泽县接界。江流经此，湍急如沸。明成化中江水忽分流于山北，[94]自是屹然中流，大江澎湃，环于四面，山有石级，百十有一，迂回而上，岩林泉石，颇饶胜致。其南下为澎浪矶，矶蹯为马当山。[95]北下为蛾眉洲，与小孤相映带云。复行四十里，过马当山，峭崖突兀俯江滨，所谓下元水府也。[96]《志》称山象马形，横枕大江，回风撼浪，舟航艰阻。[97]其难行可知。今山之外有洲，洲之外大江正流。余昔年过此，由山脚石壁下行，舟人冒险，几失事。今由大江中流放棹过数里，始知为马当也。江中一木簰，[98]中有屋宇数十家，鸡犬相闻，亦江行所仅见者。晚泊华阳镇一云花洋镇，[99]沱港可避风，为泊船佳所，属安庆府望江县，[100]计水程一百五十里。查悔余《游小孤山诗序》云：[101]"山形三面悬峭，惟西南一角横石坡陀，其下洄流可以舣棹。攀礴北上，劣仅容趾，凡百余级入洞门，折而东，铁柱在焉。稍西为神女祠，再上为大士阁。从神女祠西北上，两旁峭壁，中穿石罅，如入螺壳中，然后跻绝顶。山之巅远望之如半圭、如拳、如髻，至此乃知中分为二环，计之东西北皆方，南独圆。南北长二里许，东西得三之一，山之大概尽矣。"

二十九日，甲申，晨雨。抢风行，巳刻，过东流县，[102]池州府属也。[103]滨江城堞半依岗阜，不若彭泽之雄要。未刻，过黄石矶，矶上有神祠，老树数株，殊为寥落。[104]明宸濠犯安庆，[105]泊舟于此，问矶名，左右曰"王失机"也，濠未几遂败。自东流以下，沿江山阜皆平远，迤长可爱。酉刻，挽船抵安庆府，泊皖口。[106]遥望皖山峰岩深秀，积雪未消，春寒可知矣。[107]皖山在江北，南唐元宗南迁豫章，[108]舟中望皖山，爱之，问左右此青峭数峰何名。答曰舒州皖山。时伶人献诗有云"回首皖公山色好，日斜不到寿杯中"，元宗为之唏嘘。按李景屡为周师所败，表献江北诸州，寝以衰弱，畏居建康，徙都于洪州。迁后，因城邑迫隘，君臣咸欲东归，旋以疾[109]

盖豫章之行，本非所愿也。其子煜立于金陵仅十余年而兵败皖口，曹彬遂克江南，煜竟出降。[110]然则伶人诗语，即亡国之征也。具文申请方伯查验，[111]并呈舱口册。计水程一百三十里。

三十日，乙酉，阴。泊安庆府，候补阿别驾步伊至舟验视，[112]向例酬以土仪。兆熙入市买茶、墨各十斤。

注　释

[1]　霰：音同现，一意指水蒸气在高空遇到冷空气凝结成的小冰粒，在下雪花以前往往先下霰。

[2]　青山矶：长江江夏段著名石滩。同治《江夏县志》卷二《疆土》载青山矶在县东北三十里，多碎石浅滩。今仍名，在武汉市东南长江南岸青山区青山镇。

[3]　阳逻镇：湖北黄州府黄冈县属镇。康熙《湖广通志》卷十三《关隘志》："阳逻镇，《明一统志》：在县西百二十里，宋置堡于此。东接蕲黄，西抵汉沔，南渡江至鄂，北距五关，乃要害地。《元史·列传》：至元十一年（1274）巴延大举伐宋，次蔡店，往观汉口形势。宋淮西制置使夏贵等以战舰万艘分据要害，都统王达守阳逻堡，荆湖宣抚朱禩孙以游击军扼中流，兵不得进。巴延径趋沙芜口，遂入大江，麾诸将攻堡，三日不克。巴延密谋于阿珠曰：'此堡甚坚，攻之徒劳，汝今夜以铁骑三千泛舟直趋上流为捣虚之计。'诘旦，渡江袭南岸，已过，则速报我，乃分遣人先以步骑攻阳逻堡，阿术出其不意，泝流西上，对青山矶而泊。乘夜雪率众抵南岸，巴延因挥诸将急攻，破阳逻堡，斩王达，夏贵溃走。国朝设把总一员驻防。"嘉庆《重修大清一统志》卷三百四十《黄州府·关隘》："阳逻巡司在黄冈县西北一百二十里，隔江接武昌府江夏县界，设把总一员领兵驻防，又有驿临江，有渡。王存《九域志》：黄冈县有齐安、久长、灵山、团风、阳逻、沙湖、龙陂七镇。"光绪《黄冈县志》卷三《厢镇》："阳逻镇，县西北一百二十里，辖里二，旧遍甲五。"又"阳逻巡检，今分管汛地一十六区，区一保证"。今仍名，为武汉市阳逻经济技术开发区，在长江北岸。

[4]　此处所引《入蜀记》卷三八月二十一日记事，原句为："二十一

日……晚泊杨罗洑。大堤高柳，居民稠众。鱼贱如土，百钱可饱二十口，又皆巨鱼，欲觅小鱼饲猫不可得。"

[5] 此处所引，《黄冈府志》《黄冈县志》皆有载，阳逻镇有阳逻堡，为黄冈县著名古迹。明弘治《黄州府志》卷一《古迹·阳逻堡》："在黄冈县治西一百二十里。三国蜀汉主约合吴主以拒魏，使人于此旦夕以逻吴兵之至，因名阳逻……"光绪《黄冈县志》卷二《古迹》："阳逻堡，县西北一百二十里。宋置堡于此，东接蕲黄，西通汉沔，南渡鄂渚，北至五关，一要害也。宋开庆元年（1259），元世祖取黄陂，民船系出阳逻，会于鄂州。咸淳十年（1274）宋王达守阳逻，伯颜破之，俾阿术先据黄州，详见兵事。相传江侧有磷石有'淮甸上浒'四字，元龙仁夫书。《府志》云：'春秋昭公五年（前537），楚子伐吴，济于罗汭，旧《志》以为即此地。然字从罗，不从逻。相传三国时刘先主待孙权拒魏，旦夕使人逻吴兵之至，故名。按《水经》：江水东经若城南注，若城至武城口三十里。武城口即今武通口，阳逻堡在其下……"阳逻堡，今仍名，在武汉市东二十公里长江北岸，长江中游要地，元灭宋的关键之战阳逻堡战役即发生于此。

[6] 团风镇：黄冈县属镇，在长江北岸，《元丰九域志》黄冈七镇之一，明清仍为镇。康熙《湖广通志》卷十三《关隘志·黄冈县》："团风镇，在县北五十里。"光绪《黄冈县志》卷三《厢镇》："团风镇在县北五十里，厢坊辖里二，旧编甲七"，镇设有巡检司，"团风镇巡检，今分管汛地二十二区，区一保正"。今仍名，为黄冈市团凤区。

[7] 黄州府：湖北属府，在省治东北一百八十里。府地在《禹贡》为荆州之域，春秋时为弦子国地，后并于楚，秦属南郡，汉属江夏郡，后汉因之。三国魏置弋阳郡，后属吴。晋初仍为弋阳郡，惠帝分为西阳国（见《晋书·地理志》。李吉甫《元和郡县志》晋为西阳国，封子弟为王。按郦道元《水经注》江水经西阳郡南，是汉已有西阳郡，然二《汉志》俱不载，或三国时置也）属豫州。南朝宋为西阳郡，属郢州。南齐分置齐安郡，属司州。北齐于西阳郡置巴州，齐安郡置衡州。陈废巴、衡二州，北周复置衡州，又置弋州统西阳、弋阳、边城三郡。隋开皇初（581）废弋州及诸郡，五年（585）改衡州为黄州（黄州之名始此），大业初（605）改为永安郡。唐武德三年（620）复曰黄州，天宝初（742）改曰齐安郡，乾元初（758）

仍曰黄州，属淮南道。五代初属扬吴，继属南唐，后归周。宋仍曰黄州齐安郡，属淮南西路。元为黄州路，属河南江北行中书省。明初改黄州府，属湖广布政使司。清因之，康熙三年（1664）属湖北布政使司，领州一县七（据嘉庆《重修大清一统志》卷三百四十）。今仍名，大致为湖北省黄冈市。黄冈县，黄州府治，县城即府城。战国时，楚灭邾国，迁其国于此，汉因置西陵、西阳、邾三县，属江夏郡，后汉因之。三国魏属弋阳郡，晋惠帝以后属西阳国。南朝宋省邾县，南齐置南安县，属齐安郡。隋开皇中（581—600）为黄州治，十八年（598）改曰黄冈县，大业初（605）为永安郡治，唐为黄州治，宋、元因之。明为黄州府治，清因之（据嘉庆《重修大清一统志》卷三百四十）。解放后，黄冈县北、西、南地方，多划入周边县市。1990年，改名黄州市，1996年分黄州市为黄冈市属黄州区和团凤县。

[8] 周公瑾：即周瑜（175—210），公瑾为其字，庐江舒县（今安徽省六安市舒城县）人，东汉末年名将。周瑜出身庐江名门，少年时与孙策相善。孙策脱离袁术，周瑜倾家财从之，辅助其平定江东，奠定孙氏江东割据之业。孙策死，瑜以中护军与张昭共掌江东事，辅助孙权。建安十三年（208），与刘备联合大败曹操于赤壁，奠定三国鼎立之根基。建安十五年（210），病逝。瑜亦美姿貌，通音律，为一时名士。《三国志》卷五十四有传。

曹操（155—220）：字孟德，沛国谯县（今安徽省亳州市）人，东汉末年著名政治家、军事家、文学家，三国魏的实际建立者。曹操父曹嵩为著名宦官费亭侯曹腾养子，嵩袭爵，官至太尉。操少年时任侠放荡，机敏权变，得当时识人者颇多赞誉。年二十余举孝廉，官洛阳北部尉，严肃法纪、不避权贵，迁顿邱令。中平元年（184），黄巾起义，拜骑都尉，率军平乱，因功拜济南相，政教大行，一郡清平。后辞官归。中平五年（188）起为典军校尉。六年（189），灵帝驾崩，董卓乱洛阳，操逃离，散家财、合义兵，倡讨董卓。献帝初平三年（192），操大破青州黄巾军，尽收起精锐，并任兖州牧，力量大增。兴平二年（195）破败吕布，再定兖州。建安元年（196）迎献帝都许，以司隶校尉录尚书事，得以挟天子以令诸侯。建安二年（197）两败张绣，迫走袁术。建安三年（198）擒吕布，收徐州。建安四年（199）兵取河北，势力扩张到黄河以北。建安五年（200）败刘备，再定徐州；在官渡以少胜多，大败袁绍，后乘胜席卷，于建安十一年（206）统一除关中以外的北方，其间建安九年（204）攻取袁氏老巢邺城，以之为曹氏据点，政令、军令皆自此出。建安十二年（207）远袭乌桓，破之。建安十三年（208），曹操废三公，任汉丞相，大军南征，为孙权、刘备联军大败于赤壁，北还。建安十六年（211）西征，平定关中、凉州。归，次年，赐参拜不名，剑履上殿。建安十八年（213）封为魏公，加九锡，以十郡地建魏国，定国都于邺城，自置丞相、太尉、大将军等百官。建安二十年（215）败张鲁，取汉中。建安二十一年，晋爵魏王，礼如天子。建安二十三年（218）再攻汉中，不胜，次年退兵，汉中为刘备所得。建安二十五年（220）病逝洛阳，谥武王。曹丕称帝，追谥为魏武帝。曹操亦通诗，诗风慷慨激昂，悲沉如歌，传世者皆名诗。

[9] 《方舆纪胜》：《四库全书》未载此书，然南宋人王象之著有《舆地纪胜》，祝穆著有《方舆胜览》，皆中国古代著名地理书籍，黎氏或混淆两书。据其所引，"败曹之赤壁在嘉鱼县境"，则其所据当为《舆地纪胜》，该书卷六十六《鄂州上·景物下·赤壁山》云："……《元和郡县志》亦云赤壁在蒲圻县西一百二十里，北岸即乌林，与赤壁相对，周瑜用黄盖策焚曹公船处。盖唐蒲圻临江之地，今析嘉鱼，则在嘉鱼明矣。东坡盖指黄之赤鼻山为赤壁，盖刘备居樊口，进军逆操，遇于赤壁，则赤壁当在樊口之上；又赤壁初战，操军不利，引次江北，则赤壁当在江南，亦不应在江北也。"

[10] 赤壁山：亦名赤鼻山，长江黄冈县段名山。嘉庆《重修大清一统志》卷三百四十《黄州府·山川》："赤鼻山在黄冈县西北一里，一名赤壁山。郦道元《水经注》：赤鼻山侧临江川。"康熙《湖广通志》卷八《山川·黄冈县》："赤壁山，城西北汉川门外。屹立江滨截然如壁，而有赤色，因名。按《水经》及《方舆胜览》皆谓之赤鼻山。宋苏轼游此，作前后二赋，指为吴魏鏖兵处，非是。"此处赤鼻确非汉末赤壁之战处，而确在嘉鱼县之赤壁山。嘉庆《重修大清一统志》卷三百三十五《武昌府一·山川》："赤壁山在嘉鱼县东北江滨。《水经注》：江水右迳赤壁山北，昔周瑜与黄盖诈魏武大军所也。明胡珪《赤壁考》苏子瞻适齐安时所游，乃黄州城外赤鼻矶，当时误以为周郎赤壁耳。东坡自书《赤壁赋》后云江汉之间指赤壁者三：一在汉水之侧、竟陵之东，即今复州；一在齐安县步下，即今黄州；

一在江夏西南二百里许，今属汉阳县。按《三国志》操自江陵西下，备与瑜等由夏口往而逆贼，则赤壁非竟陵之东与齐安之步下矣。又赤壁初战，操军不利，引次江北，则当在江南，亦不应在江北。犹赖《水经》能正讹也。按《水经注》赤壁山在百人山南，应在嘉鱼县东北，与江夏接界处，上去乌林且二百里。自《元和志》以赤壁与乌林相对，新《志》遂以为在今县西南，盖误以古蒲圻山为赤壁矣。又按江夏县东南七十里亦有赤壁山，一名赤矶，一名赤圻，非周瑜破曹操处也。"光绪《黄冈县志》卷二《古迹》亦考证此赤鼻山非汉末赤壁之战处，考证繁复，引文繁多，近2万余言，然观点不出《一统志》，故不载。

[11]　即宋代苏轼贬谪黄州时居住遗迹。苏轼（1037—1101），字子瞻，又字和仲，号东坡居士，眉州眉山（今四川省眉山市）人，北宋文豪，"唐宋八大家"之一。《宋史》卷三百三十八有传。元丰三年（1080），因"乌台诗案"受诬陷，苏轼被贬黄州团练副使，由此谪居黄州四年多，于城东外之东坡开荒种田，自号"东坡居士"，在此留下大量经典诗赋和活动遗迹。东坡雪堂，即东坡故居，明弘治《黄州府志》卷一《古迹》："东坡故居在今县学东。宋元丰三年，苏轼为吴兴守谪黄州三年，故人马正卿为守，得此地立雪堂居之，自号东坡居士。"临皋：亭名，苏轼贬谪黄州时曾寄居，陆游《入蜀记》卷三八月十八日："十八日。食时方行，晡时至黄州……又东坡先生、张文潜谪居，遂为名邦。泊临皋亭，东坡先生所尝寓。《与秦少游书》所谓门外数步即大江是也，烟波渺然，气象疏豁……"其旧址已不可考，明清诸《志》皆无载。

[12]　武昌县：武昌府属县，在府东一百八十里。周属楚，汉置鄂县，属江夏郡，后汉因之。吴初改曰武昌，置武昌郡，自公安徙都此，寻徙都建业。晋仍为武昌郡治，东晋初尝为江州治。南朝宋仍为武昌郡，属江州，孝建元年（454）分属郢州，齐以后因之。隋初废武昌郡，县属鄂州。大业初（605）属江夏郡。唐属鄂州，五代因之。宋嘉定五年（1212）升为军使，寻又升为武昌军，十五年（1222）因玉宝文始置寿昌军，为江西路治所。元至元十四年（1277）升为府，后废府，以县入武昌路。明属武昌府，清因之（据嘉庆《重修大清一统志》卷三百三十五）。民国二年（1913）改为寿昌县，三年（1914）又改为鄂城县，今为湖北省鄂州市。

[13] 此楚国先王事,载在《史记》卷四十《楚世家》,其详云:"楚之先祖出自帝颛顼高阳。高阳者,黄帝之孙昌意之子也。高阳生称,称生卷章,卷章生重黎。重黎为帝喾高辛,居火正,甚有功,能光融天下,帝喾命曰祝融。共工氏作乱,帝喾使重黎诛之而不尽,帝乃以庚寅日诛重黎,而以其弟吴回为重黎,后复居火正为祝融。吴回生陆终,陆终生子六人,坼剖而产焉,其长一曰昆吾,二曰参胡,三曰彭祖,四曰会人,五曰曹姓,六曰季连,芈姓,楚其后也。昆吾氏,夏之时尝为侯伯,桀之时汤灭之。彭祖氏,殷之时尝为侯伯,殷之末世灭彭祖氏。季连生附沮,附沮生穴熊,其后中微,或在中国,或在蛮夷,弗能纪其世。周文王之时,季连之苗裔曰鬻熊,鬻熊子事文王,早卒。其子曰熊丽,熊丽生熊狂,熊狂生熊绎。熊绎当周成王之时,举文武勤劳之后嗣而封熊绎于楚蛮,封以子男之田,姓芈氏,居丹阳。楚子熊绎与鲁公伯禽、卫康叔子牟、晋侯燮、齐太公子吕伋俱事成王。熊绎生熊艾,熊艾生熊䵣,熊䵣生熊胜,熊胜以弟熊杨为后,熊杨生熊渠,熊渠生子三人。当周夷王之时王室微,诸侯或不朝相伐,熊渠甚得江汉间民和,乃兴兵伐庸、杨、粤,至于鄂。熊渠曰:'我蛮夷也,不与中国之号谥。'乃立其长子康为句亶王,中子红为鄂王,少子执疵为越章王,皆在江上楚蛮之地。"乾隆《武昌县志》卷一《沿革》:"周夷王八年(约前887)楚以鄂东界为樊城。"注:"楚鬻熊曾孙熊渠,甚得江汉间民心,封其中子红为鄂王。按《一统志》古岸有鄂县故城,盖旧樊楚云。"

[14] 吴大帝:即三国吴主孙权,卒,谥大帝。孙权(182—252),字仲谋,吴郡富春(今浙江富阳)人,承续父孙坚、兄孙策的基业,在汉末割据江东,建立三国吴政权。《三国志·吴书》有传。孙权以建安五年(200),孙策遇刺身亡后,执掌江东,建安十三年(208),与刘备联手曹操军于赤壁,二十四年(219),派吕蒙偷袭关羽获取荆州。魏黄武元年(222),称臣降魏,被魏文帝曹丕封为吴王,吴国始建,年号黄武,同年其将陆逊大败刘备于夷陵,孙吴政权巩固对荆州的占有。黄武八年(229),孙权称帝,改年号为黄龙。太元元年(252)病逝,庙号太祖、谥大。魏黄初二年(221)四月,刘备称帝于成都,孙权自公安迁鄂州,改名武昌。

[15] 黄龙:孙权称帝后的第一个年号,229—231。

[16] 太子:指孙权长子孙登。孙登(209—241),字子高,黄龙元年

（229）孙权称帝后，以长子受封为太子。同年孙权迁都建业，孙登在上大将军陆逊的辅佐下长期镇守武昌，统领留守武昌的官府事宜，其间敬贤纳士、多出善政，为朝野所称。赤乌四年（241）年五月，孙登病逝，谥为宣太子。《三国志》卷五十九有传。

[17]　谢尚（308—357）：字仁祖，陈郡阳夏（今河南太康）人，东晋名士、将领，精音律，善舞蹈，工书法，谢安之从兄。历官会稽王友、给事黄门侍郎、建武将军历阳太守、江夏相、江州刺史、尚书仆射、南中郎将、西中郎将，并多次都督数郡、数州军事。《晋书》卷七十九有传。谢尚官江州刺史时常驻武昌，武昌江州刺史治。

庾亮（289—340）：字符规，颍川鄢陵（今河南鄢陵）人，东晋政治家、文学家，明帝穆皇后之兄，《晋书》卷七十三有传。永嘉元年（307）庾亮被镇东大将军司马睿任征为西曹掾入仕，转丞相参军，以预讨华轶功封都亭侯转参丞相军事。元帝即位，拜中书郎领著作侍讲东宫，累迁给事中、黄门侍郎、散骑常侍，荐为中领军。明帝即位，代王导为中书监，平王敦之乱，以功封永昌县开国公。明帝崩，成帝即位，太后临朝，为中书令与王导、卞壸共辅政，政事悉决于亮。咸和二年（327），苏峻、祖约叛乱，攻入都城健康，庾亮逃往寻阳，联合温峤、陶侃，于咸和四年（329）平定叛乱。自求贬谪，以持节都督豫州、扬州之江西宣城诸军事，平西将军、假节、豫州刺史领宣城内史，出镇芜湖。咸和九年（334），陶侃卒，庾亮为都督江、荆、豫、益、梁、雍六州诸军事，兼领江、荆、豫三州刺史，进号征西将军、开府仪同三司、假节，亮辞开府，镇武昌。后以前赵石勒死，策划北伐，未果，后赵石虎来攻，陷邾城，庾亮忧闷成疾，于咸康六年（340）病卒，成帝追赠太尉，谥文康。

庾翼（305—345）：字稚恭，庾亮之弟，东晋将领、书法家，《晋书》卷七十三有传。孙峻之乱，庾翼同其兄庾亮逃奔温峤，乱平，为太尉陶侃所征辟，历任参军、从事中郎，后任振威将军、鄱阳太守，转任建威将军、西阳太守。庾亮准备北伐，任命庾翼为南蛮校尉、南郡太守镇江陵，又以保卫石城之功，封都亭侯。庾亮卒，继任都督六州诸军事、安西将军、荆州刺史，镇守武昌。后亦谋划北伐，未果，永和元年（345）卒，赠车骑将军，谥肃。

陶侃（259—334）：字士行，本鄱阳枭阳（江西都昌）人，后徙居庐江寻阳（今江西九江），寒族出身，东晋名将，陶渊明之曾祖父，《晋书》卷六十六有传。陶侃初以县吏入仕，历任都邮、县令、郡主簿，以能称。但终以出身寒素，虽千方进谒名门显宦，终究难以进身。直至西晋"八王之乱"起，惠帝太安二年（303）被荆州刺史刘弘辟为南蛮长史，率军平定义阳蛮张昌的起义，连战皆捷，才得到施展才华的的舞台。后又相继平定陈敏之叛、杜弢流民起义，元帝建兴元年（313）即被王敦荐为南蛮校尉、荆州刺史，建兴三年（315）杜弢起义平定，王敦遂全部控制荆湘诸州郡，为司马氏全据江东立下重大功劳。但随后，陶侃被王敦排挤至广州。太宁三年（325），王敦之乱平定后，明帝任陶侃为都督荆、湘、雍、梁四州军事，荆州刺史，勤于吏治、发展生产。成帝咸和二年（327），苏峻、祖约发动叛乱，占领健康，庾亮、温峤共举陶侃为盟主、主帅，帅军平定苏、祖，二年后，大功告成，成帝以陶侃有再造晋室之功，任之侍中、太尉，都督荆、江、雍、梁、交、广、益、宁八州军事，荆、江二州刺史，长沙郡公。咸和九年（334），卒，谥桓。

温峤（288—329）：字泰真，太原祁县（今山西省晋中市祁县）人，东晋名将，《晋书》卷六十七有传。温峤年十七仕为都官从事、散骑常侍，举秀才，司徒府辟为东阁祭酒补上党潞令，又被平北大将军刘琨聘为参军，刘琨升大将军，峤迁从事中郎、上党太守，加建威将军督护前锋军事将兵讨石勒，屡立战功。后为刘琨出使江东，劝进元帝司马睿。留江东，为王导骠骑将军长史，迁太子中庶子。明帝即位，拜侍中，转中书令，参与机密决策。太宁三年（325）明帝逝世，温峤出为江州刺史、持节、都督、平南将军，出镇武昌，防范陶侃。在平定王敦、苏峻的判乱中，温峤皆为重要策划者。苏峻之乱平定，拜为骠骑将军、开府仪同三司，加散骑常侍，封始安郡公。旋卒，赠侍中、大将军，谥忠武。

桓温（312—373）：字符子，谯国龙亢（今安徽省蚌埠市怀远县）人，东晋权臣，政治家、军事家，《晋书》卷九十八有传。温少有雄略，少年成名，以选尚明帝姊南康长公主，拜驸马都尉，袭爵万宁男，除琅邪太守，累迁徐州刺史。与庾翼相知，荐以方面重任。翼卒，温任为都督荆梁四州诸军事安西将军荆州刺史领护南蛮校尉假节。穆帝永和二年（346），桓温以巴蜀成汉国主李势荒淫无道，举兵伐蜀，次年平蜀，再次年以平蜀功升任征西大将军、开府仪同三司，封临贺郡公。永和十年（354），主政的殷浩屡次北伐失败，桓温迫使废黜殷浩，遂专政晋国。此后十余年间，桓温为树立个人威权，三次北伐，有胜有败，但终于无成。为加强权威，海西公太和六年（371），废海西公立简文帝，被封为丞相，后大肆排除异己，企图废晋自立。但最终由于晋廷诸臣的阻挠，未遂其志，孝武帝宁康元年（373）病逝，谥宣武。安帝元兴二年（403）十一月，其子桓玄代晋称帝，建立楚，追尊桓温为宣武皇帝，庙号太祖，墓为永崇陵。

[18] 樊山：长江武昌县段南岸名山。嘉庆《重修大清一统志》卷三百三十五《武昌府·山川》："樊山在武昌县西五里，一名袁山，一名来山，一名西山，一名寿昌山，一名樊冈。上有九曲岭，《水经注》：今武昌郡治城南有袁山，即樊山也。《隋书·地理》：武昌有樊山。《寰宇记》：樊山出紫石英。《志》：山东十步有冈，冈下有寒溪。苏轼《樊山记》：樊山或曰燔山，岁旱燔之，起龙致雨；或曰樊氏居之；不知孰是？循山而南至寒溪寺，上有曲山，山顶即位坛九曲亭，皆孙氏遗迹。《明统志》：山产银、铜、铁。"乾隆《武昌县志》卷一《山川》："樊山，县西五里，旧名袁山，一名樊冈，一名寿昌山，产银、铜、铁紫石，高九十丈，周二十里。《水经注》云：孙权治袁山东，即此也。权出猎樊山，见一姥，曰：'我舞阳候樊哙母也，魏将伐吴，当助子一战。'后果由赤壁之胜，因立庙祀之，名其山曰樊山，水曰樊水、樊湖、樊港、樊口。又《搜神记》：天若亢旱，燔山则雨，故名。按古有鄂、渚、樊、楚，则樊山之名已久。哙母樊山之说，并出附会，不足为据。"光绪《武昌县志》卷一《山川》："樊山在县南五里，高九十丈，周二十里。樊口南百步有樊山，樊山西陆路去州一百七十三里出紫石英，东数十步有高冈，冈上甚平敞，轻松绿竹常自蔚然。其下有溪，凛凛然常有寒气，故谓之寒溪。帝尧时有樊仲文。今武昌有樊山。一名袁山、一名寿昌山、一名樊冈山，有九曲岭、万松岭在樊山下，一名九曲岭、一名万松山。万松山在樊山北临江，松荫夹道，特为幽邃，建炎（1127—1130）后，邑人伐为栋宇，遂荒。"山在今湖北鄂州市长江南岸一带，樊山之名已废。

[19] 寒溪：长江武昌段南岸支流。嘉庆《重修大清一统志》卷三百三十五《武昌府·山川》："寒溪在武昌县西樊山下。《寰宇记》：盛暑之月

常有寒气逼人，唐元结尝居此，有寺，陶侃读书台基尚在。"乾隆《武昌县志》所载与此同，光绪《武昌县志》未专载，惟在述樊山时简言之。寒溪，今仍名。

[20] 樊口：嘉庆《重修大清一统志》卷三百三十五《武昌府·山川》："在武昌县西北五里，《水经注》：江水右得樊口。"乾隆《武昌县志》卷一《山川》："樊口，县西北五里。东坡谪黄州，尝游于此。时有潘生邠老者，善酿酒，东坡每至，饮于其家以适兴。"又见上"樊山"注。

[21] 次山：或指南宋著名外戚大臣杨次山。杨次山（1139—1219），字仲甫，祖籍开封（今河南省开封市），生于上虞（今浙江省绍兴市），宋宁宗恭圣仁烈皇后杨桂枝之兄。早年受职宫中，沾恩得官，积阶至武德郎，累官至吉州刺史提举佑神观，杨桂枝受册为后，除福州观察使，寻拜岳阳军节度使，后谒家庙，加太尉。韩侂胄诛，加开府仪同三司，寻进少保封永阳郡王。宁宗南郊祀天，恩加少傅，充万寿观使。致仕，加太保，授安德军、昭庆军节度使，改封会稽郡王。嘉定十二年（1219）卒，赠太师，追封冀王。次山位极人臣，妹为皇后，而能避权势，不预国事，时人皆贤之。《宋史》卷四百六十五《外戚传下》有传。

[22] 万松岭：武昌县樊山下山岭之一。嘉庆嘉庆《重修大清一统志》卷三百三十五《武昌府·山川》："万松岭在武昌县西五里樊山下，一名九曲岭，一名万松山。《名胜志》：山在樊山北，临江，松阴夹路，特为幽邃。苏子瞻同弟子由尝憩于此。其《诗注》云：路有直入寒溪，不过武昌者。山下之捷径也，建炎（1127—1130）后邑人伐为栋宇，遂荒。"《县志》所载与此同。

[23] 刘郎洑：长江武昌县段著名水洑。乾隆《武昌县志》卷一《山川》："刘郎洑，县东北江山。原名流浪，俗讹为刘郎。"《东坡全集》卷十一："王齐万，秀才，寓居武昌县刘郎洑，正与伍洲相对，伍子胥奔吴所从渡江也。君家稻田冠西蜀，捣玉扬珠三万斛。塞江流沛起书楼，碧瓦朱栏照山谷。倾家取乐不论命，散尽黄金如转烛。惟余旧书一百车，方舟载入荆江曲。江上青山亦何有，伍洲遥望刘郎薮。明朝寒食当过君，请杀耕牛压私酒。与君饮酒细论文，酒酣访古江之濆。仲谋公瑾不须吊，一醉波神英烈君。"

[24] 巴河：长江北岸蕲水县段支流，光绪《黄州府志》卷二《山川·蕲水县》："巴河，源自罗田县盐堆山，与石柱山二水交会于尤觜，西即黄冈县界。南为童家河，刘家河之水入焉。又南经黄冈之上巴河市、元潭港与小河口之水自东入焉。又南二十五里，明家港之水入焉。又南经桃花潭，为西阳河。又南历下巴河市入于江。"今仍名，入江处在今浠水县巴河镇，长江北岸。

[25] 子由：苏轼弟苏辙的字。苏辙（1039—1112），眉州眉山（今四川省眉山市）人，北宋著名文学家、诗人、官员，唐宋八大家之一。辙仁宗嘉佑二年（1057），与其兄同科进士。授商州军事推官，乞于京师侍奉其父，不就。次年，出为大名推官。神宗立，以非议王安石变法，出为河南推官。哲宗立，召入为秘书省校书郎，又历右司谏、御史中丞、尚书右丞、门下侍郎。绍圣元年（1094）书谏哲宗，获罪，出知汝州，贬筠州，再谪雷州安置，移循州。徽宗立，徙永州、岳州，复太中大夫，又降居许州，致仕，定居颍川。政和二年（1112）卒，追复端明殿学士，淳熙中（1174—1189）追谥文定。《宋史》卷三百三十九有传。

据《东坡先生年谱》元丰三年（1080）五月，苏辙到黄州探望苏轼，两兄弟同游武昌，作诗数首，有《晓至巴河口迎子由诗》，《东坡全集》卷十二载之。诗云："去年御史府，举动触四壁。幽幽百尺井，仰天无一席。隔墙闻歌呼，自恨计之失。留诗不忍写，苦泪渍纸笔。余生复何幸，乐事有今日。江流镜面净，烟雨轻幂幂。孤舟如鬼鹜，点破千顷碧。闻君在磁湖，欲见隔咫尺。朝来好风色，旗尾西北掷。行当中流见，笑脸青光溢。此邦疑可老，修竹带泉石。欲买柯氏林，兹谋待君必。"

[26] 兰溪：浠水入江的一段，以在蕲水县兰溪镇，故名。嘉庆《重修大清一统志》卷三百四十《黄州府·山川》："兰溪在蕲水县东。《寰宇记》：兰溪水出箬竹山，其侧多兰，唐武德初兰溪县指此为名。《舆地纪胜》：兰溪泉，陆羽《茶经》以为天下第三泉。余章《三泉记》云：凤山之阴、兰溪之阳，有泉出石罅，为兰溪。其在寺庭之除，为陆羽烹茶之泉；其在凤山之阴，为逸少泽笔之井。王、陆二水皆兰溪一源耳。"光绪《蕲水县志》卷二《山川》："浠水，即城南门河，源英山界河，达鸡鸣河出吕家口，左则夫子河、右则古河，抵石险下百里河，西经五里，右则吴家柴水注之。又西十里，蔡家河水注之。又西五里，柴家河水注之。又西经六里，右则

毕家港水注之。又西五里，蠏岭水注之。又西南十五里，绿杨桥水注之，左则王家河、乌沙港水注之，右则城东濠水注之。又二里，城西濠水注之。又五里，黄凤港水注之，左则翟家港水注之。又西五里，右则磨儿桥水注之。又五里，游心港水注之、花膏石水注之。又西经林潭，右则黄洏湖水注之，左则张角湾水注之。又西五里，青蒿港水注之。又西经五里，右则金家滩，左经兰溪镇入于江。其水西流，刘宋立浠水县，以此名（旧《志》兰溪水源出苦竹山，其侧多兰，唐因此名县。今按兰溪即浠水出口处）。"今仍名，入江处为浠水县兰溪镇。

[27] 蕲水县：湖北黄州府属县，在府城东南一百一十里。县地初为汉蕲春县地，属江夏郡。南朝宋元嘉中（424—453）析置浠水左县，属西阳郡，齐因之，梁置永安郡。隋开皇初（581）废，属蕲春郡。唐武德四年（621）改曰兰溪，属蕲州。天宝初（742）改曰蕲水，宋元因之。明初改属黄州府，清因之（据嘉庆《重修大清一统志》卷三百四十）。民国二十二年（1933）县名复为浠水，今仍之。

[28] 宋神宗元丰六年（1083）十月，苏轼与庞安同游清泉寺，填《浣溪沙》词牌作《游蕲水清泉寺》诗一首：山下兰芽短浸溪，松间沙路净无泥。潇潇暮雨子规啼。谁道人生无再少？门前流水尚能西！休将白发唱黄鸡。

[29] 回风矶：长江蕲水县段著名石滩。嘉庆《重修大清一统志》卷三百四十《黄州府·山川》："回风矶在蕲水县西南五十里大江中。宋陆游《入蜀记》：回风矶无大山，盖江滨石碛耳，然水急浪涌，舟过甚艰。"光绪《蕲水县志》卷二《山水·江》，回风矶在兰溪东十五里。《黄冈州志》所载与《一统志》同。矶今仍名，在浠水县散花镇回风矶村长江南岸。

[30] 跡：当为"碛"。此处引用自《入蜀记》卷三八月十七日记事，原句："十七日。过回风矶，无大山，盖江滨石碛耳，然水急浪涌，舟过甚艰……"

[31] 黄石港：长江大冶县段水港，市镇。嘉靖《大冶县志》卷一《山川》："黄石公矶，《江夏风俗记》云：西塞山即黄石公矶，上有黄石港，矶即其处也。"同治《大冶县志》卷三《镇市》："黄石港，县东北五十里，路系□官戴文魁募□，由港往保安要道遇雨，阪田泥滑，徒御尤难于行。典史杨继震□修，未就。"今在黄石市黄石港区长江南岸西塞山。

[32] 西塞山：长江大冶县段名山，在长江南岸。康熙《湖广通志》卷七《山川志·大冶县》："西塞山一名道士洑，高一百六十丈，周三十七里。《土俗编》：吴楚旧境也。《括地志》：孙策攻黄祖、周瑜破曹操、刘裕攻桓玄、唐曹王皋复淮西，皆于此。《江夏风俗记》：延连江侧，东望偏高，谓之西塞山，对黄石九矶，两山之间如关塞也。《图经》：峻崿横江，危峰对岸，长江所以东注，高浪为之飞翻。唐张志和《渔父词》：西塞山前白鹭飞。"嘉庆《重修大清一统志》卷三百三十五《武昌府·山川》："西塞山在大冶县东九十里，一名道士洑矶。卢溥《江表传》：刘勋闻孙策等已克皖，乃投西塞。《水经注》：黄石山连经江侧，东山偏高谓之西塞，东对黄公九矶，所谓九圻者也。两山之间为阙塞。《元和志》：在武昌县东八十里，竦峭临江。《寰宇记》：西塞山高一百丈。《名胜志》：西塞山周三十七里。"同治《大冶县志》卷二《山川》："西塞山在县东道士堡，距城九十里，高一百六十六丈，周三十七里。《土俗编》：吴楚旧境也。孙策攻黄祖、周瑜破曹操、刘裕攻桓元、唐曹王皋复淮西，皆寨于此。《江夏风俗记》：延连江侧，东望偏高，谓之西塞山，对黄石九矶，所谓'九圻'，两山之间如阙塞。《图经》云：峻崿横江，危峰对岸，长江所以东注，高浪为之飞翻。袁宏《东征赋》云：沿西塞之峻崿。有明季诸生哀与集刻《西塞诗》一卷。八景，西塞怀古。"

[33] 张志和（732—774）：字子同，婺州金华（今浙江省金华市）人，始名龟龄，号玄真子，唐代著名隐士、道教学者。十六岁明经及第，先后任翰林待诏、左金吾卫录事参军、南浦县尉等职。后因母亲、妻子先后去世，又看透宦海风波，遂弃官弃家，浪迹江湖。《新唐书》卷一百九十六有传。张志和隐居于太湖流域时，根据吴地渔歌作有《渔父词》五首。此处所引一般称为《渔歌子·西塞山前白鹭飞》或《西塞山词》，全诗为："西塞山前白鹭飞，桃花流水鳜鱼肥。青箬笠，绿蓑衣，斜风细雨不须归。"

[34] 在《入蜀记》卷三八月十六日记事，原文为："十六日……晚过道士矶，石壁数百尺，色正青，了无窍穴，而竹树进根交络其上，苍翠可爱。自过小孤，临江峰嶂无出其右。矶一名西塞山，即元真子《渔父辞》所谓西塞山前白鹭飞者。"

[35] 吴兴：今浙江湖州地区在三国至南朝时的国名。

[36] 苕：指苕溪；霅：音同札，指霅溪，皆太湖南岸支流。苕溪有东西两源，称东苕溪、西苕溪，流至湖州城合流，拟流水湍急之声，称霅溪，北流入太湖。

[37] 散花洲：长江大冶县段江心岛。嘉庆《重修大清一统志》卷三百五十五《武昌府·山川》："散花洲在大冶县东，西塞山侧，《舆地纪胜》在县大江中流之南，周瑜战胜于赤壁，吴王散花劳军于此，故名。"康熙《湖广通志》卷七《山川·大冶县》："散花洲，西塞山前。相传周瑜既破曹操，吴王驻此酿酒散花以劳军士。"今浠水县长江北岸有散花镇。嘉靖《大冶县志》卷一《山川》："散花洲，在县治东九十里大江中。世传周瑜败曹操于赤壁，吴王迎之至此，酿酒散花以劳军士，故谓之吴王散花洲。诗云'已逢妩媚散花峡，不怕危亡道士矶'，即此。"同治《大冶县志》与此同，惟更简。

[38] 在《入蜀记》卷三八月十六日记事，前注已引。

[39] 蕲州：湖北黄州府属散州，在府城东一百八十里。汉置蕲春县，属江夏郡，后汉因之。三国初属魏，置蕲春郡，后属吴。晋太康元年（280）郡废，属弋阳郡，惠帝后属西阳郡，孝武改为蕲阳县，属南新蔡郡。南朝宋大明八年（464）还属西阳郡，南齐初因之，后移齐昌郡治此。梁改为蕲水县，北齐置罗州，陈改曰江州。北周改为蕲州。开皇初（581）郡废，置总管府，九年（589）废府，十八年（598）改县为蕲春县，大业初（605）改蕲州为蕲春郡，县为郡治。唐武德四年（621）改为蕲州。天宝元年（742）改为蕲春郡，乾元元年（758）仍为蕲州，属淮南道。五代初属杨吴，继属南唐，后归周，宋亦曰蕲州蕲春郡，属淮南西路。元为蕲州路，至元十二年（1275）立淮南宣抚司，十四年（1277）改总管府，明洪武初（1368）为蕲州府，九年（1377）降为蕲州，以州治蕲春县省入，属黄州府，清因之。据嘉庆《重修大清一统志》卷三百四十。民国元年（1912），复名蕲春，今仍名，为湖北省黄冈市蕲春县。

[40] 此矶即新生矶，光绪《蕲州志》卷三《山川》："新生矶在江心，上有文昌阁、浮玉亭，俗呼钓鱼台。道光二十九年（1849）大水，阁废。"

[41] 牛关矶、刘官矶，诸志未载，惟同治《广济县志》卷一《山川》载有牛肝矶，在长江入广济县界处之积布山麓。道里颇合，音又相近，或即一地。

[42] 此处所引在《入蜀记》卷二八月十四日记事，原文为："十四日，晓雨，过一小石山……是日逆风挽船，自平旦至日昳，才行十五六里，泊刘官矶，旁蕲州界也……刘官矶者，传云汉昭烈入吴，尝舣舟于此。"

[43] 田家镇：长江中游北岸重镇，或乾隆时属大冶县，后属广济县。嘉庆《重修大清一统志》卷三百三十六《武昌府·关隘》："田家镇在大冶县境，有兵防守。"康熙《湖广通志》卷十三《关隘志·广济县》："田家镇在县境，有外委把总分防。"据同治《广济县志》卷二《乡镇》，田家镇为广济四镇之一，在马口镇下十里，马口镇在县西南七十里。田家镇初无巡检司，后移马口镇巡检司来，同治八年（1869）又新建长江水师协镇署。光绪《黄州府志》卷七《乡镇·广济县》："田家镇，县西南八十里。国朝高孝本《田家场诗》：'清晨打鼓发蕲州，放船直下当中流。青山重叠夹两岸，彩翠尽向蓬窗收。田家镇在青山下，人烟葱郁多台榭。神鸦无数迎客船，遗庙犹说甘兴霸。家家种竹绿满村，斫来干束堆柴门。湘帘织出春花影，碧簟铺将秋水痕。愈风之蛇延年艾，灵灶辟火如钱大。应有仙人居此中，云深可许神丹丐。石尤留客意亦佳，眼前翠壁与苍崖。津道不妨十日住，便思寻□穿芒鞋。旗尾忽转风色别，江面卷来浪如雪。利竿犹在？林中，日影未移下武穴。'查嗣珣《田家镇诗》：'青山围四面，小聚楚江头。暮雨翻鸦去，神灯逐水流。帘钩倚□，簟影欲生秋。驿路□更急，真令我欲愁。'陈文连《田家镇口号诗》：'梨花春酒木兰艘，早雁声中晚渡江。三面青山半锁雨，一天飞翠湿篷窗。'胡醋《兵后过田家镇感赋诗》：'田家镇口水潺潺，壁垒深严恃此闲。往日赤眉纷渡水，至今白骨尚如山。□□晓散甘宁庙，戎马秋嘶鲁肃关。眼见干戈满荆楚，将军何处说平蛮？'"又民国《湖北通志》卷三十三《乡镇》："田家镇在县西南五十六里。"今名田镇，为黄冈市武穴市属田镇街道办，长江北岸。

[44] 广济县：湖北黄州府属县，在府东二百五十里。县地初为汉蕲春、寻阳二县地，唐武德四年（621）析置永宁县，属蕲州，始立县。天宝元年（742）改曰广济，宋、元不改。明洪武初（1368）降蕲州府为州，入隶黄州府，清因之（嘉庆《重修大清一统志》卷三百四十）。1987年，撤县并改设为武穴市，属黄冈地区，今为黄冈市武穴市，市境在长江北岸。

[45] 庚辰：嘉庆二十五年，1820年；残腊：腊月将尽，西历已在1821

年。是年末，黎恂自浙江桐乡任上丁忧回籍。

[46] 京：当为景。

[47] 乾州：指乾州直隶厅，在湖南辰州府境，今属湖南省吉首市。

[48] 《吴兴志》：中国古代著名地方志，《四库全书》未收录。据明《吴兴备志》卷二十二《经籍征》，《吴兴志》二十卷，宋枢密院编修谈钥宋宁宗嘉泰元年（1201）撰成，也称《嘉泰吴兴志》。谈钥，字符时，吉州归安（今浙江湖州）人，宋孝宗淳熙八年（1181）进士，《吴兴志》为其所著之中国古代著名地方志。嘉庆《重修大清一统志》卷二百九十《湖州府·山川》："西塞山在乌程县西南二十五里。有桃花坞，下有凡常湖，唐张志和游钓于此，作《渔父词》。"明董斯张《吴兴备志》卷十五《岩泽征》："吴兴人指南门外二十余里下，菰菁山之间一带远山为西塞山也。山水明秀，真是绝境，家有小舫时时载酒，浮游其上，当八九月秋，气澄爽，尤可爱玩，特恨无志和诗笔胸次耳。"又明万历《湖州府志》、光绪《乌程县志》、光绪《吴兴合璧》等相关志书，虽都有西塞山之记载，但皆无黎氏所引，不知其所见何本。

[49] 辛巳：道光元年，1821年。黎恂于嘉庆二十五年（1821）底接到父丧，遂归籍丁忧，交年之际，正在此处守风。

[50] 盘塘：黄州府广济县属山、市镇。嘉庆《重修大清一统志》卷三百四十《黄州府·山川》："盘塘山在广济县南六十余里最险奥。"卷三百四十一《黄州府·关隘》："盘塘镇在广济县西南三十里。"康熙《广济县志》卷五《村镇》列广济四镇，武穴、龙坪、田镇、盘塘，然未有记述。同治《广济县志》卷二《乡镇》广济亦四镇，马口、田家、武穴、龙坪，无盘塘。光绪《黄州府志》卷七《乡镇·广济县》有盘塘市，在县西南九十里。今黄冈市武穴市西北长江北岸田镇街道东有盘塘村。

[51] 武家穴：广济四镇之一，又名武穴、五家穴，在长江北岸。康熙《湖广通志》卷二十《水利志·广济县》有武家穴坝，"在县东九十里，临江，上自盘塘下抵黄梅杨家穴，长一百九十里，岁时修筑，以防江溢。雍正五年（1727）奉旨发帑修筑。"光绪《黄州府志》卷七《乡镇》："武家穴，县南七十里，一名五家穴。"同治《广济县志》卷二《乡镇》："武穴镇在县南七十里，滨江。为商民聚集之所，有巡司。武黄同知，乾隆二十六

年（1761）新设，驻扎武穴镇。武穴镇巡检司，乾隆二十二年（1757）移驻龙坪。"武今仍名，为市名、街道名，旧址在今武穴市武穴街道办，市治所在，在长江北岸，所谓"吴头楚尾"之地。

[52] 九江府：江西省属府，在省治北三百二十里。府地在《禹贡》为荆、扬二州之境（李吉甫《元和郡县志》载"彭蠡以东属扬州界，九江以西属荆州界"），春秋时为吴、楚地，战国属楚，秦属九江郡，汉高帝四年（前199）更名为淮南国，武帝元狩四年（前119）复故，为柴桑、彭泽二县，后汉因之。三国入吴，属武昌郡，晋初因之。永兴元年（304）置寻阳郡，属江州。东晋咸和中（326—334）自寻阳移郡治柴桑，咸康六年（340）又移江州来治，宋、齐因之。梁太平二年（557）改置西江州（时江州迁治豫章）。陈天嘉初（560）复合为江州[《元和志》陈天嘉元年（560）省西江州，江州自豫章复理寻阳]。隋平陈，废郡存州。大业三年（607）改江州为九江郡，唐武德四年（621）复为江州，五年（622）置总管府。贞观二年（628）府罢，天宝元年（742）改为浔阳郡（前此皆作寻，唐以后作浔），乾元元年（758）复为江州，属江南西道。五代时属吴（《明统志》杨吴置奉化军节度），后属南唐，宋仍曰江州浔阳郡，隶江南东路。建炎元年（1127）升定江军节度，二年（1128）于此置江州路，绍兴初（1131）复为江南西路治，后移路治洪州，以州属之。元为江州路，属江西行省[《元史·地理志》至元十二年（1275）置江东西宣抚司，十三年（1276）改为江西大都督府，隶扬州行省，十四年（1277）罢都督府，升江州路，隶龙兴行都元帅府，后置行中书省，江州直隶焉。十六年（1279）隶黄蕲等路宣慰司。二十二年（1285）复隶行省]，明洪武初（1368）改为九江府，隶江西布政使司。清因之，属江西省，领县五（据嘉庆《重修大清一统志》卷三百一十八）。今仍名，为江西省九江市。

琵琶亭：德化县著名古迹，在长江南岸，多历代文人题咏。嘉庆《重修大清一统志》卷三百一十八《九江府·古迹》："琵琶亭在德化县西大江滨。唐白居易送客湓浦口，夜闻邻舟琵琶声，作《琵琶行》，后人因以名亭。"同治《德化县志》卷七《古迹》："琵琶亭在城西滨江。唐司马白居易送客，闻商妇弹琵琶，作《琵琶行》，立亭于此。明万历间（1573—1620）兵巡道葛寅亮，别创浔阳驿西。后于雍正间（1723—1735）兵巡道刘均兼权关务，构亭其上，刻《琵琶行》于石嗣关，监督唐英于左建楼，榜曰'到此忘机'，塑乐天像于左楹，而右楹肖己像以志景行之意。粤东将军锡特库，过而慕之，额曰'双雅楼'，前筑石堤，复并小轩，俯临江岸，周遭栏槛，极一时游观之盛。亭圮。"同治《九江府志》卷七《古迹》："琵琶亭在城西滨江。白司马送客于此，作《琵琶行》，后人因以名亭。明兵巡道葛寅亮，别创于浔阳驿西，后燬。国朝雍正七年（1729）兵巡道刘均建，自为记。乾隆丙寅年（十一年，1746）关督唐英复修，并记。六十年（1795）关督全德递修，更加扩焉，咸丰年（1851—1861）圮。按琵琶亭旧址本在郭西浔阳驿畔，明葛寅亮开东作门，并驿移建北郊外老鹳塘口，后又不知何时，仍复故处。今之递修者，皆在郭西地。"亭今仍在，在九江市浔阳区长江大桥东侧，面临长江，背倚琵琶湖，为九江市著名风景名胜区。

[53] 此关即九江关，清代设在江西的税关，除收税交部外，也直接从税银中拨项为内务府采购景德镇瓷器。九江关初由户部委员管理，康熙八年（1668）题准由江西九江道管理，康熙二十一年（1682）题准九江关移驻湖口，雍正元年（1723）覆准九江关仍自湖口移归九江，其不由九江经过之江南、江西往来商船，于大孤塘别设口岸，照例征收，令江西巡抚选贤能官二人，一驻扎九江、一驻扎大孤塘。乾隆三年（1738）改由内务府司员管理。九江关税额乾隆十八年（1753）定制："九江关税三十五万四千二百三十四两有奇。凡官商盐茶有征，客商货物，除竹木输税外，余皆无征，惟科船料、船分。各类均量宽深及长以别号数，以定税之重轻，将银数填注印单，实贴各船后仓，并用火印钤烙船板，以备下次过关稽察。"（据《钦定大清会典则例》卷四十七《户部·关税上》）。又《钦定大清会典则例》卷一百五十九《内务府》乾隆五年（1740）奏准江西烧造瓷器，动用九江关税银。同治《九江府志》卷十九《关榷》："九江关税正额银十七万二千二百八十一两三钱六厘。嘉庆四年（1799）钦定九江关盈余银三十四万七千八百两，又于嘉庆九年（1804）经户部等议关税盈余奏准奉旨九江关盈余额数，着定为三十六万七千两。钦此。"

[54] 龙开河：长江的德化县段南岸支流。乾隆《江西通志》卷十二《山川·德化县》："龙开河在府城西里许，源发瑞昌县清溢乡，东流入大江约一百五十里。世传古有龙开之，因以为名。"同治《九江府志》卷四《山

川·德化县》:"龙开河,在府城西一里许。长一百五十里,源发瑞昌县清溢乡,东流入大江。水涨由大江而逆泛,为鹤问寨。世传古有龙开之。今河流东徙,新坝崩圮特甚,不独往来者病之,而湖、河几于相通。巡道任兰佑、知府朱启、知县邹文炳、周严率绅士廖泰埁、史善绍、杨魁等复河故道、培筑新坝,工虽仅半,而居民商旅不无利赖焉。"同治《德化县志》卷四《山川》:"龙开河,在城西一里许,旧《志》世传有古龙开之,故名。按,此水自西南来,为两条。其南条,源发庐山之北,自甘泉口北流至蓝桥南,受金官坂水,至沙河南,受石门涧水,西会白鹤洞水,东流为陶港,经毛家围至青山嘴,南受东林坂、太平宫、盘塘湾诸水,曲折行至赤水,西受赤松乡诸水,东流至螺丝港出口,名长港,经金鸡水,南受仙居乡之水,稍北流至潘湖渡,折而东流至何家渡,西南受白鹤乡诸水,由鹤问寨出口,东会陶岗水,南受涂家坂、濂溪港诸水,会甘棠湖水,注龙开河入大江。"龙开河亦有镇,本设有巡检司,乾隆年间裁。今仍名。

溢浦港:长江九江段著名水港。乾隆《江西通志》卷十二《山川·南康府》:"溢浦港在府城西里许,西通龙开河,北通大江,渊深莫测,民居两岸可泊舟楫,源发瑞昌县清溢乡。相传昔有人洗铜盆,水忽暴涨,失盆。没水取之,见一龙衔盆,夺之而出,故名盆水。浦口有亭,唐白居易听商妇弹琵琶,即是处也。"同治《九江府志》卷四《山川·德化县》:"溢浦港在府城西半里,西通龙开河,北通大江,渊深莫测,秋冬不竭,民居两岸,风高水静,长如曳练,可泊舟楫,源发瑞昌县清溢乡,因名。白乐天听商妇琵琶处。唐韩愈诗:'溢城去鄂渚,风便一日耳。不枉故人书,无因泛江水。'今为居民积秽壅塞,仅余一沟通河。"同治《德化县志》卷四《山川》:"溢浦港在府城西半里许,昔有人于此洗盆,忽水暴涨,盆坠浦中,遂投取之,见一龙衔盆而去。发源瑞昌清盆山,通龙开河。旧时水深,经冬不竭,民居两岸,风高水静,长如曳练,今为居民积秽壅塞,仅余一沟矣。"今仍名,九江市浔阳区有溢浦街道。

[55] 镇筸:筸,音同甘,湖南辰州府凤凰厅地名,有镇筸参将驻守。镇筸兵船在此,亦是清廷调湖广兵拒侵扰沿海之英军故。

[56] 乾隆三年(1738),九江关由内务府派员管理。福泰,其人难考。

[57] 襄阳:湖北府县名,详见后文注。

[58]　舁：音同鱼，抬、举之意。

[59]　德化县：九江府属县，府治所在。县地在汉为柴桑、寻阳二县地，分属豫章、庐江二郡，后汉因之。三国吴改属蕲春郡，晋初因之。东晋咸和中（326—334）移寻阳郡来治，咸康中（335—342）又为江州治。宋齐以后因之。隋平陈，废柴桑改置寻阳县，为江州治。开皇十八年（598）改县曰彭蠡，大业二年（606）又改曰湓城，为九江郡治。唐武德四年（621）复改曰浔阳，为江州治。五代时南唐改曰德化县，仍为江州治，宋因之。元为江州路治，明为九江府治，清因之（据嘉庆《重修大清一统志》卷三百一十八）。民国三年（1914）改德化县为九江县，今大致为九江市诸区及九江县境。

[60]　即德化县令王嘉麟，据同治《德化县志》卷二十五《职官志·文职》，应为王家麟，山东费县（今山东临沂市费县）人，进士出身，道光十九年（1839）署理德化知县，二十一年（1841）离任。

[61]　赆：音同进，指临别时赠送给远行者的路费、礼物等。

[62]　此句指黎恂父黎安理任山东济南府长山县知县时，黎恂随侍在身。黎安理，乾隆己亥（1779）举人，嘉庆时（1796—1820）应大挑，任长山知县，三年即辞官归。黎安理在遵义地方声誉极高，是仁、孝、义之典范人物。道光《遵义府志》卷三十四《列传二》有传。於陵，长山县一带的旧称，大致在今山东省淄博市邹平县、周村区一带。

[63]　嘉庆：清入关后第五任皇帝仁宗爱新觉罗颙琰的年号，共25年，1796—1820。嘉庆十八年，1813年。曹、滑教匪滋事，指嘉庆十八年的天理教起义。天理教是白莲教的一个分支，嘉庆年间由京畿、直隶、山东、河南等地的八卦教（九宫教）、荣华会、白阳教、红阳教、青阳教等教派的部分教徒逐步联合统一而成。天理教首领传承上突破了世袭制，承诺入教者缴纳根基钱（"种福钱"），起事成功给与地亩官职的主张，具有发动武装起义，推翻清王朝统治的政治目的。嘉庆十八年（1813）九、十月间，天理教在河南、直隶、山东三省交界地带和京畿地区发动起义，先后攻占了河南滑县，直隶长垣，山东定陶、曹县等地。活动于京城大兴、宛平一带的天理教徒在宫中信教太监的接应下直接攻入了皇宫，史称"癸酉之变"。（参见李尚英《论天理教起义的性质和目的》，《中国社会科学院研究生院学

报》1985年第2期；《白莲教起义和天理教起义的比较研究》，《中国社会科学院研究生院学报》1988年第3期；《八卦教的渊源、定名及其与天理教的关系》，《清史研究》1992年第2期。）

[64]　间：此处当同"闲"，后文类似用法，同。

[65]　白司马：即白居易。宪宗元和十年（815），白居易因越职言事，被贬江州司马，时江州治九江。

[66]　嘉庆三年：1798年。

[67]　同知田涵斋文龙：同知田文龙，字涵斋。据同治《九江府志》卷二十五《职官上》文龙系顺天府大兴县（今北京市大兴区）人，监生出身，乾隆五十九年（1794）任，嘉庆六年（1801）离任。

[68]　指九江关监督全德。据同治《九江府志》卷二十五《职官上》，全德系镶黄旗汉军人，乾隆六十年（1795）任，嘉庆三年（1798）离任。全德建亭事，可见前文琵琶亭注。

[69]　庐山：即今江西庐山，中国名山。嘉庆《重修大清一统志》卷三百一十八《九江府·山川》："庐山在德化县南二十五里，与南康府接界。张僧鉴《寻阳记》：山高二千三百六十丈周二百五十里，其山九迭，川亦九派。释慧远《庐山记》：山在江州寻阳，南滨宫亭，湖北对九江，九江之南为小江，山去小江三十里。左挟彭蠡、右傍通川，引三江之流而据其会。大岭几有七重，圆基周回垂五百里。郦道元《水经注》：孙放《庐山赋叙》曰寻阳郡有庐山，九江之镇也，临彭蠡之泽，接平敞之原。《山图》曰：山四方周四百余里，迭鄣之岩万仞。怀灵抱异，苞诸仙迹。豫章旧《志》曰：庐俗字君孝，本性匡，父东野王，共吴芮佐汉定天下，汉封俗于鄡阳，曰越庐君。俗兄弟七人皆好道术，遂寓精于洞庭之山，故世谓之庐山。汉武帝南巡观山，以为神灵，封俗大明公。又按周景式曰：匡俗字子孝，本东里子，出周武王时。生而神灵，屡逃征聘，庐于此山，俗后仙化，空庐犹存，故山取名焉。斯其传之谈，非实证也。按《山海经》曰：庐江出三天子都。山水互称，明不因匡俗。始其山川明净，风泽清旷，嘉遁之士继响窟岩。秦始皇、汉武帝，及司马迁咸升其岩，望九江而眺钟彭焉。《元和志》：山在浔阳县东南三十二里。杜光庭《洞天福地记》：第八洞庐山，名洞灵，永真之天。又虎溪及庐山为七十二福地之二。《图经》：宋开宝（968—976）

中,避太祖讳,更匡山为康山。按庐山旧属寻阳,自宋以后始分属二郡,今峰岭岩谷同石之属,在府镜者以数十计,其最著者曰双剑峰、莲花峰、香炉峰、石耳峰、大林峰、掷笔峰、石门涧,并在山之北面。"

同治《九江府志》卷四《山川·德化县》:"庐山,在府城南二十五里。其脉来自高梁、白藤,迤逦走东北,三面阻水,其西乃大陆群山所奔凑也。其支南行三数十里,尽乎鄱阳之氾,南康郡之所负也;西南行者尽乎吴城;其东北行三数十里,尽乎南湖嘴;其折而西者,尽乎溢浦,九江郡之所居也。蜿蜒蝉联,指列条敷,圆基周回垂五百里,洪州诸郡水口之所屏障。释慧远《记》云:大岭凡有七重。周景式《庐山记》云高二千三百六十丈,或云七千三百六十丈。山无主峰,横溃四出,峣峣廖廖,各为尊高。不相揖拱,异于武当、泰、华诸名岳。《禹贡》:过九江至于敷浅原。蔡沈《书传》谓:当指庐阜也。郦道元《水经注》引《山海经》庐江出三天子都入江彭泽西,一曰天子鄣。后人因匡俗结庐于此,呼为匡山,又谓之辅山、靖庐山。《九微志》云:周武时方黼与老聃跨白驴入山仙去,惟庐存,故名。宋开元(己按:当为开宝)中避太祖讳,更名康山,今仍称庐山。《茅君内传》云洞天三十六,其八曰庐山,名山灵咏真之天。王祎《六老堂记》:其阴,土燥石枯,冈阜并出,以扼大江东来之势,是为九江;其阳,千岩万壑,土木秀润,是为南康。"

又同治《德化县志》卷四《山川》:"庐山,《禹贡》:岷山之阳至于衡山,过九江至于敷浅原。《御纂》:敷浅原以衡山东北尽处而言,即为庐阜无疑。《庐山志》:山脉自衡山东行,过分宁,为白藤、高梁,又东北至圆通为庐山。《九微志》:周武王时方辅与李老聃跨白驴入山炼丹,得道仙去,惟庐存,故云。伏滔《游庐山序》:庐山者,江阳之名岳也。背岷流面、彭蠡蟠根,亘数百里,又云崇岭桀崿,仰插云日。梁元帝《庐山碑序》:虽林石异势,而云霞共色。长风夜作,则万流俱响;晨鼯晓吟,则百岭齐应。东瞻洪井,识曳帛之在兹;西望石梁,见指宝之可拾。《桑疏》:山无主峰,横溃四出。峣峣嶙嶙,各为尊高。不相揖拱,异于武当、泰、华诸名岳。张野《庐山记》:天将雨,则有白云或冠峰岭,或亘巾岭,谓之山带,不出三日,必雨。王祎《六老堂记》:其阴,土燥石枯,冈阜并出,以扼大江东来之势,是为九江;其阳,千岩万壑,土木秀润,是为南康。旧《志》:在城南二十五里,古南嶂山大岭凡七重,或云高二千三百六十丈,或云高七千三百六十丈。三面阻水,其西乃大陆,群山所奔凑也。其支南行三数十里,尽乎鄱湖之汜;其东北行三数十里,尽乎南湖嘴;其折而西,则尽乎溢浦。蜿蜒蝉连,绵亘垂五百里。实溢城星渚之奥区,洪州诸郡之屏障,故嘉遁之流继响严窟,龙潜凤采之士,往者忘归焉。《山疏》:凡登庐顶,其大道有三,自白云峰寺入者为北道,自含鄱口入者为南道,自净慧寺入者为东道,皆可与。其他小径,皆巉绝,而东南道又荒僻少人迹,好奇者间亦至焉。独北道,以云峰寺故,缙绅大夫多由之。"

庐山为联合国教科文组织1996认定批准的世界文化遗产,为我国五A级风景名胜区。

[70] 紫桑山:紫,当为"柴"之笔误。柴桑山,德化县境内名山,陶渊明隐居处。嘉庆《重修大清一统志》卷三百一十八《九江府·山川》:"柴桑山,在德化县西南九十里,汉以此名县。《山海经》:柴桑之山其上多银,其下多碧、多冷石赭。郭璞《传》:今在寻阳柴桑县南,共庐山相连也。《寰宇记》:柴桑山近栗里原,陶潜此中人。《省志》:今面阳、马首、桃花尖诸山皆是也。乾隆《江西通志》卷十二《山川·德化县》:"柴桑山在府城西南九十里,面阳、马首、桃花尖诸山皆是也。《寰宇记》云:陶潜居此,按靖节书院及墓,皆在今面阳山之阴。"同治《九江府志》卷四《山川·德化县》:"柴桑山,在府城南九十里。《寰宇记》:柴桑,古栗里,陶潜居此。"同治《德化县志》卷四《山川》:"柴桑山,在楚城乡,周回五里。明何璧《柴桑山记》:柴桑山在郡城西南九十里。《寰宇记》:柴桑山近栗里,陶潜此中人。潜人品甚高,《归去来》一篇,是道本色。忆当时率然而出,率然而归,使人想见。是公解装登舟,寻三径而乐吾庐者。至今虽不可迹问,然墟烟村柳,何处无之?正惜少如潜者耳。"

[71] 陶元亮:即陶渊明(?—427),字符亮,又名潜,浔阳柴桑人(今江西省九江市),东晋著名田园诗人、辞赋家、隐士,《晋书》卷九十四有传。渊明历官江州祭酒、建威将军参军、镇军将军参军、彭泽县令等职,但以出身寒族,仕宦艰难,难有出路,安帝义熙二年(406),上任彭泽县令八十余天后,即辞官归隐。有《归去来兮辞》《归园田居》《桃花源记》等著名诗文。渊明辞官后,即归籍隐居。

[72] 用典《晋书》卷九十四《陶潜传》"吾不能为五斗米折腰，拳拳事乡里小人邪"语，句中小儿，指小人。

[73] 九江关征船税，乾隆十八年（1753）定制十分细致。《钦定大清会典则例》卷四十七《户部·关税上》："船之大者头号征银四十八两五钱，辰船、驳船、大浆船、大广船、大襄船、竹山船二号，减征银五钱，三号以下各减一两至八号止。抚船、大斗船、大䴔子船、方稍船、大黄船、大敞稍船，头号、二号又各分十号，三号又分四号，计二十四号，二号减五钱，三号至十九号递减一两，二十、二十一号各减五钱，二十二号至二十四号又递减一两。其次，大座船，头号征银四十六两。大扁船，头号征银四十两，自二号以下递减一两至八号止。大划船，头号分十号，二号分八号，计十八号，第一号征银四十三两，二号至十三号递减一两，十四号、十五号各减五钱，十六至十八号又递减一两。柏木船头号分十号，至二号之一，计十一号，第一号征银三十六两，自二号至六号递减一两，七号八号各减五钱，九号以下又递减一两。湖南船，头号征银三十两五钱，二号减五钱，三号减一两，至五号止。大鸦尾船，头号征银三十两，二号减一两，至四号止。以上船有再大于头号，及带有小五船者（系大船随带之小船，仅载五人）均征银四十八两五钱，不分号数；其余无小五船者，各按丈尺分定号数，编征税银。又其次船，头号征银十有六两九钱，划船、巴斗船，自头号至十五号，各分十号，十六号分三号，计一百五十三号；鸦尾船十五号、中抚船十四号，各分十号，计一百五十号；一百四十系大船随带之小船，仅载五人，号䴔子船；头号至十三号，各分十号，十四号分五号，计一百三十五号；采石船、临江船，头号至十三号，各分十号，十四号分四号，计一百三十四号；桐槽船十三号，各分十号，计一百三十号；渡船，头号至十二号，各分十号，十三号分五号，计一百二十五号；渔船，头号至十一号各分十号，十二号分五号，计一百十五号；下江黄船，头号至十号各分十号，十一号分五号，计一百有五号；三板船，头号至九号各分十号，十号分四号，计九十四号；中辰船，头号至八号各分十号，九号分九号，计八十九号；镇江沙船、焦湖船，头号至八号各分十号，九号分五号，计八十五号；鳅船，八号各分十号，计八十号；以上均自二号减征银四钱，三号至五号递减五钱，五号以下递减一钱。濑子船，头号至十一

号各分十号，十二号分三号，计一百十三号，一号征银十有六两，二号、三号各减五钱，四号以下递减一钱。芜湖船，十四号各分十号，计一百四十号；宋埠船，十四号各分十号，至十五号之一，计一百四十一号；摇船、扶梢船，头号至十三号各分十号，摇船至十四号之五，扶梢至十四号之一，计一百四十五号、一百四十一号；江窝船，十一号各分十号，至十二号之一，计一百十有一号；其头号均征银十有五两。三桨船，九号各分十号，计九十号；巴干船，八号各分十号，至九号之一，计八十一号；其头号均征银十有四两。车牌船，十一号各分十号，十二号分八号，计一百十有八号；丰城船，十一号各分十号，至十二号之一，计一百十有一号；宣船，十号各分十号，至十一号之六，计百有六号；其头号均征银十有三两。奉新船，十号各分十号，十一号分六号，计百有六号，头号征银十有一两。两尖船，九号各分十号，计九十号，头号征银十两。中扁船，七号各分十号，计七十号；满江红船，五号各分十号，至六号之一，计五十一号；头号均征银八两。本水船二号，各分十号，三号分九号，计二十九号，头号征银三两。以上均自二号以下递减银一钱。课船丈尺无异，均征银十有三两五钱，带脚船者，正课脚船征银四钱，外课脚船五钱。盐船不论丈尺号数，无小五船者征银四十八两五钱，有小五船者五十七两，带脚船者，每船征银一两，多者按数加税。差船有火牌勘合者不征船料，无火牌勘合者与茶船、鱼苗船皆量船之丈尺，照商船例征收。"据《运铜纪程》卷三《京运·应纳关税》，九江关"不征收货税，只征船料。运员备带余铜，如系同正铜装载，其船料银两，业据船户完纳，毋庸另征"。但黎氏并未载明其船队船只之具体大小、名目，故其纳税额难以依此考证。

[74]　库纹银：指清代存入国家府库的标准银，以银上刻有熔铸银锭的机构、时间、重量等文字，故称纹银。

[75]　湖口县：九江府属县，在府城东六十里。县地初为汉彭泽县地，属豫章郡，后汉因之。汉末建安中（196—220），孙权尝置彭泽郡，寻废。晋初仍属豫章郡，永嘉元年（307）改属寻阳郡，宋齐因之。梁侨置太原郡。隋平陈，郡县俱废，为龙城县地，寻为彭泽县地。唐武德五年（622）始分彭泽置湖口戍，南唐保大中（943—957）升为湖口县，属江州。宋因之。元属江州路，明属九江府，清因之（据嘉庆《重修大清一统志》卷三百一

十八）。今仍名，为九江市湖口县。

[76] 彭蠡：鄱阳湖旧名彭蠡泽，清代称彭蠡湖，长江与鄱阳湖交汇处，湖口县亦因此得名。嘉庆《重修大清一统志》卷三百一十八《九江府·山川》："彭蠡湖在德化县东南九十里及湖口县治西南，湖之下流也，会群仙之水，由湖口县西注于大江，县当其委输之处，故以湖口为名。《书·禹贡》：彭蠡既潴，阳鸟攸居。《汉书·地理志》：彭泽。《禹贡》：彭蠡泽在西，又雩都县湖汉水东至彭泽入江。《水经注》：赣水总纳十川，俱注彭蠡，东西四十里，清潭远涨，绿波凝净，而会注于江川。杜佑《通典》：彭蠡湖在郡东南五十二里。《舆程记》：自湖口县入彭蠡湖经大孤山至南康府百二十里，又二百五十里至南昌府，自县而东南渡湖抵饶州九三百七十里。"同治《九江府志》卷四《山川·湖口县》："彭蠡湖，在治南，一名鄱阳湖，一名官亭湖。自都昌土目河入境，经屏风矶、老鸦矶、钟子矶、上钟矶、下钟矶，与大江会。"今名鄱阳湖，湖面分属江西省九江市、上饶市、南昌市，九江市独占70%。湖有南北两部分，北部狭长，为湖水入江通道，南面为主体，总面积近4000平方公里，为我国第一大淡水湖，第二大湖。鄱阳湖是我国重要自然保护区，国际著名的候鸟越冬栖息地，尤以白鹤闻名，有"白鹤世界""珍禽王国"的美誉。

[77] 南康：江西南安府属县，今为江西省赣州市南康区。

[78] 豫章：指江西省治南昌府南昌县，即今江西省南昌市。南昌，汉始设县，为豫章郡治，后汉及晋以后皆因之。隋始改县名为豫章，为洪州治。大业初（605）仍为豫章郡治，唐仍为洪州治。代宗宝应元年（762）改名钟陵，豫章之名遂废（据嘉庆《重修大清一统志》卷三百零八）。此处黎氏用其旧称。

[79] 皖江：长江安徽段别称，自江西省九江市来，于安徽省安庆市宿松县进入安徽省境内，共经安庆、贵池、铜陵、芜湖、马鞍山5市12县，至和县乌江附近流入江苏省境，全长400余公里，俗称"八百里皖江"。

[80] 金陵：南京的别称，以其战国时为楚国金陵邑而得名，唐高祖武德八年（625）亦曾名金陵。

[81] 窾：音同款，此处为象声词。窾坎镗鞳，语出苏轼《石钟山记》，原文为："……舟回至两山间。将入港口，有大石当中流，可坐百人。空中

而多窍，与风水相吞吐，有窾坎镗鞳之声，与向之噌吰者相应如乐作焉……"

黎氏此处所引，嘉庆《重修大清一统志》卷三百一十八《九江府·山川·石钟山》皆引，其载："石钟山，在湖口县，有二。一在县治南，曰上钟山，一在县治北，曰下钟山，各距县一里，皆高五六十丈，周十里许，其势相向。《寰宇记》：石钟山西枕彭蠡，连峰迭嶂，壁立削峻，西南北面皆水，四时如一。白波撼山，其声若钟。按李渤《辨石钟山记》云：《水经》云彭蠡之口有石钟山，郦元以为下临深潭，微风鼓浪，水石相搏，响若洪钟，因受其称。予访其遗迹，遇双石欹枕潭际，扣而聆之，南音函胡，北音清越，枹止响腾，余音未歇。若非山泽至灵，安能产此奇石乎？苏轼《石钟山记》：余至湖口观石钟。暮夜月明，乘小舟至绝壁下，大声发于水上，噌吰如钟鼓不绝，徐而察之，则山下皆石穴罅，不知其浅深。微波入焉，涵澹澎湃，而为此舟回至两山间。将入港口，有大石当中流，可坐百人，空中而多窍，与风水相吞吐，有窾坎镗鞳之声，与向之噌吰者相应如乐作焉。郦元之所见闻，殆与余同。"

[82] 噌吰：音同撑洪，竑同吰，象声词，指钟鼓声、喧嚣声。

[83] 赭：音同者，红褐色。

[84] 彭泽县：江西省九江府属县，在府城东少北一百四十里。县地初汉为彭泽县地，晋为阳和城，皆属豫章郡，后世因之。隋平陈，废彭泽县，改置龙城县于此，属江州。开皇十八年（598）复名彭泽，大业初（605）属九江郡。唐因之，武德五年（622）改属浩州，八年（625）还属江州，宋因之。元属江州路，明属九江府，清因之（据嘉庆《重修大清一统志》卷三百一十八）。今为九江市彭泽县。

[85] 东流县：安徽池州府属县，详见后文注。

[86] 陶元亮：即陶潜。据《明一统志》卷五十二《南康府·古迹·彭泽县城》，彭泽县城在都昌县北四十五里，汉县，属豫章郡，晋陶潜为令治此城。

[87] 龙城：彭泽县古迹。据嘉庆《重修大清一统志》卷三百一十八《九江府·古迹·龙城废县》："龙城废县，在彭泽县西。《隋书·地理志》：九江郡彭泽，平陈置龙城县，开皇十八年（589）改名焉。《寰宇记》：废龙城县在彭泽县西二里。"乾隆《江西通志》卷四十二《古迹·九江府·废龙

城县》:《太平寰宇记》，在彭泽县西二里，隋平陈后置，至开皇十八年又改为彭泽县。"同治《九江府志》所载同。

[88] 彭泽县治，乾隆《江西通志》卷二十《公署·九江府·彭泽县署》载其迁移云:"彭泽县署汉晋时置于彭泽乡，唐武德五年（622）迁于浩州故址，南唐升元二年（938）迁于小孤江次，即今治。"颇为疏略。同治《九江府志》卷十二《公廨·彭泽》:"县署汉晋时置于彭泽乡，唐武德五年（622）迁于浩州故址，南唐升元二年（938）迁于小孤江次东南山下，即今治。元至正八年（1348），主簿福僧重建，壬辰兵燬。明洪武元年（1368）知县黄安泰，仍旧址建治厅、后堂，左右分列六堂。厅前二十步为仪门，门外东转而北为谯楼、幕厅，附正厅之左架，阁库在正厅之后。又后去四十步，为知县宅。吏舍列仪门外之东西。又前为戒石亭、土神祠、监房。正德六年（1511）知县何士凤撤而新之，嘉靖十八年（1539），知县林时畅重修，二十六年（1547）知县刘廷宾修葺。国朝康熙十一年（1672）知县喻良重修。乾隆三年（1378）知县李松泰修建，咸丰三年（1851）兵燬。"

[89] 小孤山：长江彭泽县段江中著名小山。嘉庆《重修大清一统志》卷三百一十八《九江府·山川》:"小孤山在彭泽县北，屹立江中，俗名髻山。《寰宇记》：山高三十丈，周回一里，在古城西北九十里。孤峰耸峻，半入大江。欧阳修《归田录》：江南有大小孤山，在江水中，嶷然独立，而世俗转孤为姑。江侧有一石矶，谓之澎浪矶，遂转为彭郎矶。云彭郎者，小姑婿也，余尝过小姑山庙，像乃一妇人，而额勒为圣母庙。岂止俚俗之谬哉？陆游《入蜀记》：澎浪矶小孤二山，东西相望，小孤属舒州宿松县，峭拔秀丽，非他山可拟。按欧阳修以小孤山属江西，陆游以小孤山属江南，今查大孤山、小孤山、澎浪矶，皆在大江中，两省分界，于江西为近。今依旧《志》仍载入九江府中，以志核实。"同治《九江府志》卷四《山川·彭泽县》:"小孤山，在县北五里大江中，一名髻山。中流砥柱，海门第一关。刘沆诗：'攀天有八柱，此一柱仍存。石耸千寻势，波流四面痕。江湖中作镇，波浪里盘根。平地安然者，饶他五岳尊。'国朝嘉庆丙辰（1796），邑解元刘鏖书'云香水翠'四字于梳妆亭上。咸丰七年（1857）彭官保刻石，在山东南面。"山今仍名，属安徽省安庆市宿松县，在县城东南六十公里长江中，为国家3A级风景名胜区。

[90] 此处所引在《入蜀记》卷二八月一日记事,原文为:"凡江中独山,如金山、焦山、落星之类皆名天下,然峭拔秀丽皆不可与小孤比。自数十里外望之,碧峰巉然孤起,上干云霄,已非他山可拟。愈近愈秀。冬夏晴雨,姿态万变。信造化之尤物也。"

[91] 此处所引在《入蜀记》卷二八月一日记事,原文为:"庙在山之西麓,额曰'惠济',神曰'安济夫人'。绍兴初(1131)张魏公(即张浚)自湖湘还,尝加营葺,有碑载其事。又有别祠在澎浪矶,属江州彭泽县。三面临江,倒影水中,亦占一山之胜。舟过矶,虽无风亦浪涌,盖以此得名也。"

[92] 彭浪矶:《明一统志》卷五十二《南康府·山川》:"彭浪矶在彭泽县北,耸立江滨,与小孤山相对。俗讹为彭郎,遂有小姑嫁彭郎之语。"关于彭郎之讹,陆游《入蜀记》卷二八月一日记事另有一说,其云小孤山"又有别祠在澎浪矶,属江州彭泽县。三面临江,倒影水中,亦占一山之胜。舟过矶,虽无风亦浪涌,盖以此得名也。昔人诗有'舟中估客莫漫狂,小姑前年嫁彭郎'之句,传者因谓小孤庙有彭郎像,澎浪庙有小姑像,实不然也"。

[93] 宿松县:安徽安庆府属县,在府城西南二百六十里。县地初为汉初皖县地,昭帝始元五年(前82)置为松兹侯国,属庐江郡,后汉省。梁时置高塘郡,隋开皇初(581)废郡,改县曰高塘,十八年(598)又改为宿松,属同安郡。唐武德四年(621)于县置严州,八年(625)州废,属舒州。五代因之,宋属安庆府,元属安庆路,明属安庆府,清因之(据嘉庆《重修大清一统志》卷一百零九)。今为安徽省安庆市宿松县。

[94] 成化:明宪宗朱见深年号,1465—1487年。

[95] 躅:音同足,此处当指底部。

马当山:安徽宿松县与江西九江彭泽县的界山。嘉庆《重修大清一统志》卷三百一十八《九江府·山川》:"马当山在彭泽县东北四十里。山形似马,横枕大江。回风撼浪,舟船艰阻。山腹有洞甚深,不可涯涘。山际有马当庙。唐陆龟蒙《马当山铭》:天下之险者,在山曰太行,在水曰吕梁,合二险而为一,吾又闻乎马当。"乾隆《江西通志》卷十二《山川·南康府》:"马当山在彭泽县东北四十里,其山象马横枕大江。烈风撼浪,行舟险阻,人为立庙其巅。有天井,相传唐王勃舟过其下,遇神赐以顺风,一夕至洪州作《滕王阁序》。陆龟蒙《铭》:云天下之险者,在山曰太行,在水曰吕梁,合二险而为一,吾又闻乎马当。"同治《九江府志》卷四《山川·彭泽县》:"马当山,去县三十里,横枕大江,烈风撼浪,人为立庙。唐王勃舟过其下,遇神赐以顺风,一夕至洪州作《滕王阁序》。陆鲁望《铭》云:天下之险者,在山曰太行,在水曰吕梁,合二险而为一,吾又闻乎马当。山后有虎洞,上有峭壁,桃虎踞、石马踏焉。"马当山,今仍名,在江西彭泽县马当镇,在镇治东北里许,长江南岸,亦称马当矶山、马当炮台山。

[96] 下元水府:当指道教三官大帝(亦称三元大帝)中的下元三品水官解厄大帝。其信仰源于对水的崇拜,传说下元十月十五为其诞辰。下元大帝信仰,相对于三元中的第一品天官大帝,信众较为稀少(据《道教大辞典·三官大帝》)。民间或以此地为其道场,山顶亦确曾有其庙宇。《入蜀记》卷一七月二十八日记:"至马当,所谓下元水府。山势尤秀拔,正面山脚直插大江,庙依峭崖,架空为阁。登降者皆自阁西崖腹小石径扪萝侧足而上,宛若登梯。飞甍曲槛、丹碧缥缈,江上神祠惟此最佳。"

[97] 此句所引当自《大清一统志》,见上文马当山注。

[98] 簰:音同牌。木簰,指将木头并排捆扎而成的简易船只,亦称筏。

[99] 华阳镇:安徽安庆府望江县属镇,望江八镇之一。据乾隆《江南通志》卷二十七《舆地志·关津·望江县》,镇在县城东南十五里,有巡检司驻守。乾隆《望江县志》卷二《乡镇》:"望江镇,邑东南十五里。龙之珠曰江口有水汛操标兵守之。居民二百余家,经左兵焚掠,今复业者仅百家。累港旧驿移于此。沈镐曰雷水曾从此出江,今镇前生淤洲,旧镇无复舟泊矣。谨按,镇民今可二百余家,累港司驿亦裁革,汛兵则督标领之。镇原有屈原祠,乾隆二十七年(1762)又建方公祠。"今仍名华阳镇,仍属望江县,在长江北岸。

[100] 安庆府:安徽属府,省治所在。府地在《禹贡》为扬州之域,春秋时为皖国及群舒地,战国属楚。秦属九江郡,汉为皖县,属庐江郡。后汉建安末,徙庐江郡来治。三国属吴,晋初仍属庐江郡,安帝改皖置怀宁县,兼置晋熙郡(见《宋书·州郡志》,而《晋志》作孝武置),宋齐因之。梁末置豫州,太宝元年(550)改曰晋州。北齐天保六年(555)改曰

江州。陈太建五年（573）复曰晋州。隋开皇初（581）郡废，改州曰熙州，大业三年（607）改曰同安郡。唐武德四年（621）改曰舒州，六年（623）置总管府。贞观元年（627）府罢，天宝元年（742）复曰同安郡，至德二载（757）改盛唐郡，乾元元年（758）复曰舒州，属淮南道。五代初属吴，后属南唐。宋初亦曰舒州同安郡，政和五年（1115）置德庆军节度，绍兴三年（1133）改属淮南西路，十七年（1147）改曰安庆军，庆元元年（1195）升为安庆府（以宁宗潜邸也，端平三年（1236）移治罗刹洲，又移杨槎洲，景定元年（1260）改筑宜城，即今治）。元至元十四年（1277）置安庆路总管府，属蕲黄宣慰司，二十三年（1286）属河南江北行省。明洪武初（1368）改曰宁江府，六年（1373）复曰安庆府，直隶南京。清属安徽省，领县六，府治怀宁县（据嘉庆《重修大清一统志》卷一百零九）。今大致为安徽省安庆市境。望江县，安庆府属县，在府城西南一百二十里。县地初为汉皖县地，东晋安帝置新冶县，属晋熙郡，宋、齐因之。陈置大雷郡，隋开皇初（581）郡废，十一年（591）改县曰义乡，十八年（598）又改曰望江，属同安郡。唐武德四年（621）于县置高州，寻改智州，七年（624）州废，属严州，八年（625）属舒州。宋属安庆府，元属安庆路，明属安庆府，清因之（据嘉庆《重修大清一统志》卷一百零九）。今为安庆市望江县。

[101] 查悔余：即查慎行（1650—1727），浙江海宁（今浙江嘉兴市海宁市）人，悔余为其字，清代著名诗人，《清史稿》卷四百八十四《文苑一》有传云：查慎行，字悔余，海宁人。少受学黄宗羲。于经邃于《易》。性喜作诗，游览所至，辄有吟咏，名闻禁中。康熙三十二年（1693），举乡试。其后圣祖东巡，以大学士陈廷敬荐，诏诣行在赋诗。又诏随入都，直南书房。寻赐进士出身，选庶吉士，授编修。时族子升以谕德直内廷，宫监呼慎行为老查以别之。帝幸南苑，捕鱼赐近臣，命赋诗。慎行有句云："笠檐蓑袂平生梦，臣本烟波一钓徒。"俄宫监传呼"烟波钓徒查翰林"。时以比"春城寒食"之韩翃云。充武英殿书局校勘，乞病还。坐弟嗣庭得罪，阖门就逮。世宗识其端谨，特许于归田里，而弟嗣瑮谪遣关西，卒于戍所。……慎行著《敬业堂集》《周易玩辞集解》，又补注《苏诗》，行于世。《四库全书》录其《周易玩辞集解》，他书未录。

[102] 东流县：安徽池州府属县，在府西少南一百八十里。县地汉为

豫章郡彭泽县地，梁置晋阳、和城二县，属太原郡。隋平陈，仍废入彭泽。唐会昌初（841）置东流场于和城旧县，五代南唐保大十一年（953）升为东流县，属江州。宋太平兴国三年（978）改属池州，元属池州路，明属池州府，清因之（据嘉庆《重修大清一统志》卷一百一十八）。1959年与至德县合为东至县，属今安徽省池州市辖。

[103] 池州府：安徽属府，在省治东少北一百二十里。府地为《禹贡》扬州之域，春秋时吴地，后属越，战国属楚，秦属鄣郡。汉为丹阳郡之石城县，晋改属宣城郡，宋齐因之。梁属南陵郡，陈置北江州，隋为秋浦县，仍属宣城郡。唐武德四年（621）始置池州。贞观元年（627）州废，仍属宣州，永泰元年（765）复置，亦曰秋浦郡，属江南西道。五代初属杨吴，后属南唐，置康化军（马端临《文献通考》载南康为康化军节度，后为军事）。宋曰池州池阳郡，建炎四年（1130）置江南东路帅府，寻罢，还属建康。元至元十四年（1277）升为池州路，属江东道。明曰池州府，直隶南京。清属安徽省，领县六（据嘉庆《重修大清一统志》卷一百一十八）。今为安徽省池州市。

[104] 黄石矶：长江东流县段著名险滩，乾隆《江南通志》卷十六《山川·东流县》："黄石矶在东流县东北五十里，滨大江旁，有黄石港，多黄土巨石相绵亘。"嘉庆《重修大清一统志》卷一百一十八《池州府·山川》："黄石矶在东流县东北五十里，亦滨大江。明正德十四年（1520），宸濠犯安庆，泊舟于此，问矶名，左右以对，声近'王失机'，濠大恶之，未几果败。"乾隆《池州府志》卷十三《山川·东流县》："黄石矶在县北六十里。"今仍名，旧址在安徽省池州市东至县胜利镇黄石村长江东岸。

[105] 宸濠：即朱宸濠（1479—1520），明太祖朱元璋第十七子宁王朱权之四世孙，宁康王朱觐钧庶子。弘治十年（1497年）宁康王卒，无嫡子，宸濠袭爵。宸濠轻佻无威仪，善以文行自饰。武宗时，以武宗无嗣而荒淫，听信术士浮言，企图代帝自立，正德十四年遂起兵反叛，四十三日而败死。《明史》卷一百一十七有传。

[106] 皖口：即皖河入长江处，有镇，属怀宁县。嘉庆《重修大清一统志》卷一百零九《安庆府·关隘》："皖口镇在怀宁县西十五里，皖水入江之口也，亦名山口镇。孙吴嘉禾六年（237）使诸葛恪屯于庐江皖口。《陈书·高祖纪》：永定三年（559）闰四月，遣镇北将军徐度率众城南皖口。

六月，征临川王蒨往皖口置城栅，以钱道戬守焉。《九域志》：怀宁县有皖口镇。《元史·余阙传》：安庆依小孤山为藩蔽，命义兵元帅胡伯颜统水车戍焉。陈友谅自上游直捣小孤山，伯颜与战，四日夜不胜，急趋安庆。贼追至山口镇。"康熙《安庆府志》卷三《乡镇·怀宁县》："皖口，城西十五里，亦名山口，旧为怀宁县治。"今仍名皖口镇，在安庆市大观区西。怀宁县，安庆府治，县城即府城。县地初为汉庐江郡皖县地，晋以后为晋熙郡怀宁县地，隋为同安郡懹宁县地，唐为舒州怀宁县地。南宋升舒州为安庆府，景定元年（1260）始随府移置于此，仍曰怀宁县。元为安庆路治，明为安庆府治，清因之（据嘉庆《重修大清一统志》卷一百零九）。今大体为安庆市诸区及怀宁县地。

[107] 皖山：怀宁县名山。嘉庆《重修大清一统志》卷一百零九《安庆府·山川》："皖山在潜山县西北。《唐书·地理志》：怀宁县有皖山。李吉甫《元和郡县志》：皖山在怀宁县西十里。《太平寰宇记》：潜山在怀宁西北二十里，高三千七百丈，周二百五十里，山有三峰，一曰天柱山、一曰潜山、一曰皖山。三山峰峦相去隔越。天柱，即司元洞府，有白鹿洞。潜山有魏时左慈炼丹房，山东面有激水，冬夏悬流，知瀑布下有九井一石床，容百人。《方舆胜览》：皖山在怀宁县西，皖伯始封之地。《县志》：山之南为皖山，北为潜山，东为天柱山，一名雪山。西为霍山，道家以为第十四洞，名天柱司元之天。有峰二十七，其著者曰飞来、三台。又有岭八、崖五、岩十，有二原、四洞、十台、四池、三奇，秀不可殚记。唐李白《江上望皖公山诗》：'青冥皖公山，巉绝称人意'，即此。按灊之名见《左传·昭公二十七年》：吴公子烛庸帅师围灊。杜预注，在庐江六县西南，汉武登灊，礼天柱山，号为南岳。王存《九域志》：灊山，汉之南岳也。考汉灊县故城在今霍山县东北三十里，晋六县故城在今六安州北十三里，去今潜山颇远。今潜山县本汉皖县，东晋以后为怀宁县地。元英宗至治三年（1323）始置县曰潜山。盖据《寰宇记》称皖山，一曰潜山也。然晋以前灊县实不在此，诸《志》纷纷以皖山为灊岳、为霍山，俱误。"已公开出版之康熙《安庆府志》、民国《怀宁县志》皆为专门列载。今仍名皖山。

[108] 南唐元宗：即五代十国南唐皇帝李璟（916—961），初名景通，南唐开国皇帝李昪长子，继位后改名璟。璟好读书，多才艺，为南唐著名词

人。南唐升元四年（940）立为太子，七年（943）嗣位。在位期间，消灭楚、闽二国，疆域为南唐最大。胆性好奢侈、政治腐败，国力大为下降。交泰元年（958），被后周征，屡次败北，被迫割地求和，并削去帝号，对周称臣，自称国主，用后周显德年号。宋太祖建隆二年（961），迁都洪州，悔愤病卒，谥明道崇德文宣孝皇帝，庙号元宗。《新五代史》卷六十二《南唐世家》有传。

[109] 疾后当漏一"终"或"卒"字。

[110] 李煜（937—978）：字重光，初名从嘉，元宗李璟第六子，南唐末代君主，也称南唐后主，961—975年在位，《新五代史》卷六十二《南唐世家》有传。李煜自即位，即尊宋为正统，岁岁奉贡。宋太祖开宝四年（971），宋军灭南汉，南唐上游受到威胁，遂自请去"唐"国号，称"江南国主"。八年（975），为宋所灭，李煜被俘送至汴京，封为右千牛卫上将军、违命侯。太宗太平兴国三年（978），卒于汴京。李煜在政治上无所建树，但精通音律，工于诗书画，尤以词著名，对后世词坛影响深远。

[111] 据《清实录·宣宗实录》卷三百二十九《道光二十年十月己巳》，时安徽布政使为徐宝森，道光二十年（1840）十月由山东按察使调任。

[112] 阿别驾步伊：即安庆府通判阿步伊。目前《安庆府志》仅有康熙本出版，其详难考。

道光二十一年三月

三月初一日，丙戌，阴。张帆出江，北风大作，波涛汹涌。回舟，仍泊皖口。

初二日，丁亥，阴晴。北风未息，强张帆行，浪高数尺。巳刻，泊鲍家村江夹北岸，[1]计水程三十里。登岸闲步村中，老树半枯，露根粘藓，绿杨始叶，惨淡无春。麦苗长寸许，半为泥沙淹没。村民数百家，屋宇倾坏，烟火萧条，妇孺沿岸乞者纷纷。询之，云滨江被水，秋禾不登五六年矣。夜，北风大盛，群舟摇撼不息。

初三日，戊子，阴。守风。

初四日，己丑。终日雨，守风。

初五日，庚寅，阴晴。风渐息，辰刻，挂帆行，过拦江矶、[2]太子矶、[3]长风沙。[4]拦江矶江路极险，舟行至此，遇风多坏。太子矶古名罗刹石，在江东近南岸，白石堆立高数丈，其下石梁斜插江中，舟行不善避，触之即坏，亦险地也。矶上有神祠，主僧伺客舟至，驾小舟乞钱米以为常。长风沙亦曰长风夹，亦曰长枫渡。李太白诗"万里南游夜郎国，[5]三年归及长风沙"，[6]梅圣俞诗"长风沙浪屋许大，罗刹石齿水下排"，[7]其湍险可知矣。[8]午刻，过池州府，城距江十里，遥望不甚分明，惟一塔耸立可辨耳。贵池其首邑，即隋之秋浦县。[9]秋浦在西南八十里，山溪诸水会流于此，汇为巨浦，长八十余里，阔三十里，《志》称四时景物宛如潇湘洞庭。《李太白集》有《秋浦歌》十七首，盖南迁回，往来江东，居此为多也。[10]申刻，北风大厉，惊涛骇浪，横击斜撞，船戛戛有碎裂声，十余万斤重载舟掀舞摇荡，旁人失色。各舟欲泊不得，勉力抢风行，酉刻始挽入王家套小夹内泊。[11]姚生颇狎风涛，今日始觉胆栗。盖初历江湖，未经风波者，往往漠不介意，叠受危险，则常存戒心矣。人生阅历、世故类如此，不特行舟为然。计水程一百里。夜，星月满天，大有晴意，更深，复阴云四合。

初六日，辛卯。午刻，西风微起，群舟始开行，旋即烟雨冥濛，遥望九华山苍翠尖秀，[12]放翁极赞王文公诗"盘根虽巨壮，其末乃修纤"二句，以为此山之奇在修纤，信然。[13]风顺，舟行稳适。未刻，抵大通镇泊。[14]

大通河源出青阳、铜陵诸山中，[15]汇流至大通镇入大江，盖贵池、铜陵接壤处也。镇市颇盛。计水程三十里。泊后，雷雨，入暮方息。自九江至大通镇，水路共五百里。

初七日，壬辰。北风稍弱，卯时开行。晓霁新晴，江岸诸山缭曲纤秀，悦人心目。《入蜀记》所谓"白云青嶂，远相映带，如行图画"，洵为此地写真。[16]辰刻，复阴。巳刻，过铜陵县，县南有铜官山，[17]山西有铜官渚，[18]太白诗"我爱铜官乐"是也。[19]唐宋时，于此置场烹铜，铜乏乃废。自安庆以下，江西广阔，洲渚绵邈，两岸地势平衍，夏秋时皆成巨浸。数年来村庄被水，民不聊生。行舟泊处，妇孺乞食纷纷，满野哀鸿，殊可悲悯。未刻，北风大作，江波汹涌，群舟挽泊鲤鱼洲套口，距荻港可十里许，计水程一百二十里。登岸闲步洲上，亦有人家。其洼下处，夏秋时皆芦苇乡也。问所隶，云属无为州。[20]偶视座船尾舱，竟为江波所击，有渗裂痕，舟人以棉花烛油塞之。夜，风雨不止，群舟摇荡。计自汉阳开行以来，阴雨月余，逆风惊浪，无日不愁思，万种行旅苦况于斯极矣。

初八日，癸巳。风雨不止，泊鲤鱼口。

初九日，甲午。辰刻，开霁，抢风行。已近荻港矣，风劲波涌，舟人急回舟泊原处。哺后至夜，风雨不止。

初十日，乙未。卯刻，无风开行。过荻港，[21]繁昌县属，[22]有巡司戍守，江流险要地也，烟户稠密。镇市后山黑石嶙峋，山半多祠庙，《入蜀记》所称龙庙延禧观故址，[23]当有存者，未游访，不知也。距镇数里，一石山突出江滨，沿山修竹茂密，上建祠宇，行舟至此，辄焚楮望拜，意其为江神欤。辰刻，风雨交至。巳刻，泊白马夹口，[24]计水程六十里。风雨至三更方息。第七号舟在江心搁浅，群舟人往助之，二更后始来齐帮。

十一日，丙申。西风微，转挂帆行，过三山矶、[25]鲁港，[26]天色晴明。巳刻，至芜湖，[27]座船在入口处搁浅，百计推挽始移入城河内泊，计水程七十里。城河上流通高淳之广通镇，[28]即所谓东坝也。中江之水旧入苏、常，[29]自唐杨行密筑五堰而中江不复东，[30]宣、歙诸水皆自芜湖达于江。宋时废五堰而筑东西二坝，今自芜湖二日可达东坝，[31]由东坝四日可达姑苏，较大江为捷。余昔令桐乡，[32]曾遣人赴外江采买仓谷，亦由芜湖东坝运至浙西焉。《芜湖志》称即古鸠兹。《春秋》襄三年，楚伐吴，克鸠兹。[33]

汉于此置芜湖县，以地卑，蓄水易生芜藻而名。枭矶，在城西大江岸，地属和州辖。[34]《入蜀记》谓矶有枭能害人，故得名，后改枭为浇。[35]相传昭烈孙夫人自沉于此，今矶上有孙夫人祠。[36]投芜湖关申文税薄。[37]

十二日，丁酉，晴。泊芜湖，候查验，给关税银二百两，均为舟人借垫也。往谒王观察兆琛，[38]值出未见。闻数日前，盗十余人入城，强劫伤事主。繁剧之区，鼠辈敢尔，行江孤客滋惧矣。

十三日，戊戌。卯刻，抢东北风行，过东、西梁山，两山夹江对峙，亦名天门山。东梁又名博望山，太平府当涂县属，西梁和州属。[39]《志》称即《春秋》昭十七年，楚获吴，乘舟余皇处。[40]巉岩峻拔，江流湍涌。晋宋六朝恒于此筑垒置栅，驻军守御，扼大江之扼要。博望山稍东即太平府治，姑熟溪在其中，[41]放翁所谓澄澈如镜，景物幽奇者。[42]又谢朓所居之青山，[43]孟嘉帽落之龙山，[44]皆在其地。江中遥望，塔尖耸处，山色空濛，船人指曰此间佳胜颇多，恨不得舣棹往游。过两梁山，舟由大江西面夹中行。未刻，风雨交作，中流巨浪奔腾，群舟掀舞摇荡，樯几折，舱中坐立不舒，令人眩晕欲呕，心胆为裂。自九江以下，风雨连绵，洪涛春天，[45]数经危险，然未有如今日之甚者！申刻方抵罾鱼嘴东岸得泊，[46]计水程九十里。雨至夜不息。

十四日，己亥，阴。守风。饭后，登洲上闲步。登询之渔人，以大荒对，云涨沙，近年成大洲，岁种芦苇输课于江宁旗营。[47]东望采石、牛渚，[48]矶石巉岩，俯临江面，上多茂林、芳树。牛渚山下即温峤燃犀照水处，[49]与和州之横江渡相对。[50]《志》称秦皇巡会稽至钱塘，由此渡江。古来江南有事，敌人每自横江趋采石，实为津要之地。太白有《横江词》，所谓"横江馆前津吏迎"，[51]即此。其下十里许，有慈姥山，[52]积石临江，崖壁峻绝。山下有慈姥矶，壤接江宁府界矣。[53]罾鱼嘴西岸属和州，遥望州城不十里，而近和州，古历阳地，有乌江水通大江，汉兵追项羽处也。[54]大荒洲皆苇地，[55]枯荻尚未尽刈，新芦已出土。视渔者罾鱼，买细鳞数尾，从人斫芦笋回舟作晚菜。

十五日，庚子。开行里许，风雨倏至，仍泊大荒洲岸。雨终日夜不止。

十六日，辛丑。五更，雷雨交作。黎明，风颇便，舟人冒雨开行。过烈山，突立江中，一名洌山，又名溧州，有矶曰乱石。[56]又十余里过三山，三峰排列江滨，尖秀可爱。[57]晋王浚伐吴，顺流直指三山，即此。又十余里至犊儿矶，矶石斜出江滨，极为湍险。[58]雨止，西风益顺，舟行稳速，旋入夹行。芳洲草长，杨柳垂丝，沿岸罾鱼者比栉。船窗徙倚，[59]目旷神怡，始得半日行江之乐。未刻，泊江宁上关夹内，[60]计程九十里。

十七日，壬寅，阴晴。候关吏查验木料。[61]

十八日，癸卯，晴。饭后，雇小舟入江宁城。移行李寓承息寺僧房，[62]姚生同往。午后，谒成兰生方伯世瑄，同乡石阡人也。[63]办文领水脚银两。群舟验讫，开至草鞋夹，[64]齐帮停泊，计水程六十五里。自大通镇至江宁，水路共五百里。

十九日，甲辰。具禀借领藩库养廉银五百两。往黄篠原大令家家声，[65]候其尊人广文荣曾、[66]令兄小谷家达，未遇。兆熙自舟入城同住。

二十一日，丙午，阴。成兰生方伯遣人馈食物。招方仲坚晨饭，[67]午后偕入市购绸缎。闲步学宫、贡院前秦淮一带。上红板桥伫立凝望，青楼渐少，岸测淡黄杨柳仅余一株，大非繁盛时比。惟绿波渟泓，绵亘萦纡，犹是水软山温景象耳。板桥下数武，[68]仲坚指称即桃叶渡也。[69]将晚，至书肆购书数种，仍邀仲坚来寓晚饭。

二十二日，丁未，阴雨。拟游钟山孝陵，[70]不果，伍公子承钦来。[71]

二十三日，戊申，晴。领水脚银五千三百两。晚，黄太翁招饮。[72]

二十四日，己酉，晴。晨，市书十余种。舟中人来报全帮已开行，命兆熙雇小舟追往照料。午后偕仲坚出聚宝门，[73]登雨花台，[74]憩木末亭。[75]山势环抱秀丽，遥望城郭参差，江山开阔，洵佳境也。至祖师观茶话片时，下山至方正学祠。祠塑忠文像，同时殉难诸公及十族八百余人，皆设位于左右，祠后即忠文墓。[76]续游报恩寺，基址甚阔，殿宇宏壮。报恩塔在其后，塔建于明永乐时，费金二百余万，高九层，穷极壮丽，盖浮图之最大者。[77]仲坚云嘉庆初，为雷火所焚，损其一角，复修补完善。每岁动公款百十千，雇匠役升塔扫除、修饰，故金碧常新。复至一殿，殿门额"庄严法界"四字，为王觉斯书，字势甚雄挺。[78]最后至一寺门前，松柏苍古，石径清幽，有越凡禅师肉身，云乾隆时僧也。茶话移时，日将夕矣，入城至仲坚家晚饭。雨花台今无寺，仅有一亭，上刊高宗纯皇帝诗句。[79]仲坚云山下穴极佳，刘诚意虑出王者，[80]因凿坏之。传闻之说未必然也。

二十五日，庚戌，阴晴。购书贴数种。

二十六日，辛亥，阴雨。偕仲坚自秦淮乘瓜皮至水西门，[81]登岸步行至莫愁湖畔。[82]入华严庵，[83]登胜棋楼，上供徐中山王像。[84]仲坚云王与明太祖弈，胜，[85]帝以莫愁湖与之，至今后裔尚收湖税焉。[86]再入为宜墅，中置园亭，窗外即湖滨也。遥望清凉山，[87]竹树葱茏，楼观参差，湖中新柳摇风，绿波开镜，湖光山色，大可人情。惜阴雨天寒，不能久驻，各处稍游览即循原路入城。仍乘原舟至学宫前登岸，至骨董铺阅视，[88]主人取宋拓《星凤楼帖》出观，[89]内多二王书，较《戏鱼帖》为胜。[90]《帖》十二卷，均有"如皋县印""长白王氏私印"，乃长山王虬生故物。虬生为如皋令，性喜蝶，民有罪，辄令输蝶，以此去官。[91]后为孙渊如观察所得，前幅有渊如跋，甚详，今寄售于此，惟索价百金太昂耳。[92]又有赵味辛、[93]阮云台、[94]张船山诸公与渊如尺牍、手迹，集为册叶，亦孙氏托售者。仲坚力劝余市此二种，以无资辞。渊如著作满家，碑拓盈笥。殁未久，其子不能负荷，罄先人所有，售供衣食，可慨也夫。[95]将夕，冒雨归，留仲坚饭。

二十七日，壬子，阴。饭后，偕仲坚自秦淮乘小舟绕城北，由青溪行六七里，[96]舍舟登陆，步行至随园。[97]历游柳谷、双湖、小栖霞诸处，最后登楼至小仓山房、[98]琉璃世界、蔚蓝天、香雪海等处。[99]小仓修竹沿山，极饶幽趣。山房有童二树画梅，[100]盖将殁时画以贻简斋者。[101]上题七言古诗，未竟而卒，后署乾隆乙巳年余生之岁也，[102]时简斋已年七十矣。又有随园小像，顾长瘦秀，想见先辈风流。山房结构奇巧，其下即柳谷等处。对面为小仓山，虽地不甚阔，颇具一邱一壑之胜，惜亭台渐就倾圮，及今不治，日益不支矣。游玩移时，出园行竹阴芳树中，听恰恰莺声可爱。复行数里，至眇相庵，[103]中建屈子祠。[104]有金梅峰者，溺死，其徒伤之，读《离骚》有感，因建三间祠，供木主于中而以梅峰木主配享，视之令人失笑。其中亭台、花石极意布置，然地势平衍，不及小仓远甚。复过鸡笼山，所谓十寺者大半萧条。[105]上北极阁，俯视江山城市，瞭然在目。[106]复至鸡鸣寺，[107]小憩，登台城，游览故六朝故城遗迹也。城堞之北，即元武湖，[108]湖中有四小洲，洲上有人家，碧波春柳，掩映如画图，渔舟往来以数百计。闻鱼虾之利甚富，每岁上元县收其课云。[109]台城之后山，[110]城堞在其阴，又东北则钟山也。[111]前明廓大其城，自鸡鸣寺后迤接台城，绕元武湖而北，而西，由清凉山、莫愁湖一带以达于南。北控湖山，南临长干，周九十六里，气象宏阔。伟哉！帝王之都。然金陵形势居下，虽长江天险，不能制驭中原。又上流重镇，惟恃鄂、郢，[112]一失守则无以御敌。且江南习俗浮华，自六朝以来，[113]竞尚淫冶，无西北强劲之风，享国者率皆不永，此文皇所以北迁也。[114]台城旧基之外为明皇城，今满洲驻防居之。鸡鸣寺之下，明置国子监，[115]今为学宫。下山，由青溪至仲坚婿徐君家，上元廪生也。[116]茶话小食，辞别至桥下，乘原舟归，已日暮矣。秦淮两岸，青楼寂寂无管弦，惟一处张灯应客耳。更静至寓，留仲坚饭。

　　二十八日，癸丑，阴晴，领藩库借养廉银五百金。黄小谷来。

　　二十九日，甲寅。买舟移行李出城，仲坚来话别。肩舆出水西门入舟，行数里，已届暮矣。阴雨复至，遂泊。

注　释

　　[1]　鲍家村：文献难考，但今安庆市迎江区老峰镇东南长江北岸有鲍家村，道里与此颇合，当即其地。

　　[2]　拦江矶：长江怀宁县段著名险滩。民国《怀宁县志》卷二《山川·大江》："……五十里为长风沙……又五里为拦江矶，江心石骨横亘如限（邑人江景纶《拦江矶诗》：'一石横渡江，江流拒不受。涛翻烟雨昏，峡东雷霆门。瞿塘及滟滪，重险复兹遘。小孤与马当，劲绝翻居后。盾抵百箭攻，疆掣万蹄骤。飞梁截巨鼋，乱帆驾高鹭。云推没太阴，雪吼沸空窦。长蛟悍蟠踞，奇鬼挺生瘦。向非根百盘，谁禁势东走。篙师矜利涉，一瞥过千溜。鸿毛掷命轻，鱼腹怜神宥。嗟哉上水船，苦似登山仆。世路乘险巇，人情习避就。余生汗漫游，笑彼蹄涔陋。望古一茫然，耽奇百感凑。江南山色好，送客如亲旧。华月已船头，尊酒持相侑。'）……"矶今仍存，在今安庆市迎江区长风乡营盘村江堤外。

　　[3]　太子矶：长江怀宁县段著名险滩，又名罗刹矶。民国《怀宁县志》卷二《山川·大江》："……又五里为拦江矶……又十里为罗刹矶，俗曰太子矶。宋时徙邑治于罗刹洲，疑滨此。东下枞阳，则为桐城境矣（邑人鲁

琢《江行诗》：'乌纱九里十三矶，白石齿齿水㳽㳽。秋霜独冷侍中幕，晓日高怃太子祠。李阳河口剪江行，十里拦江矶自横。暗石回潮风力峭，轻帆高与姥山平。芦花初雪枫初霜，白鹭孤飞秋水长。此日中江清浅处，一天风雨过重阳。'）又光绪《贵池县志》卷四《山川》："罗刹矶，《府志》一名太子矶，在城西六十里，与长风沙相对。唐孟浩然所谓'石逢罗刹碍'，宋梅尧臣所谓'长风沙浪屋许大，罗刹石齿水下排'者是也。明建文四年（1402）黄侍中观殉节于此，江岸有祠。宋陆游《入蜀记》罗刹石在大江中，正如京口鹢峰而稍大。白石拱起，其上丛筱乔木，有小神祠。"

[4] 长风沙：长江怀宁县段著名险要处。《明一统志》卷十四《安庆府·山川》："长风沙在怀宁县东一百九十里。唐李白《长干行》：'早晚下三巴，预将书报家。相逢不道远，直至长风沙。'元揭傒斯诗：'长风沙，风沙不断行人嗟。行人嗟，奈君何？南风正高北风起，大船初湾小船喜。移船更近大船头，不独风沙夜可忧，更祝行人好心事，长江何处是安流？'"乾隆《江南通志》卷三十四《古迹·安庆府》："在府东六十里。即李白《长干行》内所指也，亦名长风城。齐吴子阳与豫州刺史战于此。宋周湛充江淮制置使，谓长风沙最险者石牌湾，凿河十里避之。"民国《怀宁县志》卷二《山川·大江》："……五十里为长风沙，一名鸭儿沟。李白《长干行》'相迎不道远，直至长风沙'，即此。旧有巡检，今徙治石牌，仍名长风司。风亦作枫。……"今安庆市迎江区有长风乡，当即其地。按民国《怀宁县志》沿江东下，先至长风沙，后至拦石矶，黎氏所载颠倒矣。

[5] 夜郎国：我国先秦至汉代初期的西南古国，其盛时，国境自今湘西跨贵州直至滇东一带。

[6] 该诗为李白贬谪夜郎返回后所写，诗名《江上赠窦长史》，全诗为："汉求季布鲁朱家，楚逐伍胥去章华。万里南迁夜郎国，三年归及长风沙。闻道青云贵公子，锦帆游戏西江水。人疑天上坐楼船，水净霞明两重绮。相约相期何太深，棹歌摇艇月中寻。不同珠履三千客，别欲论交一片心。"在《李太白全集》卷十。

[7] 梅圣俞（1002—1060）：名尧臣，字圣俞，宣州宣城（今安徽省宣城市）人，侍读学士梅询从子，北宋著名诗人，北宋现实主义诗风的开

创者。圣俞早年以父荫为河南主簿入仕，历德兴县令，知建德、襄城县，监湖州税金书，忠武镇安判官监永丰仓大臣。屡为大臣所荐宜在馆阁，召试赐进士出身，为国子监直讲，累迁尚书都官员外郎。梅氏以诗才，誉满当世。其诗以深远古淡为意，间出奇巧，尝语人曰凡诗意、新语，工得前人所未道者，斯为善；必能状难写之景如在目前，含不尽之意见于言外，然后为至。为今古不刊之诗论。学问涉猎亦广，预修《唐书》，书成未奏而卒；上书言兵法《孙子十三篇》，撰《唐载记》二十六卷、《毛诗小传》二十卷、《宛陵集》四十卷。《宋史》卷四百四十三有传。

此处所引为梅圣俞《送方进士游庐山诗》，全诗为："长风沙浪屋许大，罗刹石齿水下排。历此二险过溢浦，始见瀑布悬苍崖。系舟上岸入松径，三日踏穿新蜡鞋。路盘深谷出岭望，后山日照前山霾。偶逢风雨恐衣湿，侧倚石胁人相乖。雨收不觉在高处，却见僮仆提携偕。水声不绝鸟声好，药草香气人人怀。老僧避俗去足跣，野客就涧开门为。树岩隐映见寺刹，层层杳杳跻云阶。坞田将获鸟雀横，秋果正熟猴猿。东林淡应似旧，唯此足以待尔侪。子心洒落撇然往，我主尘垢难磨揩。"据吴之振《宋诗钞》卷九。

[8]《入蜀记》卷二七月二十六日记太子矶处人文，描罗刹石状貌甚详，云："二十六日，解舟过长风沙罗刹石。李太白《江上赠窦长史诗》云'万里南迁夜郎国，三年归及长风沙'，梅圣俞《送方进士游庐山》云'长风沙浪屋许大，罗刹石齿水下排。历此二险过溢浦，始见瀑布悬苍崖'，即此地也。又太白《长干行》云'早晚下三巴，预将书报家。相迎不道远，直到长风沙'，盖自金陵至此七百里，而室家来迎其夫，甚言其远也。地属舒州，旧最号湍险，仁庙时发运使周湛役三十万夫疏支流十里以避之，至今为行舟之利。罗刹石在大江中，正如京口鹘峰而稍大，白石拱起，其上丛筱乔木。亦有小神祠、幡竿，不知何神也。西望群山靡迤、岩嶂深秀，宛如吾庐。南望镜中诸山，为之累欷。"黎氏此处所引，并未出此。

另滇铜运京，据《云南铜志》，江西以下，安徽、江南、山东、直隶诸省，均无险滩豁免之例，凡沉失，必须全额打捞，不能打捞或捞足，则由地方官与运员共同赔偿。若按规定守风、守水、阻冻等仍为风水所坏，则临事而奏报定夺，并依据能否打捞、打捞多少，或豁免、或由运官与所在地方官按责任比例分赔。

[9]　贵池县：安徽池州府属县，府治所在。县为汉丹阳郡石城县，后汉因之，建安中（196—220）孙策徙丹阳都尉治此。晋初改属宣城郡，宋齐以后因之。隋开皇九年（599）废入南陵县，十九年（597）复置，改曰秋浦，仍属宣城郡。唐武德四年（621）于县置池州，贞观元年（627）州废，迁属宣州。永泰元年（765）复为州治。五代杨吴顺义六年（926）始改名贵池，仍为州治，宋因之。元为池州路治，明为池州府治，清因之（据嘉庆《重修大清一统志》卷一百一十八）。今为安徽省池州市贵池区。

[10]　秋浦：贵池县著名湖泊式河流，长江南岸支流，唐李白曾居之三年。嘉庆《重修大清一统志》卷一百一十八《池州府·山川》："秋浦在贵池县西南八十里。《元和郡县志》：秋浦水在秋浦县西八十里。《县志》：唐李白爱其胜，欲家焉，留滞于此者三年，歌咏甚多。浦长八十余里、阔三十里，四时景物宛如潇湘。洞庭即石埭县栎山水所汇也。"光绪《贵池县志》卷四《山川》："秋浦，《元和郡县志》秋浦水在县西八十里。《府志》：在城西南七十里，长八十余里，自石城至池口皆是。旧《志》：隋所置县治在今城西南八十里。长八十余里，阔三十里，唐李白爱其胜，欲家焉，留滞于此者三年，歌咏甚多。又自秋浦以下，池口以上，名秋口浦。《采访册》：浦水源出恭浚河，经虎子渡、泥湾，至双河口与龙舒河会。又至琅山汇为玉镜潭。又十里至殷家汇，又七十里至池口入江。"《秋浦歌》在《李太白全集》卷八，另据《入蜀记》，其《九华山》《清溪》《白笴陂》《玉镜潭》诸诗也作于此（卷二，7月24日）。今仍名，为池州市著名风景名胜区。

[11]　王家套：地名太小，文献难考。今贵池区西北乌沙镇境内，长江南岸有地名王家套，以黎氏所行道里计之，当即其旧地。

[12]　九华山：中国名山，李白所名，在安徽池州府青阳县境内。嘉庆《重修大清一统志》卷一百一十八《池州府·山川》："九华山在青阳县西南四十里。顾野王《舆地志》：上有九峰，千仞壁立，周围二百里，高一千丈。《太平寰宇记》：旧名九子山，唐李白以九峰如莲花削成，改为九华山，今山中有李白书堂基址存焉。何镗《名山记》：九华中峰者，众峰皆环列，而此独居中，上睇日月、下瞰云雨，清泉迸石，碧雾凝空。新《志》：山在县西南四十里。峰之得名者四十有八、岩十四、洞五、岭十一、泉十七、源二，其余台石池涧溪潭之属以奇胜名者不一。少东有同山，以同于

九华，故名。"乾隆《江南通志》卷十六《山川·池州府》："九华山在青阳县西南十里。《一统志》云高数千丈、延袤百八十里。旧名九子山，唐李白陋其名无所据，以山有九峰如莲花，易今名。南唐齐丘致政后隐此，号九峰先生。其岩、洞、峰、壑凡九十有九，泉石诸胜不可缕悉，为江南名山之最。刘禹锡尝谓太华之外无奇，女几荆山之外无秀，及登九华而后悔其失言。圣祖仁皇帝南巡时遣使至山，赉御书'九华圣境'四大字悬化城寺。寺东岩有飞来石，最奇古，其北连冠帻山，层峰巍峨，如冠帻状。"乾隆《池州府志》卷八《山川》："九华山在青阳县西南四十里，高数千仞，延袤百八十余里，峰之有名者九十有九（顾野王《舆地志》：九子山千仞壁立，周围二百余里，出碧鸡、五钗松）。东为背，西为面，峰峦奇峭，岩壑幽邃，惟华西为多（《福地考》：九华第三十九福地。《九华岁时纪》：山气青白，似云非云、似雾非雾、似烟非烟，猝焉起，如平水横诸岭之半。青峰在其上，苍翠如初，若波涛之汹其脐者，谓之云海。四时多雨不苦旱，旱不踰四十日，气候多寒，山之幽谷阴崖，冰雪不化。非独天台为然，四月犹有冰雹，十月必雪）。旧名九子，唐李白以山有九峰如莲花，易今名。新罗国僧金地藏，驻锡于此。国朝康熙四十四年（1705）赐御书'九华圣境'匾额，恭悬山之化城寺。今上乾隆三十二年（1767），赐御书'芬陁普教'匾额，恭悬山之化城寺。"又光绪《青阳县志》卷一《山川》："……刘廷銮曰，山之名昉于李白，在汉称陵阳、梁称帻峰，则顾野王所为。品目止据一峰以似之，其号九子不知起于何代，然亦止据一峰云。若太白改九华，当以全体立名。"该志九华山下，并罗列其诸峰而叙之，文多不载。山今仍名，在今安徽省池州市青阳县九华镇境内，为国家5A级风景名胜区，四大佛教名山。山北距长江只数十公里，最高峰十王峰海拔1344.4米，故天气晴好，在江中可见其秀颜。

  [13]　此处所引乃陆游《入蜀记》卷二七月二十三日记事，原文为："二十三日，过阳山矶，始见九华山。九华本名九子，李太白为易名。太白与刘梦得皆有诗，而刘至以为可兼太华、女几之奇秀。南唐宋子嵩辞政柄归隐此山，号九华先生，封青阳公，由是九华之名益盛。惟王文公诗云'盘根虽巨壮，其末乃修纤'最极形容之妙。大抵此山之奇在修纤耳，然无含蓄敦大气象，与庐山天台异矣。"

王文公：即北宋著名政治家、改革家、文学家王安石。王安石（1021—1086），字介甫，号半山，抚州临川（今江西省抚州市临川区）人。庆历二年（1042），及进士上第，任为签书淮南判官，又历鄞县知县、舒州通判等职，政绩卓著。以奉养祖母故，用为群牧判管，请知常州，移提点江东刑狱，入为度支判官。旋直集贤院，同修起居注，遂知制诰，纠察在京刑狱。神宗即位，命知江宁府，召为翰林学士兼侍讲。熙宁二年（1069），任参知政事，颁农田水利、青苗、均输、保甲、免役、市易、保马、方田诸法，大举变法。以朝议多非其法，熙宁七年（1074）罢相。次年复起，乞辞，旋罢为镇南军节度使、同平章事判江宁府。明年，改集禧观使，封舒国公。元丰二年，复拜左仆射、观文殿大学士，换特进，改封荆，故又称王荆公。神宗崩，元祐元年（1086），司马光为相，尽废新法，郁而卒，赠太傅。绍圣元年（1094），谥"文"，故世称王文公。安石通经，配享孔庙；诗词散文亦为翘楚，为唐宋八大家之一。品行高绝、不拘小节，一心谋国、公而忘私，然以变法而遭赵宋中绝，后世多贬损之不已，比之王莽、贾似道。《宋史》卷三百二十七有传。此处所引诗句，出自其五言古体诗《和平甫舟中望九华山二首》，诗长不载。

[14]　大通镇：池州府铜陵县境内关隘，宋代始设镇。嘉庆《重修大清一统志》卷一百一十九《池州府·关隘》："大通镇巡司，在铜陵县西南二十里设巡司。《九域志》：铜陵县有大通、顺安二镇。《县志》：古名澜溪，旧有大通驿，今设巡司。"乾隆《江南通志》卷二十四《公署·池州府》："大通巡检署，在城外四十里大通镇。"乾隆《池州府志》卷三《乡镇·铜陵县》："有大通镇巡检司，县西南四十里。旧名兰溪，为商贾所集。宋周必大乾道六年（1170）五月，自江西经池州，壬戌至大通镇。旧设递运、河泊二所，今革。"乾隆《铜陵县志》所载未出此。镇今仍名，在铜陵市西南长江南岸。

[15]　大通河：长江贵池县段南岸支流。乾隆《江南通志》卷十六《山川·池州府》："大通河在府东北六十里。其源七，自青阳者四、自铜陵者三，俱会于车桥河，至大通镇入江。"光绪《贵池县志》卷四《山川》："大通河，《水道提纲》：大江经铜陵县西南境，有大通河。《府志》：在府城东北六十里，贵池与铜陵县接界。其源自青阳者四：一出九华山；一出分流

岭，达临城河，经峡山；一出黄檗岭，经木竹潭；一出水龙山，经双河汇于管埠。自铜陵县者三，一出梅衡山、一出伏牛山、一出天门山，会于车桥与诸水交，于将军山达大通河以入江。"今仍名。

青阳：安徽池州府属县，今为安徽省池州市青阳县。

铜陵：安徽池州府属县，在府东北一百二十里。县地在汉为陵阳、春穀二县地，三国吴春穀县地，东晋后因之。梁为南陵县地。唐末分南陵置义安县，属宣州，寻废为铜官冶。南唐保大元年（943）始置铜陵县，属升州。宋开宝八年（975）改属池州。元属池州路，明属池州府，清因之（据嘉庆《重修大清一统志》卷一百一十八）。今为安徽省铜陵市。

[16] 此处所引在《入蜀记》卷二七月二十二日记事，原文为："二十二日，过大江，入丁家洲夹，复行大江。自离当涂，风日清美、波平如席，白云青嶂，远相映带，终日如行图画，殊忘道途之劳也。"

[17] 铜官山：长江铜陵县段南岸名山，中国古代著名铜矿山，自李白以来，文人题咏颇多。嘉庆《重修大清一统志》卷一百一十八《池州府·山川》："在铜陵县南十里，即废南陵县之利国也。《元和郡县志》：利国山在南陵县西一百一十里，出铜，供梅根监。《寰宇记》：铜官山在铜陵县，其山兼出绿矾矿。《县志》：铜官山昔取铜赋，南唐置利国场，后改为铜官场，岁久，铜乏场废。山麓有泉曰惠泉，其东为宝山，有滴玉泉。"乾隆《池州府志》卷十《山川·铜陵县》："铜官山在县南十里，一名利国山。山势秀耸，涵青凝紫，晨夕殊状，一邑镇山也。旧产铜，唐置铜官冶采，置利国监（今铜已竭，场冶久撤）。麓有惠泉绕山流十余里，为惠溪。从砦港入江，溪上有灵佑王庙、九宫庙、大观亭。"乾隆《铜陵县志》所载略与此同，惟其注文不清，不载。铜官山今仍名，处我国长江中下游铜矿带，铜矿储量富厚，在先秦时期即是我国重要的铜矿产地，对中国古代青铜文明的繁盛作出过重要贡献，今发现有金牛洞等古一系列古采冶铜遗址，具有丰富的文化内涵和极高的考古学术价值。

[18] 渚：音同主，水中的小块陆地。乾隆《江南通志》卷十六《山川·池州府》："铜官山……麓有惠泉流为惠溪，从樊港入江，稍西有铜官渚。《唐书》僖宗文德元年（888）杨行密袭宣州，进兵铜官渚即此。"

[19] 出自李白诗《铜官山醉后绝句》，全诗为："我爱铜官乐，千年

未拟还。要须回舞袖，拂尽五松山。"据《李太白全集》卷十七。

[20] 无为州：安徽庐州府属州，在府城东南二百六十里。州地春秋时为巢国地，汉初置襄安、居巢二县属庐江郡，后汉、晋初因之。东晋太元（376—396）中侨置南谯郡蕲、扶阳等县。隋为庐江郡襄安县地，唐为巢县地。宋太平兴国三年（978）始分巢县无为镇建为军，寻废。淳化（990—994）中复置，属淮南西路。熙宁三年（1070）又析巢、庐江二县地置无为县，为军治。元至元十四年（1277）升为路，二十八年（1291）降为州，属庐州路。明洪武初（1368），以州治无为县省入，属庐州府，清因之（据嘉庆《重修大清一统志》卷一百二十二）。民国元年（1912），降为县，今仍名，为安徽芜湖市无为县，在长江北岸。

[21] 荻港：长江繁昌县段南岸支流，长江中下游要镇。乾隆《江南通志》卷二十七《关津·太平府》荻港在繁昌县西北五十里，有巡司把总戍守。乾隆《铜陵县志》卷一《山川》："荻港，在县北五十里。十景'荻浦归帆'，即此。源出南陵县之大涌洞，绕白马山西入本邑界。北行为赤沙滩，铜陵九龙庙山溪之水入之。又西为清流潭，为浒溪。过马鞍山至黄浒镇（铜、繁交界）白马山麓，迤西官庄湖水入之。又西铜陵钟，鸣耆水入之。北折为唐家渡，铜陵顺安河水入之。又北经马鞍山，而石龙桥水注之。至凤凰山下为荻港，入江。"又同《志》卷一《市镇》荻港镇在县西北五十里。荻港历来为长江中下游中镇，是中国人民解放军渡江战役的突破口。今仍名，属安徽芜湖市繁昌县。

[22] 繁昌县：太平府属县，在府城西南一百三十里。县地汉为丹阳郡春谷县地，后汉因之，晋属宣城郡。元帝于县侨置襄城郡及繁昌县，孝武帝宁康（373—375）中改春谷为阳谷，寻罢襄城郡及阳谷县，入繁昌县，属淮南郡，宋齐因之。梁末置南陵县，兼置南陵郡。陈置北江州。隋平陈，州郡并废，以南陵县属宣城郡，省繁昌入当涂。唐长安四年（704）南陵县徙废。五代南唐始于南陵之西南复置繁昌县，属升州。宋开宝末（976）属宣州。太平兴国二年（977）改属太平州。元属太平路，明属太平府，清因之（据乾隆《大清一统志》卷八十四及嘉庆《重修大清一统志》卷一百二十）。今为安徽省芜湖市繁昌县，在长江南，隔江与无为县相对。

[23] 此处所引在《入蜀记》卷二七月二十一日记事，原文为："二十

一日过繁昌县……晚泊荻港。散步堤上，游龙庙，有老道人守之。台州仙居县人。自言居此十年，日伐薪二束卖之以自给，雨雪则从人乞，未尝他营也。又至一庵，僧言隔港即铜陵界……最后至凤凰山延禧观。观废于兵烬者四十余年，近方兴葺，羽流五六人。观主陈廷瑞，婺州义乌县人，言此古青华观也。有赵先生，荻港市中人，父卖茗。先生幼名王九，年十三疾亟，父抱诣青华，愿使入道。是夕先生梦老人引之登高山，谓曰我阴翁也，出柏枝啖之，及觉，遂不火食。后又梦前老人教以天篆数百字，比觉，悉记不遗。太宗皇帝召见，度为道士，赐冠简，易名自然，给装钱遣还，遂为观主。祥符间再召至京师，赐紫衣，改'青华'额曰'延禧'。先生恳求还山养母，得归。一日，无疾而逝，门人葬之山中。行半途，棺忽大重，不可举。其母曰，吾儿必有异命。发棺，果空无尸，惟剑履在耳。遂即其处葬之，今冢犹在，谓之剑冢。自然，国史有传，大概与廷瑞言颇合，惟剑冢一事无之。"

[24]　白马夹口：诸志无明载，或在白马山下滨江处。道光《繁昌县志》卷一《山川》："白马山在县西南十里金峨乡，为学宫朝山。"

[25]　三山矶：在长江繁昌县段江岸名山。《明一统志》卷十五《太平府·山川》："三山矶在繁昌县东北四十里。宋陈尧佐尝泊舟矶下，有老叟曰'来日午有大风，宜避之'，尧佐信其言。至期，果大风暴至，行舟皆溺，尧佐独免。又见前叟曰：'某，江之游奕将也，以公他日当位宰相，故相告耳。'"乾隆《太平府志》卷三《山川》："三山矶在邑东北三十里，一老子、二方丈、三泰望，连峰秀出，卓如文笔巉岩乱石欹江中者是也。宋陈尧佐泊矶下，梦老叟云来午有大风，宜避之。至期，行舟多溺，尧佐独免。隔夕又梦前叟曰余江之游奕将也，以公他日贤宰相，故相告。矶畔为关帝庙，秋清月白，水波不兴。疏荻寒烟，空明一片，旧称'三山秋月'，即此。"道光《繁昌县志》未专列三山矶，卷一《山川》有"三山"，云："在县东三十里金峨下乡，上有九莲洞。十景'三山秋月'，即此。三峰秀起，一老子、二方丈、三泰望，卓如文笔，为一邑文明风气之会。又引云僧性悟曰洞有九孔，每昼夜十二时分，焚阴阳之气，虽远公莲漏不足方此（《江上志》）。"

[26]　鲁港：长江繁昌、芜湖县段南岸支流，又名澬港，鲁明江。嘉庆《重修大清一统志》卷一百二十《太平府·山川》："鲁港在芜湖县南。

自宁国府南陵县界流入，经繁昌县东五十里，又西经芜湖县西南三十余里鲁港市入江，即南陵小淮水之下流也，一名鲁明江。相传旧有鲁明仲居此，故名。旧《志》：唐文德元年（888），杨行密遣庐州将孙瑞攻赵锽于宣州，锽将屯褐山，断行密粮道，瑞因筑五堰于鲁港，塞通江之水。港水暴高，不经芜湖，运达宣州。宋德佑元年（1275），元兵克池州，贾似道率师次于鲁港，为元人所败。《县志》又有：石硊河，在县西南四十里，源出石硊山，经石硊山合鲁港，出清墩河入江。"乾隆《江南通志》卷十七《山川·太平府》："鲁港在芜湖县南十五里，源出宣城西，注大江。旧《志》云：昔有鲁明仲者居此。"乾隆《太平府志》卷三《山川》："鲁港河，即鲁明江穿港，丹阳余水入江处。案此地扼关市之吭，楚蜀之材蔽江而下，必泊于此，候工关分榷，然后解维。先是苦闭塞致河涨水溢，众圩俱溃，屡经台省勒碑禁谕，俱于双港滨江停泊。万历间（1573—1620）复梗，时知府陈璧申饬前禁，驱归原埠，历岁久远，视为故事。又案出县东关外，至鲁明江，水程六十里、陆程五十里，圩多涌溢，两涯间不辨牛马。民皆托命崔苇，倚菱芡凫鹭鱼蟹以自给，故俗呼金峨下乡。"道光《繁昌县志》卷一《山川》："澛港，一名鲁明江，在县东五十里。水源有二，一出县春谷乡之水口山，经县城南（十景'峨溪匹练'即此）绕红杨树至峨桥（俗名下峨桥河）会石跪水，至澛港入于江。一出宣城（原书改为南陵于旁）之吕山，合中西二港、西港出工山，在南陵中港，在宣城西南境北折而西，绕隐静山阴入繁昌，过铜山，与小淮水合。过苧田港、白马山以东，峨溪及苍龙洞水会之。经下峨桥市东行，过虎槛洲，折北，沿芜湖境，石跪河水会之，又折而西至澛港入于江。"今仍名，芜湖市弋江区属镇。

[27] 芜湖：安徽太平府属县，在府城西南六十里。县地为春秋吴国鸠兹邑，汉置芜湖县，属丹阳郡，后汉因之。晋咸和四年（329）侨立豫州于此，宁康中（373—375）又侨立上党郡，改芜湖立襄垣、定陵、逡道三县。义熙中（405—418）省上党郡为县，宋元嘉九年（432）又省上郡县入襄垣，属淮南郡。齐以后因之。隋平陈，废襄垣县入当涂县，五代南唐复分置芜湖县，属升州。宋开宝末（976），改属宣州，太平兴国二年（977）属太平州。元属太平路，明属太平府，清因之（据嘉庆《重修大清一统志》卷一百二十）。今仍名，升为芜湖市，仍置下辖芜湖县。

[28] 高淳：江苏江宁府属县，今为南京市高淳区。

广通镇：江苏江宁府高淳县属镇，乾隆《江南通志》卷二十三《舆地志·关津·高淳县》："广通镇，高淳县东五十里，接溧阳界，即古东坝地，明洪武中置镇有巡司。"嘉庆《重修大清一统志》卷七十四《江宁府·关隘》："广通镇巡司在高淳县东，即宋邓步镇也。《建康志》邓步镇在溧水县南百二十里，乾道四年（1168）差官收税，宝祐四年（1256）移东坝市。旧《志》广通镇在高淳县东六十里，与溧水接界，即古东坝之地，明洪武二十五年（1392）置镇设巡司，兼设税课司及茶引所于此。今税课司、茶引所皆罢。"今为江苏省南京市高淳区东坝镇，为江南著名古镇。

[29] 中江：据黎氏行文，当指古中江，古时西起芜湖，东至太湖的一条水道。嘉庆《重修大清一统志》卷七十三《江宁府·山川》："古中江在高淳县北。自芜湖县东流入，又东入溧阳县界。自唐宋时筑银林五堰，而水中断。《建康志》芜湖县南有支江，俗称为县河，流经县市中，东达黄池入三湖，至银林止，所谓中江也。自筑银林五堰，中江不复东，而宣、歙诸水皆由芜湖西出达大江，故滨湖之地皆堤为纡田，而中江亦渐隘狭。按中江，即《元和志》所谓芜湖水，非《禹贡》中江也。"中江之名，今已废，其流域各段包括今青弋江、水阳江、固城湖、胥溪河、荆溪等河湖。

[30] 杨行密（852—905）：字化源，唐代庐州合淝（今安徽省合肥市长丰县）人，唐末割据军阀、政治家、军事家。杨行密幼年丧父，唐僖宗乾符年间（874—879），江淮叛乱四起，杨行密加入叛军，后在庐州斩杀军吏，正式起义，占据庐州。又受唐招安，攻入扬州、夺取宣州，并成功抵制朱温南下，为五代十国南唐的割据奠定基础。行密唐乾宁二年（895），封弘农郡王，天复二年（902），进封吴王，天佑二年（905），卒，谥武忠王。南唐天佑十六年（919），南吴建立，武义年间（919—921）改谥孝武王，杨溥即帝位，追尊武皇帝，庙号太祖。《新唐书》卷一百八十八有传。

[31] 东坝：广通镇之旧名，以地在固城湖东，旧曾筑坝而得名。据雍正重修《江南通志》卷六十一《河渠志·太湖》："太湖上流之堰、渎、溪、港，其最著者凡三十有五。……西有固城、石臼、丹阳、南湖，受宣、歙、金陵、姑孰、广德及大江水，东连三塔湖、长荡湖、荆溪、震泽，中有三五里颇高阜。春秋时阖闾伐楚，用伍员计开渠运粮，今尚名胥溪镇。

西有固城邑遗址，则吴所筑以拒楚者也。自是湖流相通，东南连两浙、西入大江。唐景福二年（893）杨行密将台蒙作五堰，拖轻舸馈粮其后。东坝既成，遂不复通，惟永阳江水入荆溪。明太祖都金陵，以苏浙粮道自东坝入可避长江之险，洪武二十五年（1392）浚胥溪，治石闸司启闭，命曰广通镇，永乐元年（1403）始改筑土坝，自是宣、歙诸水稀入震泽，而坝犹低薄，水间漏泄，舟行犹能越之。正德七年（1512）增筑坝三丈，水势相悬远甚。嘉靖三十五年（1556）复自坝东十里许更筑一坝，名东坝。两坝相隔，湖水绝不复东矣。傅同叔云，自宜兴航天湖，经溧阳至邓步凡两日水路，自邓步登岸上小市，名东坝，自东坝陆行十八里至银林，复行水路百余里，乃至芜湖入大江。银林之港、邓步之湖，止隔陆路十有八里，此十八里中有三五里高阜，而苦不甚高，遇暴涨则宣、歙、金陵之水皆由荆溪入太湖，此高阜不足以遏之，五堰之所以作也。"

"宋时废五堰，而筑东西二坝"事，北宋单锷《吴中水利书·伍堰水利》有载："昔钱舍人公辅为守金陵，尝究五堰之利。虽知伍堰之利而不知伍堰以东三州之利害。锷知三州之水利，而未知伍堰以西之利害。一日钱公辅以世所为伍堰之利害与锷参究，方知始末利害之议完也。公辅以为阖堰者，自春秋时吴王阖闾用伍子胥之谋伐楚始创此河，以为漕运，春冬载二百石舟。而东则通太湖、西则入长江，自后相传，未始有废。至李氏时亦常通运，而制牛于堰上，挽拽船筏。于固城湖之侧，又常设监官、置廨宇，以收往来之税。自是河道淀塞，堰埭低狭，虚务添置者，十有一堰，往来舟筏莫能通行，而水势遂不复西。及遇春夏大水，江湖泛涨，则园头、王母、龙潭三洞合为一道而奔冲东来，河之不治，愈可见也。今若开通故道，而存留银林、分水二堰，则诸堰尽可去矣。所欲存二堰者，盖本处银林堰以西，地形从东迤逦西下，自分水堰以东，形势从西迤丽东下。而其河自西坝至东坝十六里有余，开淘之际，须随逐处地形之高下以浚之，然后江东、两浙可以无大水之患。然银林堰南则通建平、广德，北则通溧水、江宁，又当增修高广以俟商旅舟船往还之多，可以置官收税，如前之利，此伍堰之所以不可不复也……"

[32] 令：名词作动词，作……县令。

[33] 此处所引，并非《春秋》经文，而是左氏之传文。《春秋》经文

惟"春，楚公子婴齐帅师伐吴"，《春秋左传》云："三年春，楚子重伐吴，为简之师，克鸠兹，至于衡山。"襄三年，即鲁襄公三年，大致为公元前570年。

[34] 和州：安徽省直隶州，在省治东北四百六十里。州地在《禹贡》扬州之域。春秋战国皆楚地，秦为九江郡地。汉置历阳县，为九江郡都尉治，后汉为扬州刺史治。三国属吴，晋初属淮南郡。永兴元年（304）分置历阳郡。宋永初二年（421）又于郡置南豫州。齐建元二年（480）州废，以郡属豫州。永明二年（484）属南豫州，梁因之。北齐兼置和州。隋平陈，郡废。大业初（605）复改州为历阳郡。唐武德三年（620）杜伏威归国，改为和州。天宝初（742）复曰历阳郡。乾元初（758）仍曰和州，属淮南道。五代属南唐，后入于周。宋仍曰和州历阳郡，属淮南西路。元至元十五年（1278）升为和州路，二十八年（1291）复降为州，隶庐州路。明初，吴元年（1364）以州治历阳县省入，洪武三年（1370）废州为历阳县，寻复为和州，直隶南京。清属安徽省，领县一（据嘉庆《重修大清一统志》卷一百三十一）。今名和县，属安徽省马鞍山市。

[35] 该记事在《入蜀记》卷二七月十九日记事，原文为："十九日。便风过大小褐山矶……枭矶在大江中，耸拔特起，有道士结庐其上。政和中（1111—1117），赐名宁渊观。旧说枭矶有枭，能害人，故得名。方郡县奏乞观额时，恶其名，因曰矶在水中，水常沃石，故曰浇矶。今观屋亦二十余间，然止一道人居之。相传有二人，则其一辄死，故无敢往者。"

[36] 诸"统志""通志"，及清以前诸"地理志"皆未载此祠，惟文人偶有提及。如明人沈如璋《枭矶二首·诗序》云："鸠兹之西，滦江之浒，石矶郁撑欲吐，涛濑其上，则汉昭烈孙夫人祠在焉。井穴叵测，神枭所官，殆亦灵变之禽忽，肸蛮之奇绝者欤！传夫人委叶玉体，蹑迹冯夷。信邪？妄邪？怨耶？否耶？夫既为蜀帝妃，可不复为吴主妹，乃谓其返吴归省，则夫人昧有行之箴沮，蜀劝驾，则武侯坐不情之罪。笃欢鱼水，绝爱伉俪，则先主召白头之怨。所以千秋之心不白过，而拜之者怆然兴悲也。"（据清人沈季友《槜李诗系》卷十七）。孙夫人，即刘备在荆州时所娶孙权之堂妹。刘备入蜀，孙夫人归吴。

[37] 芜湖关：清代设在芜湖的税关，据雍正重修《江南通志》卷七

十九《食货志·关税·芜湖关》:"按芜湖有户工两关。工部抽分设于明成化七年,户部钞关设于崇祯三年,国初因之,分遣两部司官管理。康熙十年并工关于户关,岁遣部属一员。雍正元年归并安徽巡抚,令地方官兼管抽收。其口岸沿江河港有金柱口,收户关税,清弋、新庄二口收工关税,裕溪泥汊二口户工两关兼收;其东河、内河、浮桥、下关、澛港、湖港、大信八处司稽察巡查。户关额税正银一十三万八千四百九十六两(原额银八万七千三百三十七两八钱,历年溢额银五万一千一百五十八两二钱,额定正银如今数),额解铜斤脚价归正银一万八千四百二十三两七分五厘。工关额税正银五万五千五百三十两七钱七分(原额银四万五千三百两,康熙二十五年增铜价一万二百三十两七钱七分额定正银如今数)额解铜斤脚价归正银一万四千六百一十五两三钱八分五厘。"清初,顺治四年(1647)芜湖关也开始以本关税银万两采办京铜,七年(1650)再增加万两办铜银,九年(1652)又增二千两,康熙二十二年(1683)又增三千两,康熙二十五年(1686)各关办铜每斤再增价银一钱。后由内务府官商办铜,遂罢(据《钦定大清会典则例》卷四十四《户部·钱法》)。

[38] 王观察兆琛:即观察王兆琛。观察,清代官场对道员的雅称。观察,即观察处置使,本是唐代中后期地方监察官,后因随藩镇割据之加深,渐凌驾于刺史之上,成为地方军政主官。宋代罢其职,列为武官升转之虚衔。据《新唐书·百官志》《宋史·职官志》。

王兆琛(1786—1852):字西舶,山东福山(今山东省烟台市)人,嘉庆二十二年(1815)二甲第九十名进士,授翰林院庶吉士,散馆授编修,官至山西巡抚。据民国《福山县志》卷二《选举》。

[39] 嘉庆《重修大清一统志》卷一百二十《太平府·山川》:"博望山,在当涂县西南三十里,亦名天门山,亦名东梁山。宋孝武阅水军,有双雀集伞盖,因立双雀于此。梁太平元年(556)陈霸先遣周文育、侯安都率舸舰备江州,仍据梁山起栅。《隋书·地理志》:当涂有天门山。《元和郡县志》:当涂县北望山在县西三十五里,与和州对岸,江西岸曰梁山,两山相望如门,俗谓之天门山。《太平寰宇记》:当涂县天门山在县西南三十里,有二山夹大江,东曰博望,楚获吴艅艎于此,与和州梁山相对,相去数里,时人呼为东梁山、西梁山,宋孝武诏立双阙于二山,故曰天门。《县志》:

西梁高、东梁洼,冬月水涸时,土人以绳测之,东梁深四十八丈,下有石榷横亘江底,高可数丈。"乾隆《太平府志》卷三《山川·当涂县》:"天门山在郡县南三十里,本名博望,亦称东梁山,与和州西梁山夹大江对峙如门阙,故曰天门山。卧江中,远望如横黛,故又名峨眉。春秋,楚获吴艅艎于此。宋孝武阅水军,有双雀集辙盖,群臣呼万岁。乃诏立双阙于二山山腰。有墨桃,树树花色异。凡植根剧峻地,下攀上绳皆不能到,荡舟江中,遥望而已。"

嘉庆《重修大清一统志》卷一百三十一《和州直隶州·山川》:"梁山,在州南六十里,俯临大江,亦名西梁山。《宋书·孝武帝纪》大明七年(463)祀梁山,大阅江中,立双阙于山上。梁末侯景之乱王僧辩军次芜湖,与景将侯子鉴战于梁山,大破之。李白《梁山铭》曰:梁山、博望关扃楚滨,夹据洪流,实为要津。李吉甫《元和郡县志》:山在县南七十里,俯临历水,江东岸有博望山属姑孰二山隔江相对,望之如门,南朝谓之天门山。两岸山顶各有城,并宋王元谟所筑,自六代为都,皆于此屯兵捍御。"光绪《直隶和州志》卷四《山川》:"天门山,州南六十里。石矶巉岩,俯瞰大江,与博望山对峙如门,故名。一名峨眉山,亦曰西梁山。山前为怒吴阁、龙王宫,后为普光庵。前麓有石庵,怪石翔雾于屋顶,若将压然,下即龙窝,江水最深处。梁王僧辨破侯景将候子鉴兵,陈霸先遣候安都等立栅以备。江州刺史候瑱俱在于此。山顶有城,王元谟所筑。六代都建业,此为要枢,皆屯重兵资捍御焉。晋王羲之摩崖书'振衣濯足'四字、明池显京书'天门'二字石刻,均存。"

东、西梁山:今亦统称天门山,为国家 3A 级芜湖天门山风景区,在芜湖市经济技术开发区龙山街道办事处。

当涂县:安徽太平府属县,府治。县地初为秦所置丹阳县,汉因之,属丹阳郡,后汉因之。晋太康二年(281)分置于湖县,侨立淮南郡。宋、齐以后因之。隋平陈,郡废,省于湖县,改置当涂县,属丹阳郡。唐武德三年(620)为南豫州治,八年(625)州废,属宣州。乾元元年(758)改隶升州,上元二年(761)还属宣州。五代南唐于县侨置新和州。宋为太平州治,元为太平路治,明为太平府治,清因之(据嘉庆《重修大清一统治》卷一百二十)。今仍名,为安徽马鞍山市当涂县。

太平府：安徽属府，在省治东北四百九十里。府地在《禹贡》为扬州之域，春秋属吴，后属越。战国属楚，秦为丹阳县，属鄣郡。汉属丹阳郡，后汉因之。晋初分置于湖县，仍属丹阳郡。咸和初（326）始分丹杨于于湖侨，置淮南郡，四年（329）侨置豫州。宋大明三年（459）割郡属南豫州，五年（461）徙州来治，六年（462）改淮南置宣城郡，八年（464）复曰淮南郡。泰始三年（467）还属扬州，四年（468）又属南豫州，五年（469）又还扬州。齐永明二年（484）复，置南豫州，梁末州废。隋平陈，郡废，改县曰当涂，仍属丹阳郡。唐武德三年（620）复于当涂置南豫州，八年（625）州废，属宣州。五代初属杨吴，后属南唐，保大末（957）于当涂置新和州（时和州属周），寻改雄远军。宋开宝八年（974）改曰平南军，太平兴国二年（977）升为太平州，属江南东路。元至元十四年（1277）升为太平路，属安徽省，领县三。明直隶南京，本朝属安徽省，领县三（据嘉庆《重修大清一统治》卷一百二十）。今为安徽省马鞍山市、芜湖市部分地区。

[40] 《志》所引为为春秋后期吴楚长岸之战事，《左传·昭公十七年》载其事云："（冬）吴伐楚。阳丐为令尹，卜战，不吉。司马子鱼曰：'我得上流，何故不吉！且楚故，司马令龟，我请改卜。'令曰：'鲂也，以其属死之，楚师继之，尚大克之，吉。'战于长岸，子鱼先死，楚师继之，大败吴师，获其乘舟余皇。使随人与后至者守之，环而堑之，及泉，盈其隧炭，陈以待命。吴公子光请于其众，曰：'丧先王之乘舟，岂唯光之罪，众亦有焉。请藉取之，以救死。'众许之。使长鬣者三人，潜伏于舟侧，曰：'我呼皇，则对，师夜从之。'三呼，皆迭对。楚人从而杀之，楚师乱，吴人大败之，取余皇以归。"昭十七年，即鲁昭公十七年，公元前525年。余皇，吴王座船名。

[41] 姑熟溪：也作姑孰溪，当涂县著名河流，长江支流。乾隆《太平府志》卷三《山水·当涂县》："姑孰溪在府城南，合丹阳东南来之余水及诸港来会，过宝积山入江。按《江源记》姑浦口南岸立津以讥行旅。孤浦有港，旧经郡城中，宋建炎（1127—1130）始新筑城，限溪流于城外西入大江。"今称姑溪河。

[42] 此处所引在《入蜀记》卷一七月十三日记事，原文为："……（太平）州正据姑熟溪北，土人但谓之姑溪。水色正绿而澄澈如镜，纤鳞往来

可数。溪南皆渔家，景物幽奇。两浮桥悉在城外，其一通宣城，其一可至浙中。姑熟堂最号得溪山之胜，适有客寓家其间，故不得至……"

[43] 谢朓（464—499）：玄晖，南齐陈郡阳夏（今河南省周口市太康县）人，著名诗人，辞赋家。朓出身南朝著名贵族谢氏，高祖谢据为谢安之兄，父纬，官散骑侍郎，其母为宋文帝女长城公主。朓早年，只担任过文学侍从和一些闲散官，晚年官至宣城太守、尚书吏部郎。东昏侯永元元年（499），以不参与始安王萧遥光谋夺帝位之事，被诬死狱中。朓以五言山水诗见长，圆美流转、情景交融，独步诗林，是中国山水诗发展阶段上的重要诗人。建武二年至四年间（495—497）谢朓为宣城太守，在城关陵阳山建造一室取名"高斋"，在此工作、生活，将自己的艺术创作推向巅峰，李白名诗《秋登宣城谢朓北楼》使之扬名。春山，亦在宣城。《南齐书》卷四十七有传。

青山：当涂名山。乾隆《太平府志》卷三《山川·当涂县》："青山在郡治东南，山阴距郡十五里，山阳距郡三十里，周广八十里。晋袁宏为桓温记室，召游青山，归，命车同载，即此。山南古市，阀阅百余家。宣城守谢朓筑室其地，故又名谢公山。山趾有碑，宋米芾书'第一碑'真迹。从左登陟，鸟道迂曲，上至岭，稍折而下。林屋丛荟者，保和庵。庵前石砌方池，有泉潆然，冬夏不涸。西下坦迤，曰泉水湾。东南白云寺，缘树青畴相望，与保和竞。北则万家山、李家山、桓墓山、安吉垒，古梅成林，入春，寒香满谷。撮其概，山南则崒勃欹崎，层冈叠嶂如展瓣芙蕖。自西北观之，两峰矗霄，则象纬天阙矣。"山今仍名，又名青林山，为当涂名胜。

[44] 孟嘉：字万年，江夏郡鄳县（今湖北孝昌）人，东晋名士，三国吴司空孟宗曾孙。青年成名，后历任庐陵从事、江州别驾、征西参军等职，得到当世名士庾亮、桓温等人的器重赏识。晚年长期在桓温幕府中任职，官至桓温征西大将军长史。《晋书》卷九十八《桓温传》附其传，其外孙陶渊明作有《晋故征西大将军长史孟府君传》亦概述其一生。孟嘉落帽，是中国历史上关于文人才情的著名典故，即出自《桓温传》所附《孟嘉传》中。其文云：

九月九日，温燕龙山，寮佐毕集。时佐吏并着戎服，有风至，吹嘉帽堕落，嘉不之觉。温使左右勿言欲观其举止。嘉良久，如厕，温令取还之。

命孙盛作文嘲嘉，着嘉坐处。嘉还见，即答之。其文甚美，四坐嗟叹。

龙山：当涂名山。乾隆《太平府志》卷三《山川·当涂县》："龙山去郡十里，蟠溪而卧，蜿蜒如龙，故名。秋色甚佳。旧载孟嘉落帽事，《舆图记》谓：龙山当在江陵。旧《志》云：桓温尝以重九日，与僚佐登此。嘉，故参温军事，或当时移镇姑孰时。上有屯垒故迹，未详何代。寺为兴化院，阒寂静邃，可以幽栖。东岭西江，尤足展眺。"山今仍名，为当涂名山，赏秋胜地，当涂八景有"龙山秋色"。

[45] 舂：此处同"冲"。

[46] 罾鱼嘴：诸志不见，惟光绪《直隶和州志》卷四《山川》有"针鱼嘴"之载，音甚近，且在长江上，或黎氏笔误所致。其云："针鱼嘴，州东十五里，即杨林河出江大口也，以产针鱼得名。或云本名征儒，以明太祖驻此聘陶安诸儒。对面有思贤港，今讹为针鱼、私盐也。"

[47] 此即清代杂赋之一的芦课。乾隆《钦定大清会典》卷十七《杂赋·芦课》："凡濒江沙淤成洲之地，小民植芦为业，或治阡陌种麦稻，与良田等，均曰洲田，其输赋于官，均曰芦课。以乾隆十八年奏销册计之，江苏、安徽、江西、湖北、湖南所属芦洲共七万九千九百四十六顷四十六亩，赋入十有九万八千二百五十两三钱各有奇。芦洲夹大江两岸，沙随水性迁移不常，此落彼淤，民以闻于官，州县官随时亲勘以申布政使司，达于巡抚，备书之籍。阅五年，巡抚选道员廉能者，按籍履亩而复核之，辨其坍于水者除赋。水落沙长者分年起征，以方田之法度其丈尺，周知其坍长之数而征除之。征除之法以新淤之地补其坍者，如有余地，别给民工筑。其隔江对岸，地分两属，则令所治牧令会勘，酌其盈缩以定抵补之数，有不以实者，官劾、民论如律。清厘芦洲以岁十月水涸为始，次年四月竣事，巡抚疏闻下部，部受其要而复核之。其报竣逾期者论。芦课之征各随其地之宜，以定轻重之等，其分隶两江、湖广者各制上中下三则，冬时开征，至次年岁终乃综其簿籍而申于部民，有逋负者经理之官论。"

[48] 此即长江三大矶的采石矶，又称采石山，山下即牛渚山，又名牛渚矶。嘉庆《重修大清一统志》卷一百二十《太平府·山川》："牛渚山，在当涂西北二十里，一名采石山。后汉兴平二年（195）孙策渡江攻刘繇牛渚营，尽得邸阁粮谷战具。后孙权使孙瑜自溧阳移兵屯牛渚，自是以后常

为重地。晋咸宁五年（279）伐吴，遣王浑向牛渚。永嘉元年（307），陈敏使弟宏屯牛渚。隆安元年，元显等破庾楷于牛渚。隋开皇九年（589）伐陈，韩擒虎以兵五百人宵济，袭采石。宋开宝七年（974），曹彬败江南兵于采石矶。先是，樊知古尝渔于采石，以小舟载丝维南岸，疾棹抵北岸，以度江之广狭，诣阙请造舟为梁以渡江，由是大军长驱如履平地。明太祖与元兵相拒于牛渚矶，元兵陈矶上，舟距岸且三丈余，莫能登。遇春飞舸至太祖麾之前，遇春应声奋戈直前，敌接其戈，乘势跃而上，大呼跳荡，元军披靡，诸将乘之，遂拔采石。《元和志》：牛渚山在县北三十五里古津渡处也。始皇东巡会稽，道由丹阳，即从此渡，有采石戍在山上。《寰宇记》牛渚山昔有人潜行，云此处通洞庭，旁通无底。见有金牛状异，乃惊怪而出。山北谓之采石，对采石渡口，商旅于此取石至都，轮造石渚，因名。侯景东渡，路由于此。《舆地广记》：牛渚山一名采石，在县北大江中。《方舆胜览》分牛渚、采石为二山，非也。旧《志》：采石山在县北二十五里，东北至江宁八十里渡江。西至和州二十五里。周十五里，高百仞。西接大江，三面俱绕姑溪。一名翠螺山山下突入江处名采石矶。"乾隆《太平府志》卷三《山川·当涂县》："采石山在郡治西北，去城二十里，高百仞，周一十五里，西临大江。传闻昔人采五色石于此，故名。一称翠螺山，形似螺浮水面。明巡抚周忱植松万本，以隐巘削。峰头松翠如滴，后为斩伐者损去几五六。今则递相护植，渐复旧观。唐李白《披宫锦泛月胜事》称最，故山麓构谪仙楼。楼对长江，千里一目。上而白岩石突出者，联璧台，巘露陡峭，阚者肌栗。其下牛渚矶，至山顶三里三，台阁冠其上，杰出松云间，一切峰岫皆作陪隶观。"又牛渚矶在采石山下江唇，有石柱高丈许，突兀峭壁间，旧传金牛出此，故名。矶上有江山好处、峨眉、燃犀、问月、遥望、半山诸亭。

南宋绍兴三十一年（1161）名臣虞允文在采石矶以弱胜强大败金帝完颜亮，从此确保南宋的偏安。清为金人之后，讳此，故诸志不载。采石矶历来为江南名胜，文人游历题咏甚多，今为国家4A级风景名胜区，在安徽省马鞍山市采石镇长江南岸。

[49] 然：通"燃"。

[50] 横江渡：长江北岸著名古渡口，今属安徽省马鞍山市和县历阳镇。

[51] 此处所引为李白《横江词六首》中第五首的第一句，全诗为："横江馆前津吏迎，向余东指海云生。郎今欲渡缘何事，如此风波不可行。"据《李太白文集》卷六。

[52] 慈姥山：长江当涂县段南岸名山。嘉庆《重修大清一统志》卷一百二十《太平府·山川》："慈姥山在当涂县北四十里。《寰宇记》：当涂县慈母山在县北七十里，临江亦谓之慈姥山。《丹杨记》（已按：当作《丹阳记》）云：山生箫管竹，圆致异于众处，历代尝给乐府，俗呼为鼓吹山。《县志》为马鞍山。东五里尚港口，积石俯江、岸壁峻绝、风涛汹涌，估舟尝避于此。稍东为葛阳山，上有阳耳洞。"乾隆《太平府志》卷三《山川》："慈姥山，一名鼓吹，在郡治北四十里。和尚港为昭明太子读书处，山产圆竹，声中音律，可为箫管。上有丁兰祠、弥陀寺、临江楼。其左峙也，积石俯江，岸壁峻绝，风涛汹涌，佑舟尝依此以避采石。望夫之下得此岩壑益胜。"今仍名，在安徽马鞍山市慈湖镇西北长江东岸，距江苏界仅500米，有部分山体属江苏。

[53] 江宁府：江苏属府，府治，详见后注。

[54] 项羽（前232—前202）：名籍，字羽，秦末下相（今江苏省宿迁市）人，楚国名将项燕之孙。项羽早年随叔父项梁起义，以亡秦复楚为号召，很快壮大为反秦的盟主力量。项梁阵亡后，项羽成为义军领袖，在巨鹿之战中大败秦将章邯、王离，秦军主力覆亡，秦廷再无力一战。项羽入关中，称西楚霸王，实行分封制，封灭秦功臣及六国贵族为王。而后汉王刘邦从汉中出兵关中，对项羽宣战，历时四年的楚汉战争爆发。项羽屡次大败汉军，但只是战役和战术上的胜利，战略优势却逐渐被汉军蚕食。公元前202年，项羽被汉军包围大败于垓下（今安徽灵壁南），项羽突围至乌江（今安徽和县乌江镇）自刎而死。《史记》卷十二、《汉书》卷三十一有传。

[55] 大荒洲：其详文献难考。

[56] 烈山：长江江宁县段南岸名山与水港。嘉庆《重修大清一统志》卷七十三《江宁府·山川》："烈山，《舆地纪胜》：在江宁县西南七十里烈洲傍，临江中流。旧《志》：今舟自采石矶东下，未至三山，江中有山即烈山也。有矶突出湍间，曰乱石矶。"同治《上江二县志》卷四《水·大江》：

"……（大江）又东过烈山港，受铜井镇溪水。烈山港，即烈山下洲也。《寰宇记》：县西南八十里，周回六十里，吴旧津。所有小水堪泊船，商客多停以避烈风，故名。伏滔《北征赋》谓之栗洲，以上有小山，其形似栗也。亦曰溧洲。《世说》桓宣武在南州与会稽王会于溧洲；又太元九年（384），桓冲为荆州刺史，谢安送至溧洲；安帝隆安六年（402）桓元举兵东下，司马元显以刘牢之为前锋，军溧洲；并在此。或曰冽洲，栗、溧、冽，声之转也。今山特多竹，江上望之，毵毵如栗房。"山今仍名，在江苏省南京市江宁区牧龙镇，长江南岸。

[57] 三山：长江江宁县段名山。嘉庆《重修大清一统志》卷七十三《江宁府·山川》："三山，在江宁县西南。晋太康中王江（当为王浚）伐吴，自牛渚顺流鼓掉，径造三山。《元和志》：三山在县西南五十里。《寰宇记》《舆地志》云：其上积石，滨于大江，有三峰南北相接，吴时为津济所。《府志》：上三山在江宁镇西，下三山在镇东，大江从西来，势如建瓴，而此山特当其冲。一名护国山。又六合县亦有三山。"同治《上江二县志》卷三《山》："三山，在江宁板桥浦。《健康志》：城西南三十七里，高二十九丈。《舆地志》：三山周回四里，吴时津戍处也。大江从西来，汹涌砰磕，势如建瓴。而此三峰南北相接，积石郁滨于大江，诚奇险也。《晋书·王濬传》濬伐吴，宿于牛渚部分。明日前至三山。又齐建元初（479）魏人入寇至三山，置军以备之，并此有三山寺。洪武十三年（1380）敕建。山峦数重，中隐孤寺，疏钟度云，怒涛舂石，境极幽阒。有矶曰三山矶，矶上旧有李温叔祠，今废。"三山，今仍名，在南京市雨花台区西南板桥街道三山村长江边。

[58] 犊儿矶：据乾隆《江南通志》卷十一《山川·江宁府》："（大江）自慈姥浦而东下为鎌刀湾、为烈山港，有矶突出湍间，名乱石矶。又东北即白鹭洲，其南岸曰犊儿矶，上接江宁浦口，下为大胜河。"

[59] 徒：当为"徙"之笔误。

[60] 江宁：此处指江宁县，江苏江宁府属县，府治，县治在府城西南。县地在汉为秣陵县地，属丹阳郡，后汉建安中（196—220）并入建业。晋太康元年（280）分置临江县，二年（281）更名江宁，三年（282）又分建业置秣陵县，皆属丹阳郡。宋齐以后因之。隋平陈，省秣陵入江宁，为江宁县地。唐初为上元县地。五代南唐复析上元置江宁县，属西都。宋为

建康府治，元为集庆路治，明为应天府治，清因之，为江宁府治（据嘉庆《重修大清一统志》卷七十三）。今大致为江苏省南京市西部诸区。

上关夹：后文言关吏在此查验木料，则知此处当为南京龙江税关所在之江宁县上关镇。同治《上江两县志》卷四《水·大江》："……（大江）又东北受新河水。上新河，明初开，俗曰上河。国初置龙江关于此，一曰上关。市廛辐辏，商贾萃止，竹木油麻蔽江而下，称沿江重镇。跨河有桥四，曰马头、曰崇安、曰拖板、曰螺师，水西流至此入江矣。"

[61] 关吏：即税关官员。江宁有两所税关，户部西新关、工部龙江关。康熙十年（1671）并西新关入龙江关，二十四年（1685），西新关析出，仍归户部。乾隆十八年定例，"龙江关税四万六千八百三十八两；铜斤水脚银一万七百六十九两有奇；商船桶篓箱篮包捆等项，并竹木长径丈尺寸分，点明实数照部颁条例征收"。"西新关税十有二万九千九百十有五两有奇，凡水陆舟车所载货物，经由江宁府各城门、口岸者，都税司收出城税，龙江、江东、朝阳、聚宝四司收进城税，均分别贵贱，按斤科税……"铜运船只，当由西新关收税。乾隆六年（1741），"免领帑采铜锡铅及米谷税，仍征船料"，京运铜船必载木料以为沿途修船之用，故须验关征税（据乾隆《钦定大清会典则例》卷四十七《户部·关税上》、卷一百三十六《工部·关税》，及《清史稿·食货志六》）。

[62] 承息寺：其详难考。

[63] 成兰生方伯世瑄：即江宁布政使成世瑄（1790—1842），字师薛，小字兰生，号昆圃，贵州石阡府（今贵州省铜仁市石阡县）人。嘉庆二十二年（1807）进士，选为翰林院庶吉士，二十四年（1809）散馆，迁为为翰林院编修。历官衢州知府、湖州知府、杭州知府兼署粮道，宁夏知府，江苏、安徽粮道、河南按察使司、布政使司等，政绩卓著，为道光朝著名清官干吏。道光二十年（1840），任江宁布政使。鸦片战争爆发，积极主张抗英。英军进攻定海，两江总督裕谦阵亡，世瑄护理两江总督，其间殚精竭虑组织后勤、救济难民，二十二年（1842），病逝任上。民国《贵州通志·人物志五下》有传。

石阡：指贵州石阡府，注详后文。

[64] 草鞋夹：长江南京段南岸的一个水沱。乾隆《江南通志》卷十

一《舆地志·山川》："（大江）自慈姥浦而东下为镰刀湾、为烈山港，有矶突出湍间名乱石矶。又东北即白鹭洲，其南岸曰犊儿矶，上接江宁浦口，下为大胜河。自大胜河以东，有水数曲，曰响水沟、灯盏沟、上新河、中新河、下新河，皆濒江要地。其北岸则芝麻河、穴子河、王家套、八字沟，皆列墩了望处也。又有洲曰长洲、白沙、梅子、句容、秀才、火药等，洲皆在江浦境南岸。自下新河而东，为草鞋夹，其外为道士洲，上有屯驻处，曰江心营。……"又乾隆《江南通志》卷九十五《武备志·江防》草鞋夹设有奇兵营汛。

[65] 黄家声：字篠原，篠，音同小。同治《续纂江宁府志》卷十三《科贡表》载其为道光十四年（1834）甲午科举人，其为何地知县，文献难考，同治《续纂江宁府志》、同治《上江两县志》均未载其事迹。其父、兄同难考。

[66] 广文：本唐玄宗时设于国子监的文学官署广文馆，内设有博士、助教等职，所掌有如后世儒学。明清时期因雅称儒学教官为广文。

[67] 方仲坚：其人难考，似为金陵人，然查同治《续纂江宁府志》、同治《上江两县志》均未得。方氏或尝为官贵州遵义，颇通诗画，与遵义文人颇有往来。贵州遵义著名诗人、经学家莫友芝在道光十八、十九年与方氏交往两年，并为之作《满江红·为方仲坚题〈冬菜图〉》（据张剑：《莫友芝〈影山词〉考论》，《长沙理工大学学报（社会科学版）》，2008 年第 3 期），十九年夏方氏回江南。黎恂之子黎兆熙有《金陵别方仲坚》诗存世（据民国徐世昌编《清诗汇》卷一百六十《晚晴簃诗汇》）。清末南京著名历史地理学家汪士铎（字梅村）作有《方仲坚墓志铭》，题名收录在其文集《汪梅村先生文集》中，但未录铭文具体内容。

[68] 武：此处指跨出一脚的距离。古时六尺为步，半步为武，一武三尺，大约相当于成人步行时跨出一脚的距离。类似用法如清王士禛《蜀道驿程记》卷下十月初二日记事："船泊大像阁下，循山门西麓而下，不数武，即至江口。"

[69] 桃叶渡：秦淮河上的古渡口。民国胡祥翰《金陵胜迹志》卷上《山水一》："桃叶渡，相传晋王献之迎妾桃叶渡江处。其地昔在秦淮河利涉桥，今移于淮青桥、利涉桥之间。《郡志》以晋王渡江处为桃叶渡，按此童

谣之类不得以桃叶山为桃叶渡。钟伯敬于渡头遍植桃花。"

[70] 钟山孝陵：即明太祖孝陵。

[71] 伍公子承钦：即伍承钦公子。伍承钦，字式之，号退斋，南京人，清道光十九年（1939）举人。性刚毅，人不敢干以私。咸丰中避难西北，主讲关内崇化书院。同治初归里，主救生局务。晚选山阳教谕，未赴。卒年七十六。有诗集《爇余杂咏》（太平天国运动时毁于战火，今存诗不多）。[据清人马士图撰《莫愁湖志》（清光绪八年重刻本）所引《爇余杂咏》伍承钦简介。]

[72] 黄太翁：即黄筱原之父。

[73] 聚宝门：江宁府城南门，以所出即聚宝山而名。聚宝山，则以山产细石如玛瑙而得名。

[74] 雨花台：金陵名胜，在城南聚宝山东巅。嘉庆《重修大清一统志》卷七十四《江宁府·古迹》："雨花台在江宁县南。《舆地纪胜》：在县南三里，据冈阜最高处，俯瞰城闉。相传梁武帝时有法师讲经此处，感天雨花，故名。《广舆记》：法师号云光。《通志》：台在聚宝山上，万姓人家烟火与远近云峰相乱，遥望大江如带。圣祖有御制《雨花台诗》。乾隆十六年（1751）翠华南巡，御制《雨花台诗》，二十一年（1756）翠华再幸，御制《雨花台口号诗》，二十七年（1762）翠华三幸，御制《雨花台诗》，三十年（1765）翠华四幸，御制《戏题雨花台诗》。乾隆《江南通志》卷十一《舆地志·山川》："山麓为梅冈。晋豫章内史梅颐家于此上。或谓之梅陵相传为梅鋗屯兵处。旧多亭榭，自六朝迄今，为郡人游览胜地。"

[75] 木末亭：金陵古迹。嘉庆《重修大清一统志》卷七十四《江宁府·古迹》："木末亭在江宁县聚宝门外，花雨台北，梅冈之东，高出林表。《通志》旁有方孝孺祠，北有景清祠。"乾隆《江南通志》卷三十《舆地志·古迹》载方孝孺祠南即其墓。

[76] 此即明朝著名儒臣方孝孺祠。方孝孺（1357—1402），字希直、希古，号逊志，浙江宁海（今浙江宁波）人。明朝名臣、明初大儒，文学家、思想家。早年师从著名学者宋濂，历官汉中府学教授、翰林侍讲、侍讲学士、文学博士。建文帝时（1399—1402）入京为帝师，参与削藩。成祖破南京，不为写即位诏书，被诛十族。任汉中府教授时，为蜀献王赏识，

赐其读书处名"正学",故又得称"正学先生"。南明时,谥"文正",清高宗又谥"忠文"。《明史》卷一百四十一有传。《金陵胜迹志》:"方正学祠在雨花台。明万历(1573—1620)时南京士大夫建。祠有啸风亭,多乔木,县令邵中尽伐之。亭与祠俱圮。清顺治庚子(1660),洪若皋重建。康熙四十二年(1703)钱钰董修、戴安作记,则改而南向矣。其后叠次修缮。乾隆间(1736—1795)赐谥忠文与额。嘉庆二年(1797),江宁巡道历城方昂,其先金华人,正学之族子,来谒,因重修治,姚鼐有记。咸丰间(1851—1861)毁,同治十一年(1872)就旧址重建,民国十三年(1924)重修。"

[77] 报恩寺、报恩塔,为金陵胜迹。民国《金陵胜迹志》:"报恩寺在聚宝门外,古大长干里也。向有阿育王塔,即以名寺。吴时,寺塔并废。晋太元中(376—396)掘得舍利,即其地建塔焉,南唐时复废。宋祥符(即大中祥符,1008—1016)中重建,天禧中改名天禧寺。明永乐间(1402—1425)成祖北迁,因欲报高皇帝后深恩,敕工部依大内式造九级五色琉璃塔,高三十二丈九尺四寸九分,顶以黄金风波铜镀之铁索八条,垂铃七十二个,上下八角垂铃八十个。每晚,九层外面燃灯计一百二十八盏。下有方殿,内及塔心,有琉璃灯十二盏,顶上天盘一个,重九百斤。铁锅两口,重四千五百斤。寺周占地九里十三步。名曰大报恩寺,额曰第一塔。于永乐十年(1412)六月十五日起工,至宣德六年(1431)八月初一日完竣,共十九年。嘉靖中(1507—1566)大殿毁,清康熙三年(1664)重建。塔则圣祖亲洒宸翰一层,各赐一额。五色琉璃照耀云口,篝灯百二十有八,佛火宵燃,光彻远近,又复旧观。嘉庆五年(1800)被雷,将三方九层击毁,由督抚具折申详,发帑修理,又焕然一新。咸丰兵燹时,寺、塔悉毁,无复存焉。后虽稍葺门殿,比于曩时,不过百分之一。今内设学校,佛殿年改作课堂矣。"

[78] 王觉斯:即王铎(1592—1652),字觉斯、觉之,号痴庵、嵩樵、烟潭渔叟,河南孟津(今河南省洛阳市孟津县)人,博学好古,工诗文、擅书画,各体书法皆精,有"洛阳神笔"之称。王铎以明天启二年(1625)中进士,入为翰林院庶吉士,历官至礼部右侍郎、南京礼部尚书。顺治二年(1645)降清,次年以原官礼部尚书管弘文院学士,任《明史》副总裁。顺治六年(1649)授礼部左侍郎,充《太宗实录》副总裁,晋少保。卒谥文

安。乾隆时修《四库全书》，被列入《贰臣传》。《清史列传》卷七十九有传。

[79] 此亭盖即《金陵胜迹志》卷上《山水三》所称之御碑亭，刻存乾隆御制诸雨花台诗，亭在木末亭左。燕子矶亦有御碑亭。

高宗：即清高宗，名弘历（1711—1799），清入关后第四任皇帝，年号乾隆（1735—1794），在位六十年，禅位于子，为太上皇四年。在位期间，清朝臻于极盛，但晚期颇昏聩刚愎，清廷开始衰落。卒，上庙号高宗。

[80] 刘诚意：即明朝开国功臣刘基。刘基（1311—1375），字伯温，浙江青田（今浙江省温州市文成县）人，元末明初著名军事家、政治家、文学家。博通经史，无书不读，尤精象纬之学，早年即被认为是诸葛亮一般的人物。元元统元年（1333），刘基中进士，为官廉洁能干，但多遭人诬陷，屡次辞官，隐居故里。元至正二十年（1360）投归朱元璋，为谋士，在为朱元璋兼并军阀、推翻元朝上多有谋划定策之功。明朝建国后，在制定明朝各项重要制度、法律，又作出重要贡献。爵封诚意伯，官至御史中丞，不充其才。《明史》卷一百二十八有传。

[81] 瓜皮：即瓜皮船、瓜皮艇，一种形式瓜皮的简陋小船。

水西门：据《金陵胜迹志》卷上《城郭》，为明初建南京城时所建的三门之一。

[82] 莫愁湖：南京著名湖泊、名胜。嘉庆《重修大清一统志》卷七十三《江宁府·山川》："莫愁湖在江宁县三山门外，明时为徐中山园。《府志》相传为莫愁旧居因名。"乾隆《江南通志》卷十一《舆地志·山川》："莫愁湖在府西三山门外，相传卢莫愁居此，因名。附明顾起元《莫愁湖考》：江左今有莫愁湖，在西城南。按《古乐府》有《莫愁乐》《石城乐》，《唐书·乐志》曰石城有女子名莫愁，善歌谣。《石城乐·第二歌》云'阳春百花生，摘插环鬓前。捥指蹑忘愁，相与及盛年'。《莫愁乐》云'莫愁在何处，莫愁石城西。艇子打两桨，催送莫愁来'，尚未详也。莫愁，卢家女子，善歌唱，尝入楚宫，李商隐诗'如何四纪为天子，不及卢家有莫愁'是也。莫愁村今在承天府。汉江西石城在州西北，晋羊祜所建。郑谷诗'石城昔为莫愁乡，莫愁魂散石城荒。江人依旧棹艅艋，江岸还飞双鸳鸯'，王横诗'村近莫愁连竹坞，人歌楚些下苹洲'，又沈佺期诗'卢家少妇郁金堂'，即此也。按《通考》载梁武帝诗'洛阳女儿名莫愁'，云莫愁卢家女，洛阳人，

则莫愁又有两人矣。"湖今仍名。《金陵胜迹志》卷上《山水四》："莫愁湖，《一统志》在三山门外，明时为徐中山园。《府志》相传为莫愁旧居，因名。《待征录》宋元《志》无言莫愁湖者，言之自《应天志》始。吕《志》谓见《太平寰宇记》，无此文也。且湖名洪容斋已辨之，故佟《志》云不知得名何时。袁《志》湖之状正如楚泽悲风，眉纹双缬，不知谁何，爱而拟似之。其胜棋楼，李维桢《记》只言徐九公子以谢元自比，《弇州诸园记》亦未言太祖赌棋，则明祖与魏公赌棋之说亦不知何自来。小说传闻，恐不如京山《弇州》之足据也。道光时，楼为水淹，姚姓重修。楼对清凉山城，湖中盛植莲花，红白相间，夏秋之际，风景尤茌。洪杨一役，古迹荡然。同治十年（1871）曾文正公重建华堂曲槛，渐复旧观。曾公骑箕之后，邑人追慕绘像，荐芷比之羊公岘首焉。《白香亭诗集》许方伯振祎建曾公阁，民国三年（1914）韩巡按国均拨官钱重修复，就西南隅拓地为亭，带以小池，编茅引泉，颇饶胜趣。撰有碑记，并重建莫愁湖木坊，里人仇继恒书额。"今仍名。

[83] 华严庵：在莫愁湖畔，《金陵胜迹志》有载，但无足够自然或人文积淀，仅载其名。

[84] 徐中山王：即明开国功臣徐达。徐达（1332—1385），字天德，濠州钟离（今安徽省凤阳市）人，为明太祖朱元璋之同乡发小，中国古代著名武将、军事家，朱元璋所倚赖的第一军事统帅。元至正十三年（1353）追随朱元璋加入红巾军，天赋军事才干智勇兼备，屡立战功，在朱元璋发展、壮大、统一全国的过程中，居功至伟。朱元璋为吴王（1364），徐达拜左相国、大将军，朱元璋称帝，累官至中书右丞相，封魏国公，卒，追封为中山王。《明史》卷一百二十五有传。

[85] 明太祖：即朱元璋（1328—1398），幼名重八，字国瑞，濠州钟离（今安徽省凤阳市）人，明朝开国皇帝，杰出的军事家、战略家、政治家。幼、少贫苦，以至出家。元至正十二年（1352），朱元璋参加郭子兴的红巾军，开始反元。至正十六年（1356），朱元璋被奉为吴国公，并攻占集庆（今江苏南京），二十四年（1364）称吴王，立百官。1368年，在相继消灭军阀陈友谅、张士诚、方国珍，并攻取福建、派大军北进中原捷报频传之际，朱元璋在南京称帝，建国号明、年号洪武，正式开始明朝的统治。

朱元璋在位的31年里，重视生产、严惩贪污，建立长规远谟，开创了"洪武之治"。卒，上庙号太祖，谥高。《明史》卷一有传。

[86] 此传说，古即多质疑者，如《金陵胜迹志》卷上《山水四·莫愁湖》载："其胜棋楼，李维桢《记》只言徐九公子以谢元自比，《弇州诸园记》亦未言太祖赌棋，则明祖与魏公赌棋之说亦不知何自来？小说传闻，恐不如京山、《弇州》之足据也。"

[87] 清凉山：南京名胜。嘉庆《重修大清一统志》卷七十三《江宁府·山川》："清凉山，《通志》清凉山在府西六里，清凉门内。上旧有清凉台，本朝乾隆十六年（1751）翠华南巡御制《清凉山诗》。"乾隆《江南通志》卷十一《舆地志·山川》："清凉山……上旧有清凉台俯瞰大江。南唐翠微亭遗址在焉。"《金陵胜迹志》卷上《山水一》："清凉山在水西门内东北隅，古无此名，后乃因寺名之，实即石头山也。《江宁府志》自江北而来，山皆无石，至此山始有石，故名。地势回旷，堪骋遐瞩，城闉烟树，景历万家。城外江光一线，帆樯隐隐可辨。江北诸山拱若屏障。登眺之胜甲于诸山矣。山下有清凉古道坊。"

[88] 骨董铺：当即古董铺。

[89] 拓：指影摹，用摹纸蒙于书画真迹上将书画依样描摹出来。

[90] 《星凤楼帖》：当即《星凤楼帖》主要临摹王羲之、王献之书法的法帖。《星凤楼帖》有北宋赵彦约的南康刻本、南宋曹士冕摹刻本。赵刻精致，曹刻清丽。《戏鱼帖》：宋元佑间（1086—1094）摹刻。

[91] 王岜生：光绪《直隶通州志》、嘉庆《长山县志》，俱作岜生，明末山东济南府长山县人。嘉庆《长山县志》卷八《人物·文学》载其事云："王岜生，字子凉，登崇祯庚辰（1640）进士，除如皋知县。性简静，饲鹿调鹤，积书数万卷，坐卧其下。乞休归，杜门著书，有《怪石集》行世。"查《明清进士题名碑录索引》崇祯庚辰科进士，并无王岜生。

[92] 孙渊如：即孙星衍，字渊如。孙星衍（1753—1818），号微隐、伯渊、芳茂山人，江苏阳湖（今江苏省常州市武进区）人，后迁居江宁。清代著名藏书家、目录学家、书法家、经学家、文字学家、训诂学家。乾隆五十二年（1787）年进士，榜眼，历官翰林院编修、刑部主事、刑部郎中、山东兖济沂曹粮道、署理山东布政使等职，后因病辞官，在江南各学

院讲学。代表作有《尚书今古文注疏》《周易集解》《寰宇访碑录》等。《清史稿》卷四百八十一有传。

[93] 赵味辛：即赵怀玉。赵怀玉（1747—1823），字亿孙、印川，号味辛，江苏阳湖（今江苏武进）人，清代著名藏书家、文学家。乾隆四十五年（1780）赐举人，授内阁中书，出为山东青州海防同知、署登州、兖州知府，丁父忧归家，不复出仕。其诗与孙星衍、洪亮吉、黄景仁齐名，称"孙洪黄赵"，其藏书则与洪亮吉、孙星衍、黄景仁、杨伦、吕星垣、徐书受齐名，称"毗陵七子"。有《亦有生斋诗集》《瓯北先生年谱》等著作传世。《清史稿》卷四百八十五有传。

[94] 阮云台：即阮元。阮元（1764—1849），字伯元，号云台、雷塘庵主、怡性老人，江苏仪征（今江苏省仪征市）人，清代名臣、一代文宗。阮元以乾隆五十四年（1789）进士，选庶吉士，散馆第一，授编修，大考，高宗亲擢第一，越级任少詹事。入值南书房、懋勤殿，迁詹事。出督山东学政、调浙江学政，入为兵部侍郎、礼部侍郎、户部侍郎。嘉庆四年（1799），出署浙江巡抚，由此历河南、湖广、两广、云贵封疆三十余年，政声卓著。道光十五年（1835）召入，拜体仁阁大学士，十八年（1838）致仕，加太子太保。阮元博学淹通，刊刻、著作等身，在经史、数学、天算、舆地、编纂、金石、校勘等方面都有极高造诣，为当时学界泰斗。《清史稿》卷三百六十四有传。

[95] 嘅：同"慨"。

[96] 秦淮：即秦淮河，长江南京段南岸支流。嘉庆《重修大清一统志》卷七十三《江宁府·山川》："秦淮源自溧水源。自溧水县北、西北流合诸水，经上元县东南入通济水门，横贯府城中。西出江宁县三山水门，又西北沿石头城西，又西北入大江。《晋书》：王导渡淮，使郭璞筮之。卦成，璞曰：吉，淮水绝、王氏灭。《晋阳秋》：秦时所凿，故曰秦淮。《南史》梁天监九年（510）新作缘淮塘。又陈祯明二年（587）淮渚暴溢，漂没舟乘。《元和志》：淮水源出华山，在丹阳、湖熟两县界西北流，经秣陵、建康二县之间入江。《寰宇记》：淮水源从溧水县西北流百五十里，萦纡京邑之内，至石头入江，绵亘三百里。《宋史》乾道五年（1169）守臣张孝祥言秦淮水有三源，一自华山由句容，一自庐山由溧水，一自茅山由赤山湖，

至府城东南合而为一流，经上水闸入府城，别为两派。正河自镇淮新桥直注大江。又府东门有顺圣河，正分秦淮之水，自南门外直注于江，故秦淮无泛溢之患。今一半淤塞为田，请疏导之。《建康志》引实录云，本名龙藏浦，有二源，一自华山经句容西南流，一自东庐山经溧水西北流，入江宁界至方山堤合流注江。或曰方山西渎，直属土山三十里，是秦所开。《府志》自吴至六朝，都城皆南去秦淮五里，史所称栅塘是也。梁时作塘，又作两重栅。自石头至方山运渎，总二十四渡，皆浮航往来，亦曰二十四航。杨吴时改作金陵城，乃贯秦淮于城中。本朝乾隆二十二年（1757）翠华再幸，御制《秦淮歌》。二十七年（1762）翠华三幸，御制《秦淮曲》。"《金陵胜迹志》："秦淮，《舆地志》《丹阳记》诸书皆言秦始皇用望气者言，凿方山、断长垄以泄王气，导淮水入江，是为秦淮之始。城内之水以此为网，惟河狭而水盛，左右居民倾注秽物，故水甚浑浊。文德桥至大中桥两岸，楼台倒影、树木扶疏，每值夏令，画舫往来、笙歌盈耳，有《秦淮画舫录》刊行。其附近为钓鱼巷，旧名手帕巷，妓寮在焉。"秦淮河，今仍名，是南京著名的历史文化休闲区。

清溪：南京河流，亦作青溪。嘉庆《重修大清一统志》卷七十三《江宁府一·山川》："青溪在上元县东北。《寰宇记》在县北六里，泄元武湖水南入秦淮。《舆地纪胜》吴赤乌四年（241）凿东渠，名青溪，自钟山西南流，通城北堑潮沟，东出于青溪闸口，接于秦淮。及杨溥城金陵，始分为二：在城外者，自城濠合淮；在城内者，堙塞仅存。《上元县志》：今自旧内傍绕出淮青桥，与秦淮河合流，是青溪所存之一曲也。其接秦淮处闸口。本朝乾隆二十二年（1757），高宗纯皇帝南巡，御制《青溪览古诗》。二十七年（1762）御制《青溪曲》。四十九年（1784）仁宗睿皇帝随扈，御制《青溪曲》。"乾隆《江南通志》卷十一《舆地志·山川·江宁一府》："青溪在府治东七里，《南史》作清溪。《建康志》云：青溪水发源于钟山，接于秦淮，逶迤九曲，有七桥跨其上。《建业实录》云：吴赤乌四年（241）凿东渠，通北堑，以泄玄武湖水，逶迤十五里名曰青溪。自杨吴城金陵，青溪遂分为二。今自竹桥西入旧城城濠者乃从潮沟西南流之。故道自旧内旁南流经淮清桥入秦淮者，城中所存之一曲也。"《金陵胜迹志》卷上《山水一》："青溪在江宁东，源出钟山，九曲七桥，马之纯已言一曲仅存矣。自大中桥以西，淮清合流后，则只当言秦淮，不当言青溪也。《曾文正公祠百咏》公游秦淮，谓两岸惜少绿阴，后人思公遗爱，遂于青溪九曲遍栽桃柳。"今仍名，大部已废，仅存入秦淮河处一段。

[97] 随园：南京著名园林。《金陵胜迹志》卷下《园墅》："随园在小仓山。随园有二，一为焦茂慈之园，顾文庄云诗（当为诗云）'常忆牛鸣白下城，宋朝宰相此间行'，应在东冶亭左右（《袁太史诗话》误作东桥诗）。一为隋织造之园，在小仓山，则袁太史所得而增饰者也。因山作基，引流为沼，莳花种竹，饶有古趣。有香雪海，因树为屋，蔚蓝天、群玉山头诸胜。乾嘉诸老觞咏其间，称极盛焉。四山环抱，中开异境，楼台皆依山构造，如梯田状。虽屋宇鳞次而占地无多，四围咸依峭壁，不设墙埠，入园必循山坡迤逦而下，固天然形势也。今则平原一片，双湖水仅一泓可辨，以外绝无坡陀处。相传洪寇因粮饷告乏，填平洞壑，资田以供给。伪王府之食米及克复后，复有棚民垦种山谷。其土日壅日高，遂不能按图而考其迹矣。"黎氏所游随园，即小仓山随园，当时尚未破坏。随园今仍在，为南京师范大学随园校区。

[98] 小仓山：南京名胜。《金陵胜迹志》卷上《山水一》有载，云："小仓山在清凉门内。南唐时建仓其上，故名。清袁枚隐于此山，下有井铭。"

[99] 诸此皆随园中景点。

[100] 童二树：即清代著名画家童钰（1721—1782）。童钰，浙江绍兴人，字二如，号璞岩，一作札岩，别号借庵子、白马山长、太平词客。幼时读书抱影庐，其父在庭前种梅树二株，因又号二树。童钰资质聪慧，力学好古，善吟咏，负有才名，喜爱收藏古代文物，搜集汉印更为丰富。擅长画梅，笔力雄健，气韵古厚。一生作梅据说不下万幅，所作诗大多也以其所画梅花为题，刻有两印"万幅梅花万首诗""一幅梅花一首诗"，钤在画幅上。除梅花外，他还善画山水和兰竹、木石，都有深厚功力。童钰的诗画在当时艺坛上有很高的评价，只有同治时的画论家秦祖永曾指出其缺点在于"千篇一律，苦无超逸之笔，不能变化从心，终觉失之板木，未得其趣"。据朱铸禹编《中国历代画家名人辞典》，人民美术出版社，2003年。

[101] 简斋：清代著名文学家袁枚之号。袁枚（1716—1797），字子才，号简斋，晚号仓山居士、随园老人等，浙江钱塘（今浙江省杭州市）

人，清代"性灵派"诗的开创者之一和乾嘉时期最杰出的诗人，同时也是杰出的散文家和文学评论家。袁枚以乾隆四年（1739）中进士，选为翰林院庶吉士，七年（1742）年放外任，历官江苏溧水、江宁、江浦、沭阳县令，有政声口碑。但无心仕途，于乾隆十四年（1749）最终辞职，隐居于南京小仓山随园，吟诗著述、游历名山、交往诗友，居五十年而卒于此。有《小仓山房集》《随园诗话》等著作传世。《清史稿》卷四百八十五有传。

[102] 乾隆乙巳年：即乾隆五十年，1785年。

[103] 眇相庵：即妙相庵。《金陵胜迹志》卷下《寺观》："妙相庵在北城薛家巷。道光间（1821—1850）建池、亭、花、木，名胜一方。包世臣题'天问堂'草书，汪正鋆为分书，集《楚词》长联，汤页愚、董夫人为书《九歌》，祁文端、陶文毅诸公皆有诗刊石衔壁，经乱独完。妙相庵秋海棠壁最胜，今壁已毁，余景亦非昔。闻贼改为御花园也。内附屈子祠，今改暨南学校。"

[104] 屈子：即屈原，前已注。

[105] 鸡笼山：江宁名山，在上元县北，临玄武湖。《金陵胜迹志》卷上《山水一》："鸡笼山，《舆地志》：在覆舟山西二百余步。《建康志》：高三十丈，周十里。《寰宇记》西接落星冈，北临栖元塘，状如鸡笼，因名。宋元嘉中（424—453），黑龙屡现元武湖，此山正临湖上，改曰龙山。齐武帝射雉钟山，至此闻鸡鸣，故亦称鸡鸣埭。元至正元年（1341）山椒筑观象台，置仪表，明改为钦，故又名钦天山。山上旧有涵虚阁、望湖亭，山半有横岫阁，俱久圮。光绪戊子（1888）江宁藩司奉新许公重建以复旧迹。山多石骨，道光中（1821—1850）陶文毅公种松万株，弥满山下，今所存者仅山南九眼井旁一株。"山今仍名，为南京著名公园。

[106] 北极阁：南京著名楼阁，在鸡笼山上。《金陵胜迹志》卷上《山水一》："北极阁，在钦天山前殿，供真武像，唐吴道子画。咸丰兵燹，阁毁，光绪戊子（1888）重建。"钦天山，即鸡笼山。北极阁，今仍名，有北极阁公园。

[107] 鸡鸣寺：南京古寺。嘉庆《重修大清一统志》卷七十五《江宁府·寺观》："鸡鸣寺在上元县北鸡笼山，明建。本朝康熙四十四年（1705）圣祖赐额，乾隆十六年（1751）翠华南巡，御书鸡鸣寺匾额、对联。三十

年（1765）、四十五年（1780）、四十九年（1784）翠华南幸，皆有御制《鸡鸣寺诗》。"又名鸡鸣讲寺。《金陵胜迹志》卷下《寺观》："鸡鸣讲寺，在鸡笼山东麓，内奉倒坐观音像，俗称观音楼。晋永康间（300—301）始创道场，梁改同泰寺，明洪武二十年（1387）改鸡鸣寺，建浮图五级，清乾隆十六年御书'鸡鸣寺'匾额，并有题咏。施食台即在其右，题曰'志公台'，《碑记》谓建自梁武，亦六朝鳞爪也。寺后乃古台城观音楼，高出台城，可眺元武湖。与楼相并，有凭虚阁。'凭虚听雨'为金陵四十景之一，咸丰间毁，光绪六年僧西池募资重建，十五年张文襄督两江，辟寺后经堂为豁蒙楼，亦甚轩爽，远览狮子、紫金诸山，森然天半。文襄书额跋云：'余创议于鸡鸣寺，造楼尽伐丛木，以览江湖。华农方伯捐资作楼，楼成，嘱题匾，用杜诗忧来豁蒙蔽意名之。光绪甲辰九月，无竞居士张之洞书。'民国三年（1914），僧石寿、石霞增建景阳楼。"

[108] 元武湖：即玄武湖，以避清圣祖玄烨之名讳而改，亦称后湖，南京著名湖泊、名胜。嘉庆《重修大清一统志》卷七十三《江宁府·山川》："元武湖，《丹阳记》：后湖，一名练湖，晋元帝时为北湖，肄舟师于此，在上元县北。《南史》宋元嘉二十三年（446）筑北堤，立元武湖于乐游苑。齐永明二年（484）幸元武湖讲武，梁太清二年（548）邵陵王纶入援台城，由蒋山而前，军元武湖。陈至德四年（586）幸元武湖肄舻舰，阅武。《寰宇记》：在上元县西北七里，周四十里，东西两派，下入秦淮。宋天禧中（1017—1021）知升州丁谓言，城北有后湖，往时旱，水竭，给为民田，凡七十六顷。今宜复旧制，疏为陂塘以蓄水。四年，给为放生池。熙宁八年（1075）王安石请于元武湖内权开十字河源，泄去余水，使贫困饥人尽得螺蚌鱼虾之饶。自是开十字河，立斗门以泄水，湖遂废为田。岁久，旧迹益埋，惟城北十三里仅存一池。《上元县志》：明初复开浚，中有旧洲、新洲及龙引、莲蕚等洲，置库于洲上，以贮天下图籍。本朝乾隆十六年（1751）翠华南巡，制《元武湖即景杂咏诗》，二十二年（1757）翠华再幸，御制《泛舟后湖览古诗》。"《金陵胜迹志》卷下《山水五》："后湖，本桑泊也。在城北曰北湖。宋元嘉中黑龙见，又曰元武也。孝武时大阅水军于湖，因号昆明池。俗曰饮马塘。燕雀为前湖，此故以后名。一曰蒋陵湖，亦曰秣陵湖，或又谓之练湖。六朝遗迹颇多。明初开浚置库，贮天下图籍。中有洲五，

西北曰旧洲、西南曰新洲，又有莲萼、龙引、麟趾诸洲。惟《志》称湖周四十里，以今准之，不过得其半耳，况疏浚之功历久弗举，淤垫日高，下湿亦成涯岸，冬夏涨落之迹，广狭悬殊，所谓得其半者，犹是水满之率也。霜降始成槽，滩平可履，则又缩五六矣。惟东枕钟阜、西潆神策，形势天然，四时之景可挹。如春堤桃柳、秋水菰蒲，夏则菡萏香清、熏风习习，冬则雪月一色、掩映洲渚是也。洲上有湖神庙，曾文正公所建也。有楼额曰'水国花乡'，其风景可以想见。元武湖中新建亭阁，画公象祀之。公游时湖楼未有，今为士大夫燕会之所。名迹如林左文襄公。又于蒋山下建长堤，直接湖神庙，始无须舟送矣。曾文正公曾建杨柳楼台坊于长堤上，光绪二十二年（1896）张文襄公重修，题曰'初日芙蓉'，以复曾公之旧观。宣统间（1909—1911）端忠愍公奏辟丰润门，门外又筑一堤直达湖上。徐固卿统制复购地庙旁，建陶公亭、揽胜楼，互相点缀，今已改为张、端二公祠。李梅庵售书榜，已毁去矣。"玄武湖，今仍名，在南京大学校园内。

[109] 上元县：江宁府附郭县，县治在府城东北。县地初为战国楚金陵邑，秦为秣陵县地，汉因之。后汉建安末孙权都此，改置建业，为丹阳郡治。晋太康三年（282）改业为邺，建兴初（313）又改曰建康。东晋复都此，宋齐以后因之。隋平陈，省建康，改置江宁县，仍为丹阳郡治。唐武德三年（620）改曰归化，为扬州治，八年（625）改县曰金陵，九年（626）又改曰白下，属润州。贞观九年（635）仍曰江宁。至德二载（757）于县置江宁。乾元元年（758）为升州治，上元二年（761）州废，又改曰上元，属润州，光启三年（887）复为升州治。五代杨吴为府治，南唐为西都，宋为建康府治，元为集庆路治，明洪武初定都治此，为应天府治，清为江宁府（据嘉庆《重修大清一统志》卷七十三）。今大致为南京市东部诸市辖区地。

[110] 台城：即故台城，东晋、南朝宫殿遗址，南京著名古迹。乾隆《大清一统志》卷五十一《江宁府·古迹》："故台城在上元县治北，元武湖侧，本吴后苑城。《晋书·纪》咸和三年，苏峻逼迁天子于石头，四年贼将匡术以苑城归顺，百官赴焉。时宫阙灰烬，以建平园为宫，五年造新宫，始缮苑城。七年宫成，迁焉。自是亦谓之宫城。隋平陈，城邑皆毁。《元和志》：晋故台城在上元县东北五里，咸和六年（331）使王彬营造。洪迈《容

斋随笔》：世谓禁省为台，故为禁城、为台城。《舆地纪胜》：台城本吴后苑城，晋咸和中修缮为新宫，亦名建康宫，在县东北五里。《史正志》《建康志》今胭脂井南至高楼基二里，即古台城之地，尽为军营及居民蔬圃。《明统志》：台城在上元治东北五里钟阜侧，其地据高以临下。旧《志》：宫城周六里一百十步，有门六，南曰大司马门、东曰万春门、东华门，西曰西华门、大阳门，北曰承明门，所谓台城六门也。陈沂《南都志》：今四十八卫以南、元津桥大街以北，即台城故处。乾隆二十七年（1762）翠华三幸，御制《台城诗》。"嘉庆《重修大清一统志》未载。《金陵胜迹志》卷上《城郭》："台城，《江宁府志》本吴后苑城、宋建康宫城，宋齐梁陈皆因为宫，与鸡鸣山相接。同治《上江两县志》案台城之址今颇难考。《通鉴》：隋伐陈，贺若弼进至乐游苑，烧北掖门，北掖门台城北门名也。据此则乐游苑在台城外可知。《寰宇记》谓：台城在覆舟山南，则台城当更向南，其不得北据鸡笼可知。鸡鸣寺后之城，乃是明扩都城时所遗，俗呼曰台城。观此，则台城基址似又难确定其所在矣。吴伟业《台城》：'形胜当年百战收，子孙容易失神州。金川事去家还在，玉树歌残恨未休。徐邓功勋谁甲第？方黄骸骨总荒邱。可怜一片秦淮月，曾照降幡出石头。'王士禛《台城怀古》：'覆舟山畔古台城，故垒参差触目惊。蔓草萦烟野萧瑟，寒禽将子水纵横。紫云黄鹄符终验，白马青丝讖又成。千载华林宫馆路，清明时节野棠生。'"今一般认为南京市玄武湖南岸，鸡鸣寺之后，东端与明都城相接，西端为一断壁的全长253.15米，外高20.16米城墙即台城遗址。

[111] 钟山：南京名山。嘉庆《重修大清一统志》卷七十三《江宁府·山川》："钟山在上元县东北朝阳门外。诸葛亮曾使建业，谓孙权曰钟山龙蟠。其后，权避祖讳改名蒋山。晋咸和三年（328）苏峻自横江济至蒋山宋高祖初周续之移病钟山。元嘉二十四年（447）萧思话从帝登钟山北岭，中道有盘石清泉，上使于石上弹琴。齐永元元年（499）崔慧景叛，遣千余人鱼贯缘蒋山，自西岩夜下，鼓叫临城中，台军惊溃。梁天监十一年（512）筑西静坛于钟山。太清二年（548）侯景迫台城，邵陵王纶自京口入援，径指钟山，营于爱敬寺，景党大骇。陈祯明末（589）随贺若弼趋建康，进据钟山，皆即此地。《隋书·志》：江宁县有蒋山。《唐六典》：江南道名山之一。《元和志》：在县东北十八里，古金陵山也，县邑之名由是而立。吴大帝时蒋子

文发神异于此，因名之曰蒋山。宋复名钟山。江表上巳，常游于此，为众山之杰。《寰宇记》：在县东北十里，周六十里，东南青龙、雁门等山，西临青溪，北连雄亭，南有钟浦水，流入秦淮，晋谢尚、齐周颙、梁阮孝绪、刘孝标，并隐居此山。《建康志》：山高一百五十八丈，其为最秀者，有屏风岭，山东有八功德水，西有道光泉、宋熙泉，其北高峰绝顶，有一人泉，仅容一勺，挹之不竭，皆山之胜处。《道书》：为第三十一洞，名朱湖大生之天。《明通志》：有漆园、桐园、樱园，皆在钟山之阳，洪武中（1368—1398）植以备用者。《府志》：嘉靖中（1522—1566）诏改为神烈山，又名紫金山，以晋元帝未渡江时，望气者云望之常有紫气也。又名圣游山、又名北山。本朝乾隆四十年（1776）翠华四幸，御制《钟山诗》。"《金陵胜迹志》卷上《山水二》："钟山在朝阳门外，周六十里，高一百五十八丈，东运青龙、雁门等山，西临青溪流，北连雄亭，南有钟浦水，流入秦淮。诸葛亮所云钟山龙蟠者也。云古名金陵山，《六朝事迹》引《吴录》，吴大帝祖讳钟，汉秣陵尉蒋子文死事于此，改曰蒋山。元皇帝渡江之年，望气者曰蒋山上有紫云时时晨见，世又谓紫金山。六朝时又名北山，齐周融隐此，孔稚圭《北山移文》所由作也。明嘉靖中诏改为神烈山，则孝陵在焉。又名圣游山，双峰蔚起，上诣青冥，诚郡邑之镇也。山椒有有纪念碑，为阵亡浙籍民军而立。"

[112] 此处鄂指武昌，郢指江陵，皆长江中游自古兵家必争之地。

[113] 六朝：六个建都于南京的朝代，即三国吴、东晋，南朝宋、齐、梁、陈，作为都城时间为229—280、317—589，共323年。

[114] 文皇：即明太宗、明成祖朱棣，1402—1424年在位。朱棣驾崩后，仁宗即位，上谥"文"，故称"文皇"，朱棣于永乐十四年（1416）开始营建北京紫禁城，十九年（1421）正式迁都北京。

[115] 国子监：中国古代最高儒学学府和国家学校行政管理机关，其制度前身即先秦两汉的太学。晋武帝咸宁二年（276）取法《周礼》"师氏……居虎门之左，司王朝，掌国中、失之事，以教国子弟，凡国之贵游子弟学焉"之设想，始有国子学之称，也称国学，与太学并存。国学为贵胄学校，太学为寒门学校，但几乎无寒门子弟。南朝一般无此区别，但亦并立。北方诸国设学者，亦设太学，北魏孝文帝改中书为国子，及迁都洛阳后立国

子、太学、四门、小学，北朝多承袭之。太学自汉武帝时复设，便隶在太仆寺下，后世国子学等因之。隋文帝时始令国子寺不隶太常，仁寿元年（601）太学四门及州县学并废，惟留国子学，后又改国子为太学。炀帝即位后，开庠序国子郡县之学，国子学正式得名国子监。此后，直到元代，或称国子监、或称国子学。唐朝学校分为六级，国子监、太学、四门、律、书、算，统属于国子监，国子监和太学只收贵胄子弟为学生，四门以下可收平民子弟。唐宪宗元和二年（807），重兴学校，分七类：国子馆、太学、四门、广文、律、书、算。各学校西京长安由西都监、东京洛阳由东都监管理。宋代基本沿袭唐制，惟宋初承五代之弊，未立四门学，仁宗庆历三年（1043）方复立四门学以士庶子弟为生员。元代国子监管辖国子学，有蒙古国子监、回回国子监，皆贵胄子弟为生员。元世祖始立朝廷国子学，教国子与蒙古大姓四集赛人员，选七品以上朝官子孙为国子生员，三品以上官员，可举荐平民之俊秀者入国子学为陪读，国家最高学府始开始对平民开放。至元二十四年（1287）始置国子监。明代国子监主官名祭酒，另有司业、监丞、博士等属官。明清时期国子监生员（即监生），完全对平民放开，其生员构成中除荫监为官僚子弟外，其他举监、贡监、例监、恩监等都可以是平民途径（据《文献通考》卷四十至四十一、《元史·百官志》《明史·选举志》《明史·职官志》《钦定续文献通考》卷四十七《学校考》）。

[116] 廪生：即廪膳生员，指明清以来地方府县学生中，由官府支付一定伙食费用的学生。《明史》卷六十九《选举志》载："有司儒学。军生二十人。土官子弟许入附近儒学，无定额。增广既多，于是初设食廪者，谓之廪膳生员。增广者谓之增广生员。及其既久，人才愈多，又于额外增取附于诸生之末，谓之附学生员。凡初入学者，止谓之附学。而廪膳、增广以岁科两试等第高者补充之，非廪生久次者，不得充岁贡也。"

道光二十一年闰三月

闰三月初一日，乙卯，阴雨冥濛。天北风大厉，舟子负纤行，过草鞋夹，至燕子矶泊。[1]登岸至矶上游览，石壁森立，势欲飞动，上有御碑亭，[2]供高宗御书及诗。[3]矶上虬松碧草，栖鸟倚岩翔集，极葱峭之奇观。矶旧临大江，今则矶外皆夹矣。余倚岩而立，风动，石与人身俱欲动。江中云雾忽坌涌，不能久立，遂循石路归舟。夜霁，风仍厉。

初二日，丙辰，晴。东风紧，不能行，饭后偕姚生游永济寺 即宏济寺，乾隆中易名。[4]石壁谽岈危峻，[5]倚岩建寺，飞槛凌空，与燕子矶隔岸对峙，足称胜地。寺僧默默者，寿百余岁，方终。高宗有御赐诗刊碑岩下，又有石刻观音大士像，云吴道子笔。[6]按道子画大士像，刻滇之永北，[7]此殆赝者欤？出寺，沿砖路行游，观音阁岩石峭列，不减永济。缓步山前，僧院桃花被风吹落墙外如红雨，香气扑人。高柳垂丝，翠草芊眠，天色晴霁，可云春光好也。复步至观音门，幕府山苍秀在望，[8]村野冈阜连绵，陆路由此入神策门，[9]较水路为便。复绕市行归舟。观音阁寺门有桫罗树，[10]结子大如胡桃，市数粒以归。六合朱半塘大令 恭寿，[11]余己卯浙闱分挍所得士也，[12]闻余至白下，[13]遣仆伺迎，余本拟纤道往访，遂命来使待余同行。

初三日，丁巳，阴晴。开行出夹渡江，江面仅数里，而中流风急浪涌，舟掀舞可畏。过江入小港，行二十里至瓜步山，[14]山不甚高大，而蜿蜒峻秀可喜。鲍昭谓临清瞰远，擅秀含奇，[15]洵为实录。宋元嘉中，[16]魏太武至六合，[17]登瓜步，凿山为盘道，设坛殿于其上，即此。顺风扬帆，泝滁河行四十里至六合。[18]移寓县斋，计与半塘别二十年，须发已皓然矣。促膝话旧为之，黯然令其次子昌言 笏斋出见，[19]并以诗稿制艺就正。[20]诗律圆畅超脱，制义亦高雅，乡闱屡荐未售，计终非席帽人也。[21]六合本春秋时之棠邑，襄十四年，楚子囊伐吴，使伍尚为棠邑大夫，[22]即此地。

初四日，戊午，阴雨，留住六合。因风便，遣来舟出大江，先行至仪征。[23]相待午后，沈君文焕 春溪出见，[24]桐乡人也。余宰桐时，渠曾应童试，今以诸生就钱席。[25]坐间历询桐邑情形，远不如昔，即旧人亦半归鬼录。询吴生松雨，[26]已移居嘉禾矣。[27]夜，半塘贷赠三百金。

注 释

[1] 燕子矶：长江南京段南岸的著名山壁。乾隆《江南通志》卷十一《山川·江宁府》："燕子矶在上元界观音门外。磴道盘曲而上，丹崖翠壁凌江欲飞。绝顶有亭，能揽江天之胜。圣祖仁皇帝南巡，屡幸此。"《金陵胜迹志》卷上《山水五》："燕子矶，观音山余支也。一峰特起，三面陡绝，江中望之，形如飞燕，故名。矶上旧有水云大观，俯江诸亭，白云扫空，晴波漾碧，西眺荆楚，东望海门。离人估客或乃夜登，水月皓白，澄江如练，景物尤胜。故自晋题咏，于此独多。（张文襄）云矶下多画眉，皆巢石罅内。"

[2] 南京御碑亭有二，一在随园，一在燕子矶。《金陵胜迹志》卷下《山水五》："御碑亭在燕子矶上，咸丰间毁，同治八年（1869）重建，原碑亦修整如故。"

[3] 高宗，指清高宗，已见前注。高宗在位期间效仿乃祖圣祖康熙，六巡江南。高宗题燕子矶诗，据《皇朝通志》卷一百一十九，有乾隆十六年七言绝句一首，二十二年五言律诗一首，二十七年五言古诗一首。

[4] 永济寺：金陵古寺，又名弘济寺、宏济寺。嘉庆《重修大清一统志》卷七十五《江宁府·寺观》："永济寺在上元县北燕子矶，本名宏济，明正统中（1436—1449）建。缘崖结构，俯临大江。"乾隆《江南通志》卷四十三《舆地志·寺观》："弘济寺在府北观音门外燕子矶，明洪武初（1368）即山建观音阁，正统初（1436）因阁建寺，赐名弘济。殿阁皆缘崖构成，危石半空，以铁绳穿石系栋，俯临大江，为金陵绝景。"《金陵胜迹志》卷下《寺观》："永济寺在燕子矶，本名宏济。明洪武初建观音阁，杰构缘崖，半出空际，系以铁绳，俯临大江，登之如凭虚御风。正德间（1506—1521）复因阁建寺。《随园诗话》燕子矶有永济寺，往来士大夫往往阻风小泊，辄有题句。国朝相国张文端英、鄂文端尔泰，墨迹淋漓尚存。僧舍老僧默默曾刻一集，竟被火焚云。"

[5] 谽岈：音同憨呀，山谷空大之貌。

[6] 吴道子（约680—759）：唐代著名画家，又名道玄，阳翟（今河南省许昌市禹州市），被尊为画圣。吴道子少年孤贫，青年时期即以擅画闻

名，玄宗时期，被召为宫廷画师。擅长宗教壁画和山水画，代表作品有《送子天王图》《明皇受篆图》等。新旧《唐书》均无传，传世事迹稀少，散见于唐人朱景玄《唐朝名画录》，北宋《宣和画谱》《太平广记》，夏士良《图绘宝鉴》等书中。

[7] 永北：即云南永北直隶厅，今为丽江市永胜县。永胜县治地，今名永北镇。永北观音像在城东四里壶山下，山壁上画有释迦牟尼及观音像各一，为吴道子所画（据民国《新纂云南通志》卷一百二十《祠祀考》）。

[8] 幕府山：金陵名山。嘉庆《重修大清一统志》卷七十三《江宁府·山川》："幕府山，《宋书·礼志》元嘉二十五年（448）设武帐于幕府山。《梁书》：绍泰末，齐军瑜钟山，将据北郊坛，陈霸先率麾下出幕府山南，大战，齐师大溃，追奔至临沂。《陈书》：祯明初（587），幸于幕府山校猎。《舆地纪胜》：晋元帝初过江，王导建幕府其上，因名。有虎跑泉，俗传即古宣武场也。《建康志》：在城西北二十里，周三十里，南接卢龙。《石头府志》：山陇多石，居人于此煅石取灰，又名石灰山。明初，陈友谅侵建康，太祖命常遇春伏兵于石灰山侧，即此山。有五峰，南曰北固峡，中有石洞幽邃；中峰上有虎跑泉，西北峰曰峡萝，亦曰翠萝山，有达摩洞。又山之东南麓曰武帐冈，宋元嘉二十二年（445）以衡阳王义季为南兖州刺史，饯之于武帐冈，即此地。本朝乾隆二十二年（1757）翠华再幸，御制《幕府山诗》，三十年（1765）翠华四幸，御制《望幕府山》，有咏诗。"乾隆《江南通志》卷十一《舆地志·山川》："幕府山在府西北二十里得胜门外……北滨大江，与直渎诸山接为建业门户……"《金陵胜迹志》卷上《山水五》："幕府山在神策门外，周三十里，高七十丈……山滨江为建业门户，有炮台建于其上。"山今仍名，横贯于南京市鼓楼区和栖霞区燕子矶，长约5.5公里，宽约800米，主峰高70米。

[9] 神策门：南京城北两座城门之一。

[10] 桫罗树：即桫椤树，桫音同梭，别名蛇木、树蕨。桫椤的茎直立、中空如笔筒，叶螺旋状排列于茎之顶部。桫椤是目前世界上已经发现的唯一木本蕨类植物，有蕨类植物之王的美誉，属濒危物种，目前主要分布在南亚、东南亚，及中国大陆的西藏、贵州、云南等地。

[11] 朱半塘大令恭寿：即六合知县朱恭寿，字半塘。光绪《六合县

志》卷四《官师志》："朱恭寿，字半塘，浙江海宁（今浙江嘉兴市海宁市）人。道光二十年（1840）以举人令六合，治事平恕，尤崇尚礼法。精鉴别所拨识者，皆显名于时。士林感奋，有文翁教士之风。治邑九载，囊橐萧然，邑人怀之。"

六合：江苏江宁府属县，在府北一百二十里。县地春秋时为楚邑（乾隆《志》，为楚堂邑），后属吴国。汉置堂邑县，属临淮郡，后汉属广陵郡，晋仍属临淮郡。惠帝永兴元年（304）分立堂邑郡，安帝改为秦郡，又改堂邑置尉氏县，刘宋因之。萧齐永明初（483）罢秦郡，以尉氏县属齐郡。梁复置秦郡，大宝元年（550），侯景以郡置西兖州，后齐改秦州。陈太建五年（573），州废，十年（578）复置州曰义州。后周改曰方州。又改郡曰六合。隋开皇初（581）郡废，四年（584）改尉氏县曰六合。大业初（605），州废，以县属江都郡。唐武德七年（624）复置方州，贞观初（627）州废，属扬州。五代南唐时，改置雄州。周显德中（954—960）州徙，仍为六合县。宋至道二年（995）改属真州，元因之。明洪武三年（1370）属扬州府，二十一年（1391）改属应天府，清属江宁府（据嘉庆《重修大清一统志》卷七十三）。今为南京市六合区。

[12] 己卯：嘉庆二十四年，1819年。是年黎氏以浙江桐乡知县选任为浙江乡试同考官。挍，同"校"，音同较。

[13] 白下：上元县内地名，南京曾名白下县，县治旧城在此，故后世名其地为白下。乾隆《江南通志》卷三十《舆地志·古迹》："白下城在上元县西北十八里，本名白石陂。晋咸和三年（328）陶侃讨苏峻，从部将李根之计，筑垒于此。张敦颐《本朝事迹》云：白下本江乘之白石垒也，齐武帝以其地依山带江，因移南琅邪郡治焉，亦名琅邪城。唐武德九年（626）改金陵为白下县，移治白下故城。今靖安镇北有白下城故基，属金陵乡。《胡氏通鉴注》云：盖即今之龙湾。"《金陵胜迹志》卷上《城郭》："白下城，《金陵志地录》：白下。陈文述据《宋书》以为白门，误矣。白门，古宣阳门，乃台城外门。刘叔向《白下桥记》谓白石垒下，《读史方舆纪要》言今靖安镇即城基，胡三省《通鉴注》盖即今之龙湾。"2013年前，南京市尚有白下区。

[14] 瓜步山：南京名山，在长江北岸，南北朝军事要地。嘉庆《重

修大清一统志》卷七十三《江宁府·山川》:"瓜步山,刘宋元嘉二十七年（450）,魏主至六合,登瓜步,隔江望秣陵,巉数十里。因凿山为盘道,于其上设毡殿。鲍照《瓜步山楬文》:瓜步山者,江中之眇小山,徒以因迥为高、据绝作雄而凌清瞰远,擅奇含秀,是亦居势使之然也。《寰宇记》在六合县东南二十里,东临大江。《南兖州记》南临江中,涛水自海注江,冲激六百里许,至此岸侧,其势稍衰。"乾隆《江南通志》卷十一《舆地志·山川》:"瓜步山在六合县东南二十里。陆游《入蜀记》云：瓜步山蜿蜒蟠伏,临江起小峰,颇巉峻。绝顶有元魏太武庙,庙前大木可三百年。一井已窨,传以为太武所凿,不可知也。太武以宋文帝元嘉二十七年（450）南侵至瓜步,凿瓜步山,为蟠道于其上,设毡庐大会群臣,疑即此地。周世宗伐南唐,齐王景达自瓜步渡江距六合二十里设栅亦此地也。"光绪《六合县志》卷一《山川》:"瓜步山,在县东南二十里,舟诣邑倍之。高三十丈有奇,周七里。山势从灵岩来,蔓延起伏,岭断处一峰突起,圆秀孤耸,当大江、滁河汇处,为江河砥柱,盖邑中五十四道水,并庐州、滁阳诸水之锁钥也。宋鲍照称其因迥为高、拒绝作雄,实南北之扼要。《晋书》所谓飞桥越横江之津,泛舟渡瓜步之渚也。《述异记》:水际谓之步,瓜步在吴中,吴人卖瓜于江畔,因以名焉。吴楚之间谓浦为步,语之讹耳。《柳子厚集》江之浒,凡舟可縻而下者谓之步。晋永嘉中（307—313）铸鼎肖龟形,沉瓜步江中,故又谓之龟山。宋元嘉二十七年魏太武南侵至瓜步,凿瓜步山为蟠道,于其上设毡庐大会群臣。宋文帝如瓜步,使沈庆之徙彭城流民数千家于此。其后夏侯献之帅军五千,军瓜步。徐遗宝为征虏将军,率军出瓜步。萧齐建国之初,析秦郡为齐郡,治瓜步。梁太平元年（556）陈霸先潜撤精卒三千配沈泰都江袭齐,行台赵彦深于瓜步。陈太建中（569—582）吴明彻伐齐,瓜步、胡墅二城皆降。十一年都督陈景帅楼舰五百艘出瓜步。周世宗伐南唐,唐齐王景达自瓜步渡江设栅。宋太祖破南唐兵于瓜步,命曰回军渡。开禧二年（1206）金人南侵,屯瓜步。三年（1207）叶适度沿江地,创三大堡,瓜步堡屏蔽东阳、下蜀,皆此地也。陆游《入蜀记》曰:瓜步山蜿蜒蟠伏,临江起小峰,颇巉峻。绝顶有元魏太武庙,庙前大木,可三百年。一井已窨,传以为太武所凿,不可知也。今案太武像已为宋李道传所毁。别有井,俗传张果所凿,亦堙。今由山至江口二十余里,为集镇所隔，沧海桑田，绝非故迹。案《旧唐书·五行志》已云瓜步山尾，生此一洲，则瓜步之生洲，旧矣。鲍照有《瓜步山楬文》，周庾信、唐独孤及俱有诗，见《艺文》。国朝乾隆间巡检范国泰建问梅亭、最乐亭、鹤来轩于山上，今皆圮。"山今仍名，在南京市六合区长江北岸。

[15] 鲍昭：昭当为照。鲍照（415—466），字明远，南朝宋东海兰陵（今山东省临沂市兰陵县）人，著名诗人、文学家。鲍照出身贫寒，历官临川国侍郎、秣陵县令、中书舍人，临海王刘子顼为荆州刺史，迁鲍照为前军参军。子顼作乱，照为乱兵所杀。鲍照文学成就以诗为最，诗风俊逸，被认为是南北朝第一诗人，与颜延之、谢灵运合称"元嘉三大家"。长于乐府诗、七言诗，对唐诗的发展起到重要作用。主要作品收录在《鲍参军集》中。《宋书》卷五十一有附传。

所引诗句为鲍照《瓜步山楬文》中语，见前"瓜步山"注，明梅鼎祚编《宋文纪》卷十，载其全文。

[16] 元嘉：南朝宋第三任皇帝文帝刘义隆的年号，424—453年。

[17] 魏太武：即北魏太武帝拓跋焘。拓跋焘（408—452），字佛狸，太宗明元帝拓跋嗣长子，北魏第三任皇帝，政治家、军事家。拓跋焘以泰常八年（423）十月嗣位，次年改元始光。即位之后，重用汉大臣崔浩、高允等，对内整顿吏治、发展生产，对外拓展邦交、灭国开疆。先后灭掉胡夏、北燕、北凉，征柔然、伐山胡、降鄯善、逐吐谷浑、蚕食刘宋，继前秦之后，再度统一中国北方。且积极推行制度性汉化，为北魏孝文帝改革奠定基础，为北方经济文化上的大一统打下坚实基础。正平二年（452）三月，被中常侍宗爱杀害，在位28年，谥太武皇帝，庙号世祖。《魏书》卷四有本纪。

[18] 滁河：皖苏间著名河流，长江北岸支流。嘉庆《重修大清一统志》卷七十三《江宁府·山川》："滁河，自安徽滁州东流入，经江浦县北三十里，又东经六合县南，又东至瓜步镇东南入江。一名后河，亦名天河。孙吴赤乌十三年（250）作堂邑滁塘以淹北道，陈太建五年（573）吴明彻攻齐秦州，州前江浦通滁水，齐人以大木立栅水中。五代时南唐于滁水上立瓦梁堰，宋绍兴十一年（1141）海陵王南侵，屯重兵滁河，造三闸储水，即此。《方舆纪要》：滁水即滁河，源出庐州府合肥县东北七十里废梁县界。"

乾隆《江南通志》卷十一《舆地志·山川》："滁河在六合县西南，源出庐州旧梁县，经滁和界流入，东南三十余里至瓜步入江。'滁'古作'涂'。《通鉴辨误》：吴作堂邑。《涂中竭令》：涂中之水以为塘也。今滁州之全椒、六合，古堂邑地，三国时谓之涂中。又北齐，太建五年，于秦郡置秦州，州前江浦通涂中，唐滁州六合县即其地。"光绪《六合县志》卷一《山川》："滁河在县西南，源出庐州旧梁县。经滁全界流入东南三十余里至瓜步入江。滁，古作涂。《唐六典》：淮南道其大川有淝、滁，注：滁水出庐州之梁县。《水经注》：滁水出俊道县。《舆地纪胜》：滁河即古涂水，源出合肥县东，流经全椒、滁州、六合，至瓜步入江。旧《府志》：滁河在六合县西南，发源于故梁县，经滁和界，会五十四流入县境。分为三，亦名三汊河。经东南三十五里至瓜步入江。《滁阳志》：滁河在州东南六十里，源出庐州旧梁县入全椒界，至石潭与全椒县裹水合流入县界，东北流五十余里至三汊河与清流河合。又东出瓦梁，由瓜步入于江。今案滁水入江有四道，皆在瓜步下流。自东北入江者，东沟口也。自西南入江者，先由皇厂河，以秋冬水小，不能通舟，遂由二套口中流入江者，为断腰口。《通鉴辨误》：吴作棠邑涂中竭，令涂中之水以为塘也。今滁州之全椒、六合，古棠邑地，三国时谓之涂中。又北齐于秦郡置齐州，州前江浦通涂中，唐滁州六合县即其地。《晋书》王浚诈言吴人塞涂水。又镇东大将军司马伷向涂中。咸和元年（326）朝议又作涂塘以遏寇。太元四年（379）征房将军谢石帅师御秦，屯涂中。及赵宋时，金、元屡攻滁口，此固水道之战场，舟师之要害也。"河今仍名，发源于安徽省肥东县梁园镇，自南京市六合区龙袍街道入江，全长200余公里。

[19] 即朱笏斋，字昌言，其详难考。

[20] 制艺：指当时应考科举所需作的八股文。

[21] 席帽人：指能做官的人。席，即席子，铺在地上供人坐卧之具，古时天子群臣席地而坐以论政。帽即帽子，代指官帽。

[22] 引自《左传·襄公十四年》，原文为："秋，楚子为庸浦之役故，子囊师于棠以伐吴，吴不出而还。""使伍尚为棠邑大夫"，则未必在此年，《左传》伍尚为棠邑大夫，只出现在昭公二十年，称之为"棠邑君"。襄十四年，即襄公十四年，公元前559年。

[23]　仪征：江苏扬州府属县，在府西南七十里。县地初为汉江都县地。唐永淳元年（686）析江都至扬子县地为扬子县白沙镇。五代时杨吴以白沙为迎銮镇，南唐改曰永贞县属江都府。宋乾德二年（962）升迎銮镇为建安军，雍熙二年（985）以永镇县属焉，后复改曰扬子。大中祥符六年（1013）升军为真州，始移扬子于州郭，属淮南东路。政和七年（1117）赐名仪真郡，后废为县，旋升军州。元至元中（1264—1294）升真州路，二十一年（1283）复曰真州，属扬州路，二十八年（1290）移扬子县治新城。明洪武三年（1670）改真州为仪真县，以扬子县省入，属扬州府。清因之，雍正元年（1723）改仪征县（据嘉庆《重修大清一统志》卷九十六）。今仍名，为江苏省仪征市。铜运在此由长江转入运河。

[24]　沈君文烽春溪：即沈春溪，字文烽。其详难考。

[25]　诸生：明清时期在府州县各级学校就读的学生，有附学、增生、附生、廪生、例生等各种名目。

钱席：钱指"钱谷"，地方官主要事务之一。钱席，即指地方官署钱谷师爷职位，属吏职，非官员。

[26]　吴松雨：其详文献难考。

[27]　嘉禾：即浙江嘉兴县，其在秦汉本名由拳，三国孙吴时，以嘉禾出其境，改名嘉禾，后改名嘉兴。今为浙江省嘉兴市。清代湖南衡阳府亦有嘉禾县。

四　运河纪程

地点起止： 仪征—北京

时间起迄： 道光二十一年闰三月五日至八月十五日

（公元 1841 年 4 月 25 日至 1841 年 9 月 29 日）

道光二十一年闰三月

初五日，己未，晴。半塘以车马仆从送余由陆路至仪征，出郭候送，黯然话别。肩舆中和风暖日，远水遥山，村村花柳，农民叱犊，少妇提筐，触目怡情，饶有郊原雅趣。半途小顿旅店，遇两淮候补盐库大使童君宝善惟斋，山阴人也，[1]解铜本赴滇。[2]谈片时，同饭毕始别。申刻，抵仪征县内河。我舟昨暮已泊而待，遣丁役回。酉刻，风暴大至。夜雨。计程七十里。由江宁过黄天荡至仪征，[3]大江水道一百二十里。

初六日，庚申。风暴午后始息，寒冷如初春时。开行三十五里而泊。

初七日，辛酉，晴。卯刻行，二十里至三汊河又名高明寺，[4]合瓜洲运河路。[5]又二十里抵扬州府治泊，[6]知全帮已于前月二十九日扬帆前进矣。入城市物，并易青蚨数百千。湖北粮艘适至，虑其阻抑，急开舟行过権关。[7]水流甚急，舟行不驶。戌刻，过五台山，[8]督舟子乘月色行。二更泊，方行十里，计水程五十五里。

初八日，壬戌，晴。风便，挂帆过邵伯，[9]有镇市。舟自湖中行十余里，仍归运河路。[10]巳时，过露筋祠，[11]堤上碧瓦朱栏，莺啼柳外，风景可观。午刻，过高邮州，[12]东南风益大至，申刻而阴雨渐至矣。晚泊界首，[13]计水程一百五十里。维南高邮一带运河皆狭，绵亘长堤，堤之外即甓社湖，[14]湖水浅深不定，高柳平桥，绿洲芳草，可入画图。兆熙遣舟人来迎，询知黔委员王对山于清江闸触坏头船，[15]我舟后戒，赏给闸夫钱数十千，已平稳过闸，挽至高板头矣。[16]

初九日，癸亥，阴。西风甚厉，挽纤行，申刻始抵宝应县。[17]晚泊黄浦，[18]计水程八十里。

初十日，甲子，晴。西南风便，挂帆行六十里抵淮安府，[19]岸侧有亭，瓦桶渐圮。[20]舟人云有穹碑刻"韩侯钓台"字，[21]贪程，未暇登览。午初，抵钞关，[22]以讨关稍泊。复行十五里至清江闸，舟小由月河小闸挽上。[23]询王对山沉船打捞若干，捞手云水深难汲取。复行十五里抵高板头，全帮船皆泊于此。兆熙已移寓堤上民居，余亦迁寓。各船纷纷提载。盖铜舟至此，例应提载十分之六发交行户，俟舟上三闸，灌塘渡黄后，[24]乃由行户转运归载焉。计水程九十里。

十一日，乙丑，晴而郁热。往候黔员王对山，渠伤足折骨不能行。夜，雷雨。各船提载。

十二日，丙寅，阴雨。饭后乘小舟往清河候县尹唐君，不值。[25]加运项仙舟帮船亦到，各船午后方提载。

十三日，丁卯，阴雨。夜来受风寒，发热疲软。是日风劲甚。各船提载。

十四日，戊辰，阴。晨，遣人赴清江延潘医来诊脉，服药。各船提铜毕，张帆前赴福兴闸下泊。[26]

十五日，己巳，阴雨。风逆，不能上闸。

十六日，庚午，阴。巳刻，各船上福兴闸即三闸，闸水高四尺余，舟抵闸门，闸上鸣钲扬旗，上流用辘轳，左右各三十余架，人夫数百挽之。闸官徐君竭力督催始上。[27]未刻，上通济闸即二闸，[28]闸水高二尺许，用辘轳缴关如三闸，闸官周君尤极力督挽。[29]凡铜船上闸，例须先下惠济即大闸、[30]通济二闸板，然后挽舟上三闸。既上，即下三闸板，开二闸板，群舟上毕，复下二闸板，然后挽舟上大闸。本日因与项君争执，上二闸后即停以待之，盖彼尾随上三闸、二闸，则大闸板不容开也。周君留饭毕，归寓。

十七日，辛未，晴。项君船未刻始上毕二闸。余在大闸，开板后，闸水高六尺余，值西风盛，闸水愈高，不敢上，仍泊以待令。兆熙、姚生住船中，余反寓舍。

十八日，壬申，晴。五更，肩舆至福兴、通济二闸督视闸夫下板。卯刻，无风。大闸水较平，然高仍五尺余。辰刻，加赏夫役，咸欢忭助力。[31]闸官赵君亦督催。[32]巳刻，各舟挽上毕，而项君舟亦续上。计天妃三闸，[33]大闸水势汹涌，粮艘、铜、铅舟往往至此破坏。大抵舟出闸门，非缴关之夫一鼓作气则船头被水冲殁，缴缆必断，全舟倒退，顷刻间莫救矣。此次，余不惜重费，给青蚨至四百千，始获群力鼓助，平稳无虞。甚矣！闸之难上也。群舟挽至太平河停泊，[34]余反寓舍。

十九日，癸酉，晴。

二十日，甲戌，晴。雇小舟赴淮安府，谒朱荫堂漕督树，黔人也，酉刻始见。[35]

二十一日，乙亥，阴。自淮安回高板头。黔铅运二起尹晓湖、滇铜运二起庆宝斋船均至。

二十二日，丙子，阴。尹晓湖来。

二十三日，丁丑，阴。往候尹晓湖，并至太平河视各船，船泊塘子口，所隔一堤埂耳。岁粮艘至一千有余。开一塘，放出黄河，旋即堵闭。本年头、二塘已放出，俟江广船至，始灌三塘，铜、铅舟依进。奉船例，必待粮艘集，然后尾之而行。今湖北、江西船已至，湖南帮未来，开塘未知何日，遂由塘子边赴黄岸阅视。盖黄河之水高于塘子，塘子之水与内河平，不堵闭则黄河灌入内河为害，故暂开即塞也。兆熙脐疼，延医调治。

二十四日，戊寅，晴。

二十五日，己卯，晴。

二十六日，庚辰，晴。具牲醴赴天后祠祭赛并上神幐，[36]赴舟中酬祀河神，犒舟人以酒肴。庆宝斋来。

二十七日，辛巳，阴晴。尹晓湖来。

二十八日，壬午，阴。晨过王对山。项仙舟来。

二十九日，癸未，晴。

三十日，甲申，晴。午候尹晓湖，乘集轮小车赴舟查视。

注　释

[1]　童惟斋：字宝善，其详难考。

[2]　铜本：即铜本银，此处指江苏按规定运交云南供采冶铜矿的银两，也可泛指政府为获取铜材所支付的银两。清初由商人采铜，官府自商人手中购铜，铜本即是国家为从商人手中采买铜材所拨付的银两。后，或关差买铜、内务府官商买铜、八省办铜，皆是官府购买性质，铜本仍为购铜之专项银两。自康熙四十四年（1705）明诏开采滇铜，由于滇省僻远，商人、百工难至，且铜矿采冶投入巨、风险大，民间资本极为谨慎，遂由官府出资办厂开采，官府所出之钱即为铜本。后至乾隆时，渐发展为官府出资招募商人开采，成品再由官府垄断购买，以部分（一般为10%）自由通商的办法，官府先期投入发给商人之开采本钱，即铜本。铜本银制度的推行，

极大地推动了滇铜的开采。《清史稿》卷一百二十四《食货五·矿政》:"滇铜自康熙四十四年官为经理,嗣由官给工本。雍正初,岁出铜八九十万,不数年,且二三百万,岁供本路鼓铸。及运湖广、江西,仅百万有奇。乾隆初,岁发铜本银百万两,四五年间,岁出六七百万或八九百万,最多乃至千二三百万。户、工两局,暨江南、江西、浙江、福建、陕西、湖北、广东、广西、贵州九路,岁需九百馀万,悉取给焉。矿厂以汤丹、碌碌、大水、茂麓、狮子山、大功为最,宁台、金钗、义都、发古山、九度、万象次之。大厂矿丁六七万,次亦万馀。近则土民远及黔、粤,仰食矿利者,奔走相属。正厂峒老砂竭,辄开子厂以补其额。故滇省铜政,累叶程功,非他项矿产可比。"

[3] 黄天荡:长江中著名古战场。嘉庆《重修大清一统志》卷七十三《江宁府·山川》:"黄天荡在上元县东北八十里,宋建炎四年(1130)韩世忠与乌珠相持于此。《通鉴注》大江过升州界,浸以深广,自老鹳嘴度白沙,横阔三十余里,俗呼黄天荡。"嘉庆《新修江宁府志》卷七《山水·大江》:"……江水又东下为黄天荡。江水自大胜关以下,中隔大洲,故南江曰草鞋夹。至黄天荡,在府东北八十里,洲尽江合,其势最阔,韩世忠与兀术相持处也。"乌珠,即兀术,金太祖完颜阿骨打第四子完颜宗弼。

[4] 三汊河:江都河流,长江北岸二级支流。乾隆《大清一统志》卷六十六《扬州府·山川》:"三汊河在江都县西南十五里。《府志》:仪征、瓜洲之水至此与江都合流,故名。亦名茱萸湾。本朝康熙二十八年(1689)圣祖南巡,建行官驻跸于此。又三汊河迤上有三汊越河,乾隆五年(1740)发帑挑浚。"乾隆《江都县志》与此同。

高明寺:当为高文寺之误。嘉庆《重修大清一统志》卷九十七《扬州府·寺观》:"高文寺在江都县南三汊河西岸。有塔曰'天中',其地为茱萸湾,亦名塔湾。本朝康熙二十八年(1689)恭建行官,四十二年(1703)赐额,御制碑记,四十四年(1705)、四十六年(1707),御制额联、御制诗,并颁墨宝金佛。乾隆十六年(1751)、二十二年(1757)、二十七年(1762)、三十年(1765)、四十五年(1780)、四十九年(1784),御书额联六,御制诗,并赐墨宝佛像,恭藏于内。"乾隆《江都县志》所载与此大致相同。

[5] 瓜洲:扬州府江都县属镇,长江著名险要关隘,有城池,古运河

入江处。嘉庆《重修大清一统志》卷九十七《扬州府·关隘》："瓜洲镇巡司，在江都县南四十里江滨。《元和志》昔为瓜洲村，盖扬子江中之砂碛也。沙渐涨出，状如'瓜'字，遥接扬子渡口。自唐开元（713—741）以来渐为南北襟喉之处。《九域志》江都县有扬子、板桥、大仪、湾头、邵伯、宜陵、瓜洲七镇。旧《志》宋乾道四年（1168）始筑城置堡，有石城，东西北三面长四里。明初置巡司，嘉靖三十五年（1556）以倭警，重筑一城，周一千五百四十三丈，有五门，居民商贾凑集，设守备等官镇守，江防分司亦驻焉。本朝设瓜州水营参将。乾隆三十年（1765）、四十五年（1780）翠华南幸，有御制《过瓜州镇诗》。"乾隆《江都县志》卷三《城池》："瓜洲城在县西南四十五里江滨。先为扬子江沙碛，自唐开元后，遂为南北襟喉之处。及唐末沙连北岸，渐有城垒。宋乾道四年始命筑城，人号之曰簸箕城，寻亦废。明嘉靖间（1507—1566）因备倭复筑今城。城东西跨坝，周一千五百四十三丈九尺，高二丈一尺，厚半之。城门四，便门一，警铺、雉堞、敌台备具，水门、水窦各三。万历时（1573—1620）江防同知邱如松于城南女墙剏楼五，榱曰'大观楼'，据形胜焉，后圮。国朝康熙元年（1662）江防同知刘藻重建其城。历久未修，乾隆元年（1736）夏五六月大雨时行，坍塌处所甚多。通详估议，以瓜洲为防江控海要地，前制府尹继善曾奏准每年留匣费银五万两，贮江苏藩库，以备地方紧要公事及城垣、堤岸之用。知县五格请即于项内动支银二千五百二十九两零，及时修缮。督率瓜洲司王可达鸠庀工役，自二年四月十九日始，迄三年冬报竣，城复完整如初。"瓜洲镇，今仍名，在扬州市邗江区。

[6] 扬州府：江苏属府，在省治东北二百一十里。府地在《禹贡》为扬州之域，春秋时属吴，后属越，战国属楚，为广陵邑。秦属九江郡，汉高帝六年（前197）属荆国，十一年（192）属吴国。景帝四年（前153）改为江都国，元狩三年（120）改广陵国，元封五年（前106）属徐州刺史部（新莽改曰江平）。后汉建武十八年（42）为广陵郡。三国初属魏，继属吴。晋太康元年（280）仍为广陵郡。东晋元帝时侨置青、兖二州，安帝又分广陵地置海陵、山阳二郡。刘宋元嘉八年（431）改立南兖州，齐梁因之。北齐改东广州，增置江阳郡，与广陵郡并治。陈太建中（569—582）复为南兖州。后周改为吴州。隋开皇九年（589）始改曰扬州，置总管府。大业

初（605）府废，立江都郡。唐武德三年（620）复曰南兖州，置东南道行台，七年（624）改曰邗州，九年（626）复曰扬州，置大都督府。贞观元年（627）隶淮南道。天宝元年（742）曰广陵郡。至德元年（756）兼置淮南节度使于此。乾元三年（760）复曰扬州。五代初，杨吴都此，改江都府，后属南唐，以为东都。周显德中（954—960）复曰扬州，仍置大都督府。宋初曰扬州广陵郡，淳化四年（993）属淮南道，至道三年（997）为淮南东路治，建炎元年（1127）升元帅府。元至元十三年（1276）建大都督府，置江淮等处行中书省，十四年（1277）改扬州路，隶河南江北行中书省。明曰扬州府，直隶南京，清属江南江苏省，领州二县六（据嘉庆《重修大清一统志》卷九十六）。今大致为江苏省扬州市。

府治江都县，县地初为战国楚广陵邑，秦置为广陵县，属九江郡。汉初为荆国治，十一年（前196）改置吴国，景帝四年（前153）为江都国治，兼置江都县。元狩三年（前120）为广陵国治，元封五年（前106）又析广陵、江都二县置舆县。新莽改广陵县曰定安，后汉复名为广陵郡治。三国时魏移郡治淮阴，江都城圮于江，县废，广阴县亦废。晋太康元年（280）仍置广陵县，六年（285）复立江都县，东晋省江都入舆县界置，仍以广陵县为郡治。刘宋元嘉八年（431）以县为南兖州治，十三年省（436）舆县入江都。南齐析江都置齐宁县，梁、陈省入。北齐江都隶江阳郡，陈仍与广陵县同属广陵郡，隋开皇十八年（598）改广陵县曰邗江，大业初（605）又改曰江阳，为江都郡治，仍领江都县，后移江都县入郡郭。十年（614）分江阳置本化县，寻废，后省江阳县入江都。唐武德中（618—626）以江都为扬州治，贞观十八年（644）又分置江阳县，与江都分理州郭。五代时南唐又改江阳曰广陵。宋熙宁五年（1072）省广陵入江都，为扬州治。元为扬州路治，明为扬州府治，清因之（据嘉庆《重修大清一统志》卷九十六）。今仍名，为扬州市江都区。

[7]　榷关：征榷之关，即税关。

[8]　五台山：诸志不见。今扬州市广陵区有五台山，未知是此山否。

[9]　邵伯：扬州府甘泉县属镇名，有巡检司。嘉庆《重修大清一统志》卷九十七《扬州府·关隘》："邵伯巡司，在甘泉县北四十五里，运河东岸，有巡司及递运所。明初置，本朝因之。乾隆十六年（1750）皇上南巡有御

制《邵伯镇》诗。"嘉庆《重修扬州府志》卷十六《都里·甘泉县》:"邵伯镇,在县北四十五里。洪武元年(1368)巡检张仁开设邵伯埭,今为邵伯镇,置巡司于此。邵伯驿亦在焉,为水陆孔道。"宋以来,文人经此,颇多题咏。今仍名邵伯镇,属扬州市江都区,江都名镇。

甘泉县,扬州府附郭县,本江都县地,清雍正九年(1731)析置,与江都并为府治(据嘉庆《重修大清一统志》卷九十六)。今废,旧地在今江都区北部。

[10] 此湖即邵伯湖,湖在西,运河在东,紧邻而有交汇。嘉庆《重修大清一统志》卷九十六《扬州府·山川》:"邵伯湖在甘泉县东北四十五里,运河之西,东接艾陵湖,西接白茆湖,西南通新城湖,北通高邮甓社湖,旁有邵伯埭。晋太元十一年(386)谢安筑新城于城北二十里,筑堰以灌民田,民思其德,以比邵公,因名。《寰宇记》邵伯埭有斗门,在广陵县东北四十里,临合渎渠。本朝康熙三十八年(1659)于邵伯镇迤北创建减水三闸,宣泄湖水,由恒子湖经漾洋湖汇入兴化、盐城各河,出范堤诸闸归海。乾隆二十二年(1757),高宗纯皇帝南巡,有御制《邵伯埭诗》。二十三年(1758)开挑引河四百三十三丈。"嘉庆《重修扬州府志》卷八《山川·甘泉县》:"邵伯湖,在城北四十五里。晋太傅谢安出镇广陵,修筑湖埭,民思其功,以比邵伯,故名。详《事略志》。《甘泉志》云唐兴元中(784)作堤以护之,宋天圣七年(1029)置闸通漕。今为邵伯镇,置巡司,邵伯驿以在焉,为水陆孔道。宋陈造《邵伯停舟避雨诗》:'窗度荷芰风,舟舣鸳鸯浦。落帆憩篙师,辟此白淙雨。长征取惬快,留滞不云苦。适喜县麻势,为汤铄石暑。去年舟系柳,卧看虹饮渚。龙公会事发,尚记跳珠语。崎岖不谐俗,似为龙所予。一杯酬新凉,开瓶先酹汝。'明于慎行《邵伯湖夕泊诗》:'日暮倚栏桡,秋江正寂寥。驿门斜对雨,郡郭远通潮。急橹看商舶,寒灯见市桥。隋堤前路近,欲听月中箫。'赵鹤《过邵伯湖诗》:'湖口人家住处幽,桃花溪下晚驱牛。水耕谁信为农苦,春望何妨作客游。落日波声侵短竹,平沙风色带眠鸥。送行最爱长堤柳,直到官河绿未休。'李东阳《夜过邵伯湖诗》:'苍苍雾连空,冉冉月堕水。飘摇双鬓风,恍惚无定止。轻帆不用楫,惊浪常在耳。江湖日浩荡,行役方未已。羁栖正愁绝,况乃中夜起。'国朝彭孙遹《过邵伯湖诗》:'斜晖低驿路,马首怅何依。晚

渡潮争上，寒塘人独归。溪鱼时自掷，水鸟惯低飞。愿逐垂纶者，高歌入钓矶。'邵伯湖，今仍名，为江苏省级风景名胜区。

[11] 露筋祠：运河甘泉县段著名祠庙。乾隆《江南通志》卷四十《舆地志·祠墓附》："露筋祠在甘泉县邵伯镇北三十里，康熙四十六年（1707）御赐'节媛芳躅'匾额。"嘉庆《重修扬州府志》卷二十五《祠祀一·甘泉县》："露筋祠，在邵伯镇北三十里，地为甘泉、高邮分界。祠祀高邮贞女。宋米芾有庙碑，欧阳修诗有'伤哉露筋女，万劫仇不复'句。然贞女姓氏莫考，独明徐渭《萧荷花祠诗》自注云：俗称露筋娘娘也。案祝穆《方舆胜览》云：旧传有女子夜过此，天阴蚊盛，有耕夫田舍在焉。其嫂止宿，女曰吾宁处死，不可失节。遂以蚊死，其筋见焉。又陶宗仪《说郛》云：《酉阳杂俎续集》相传江淮间有驿，呼露筋，尝有人醉止其处，一夕白鸟咕嘬，血滴筋露而死。据江德藻《聘北道记》曰，自邵伯埭三十六里志鹿筋，此处多白鸟，故老云有鹿过此，一夕为蚊所唣，见筋而死，因以为名。诸说互异，然考米芾碑文，当以祝说为是。明正德间（1506—1521）巡盐御史刘澄甫重建。国朝康熙四十六年，运使李斯佺再建。仁庙御书额曰'节媛芳躅'。"米芾碑记今传，文人过此题咏亦丰。今扬州市江都区邵伯镇北有露筋村，当是其旧地。

[12] 高邮州：江苏扬州府属散州，在府治北稍东一百二十里。州地以秦置邮亭于此，因名秦邮，汉置高邮县，属广陵国，后汉属广陵郡，三国时废。晋太康元年（280）复置，属临淮郡，刘宋仍属广陵郡，析置临泽县，齐因之。梁析竹塘、三归二县，置广业郡，寻改神农郡。隋开皇初（581）郡废，属江都郡，省临泽、竹塘、三归三县。唐属扬州，五代因之。宋开宝四年（971）置高邮军，县为军治。熙宁五年（1071）军废入县，元佑元年（1086）复为军，建炎四年（1130）升为承州，绍兴五年（1135）复改为县，三十一年（1161）复为高邮军，属淮南东路。元至元十四年（1277）置高邮路，二十一年（1284）改府，属扬州路。明洪武元年（1368）改为州，属扬州府，清因之（据嘉庆《重修大清一统志》卷九十六）。今为扬州市高邮市。

[13] 界首：高邮州属镇，河流，有驿站。乾隆《江南通志》卷二十六《舆地志·桥梁镇市附》："界首镇，州北六十里，接宝应县界"，卷十四《舆地志·山川》："界首河在州南其源西自太湖东入官河。"嘉庆《重修大清一统志》卷九十七《扬州府·关隘》："界首巡司，在高邮州北六十里。"

界首镇巡司，当在乾隆后方设，惟乾隆《大清一统志》只有界首驿，无界首巡司故也。历代文人过此，亦多题咏。诸《扬州府志》《高邮州志》所载不出此。今仍名界首镇，属扬州市高邮市。

[14] 甓社湖：高邮十二湖之一。嘉庆《重修大清一统志》卷九十六《扬州府·山川》："甓社湖在高邮州西北。《舆地纪胜》离城三十里，南北五十里。元至元十三年（1276）张士诚作乱，淮南行省李齐出守甓社湖，即此。《通志》宋崔伯阳《赋叙》云孙觉于湖上夜读书，见大珠，光烛天，是年中第。旧《志》珠见则有休咎之应。又石白湖在西其北五十里，通甓社湖。"乾隆《江南通志》卷十四《舆地志·山川》："甓社湖在高邮州西三十里。宋崔伯阳有《赋叙》云：宋孙觉家于湖，阴夜读书，觉窗明如昼。循湖求之，见大珠，其光烛天。是年，莘老登第。后此屡见，州人连掇大魁。旧《志》云珠见则有休咎之应。"嘉庆《重修扬州府志》卷八《山川》："甓社湖，在州西三十里，通鸢儿、白湖。湖面有珠，其光烛天，宋孙觉尝见之。"历代文人过此，题咏颇丰。今仍名甓社湖，东西长七十里，南北宽五十里，是高邮诸湖中较大者。高邮湖为安徽、江苏共有，为全国第六大淡水湖，以高于其东的运河水面，有"悬湖"之称。

[15] 清江闸：运河淮安段水闸之一。嘉庆《重修大清一统志》卷九十四《淮安府·堤堰》："清江闸在清河县北清江浦，又名龙王关，明永乐（1403—1424）中建。旧制，分司主事驻此，今有闸官。其北有越河小闸，又南北岸有檀度寺闸，本朝康熙三十五年（1686）建。又南北岸有永利闸，皆减水闸也。"光绪丙子《清河县志》卷六《川渎下》称为清江正闸，云："明永乐中建，后改名龙王闸，一曰龙汪闸。康熙三十八年（1699）拆修，金门宽二丈一尺二寸，雍正十二年（1734）重修，乾隆四年（1739）仍名清江闸，五十二年（1787）修补。嘉庆十年（1805）、道光五年（1825）皆拆修，改金门二丈二尺。清江越闸，明万历十七年（1589）建，康熙四十八年（1709）拆修，金门二丈七尺六寸。嘉庆十年（1805）拆修，改金门长二丈七尺越河长百四十八丈。"清江闸今仍存，是大运河上仅存的维护得最好的一座古闸，是世界文化遗产——中国大运河的重要遗产点。

[16] 据下文，高板头在清江闸北十五里，地名今仍在，在淮安市清浦区新闸村。

[17] 宝应县：扬州府属县，在府治北二百四十里。县地初为汉广陵国平安县属地，新莽为杜卿县，后汉复名，属广陵郡。晋废，萧齐改置安宜县，属阳平郡。梁为阳平郡治，兼置东莞郡，北齐因之。北周析置石鳖县。隋开皇初（581），郡废，省石鳖入安宜县，属江都郡。唐武德四年（621）置沧州，七年（624）州废，县属楚州。上元三年（676）改曰宝应，五代因之。宋宝庆三年（1227）升州，寻改为军。元至元十六年（1279）改置安宜府，二十年（1283）府废，以县属高邮府。明属高邮州，隶扬州府，清因之（嘉庆《重修大清一统志》卷九十六）。今仍名，为江苏省扬州市宝应县。

[18] 黄浦：镇名，属宝应县。嘉庆《重修大清一统志》卷九十七《扬州府·关隘》："黄浦镇在宝应县北二十里，《九域志》县有上游一镇，或曰即此。"黄浦镇以黄浦溪得名，该志卷九十七《扬州府·山川》："黄浦溪在宝应县北二十里黄浦镇。西接运河，东流入凌溪。本朝乾隆二十一年（1756）浚凌溪，在县东北，西接黄浦，南通黄昏荡，东北入射阳湖。"黄浦，其时跨界入淮安府山阳县界，该志卷九十三《淮安府·山川》："黄浦在山阳县城南六十里。南接扬州府宝应县界，东南至故晋口入射阳湖，西达三角村入双沟，沟在城西南七十里，潦则溢，旱则干。"嘉庆《重修扬州府志》卷十六《都里·宝应县》："黄浦镇在县北二十里，旧名上游镇，即吴王濞置黄浦至白浦之地。"今宝应县泾河镇南有黄浦村，或即其旧地。

[19] 淮安府：江苏省属府，在省治北五百里。府地在《禹贡》为徐、扬二州之域，春秋属吴，战国属楚，秦属九江郡，汉为射阳、盐渎、淮阴等县，属临淮郡（西北境置泗水国及楚国地，北境为东海、琅琊二郡地），后汉分属广陵郡及下邳国。三国属魏，晋初为广陵郡治。义熙七年（411）始分射阳地置山阳郡（西境置淮阳、浚阴二郡）。宋泰始五年（469）于淮阴置南兖州（北境置青、冀二州，西境入魏），齐因之。梁改曰淮州[西境初属魏，置东徐州，中大通四年（529）入梁，改曰武州]，东魏因之，兼领山阳、淮阴二郡（西境仍曰东徐州）。北齐废淮阴郡，周侨置东平郡。隋开皇元年（581）改郡为淮阴，寻与山阳郡俱废。十二年（593）置楚州，移治山阳。大业初（605）州废，属江都郡（西境置下邳郡，北境置东海郡）。唐武德四年（621）于山阳置东楚州，八年（625）更名楚州。天宝初（742）

复曰淮阴郡。乾元初（758）复曰楚州，属淮南道（西境为徐州地，北境置海州，属河南道）。五代唐长兴三年（932）杨吴升为顺化军，后周显德五年（958）军废。宋初曰楚州山阳郡，隶淮南东路[《宋史·地理志》建炎四年（1130）置楚泗承州涟水军镇抚使、淮东安抚制置使、京东河北镇抚大使，嘉定初（1208）节制本路沿边军马，十年（1218）制置安抚使公事]。绍兴间（1131—1161）入金，旋复。绍定元年（1228）改州为淮安军，端平元年（1234）又改军为淮安州。元至元十四年（1277）立淮东路总管府，二十年（1283）升淮安路属河南行省。明为淮安府，直隶南京，清属江苏省，领县六。据嘉庆《重修大清一统志》卷九十三。今仍名，为江苏省淮安市。

淮安府治山阳县，县城即府城。县地初为秦淮阴县地，汉置射阳县，属临淮郡，后汉改属广陵郡，三国时废。晋太康元年（280）复置，仍属广陵郡，东晋后废。义熙中（405—418）改置山阳郡，兼置山阳县，宋、齐至后魏皆因之。隋开皇初（581）郡废，为楚州治。大业初（605）州废，以县属江都郡。唐复为楚州治，五代因之。宋绍定元年（1228）改为淮安军治，端平初（1234）为淮安州治。元至元二十年（1283）仍曰山阳，为淮安路治，明为淮安府治，清因之。据嘉庆《重修大清一统志》卷九十三。今大致为淮安市淮安区。

[20] 桷：音同决，方形椽子。

[21] 韩侯：即西汉开国功勋韩信。韩信（？—前196），淮阴（今江苏省淮安市淮阴区）人。韩信为韩国没落贵族之后，出身贫穷，常寄食于人。秦末项梁反秦，投奔，项梁死，从项羽，为郎中，职不充才，遂离而投汉，经萧何竭力举荐得到汉王刘邦重用，拜为大将。明修栈道、暗度陈仓，让汉军成功进入关中。在楚汉战争中，虏魏、破代、平赵、下燕，杀龙且、围项羽，为刘邦的胜利立下最大武功。以功封为齐王，后徙为楚王，贬为淮阴侯。后被诬以谋反罪，被吕后和萧何抓捕、杀害。《史记》卷九十二、《汉书》卷三十四有传。

又"韩侯钓台"者，据光绪《淮安府志》卷三十七《古迹》，原迹在清河县淮阴故治，后人移建于山阳城西北。黎氏所见，即移建者。

[22] 此钞关即淮安税关。明初以钞为法定货币，宣宗宣德四年（1429），在浒墅关、淮安关、扬州关设置钞关，开始对商船征收船料税，

名义上征钞，实际上是以钞为计量单位折银征收。后世，及清，皆因之。据乾隆《江南通志》卷七十九《食货志·关税》。亦据该志记载，清代"淮安关兼淮安仓、清江厂，又归并宿迁关、庙湾口税务。按淮安关自明宣德四年始设。旧例：重河赣、剥、航、棹等船验梁头收银，五尺者二分九厘有奇，以上渐加重；长乌船验梁头收银，五尺五分八厘有奇，以上渐加。国朝雍正六年（1728），监督请改照客贩画一征收。又按淮安仓、清江厂设自明季，国朝因之，康熙九年（1630）将户仓、工厂归并淮关。雍正五年（1727）将宿迁关归并淮关，七年（1729）又将江海关之庙湾口就近交与淮安关管理，其稽查南来客贩之朦胧口、稽查本地粮食之板湖口，向属庙湾所管，一并归于淮安关。关、仓、厂三关，额税正银一十五万七百二十八两九钱九分（淮安关原额银五万四十七两九钱，顺治十三年（1656）溢额银八千二百五十二两一钱，共银五万八千三百两，归并淮安仓。清江厂原额并溢额银九万二千四百二十八两九钱九分，额定正银如今数），额解铜斤脚价归正银一万五千三百八十四两六钱。宿迁关额税银五万两（原钞银七千六百两、契税银四千二百二十四两、石价银八百二十两，徐属铜、萧、砀、丰、沛五县额征陆税银四百五十六两，共该额银一万三千一百两内，石价银八百二十两，每年例发河工支用，其钞税并五州县陆税银两解部。雍正元年（1723）为《请裕税课等事案》内溢额银三万六千九百两，共如今额）。庙湾口额税银一千五百三十六两。又据《云南铜志》卷三《京运》："淮安关《则例》：每铜百斤，应征正税银一钱二分，耗银一分二厘。合每百斤，应征银一钱三分二厘。"

[23] 月河：查同治《重修山阳县志》，无月河之名。此月河指由运河水出又入于运河，可绕开运河水闸，供轻小船只自然通过之辅助性河流，以形似月牙，故称月河。运河诸水闸大多有月河。

[24] 灌塘渡黄：运河船只通过黄河的方法，即由运河旁的水塘蓄水，待船只将入黄河时，将蓄积已足的塘水灌入运河，抬高运河水面，使高于黄河水面，然后船只可顺流进入黄河。其具体方法，后文过黄河时有详细描述。

[25] 清河：江苏淮安府属县，在府治西五十里。县地初为秦淮阴县，汉因之，属临淮郡，后汉改属下邳国。晋初为广陵郡治，东晋末徙属山阳郡。宋泰始中（466—471）侨置兖州，治淮阴。南齐曰北兖州，梁曰北雍

州、淮阴郡，后改淮州，东魏因之，又置淮阴郡。北齐废为怀恩县，周改曰寿张县，又侨立东平郡。隋开皇元年（581）复改郡为淮阴，兼立楚州，寻废郡，改县曰淮阴。大业初（605）州废，又并县入山阳。唐初复置，武德七年（624）省，乾封二年复置，属楚州。乾符中（874—879）高骈置淮宁军，五代因之。宋绍兴五年（1135）废为镇，明年复置。咸淳九年（1273）始分西北界，置清河军及清河县，属淮南东路。元至元十五年（1278）废清河军，以清河县属淮安路。明属淮安府，清因之（据《大清一统志》卷九十三）。今大致为淮安市淮阴区及清江浦区。

县尹唐君：即知县唐君，据光绪《淮安府志》卷十三《职官》，有剑州（今四川省广元市剑阁县）人唐汝明者，举人出身，道光十三年（1833）、十八年（1838）两次暑理清河知县，当即此人。

[26] 福兴闸：运河淮安段水闸之一。嘉庆《重修大清一统志》卷九十四《淮安府·堤堰》："福兴闸在清河县清江闸西五里，明万历六年置（1578），后废。本朝乾隆二年（1737）重建，添设越闸一座，二十七年（1762）重修，有闸官。"据乾隆《江南通志》卷五十九《河渠志·运河》，淮安府福兴闸初建于明弘治二年（1489）二月。光绪丙子《清河县志》卷六《川渎下》福兴闸有正闸、越闸，"福兴正闸，乾隆二年（1737）建，癸山丁向，金门同前。二十五年（1760）重修，嘉庆十九年（1814）拆修，道光十四年（1834）补修。闸上有钳口坝，闸下有东水坝。按《府志》载明时故福兴闸在清江浦西五里，陈瑄所建。万历中（1573—1620）改建于寿州厂，后亦废。至今土人尚有老二闸之称。福兴越闸，乾隆二年建，壬山丙向，金门同前。二十七年重修，嘉庆二十一年（1816）补修，道光十九年（1839）拆修。闸下越河长三百六十八丈五尺。按乾隆二年添建通、福正、越四闸，开挑新河，自张王庙前至庞家湾，仍入旧河，长千六十八丈四尺，即今所由也"。闸今已废，遗址在淮安市淮阴区码头镇。福兴闸，及其南的通济闸、通济闸南的惠济闸，在运河的"之"字形孔道上，合称三闸，由南而北，依次称头闸（大闸）、二闸、三闸，是运河上的重要交通关键点。工程难度极大，集中体现了中国古代的工程技术，是世界文化遗产——中国大运河的重要遗产点。

[27] 徐君：查光绪《淮安府志》卷十二《职官》福兴闸官在道光朝惟徐敦治一人为徐姓，当即此人。

[28]　通济闸：运河淮安段水闸之一。嘉庆《重修大清一统志》卷九十四《淮安府·堤堰》："通济闸在清河县南，淮阴故城南，即浊水入淮处，明永乐中（1403—1424）陈瑄筑，名新庄闸。嘉靖中（1522—1566）闸废，改置通济闸于三里沟。隆庆六年（1572）河臣潘季驯，迁于甘罗城南，后因之。本朝乾隆二年（1736）重建，二十七年（1762）重修。"光绪丙子《清河县志》卷六《川渎下》通济闸有正闸、越闸："通济正闸在惠济闸东北，乾隆二年建，癸山丁向，金门同前。二十五年（1760）重修，嘉庆十一年（1806）拆修。通济越闸，乾隆二年建，亥山巳向，金门同前。二十七年重修，嘉庆二十一年（1816）拆修。闸下越河长三百二十一丈六尺，迤下有双孔涵洞，乾隆十年建（1745），启洞水达护城河。又洞下有洩水闸，康熙四十五（1706）建，久废。"闸今已废，遗址在今淮安市淮阴区码头镇。

[29]　周君：查光绪《淮安府志》卷十二《职官》通济闸道光时期有两任闸官姓周，分别为周力增、周鼎，然周鼎为道光朝倒数第二任闸官，周力增为倒数第四任，道光朝共八任闸官，此时方道光二十一年，以此度之，时任闸官或为周力增更确。

[30]　惠济闸：运河淮安段水闸之一。嘉庆《重修大清一统志》卷九十四《淮安府·堤堰》："惠济闸在清河县马头镇东南，旧名通济闸，明嘉靖中（1522—1566）置，本朝康熙二十三年（1683）重建，改名惠济，亦名七里闸。《运道考》明嘉靖三十年（1531）漕臣连矿以新庄闸口北接黄河，淤沙冲射，岁烦挑浚，乃南凿三里沟，西接清淮，谓之通济闸，在甘罗城东南马头镇东南半里。《清河县志》惠济闸康熙二十三年建，引淮水以达漕运，后以河水南侵，闸底淤垫，至是新凿漕河于迤南三里，更建闸座为新运口，闸名惠济，今现行漕。"　光绪丙子《清河县志》卷六《川渎下》惠济闸有正闸、越闸："惠济正闸，原名新庄闸，又名天妃闸，旧在惠济祠后。明永乐中（1403—1424）陈瑄建，嘉靖中改移于南，名通济。万历六年（1578）潘季驯又移甘罗城东，康熙十九年（1680）又移烂泥浅之上，即七里旧闸，而改名惠济。四十年（1701）复移建于旧运口之上头草坝。雍正十年（1732）移建七里沟，即今处。闸丑山未向，金门宽二丈四尺，乾隆十一年（1746）、二十三年（1758）、四十年（1775）、嘉庆十五年（1810）、道光二十年（1840）皆拆修。闸上有升磑坝，又有钳口坝，闸下有来水坝。

吴廷桢《天妃闸诗》:'断堰锁崔嵬,奔流下石隈。势吞淮甸尽,声撼海门开。水气晴吹雨,天风夕送雷。扣舷惊绝险,谁是济川才',即此。按惠济闸下张王庙前,乃雍正年间(1723—1735)运道。惠济越闸,康熙四十九年(1710)建,亥山巳向,金门同正闸。乾隆二十七年重修,嘉庆十一年(1806)、道光十四年(1834)皆拆修。闸下越河长四百六十一丈,闸上有钳口坝,闸下有东水坝,又张王庙前有托水坝。"闸今已废,遗址在今淮安市淮阴区码头镇。

[31] 忭:音同变,喜悦貌。

[32] 此闸官当为惠济闸官赵廷樟,查光绪《淮安府志》卷十二《职官》,道光朝惠济闸闸官惟此人赵姓。

[33] 天妃三闸:即惠济、通济、福兴三闸。三闸中头闸惠济闸,曾名天妃闸(见上"惠济闸"注),故以此总名三闸。

[34] 太平河:淮安府境内重要河流。嘉庆《重修大清一统志》卷九十三《淮安府·山川》:"太平河在阜宁县黄河北岸,上自六套起,下至安东县民便河汇入,引洋河归海。本朝乾隆二十三年(1758)浚。"安东县即今淮安市涟水县,阜宁县即今盐城市阜宁县,当时黄河经淮安而东向出海,黎氏所泊太平河或为其上游。

[35] 朱荫堂漕督树:即总督漕运朱树,字荫堂。朱树,贵州贵筑(今贵州省贵阳市)人,乾嘉时期(1735—1820)川北总兵朱射斗之子。射斗战死,树袭二等轻车都尉世职,任为户部主事入仕,颇有才干,道光三年(1823)补为户部员外郎中,后迁官甘肃甘凉道,升湖北按察使,转河南布政使,道光十九年(1839)升河南巡抚,旋授漕运总督。二十六年(1846)辞官回籍,同治二年(1863)卒。《清史稿》卷三百四十九有附传,民国《贵州通志·人物志五》有传。漕运总督,明代简称总漕,同时监管河道,清代方为专设官员。

漕督,即总督漕运,明清时期负责运河漕运的主官。该官始设于明,而其职掌则起于秦汉。《钦定历代职官表》卷六十《漕运各官表》云:"谨案三代无漕运之事,秦汉变封建为郡县,始漕郡国之粟以给京师。然汉时漕事皆郡县自办,朝廷未尝设官以领之。西汉末尝置都尉以司其防护,至东汉初又罢。晋初始以大司农部护漕掾,其后又以都水使者督运。然司农本掌仓储，都水官职司水利，皆非专掌漕事者。自是以后至唐开元以前，公私漕运皆以都水官兼掌而已。自唐先天（712）置发运使，开元（713—742）又置转运使，于是领漕始有专职。宋辽金沿唐制置、发运、转运、漕运等使，至明置漕运总督而今因之。此实漕运一官之沿革也。"又据《漕运各官表》，明初以武臣督漕运，又用侍郎、都御史等兼其事，并无定制。景泰二年（1451）始设漕运总督于淮安，与其地之总兵、参将共治其事，后实专领。清因之，设为常职，一人，正二品，兼尚书衔者从一品。掌督理漕挽以足国储。凡收粮起运，过淮抵通皆以时稽核催攒而总其政令，仍驻淮安。康熙二十二年（1683）定制，粮艘过淮后，总漕随运北上，率所属官弁相视运道险易，调度全漕，察不用命者。俾舳舻相接，毕渡天津入觐述职，以重官守。《清史稿》卷一百一十六《职官三》："顺治元年（1644），遣御史巡漕，寻置总督，驻淮安。四年（1647），以满洲侍郎一人襄治漕务。六年（1649），兼凤阳巡抚事。十六年（1659），停兼职。康熙二十一年（1642），定粮艘过淮，总漕随军述职。咸丰十年（1860），令节制江北镇、道各官。光绪三十年（1904），以淮、徐盗警，改置巡抚。明年省。"

[36] 橺：此处当同"橱"。神橱，即供神仙牌位的匣子或柜子。

道光二十一年四月

四月初一日，乙酉，晴。晒衣。

初二日，丙戌，晴。尹晓湖来。

初三日，丁亥，晴。寓舍无事，捡阅《广舆图志》。[1]按运河在淮安府城南者即古邗沟，亦名山阳渎。[2]春秋哀公时，[3]吴城邗沟通江淮，秦汉以来道出江淮，必由此渎。隋大业中，[4]发民濬治，自山阳至扬子入江，[5]渠广四十步，唐宋以来运道皆由此。明永乐中，平江伯陈瑄修治运河，[6]复凿清江浦，[7]引湖水达淮入黄河，筑堤设闸坝，以时启闭而合于渎河；又虑北河涨溢，于河南岸筑堤防之；虑南河涨溢，于高家堰一带筑堤防之[8]。万历中，[9]河臣潘季驯等复屡次修理，[10]漕运始通行无阻。清江浦即宋沙河故道也。

初四日，戊子，晴。

初五日，己丑，阴雨冥濛。

初六日，庚寅，阴。拦清堰、清水坝开，[11]余船先挽入塘子，自寓乘小车往视。雨后路润无尘，行人甚便，熙洎姚生均往。

初七日，辛卯，阴。

初八日，壬辰，阴晴。

初九日，癸巳，阴晴。过尹晓湖，偕行赴塘子查视。帮船、粮艘及铜、铅舟四帮聚集塘内，樯竿如林，亦壮观也。偕至余舟小憩，由御黄坝过堤岸，[12]分袂而归。

初十日，甲午，晴。未刻，开御黄坝，引黄河水灌入，奔流汹涌，堵坝芦秸、泥土随水推卸入塘，浪高数尺。盖先将清水坝堵闭，湖水不得入塘，又先将塘水由涵洞放出，塘内水低数尺，黄水高数尺，故开坝后藉急流以刷泥沙，俟塘水与黄河平，粮艘始可出黄也。凡开坝，达官必至，河督麟庆督官弁数十驻河岸，[13]车马喧闹、帆樯杂沓，逐处扰扰纷纷，余及兆熙等往视，项、庆二君亦往。申刻，视各粮道舟出尽方归寓。

十一日，乙未，晴。各粮艘陆续出黄。

十二日，丙申，晴。申刻，粮艘出毕，王对山帮船先出口，余舟续出。

渠舟少人力，出黄泝流里许即搁浅不能行。余舟为所阻遏，拥塞坝口，恐舟胶，[14]命舟人退挽入塘。而王君舟又渐次泝行，舟人不欲退缩，勉力挽行□里，尾船仅离坝口丈许，已四更矣。五更方归寓。

十三日，丁酉，晴。西风甚厉，河员摧促。[15]王君舟挽上里许，余舟亦挽上半里许。王君头船渡黄被风吹下十里外，余舟尽搁。余舟亦不敢渡，遂加锚缆停泊。项君全帮已出口，仍退。尹、庆二君船均在塘内未移，河员已将坝堵塞矣。

十四日，戊戌，晴。辰刻，西北风稍息，俟王君舟渡毕，余舟挽上数里，用涨锚续渡。方至六号而风起，余舟停泊以待。酉刻，忽起东风，舟人急张帆而渡，方抵岸而北风又至矣，此神赐也。十一舟均泊北岸。舟既渡黄，渐次脱险。是日热甚，夜，北风弥紧，幸船在北岸，无妨。

十五日，己亥，晴。北风仍大，闻昨日湖南粮艘上三闸，九舟败其三，今日六舟败其三，又前浙江粮艘在黄河败者数十。风暴之可畏如此。

十六日，庚子，晴。酉刻，粮艘挽入二坝毕，[16]我舟始挽入内河口。申刻，湖南粮艘上闸，复坏二只，仅余半截随流而下，群小舟抢获货物甚多。余自河岸归寓，路过闸口，目击之。

十七日，辛丑，晴。全帮挽入二坝，抵杨家庄泊。[17]计塘子至杨庄不过十里耳。自江宁至杨家庄，水路约五百十里。

十八日，壬寅，阴晴。促行户运铜归载。

十九日，癸卯，晴。行户用小车八十运铜至剥船。

二十日，甲辰，阴晴。督行户运铜。

二十一日，乙巳，晴。行户运渡黄。

二十二日，丙午，晴。御黄坝复开，湖南粮艘及项、尹、庆各帮铜、铅船均渡黄。余遣人赴舟中视收铜，偕熙辈步行由塘子边至惠济祠。[18]柳岸风凉，袭人襟袖，塘苇青葱，陇麦黄熟，鸣鸠谷谷在高树间，郊野景象可喜。缓步循三闸至天妃口，余痔出，艰于行，遂乘小舟归。

二十三日，丁未，阴。步行赴黄河岸，遂过渡至杨庄舟中，查视收铜。各后帮船均已进口。行户铜运至舟侧，以帮船拥挤，未能兑收。仍过渡，步行归寓。堤上风凉，不觉疲困也。夜雨。

二十四日，戊申，阴雨。

二十五日，己酉，晴。舟中收铜。

二十六日，庚戌，晴。舟中收铜。

二十七日，辛亥，晴。舟中收铜。

二十八日，壬子，晴。收铜毕，自高板头寓舍移行李入船。痔出，受凉，腹痛。

二十九日，癸丑，阴雨。遣高照赴清河县，移知收铜讫，并贴印花。

注　释

[1]《广舆图志》：《四库全书》《续修四库全书》皆未有该书著录。《四库全书》著录有《增订广舆记》，《四库全书总目》卷七十二："《增订广舆记》二十四卷，国朝蔡方炳撰。方炳字九霞，号息关，昆山（今江苏省昆山市）人，明山西巡抚懋德之子也。是编因明陆应旸《广舆记》而稍删补之。大抵钞撮《明一统志》，无所考正。自列其父于人物中，亦乖体例。"陆应旸《广舆记》则系地图册，卷首第一册列全国总图及各省地图，其后各卷分记建制、沿革、山川、土产、祠庙、名宦、人物等。蔡方炳对之进行修缮补订，使之更加完备。另明罗洪先编绘有一本纯粹的地图集《广舆图》，系参照其他地图，以计里画方法将《舆地图》总图、两直隶及十三布政司图缩编，另增绘九边、漕河、四极等图幅，汇总成《广舆图》。该图计有地图45幅，附图68幅，共计地图113幅。绘画工整、刻镂精细，并首次采用24种地图符号，其中部分符号已抽象化，丰富了该图内容，提高了其科学性。因为该图为图集形式，实用方便，易于保存，故先后翻刻6次，已佚之《舆地图》因此得以保存部分内容于其中。《广舆图》因其精确易得，故成明、清以来诸多传统舆图编绘时所据之底本。《广舆图志》亦当时舆地图书，然详情难知。

[2] 邗沟：运河的一段，初为春秋吴国所开。山阳渎，亦运河名，初为隋文帝所开。乾隆《江南通志》卷十三《舆地志·山川·淮安府》："运河南自宝应界抵郡城西北，又西达于淮，为吴邗沟、隋山阳渎遗迹。明平江伯陈瑄之所导也。"又该志卷五十八《河渠志·运河》："隋开皇七年（587）四月，于扬州开山阳渎以通运漕。大业元年（605）发河南道诸州郡兵夫五

十余万开通济渠，自河起荥泽入淮千余里；又发淮南诸州丁夫十余万开邗沟，自山阳至扬子江三百余里，水面阔四十步。《曾子固集》：'荥阳之西有广武二城，汴水自二城间小涧中东流而出，济水至此乃绝，桓温将通之而不果者，晋太和之中（366—370）也。刘裕浚之，始有湍流奔注以漕运者，义熙之间（405—418）也。皇甫谊发河南丁夫百万开之，起荥阳入淮，千有余里，更名之曰通济渠者，隋大业之初（605）也。后世因其利焉。'"

[3] 哀公：即鲁哀公，姬姓，名将，鲁国第二十六任君主，公元前494—468年在位。《左传·哀公九年》："秋，吴城邗沟，通江淮。"

[4] 大业：隋朝第二任皇帝，炀帝杨广的年号，大体在公元605—618年。

[5] 此山阳指隋代山阳县，但其地亦基本与清代山阳县同。

[6] 陈瑄（1365—1433）：字彦纯，合肥（今安徽省合肥市）人，明初军事将领、水利专家，明代漕运制度的确立者。陈瑄父陈闻，元末起义反元，后以千户归朱元璋，累功至都指挥同知，瑄袭父职。后参与收取四川、平定川西南夷部的战争，累有战功，历任成都右卫指挥同知、四川都司都指挥同知，入为右军都督府都督佥事。成祖"靖难之役"，陈瑄帅水师归附，赐爵平江伯。永乐元年（1403）任漕运总兵官，由此督理漕运三十年，改革漕运制度、修缮京杭运河，为明清时期运河漕运的重要功臣，与在山东疏凿会通河的宋礼齐名。宣宗宣德八年（1433），病逝任上，追封平江侯，赠太保，谥恭襄。《明史》卷一百五十三有传。

[7] 清江浦：清河县境内河流。嘉庆《重修大清一统志》卷九十三《淮安府·山川》："清江浦在清河县北一里，旧为沙河，土名马沙河。古运道自郡城东入淮，旧《志》云宋转运使乔维岳开此直达清口，明永乐初（1403）陈瑄重浚置闸，更名清江浦，为水陆之孔道。本朝乾隆十六年（1750）、四十六年（1780）翠华南巡，并有御制《清江浦诗》。"今淮安市有清江浦区。

[8] 高家堰：运河淮安段著名堤堰。嘉庆《重修大清一统志》卷九十四《淮安府·堤堰》："高家堰在山阳县西南四十里，洪泽湖之东，北自武家墩，南至棠梨树，接泗州盱眙县界，长九十里。相传后汉广陵守陈登始建，明永乐中（1403—1424）平江伯陈瑄重筑，万历六年（1578）总河潘季驯再筑，本朝历年修筑，今益坚固。张兆元《两河指掌》：明永乐间平江伯陈瑄筑高家堰，自新庄镇至越城，计一万八千一十八丈，横亘西南，淮

水无东侵之患。《南河全考》：万历六年，总河潘季驯筑高堰，堤长六十里，内砌大涧口等处石堤三千一百一十丈。《河渠考》：潘季驯《两河议曰》高堰去宝应高丈八尺有奇，去高邮高二丈二尺有奇。高宝堤去兴化、泰州田高丈许或八九尺，其去堰不啻卑三丈有奇矣。淮一南下，因三丈余之地势，灌千里之平原，安得有淮南数郡也？泗州之地比高堰为下，与高、宝诸州县皆若釜底，然高堰一带修守不严，奸商盐贩之徒无日不为盗决计，泗州之人未究利害之原，但见高堰增筑，势必遏淮入泗，惟恐堰不速溃也。本朝康熙十一年（1672）大修高家堰，十六年（1677）自周桥闸至翟家坝筑堤三十二里，并堵高良涧决口三十四处。十七年（1678）增筑高家堰，十八年（1679）塞翟家坝决口，三十二年（1693）修筑高堰，自史家剐至周桥一万四百余丈堤工。三十九年（1700）大修高家堰，筑武家墩小黄庄至周桥新旧石工，尽堵六坝，改为三滚水坝，并设天然坝二座，以备涨水。四十五年（1706）高堰三滚坝下各挑引河筑堤，东水由草字河、唐曹河入高、邵诸湖。四十六年（1707）挑高堰天然坝下引河，自蒋家坝至罕贻涧，共一万四千四百余丈，两岸筑堤五千一百余丈。雍正四年（1726）于王家沟口建滚水坝一座，其周家桥以南滚水坝二座各改低一尺五寸，又加高高家堰土堤。《治河书》：洪泽湖在山阳县之西南，北距大河，东俯高、宝诸塾，淮水远自豫省复挟汝、颖、涡、汴群川之水汇而入焉，潆洄激荡，惟下之是趋，而其地东北为下趋，而北则出清口而达于海，趋而东则高、宝诸塾滔天而淮扬之民其鱼矣。汉末陈登首建高堰障其东而使之北，后世治水者皆守其旧而不变。至宋，黄又徙而南，湖日宽广，成巨浸，而是堰之所系愈重。庆历间（1041—1048）一修于发运使张纶，明初再修于平江伯陈瑄，至万历间（1573—1610）河臣潘季驯大修之，且砌以石者三千余丈，愈巩固焉。顾西南一带，自周桥至翟坝三十里，空之而弗堤，曰此处地形稍冗，天然减水坝也。但当时湖底深而能纳，虽不筑堤，湖水常低于岸，而惟遇霖雨异涨，始漫溢而出，故季驯又曰周桥漫溢之水，为时不久，诸湖尚可容受也。迨黄流倒灌之后，湖底垫高，湖底高则湖水亦因之而高，况决口九道，汕刷成河，地形愈陷，以愈高之湖放愈陷之地，于此三十里稍冗之区，昔所称漫溢不久，今且终岁滔天，东注而不止。不特清口之力分，无以敌黄，而淮且反引黄水以俱东，二渎交腾，高、宝诸湖盈科而不受。此清口大决，所以断不可塞，而下河七邑遂同溟渤也。惟将诸决尽塞，自清口至周桥九十里旧堤，悉增筑高厚，并将周桥至翟坝三十里旧无堤之处亦创堤之。其仍旧减水者六处，计二百丈，盖湖水之高于黄水者常五六尺，若一任其建瓴而出，则所蓄无几，一逢亢旱，上源细微，既不足以济运，又恐黄水之其弱而入，故烂泥浅一带湖滩，昔人称之为门限，今不使尽辟，欲清水常流有余。然设遇大水连旬，洪波骤溢，清口一道之所出，不胜数百里全湖之涨，不有以减之势，必寻隙而四溃，故堤以防之，不虞之溢，复坝以减之，然后节宣有度，旱不至于阻运，而涝不至于伤堤也。虽然洪泽周围三百余里，合阜陵、泥墩、万家诸湖而为一，又上受全淮之委，空蒙浩瀚，每西风一起，怒涛山涌，而以一线之长堤捍之，浪头之所及，土崩石卸，虽岁岁增高培薄，终不能御。窃思，水，柔物也，惟激之则怒，苟顺之自平。顺之之法，莫如坦坡。乃多运土于堤外，每堤高一尺，填坦坡八尺，如堤高一丈，即填坦坡八丈，以填出水面为准，务令迤斜以渐高俾，来不拒而去不留。是年秋，黄水大涨，奇风猛浪倍异寻常，而汹涌之势一遇坦坡，而其怒自平，惟有随波上下，无所逞其冲突，始知坦坡之力，反有倍蓰于石工者。故障淮以会黄者，功在堤，而保堤以障淮者，功在坦坡也。惟是填积坦坡以来，垂及十载，风涛之所汕刷，平铺卸去，离堤已四五十丈矣，若用帑填积，既所费不赀，又功程难见，应每岁令河兵岁夫逐渐加工，立为定制。每岁堤工一丈，填土二方，务使所增之数适称所耗之数，如是久之，离堤百丈之内，必渐垫而高，因丛植柳、芦、茭、草之属，俟其根株交结、茂盛蔓延，则虽狂风动地、雪浪排空，终不能越百余丈之茂林深草而溃堤矣。《河防志》：高堰、山盱两通判管理修防，其汛有三，北曰高堰汛，属高堰通判；南曰徐坝汛，属山盱通判；中曰高涧汛，则分属焉。高堰通判所割，自山清交界武家墩后横堤头起，直至高良涧禹王庙前止，计五十里；山盱通判所辖，北自高良涧禹王庙前起，南至秦家高冈，止计四十三里，皆总河于成龙题设。高堰大堤于康熙三十九年（1700）二月兴修，四十年（1701）冬告竣，北自武家墩堤头起，南至棠梨树止，长二万四千九百八十一丈二尺三寸，高二丈三四五尺，顶宽八丈四尺，底宽一十三四丈，临海镶柴，高一丈一二三四尺，宽八尺。周洽《看河纪程》：自清江浦西南行二十五里至武家墩，即高家堰之长堤也，有减水坝。十五里至高家堰关帝庙，又二十里至石工头，从此皆木工矣。二十里至高良涧，有减水坝，又二十里至周桥，昔年亦通运道，今筑断置减水坝，又五里许至古沟东减水坝，又里许至古沟西减水坝，又数里至唐埂减水坝，又里许为唐埂，又十余里即翟家坝，因土埂最高，不用筑堤。按高家堰所以障淮敌黄而济运，明河臣潘季驯谓淮扬之门户，黄淮之关键，信矣。我圣祖仁皇帝六次南巡，躬亲相度，闻六坝以大筑全堤，疏引河以宣泄涨水，举凡保固久远之计，周详尽善。雍正七年（1729）世宗宪皇帝特发帑金百万遣官督修，八年（1730）帮筑高堰坝下河堤，九年（1731）大修高堰石工，至十年（1732）而石工告成。乾隆四年（1739）增筑高堰堤工。十六年（1750）高宗纯皇帝南巡，亲视机宜，仁义礼三滚坝下添建智信二坝，并立水则，以次递开，而天然坝则永禁开放。有御制《阅高堰工诗》《阅高堰坝示河臣诗》。十九年（1754）、二十年（1755）大修砖石堤工三千六百余丈，并修高堰草坝一百九十八丈。二十二年（1727）临幸，命于武家墩迤北改建砖工，有御制《阅高堰工诗》。二十四年（1729）将高堰马鞍柴工改建石工。二十七年（1732）临幸，命自济运坝至运口太平庄止，一律接建砖工，有御制《命筑高堰砖工诗》。三十年（1765）、四十五年（1780）、四十九年（1874）巡幸，并有御制《阅接筑高堰堤工诗》。自是，百里长堤，屹然巩固，淮扬二郡，永庆安全矣。"高家堰，今仍存，并用现代工程技术改造和加固，北起淮安市淮阴区码头镇，南至淮安市盱眙县堆头村，全长67.25千米，是苏北防御淮河洪水的第一屏障。

[9] 万历：明朝第十三位皇帝神宗朱翊钧的年号，1573—1620年。

[10] 潘季驯（1521—1595）：字时良，号印川，湖州乌程（今浙江省湖州市吴兴区）人，明代大臣，中国古代杰出的水利专家。季驯以嘉靖二十九年（1550）及进士第，出授九江推官，擢御史巡按广东，入为大理寺丞。嘉靖四十四年（1565），以大理寺左少卿进右佥都御史总理河道，与朱衡共开新河，加右副都御史，旋即以丁忧去职。隆庆四年（1570），以故官起用，塞黄河决口。次年竣工，被劾罢官。万历四年（1576）起官巡抚江西，次年入为刑部右侍郎。万历六年（1578）以右都御史兼工部侍郎总理河漕，治理黄淮，黄河下游得保数年安宁。后历官太子太保工部尚书、南京兵部尚书、刑部尚书。神宗查抄张居正，季驯受牵连罢官。万历十六年

（1588），以黄河再患，复官右都御史，总督河道。十九年（1591）又加太子太保、工部尚书。次年，以病辞归。有水利名著《两河管见》《河防一览》等传世。《明史》卷二十二有传。

[11] 指漕运入黄河的方式，具体见该月初十日记事。

[12] 御黄坝：运河工程中防止黄河水倒灌入运河的重要工程，在清河县境内。光绪《淮安府志》卷七《河防》："御黄坝，旧在福神庵前。嘉庆九年（1804）黄水倒漾，议于高家马头西岸河尾，距旧御黄坝三百八十丈处斜筑挑坝，再于东岸筑对头柴坝，名新御黄坝，相机拆筑。如遇水过大，即行堵闭。按御黄坝金门本宽五丈，嘉庆十九年（1814）展宽至五十六丈，二十年（1815）收东，存十一丈四尺。道光五年（1825）借黄济运，收束至三丈九尺。六年（1826）八月展宽二十丈。又按御黄坝迤北有钳口坝一道。"光绪丙子《清河县志》全同。

[13] 河督：即河道总督，明清时期设置的河务最高行政官员的简称。《明史》卷七十三《职官二》："总督漕运兼提督军务巡抚凤阳等处兼管河道一员。太祖时尝置京畿都漕运司，设漕运使，永乐间（1403—1424）设漕运总兵官，以平江伯陈瑄治漕。宣德中（1426—1435）又遣侍郎、都御史少卿等官督运。至景泰二年（1451）因漕运不继，始命副都御史王竑总督，因兼巡抚淮扬庐凤四府徐和滁三州，治淮安。成化八年（1472）分设巡抚、总漕各一员，九年（1474）复旧，正德十三年（1518）又分设，十六年（1521）又复旧。嘉靖三十六年（1557）以倭警，添设提督军务巡抚凤阳都御史，四十年（1561）归并，改总督漕运兼提督军务，万历七年（1579）加兼管河道。"《清史稿》卷一百一十六《职官三》："河道总督，江南一人，山东河南一人。直隶河道，以总督兼理。掌治河渠，以时疏浚堤防，综其政令。营制视漕督。顺治元年（1644），置总河，驻济宁。康熙十六年（1677），移驻清江浦。二十七年（1688），还驻济宁，令协理侍郎开音布等驻其地。三十一年（1692），总河并驻之。三十九年（1700），省协理。四十四年（1705），兼理山东河道。雍正二年（1724），置副总河，驻武陟，专理北河。七年（1729），改总河为总督江南河道，驻清江浦，副总河为总督河南山东河道，驻济宁，分管南北两河。八年（1730），增置直隶正、副总河，为河道水利总督，驻天津。自是北河、南河、东河为三督。九年（1731），置北河副总河，驻固

安，并置东河副总河，移南河副总河驻徐州。十二年（1734），移东河总督驻兖州。乾隆二年（1737），省副总河。厥后省置无恒。十四年（1749），省直隶河道总督。咸丰八年（1858），省南河河道总督。光绪二十四年（1898），省东河河道总督，寻复置。二十八年（1902）又省，河务无专官矣。"

麟庆：即完颜麟庆（1791—1846），字见亭，满洲镶黄旗人，清代著名官员、学者、水利专家。麟庆嘉庆十四年（1819）进士，授内阁中书，迁兵部主事，改中允。道光三年（1823），出为安徽徽州知府，调颍州，擢河南开归陈许道。历河南按察使、贵州布政使，护理巡抚。十三年（1833），擢湖北巡抚，寻授江南河道总督，丁母忧，改署理，服阕，实授，疏陈《筹办南河情形》。十九年（1839），修运河惠济正闸、福兴越闸，署理两江总督。二十一年（1841），黄河决祥符，注洪泽湖，南河无事，诏嘉其化险为夷，予议叙。二十二年（1842），英人兵舰入江，命筹淮、扬防务以保运道。其秋，河决桃北崔镇汛，革职。二十三年（1843），发东河中牟工效力，工竣，以四品京堂候补。寻予二等侍卫，充库伦办事大臣，以病，仍改四品京堂。寻卒。著有《黄运河口古今图说》《河工器具图说》，皆传世。《清史稿》卷三百八十三有传。其子崇实、崇厚，皆晚清名臣。另，麟庆系黎恂同榜进士。

[14] 胶：指船只搁浅。

[15] 摧，催之笔误。

[16] 二坝：清河县有"清口东西二坝""御黄二坝"。嘉庆《重修大清一统志》卷九十四《淮安府·堤堰》："清口东西二坝在清河县东清口两岸，本朝康熙三十七年（1698）筑，雍正元年（1723）重建，俾清水三分敌黄，七分济运。乾隆五年（1740）接筑东坝。每遇伏秋，洪湖涨溢，量拆东坝二三十丈，使清水畅流，以保高堰堤工。霜降水落，量行补筑。二十七年（1762）高宗纯皇帝南巡，亲临阅视，特命广疏清口，复定水则。有御制《定清口出水志诗》以示河臣。三十年（1765）、四十五年（1780）、四十九年（1784）临幸，有御制《观清口出水志叠前韵诗》。五十年（1785），移建东西二坝。先是，二坝原建于风神庙前，四十一年（1776），移下一百六十丈于平成台处建设。四十四年（1779），复移下二百九十丈于惠济祠前建设，四十七、八、九等年，相机拆筑，俱属得力。至五十年，黄流北趋，

二坝距清黄交汇处五百余丈，乃复移下三百丈于福神庵前建设。按清口关键全在东西二坝，而二坝之外，尤多增筑。乾隆五十二年（1788），筑清口御黄、束清二坝。五十三年（1789），接筑御黄坝二百三十丈，束清坝一百余丈。嘉庆八年（1803），移筑清口束水坝二道。东坝在挑清坝之外筑做，西坝在对岸张家庄盘基筑做。十六年（1811）建筑御黄二坝，二十三年（1818）增筑御黄二坝。坝门水深三丈七八尺，比旧坝口门深至七八尺以外。向来高堰湖水，十一月后，每日消一寸，自增筑二坝后，二旬仅消三寸，钳束甚为得力。以上各工，俱关清口蓄泄事宜，附载于此。"光绪《淮安府志》卷七《河防》："御黄二坝，嘉庆十六年于新御黄坝之南百九十丈添筑二坝，旋废。二十二年（1817）就二坝旧基添建重坝，以资擎束。又嘉庆二十五年（1820）于御黄坝外东岸筑迎水坝。今按重坝仍名二坝，共长一百二丈五尺，金门宽四丈。"《大清一统志》无御黄坝，《淮安府志》《清江县志》无清口东、西二坝之载，且御黄坝（即新御黄坝）之建肇于嘉庆以后，后两志叙述又多有重合之地，或即一地而异时之名。

[17] 杨家庄：清河县运河沿岸村庄，《清河县志》屡有提及，然未见详述。

[18] 惠济祠：运河淮安段的著名古庙，在运河入黄河处。嘉庆《重修大清一统志》卷九十四《淮安府·祠庙》："惠济祠在清河县旧治东旧新庄闸口。明正德三年（1508）建祀天妃，嘉靖初（1522）赐额'惠济'。本朝雍正二年（1724）重修，敕封'天后圣姥碧霞元君'。乾隆十六年（1751）御赐《重修惠济祠碑文》。二十二年（1757）、二十七年（1762）、三十年（1765）、四十五年（1780）、四十九年（1784）六次临幸，并有御制《惠济祠诗》，赐匾四联，四旁建行殿，御赐匾二、联二。"光绪《淮安府志》卷四《城池·清河县》："惠济祠，即天妃庙，在运口。"今祠已废，御碑尚存，在淮安市淮阴区码头镇二闸村。

道光二十一年五月

五月初一日，甲寅，晴。卯刻，全帮挂帆开行。申刻，抵众兴，[1]计水程七十里，外距距黄河一堤之隔耳。[2]酉刻，朱漕督舟前去。[3]

初二日，乙卯，晴。舟人卖杉槁，停舟未行。余小腹疼痛，泄泻。延端木医诊脉，服药。

初三日，丙辰，阴晴。东风顺利，舟行甚速，九十里抵漈流闸，[4]朱漕使已饬闸官下板矣。往候卫千总耿清梅，[5]恳暂开板，以禁令辞。乃分泊船于运河两岸。是日夏至节。[6]

初四日，丁巳，风雨大作。守闸停泊。午后，雨止。

初五日，戊午，阴。守闸停泊。近岸榴花、菖叶俱无。因帮船泊各漕弁船集此，有卖豕肉、大蒜、艾叶者，舟人竞买以祀神，赏舟人及从人节费钱十余千。

初六日，己未，晴。巳刻，漈流闸启，午刻，各船挽上。微有东南风，挂帆行，三十里抵亨济闸。[7]闸板已闭，泊闸口下，各漕弁船亦停不得上。数日来病未愈，小腹是日弥痛，夜泄泻十余次。

初七日，庚申，晴。遣人赴宿迁县办起剥文，[8]馈县尹土物。午后亨济闸启，各漕弁船上毕，余舟始上。人夫少，以舟人助之，挽至五号而暮。腹痛，彻夜不能眠。

初八日，辛酉，晴。黎明，舟人助力挽后六舟上亨济闸，行五里抵宿迁关，呈送税簿。[9]延张医诊脉，云暑遏气停也。与方服药。是日，四肢疲甚。东南风顺，挂帆行，过九龙神庙、皂河，[10]抵利用闸。[11]粮艘昨日过后，已下板矣，泊闸下。按宿迁，春秋时钟吾子国，昭三十年，吴执其君。[12]秦为下相县地，项羽故里也。日来，舟行闸河，水面既狭，风浪不惊，两岸绿树阴浓，豆苗、蜀黍翠叶翻翻，乡民收麦，村村荷担，风景颇佳。计水程六十里。

初九日，壬戌，阴，午后雷雨。遣人赴前途探视，夜中回报粮艘挽上前闸，又下板矣。晨泄泻数次，腹痛渐止而筋力益疲。

初十日，癸亥。晨，遣人赴闸官处恳启板，不允。舟人群赴其寓喧詈，巳刻，板始启，而闸水颇汹涌，待至未刻，稍平，乃绞关上利用闸。[13]无负纤行，薄暮，抵窑湾，大镇市也。[14]计水程十八里。泄泻渐愈。数日来舟人沿路卖杉槁，来船议价者纷纷。

十一日，甲子，晴。开行，抵汇泽闸即马庄闸，[15]计程十二里。闸板未启。项、王二君舟自杨家庄尾漕舟行，今亦为朱漕使所阻，停闸下未上。

十二日，乙丑，晴。午刻，闸板启，水高数尺，不敢上。

十三日，丙寅，晴。午刻，俟前二帮上马庄闸毕，余舟始上，行十里，过猫儿窝，有镇市。[16]又行十里，泊。暑甚，将晚，他处雷电大雨，舟前薄云微雨，微凉而已。三更，凉透，始就枕。

十四日，丁卯，晴。各船行即搁浅，王君舟尤甚，终日行五里许。盖马庄以上三十里，向来皆搁浅地。王君泪余遣老排回马庄，嘱闸官下板，各遗以土仪。而项君不顾晚，遣人赴邳州办起剥文件。[17]

十五日，戊辰，阴晴。下板后水深尺余，行五里抵河成闸口，即新河头也。[18]王君舟上毕，余舟续上，尹晓湖船亦尾随而至。此闸水大时，流急溜高，颇难上。兹以下流闭板，水势较平，又月河本日开渠，水以分流，故闸水愈缓。风便，行二十里至大王庙闸。[19]水平，用三关缆挽辘轳即上。[20]复行二十里许，抵河清闸下泊，即梁王山城闸也。[21]俗称近山有梁惠王城，[22]故闸以是名。前帮尾船行不驶，余舟候至更深，始系缆。计水程四十五里。

十六日，己巳，阴。上河清闸，东风劲甚，挂帆行二十里，抵台儿庄，[23]泊台庄，山东峄县属大镇市也。[24]街衢整阔，屋宇华丽，多回民居此，距县城九十里之遥。自仪征以北皆无山，至此始见岭岫平远，山下多土舍人家。麦秋大熟，村落刈获者纷纷，市中面一升值青蚨十七文，洵属丰年乐事。阴雨，至夜方息。

十七日，庚午，阴晴。上台庄闸，[25]闸水甚平。自新河头以上，闸河甚狭，阔不及十丈许，大抵皆屈曲而行，盖惟屈方不能蓄水也。行十二里，上候兴闸，[26]复负纤行六里。将抵顿庄闸，[27]日落停泊。缓水平河，舟樯稳适，远山如画，掩映斜阳，清风袭裾，船窗凉爽，数月舟行，未有畅适如今者。计水程十八里。

十八日，辛未，晴。行二里上顿庄闸峄县属，又八里上丁庙闸，[28]又十二里抵万年闸峄县属，[29]日已暮矣，泊闸下，计水程二十二里。上丁庙闸后即登岸步行，路直如弦，道旁芦稷、粟苗成林，蔚然可爱。村民刈麦毕，碌碡盈场，[30]麦穗露积，妇子坐柳阴下纳凉，足见田野之乐。遂行至张庄闸，[31]乃缓步回。群舟犹未至万年闸，盖水路湾曲，南风又不利，故舟行甚迟。询之居人，此间距峄县四十里。远望群山绵络，知其中大有佳境也。

十九日，壬申，晴。上万年闸，闸水汹涌，缴关二十缆方上。行六里上张庄闸，又六里至琉璃石闸下泊。[32]是日舟向西南行，南风甚暴，纤难牵挽，步步皆缴关而行。热风熏人，汗出不已，夜五更犹不凉。

二十日，癸酉。上琉璃石闸。巳、午刻大雨，解暑。峄县诸山水流出，涨高尺余。前帮王君船停滞不行，余舟泊以待。计终日行三里，寸寸皆缴关。闸河虽窄，难行若此。

二十一日，甲戌，晴。行三里，上得胜闸，即新闸也。[33]由此至韩庄，水急，须提溜。[34]前帮加纤少，舟行不驶，余舟又泊以待之。晚，颇凉。

二十二日，乙亥，阴。每船加纤夫二十名，东风颇利，过三湾，[35]曲折数四，以水流急，必多为弯曲乃略渟蓄也。又水阔不过五六丈，而两岸多石卵、硬沙，闻开河时以火煅之，未知信否。行二十里抵韩庄闸峄县属，[36]板下未启，泊以待。闸上有小镇市。

二十三日，丙子，晴。午后，启板。项、王帮上毕，余舟续上。日将暮矣，风便，扬帆行十五里乃泊。韩庄西北即微山、昭阳等湖，[37]一望森漫无际，并潴水以济漕，间以石堤，[38]堤之东南为运河，建闸启闭，洵良法也。夜凉。

二十四日，丁丑，晴。行数里过朱姬坝。[39]湖水尚盛，由闸泻入运河。此处向例，漕舟已过半月后即堵坝蓄水，以待回漕，非一两月不开。今幸粮艘方过毕，尚未堵闭，故无阻也。湖鱼价贱，舟人竞市之。又数里过张王闸，[40]闸平，负纤即上。午刻，抵彭口闸，[41]板闭，遂泊。自韩庄以上皆漫水河面，愈窄。尹、庆二帮上韩庄闸板，闸官即闭板，引湖水倒流以利铜舟。计水程三十五里。

二十五日，戊寅，晴。河水添深二尺许，复遣人回嘱闭张王闸板。未刻，彭口启板，众舟扬帆而过。行五里前帮船搁浅，不能行，各帮遣人赴夏镇、[42]滕县起剥文件，[43]并嘱闸官下板。盖彭口、夏镇之中，十字河一带最浅，[44]非两头下板藉十字河北岸小水以灌，不能深也。此处地势高于湖水，盛时另有闸泄水入湖，而湖水不能入运河。十字河一带，两岸积土崇隆，高柳鸣蝉，枝柯荫翳。岸上人家亦多，沿河多剥船，皆备粮艘剥浅所用，余亦取二十余只随行。暮无风，舟中郁热甚，四更小雨。

二十六日，己卯，阴晴。闸河蓄水，添深尺余，各帮船开行过十字河，幸无碍，乃放剥船还。巳刻，抵夏镇泊。东岸，山东滕县属，其西岸则属江南沛县，[45]亦大镇市也。镇之西南一带皆湖，湖低于运河，河水大则由闸泄入湖。湖水渟蓄，又所以备韩庄之下运河之用。申刻，启板，酉刻，过夏镇闸。[46]漫水平堤，挂帆行十里，过杨家楼闸，[47]已暮矣。复行十余里，二更后泊。夜凉甚。计水程四十里。按夏镇有城，明万历中筑为戍守处。时开泇河，[48]起夏镇经彭家口，迤至邳州之直河口，[49]凡二百六十余里，谓之新河，即今运道也。天启中，[50]妖人徐鸿儒作乱，[51]攻夏镇，掠粮船，漕运几阻。今南漕数百万，岁皆经此，设有不虞，难保运粮不梗，当事者所当深念也。

二十七日，庚辰，晴。微风，张帆行十五里过宋家闸，[52]沿岸深柳高芦，青帘白板，掩映如画。堤之西南，弥望皆湖，渔舟数百环湖下网，各船鸣铎击金铁以惊鱼，鉴鎗之声满于湖面，[53]他处所无也。自此以上，两岸皆湖，特于湖中砌堤岸以为运河耳。行五十里，过桥头闸，[54]闸石将坏矣。闸之外亦皆湖，渔舟无数，小艇来船卖鱼，每斤值钱数文，较楚人之鱼菜尤贱。又此数十里中，堤岸皆芦苇，一望水乡，风景可羡。行十二里过利用闸，[55]复行十八里抵南阳镇泊，[56]计水程一百五里。南阳，山东鱼台县属，[57]镇市颇大。夜多蚊，舟中暑甚。

二十八日，辛巳，晴。行十二里过枣林闸，[58]又八里过施庄闸，[59]又六里过仲家浅闸，[60]子路故里也。岸有仲庙，仲氏五经博士居此聚处者，多仲氏裔孙。[61]闻庙中穹碑林立，惜天将暮，舟上闸，风顺行速，不获入庙一观。行八里至新闸，[62]已黄昏矣。群力挽上，行二里许泊，计水程三十六里。本日亦在湖边行，堤之西南皆湖，东北一带山逦迤联络，惜童而少树。遥望一峰耸出，询距兖州仅百里耳。[63]鱼台，春秋时棠邑，鲁隐公矢鱼处也，今尚有观鱼台。[64]汉置方舆县，读为"房预"音。又有郎城，[65]鲁桓公狩于郎，齐、郑来战于郎，庄公筑台于郎，昭公筑郎囿，皆鱼台境内地。[66]僖公与齐、郑盟宁母，[67]亦在境内，《水经注》谓之榖庭城，[68]后讹为榖亭，今为榖亭镇。夜，东南暴风大作。

二十九日，壬午，晴。风顺，行十里过新店闸，[69]又十八里过石佛闸，[70]又六里过赵村闸，[71]又四里抵济宁州泊，[72]计水程三十六里。石佛闸以上数里，水道曲折，亦谓之三湾。舟中夜热甚，通宵汗不解。

注　释

[1]　众兴：淮安府桃源县属集镇。嘉庆《重修大清一统志》卷九十四《淮安府·关隘》："众兴集在桃源县北中河北岸，为水陆必由之道。《河防考》：'桃源县北岸主簿、桃源河营守备俱驻扎众兴集，修防黄河。北岸上自宿迁县界，下至渡口。《册说》自集西二十里至悦来集，又二十里至江家洼，三十里至关帝庙古镇，十五里至卜家道口，三十五里至仰花集，接宿迁县界。自集东十里至陈大户庄，十里至刘家冈橘园，二十里至来安集，十里至包家河，十里至西崖，接清河县界。'"乾隆《重修桃源县志》卷一《坊乡集镇》有众兴集，光绪《淮安府志》卷四《城池·桃源县》有众兴镇，但皆未之详述。今江苏省宿迁市泗阳县有众兴镇，当即其地。

桃源县，江苏淮安府属县，在府城西一百二十里。县地初为汉置泗阳县，属泗水国，后汉省。晋、宋以后为宿预县地，唐、宋为宿迁县地。金兴定二年（1218）于宿迁县之桃园镇置淮滨县，属泗州，元光二年（1223）废。元世祖至元十四年（1277）复置，改曰桃园县，属淮安路。明曰桃源县，属淮安府，清因之。据嘉庆《重修大清一统志》卷九十三。民国三年（1914），以城在泗水之阳，改名泗阳县，以不与湖南桃源县重名，今仍之，为江苏省宿迁市泗阳县。

[2]　当衍一"距"字。

[3]　据下文，朱漕后当缺一"使"字。朱漕使，当指监督漕运的某朱姓官员。

[4]　漾流闸：运河宿迁县段水闸之一。同治《徐州府志》卷十三下《河防考·运河》："……宿迁中河汛，县丞司之……拦河之闸二，西曰亨济闸（南直萧家坝），东曰漾流闸〔在刘老涧口上，皆乾隆五十二年（1787）建，并另挑新河，以正河为月河，闸夫各三十人〕……"

[5] 耿清梅：其详难考。

[6] 夏至：中国传统历法二十四节气之一。夏至日，太阳到达黄经90度，几乎直射北回归线，北半球白昼最长，夜晚最短，每年在阳历6月21日或22日。

[7] 亨济闸：运河宿迁段水闸之一，附见上"漷流闸"注。

[8] 宿迁县：江苏徐州府属县，在府治东二百三十五里。县地春秋为钟吾子国，秦为下相县，汉置厹犹县，属临淮郡，后汉省。晋义熙中（405—418）改置宿预县，属淮阳郡，宋因之。后魏太和中（477—499）置宿预郡，兼置南徐州，景明初（500）废为镇。梁天监八年（509）改置东徐州。东魏武定七年（549）改置东楚州。陈大建七年（575）改曰安州。周大象二年（580）改曰泗州。隋开皇初（581）郡废，大业初（605）州废，改置下邳郡。唐武德四年（621）复曰泗州，开元二十三年（735）移州治临淮县，以宿豫属之。宝应元年（762）避讳改曰宿迁。元和中（806—820）改属徐州，五代因之。宋太平兴国七年（982）属淮阳军，金初属邳州，元光二年（1223）省入邳州。元至元十二年（1275）复置属淮安军，十五年（1278）还属邳州。明初属淮安府，清因之，雍正三年（1725）以县属邳州，十一年（1733）改属徐州府。据嘉庆《重修大清一统志》卷一百。今为江苏省宿迁市。

徐州府，江苏省属府，在省治西北七百三十里。府地在《禹贡》为徐州之域，古大彭氏国。春秋属宋为彭城邑，战国属楚，秦置彭城县。汉元年（前206）项羽自立为西楚霸王，都此。五年（前202）属汉，为楚国。地节元年（前69）改曰彭城郡，黄龙元年（前49）复曰楚国。后汉章和二年（88）改曰彭城国，三国魏始移徐州来治。晋亦曰徐州彭城国，义熙七年（411）改曰北徐州。宋永初二年（421），复曰徐州彭城郡，后魏因之。北齐置东南道行台，后周置总管府。隋开皇初（581）郡废，七年（587）行台废，大业四年（608）府废，复曰彭城郡。唐武德四年（621）复曰徐州，兼置总管府。贞观十七年（643）府罢，天宝初（742）复曰彭城郡，乾元初（758）复曰徐州，属河南道。元和二年（807）置武宁军节度使，咸通三年（862）罢，十一年（870）改置感化军节度使。五代晋复曰武宁军，宋仍为徐州，亦曰彭城郡、武宁军节度使，属京东西路。金属山东西路，贞祐三年（1215）改隶河南路。元至元二年（1265），省彭城县入之，降为下州，属归德府。至正八年（1348）升徐州路，十二年（1352）降为武安州。明洪武初（1368）复曰徐州，属凤阳府。八年（1375）直隶南京。清属江苏省，雍正十一年（1733）升为徐州府，领州一县七（据嘉庆《重修大清一统志》卷一百）。今大致为江苏省徐州市。

[9] 据《云南铜志》卷三《京运·应纳关税》："宿迁关《则例》：每铜百斤，应征正税银二钱五分，耗银二分五厘。合每百斤，应征银二钱七分五厘。"宿迁关雍正七年（1729）改归淮关管理，已见前注。

[10] 九龙神庙：即龙王庙、龙王神庙，宿迁运河岸著名寺庙。乾隆《江南通志》卷四十《舆地志·坛庙》："龙王庙在邳州皂河，雍正五年勅赐重修。"民国《宿迁县志》卷四《坛庙》："龙王庙，在县西北皂河镇，康熙中建（1662—1722），雍正五年勅赐重修。又龙王庙在埠子集，嘉庆十六年（1811）里人公建，旁有龙潭，祷雨辄应。"

皂河：运河宿迁县段支流，入运河处有集镇，仍名皂河。嘉庆《重修大清一统志》卷一百《徐州府·山川》："皂河在宿迁县西北四十里，源出港头社，南流入河，以土色黑，故名。本朝康熙十九年（1680）骆马湖淤，尝开此以通漕。乾隆二十九年（1764）浚。"乾隆《江南通志》卷十四《舆地志·山川》："皂河在宿迁县北四十里，源出县之港头社，流入于泗，以土黑故名。"民国《宿迁县志》卷三《山川》："皂河，在县西北四十里，源出港头社，南流入河，以土色黑，故名。康熙十九年，骆马湖淤，尝开此以通漕，乾隆二十九年濬。自此以上谓之泇河，以下谓之中河，实一河也。"今仍名，发源于山东郯城，南流入大运河。皂河亦是运河沿岸著名市集，运河主簿署设在集上（据乾隆《江南通志》卷二十三《舆地志·公署》），今仍名，为宿迁市著名古镇。

[11] 利用闸：运河宿迁段北境拦河水闸，即"利运闸"。同治《徐州府志》卷十三下《河防考·运河》："……一曰宿运汛，起窑湾止龙冈，三十五里有奇，宿运汛主簿司之……拦河之闸曰利运闸［在乾车头上，有月河。乾隆五十年建（1785），有闸夫30人］……"

[12] 昭三十年：即春秋鲁昭公三十年，公元前513年。

钟吾：古国名，在徐淮之间，钟吾子，即钟吴国国君。子：爵位名。

钟吾国事，只在《左传》昭公二十七年和三十年有述。昭公三十年八月"吴子使徐人执掩余，使钟吾人执烛庸，二公子奔楚，楚子大封而定其徙"，"吴子怒。冬十二月，吴子执钟吾子，遂伐徐，防山以水之"。

[13] 绞关：运河上船只过水闸的方式之一，指船上系绳，再用河岸装置的辘轳，连续绞绳，拉动船只前进，前文已详述其法。

[14] 窑湾：运河宿迁段著名集镇，与邳州交界。民国《宿迁县志》卷四《乡镇》："窑湾镇，在治西北七十里。"咸丰《邳州志》卷三《集镇》："窑湾集，毗连宿迁，艚艘停泊重地。"窑湾亦是运河重要节点，同治《徐州府志》卷十三下《河防考·运河》："其自邳西北黄林庄志宿迁古城，分汛凡三：一曰邳运汛，起黄林庄止窑湾……一曰宿运汛，起窑湾止龙冈……窑湾下有月河……"今仍名，在大运河与骆马湖交汇处，属徐州市新沂市，今仍有古镇遗存。

[15] 汇泽闸：运河邳州段四座拦河水闸之一，在最南端，窑湾闸北。乾隆《江南通志》卷五十八《河渠志·运河》："（运河）又北而西四十里，经宿迁县北西宁桥，又西迤南三十里为中河口，南为黄河北为骆马湖，故俗谓之十字河也。又西北四十里为窑湾竹闸，入邳州境，又北五里为马庄闸。"同治《徐州府志》卷十三下《河防考·运河》："……窑湾西北曰汇泽闸［乾隆五十二年（1787）建，有月河长二百丈，闸夫各三十人，直河巡检司之］……"马庄闸为减少闸，非与汇泽闸为一，又云"东岸减水闸二，曰马庄闸、曰万庄闸［皆康熙十九年（1680）建，今废］……"马庄闸当与汇泽闸毗邻，且或同在马庄，故而混称。

[16] 猫儿窝：运河邳州段节点之一，河岸集镇。乾隆《江南通志》卷五十八《河渠志·运河》："（运河）又北五里为马庄闸，十五里经猫儿窝……"咸丰《邳州志》卷三《集镇》："猫儿集镇，有汛。"同治《徐州府志》卷十六《乡镇·邳州》："猫儿窝镇，城东南四十里，西南至大庄家寨六里。运河南岸，寨南有龙伏渡。旧《志》州南四十里。"今邳州市议堂镇朝阳村运河西岸仍有地名猫窝，当是其旧地。

[17] 邳州：江苏徐州府属散州，在府东北一百五十里。县地为《禹贡》徐州之域，夏为邳国，春秋为薛国，战国属齐，为下邳邑。秦置下邳县，汉属东海郡，后汉永平十五年（72）置下邳国，晋因之。宋为下邳郡。

后魏孝昌元年（525）于县置东徐州，梁中大通五年（533）改曰武州，县曰归政。东魏武定八年（543）复曰东徐州下邳县。后周改曰邳州。隋开皇初（581）郡废，大业初（605）州废，以县属下邳郡。唐武德四年（621）复置邳州，贞观元年（627）州废，改属泗州。元和四年（809）改属徐州，五代因之。宋太平兴国七年（982）于县置淮阳军，属京东东路。金贞佑三年（1215）复曰邳州，属山东西路。元亦曰邳州，至元八年（1271）改属归德府。明初以州治下邳，县省入属凤阳府。洪武十五年（1382）改属淮安府。本朝康熙二十八年（1679）迁州治于东北界艾山南，仍属淮安府。雍正三年（1725）以州直隶江苏省，领宿迁、睢宁二县，十一年（1733）升徐州为府，以州属之。据嘉庆《重修大清一统志》卷一百。

[18] 河成闸：运河邳州段水闸之一，在汇泽闸北。乾隆《江南通志》卷六十《河渠志·运河》（雍正二年，1724）："建邳州运河，河清、河定、河成三闸。……闸旁并开月河以便漕……河成闸一座两墙各长十六丈四尺高二丈七尺六寸金门宽二丈二尺闸旁月河一百三十八丈。"同治《徐州府志》卷十三下《河防考·运河》："……邳运汛……为拦河之闸四。州西梁王城右曰河清闸、邳口东南曰河定闸（各有月河，各长百二十丈）、徐塘口下曰河成闸[皆雍正二年建（1724），有月河，长百三十丈，新安巡检司之]、窑湾西北曰汇泽闸……"新河口，河成闸处月河之别称，咸丰《邳州志》卷四《山水·运河》："……运河又东南分为二，东为旧河，其别为徐塘口。沂水别从庐口分支河，南流会之。其西新河，有河成闸[三闸俱雍正二年（1724）建]，是有月河一百三十八丈，谓之新河口。"

[19] 大王庙闸：诸志中邳州运河并无名大王庙闸者，然考其方位在河成闸与河清闸之间，查同治《徐州府志》卷十三下《河防考·运河》，此间唯有河定闸，则大王庙闸者，或其别名、俗称。河定闸，详见上文"河成闸"注。

[20] 三关缆：据前后文相关叙述，似指用三只辘轳绞关。

[21] 河清闸：运河邳州段水闸之一，在河定闸北。其详见上文"河成闸"注。又乾隆《江南通志》卷六十《河渠志·运河》云该闸两墙各长二十二丈四尺，高二丈八尺八寸，金门宽二丈二尺，闸旁月河一百二十丈。

[22] 梁惠王：即魏惠王、魏惠成王，战国时期魏国君主，魏文侯之

孙、武侯之子。本姬姓，晋献公时封邑于魏，后世遂以魏为姓，在位期间将魏国都城由安邑迁到大梁，故称梁惠王，公元前369—319年在位。魏惠王即位时，正当魏国全盛之际，魏惠王任用公叔痤为相、庞涓为将，早期为诸侯霸主，公元前344年于战国诸强中率先称王。但其后，遭到各国抵制，四面开战，兵败地削，尤以败于齐国的桂陵、马陵之战为甚，很快丧失霸主地位，在秦、齐两国的东西逼迫下仅能自保。在位五十年而卒。《史记》卷四十四《魏世家》有传。

[23] 台儿庄：也称台庄，山东兖州府峄县属，徐州门户、运河咽喉，有水闸、有营汛，城池，为运河沿岸著名市镇。嘉庆《重修大清一统志》卷一百六十六《兖州府·关隘》："台庄营在峄县东南六十里台庄闸旁，明万历三十四年（1606）设巡检司，并设兵守御，后裁。本朝顺治中（1644—1661）筑城，设游击驻此。雍正二年（1724）改游击为兖州镇标中营而移兖州参将驻此以卫漕渠。"光绪《峄县志》卷八《城池》："台庄城，县东南六十里。国朝顺治四年（1647）兖东道蒋鸣玉议建，祝思信继之，县丞雷烃董其役，邑士人输助踰年始竣，今已废。乱时，居民因旧基，筑圩以守。"城中有参将衙署。今仍名，为山东省枣庄市市辖区。

[24] 峄县：山东兖州府属县，在府治东南二百六十里。县地春秋时为鄫国地，战国属楚，为兰陵邑，汉置兰陵、丞二县，属东海郡，后汉因之。晋元康元年（291）置兰陵郡，刘宋移郡治昌虑，省兰陵入丞县属之。后魏武定五年（543）复置兰陵郡，并置兰陵县，属之北齐，废兰陵县。隋开皇三年（583）郡废，十六年（596）置鄫州，大业初（605）州废，改丞县为兰陵县，属彭城郡。唐武德四年（621）复置鄫州，又改兰陵为承县。贞观初（627）州废，县属沂州，五代及宋因之。金明昌六年（1195）又改丞县为兰陵，贞佑四年（1216）改属邳州，寻于县置峄州。元属益都路，至元二年（1265）省县属州。明洪武二年（1369）降州为峄县，属济宁府，十八年（1385）属兖州府，清因之（据嘉庆《重修大清一统志》卷一百六十五）。今为山东省枣庄市，枣庄市辖有峄城区。

[25] 台庄闸：运河峄县段水闸之一，在台儿庄。乾隆《山东通志》卷十九《漕运》："台庄闸东距黄林庄五里，北岸进水，有巫山泉口。闸官一员，闸夫三十名。"光绪《峄县志》卷十二《漕渠志》："台庄闸，东距黄

林庄五里。康熙十八年（1679）、道光二十年（1840）重修。迤西有石山泉口，石多缺。"

[26] 候兴闸：当为侯迁闸，运河峄县段水闸之一，在台庄闸西。乾隆《山东通志》卷十九《漕运》："侯迁闸在台庄闸西十五里，闸务归并台庄闸，闸夫三十名。"光绪《峄县志》卷十二《漕渠志》："侯迁闸在台庄闸八里南岸，损坏。迤西有大泛口，喷沙为害。"两《志》所载与台庄闸之距离不一。

[27] 顿庄闸：运河峄县段水闸之一，在候迁闸西。乾隆《山东通志》卷十九《漕运》："顿庄闸在侯迁闸西十二里，北岸进水有大泛口，闸官一员，闸夫三十名。"光绪《峄县志》卷十二《漕渠志》："顿庄闸在侯迁闸西十二里，迤西有钳沟口。"

[28] 丁庙闸：即丁家庙闸，运河峄县段水闸之一，在顿庄闸西。乾隆《山东通志》卷十九《漕运》："丁家庙闸在顿庄闸西六里，北岸进水有针沟口，闸务归并顿庄闸，闸夫三十名。"光绪《峄县志》所载不出此。

[29] 万年闸：运河峄县段水闸之一，在丁庙闸西。乾隆《山东通志》卷十九《漕运》："万年闸在丁家庙闸西十里，北岸进水有贾家沟口，南岸进水有龙王泉口，闸官一员，闸夫三十名。"光绪《峄县志》所载不出此。

[30] 碌碡：音同六轴，农具的一种，用来碾压谷物或场地的石滚。

[31] 张庄闸：运河峄县段水闸之一，在万年闸西。乾隆《山东通志》卷十九《漕运》："在万年闸西八里。北岸进水有牛山泉口。闸务归并万年闸，闸夫三十名。"光绪《峄县志》所载不出此。

[32] 琉璃石闸：当即六里石闸，运河峄县段水闸之一，在张庄闸西。乾隆《山东通志》卷十九《漕运》："六里石闸在张庄闸西六里。南岸进水有侯孟泉口。闸务归并万年闸，闸夫三十名。"光绪《峄县志》卷十二《漕渠志》："六里石闸在张庄闸西六里。国朝雍正二年（1724），以张庄、德胜二闸相去十二里，地峻，水驶易致浅阻，增建此闸于二闸之间，以节其流，故云六里。今坏。"

[33] 得胜闸：当即德胜闸，运河峄县段水闸之一，在六里闸西。乾隆《山东通志》卷十九《漕运》："德胜闸在六里闸西六里。闸官一员，闸夫三十名。"光绪《峄县志》卷十二《漕渠志》："德胜闸在六里石西六

里。乾隆五十一年（1786）修，嘉庆元年（1796）、道光元年（1821）补修。今坏。"

[34] 提溜：提，音同低，提溜本指提拉东西，这里指用纤夫拉船而行。

[35] 三湾：诸志未录，当指德胜闸北上数处运河湾曲。

[36] 韩庄闸：运河峄县段水闸之一，在德胜闸北。乾隆《山东通志》卷十九《漕运》："韩庄闸在德胜闸西北二十里，北岸进水有叠路口、刘家水口。闸西南邻微山湖，进水有湖口闸。闸务归并德胜闸，闸夫三十名。"嘉庆《重修大清一统志》卷一百六十六："韩庄闸在峄县西南运河上。自江苏徐州沛县界之夏镇闸而南，七十里为韩庄闸，又十里为新闸，又四里为居梁桥闸，二十里为德胜闸，又二十里为张庄闸，又八里为万年闸，又十里为丁庙闸，又六里为顿庄闸，又二十里为侯迁闸，又八里为台庄闸，向俱设有闸官，今惟万年、顿庄、台庄有之。此县境之八闸也，为卫漕之要地。又有双闸在韩庄闸东，新开伊家河西北。乾隆三十年（1765）圣驾南巡，回跸过韩庄闸，有御制《韩庄闸》诗。"光绪《峄县志》卷十二《漕渠志》："韩庄闸，在德胜闸西北二十里。乾隆五十一年（1786）修，有叠路口、刘家口。闸西南邻微山湖，湖口闸石多缺。西北距朱姬庄十八里。"乾隆《山东通志》、光绪《峄县志》、乾隆《兖州府志》与黎氏所行记录之峄县八闸皆合，然颇与此《一统志》所载不合。

[37] 微山湖：苏、鲁、皖边界的著名湖泊，时为江苏徐州府沛县属。乾隆《山东通志》卷十九《漕运·水柜》："微山湖在运河西岸，北承昭阳湖，南接郗山、吕孟、韩庄、张庄四湖，计长九十二里。湖之东岸上流有坝一、水口二、桥闸各一，俱减水入湖，总由张谷山口南流至徐境彭河入运，仍于韩庄闸南分支出湖口闸，入泇河济运。雍正二年（1724）于张谷山创筑草坝一道，以资节蓄。"民国《沛县志》卷四《湖泽》："微山湖，乾隆旧《志》在县东南漕河。考县境有赤山、微山，吕孟诸湖，与昭阳湖并未潴水济漕之处。按今湖皆并为一，不复可分，世俱以微山湖名之而已。属滕微湖中有三界湾，为铜、沛、滕三县分界处。"湖今仍统称微山，流域地跨鲁、苏、皖、豫四省三十八县，自北向南由南阳湖、独山湖、昭阳湖和微山湖组成，东西宽5～22.8公里，南北长122余公里，水面面积12余平方公里，是我国第十大淡水湖，中国北方最大淡水湖。今湖面全属山东

省济宁市微山县管辖。

昭阳湖：微山湖的组成湖泊之一。嘉庆《重修大清一统志》卷一百《徐州府·山川》："昭阳湖在沛县东北八里，即三阳湖，俗名刁阳湖，山东邹、滕二县之水俱汇于此。周二十九里有奇，下流与薛水合，以达于泗。明永乐中（1403—1424）于湖口建石闸以时蓄泄，为漕渠之利。嘉靖四十四年（1265）改浚运渠出湖之东，而湖遂为河流散溢处。"民国《沛县志》卷四《湖泽》："昭阳湖，《明史·地理志》昭阳湖在县东。徐州旧《志》湖在县东八里，《齐乘》谓之山阳湖，俗名刁阳湖，有大小二湖相连，周八十余里。北属滕、南属沛，诸山之泉俱汇于此，下流与薛水合，自金沟达于泗。永乐中于湖口建石闸，东西二湖建板闸，成化时（1465—1487）俱易石闸，弘治中（1488—1505）重修。以时蓄洩，为濬渠之利。嘉靖四十四年（1565），黄河决入运河，漫入昭阳湖，因改凿新渠，出湖之东。隆庆六年（1572）又于其南筑土堤二百五十余丈，又筑东西决口二堤以防河患，自是河南徙，不复趋湖。东岸阻以漕堤，其南仍由旧道分为二，一由徐北境至镇口闸入黄，一由坨城十字河出荆山口，合房亭河至猫儿窝入漕。康熙初（1662）镇口闭，惟荆山口流通，今亦闭塞，惟韩庄湖口坝通漕。"

[38] 此堤即临湖堤，嘉庆《重修大清一统志》卷一百六十六《兖州府·堤堰》："临湖堤在滕县南，运河西岸，东自峄县界韩庄闸，而西入县境，历江南徐州沛县，接鱼台县界，长二十里，以隔湖水。"乾隆《山东通志》卷十九《漕运》："（运河）西岸有有临湖石堤，即韩庄湖之东堤也，长三十里。石堤以北，有土堤二百六十丈，雍正十一年（1732）改建石工。"

[39] 朱姬坝：当指滕县微山湖东岸堤坝，其经过朱姬庄处，或即称朱姬坝。乾隆《兖州府志》卷十八《河渠志·滕县》："东岸，有彭口，峄县、温水等泉由此入运。因喷沙为害，按年大小挑以导之。自朱姬庄至鄗山，有扫工。长二千三百八十一丈，有彭口、石嘴、三河、大坝各支河。内有东邵、驩城、皇甫三坝。又种家海口、旧三河口有板工三段，长二百三十丈，雍正六七（1728、1729）等年建。"道光《滕县志》所载与此基本相同。

[40] 张王闸：诸志无此闸，当为"张阿闸"之误，运河滕县段减水闸。道光《滕县志》卷三《漕渠》："张阿闸，嘉庆十九年（1814）建，在

彭口闸下二十三里。东岸进水，有郗山北三里沟；西岸减水，有郗山南三里闸、马令闸、朱姬庄闸。"

[41] 彭口闸：运河滕县段减水闸，在张阿闸北。滕县境内无拦水闸。道光《滕县志》卷三《漕渠》："彭口闸，乾隆二十四年（1859）建，北距夏镇闸二十里。东岸进水，有渐家口、旧彭口、新支河口、修永闸。西邻微山、昭阳等湖。减水有三空桥、大水口、刘昌庄口。"

[42] 夏镇：江苏徐州府沛县属镇，运河沿岸重镇。嘉庆《重修大清一统志》卷一百零一《徐州府·关隘》："夏镇在沛县东北四十二里，新河西岸，南去留城四十里，本名夏村。明万历十六年（1588）筑夏镇城，移沽头分司驻此。旧《志》工部分司主事旧在县东二十里，上沽头城在县东南二十里，明成化中创建，嘉靖四十四年（1565）圮于水，隆庆二年（1568）新河城始迁夏镇，今有巡司。"乾隆《江南通志》卷十三《舆地志·城池》："夏镇城在县治东北四十里新河西岸，万历中工部主事杨信、徐继善筑门四，各有楼，城外有濠，西南有护城堤。"民国《沛县志》卷五《集镇》："夏镇，故名夏村。嘉靖乙丑（1565）开新河，于此建为镇。"夏镇，今仍名，为山东济宁市微山县政府所在地。

[43] 滕县：山东兖州府属县，在府治东南一百四十里。县地周时为滕、薛、小邾三国地，战国时为齐地，秦为薛县地。汉置蕃县，属鲁国，后汉因之。晋属鲁郡，元康中（291—299）改属彭城郡，宋因之。后魏孝昌二年（526）置蕃郡，元象二年（539）省，武定五年（543）复置。北齐，郡废，隋开皇十六年（596）改蕃曰滕县，属彭城郡。唐属徐州，五代因之，宋兼置滕阳军。金大定二十二年（1173）置滕阳州，二十四年（1175）改置滕州，仍治滕县，属山东西路。元因之。明洪武二年（1369）州废，以县属济宁府，十八年（1378）改属兖州府，清因之。据嘉庆《重修大清一统志》卷一百六十五。1988年，撤销滕县，改立为县级滕州市，属山东省枣庄市。

[44] 十字河：即薛河。嘉庆《重修大清一统志》卷一百六十五《兖州府·山川》："薛河在滕县南四十里，源出宝峰山东，诸泉汇而为渊，名西江水。又西经薛山，名薛河，又南合东江水。东江水出湖陆山，西流至云龙山入薛河，又西南入微山湖。十字河，今仍名，三条河道分别称老薛河、薛沙河、新薛河，其源头仍称为西江、东江。

[45] 此处江南，非谓长江之南，或苏杭等江南地区，而是指江苏省。江苏、安徽二省地，在明时皆直隶南京应天府。清兴，改为江南省。顺治十八年（1661）分设江南左右布政使司，开始分治。康熙元年（1662）又设安徽巡抚，康熙六年（1667）设江苏省，并改江南左布政使司为安徽布政使司，安徽布政使司仍寄治江宁府。乾隆二十五年（1760）以安徽布政使司还治江宁，江南省遂最终分为江苏和安徽两省。但在习惯上，官方、民间仍一直有称两省地为江南者。

沛县：江苏徐州府属县，在府治西北一百一十里。县地春秋时为沛邑，秦置沛县。二世二年（前208）汉高帝起于此，称沛公，后属沛郡，后汉属沛国，晋因之。宋属沛郡，后魏因之。北齐，废。隋开皇十六年（596）复置，改属彭城郡。唐属徐州，五代宋因之。金改属邳州，后属滕州。元太宗七年（1236）移滕州来治，宪宗二年（1252）州废，复为县，至元二年（1265）省入丰县，三年（1266）复置，八年（1271）属济宁路，十二年（1276）属济州。明初，还属徐州，清因之。据嘉庆《重修大清一统志》卷一百。今仍名，为徐州市沛县。

[46] 夏镇闸：运河沛县段水闸之一。嘉庆《重修大清一统志》卷一百零一："夏镇在沛县东北四十里。又杨家庄闸在县东北四十三里。皆有闸官。"乾隆《山东通志》卷十九《漕运》："夏镇闸在韩庄闸北七十里，闸官一员，闸夫四十名。自黄林庄起北行一百六十里至夏镇闸，稍南李家港口止，为东省境内泇河运道。"同治《徐州府志》卷十三下《河防考·运河》："……其自王家口接鱼台县入沛境，南至刘昌庄界滕县凡四十八里，为拦河之闸三，北曰珠梅闸、次南曰杨庄闸、又南曰夏镇闸（亦隆庆初（1567）建，乾隆三十年（1765）拆修。三闸闸夫各三十人，皆有月河）……"

[47] 杨家楼闸：诸志无此闸。然考其方位道理，必在夏镇闸北。据同治《徐州府志》卷十三下《河防考·运河》夏镇闸八里即杨家庄闸，黎氏此处行十里，颇接近，故杨家楼闸或为杨家庄闸之别称。

[48] 泇河：运河山东段最南一段，以东西两泇河水注入耳得名。乾隆《兖州府志》卷十八《河渠志》："东省漕渠自江南入境，先泇河，次新河，次会通河，次卫河，以达于皇畿……"嘉庆《重修大清一统志》卷一百《徐州府·山川》："泇河在邳州西北，自山东峄县流入。《齐乘》有东西

二泇水至三合村合流，南贯四湖，又南合武河入于泗谓之泇口，淮泗舟楫通焉。旧《志》西泇河在州西北一百五十里，源出峄县抱犊固，流至州北一百里为营河，一名蒲亭河。又有城子河在州北五十里，源出沂州芦塘湖，流经营河入武河，今皆入运河。"乾隆《江南通志》卷十四《舆地志·山川》："泇河在邳州西北九十里，源出山东峄县，东会沂水，接州东之直河，又东南入宿迁县境之黄墩湖、骆马湖，从董、陈二口入于黄河。"

[49] 直河口：即直河入运河处。嘉庆《重修大清一统志》卷一百《徐州府·山川》："直河在邳州南一百十里，即古沭水也。自山东郯城县南流入，至宿迁县司吾山南流入海州沭阳县界。《汉书·地理志》东莞术水南至下邳入泗，《水经注》沭水旧渎经东海厚邱县西南出，左会新渠，南入宿豫县注泗水。旧《志》在州东四十里，山东蒙沂诸山之水汇为沭缨河分派而南，至州东南六十里入于泗，谓之直河口。明万历十五年（1587）浊流倒灌河口，遂塞，诸山水俱由骆马湖出大河。二十九年（1601）分黄开泇之议定，运艘皆由直河达于泇河而，直河之南口遂淤。"

[50] 天启：明代第十五任皇帝明熹宗朱由校的年号，1621—1627。

[51] 徐鸿儒：山东巨野人，明末山东曹州农民起义首领。徐鸿儒本民间秘密会社组织白莲教的信徒，不堪明末政治腐败、民间涂炭，于天启二年（1622）五月自称"中兴福烈帝"，在山东郓城举旗反明，农民景从，攻占郓城、巨野，当年六月即渡过运河，即攻占邹县、滕县，并占领夏镇，阻断运河，派兵袭击曲阜。由于战略失误，且为叛徒出卖，当年十月即被明军平定，徐鸿儒被生擒（参见黄清源：《徐鸿儒起义史实辨疏》，《山东社会科学》，1987年第4期）。

[52] 宋家闸：运河鱼台县段水闸之一，当即邢庄闸。光绪《鱼台县志》卷一《闸》："邢庄闸，十二里至利建闸，又名宋家口，南阳闸官兼管。闸夫二十四名。明嘉靖四十五年（1566）建，国朝乾隆三十五年（1770）修。加顶面石二层，金门宽二丈一尺，高一丈五尺五村。"

[53] 鉴鍧：音同见红，疑当作铿鍧，象钟声或钟鼓夹杂之声。

[54] 桥头闸：运河鱼台县段拦水闸利建闸之减水闸，详后"利建闸"注。

[55] 利用闸：当为"利建闸"之误，运河鱼台县段水闸之一。乾隆《山东通志》卷十九《漕运》："利建闸在邢庄闸北十二里，东邻独山湖，进

水有三口，邢庄闸水口、姚家水口、利建闸水口。西邻昭阳湖，减水有三闸，一桥桥头店单闸、田家单闸、马家三空桥利建单闸。闸务归并邢庄闸，闸夫二十七名，堤夫三名，溜夫二十三名。"乾隆《兖州府志》卷十八《闸座·鱼台县》："利建闸，在刑庄闸北十二里。东邻独山湖。进水有三口，柳庄闸水口、姚家水口、利建闸水口。西邻昭阳湖，减水有三闸，一桥桥头店单闸、田家单闸、马家三空桥利建单闸。"闸今已废，闸座保存基本完整，遗址在今济宁市微山县南阳镇建闸村。

[56] 南阳镇：运河鱼台县段的著名关隘、市镇。嘉庆《重修大清一统志》卷一百八十三《兖州府·关隘》："南阳镇在鱼台县东北四十里。明隆庆初（1567）新运河成，自谷亭移建于此。为往来津要，本朝设守备及管河主簿驻此。"光绪《鱼台县志》卷一《市集》："南阳镇，县城东北四十八里。"今仍名南阳镇，济宁市微山县属镇，镇有运河拦水闸，名南阳闸。

[57] 鱼台县：山东济宁直隶州属县，在州南一百一十里。县地为春秋鲁国棠邑地，战国为宋方与邑，秦置方与县，汉属山阳郡，后汉因之。晋属高平国，宋及后魏因之。北齐，废。隋开皇十六年（596）复置，属彭城郡。唐初属金州，寻属戴州。贞观十七年（643）改属兖州，宝应（762）元年改县曰鱼台。五代、后唐以县属单州，宋、金因之。元太宗七年（1236）属济州，至元二年（1265）省入金乡县，三年（1266）复置。明初属徐州，寻属济南府，洪武十八年（1385）改属兖州府，清因之，乾隆四十一年（1776）改属济宁州。据嘉庆《重修大清一统志》卷一百八十三。今仍名，为山东省济宁市鱼台县。

[58] 枣林闸：运河济宁州段水闸之一，在鱼台县南阳闸北。乾隆《山东通志》卷十九《漕运》："枣林闸在南阳闸北十二里。东岸进水，有新挑河口。西邻南阳湖。闸官一员，闸夫二十四名。"道光《济宁直隶州志》卷二《漕运》："南阳闸十二里至枣林闸［闸官一员，闸夫二十四名。元延祐五年（1318）建，国朝乾隆二十三年（1758）修，金门宽二丈二尺，高二丈七尺六寸。东西两岸上下雁翅各长一丈，月河长一百八十八丈］。"

[59] 施庄闸：当为师家庄闸、师庄闸，运河济宁州段水闸之一，在枣林闸北。乾隆《山东通志》卷十九《漕运》："师庄闸在枣林闸北十二里。东岸进水，有鲁桥泗河口。闸官一员、闸夫二十四名、溜夫十二名五分。"

又载："（成化间）又于济宁天井闸南穿月河四里许，置三闸：曰上新、中新、下新，于师家庄闸北增仲家浅闸，南增鲁桥闸。"道光《济宁直隶州志》卷二《漕运》："枣林闸（备考十一里）至师庄闸［旧名师家店，仲家闸官兼管，闸夫二十四名。明隆庆三年（1569）裁师庄、新闸二官，以仲家浅兼管。元大德二年（1299）建，国朝乾隆二十三年（1758）修。金门宽二丈，高二丈八尺，月河长四十丈］。"

[60] 仲家浅闸：运河济宁州段水闸之一，在师庄闸北。乾隆《山东通志》卷十九《漕运》："仲家浅闸在师庄闸北六里，闸务归并师庄闸，闸夫二十四名，溜夫四名。"道光《济宁直隶州志》卷二《漕运》："师庄闸五里（备考十五里）至仲家浅闸［闸官一员，闸夫二十四名，有闸官署。明宣德四年（1429）建，国朝乾隆三十二年（1767）修。金门宽二丈八尺，高二丈八尺八寸。按《运河备览》作宣德五年（1430）建，金门宽二丈八寸，月河长一百八十丈。本闸古浅一，今仍浅］。"

[61] 子路：孔子弟子仲由之字，又字季路，春秋时期鲁国著名学者、官员，孔门著名弟子，七十二贤之一，后世尊称"仲子"。子路在孔门弟子中，以善于政事、勇敢忠孝、直率坦荡著称，长期侍奉、追随孔子周游列国。在鲁国，子路曾为季氏家臣，后至卫国又为孔氏家臣。卫庄公元年（前480），卫国发生蒯聩之乱，子路护主而死，死前系正帽缨。子路本鲁国卞（今泗水县泉林镇卞桥村）人，其后嗣因避战乱而西迁至今微山湖畔微山县鲁桥镇仲浅村，故此处多其后裔。《史记》卷六十七《仲尼弟子列传》有传。仲浅村有纪念子路的祠庙，为运河名胜。嘉庆《重修大清一统志》卷一百八十三《济宁州·祠庙》："仲子庙在济宁州南四十里。汉更始初（23），子路后裔避乱，自泗水流寓济宁，因建庙横坊村，即今仲家浅也。世袭博士，有祭田六十五顷三十八亩，庙户二十一户。本朝康熙四十八年（1709）圣祖南巡经此，有御制《仲子庙诗》。乾隆三十年（1765）高宗纯皇帝南巡，赐额曰'贤诣升堂'。"

[62] 新闸：运河济宁州段水闸之一，在仲家浅闸北。乾隆《山东通志》卷十九《漕运》："新闸即黄栋林闸，在仲家浅闸北五里，闸务归并师庄闸。闸夫二十五名，溜夫二十四名五分。"道光《济宁直隶州志》卷二《漕运》："仲家浅闸六里（备考五里）至新闸（旧名黄栋林新闸，仲浅闸官兼管。闸夫

二十五名。元至正元年（1341）建，国朝雍正六年（1728）修。金门宽二丈一尺，高二丈八尺八寸。月河长二百一十丈，本闸古浅一，今仍浅）。"

[63] 兖州：山东省属府，在省治南三百二十里。府地在《禹贡》为徐、兖二州之域，周为鲁国（东南境为邾、小邾、滕薛诸国，西南境为曹国兼宋地），战国属楚，秦置薛郡，汉更为鲁国，置山阳郡，后汉因之。三国属魏，晋改山阳为高平国。刘宋元嘉三十年（1453）始更置兖州，后魏仍曰兖州。隋大业元年（605）废州置都督府，二年（606）改鲁州，三年（607）改鲁郡。唐武德五年（622）复曰兖州，贞观十四年（640）置都督府。天宝初（742）复曰鲁郡，乾元初（758）复曰兖州，属河南道，后置节度使，赐号泰宁军［《唐书·方镇表》乾元二年（758）升郓、齐、兖三州都防御使为节度使，治兖州。宝应元年（762）废，长庆元年（821）升沂海观察使为节度使，徙治兖州。太和八年（834）复废为观察使。大中五年（851）又升沂海观察使为节度使。乾宁四年（897）赐沂海节度使为泰宁军节度使］，五代因之。周广顺二年（952）罢军，宋初仍曰兖州鲁郡，复置泰宁军节度。大中祥符元年（1008）升大都督府。政和八年（1118）升为袭庆府，属京东西路。金复曰兖州，大定十九年（1179）改曰泰定军，属山东西路。元亦曰兖州，初属济州，宪宗二年（1252）属东平路。至元五年（1268）复属济州，十六年（1279）属中书省济宁路。明洪武初（1368）曰兖州，属济宁府，十八年（1385）升为兖州府，清因之（乾隆四十一年，1776年，升济宁为直隶州，以金乡、嘉祥、鱼台三县属之）领县十。据嘉庆《重修大清一统志》卷一百五十六。今大致为山东省兖州市。

[64] 鲁隐公：名息，鲁国第十四位君主，前722—712年在位。《春秋·隐公五年》："春，公矢于鱼棠。"《左传·隐公五年》："五年春，公将如棠观鱼者。臧僖伯谏曰：'凡物不足以讲大事，其材不足以备器用，则君不举焉。君将纳民于轨物者也。故讲事以度轨量谓之轨，取材以章物采谓之物，不轨不物谓之乱政。乱政亟行，所以败也。故春蒐夏苗，秋狝冬狩，皆于农隙以讲事也。三年而治兵，入而振旅，归而饮至，以数军实。昭文章，明贵贱，辨等列，顺少长，习威仪也。鸟兽之肉，不登于俎，皮革齿牙、骨角毛羽，不登于器，则公不射古之制也。若夫山林川泽之实，器用之资，皂隶之事，官司之守，非君所及也。'公曰：'吾将略地焉。'遂往，

陈鱼而观之。僖伯称疾，不从。书曰：'公矢鱼于棠，非礼也，且言远地也。'"

[65] 郎城：鱼台县著名古迹。嘉庆《重修大清一统志》卷一百八十三："郎城在鱼台县东北八十里，接滕县界。春秋时鲁邑，古名郁郎亭，今日郁郎村。《左传·隐公元年》：费伯帅师城郎。注：郎，鲁邑，高平方与县东南有郁郎亭。《括地志》郎亭在滕县西五十三里。"光绪《鱼台县志》卷一《旧迹志》："郎城在县东北八十里。春秋费伯率师城郎，庄公三十一年（前663）筑郎台，昭公九年（前533）筑郎囿，俱此地。土人呼郁郎，一呼有郎，皆囿字之讹也。说见《沿革》。按文公十有六年（前611）秋八月，毁郎台，今地无囿，仍有台，岂后人之假托欤，抑废而复筑欤？又按邑有两郎，一名郁郎、一达汴门外，亦名郎，有郎桥、郁郎与滕县接壤，故《县志》亦载之。但其说曰此郎邑，非郎城也。鱼台别郎成，《府志》亦云，然是谓郎桥之地有郎城矣。然迁治时何以不曰迁郎城而曰迁鱼台？号邑者，又何以不曰古郎而曰古堂哉？大抵《府志》因《滕志》之误，而《滕志》因郁郎无城址，又闻鱼另有郎，遂为疑似之辨也。郎桥亦无城址，似宜正之。若夫狩郎、战郎、师次于郎，其详愈不可考。总属鲁境，又皆鲁事，《传》无明文，无从取证。但巢囿筑台，原为游观之计，必不以治军旅，恐狩当在此。至齐、宋次郎，则公败宋师于乘丘。乘丘巨野地也。或曰金乡在邑，疑郎桥为确。甲午治兵俟陈蔡，则郎桥为通衢。战郎有卫、郑，亦郎桥为近是也。或又曰费伯城郎，在沂州，地近费故也，今尚有郎丘。但郎丘在春秋为祝丘，不曰郎。隐公九年（前714）城郎、桓公五年（前707）城祝丘，自是两事。"

[66] 此诸事，皆载《春秋》及《左传》之中。《左传·桓公四年》："四年春正月，公狩于郎，书时，礼也。"《左传·桓公十年》："冬，齐、卫、郑来战于郎，我有辞也。"《春秋·庄公三十一年》："庄公三十有一年春，筑台于郎。"《左传·昭公九年》："冬，筑郎囿。书时也。季平子欲其速成也，叔孙昭子曰：'《诗》曰经始勿亟，庶民子来，焉用速成，其以剿民也？无囿犹可，无民其可乎？'"

[67] 指春秋时期鲁僖公与齐桓公、郑太子华会盟于宁母，商讨安定郑国内乱事。《春秋·僖公七年》："秋七月，公会齐侯、宋公、陈世子款、郑世子华盟于宁母。"《左传·僖公七年》："秋，盟于宁母，谋郑故也。管

仲言于齐侯曰：'臣闻之，招携以礼，怀远以德，德礼不易，无人不怀。'齐侯修礼于诸侯，诸侯官受方物。郑伯使大子华听命于会，言于齐侯曰：'泄氏、孔氏、子人氏三族，实违君命。若君去之以为成，我以郑为内臣，君亦无所不利焉。'齐侯将许之。管仲曰：'君以礼与信属诸侯，而以奸终之，无乃不可乎？子父不奸之谓礼，守命共时之谓信。违此二者，奸莫大焉。'公曰：'诸侯有讨于郑，未捷。今苟有衅，从之，不亦可乎？'对曰：'君若绥之以德，加之以训辞，而帅诸侯以讨郑，郑将覆亡之不暇，岂敢不惧？若总其罪人以临之，郑有辞矣，何惧？且夫合诸侯以崇德也，会而列奸，何以示后嗣？夫诸侯之会，其德刑礼义，无国不记，记奸之位，君盟替矣。作而不记，非盛德也。君其勿许，郑必受盟。夫子华既为太子而求介于大国，以弱其国，亦必不免。郑有叔詹、堵叔、师叔三良为政，未可间也。'齐侯辞焉。子华由是得罪于郑。"宁母有亭，名宁母亭。

[68] 此处所引在《水经注》卷二十五《泗水》，原文为："又南过方与县东，菏水从西来注之。注：菏水即济水之所苞注以成湖泽也，而东与泗水合于湖陵县西六十里榖庭城下，俗谓之黄水口。黄水西北通巨野泽，盖以黄水沿注于菏，故因以名焉。"

[69] 新店闸：运河济宁州段水闸之一，在新闸北。乾隆《山东通志》卷十九《漕运》："新店闸在新闸北八里，闸官一员，闸夫二十五名，溜夫二十四名五分。"道光《济宁直隶州志》卷二《漕运》："新闸六里（《备考》八里）至新店闸[旧作辛店。闸官一员，闸夫二十五名，元大德元年（1297）建，国朝雍正八年（1730）修。金门宽二丈，高一丈九尺二寸，月河长二百丈。本闸古浅一，今仍浅]。"

[70] 石佛闸：运河济宁州段水闸之一，在新店闸北。乾隆《山东通志》卷十九《漕运》："在新店闸北十八里，闸官一员，闸夫二十五名，溜夫二十四名五分。"道光《济宁直隶州志》卷二《漕运》："新店十八里至石佛闸[闸官一员，闸夫二十五名。元延祐六年（1319）建，国朝雍正三年（1725）修。金门宽一丈九尺五寸，高二丈二尺五寸。《全河备考》云掘土中得石佛十二，故名。按此闸雍正三年拆修时，金门展宽五寸，加高一尺，实宽二丈，高二丈三尺五寸。月河长二百三十丈]。"今已废，闸座尚存，遗址在今济宁市任城区许庄街道石佛村。

[71] 赵村闸：运河济宁州段水闸之一，在石佛闸北。乾隆《山东通志》卷十九《漕运》："在石佛闸北八里，闸官一员，闸夫二十五名，溜夫二十五名。"道光《济宁直隶州志》卷二《漕运》："石佛闸五里至赵村闸，闸官一员，闸夫二十五名。元泰定四年（1327）建[《北河积记》作至正七年，1347年），国朝乾隆二十三年（1758）修。金门宽二丈五尺，高二丈二尺五寸，月河长二百五十丈。有石坝，明弘治元年（1488）建，按《运河备览》二百五十丈]。"

[72] 济宁州：即山东济宁直隶州，在省治南四百九十里。州地为《禹贡》徐兖二州之域，春秋任国，战国属齐，秦属砀郡。汉置任城县，属东平国。后汉元和初（84）分置任城国。晋永嘉（307—312）后，以县属高平郡，宋初因之，后废。后魏神龟初（518）置任城郡，并置县为郡治。北齐天保七年（556）改郡曰高平。隋开皇初（581）郡复废，县属鲁郡，唐属兖州，五代周属济州，宋因之。金天德二年（1150）移州治任城。元初仍曰济州，至元六年（1269）徙治巨野，八年（1271）升为济宁府，还治任城，寻复徙。十二年（1275）复置济州，属济宁府，十五年（1278）移府来治，而徙州治巨野，寻复故。十六年（1279）升为济宁路。明洪武元年（1368）改路为府，十八年（1385）降为州，以州治任城县省入，属兖州府。清因之，雍正二年（1724）升为直隶州（领嘉祥、巨野、郓城），八年（1730）仍属兖州府，乾隆四十一年（1776）仍升为直隶州（领汶上、嘉祥、鱼台，后四年以汶上还属兖州府，割金乡来属），领县三。据嘉庆《重修大清一统志》卷一百八十三。今为山东省济宁市。

道光二十一年六月

六月初一日，癸未，晴。午后，闸板启，行二里进在城闸亦谓之灌塘子泊。[1]夜热，不能眠。

初二日，甲申，晴。过天井闸、[2]南门桥闸，[3]泊。项君舟在前留顿，武弁严催乃行。我舟为所遏，故终日行三里许。济宁地当津要，春秋时为任国，属鲁，战国时为齐附庸，[4]"孟子居邹，季任为任处守"是也。[5]汉为任城国。自元人开惠通河而形势益壮，[6]今北河总制泊运河道皆驻此。[7]市肆繁富，货物山积，清江以下一大都会也，南门城楼、太白酒楼在焉。[8]又有南池，杜子美曾游之地。[9]市中久旱，祷雨者纷纷。泊船处街宇围夹，舟航拥挤。夜，热甚，不能眠。向例于此起剥，各帮均赴州办文件。

初三日，乙酉，晴。行里许，西北风大，复泊。夜，热稍减。

初四日，丙戌，晴。行抵河头湾闸，即草桥闸，又名通济闸，板不启，遂泊。[10]自济宁至此，计水程三十里。暑甚，以大布幔蒙船头，而舱中仍如火，汗不止。夜，通身发痱痧。

初五日，丁亥，晴。酷暑难受，乃雇小舟，夜深启行，拟赴分水龙王庙寄寓。[11]三十里至寺前铺闸，[12]板闭未启，天已曙矣。闸上里许即曾子故里。[13]

初六日，戊子，晴。易舟行十二里，过南柳林闸，[14]又六里至分水龙王庙，借僧房下榻。老僧广布名福田，年六十七矣，长身瘦躯，白髯飘飘，极意款洽。分水庙地居水脊，汶水至此分东西流，东南出滕、沛，西北出临清，[15]皆漕运所经。运河东岸有蜀山湖，[16]谓之南旺东湖，[17]周六十余里；北岸为马踏湖，谓之南旺北湖，[18]周三十余里；皆引汶水蓄湖以灌漕渠。[19]今旱久，汶水绝流，惟恃蜀山湖冬春蓄水尚深，藉利漕行。然湖水亦渐微细，倘月内不雨，运河益涸，铜铅舟必搁浅矣。蜀山湖中有一山，独立波心，《尔雅》"蜀者，独也"，[20]湖因以名。[21]庙之后又有南旺西湖，周九十里，水已尽涸。考汶水出泰安、莱芜、新泰山谷间，[22]其源有五，下则合流，经宁阳北分为二。[23]正流过东平州至汶上县入南旺湖，[24]南北分流为分水闸，即今会通河也；支流为洸河，[25]自宁阳达兖州，合沂、[26]

泗二水至济宁州南天井闸，[27]东而合于分水南流之汶。昔年，汶水注济，[28]元时始引汶入泗，后复引汶绝济，由寿张西北属卫、漳，[29]而汶始北通于漳。明永乐中，尚书宋礼濬会通河故道，筑坝于东平之戴村，[30]遏汶水西南流，令尽出于南旺，[31]至分水龙王庙分为二支，四分南流以接徐沛，[32]六分北流以接临清。[33]自济宁北自临清，[34]凡三百八十五里，南至江南沛县，凡三百里，因南旺湖地势特高，于是相地置闸以时启闭。自分水北至临清，地降九丈，为闸十有七而达漳、卫。南至台儿庄闸，地降十一丈六尺，为闸二十有一而达河、淮，[35]岁漕于此取道焉，今运道仍之。宋公祠堂在龙王庙之左，有司春秋祭祀。漕使者往来，亦报祀。其后裔居守，世以一人袭八品职衔奉祠。原籍盖河南人也。[36]自清江闸至南柳林共计大小四十闸。自杨家庄至分水龙王庙，水路约八百里。

初七日，己丑，晴。乡民什百为群，舁木偶神像，钲鼓喧阗，入庙祈雨。

初八日，庚寅，晴。暑稍减。

初九日，辛卯，晴。无风，暑盛。舟中人来云运河水日浅，以帮船群集闸下，船夫日夜入河洗濯，水至浊臭不堪饮。虑熙及姚生难禁暑热，人回，嘱其咸来寄住。

初十日，壬辰，晴。暑尤甚。未刻，雷雨。晚，稍凉。

十一日，癸巳，晴。姚生自舟来，兆熙以船须照料，留舟中。晚，雷雨。夜，阴雨。

十二日，甲午，阴雨。夜雨达旦，汶水涨高一尺，烦暑顿解。

十三日，乙未，阴雨。凉意始袭襟裾。

十四日，丙申，阴雨。汶水涨高二尺许。役晏发来报，[37]舟中水涨高五尺，可不虑搁浅矣。

十五日，丁酉，阴雨。天气郁热，汶水愈涨，祠前水则高一丈三尺，今已没九尺许，闸官以未奉漕督命，不肯启板。草桥寺前两闸各启数板以泄水，[38]而铜、铅船仍不得过。吾辈所办亦王事也，而节节受揠如此，[39]可嘅也夫！

十六日，戊戌，晴。柳木闸官王君吉霖来谒。[40]此君曾任黔之安化尉八年，[41]又曾至播谈黔事甚悉。[42]晚，有漕弁舟至，云河头湾启板，[43]我船将至矣。

十七日，己亥。午刻，余船至，以香楮赴龙王祠拜谢，[44]以钱物酬寺僧，移行李入舟。自此，顺流而下矣。过北柳林闸、开河闸。[45]晚泊，计水程二十里。夜，遣役赴南柳林闸，嘱闸官下板，以闭板则来，水盛故。

十八日，庚子。过袁家口闸、[46]靳□口闸、[47]安山闸东平州境，[48]计水程一百三里，泊。天阴凉爽，时复小雨，舟行甚适人意。安山闸西岸数十里即梁山泺，于钦《齐乘》谓之梁山泊。[49]《志》云大野泽之下流也。石晋开运初，[50]滑州河决，浸汴、曹、单、濮、郓五州之境，[51]环梁山而合于汶，与南望蜀山湖相连，[52]渀漫数百里。宋时河决，亦注梁山泺。弥望皆水乡，金明昌中，[53]河决阳武故堤，东注梁山泺，分为二派。北派由北清河至利津入海，[54]南派由南清河至宿迁、清河入淮，以入海。又宋政和中，[55]剧贼宋江结寨于此，[56]金时斜卯阿里亦破贼舟万余于梁山泊，[57]盖津流浩淼，故为盗薮也。自河益南徙，泽遂涸为平陆，然其地尚易藏奸，今梁山下，犹有参将驻防之。

十九日，辛丑。晓风送凉，云阴欲雨。过戴庙闸。[58]巳刻，过张秋，即安平镇。[59]镇之东属东阿，[60]镇之西属寿张。又其西三十里为寿张县治，县南二十五里有梁山，[61]其下即泺也。运河东岸有挂剑台，刻吴季子挂剑碑。[62]按泗州有徐君冢，[63]《志》称季札挂剑处。当时徐境于泗州为近，疑在泗者近是，此处或讹传耳。乾隆十六年，[64]河决豫州[65]，曾穿张秋挂剑台而东，由大清河入海，[66]寿张、东阿一带受其害。后塞豫之阳武，[67]黄流乃绝。过荆门上、下闸，[68]入阳谷县界。[69]晚，抵阿城镇宿，计水程五十七里。阿城，东阿故城也。[70]东，春秋时为齐之柯邑。庄十三年，会齐侯盟于此，[71]后为阿邑，秦谓之东阿，自汉至唐，皆治此。宋县治屡徙，明洪武中徙治谷城，[72]在阿城镇东二十五里，而以阿城属阳谷境内。镇东数里有阿井，水色正绿而重，味清冽而甘，掌之于官，岁煮胶以贡天府。[73]熬胶宜黑驴皮，市肆所售率杂他皮不善也。熙往市十余斤，亦非佳者。是日风逆，水渐涸，各船屡搁浅，想系柳林启板使然。午后，晴。晚，大热。

二十日，壬寅，阴晴，郁热。过阿城上闸、下闸、[74]漆矶上闸、下闸、[75]周周家店、[76]李家务二闸。[77]将晡，抵东昌府泊。[78]大雨如注，至更静方息。计水程七十一里。东昌附郭聊城县，[79]春秋时齐聊、摄地，晏子所谓聊、摄以东是也。[80]隋唐时为博州地，与大名府接壤。[81]大名，唐之魏州，安史乱后，[82]置魏博节度，藩镇称兵。[83]盖魏州形势强固，博州地平土沃，战守有资，故为必争之地。李家务亦当冲要，元时巨盗数十人聚此劫掠，官兵不敢捕，[84]漕运几至阻塞，亦一异事。自龙王庙至东昌，水路弯曲太甚，今日舟行无碍，赖临清闭闸耳。

二十一日，癸卯，阴。过通济闸。[85]巳刻，大雨，停舟。雨后止，复行，过梁家浅闸、土桥闸。[86]计水程六十五里。自抵东昌，回空粮艘纷纷而来矣。[87]

二十二日，甲辰，晴。过戴家庙闸，[88]运河水满，铜、铅舟与粮船分东西岸行，两无妨碍。晚，抵临清州，[89]计水程五十五里。是日立秋。[90]按州治当汶河之北、卫河之东，汶水自南旺分流，经州城之南板闸始与卫河合而东北流。[91]漕舟至此，谓之出口。二水相合处，谓之中洲，以石筑之，名鳌头矶云。[92]自分水庙至临清，水路共三百七十里。

二十三日，乙巳，晴。赴关投税簿，申报铜斤数目，舟人纳船税。[93]

二十四日，丙午。回空粮船拥挤闸塘内，不能行，我舟泊以待。午后，大雨。自晚至通夕，粮船续过不绝。

二十五日，丁未。黎明大雨，船篷湿漏。申刻，闸内粮艘过毕，铜、铅舟前后五帮始挽入砖闸内停泊，[94]俗亦称为灌塘子。以砖闸启板进船，板闸必先下板也，舟行过板闸，闸始尽。计清江闸至板闸，凡为闸六十有一。

二十六日，戊申，晴。辰刻，板闸启，各帮船出闸下卫河。卫河者，发源河南卫辉府之苏门山，[95]合淇水流为白沟水。[96]隋大业中，引白沟为永济渠，亦曰御河，于是卫河兼有御河之名。[97]又流经山东东昌府馆陶县，[98]西合漳水。漳水有二，浊漳出山西长子县，[99]清漳出山西乐平县，[100]流至河南临漳县西，[101]两水相合。合流之后又分两途，其经流即《禹贡》所谓衡漳，[102]由临漳入直隶广平府境，合沙、洺诸水入顺德府境，[103]至交河县合于滹沱。[104]其支流自临漳流入直隶大名府魏县界，[105]又流至馆陶合于卫河。漳浊、卫清，卫得漳流始盛而水亦浊。又东北流至临清州，合于汶河，亦谓之清河。应劭所云清河在清渊县西北是也。[106]运河水弱，得卫河而强。于是设闸于河口，以防夏秋涨溢之患。漳、卫、汶之水合流，东北达于天津，[107]由小直沽入海。[108]元时，漕舟由江淮入河，至河南封邱县陆运一百八十里至淇县，[109]入于御河达京师，盖全用御河之水。今由汶达临清，乃用卫河之半也。数日前，卫水盛涨，今虽涨消尺许而浊流迅急。又水道曲折太密，舟人乃以舵尾居前，船头居后，两岸四人持犁缆绾挽而行，一舟有碍，众舟为停。粮艘续过，复停以让。虽顺水而窒碍颇多，行二十余里已暮矣，各舟分泊数处。

二十七日，己酉，晴。河涨渐平，虽水道多弯曲，幸少粮舟阻遏，行六十里，泊夏津县界。[110]

二十八日，庚戌，阴晴，郁热。粮艘续至，停泊以让。未刻方刻，抵武城县，[111]临清至此仅百里耳。又涨落隈曲水浅，[112]前船往往停搁，行不能驶。二号、十号舟俱损柁。晚，分泊数处，计水程三十五里。夜雨。

二十九日，辛亥。风雨不止，粮艘续上，每停以待，仅行十二里泊。更静，粮艘缆断流下，挫我舟第十号，[113]幸无损。

三十日，壬子，晴。辰刻，过夹马营。[114]按宋太祖生于夹马营，其地在洛阳，此则地名偶同也。[115]夹马营亦武城境，以下属恩县境。[116]日昳，[117]抵郑家口。[118]直隶故城县境也。[119]故城居临清、武城、恩县、德州之间，[120]犹东省地，不应归直隶辖。舟人以卸短槁，遂泊此地。镇市颇大，通山右商货，[121]麕毼、文锦、哈喇等物价廉，[122]余亦市数品，费钱二十余千。镇有游击驻防。临清至郑家口，水路一百九十里。

注 释

[1] 在城闸：运河济宁州段水闸之一，在赵村闸北，即任城闸。乾隆《山东通志》卷十九《漕运》："在城闸在赵村闸西北三里，东岸有通心桥。闸官一员，闸夫二十九名，溜夫二十六名。"道光《济宁直隶州志》卷二《漕运》："赵村闸六里（《备考》西北三里）至任城（任，俗讹在）闸[《备考》原名下闸。闸官一员，闸夫二十五名。带管下新闸，废，闸夫四名随同任城闸夫应役，共闸夫二十九名。元大德七年（1303）建，国朝乾隆三十三年（1788）修。金门宽二丈八寸，高二丈九寸]。"

[2] 天井闸：运河济宁州段的重要水闸之一，在任城闸北。嘉庆《重修大清一统志》卷一百八十三《济宁州·堤堰》："天井闸在济宁州城东南，洸、泗二水交注处也。其东南为在城闸、赵村闸、石佛闸、新店闸、仲家浅

闸、枣林闸，俱有闸官。又安居十里斗门闸二座，在马场湖南，运湖东岸。"乾隆《山东通志》卷十九《漕运》："天井闸在在城闸西北一里，本名会源闸，洸、泗交流，元人于此分水，故名。闸官一员，闸夫三十三名，闸上有二桥，曰南门桥，设夫十四名，曰草桥，设夫十名，溜夫二十七名。" 道光《济宁直隶州志》卷二《漕运》："任城闸一里三分（《备考》又西北一里）至天井闸[《备考》原名中闸，又名会源。闸官一员，闸夫二十八名。又带管上新闸，废，闸夫六名随同应役。又南门草桥、二桥，夫二十三名，共夫五十七名。天井，即会源之故处，但会源闸如南旺之分水口，与今天井形势大不同矣。元至治元年（1321）建，国朝乾隆十九年（1754）修。金门宽二丈九寸，高一丈八尺]。"闸今已废，闸座保存较好，是"世界文化遗产——中国大运河"的重要遗产点，济宁市任城区在其旧址建造了遗址公园。

[3] 南门桥闸：即天井闸上二桥之一，见上"天井闸"注。

[4] 附庸：周代对天下诸侯的等级划分中附属于诸侯的小国。《礼记·王制第三》："王者之制禄爵，公、侯、伯、子、男，凡五等。诸侯之上大夫卿、下大夫、上士、中士、下士凡五等。天子之田方千里，公侯田方百里，伯七十里，子男五十里。不能五十里者，不合于天子，附于诸侯，曰附庸。天子之三公之田视公侯，天子之卿视伯，天子之大夫视子、男，天子之元士视附庸。"

[5] 孟子（前372—前289）：名轲，战国邹国（今山东邹城市）人，孔子孙孔伋的再传弟子，中国古代著名的思想家、教育家，儒家思想的杰出代表人物。曾带领弟子周游列国，传播其"仁"的政治学说，因不合时宜，不被接受，退而与学生共同著述，主要思想和学术观点，被后世弟子集成《孟子》一书。孟子在唐代地位得到极大提升，被韩愈奉为孔子道统的继承者，宋神宗时期，《孟子》一书首次被列入科举考试科目之中，其人则被追封为邹国公，配享孔庙。南宋朱熹将《孟子》与《论语》《大学》《中庸》列为儒家经典"四书"，并成为明清科举考试的指定内容。孟子被尊为"亚圣"。《史记》卷七十四有传。黎氏所引为《孟子》原文，《孟子·告子下》："孟子居邹，季任为任处守，以币交，受之而不报。处于平陆，储子为相，以币交，受之而不报。他日，由邹之任，见季子；由平陆之齐，不见储子。……"

[6] 惠通河：当为"会通河"，元代大运河山东临清至东平的名称。据《元史》卷六十四《河渠志》："会通河起东昌路须城县安山之西南，由寿张西北至东昌，又西北至于临清，以逾于御河。至元二年（1265）、六年（1269）寿张县尹韩仲晖、太史院令史边源相继建言开河置闸，引汶水达舟于御河，以便公私漕贩。省遣漕副马之贞与源等按视地势，商度工用，于是图上可开之状。诏出楮币一百五十万缗、米四百石、盐五万斤以为佣直，备器用，征旁郡丁夫三万，驿遣断事官莽苏尔、礼部尚书张孔孙、兵部尚书李处巽等董其役。首事于是年正月己亥，起于须城安山之西南，止于临清之御河，其长二百五十余里，中建闸三十有一，度高低、分远迩以节蓄泄。六月辛亥，成，凡役工二百五十一万七百四十有八，赐名曰会通河。"

[7] 已见前"河道总督""漕运总督"注。

[8] 南门城楼：即济宁州城南门城楼，名曰翔凤。道光《济宁直隶州志》卷四《城池》："四门楼，南曰翔凤（崇祯十七年，1644年燬，国朝顺治十二年，1655年，总河杨方典重建）、北曰望岳、东曰圣化、西曰思麟。"济宁州居河济之间，历来为天下要冲，其城坚厚高大，商贾云集，南门临运河，当繁华之冲，故为世人瞩目。

太白酒楼：亦称太白楼，素为济宁名胜，屡毁屡修。乾隆《山东通志》卷九《卷九·古迹志》："在济宁州南城上，唐李白客游任城时，县令贺知章觞白于此，后人因建楼焉，唐人沈光有记。元监州冀德芳复于任城县治创二贤祠，祀贺与李。元延祐三年（1314—1320）判官赵议甫移于楼东百步，学士曹元用为记。"道光《济宁直隶州志》卷四《城池》："太白楼，在翔凤左，明洪武二十四年（1391）狄崇建，重修者正统中（1436—1449）都督赵辅、成化中（1465—1487）副使张穆；国朝总河杨方兴、知州陈烘、史锦、樊潆生、蓝应桂。按《前志·古迹》云康熙十八年（1679）总河靳辅修河道，叶方恒《记》。乾隆四年（1739）知州五凉、张纶有《重修碑记》。乾隆三十年（1765）署知州恭孙枝重修。道光七年（1827）总河严烺捐修，运河道李恩绎有《碑记》。"楼今已不存，旧址或在今济宁市任城区太白楼路。

[9] 南池：济宁州著名文化湖泊。嘉庆《重修大清一统志》卷一百八十三《济宁州·山水》："南池在济宁州南，其上有少陵祠。唐杜甫《同任城许主簿游南池诗》秋水通沟洫，城隅进小船，即此。乾隆三十年（1765）

巡漕御史沈廷芳奏请赐额，御书'芑臣诗史'四字。三十年（1765）、三十六年（1771）、四十一年（1776）、四十五年（1780）、四十九年（1784），高宗纯皇帝经此，俱有御制《南池诗》，又《南池少陵祠诗》。"南池，今仍存，已建设成济宁市级综合性水景公园。诸《州志》未专载。

[10] 通济闸：运河济宁州段水闸之一，在天井闸北。乾隆《山东通志》卷九《漕运》："通济闸在天井闸北三十里，闸官一员，闸夫二十八名，溜夫二十三名五分。"道光《济宁直隶州志》卷二《漕运》："天井闸[《备考》三十五里]三十里至通济闸（闸官一员，闸夫二十八名。明万历十六年（1588）建，国朝乾隆十八年（1753）修。金门宽二丈，高二丈四尺。月河无[《备考》云二十七丈误]）。"

[11] 分水龙王庙：汶上著名古庙。嘉庆《重修大清一统志》卷一百六十六《兖州府·祠庙》："分水龙王庙在汶上县西南六十里南旺湖上，运河西岸。汶水自戴村坝转西南流至庙前，南北分流，明初建庙于其上以镇之。天顺二年（1458）主事孙仁重修，学士许彬有记，今春秋秩祀。乾隆三十年（1765）、三十六年（1771）、四十一年（1776）、四十五年（1780）、四十九年（1784）圣驾东巡，俱有御制《分水龙王庙诗》。"康熙《汶上县志》、乾隆《兖州府志》所载与此同而稍略。

[12] 寺前铺闸：运河兖州府汶上县段水闸之一，在通济闸北，又名寺前闸。嘉庆《重修大清一统志》卷一百六十六《济宁州·堤堰》："寺前铺闸在汶上县西南三十九里运河上。又开河闸在县西南三十五里南旺堤运河上。袁家口闸在县西三十里运河上。俱有闸官。其北有宏仁桥单闸、新河头单闸，俱在运河东岸，与金线桥相对。" 道光《济宁直隶州志》卷二《漕运》："通济闸三十里（《备考》三十五里）至寺前闸（旧名堂林。闸官一员，闸夫二十六名。明正德元年（1506）建，国朝乾隆二十二年修（1757）。金门宽二丈，高一丈八尺。东岸为汶上境，西岸为嘉祥境）。"

[13] 曾子（前505—前435）：名参，字子舆，春秋鲁国南武城（今山东嘉详）人，与其父曾点同为孔子弟子，是中国古代著名思想家，儒家学派的代表人物。曾子在儒家思想中，主要主张和阐发了以"孝恕忠信"的思想，传说《孝经》是其所著，被后世儒门尊为"宗圣"，配享孔庙。《史记》卷六十七《仲尼弟子列传》有传。

乾隆《大清一统志》卷一百三十《兖州府·祠庙》："宗圣曾子庙在嘉祥县南四十五里，南武山下。不知创于何时，明正统中（1436—1449）修，弘治中增扩其制。门人阳肤、沈犹行以下皆从祀焉。正德间（1506—1521）山东佥事钱宏访得曾子之后一人于嘉祥县中，因欲请于朝，未果。嘉靖十二年（1633）吏部侍郎顾鼎臣奏求曾氏嫡派，得质粹于江西永丰县，迁居嘉祥，至十八年（1639）授以五经博士，世袭奉祀（道光《志》未载）。"道光《济宁直隶州志》卷五《秩祀·嘉祥县》："先贤曾子祠，在县南四十五里南武山阳，祀曾子点。前《志》莱芜侯庙在宗圣庙西，春秋祀享如启圣公。按曾皙宋大中祥符二年（1009）封莱芜侯。按《县志》云庙在宗圣殿西、正殿五间、寝殿三间，东西庑各三间，咏归门三间、庖厨三间。明正统十三年（1448）金乡教谕卢与龄有，并建《莱芜侯庙记》。略云佥宪萧启督饬嘉祥县宋善主簿、张景昭典史、赵宗教谕、吕士华训导修建，正统十三年三月记。文与后许彬《记》略同。"又"宗圣曾子庙，在南武山阳、县南四十五里，明正德九年建（1514）。按《县志》云并建，无考。明正统九年（1444）重修，弘治十八年（1505）山东巡抚金洪以规制卑陋，疏请恢廓。明翰林学士许彬重修，《郕国宗圣庙记》略云……明太仆少卿瑕邱、刘不息重修，《南武山宗圣公庙记》略云……万历七年十二月。明嘉祥知县高平田、可贡剑建宗圣书院，《记》略云……万历三十年十月吉。明山东巡抚、御史桐城马孟桢《曾氏家庙记》略云……万历四十一年记。明巡按御史瀛海、张嘉会《曾氏赐弟记》略云……万历四十二年记。明吉州知州邑人庞经额《设礼生题名记》略云……嘉靖三十四年乙卯三月吉。明刘光国《请改四氏学疏》略云嘉靖年间，世袭博士始复还山东，依守坟庙，曾氏子孙悉照三氏例施行。奉旨，是。明礼部尚书黄士俊《题覆疏》略云十五世孙曾德避新莽，自武城徙豫章，则曾弘毅之派也。又数十世而有曾巩之孙曾志自豫章宦越，流寓会稽，则曾益之派也。巩，宋代大儒，志闽门死节，请另给衣巾世祀，仍以弘毅嫡派袭宗圣世爵。崇祯八年九月初三日。……明季寇乱，庙圮。国朝顺治年间，捐资斩补。康熙五十六年，兖州府山阴金一凤与邑令宋公璧倡捐重修。至雍正十三年请帑重修，正殿七间，中奉宗圣曾子，东配述圣子思，西配亚圣孟；东西庑各三间，从祀东阳肤公、明仪公、明高公、明宣、孟仪、西乐、正子、寿差。乾隆三十九年，兖河道松龄《记》略云……庙渐圮，今捐俸倡修，工费白镪一千三百有奇……又《重修太学书院记》略云癸丑秋，不戒于火，乃集林庙、公项并众捐助重修告成……时嘉庆丙辰十月也"。庙今仍存，距山东省济宁市嘉祥县城南23公里，系山东省重点文物保护单位，历届政府不断修缮。

[14] 南柳林闸：运河汶上县段水闸之一，与北柳林闸一起称为柳林闸，又称南旺上闸，在寺前闸北。乾隆《山东通志》卷十九《漕运》："柳林闸即南旺上闸，在寺前闸北十五里。东邻蜀山湖，放水有利运闸，西邻南旺湖，泄水有三斗门，曰焦鸾、盛进、张全。闸官一员，闸夫十八名，溜夫九名。"道光《济宁直隶州志》卷二《漕运》："寺前闸十二里至南旺闸[又名柳林闸，闸官一员，闸夫十八名。明成化六年建（1470），国朝乾隆三十七年（1772）重修。金门宽二丈，高二丈一尺。旧月河明成化六年建，又有靳文襄之新月河，今皆废]。"

[15] 临清：山东省直隶州，运河所经，在省治西二百八十里。州地为《禹贡》兖州之域，春秋时卫地，战国时为赵之东鄙，秦属东郡，汉置清渊县，属魏郡，后汉因之。三国魏改属阳平郡，晋因之。后魏太和二十一年（497）析置临清县，仍属阳平郡。北齐，县废。隋开皇六年（586）复置，属贝州。大业初（605）属清河郡，唐仍属贝州。大历七年（772）改属瀛州，贞元末（785—805）还属贝州。五代后唐改属兴唐府。宋属河北东路大名府。熙宁五年（1072）省为镇入宗城，寻复置。金改属恩州，元至元中（1264—1294）改属濮州。明洪武二年（1369）改属东昌府，弘治二年（1489）升为州，仍属东昌府。清因之，乾隆四十一年（1776）升为直隶州，领县三。据嘉庆《重修大清一统志》卷一百八十四。今仍名，为山东省聊城市临清市。

[16] 蜀山湖：汶上县运河东岸著名湖泊，又名南旺东湖。嘉庆《重修大清一统志》卷一百六十五《兖州府·山川》："蜀山湖在汶上县南三十五里，运河东岸，周六十五里。跨汶上、嘉祥、济宁三州县境，以湖中有蜀山，故名。汶上诸水及涑濋等泉，皆汇于此，每遇运河水弱，则开汶上境内金线闸、嘉祥境内利运闸，以济重运焉。"道光《济宁直隶州志》卷二《山川》："蜀山湖，一名南旺东湖，周六十五里一百二十步，地千八百九十余顷。除宋尚书祭田地二十顷，并高地八顷五十三亩，令民种外，其余一

千八百六十九顷四十六亩二分蓄水济运，由永定、永安、永泰三斗门蓄出金线、利运二闸济运。乾隆四十年设立子堰，清理河地。除宋尚书祭田并兵夫工本各地外，余湖若干顷亩，议以所收湖租，酌为收割水草之用。堰内为湖，外为地，立石表界，永为侵佃……"湖今仍名，仍为汶水与运河交汇处，地跨济宁市汶上县、任城区，南北长15公里、东西宽10公里，水面约150平方公里。

[17] 南旺东湖：及后文的南旺北湖、南旺西湖，皆是南旺湖，汶上县著名湖泊，运河穿湖而过。嘉庆《重修大清一统志》卷一百六十五《兖州府·山川》："南旺湖在汶上县西南三十五里，运河西岸，周九十三里，即巨野泽东畔也。宋时河水东溢，与梁山泺水汇为一，周可三百余里。及明永乐中（1403—1424）开会通河，画为二堤，使漕渠贯其中，在东者又分为二，南为蜀山湖，北为马踏湖，其间地形特高，谓之水脊。汶水西南流注于此，分南北二流，所谓分口也。万历间（1573—1620）开浚河渠，加筑旧堤一万三千余丈，东西子堤一千二百余丈。《河防考》明永乐中尚书宋礼开会通河成，复请设水柜以济漕渠，在汶上曰南旺、东平曰安山、济宁曰马场、沛曰昭阳，各因钟水相地势建闸坝，涨则减之入湖，涸则开之入河，名曰四水柜。"道光《济宁直隶州志》卷二《山川》南旺湖，为济宁运河之上源，占汶上、济宁、嘉祥三州县之地，汶水之所潴。《水经注》所谓茂都淀水西南出，谓之巨野沟是也。本受汶水支流，至明筑戴村坝，始全受汶水矣。其东有湖曰蜀山，湖堤属州境者。南旺湖自王家路口至马家庙，计长八里七分有奇，蜀山湖自获麟庄至汶上县界，计长三十七里三分。乾隆三十七年（1772）奏明借动司库银两修筑自汶上甘公碑界起至嘉祥天仙庙止，实共长九千一百八十三丈。西南有芒生闸洩水入牛头河，今废。按湖西南现有芒生闸洩水入牛头河，前《志》云今废，未重修以前也。各湖与马场湖相表里，且与州境相错，故类叙焉。南旺湖跨漕运东西，其东湖跨汶河南北，南曰蜀山，北曰马踏，围百五十里。原系水柜，嘉靖二十年（1541）定立界石，除豁税粮以杜侵占，周围种柳以防盗种。东自大晏桥起，由小河口至秦家旧闸，计长三十里。南自秦家旧闸出田家营至孤柳树西界，计长四十六里。西自孤柳树起，由宏仁桥至北界，计长三十四里。北自宏仁桥起，跨黑马沟，由苑村至大晏桥石界止，计长四十里。"《泉河

史》："湖在汶上西三十里，宋时与梁山泺水汇而为一，周围三百余里。明代周围九十三里，漕渠贯其中。湖分为二，东湖广彻倍于西。跨汶南北，南曰蜀山，北曰马踏，三湖其初则一湖也。全形北高而南下，万历间周围筑堤，长一万九千七百八十八丈零。北接马踏湖，西北接安山湖，南接马场以□昭阳诸湖，绵亘数百里……"湖今仍名。

[18] 马踏湖：运河汶上县段河岸湖泊，又名南旺北湖。嘉庆《重修大清一统志》卷一百六十五《兖州府·山川》："马踏湖在汶上县西南汶河堤北，漕河东岸，周三十四里，亦名南旺北湖。明万历间（1573—1620）创筑土堤三千二百余丈，其上为钓台泊。"道光《济宁直隶州志》卷二《山川》："马踏湖在运河之东，汶河之北，周三十四里，湖上有钓泊水汇入北湖出开河闸，迤宏仁桥入运。其帮湖运堤，自禹王庙起，宏仁桥止，二千六百六十三丈，其湖堤三千三百余丈。土筑，以蓄汶水济运。原有北月河口、王义土口、徐建口，亦无子堤（《全河备考》）。围堤长五千九百六十三丈，汶水上流有收水口二，曰徐建、曰李家口。湖西堤邻运河，有放水口二，曰新河头、宏仁桥。雍正四年（1726）修堤筑堰，将徐建等二口，并□□等二口，改建石闸，乾隆二年（1737）又帮筑堤二千一百八十四丈六尺临汶口门。今惟徐建口、李家口二处矣。……"湖今仍名，仍是蜀山湖之一部分。

[19] 汶水：即汶河，山东省重要河流。嘉庆《重修大清一统志》卷一百六十五《兖州府·山川》："汶水自泰安府西南流入宁阳县境，至县东北三十四里堽城坝分而为二，其一南流，别为洸水，其一西流，入东平州界，转西南流至汶上县北，又西南会诸泉，汇于南旺湖入运河。《水经注》汶水过博县西，西南流经阳关故城西，又南左会淄水，又南经巨平县故城东，又西南经汶阳县北，又西经汶阳故城北，又西洸水出焉，又西经蛇邱县南，又西南过冈县北，又西蛇水注之，又西沟水注之，又西经春亭北。又汶水自桃乡四分，其派别之处谓之四汶口。《元和郡县志》汶水北去中都县二十四里，又北入须昌县界。《明会典》汶河经宁阳县北堽城，历汶上东平、东阿，又东北流入海。元于堽城之左筑坝，遏汶入洸，南流至济宁，合沂、泗二水以达于淮。自永乐间（1403—1424）筑戴村坝，汶水尽出南旺，于是洸、沂、泗自会济，而汶不复通洸。旧《志》汶水至汶上城北二

十五里，受洑、濁诸泉，谓之鲁沟，又西南流至城北二里，受蒲湾泊水，谓之草桥河，又西南十里谓之白马河，又西南二十里，谓之鹅河。鹅河者，故宋之连道也，涸而为渠，汶水由之。又西南十五里谓之黑马沟，又西南至南旺入于漕，六分北流出南旺下闸至于临清，会于御河，长三百五十里四分。南流出南旺上闸，至于济宁，会于沂、泗，长一百里。按汶水有五，其源各异，详见泰安府，而合流入运之地并在今兖州境。自乾隆十六年（1750）、三十年（1765）、四十五年（1780）、四十九年（1784），高宗纯皇帝南巡，俱有御制《渡汶河诗》。"汶河有两支，流经汶上的这支今亦称大汶河。大汶河发源于泰山、莱山山区，收集山间诸流，自东向西流经莱芜、新泰、泰安、肥城、宁阳、汶上、东平诸县市，经东平湖入黄河，全长208公里，流域面积8536平方公里。

[20]《尔雅》：中国古代辞书之祖，中国训诂学的开山之作，十三经之一，成书于战国末西汉初。尔，近之意，雅，雅言，标准语言，"尔雅"即接近标准语的语言规范。《尔雅》全书收词4300余个，分为2091个条目，原书20篇，现存19篇，分为"释诂""释言""释训""释亲""释宫""释器""释乐""释天""释地""释丘""释山""释水""释草""释木""释虫""释鱼""释兽""释畜"。

[21] 此山指蜀山湖中的独山。嘉庆《重修大清一统志》卷一百六十五《兖州府·山川》："蜀山在汶上县西南四十里，其下即蜀山湖。四望无山，屹立波心，《尔雅》山独者蜀，故名。"

[22] 泰安：山东府名、县名，今为山东省泰安市。

莱芜：山东泰安府属县，今为山东省莱芜市。

新泰：山东泰安府属县，今为山东省泰安市新泰市。

[23] 宁阳：山东兖州府属县，今为山东省泰安市宁阳县。

[24] 东平州：山东泰安府属散州，在府治西一百四十里。县地春秋时为鲁国附庸须句国，战国属齐，秦为薛郡地。汉初属梁国，甘露二年（前52）为东平国，治无盐，后汉因之。晋移治须昌，宋改为东平郡，后魏因之。北齐，郡废县徙。隋复置须昌县，属东平郡。唐初属郓州，贞观八年（1634）移州来治，天宝初（742）改曰东平郡。宋曰东平府，属京东西路。金属山东西路。元改为东平路。明降为州，省须城县入，属兖州府。清因

之，雍正十三年（1735）改属泰安府。据嘉庆《重修大清一统志》卷一百七十九。今为山东省泰安市东平县。

汶上县：山东兖州府属县，在府城西北九十里。县地为古厥国地，春秋时鲁中都地，战国属齐为平陆邑，汉置东平陆县，属东平国，后汉及晋因之。宋初曰平陆，元嘉中（424—453）改置乐平县，兼置阳平郡，寻废。大明元年（457）复置郡。后魏曰东阳平郡，仍治乐平。北齐，郡废。隋开皇十六年（596）复改乐平曰平陆，属鲁郡。唐初属兖州，天宝元年（742）改曰中都，贞元十四年（798）改属郓州，五代因之。宋属东平府，金贞元元年（1153）改曰汶阳，泰和八年（1208）又改曰汶上。元属东平路，明属兖州府东平州，清属兖州府。据嘉庆《重修大清一统志》卷一百六十五。今仍名，为山东省济宁市汶上县。

[25] 洸河：大汶河南出的支流。乾隆《山东通志》卷六《山川志》："洸河本汶河南出之支流，今宁阳县北堽城坝即其道也，故迹自坝下西南会诸泉水入滋阳县界，经高吴桥至八道湾有漕水入之，又西南至兴文镇入济宁州界，经薛家口桥黄坨村，至洸河口会泗水支流，绕州城北，经望仙桥环而西南，经夏家桥分为二支，北支入马场湖，南支由会通桥入运河。"洸河，今仍名，干流基本在宁阳县界，长约30公里，已成为季节性河流。

[26] 沂水：主要流域在山东沂州府境内，下流在苏北入运河，山东境内重要河流。嘉庆《重修大清一统志》卷一百七十七《沂州府·山川》："沂水源出蒙阴县北，东南流经沂水县西，又南流经兰山县东，又南流经郯城县西，又南流入江南徐州府邳州界。《书·禹贡·徐州》淮沂其乂。《周礼》青州浸曰沂、沭。《水经注》沂水出盖县艾山，郑康成曰：水出沂山，亦或曰临乐山。水有二源，南源世谓之柞泉，北源世谓之鱼穷泉，俱东南流，合成一川。又东南流，合洛预水、桑预水。又东南螳螂水入焉。又东经盖县故城南，又东合连绵水，又东经浮来山，浮来之水注焉。又南经爆山西，又东南经东莞故城西，与小沂水合。又南与间山水合。又南经东安县故城东而南，合时密水。又南桑泉水注之。又南经阳都县故城东，又南与蒙山水合，又左合温水，又南经中邱城西，又南经临沂县故城东，有洛水注之。又南经开阳县故城东，又南过襄贲县东，屈从县西南流，又屈过郯县西，又南过良城县西，又南至下邳。《元和郡县志》沂水在临沂县东，

去县一里。明知州何格议治沂有二难，一隘于石沟，一隘于庙山。自石沟以上有坊口，通长沟温泉，入沭之故道。庙山以下有马儿湾，通五丈沟、芦塘诸湖，入邳之故道，实又沂之故迹也。长沟不可不闸，以杀石沟之隘。马儿湾不可不开，以疏庙山之隘。石沟在兰山县东北，庙山在县南八十里。本朝乾隆十三年（1748）以河臣高斌言，沂河兼受诸水，夏秋盛涨，易致泛溢，命动帑修筑两岸长堤，又于江风口建迎水、滚水诸坝。历久渐圮，乾隆二十二年（1757）特遣侍郎裘曰修与河口张熙载共相度重修江风口各坝，并增筑堤一百八十丈其坝外支河及陷泥河。又上流武河及其支之燕子、芙蓉二河并加浚治宽深。自是沂属永无水患。乾隆二十二年、三十年（1765）、四十五年（1780）、四十九年（1784），高宗纯皇帝南巡江浙，经过山东，并有御制《渡沂水诗》。"沂水入江苏后，称沂河，该志卷一百《徐州府·山川》："沂河在邳州东，自山东沂州南流入境。至州东分为二支，西南流入运河。其正流南入骆马湖。《汉书·地理志》载盖县沂水南至下邳入泗。《水经注》载沂水自郯城南，经良城县西，又南至下邳县北，分为二水。一水于城北西南入泗，一水经城东屈从县南，亦入泗，谓之小沂水。本朝乾隆八年（1743）浚，又修沂河西岸梅家道缺口堤。十一年（1746）、十二年（1747）加筑沂水两岸长堤，三十二年（1767）又修冯家等庄堤工。"今名沂河，为山东省第二长河。源出淄博市沂源县田庄水库，流经沂源、沂水、沂南、临沂市、兰陵、郯城诸县区市，至江苏邳州入新沂河，抵燕尾港入黄海。全长近600公里，流域面积1.7万平方公里。沂河两岸风光秀丽，名胜古迹众多，是我国重要的文明发祥地之一。

[27] 泗水：横跨山东西南部河江苏北部的重要河流。嘉庆《重修大清一统志》卷一百六十五《兖州府·山川》："泗水源出泗水县东陪尾山，西流经曲阜县北八里，又西南流经滋阳县东五里，转南流，与曲阜县之西沂水合，入金口闸。又南流经邹县西南五十里，又南至济宁州会洸水，由天井闸入运河，凡二百二十里。《左传·哀公八年》：齐伐鲁，次于泗上。《国语》：宣公夏滥于泗渊。《汉书·地理志》：鲁国卞县泗水，西南至方与入沛过郡，西行五百里。《水经》：泗水出鲁卞县北山，西南经鲁县北，又西过瑕邱县东，屈从县东南流，漷水从东来注之。又南过平阳县西，又南过高平县西，洸水从北西来注之。又南过方与县东，菏水从西来注之。又

屈东南过湖陆县南，洰涓水从东北来注之。又南过沛县东注。《地理志》曰：出济阴乘氏县，又云出卞县北。《经》言：北山皆为非矣。《山海经》云：泗水出鲁东北。余昔因公事路经洙、泗，寻其源流，水出卞县故城东南桃墟西北。墟有泽，泽方十五里，泽西际阜，俗谓之妫亭山。自此连冈通阜，西北四十余里，冈之西际便得泗水之源也。石穴吐水，五泉俱导，泉穴各经尺余。泗水西经其县故城南，又西南流经鲁县，分为二流。北为洙渎，南则泗水。洙、泗之间，即夫子领徒之所也。泗水自城北，南经鲁城西南合沂水。《元和郡县志》：泗水之源有四，四泉俱导，因以为名。《明会典》泗河源出陪尾山西流，至兖州城东又南流，经横河与沂水合。元时于兖州东门外五里金口作坝建闸，遏泗之南趋，明朝因而修筑。每夏秋水涨，则启闸，放使南流，会沂水，由港里河出师家庄闸。冬春水微，则闭闸，令由黑风口东经兖州城入济。又南流会洸水至济宁，出天井闸入于运河。旧《志》成化七年（1471）工部主事张盛复作石坝，固之以铁，以时启闭，为漕河之利，谓之金口闸河。胡渭《禹贡锥指》泗水自泗水县历曲阜、滋阳、济宁、邹县、鱼台、滕县、沛县、徐州、邳州、宿迁、桃源，至清河县入淮，此禹迹也，今其故道自徐州以南悉为黄河所占。按明万历（1573—1620）以前，旧漕河自徐州历沛县而北，即泗水也。其支流与汴水合，经二洪下接于淮，则泗水尚入淮也。自万历二十二年（1794）开浚泇河以避黄河水险，由是黄专合汴、泗入运，不复达淮。本朝乾隆二十二年（1757），高宗纯皇帝南巡经此，有御制《过泗水诗》。"又该志卷一百《徐州府·山川》："泗水自山东鱼台县流入，经沛县城北，又经县东南，至铜山县东北循城而东，又东南入邳州界。周显王（前368—前321）时，九鼎沦没泗渊，秦始皇二十八年（前219）至彭城，欲出周鼎泗水，使千人没水求之，不获。后汉桓帝永兴二年（154）彭城泗水增长逆流，梁普通八年（527）成景儁攻魏彭城，堰泗水灌城。《水经注》泗水至湖陆县城东南，左会南梁水，又南合漷水，又南过沛县东，右合黄水，又南经小沛县东，又东南经流广戚县故城，南又径留县，又南经垞城东，又南经桓魋冢西，又南坂水入焉。又南经彭城县故城东，所谓鼎伏也。又经龚胜墓南，又经亚夫冢东，又东南经吕县南，又东南合丁溪水。《元和郡县志》泗水在县东，去县十步。金元时黄河自城北合泗，又东夺泗水之流，而泗皆为河，明初为漕运所经，亦曰漕河。"今名泗河，河道多有变迁，今河发源于山东省泰安市新泰县蒙山太平顶西麓，西南流入泗水县境，折而西流至曲阜、兖州两市交界处，复折向西南，于济宁市鲁桥镇注入大运河。

[28] 济：济水，流域在河南、山东两省，是中国北方重要河流，中国上古四大名河"江、河、淮、济"之一。嘉庆《重修大清一统志》卷二百二《怀庆府·山川》："济水一名沇水，源出济源县西王屋山。东流经县北，又东南经孟县北，又东南入河。《书·禹贡》：导沇水，东流为济，入于河。《孔传》：泉源为沇，流去为济，在温西北平地。'《山海经》：'王屋之山，㶌水出焉。《注》：㶌、沇，声相近，即沇水也，潜行地下至共山南复出于东邱。刘熙《释名》：济，济也，源出河北，济河而南也。《水经注》：济水重源，出温城西北平地。水有二源，东源出原城东北，南经其城东，又南流与西源合。西源出原城西，东流经原城南，东合北水乱流，东南注，分为二水，一水东南流，俗谓之衍水，即沇水也。又东南经郫城北而出于温。其一水枝津，南流注澳水、济水，于温城西北与故渎分，南经温县故城，西南历虢公台，西南流注于河。济水故渎东南合奉沟水，又经坟城西，屈而东北流，经其城北，又东经平皋城南，又南注于河。《括地志》：沇水出王屋山顶崖下石泉，停而不流，其深不测，既见而伏，至济源西北二十里平地，其源重发而东南流。胡渭《禹贡锥指》：郦《注》济水故渎，即《汉志》所谓东南至武德入河者，盖禹迹也。又郦《注》奉沟水东南流，右泄为沙沟，东南注于陂陂水，又东南流入河，先儒咸谓是为济渠，古济水由此入河。按济河自县东南流至柏乡镇，分为二，一于镇之东北流至河内县，穿郡城，经龙涧村入沁河，一于镇之西南流入猪龙河，自小营村入黄河。"今名济河，发源河南省济源市区西北，一出济源济渎庙，一出龙潭，汇于济源程村，东流至沁阳分为二支，一支东南流为猪龙河，是为济河主流，流经温县入黄河，自此以下黄河河道直至渤海，即原济河入渤海河道（1855年黄河改道夺济入渤海）；另一支流经沁阳县城，至龙涧村入沁河。

[29] 寿张：山东兖州府属县，运河所经县，在府治西北二百四十里。县地为汉东郡范县地，隋唐宋为寿张县地。金大定七年（1167）移置寿张县，十九年（1179）复还旧治。元因之，属东平路。明洪武初（1368）又移治于今县，属东平州。十八年（1385）改属兖州府。清因之，雍正八年

（1730）分隶东平州，十三年（1734）仍属兖州府（据嘉庆《重修大清一统志》卷一百六十五）。寿张县，1964年撤县，县地分属山东阳谷县（今聊城市属）和河南范县（今濮阳市属）。

卫：即卫河。卫河有二，一在直隶正定府灵寿县（今石家庄市灵寿县），一源于河南，流经山东入河北。此处指后者，系中国北方著名河流。嘉庆《重修大清一统志》卷一百九十九《卫辉府·山川》："卫河源在辉县西苏门山百泉，东南流入新乡县界，又东入府治汲县界，又东北经淇县与淇水合流。东北至浚县界西，又东北经滑、内黄界，又受洹、漳二水，水至山东之临清州城西，会于漕河，至直沽入海。百泉一名搠刀泉，魏《地形志》：所谓共有柏门水是也。南流名太清水，《水经注》：重门城南有安阳陂，次东，又得卓水陂，次东有北门陂，方五百步，在共县故县城西。其水三川南合，谓之清川。又南经凡城东，又西南总为一渎，谓之陶水，南流注于清水。《元和志》：百门陂方五百许步，百姓引以溉稻田，其米明白香洁，魏齐以来尝以荐御。隋炀帝引之为永济渠，亦曰御河。《宋史·河渠志》：御河自通利、干宁入界河达海。熙宁九年（1076）熊本言河北州军给赏茶货及榷场要用之物，并自黄河运至黎阳出卸，转入御河，其后徙河而南，清水遂合淇水东北出，不复入于河。元人漕江淮之粟达于河，至封邱陆运一百八十里，至淇门入御河。按卫河经新乡、汲县而东至浚县境，淇水入焉，谓之白沟，亦曰宿胥渎。其河，北抵临清，与汶河会流，行九百二十三里，其间水之入者六，曰小丹河，斫胫河、淇、阳河、安阳河、漳河。自临清州板闸以北，赖御水济运。本朝康熙二十九年（1690）河臣王新命，以御河在辉县境内，民间设立仁、义、礼、智、信五闸蓄水灌田，例于五月朔封板，放水济运，有妨农务，请给竹络装石，量渠口高下堵塞，使各渠之水自盈，而所余水得常流济运。自此，漕、民两便。乾隆二年（1737）堤岸冲缺数处，三年（1738）动帑修筑，自曲里村至双河头，计一百四十五里。"

漳：即漳河，流经山西、河南、河北、山东四省，中国北方著名河流。在山西境内一般称漳水，有浊漳水、清漳水两源。乾隆《山西通志》卷十九《山川》："浊漳自鹿谷发源，东流经县治之南，又东入长子界折而北，经屯留潞城界入襄垣，至县治东北隅。又折而东入黎城界，掠潞城之北东入平顺界，出太行漳义口达河南彰德府界合清漳，又合卫北流，直达天津。"嘉庆《重修大清一统志》卷一百四十九《平定州·山川》：清漳水在乐平县西南四十里，源出大黾谷，南流入辽州和顺县界。《汉书·地理志》：沾县大黾谷，清漳水所出，东北至阜城入大河，过郡五，行千六百八十里。《水经注》：水出大要谷，南流经沾县故城东，又南经昔阳城。"漳河入卫后，民间亦称卫漳河，又据嘉庆《重修大清一统志》卷一百六十八《东昌府·山川》："漳河在府境，自大名府东北流入馆陶县界，经县南馆陶镇入卫河。《水经注》：漳水东北经平恩县故城西，又经曲周县故城东。《元和郡县志》：漳水在漳南县北四十六里。《明史·河渠志》：元时分漳水支流入卫河，以杀其势，永乐间湮塞，旧迹尚存。御史林廷举请发丁夫疏浚，漳水遂通于卫。万历二年（1574）漳水北溢入曲周县之滏阳河，而入卫之道渐湮，本朝顺治九年（1672）漳水自广平元城等处直注临清州邱县，其馆陶县仅有通漳遗迹。康熙三十六年（1697）漳水骤至馆陶，与卫河合，此后北流渐微。四十七年（1698）入邱之上流尽塞，而全漳会于馆陶，自此漳、卫会流，舟行顺利，其裨益于漕者多矣。"

[30] 戴村：东平州境内村名，村内大汶河上有确保运河水运的著名水坝——戴村坝。嘉庆《重修大清一统志》卷一百七十九《泰安府·堤坝》："戴村坝河在东平州东六十里。《四汶集》：明永乐九年（1411）宋礼建。横截汶水趋南旺，由分水口入会通河济运。天顺五年（1461）知州潘洪增筑。"乾隆《山东通志》卷十九《漕运》："坝在汶河北岸，明永乐九年建坝，长五里十三步，遏汶西流出南旺分水口济运。坎河口坝，用万历中建（1573—1620）河口，两旁用石裹头，各长十丈高一丈二尺，中间用滚水坝二十二丈二尺，仍留石滩四十九丈一尺，名乱石坝。遇汶河涨溢，由此泄水，北入大清河归海。"光绪《东平州志》卷五《漕渠三》："戴村坝，在州东六十五里，设分防外委一员，坝夫八名，例食、泉夫工食，在东平州同衙门支领。戴村石坝一道，北曰玲珑坝、中曰乱石坝、南曰滚水坝，其名虽异，实系接连一坝。其长一百二十六丈八尺，道光二年（1822）添建三合土坝一道，计八十余丈。又将白公祠后名堰改为官堤，凡三百五十丈，归泉河厅管理。"戴村坝，今仍存，保存完好，全长1600米，由各自独立又互为保护、利用的三座大坝，主石坝、太皇堤河三合土坝组成。三坝两边低凹、中间凸出，

形成三坝分级漫水以排洪防溢、以汶济运的目的。自建成后,成功确保大运河五百余年的畅通,并对两岸防洪灌溉起到重要作用。其设计理念和建筑技术均体现了极高的治水智慧和中国古代建筑工艺水平,被誉为"运河之心""第二都江堰""江北都江堰"。现为全国重点文物保护单位,世界文化遗产——中国大运河的重要遗产点。其地址在今泰安市东平县彭集镇南城子村东北大汶河下游,已被开发为泰安著名旅游景点。

[31] 南旺:汶上县境内地名,为运河重要水闸南旺闸及重要水量调节地南旺湖所在,今为山东省济宁市微山县南旺镇,在微山湖中。

[32] 徐沛:即江苏徐州府之沛县。

[33] 临清:指山东临清直隶州,详见后注。

[34] 第二个自当为"至"的笔误。

[35] 河、淮:即黄河、淮河,当时黄河夺淮入海,故称。

[36] 该祠即宋礼的纪念祠堂。宋礼(1361—1422),字大本,河南永宁(今河南洛宁县)人,明朝大臣,中国古代著名水利专家。洪武中(1368—1498)以国子生擢山西按察司佥事入仕,后历官户部主事、陕西按察佥事、刑部员外郎、礼部郎中。永乐二年(1404)拜工部尚书,永乐九年(1411)受命开通元朝欲开通而未成的会通河,以通南北漕运。任中采用汶上老人白英的方案筑塈城及戴村坝,成功引汶入运,完成了大运河南北畅通的枢纽工程。会通河开通,以居功第一受赏。永乐二十年(1422),病逝于任上,死之日,家无余财,为著名清官。《明史》卷一百五十三有传。宋礼以其开通会通河的巨大功绩,一直被官方和民间所缅怀。弘治年间(1488—1505),诏立祠于南旺湖上,供官民祭祀。正德七年(1512),被尊为河神。隆庆六年(1772),诏赠太子太保。万历元年(1673),诏封为"开河元勋太子太保",追谥"康惠公",并命嫡孙赴南旺为其守祠,拨给湖地十顷,为守祠永业。雍正七年(1729)敕封"宁漕公",光绪五年(1879)敕封"显英大王"。至今,山东汶上、梁山一带仍流传着宋礼开河、点泉的民间故事。

[37] 其人难考。

[38] 草桥寺:诸志无载,疑即寺前闸所在之地名,其前两闸则通济闸与天井闸。

[39] 掯:音 kèn,强迫、刁难。

[40] 柳木闸：当为柳林闸，即南旺闸。王吉霖：其详难考。

[41] 安化：贵州思南府属县，为府治所在，今大致为贵州省铜仁市德江县。

[42] 播：指播州，即贵州遵义府。遵义府在唐贞观十三年（639）复置州，并改名播州，此后历宋、元、明，皆名播州。明万历（1573—1620）时期，始改名遵义府，清因之。据嘉庆《重修大清一统志》卷五百十一。

[43] 河头湾：疑当为火头湾，寺前闸入水口之一，为道光《济宁直隶州志》卷二《漕运·寺前闸》附云："火头湾、梁家寺口，即杨家河滩、白嘴黄沙湾……使马场湖水由此入运。"

[44] 楮：音同楚，这里指焚化用的纸钱。

[45] 北柳林闸：当即南旺下闸，运河汶上县水闸，在南旺上闸（南柳林闸北）。道光《济宁直隶州志》卷二《漕运》："南旺上闸十里（《备考》又北九里）至南旺下闸［又名十里铺上闸。闸官兼管（已案：疑此句有缺，恐为南旺闸官兼管之省），闸夫十八名，有汶上县丞南旺闸官署。按汶上主簿于乾隆四十四年（1779）奏请与宁阳县县丞对换，改为汶上县县丞。前《志》作汶上县主簿，今改。明成化六年（1470）建］，国朝乾隆十六年（1751）修。金门宽一丈九尺、高二丈一尺六寸。"

开河闸：运河汶上县段水闸之一，在南旺下闸北。乾隆《山东通志》卷十九《漕运》："开河闸在十里闸北十五里。东邻马踏湖，放水有新河头闸。西邻南旺湖，放水有关家闸、五里闸。闸官一员，闸夫二十六名。" 道光《济宁直隶州志》卷二《漕运》："南旺下闸十三里（《备考》十五里）至开河闸［闸官一员，闸夫二十六名，西岸有闸官署。元至正间（1341—1370）建，国朝康熙五十七年（1719）修。金门宽二丈，高二丈一尺五寸］。"

[46] 袁口闸：即袁家口闸，运河汶上县段水闸之一，在开河闸北。乾隆《山东通志》卷十九《漕运》："袁口闸在开河闸北十二里。东邻马踏湖，放水有弘仁桥闸，西岸进水有兼济闸。闸官一员，闸夫二十六名。北至靳口闸交界入捕河厅汛，东平州境。"道光《济宁直隶州志》卷二《漕运》："开河闸十六里（《备考》十二里）至袁家口闸［闸官一员，闸夫二十六名，有闸官署。明正德元年（1506）建，国朝乾隆二十三年（1758）修。金门宽一丈九尺六寸，高二丈二尺八寸，月河长一百七十丈］。"闸今已废，旧

址在今济宁市梁山县韩岗镇袁口村，村中尚存有明隆庆三年《运河禁约碑》。"

[47] 中间缺字当为"家"，即靳家口闸，运河东平州段水闸之一，在袁家口闸北。乾隆《山东通志》卷十九《漕运》："靳家口闸在袁口闸北十八里，闸官一员，闸夫二十八名。"嘉庆《重修大清一统志》卷一百七十九《泰安府·堤堰》："靳家口闸在东平州南三十里，有闸官。"光绪《东平州志》卷五《漕渠三》："靳家口闸，在州南三十里，袁口闸北十八里，明正德十二年（1517）建。"

[48] 安山闸：运河东平州段水闸之一，在靳家口闸北。嘉庆《重修大清一统志》卷一百七十九《泰安府·堤堰》："安山闸在东平州西十二里运河上，有闸官。"乾隆《山东通志》卷十九《漕运》："安山闸在靳口闸北三十里，西邻安山湖。减水有通湖闸。闸官一员，闸夫二十八名。"光绪《东平州志》卷五《漕渠三》："安山闸，在州西十二里，靳家口闸北三十里，明成化八年（1472）建。西邻安山湖，减水有通湖闸。"

[49] 于钦（1284—1333）：字思容，祖籍宁海文登（今山东省威海市文登市），后定居山东益都（今山东省青州市郑母镇），元代著名方志编纂家、历史地理学家、文学家。于钦年少力学有才名，集贤大学士高贯等荐为国子助教，擢山东廉访司照磨。以丁母忧去职，起为翰林院国史编修，三迁为江南行台监察御史，入为詹士院长史，拜监察御史。屡上书直言，帝皆嘉纳，迁中书省左司都事，改御史台都事。遭忌，贬为同知寿福院总管府事，旋拜兵部侍郎。至顺四年（1333）卒，年五十。《新元史》卷一百九十六有传，传世有元代学者柳贯《于思容墓志铭》载其事甚详，柯劭忞因为之立传《新元史》中。

《齐乘》：于钦所撰山东地方志，中国古代名志之一。《四库全书总目提要》卷六十八《史部二十四》载其要曰："是书专记三齐舆地，凡分八类，曰《沿革》，曰《分野》，曰《山川》，曰《郡邑》，曰《古迹》，曰《亭馆》，曰《风土》，曰《人物》。叙述简核而淹贯，在元代地志之中最有古法。其中间有舛误者，如宋建隆三年（962）改潍州置北海军，以昌邑县隶之；乾德三年（965）复升潍州，又增昌乐隶之，均见《宋地理志》，而是书独遗。又寿光为古纪国，亦不详及。其他如以华不注为靡笄山，以台城为在济南东北十三里，顾炎武《山东考古录》皆尝辨之。然钦本齐人，援据经史，考证见闻，较他地志之但据舆图、凭空言以论断者，所得究多，故向来推为善本。卷首有至元五年苏天爵序，亦推挹甚至，盖非溢美矣。"

梁山泊：兖州府寿张县境内历史时期著名湖泊，以境内梁山得名，泊又作"泺"。嘉庆《重修大清一统志》卷一百六十五《兖州府·山川》："梁山泺在寿张东南梁山下，久湮。按《五代史》晋开运元年（944）河决滑州，环梁山入于汶、济。司马光《通鉴》周显德六年（959）命步军都指挥使袁彦浚五丈渠，东过曹、濮、梁山泺以通青、郓之漕。《宋史·河渠志》：天禧三年（1019）滑州河溢，历澶、濮、曹、郓，注梁山泺。熙宁十年（1069）河决于澶州曹村，澶渊北流，断绝河道，南徙东汇于梁山张泽泺。《宦者·杨戬传》云梁山泺古巨野泽，绵亘数百里，济、郓数州赖其蒲鱼之利。盖梁山泺即古大野泽之下流，汶水自东北来与济水会于梁山之东北，回合而成泺。宋时汶河汇入其中，其水益大，其后河徙而南，泺亦渐淤。迨元开会通河，引汶绝济，明筑戴村坝遏汶南流，岁久填淤，遂成平陆。今州境积水诸湖，即其余流也。"梁山泊由于后来黄河多次改道，水源减少，渐渐干涸为田地，今济宁市梁山县境内东平湖即其遗留。

[50] 石晋：指五代时期，由石敬瑭建立的晋朝（936—947）。936年，石敬瑭联合契丹灭亡后唐，建立晋，传二世，947年为其将刘知远灭。为区别于司马氏之晋，又称后晋、石晋。

开运：后晋出帝（少帝）的年号，944—946年。

[51] 以上滑、汴、曹、单、濮、郓六州，皆宋代州名。滑州，在清为河南卫辉府滑县地，今为河南省安阳市滑县。汴州，在清为开封府，今为河南开封市。曹州，在清为山东曹州府，今为山东省菏泽市。单州，在清为曹州府单县，今为山东省菏泽市单县。郓州，在清为山东省曹州府郓城县，今为山东省菏泽市郓城县。

[52] 南望：据前文当为南旺。

[53] 明昌：金章宗第一个年号，1190—1196年。

[54] 利津：山东武定府属县，今为山东省东营市利津县。

[55] 政和：北宋第八位皇帝徽宗赵佶的第四个年号，1111—1117年。

[56] 宋江：中国古代著名小说《水浒传》中的中心人物，但北宋末

期的历史上确有其人。《宋史纪事本末》卷十二《方腊之乱·宋江附》载其事较详，其云："宣和三年（1121）二月，淮南盗宋江寇京东州郡至海州，张叔夜败之，江乃降。宋江起为盗，以三十六人横行河朔，转掠十郡，官军莫敢撄其锋。知亳州侯蒙上书言江才必有过人者，不若赦之，使讨方腊以自赎。帝命蒙知东平府，未赴而卒，又命张叔夜知海州。江将至海州，叔夜使间者觇所向，江径趋海滨，劫巨舟十余载卤获。叔夜募死士得千人，设伏近城，而出轻兵距海诱之战。先匿壮卒海旁，伺兵合，举火焚其舟。贼闻之，皆无斗志。伏兵乘之，擒其副贼，江乃降。"

[57] 斜卯阿里（1080—1157）：亦作锡默阿里，金朝著名将领，年十七从军，从伯父和摩尔噶讨卓多获其弟萨勒扎，从其父欢塔（浑坦）征高丽，刺杀高丽主将于阵中，一日三败高丽，一举成名。辽兵攻贝勒和索哩城（亦作孛董忽沙里城），阿里赴救，以疑兵解围。后平叛复州。随军征宋，大小数十战，屡立战功。积军功，累封德呼勒部节度使，顺义、泰宁军、归德、济南尹。天德初（1149）致仕，加特进，封王。正隆例封韩国公。阿里习舟楫，长于水战，江淮间用兵无役不从。《金史》卷八十有传。金太宗天会六年（1128），阿里曾率军在梁山泊攻破民间自发抗金军万余人。黎氏所云即此。

[58] 戴庙闸：即戴家庙闸，运河东平州段水闸之一，在安山闸北。乾隆《山东通志》卷十九《漕运》："戴家庙闸在安山闸北三十里，西邻安山湖。旧有进水二口，曰安济、似蛇沟。闸官一员，闸夫二十八名。"光绪《东平州志》卷五《漕渠三》："戴家庙闸在州西四十里，安山闸北三十里，明景泰五年（1454）建。西邻安山湖，旧有进水口二，曰安济、曰似蛇沟。"

[59] 安平镇：运河东阿县段重要市镇。嘉庆《重修大清一统志》卷一百七十九《泰安府·关隘》："安平镇在东阿县西南六十里，运河所经，与寿张、阳谷二县接界，本名张秋。五代周显德初（954）河决杨刘（杨柳），遣宰相李榖治堤，自杨刘抵张秋镇。宋曰景德镇，今因之。元至元二十七年（1290）会通河成，置都水分监官于景德镇，俗仍谓之张秋。明弘治七年（1494）河决，命刘大夏治之，塞决口九十余丈，筑滚水石坝，功成，赐名安平镇。临河为城，周八里，北河都水郎中治之。《县志》：万历七年（1579）都御史赵贤建城跨运河而环之，其南北渡口为水所出入者难以启闭，

则为敌台四座，各建以楼。"乾隆《山东通志》卷四《城池志》："安平镇城即张秋镇，在东阿县西南六十里，地属东阿、寿张、阳谷三县分辖。明万历七年都御史赵贤倡建。镇城跨运河之上，周八里，高二丈三尺，厚二大，四门有楼。南北渡口设敌台四座，规制宏壮，为漕河重镇。"道光《东阿县志》卷二《镇集》："安平镇，在县西南六十里，俗呼张秋，即元之景德镇也。夹河而聚，枕寿张、阳谷之境，三县之民，五方之商贾辐辏，并至列肆河上，大较比临清而小耳。"镇今复名张秋，属聊城市阳谷县。

[60] 东阿：山东泰安府属县，在府西北二百一十里，运河所经县。县地为春秋齐国谷邑，汉为东阿县地，后汉分置谷城县，属东郡，晋改属济北郡，宋因之。后魏属东济北郡，北齐废入东阿。宋开宝二年（969），徙治南谷镇，太平兴国二年（977）徙治利仁镇。始移东阿县治于谷城县界，属东平府。金因之，元属东平路。明洪武八年（1375）又移县治于故谷城，属东平州。清因之，雍正十三年（1734）改属泰安府（据嘉庆《重修大清一统志》卷一百七十九）。今为山东省聊城市东阿县。

[61] 梁山：兖州府寿张县境内的名山。嘉庆《重修大清一统志》卷一百六十五《兖州府·山川》："梁山在寿张县东南七十里，本名良山，以梁孝王游猎于此而名。上有虎头崖、宋江寨，其下旧有梁山泺。又县城东南有凤山，故县城亦名曰凤城。"光绪《寿张县志》卷一《山川》："梁山，在县治东南七十里。上有虎头崖、宋江寨、莲花台、石穿洞、黑风洞等旧迹。《志》云汉文帝封第二子为梁孝王，尝田猎于此山之北，因名梁山。或曰本名良山，《史记》孝王北猎良山。又古邑名曰良，汉县名曰寿良，皆以此邑中惟梁山最高大。附《水浒传奇》称梁山重关叠险，今山可十里。宋江寨，山冈上一小垣，乃铺张其说，使天下后世长奸萌乱，殊深骇异。邑中风气强悍，圩寨甚多，防贼亦可资贼，要在司治者留心驾御焉。"

梁山，今仍名，1949年改名梁山县，县治即在梁山下。

[62] 挂剑台：又称季子挂剑台，东阿县名胜。嘉庆《重修大清一统志》卷一百七十九《泰安府·古迹》："挂剑台在东阿县西南六十里，安平镇南。旧《志》：《河纪》云张秋城南台，台左右生草，即挂剑草。元都水监丞满慈《记》云古碑刻有'季札挂剑徐君墓树'八字。本朝乾隆二十一年（1735）高宗纯皇帝诣阙里，有御制《挂剑台诗》。又有三归台，在县西

二里，相传即管仲所筑。"乾隆《山东通志》卷九《古迹志》："挂剑台在县西南六十里，漕河东岸。有徐君墓。相传吴季札挂剑于此。徐向无考，按《正义》云徐州齐西北界上，地在东平县即此也。"道光《东阿县志》卷四《古迹》："挂剑台，《兖州府志》在县西南六十里漕河东岸，相传即徐君墓。墓前有祠，并祀徐君。季子台在祠下。台左右生草，曰剑草，能已心疾。《史记》季札过徐，徐君好札剑而不敢言，札心许之，以使故未献。还则徐君殁，札解剑挂其墓树而去。徐人歌之曰：'延陵季子兮不忘故，脱千金之剑兮挂邱墓。'元人李谦，明人李东阳、薛瑄诸公各有题咏。今泗州州城北徐台，亦有徐君墓。"挂剑台遗迹，今仍在，在今聊城市阳谷县张秋镇南水闸东北堤下。

吴季子：春秋吴国宗室，吴王寿梦第四子。姬姓，名札，又称季子、延陵季子、延州来季子、公子札等，春秋时期著名学者、名士、政治家、外交家、社会活动家、道德家。寿梦年老，欲以季札为嗣子统摄国事，季札以为立嫡当长，否则容易动摇国家而辞让，其长兄诸樊摄行国事。寿梦卒，诸樊仍以季札贤能，让位于季札，季札仍以长子嗣位合法为由拒绝。但吴国人仍然坚持要立季札，季札遂弃舍而耕田。诸樊得立。诸樊将卒，遗命兄终弟及，以最终传位于季札。寿梦第三子夷昧将卒，将传位于季札，季札逃去不受。季札出访晋国，经过徐国，拜访徐国国君，徐君看见季札佩戴的宝剑，脸上露出想要的神色，但没有开口。季札当即在心里决定，使命结束返回时就将宝剑赠送于徐君。但回来时，徐君已死，季札仍将宝剑送给新继位的徐君。徐君以无父命而不受，季札遂将剑挂在徐君坟墓边的树上而去。季札挂剑的典故，表明一个正真的人，初心在任何时候都不会改变。《史记》卷三十一《吴太伯世家》有传。

[63] 泗州：安徽省属直隶州，今为安徽省宿州市泗县。

徐君冢：有多处。一在安徽泗州，《明一统志》卷七《凤阳府·陵墓》："徐君冢在泗州东北一百二十里，安河西岸。有土类台，昔吴延陵季札带剑赠徐君，已死，挂于徐君冢上树而去，相传即此。"黎氏所认为的确处即此。一在山东泰安府东阿县，嘉庆《重修大清一统志》卷一百七十九《泰安府·陵墓》："徐君墓在东阿县张秋城南。"黎氏所言运河东岸者即此。一在河南许州，嘉庆《重修大清一统志》卷二百一十八《许州·陵墓》：徐君墓在襄城县北十七里，墓旁有灵树，相传吴季子挂剑于此。"并见上"挂剑台"注。

[64]　乾隆十六年：即1751年，辛未。

[65]　豫州：古《禹贡》九州之一，中心地域在今河南省，清代无此地名，但文人常以之泛称河南省。据《清史稿》卷一百二十六《河渠志一》，乾隆十六年（1751）六月，黄河决口于河南怀庆府阳武县，黎氏所言当指此。

[66]　大清河：中国北方著名河流，海河五大水系之一，流域在山西、河南、山东、河北、北京、天津。嘉庆《重修大清一统志》卷一百六十二《济南府·山川》："大清河自泰安府肥城县流入，经长清县西，东北流经齐河县东，又东北经历城县北，又东北经济阳县南，又东北经齐东县北一里，与武定府惠民县分界。又东流武定府青城县界。自长清至历城皆济水故道，其在济阳、齐东者漯水故道也，今谓之盐河。《水经注》济水经平阴城西右迤，为湄湖，又东北至垣苗城，西河水自泗渎口东北流注之。又东北与湄沟合，又经卢县故城北，又经什城北，又过卢县北，东北与中川水合。又东北右会玉水，又东北泺水注之，谓之泺口。又东北经华不注山，又东北经台县，巨合水注之。又东北经台县北，又东北合芹沟水，又东北过菅县南。《通典》东平以东有水流经济南、淄川、北海界中，入海者谓之清河，盖汶水、荷泽之合流，非古时之济水也。齐乘自巨野北出，至四渎津与河合流者，乃齐之清河，《水经》所谓得其通称者是也。胡渭《禹贡锥指》齐乘以大清河为古济水，小清河刘豫所创，志家皆沿其说，黄子鸿非之曰：以《水经注》《元和郡县志》《太平寰宇记》诸书考之，济水最南，漯水在中，河水最北。今小清河所经，自历城、东如、章邱、邹平、长山、新城、高苑、博兴、乐安诸县，皆古济水所行。而大清河所经，自历城以上至东阿，固皆济水故道，自历城东北，如济阳、齐东、青城诸县，则皆古漯水所行。蒲台以北，则故河水所经。盖宋时河尝行漯渎，及河去，则大清河兼行河、漯二渎，其小清河所行，则断为济水故道也。自与漯水合，而清河之名遂被于漯。据《水经》漯水经着县故城南，着即今济阳，而县南有大清河，是知大清河即漯。其水自历城入济阳，乃近世所决，非唐清河入海之故道也。济阳之流日盛，则章邱之流日微，故刘豫堰泺水使东，以益之。其所行者，实济水故道，而志家反以济阳之大清河为古济，舛谬殊甚。

然大清河自历城入济阳，及滨州以东入海之道，不知决于何年。意者宋神宗时（1067—1085）河尝合北清河入海，始开此道，其后金明昌五年（1194），河复由此入海，久而后去，流溢深广。此大清河所以浩浩，而小清河所以屡浚屡塞也欤？"乾隆《山东通志》卷六《山川志》："大清河（济汶合流，实汶水故道也），汶水故道。按之《水经》云自冈县北西南过东平、章县南，又过无盐县南，至安民亭入济。今由东平州东南戴村坝分泄汶河之水，西经城子村龙堌村、古台寺、夹河寺，又西北至和尚林坝分支，环城会于西北。其东北濠有芦泉水入之。又西北经马家口至卢家村，与七里河会，古济汶合流处也。又北至朱家屯入东阿县界，又西北经堂子村侯家河至班鸠店，与三空桥水会，又至庞家口与五空桥水会，合为一流，是谓清河，世谓之大清河，因小清河得名也（俗又名盐河，因盐艘往来其中）。又北流经鱼山南桥庄至大河口，有狼溪水入之。又东北经丁家口庄汝家道口至滑口庄，有八里堂河水入之。又东北至郭家口庄入平阴县界，又东北经凌家庄大义屯至原家口南，有锦水入之。又东北经孙家溜、吴溪渡至黄家渡，有柳木沟水入之。又东至马官庄入肥城县界，又东北经许家道口、傅家岸至孟家道口入长清县界，有沙河水入之。又西北经吴家渡口、阴河寺至张村口，有中川水入之。又东北经李家寨、二郎庙至大清桥开河口，有丰齐河水入之，入齐河县界。又东北至丁家口入历城县界，又东经马家渡至泺口，有泺水会诸河之水入之。又东经马家堂、邢家渡、张侍渡，有巨合水入之。又东北经清河寺至任家岸，入济阳县界，经县城南而东北至鄢家渡，入齐东县界，经延安镇，有湑河水入之。又东北经刘家圈至县城东北赵岩渡，又东有减水河入之。又东北经吴家庄至史家庄，入青城县界，东经归仁镇至董家口，有土河水入之。又东至韦家口，入蒲台县界，又东经县城北关韩家屯、三岔镇、曹家店，至吕家马头入利津县界。又东经县城南关，绕至东关，折而北，经永阜场、西滩、丰国镇，至牡蛎口入于海。"晚清水利专家蒋作锦《东原考古录·大小清河考》："水清莫如济，故济以清名。济水原在郓城分流南北，南济水为南清河。元明时期称南运河，清咸丰时期称牛头河。北济水为北清河，因汶济河流，又名大清河，名属济不属汶。自济水伏流不见以后，大清河所属惟汶水，故沿称大清河。汶水未入济渎以前，东至戴坝村，西经东平城北，统称大清河。城南古汶河，亦称大清河,别称小清河,统为汶水。"大清河今仍名,南支源自恒山南麓山西省浑源县潴龙河、唐河、府河、漕河、瀑河等河流,北支源自太行山东麓山西省涞源县涞山拒马河,两支在河北省雄县新镇西南合流。

[67] 阳武:河南怀庆府属县,今大致为河南省新乡市原阳县。

[68] 荆门上、下闸:运河阳谷县段水闸。嘉庆《重修大清一统志》卷一百六十六《兖州府·堤堰》:"荆门上闸在阳谷县东五十里。又北三里为荆门下闸,又北十里为阿城上闸,又北三里为阿城下闸,又北十二里为七级上闸,又北三里为七级下闸,俱在运河东岸,有闸官。"乾隆《山东通志》卷十九《漕运》:"荆门上闸在戴家庙闸北四十五里,闸官一员,闸夫四十七名。荆门下闸在上闸北三里,闸务归并上闸。"

另光绪《阳谷县志》卷一《山川·运河》总叙阳谷段运河并诸闸及沿岸事颇详,其云:"运河,即漕河,即会通河。自张秋城北东阿界五里铺入阳谷境,包络县之震艮六十里,全官窑口铺出境入聊城界,即《禹贡》之灉沮会同,灉自河出而南,沮济出而北,会同以趋于海。久之河非故道,灉沮亦废,会同亦转为会通。会通河者,元世祖至元二十六年(1289)所赐名也。时用寿张尹韩仲晖议,自安民山西南开河,由寿张经阳谷过聊城达临清,引汶绝济,直属御泽,故赐名会通。成宗承混一之余,大德元年(1297)建七级上下二闸,二年(1298)建阿城上下二闸,六年(1302)建荆门上下二闸,漕运清厘,次第修举。后因河漕繁费,遂开海运。明成祖永乐九年(1410)以海运覆溺,不可胜数,陆路递运又重为民困,济宁州同知潘正请修会通旧河,上命工部尚书宋礼治之。礼用汶上老人白英议,筑坝于东平州东南之戴村,遏汶水勿入洸,使西南尽出于南旺湖,分之为二。四分南流接徐沛,六分北流达临清。令阳谷县丞黄必贵重修六闸。至世宗嘉靖十三年(1534)知县刘素重修。清朝康熙十一年(1672)知县王天璧增修雁翅,五十五年(1716)后又大修,每岁拨本县夫役供挑濬。漕船来时,自分水龙王庙而北三十余闸,严启闭、谨蓄洩,至张秋镇已掠谷境。旧有工部都水分司,今废,更置兖州府捕河厅通判治之。又有本县管河主簿厅辅之。船至谷,人踱迤来观者,或辇阿胶、胶枣、棉布、瓜仁等物,与船带大米、赤砂、竹席、葛布等物杂沓交易,各得所欢。乃坐茶坊观船行以为乐。张秋北八里为荆门上闸,又三里为荆门下闸,有荆门上下闸之官司之。北八里为阿城上闸，又三里为阿城下闸，有阿城上下闸官司之，有本县县丞署焉。东北十二里为七级上闸，又三里为七级下闸，有七级上下闸之官司之。近数年来，张秋之上游淤塞，不能行舟。从张秋南新开运河于桃城铺之东，旧河遂成干河，凡十六里。张秋一带颇寂然，而谷境中锦缆牙樯，凫飞鸢驶，依然全盛时也。"

[69] 阳谷县：山东兖州府属县，在府治西北三百里。县地为春秋齐柯邑地，汉置东阿县，属东郡，为都尉治，后汉因之。晋改属济北国，宋大明元年（457）省。后魏复置，仍属济北郡。隋开皇十六年（597），因县境有故阳谷邑，析置阳谷县，属济北郡。唐初属济州，天宝十三载（754）州废，以县属郓州。宋属东平府，金因之。元属东平路，明属兖州府。清因之，雍正八年（1730）分隶东平州，十三年（1734）仍属兖州府。据嘉庆《重修大清一统志》卷一百六十五。今为山东省聊城市阳谷县。

[70] 东阿故城：东阿县著名古迹。《山东通志》卷九《古迹志》："东阿故城在县东北五十里，本齐阿邑。晏子治阿、齐威王烹阿大夫，皆此也。汉置县，属东郡。《水经》河水东北经东阿县北，《郦注》东阿县城北门内西侧皋上有大井，其巨若轮，深六七丈，岁常煮胶以贡天府。《本草》所谓阿胶也，故世俗有阿井之名。今入县界为阿城镇。《地形志》东阿有卫城、济城。"道光《东阿县志》卷四《古迹》："东阿故城，《山东通志》云有四。一在县西四十里阿城镇，汉故县，属东郡；一在县西南十二里南谷镇，宋开宝二年（969）徙治于此，后废为镇；一在县南三十里利仁镇，太平兴国二年（977）所徙；一在县北八里新桥镇，绍兴三年（1133）金人所置至今，洪武八年（1375）迁今治，即故谷城也。"

[71] 庄十三年：即庄公十三年，前681。《左传·庄公十三年》："冬，盟于柯，始及齐平也。"

[72] 洪武：明朝开创者太祖朱元璋的年号，1368—1398年。

[73] 天府：此处代指皇家。

[74] 阿城上闸、下闸：运河阳谷县段水闸，可见上文荆门上、下闸注。另乾隆《山东通志》卷十九《漕运》："阿城上闸在荆门下闸北八里，闸官一员，闸夫四十六名"，"阿城下闸在上闸北三里，闸务归并上闸"。闸今已废，阿城上闸遗址在今聊城市阳谷县阿城镇西街齐南公路南100米，

现存有闸涵、雁翅遗迹。阿城下闸遗址在今阳谷县阿城镇聊城市刘楼村西，现存有闸涵、雁翅、闸槽。

[75] 漆矶上闸、下闸：也作七级上闸下闸，运河阳谷县段水闸，可见文荆门上下闸注。另乾隆《山东通志》卷十九《漕运》："七级上闸在阿城下闸北十三里，闸官一员，闸夫四十七名，桥夫八名"，"七级下闸在上闸北三里，闸务归并上闸，北至官□口交界，入上河厅汛聊城县境"。

[76] 衍一"周"字。

[77] 周家店、李家务闸（己按，当为李海务闸）：皆运河聊城县段水闸，阳谷县七级下闸北。嘉庆《重修大清一统志》卷一百六十九《东昌府·堤堰》："周家店闸在聊城县东南三十二里运河上，南距兖州府阳谷县七级下闸十二里，元大德四年（1297）建，今有闸官。其北十二里为李海务闸，元贞元二年（1296）建，本朝乾隆二十八年（1763）修。旧有闸官，今裁。又北二十里为通济桥闸，明永乐九年（1411）建。又北二十里为永通闸，明万历十七年（1589）建，今皆有闸官。外有进水闸二，曰房家口、曰十里铺，在漕渠西岸，伏秋水大，开此引水入河，以利漕。其龙湾之进水闸，今已废。减水闸四，曰裴家口、曰米家口、曰官窑口、曰柳家口，并在漕渠东岸，河水盛涨则开此泄水，由引河归徒骇河入海。"乾隆《山东通志》卷十九《漕运》："周家店闸在七级下闸北十二里，闸官一员，闸夫二十八名。李海务闸在周家店北十二里，闸务归并周家店闸，闸夫二十八名。"嘉庆《东昌府志》、宣统《聊城县志》所载同，文略少。周家店闸本只有南闸，民国时期增建北闸。闸今已废，遗迹保存较好，是国家重点文物保护单位，世界文化遗产——中国大运河的重要遗产点，地址在今聊城市东昌府区凤凰街道周店村。李海务闸，后由于黄河改道，废弃较早，遗址在今聊城市东昌府区李海务镇李海务村，遗物较少，多被现代建筑覆盖。

[78] 东昌府：山东省属府，在省治西二百二十里。府地在《禹贡》为兖州之域。周为齐卫二国之境，战国时分属齐赵。秦为东郡地，两汉因之。三国魏为平原郡地，晋为平原国地。北魏太常八年（423）置济州，太和十一年（487）改置平原郡，武泰初（528）分置南冀州，永安中（528—531）州废。隋开皇初（581）郡废，十六年（596）置博州，大业初（605）废，改属武阳郡。唐武德四年（621）复置博州，天宝初（742）改曰博平

郡。乾元初（758）复曰博州，属河北道，五代因之。宋曰博州博平郡，属河北东路。金曰博州，属山东西路。元初属东平路，至元四年（1267）析为博州路，总治府东境，管府。十三年（1276）改为东昌路，属中书省。明洪武初（1368）改为东昌府，清因之，乾隆四十一年（1776）升临清为直隶州，分武城、夏津、邱县属之，领州一县九。府治聊城县（据嘉庆《重修大清一统志》卷一百六十八）。今为山东省聊城市。

[79]　聊城县：山东东昌府附郭县、县治所在。县地春秋时为齐西境聊摄地，汉置聊城县，属东郡，后汉因之。三国魏改属平原郡，晋属平原国。后魏太和十一年（487）为平原郡治。隋初，郡废。开皇十六年（596）为博州治，大业初（605）州废，以县属武阳郡。唐复为博州治，天佑三年（906）改曰聊邑，五代后唐同光初（923）复故，宋金因之。元为东昌路治，明为东昌府治，清因之。据嘉庆《重修大清一统志》卷一百六十八。今为山东省聊城市东昌府区。

[80]　晏子（约前578—前500）：名婴，字仲，春秋齐国莱之夷维（今山东省潍坊市高密市）人，齐国大臣、春秋名臣，历侍灵公、庄公、景公，我国古代著名政治家、思想家、外交家。晏子为官，爱国忧民、敢于直谏，识大体、不拘谨，淡泊生死，清廉大度，善于外交，生活朴素，具有长远的政治眼光和进步的历史观，为齐国后期的稳定繁荣作出了重大贡献。其思想和政治学说集中反映在后人搜集编纂的《晏子春秋》（又称《晏子》）一书中。其事迹多见于《左传》之中，《史记》卷六十二有传。黎氏此处引自《左传·昭公二十年》晏子与齐景公之对话，为中国古代著名劝谏之一。

[81]　大名府：直隶属府，今大致为河北省邯郸市。

[82]　安史乱：即安史之乱。唐天宝十四年至宝应二年（755—763）间，由安禄山、史思明发动的一场政治军事叛乱，是唐朝由盛而衰的转折点，由此开启最终灭亡唐朝的藩镇割据时代，并对后世中国的政治、经济、社会、文化、对外关系等均产生重要影响。

[83]　藩镇：藩篱之镇，即保卫边疆的军事重镇。藩镇起源于唐，唐朝军制沿袭北朝隋代，在边疆地区的军事或交通要地设置都督府。起初，只有监督领导辖区军务的职权，唐睿宗时设节度大使，具备钦差镇边的名分，权力开始扩张。玄宗时为开拓边疆，进一步扩大节度大使的职权，使

拥有辖区内的一切军政大权，并在边设置十个节度使，统称"藩镇"。安史之乱后，唐廷中央的权力被极大削弱，在平叛中以军功起家的将领，长期镇守一方，包括内地，渐不服中央节制，遂形成割据之势力，成为唐代中后期最严重，并导致其最终灭亡的政治军事隐患。

[84] 李家务：当为李海务，已见上文注。

[85] 通济闸：当为通济桥闸，运河聊城县段水闸之一，在李海务闸北。乾隆《山东通志》卷十九《漕运》："通济桥闸在李海务闸北十八里。西岸进水，有新建涵洞破闸口、涵洞龙湾闸。东岸减水有二空桥、一空桥。闸官一员，闸夫三十七名。"嘉庆《东昌府志》同，宣统《聊城县志》略同。另据宣统《聊城县志》卷一《漕渠》，通济桥北二十里又有永通闸，嘉庆《东昌府志》未载。闸今已废，被现代城市扩张覆盖，2011年考古工作者在原聊城市东昌府区委大门前的地槽作业中发现有明朝永乐年间的《重修通济桥记碑》，其原址或在此处。

[86] 梁家浅闸：当为梁家乡闸，又称梁乡闸，该闸并土桥闸俱是运河聊城县东昌卫段水闸，在永通闸北。嘉庆《重修大清一统志》卷一百六十八《东昌府·堤堰》："梁家乡闸在堂邑县北，南距永通闸十八里，明宣德四年（1429）建，有闸官。其北十二里为土桥闸，明成化七年建（1471），本朝乾隆二十三年（1758）修。河之西岸有进水闸二，曰中闸、曰涵谷洞。河之东岸旧有土城，中有减水闸二，明季废。"乾隆《山东通志》卷十九《漕运》："梁家乡闸在永通闸北二十里。西岸进水，有大梭堤、三官庙、前梁家浅各涵洞。闸官一员，闸夫二十八名。土桥闸在梁家乡闸北十二里。西岸进水，有中闸、口闸、皮狐涵洞、函谷涵洞。闸务归并梁乡闸，闸夫二十八名。"嘉庆《东昌府志》、宣统《聊城县志》略同。两闸今已废，旧址皆在今聊城市东昌府区梁水镇。土桥闸在梁水镇土桥村，本已埋没，2010年山东省文物考古研究院对其遗址进行发掘，其面貌被揭露出来。结构基本完整，闸门、墩台、月河、进水闸、减水闸皆保存较好。闸口宽6.2米，深约7米，燕翅宽56米，气势恢宏，技术高超。土桥闸现为国家重点文物保护单位，"世界文化遗产——中国大运河"的重要遗产保护点。

[87] 回空粮艘：指江南、湖广等漕运入京的粮食船，从京城空船返回。

[88] 戴家庙闸：在东平州，此处当为戴家湾闸，运河清平县段水闸

之一，在土桥闸北。嘉庆《重修大清一统志》卷一百六十八《东昌府·堤堰》："戴家湾闸在清平县西北，南距土桥闸三十八里，明成化元年（1465）建，本朝乾隆十年（1745）修，有闸官。河之东岸有李家口、魏家湾二减水闸，自魏家湾迤南又有减水闸五，属博平县界。"乾隆《山东通志》卷十九《漕运》："戴家湾闸在土桥闸北三十五里，闸官一员，闸夫二十八名。"嘉庆《东昌府志》卷七《漕渠》亦以戴家湾闸在土桥闸北三十里，其余略同。民国《清平县志》第二册《舆地志四·运河》："……凡置闸一，在戴家湾，即名戴湾闸。金门宽二丈，高一丈五尺六寸，闸板八块，乾隆三十二年（1767）修建。启闭皆责成于闸官。"

[89] 临清州：即临清直隶州，山东属，在省治西二百八十里。州地在《禹贡》为兖州之域，春秋时卫地，战国时为赵之东鄙。秦属东郡，汉置清渊县，属魏郡，后汉因之。三国魏改属阳平郡，晋因之。后魏太和二十一年（497）析置临清县，仍属阳平郡，北齐，县废。隋开皇六年（586）复置，属贝州。大业初（605）属清河郡，唐仍属贝州。大历七年（772）改属瀛州，贞元末（805），还属贝州。五代、后唐改属兴唐府。宋属河北东路大名府，熙宁五年（1072）省为镇，入宗城，寻复置。金改属恩州，元至元中（1264—1294）改属濮州。明洪武二年（1369）改属东昌府，弘治二年（1489）升为州，仍属东昌府。清因之，乾隆四十一年（1776）升为直隶州，领县三。据嘉庆《重修大清一统志》卷一百八十四。今仍名，为山东省聊城市临清市，其原领诸县，分别并入山东德州、河北邯郸二市。

[90] 立秋：中国传统历法二十四节气中的第13个节气，指暑去凉来，秋天开始。时间在每年8月7日—9日，太阳到达黄经135度时。时间在每年8月7日—9日，太阳到达黄经135°时。

[91] 南板闸：及其北之砖闸，皆运河临清州段水闸之一，皆在清平县戴家湾闸北，板又作版。乾隆《山东通志》卷十九《漕运》："南板闸在砖闸北二里，闸外西岸。卫河自西南来会，汶水东北流，合为运河。闸务归并砖闸。自南阳闸起北行四百里至南板闸止，为会通河运道，北至半壁店交界，入下河厅汛，直隶清河县境。"乾隆《临清直隶州志》卷一《运河》："砖闸、板闸二座，皆名以其物，后俱易为石工，在汶南河，相去三百号。砖闸名新开闸，版闸名南版闸，版闸出口即卫河矣。明永乐十五年（1417）

平江伯陈瑄创，正德八年（1513）河漕都御史刘恺重修，额设闸夫七十七名，桥夫十八名，今仍其制。"

[92] 中洲：临清州著名河心岛，名胜，运河所经。嘉庆《重修大清一统志》卷一百八十四《临清直隶州·山川》："中洲在州城西，汶、卫二水相会处，元时即名中洲。其时未有砖、板二闸，止有旧会通河入卫，今则宛在中央，始成洲矣。东曰鳌头矶，砌以石，如鳌头，筑观音阁其上，新旧四闸分建左右焉。"民国《清河县志》第七册《建置志·名胜》："鳌头矶在中洲，东起处砌以石如鳌头突出，筑阁其上，颇高耸，汶河绕之。当运河未停时，粮艘群集，登其上则帆樯如林，极目无际，亦壮观也。明知州马纶题曰'鳌头矶'，州人方元焕书，今已燬。"中洲今仍名，已建设为临清市中洲运河古镇景区。

[93] 此即临清关，清代重要税关之一，主要对运河货物进行征税，入京铜船至此也例有税收。《云南铜志》卷三《京运·应纳关税》："山东临清关《则例》：每铜百斤，应征正税银二钱一分三厘，耗银加一钱二分一厘三毫，补税银二钱一厘，单料银一厘。合共每百斤，应征银四钱三分七厘。"

[94] 砖闸：运河临清段水闸之一。嘉庆《重修大清一统志》卷一百八十四《临清直隶州·堤堰》："砖闸在州西南外城内运河上，旧名新开闸，南距戴家湾闸三十里，明正统二年（1437）建，本朝康熙二年（1663）重修，上镇以石，下固以铁。四十二年（1703）圣祖南巡，过临清闸，有御制诗。乾隆十八年（1753）复修。今有闸官。其西五里为南板闸，亦在运河上，明永乐中（1403—1424）平江伯陈瑄建，本朝乾隆十一年（1746）修。每年十一月十五日于砖、板二闸间筑堆疏浅，间年则一大浚。闸之外即为汶、卫合流处，旧有会通、临清二闸在州治西南，运河之北，皆元时所建，明废。又设中沙湾、潘官屯、观音嘴、减水闸三，亦久废。"乾隆《山东通志》卷十九《漕运》："砖闸在戴家坝闸（己按，当为戴家湾闸）北四十里，闸官一员，闸夫七十七名，桥夫十八名。"互见上文"南板闸"注。

[95] 卫辉府：见后注。

苏门山：太行山东南支系山脉。嘉庆《重修大清一统志》卷一百九十九《卫辉府·山川》："苏门山在辉县西北七里，一名苏岭，即太行支山也。本曰柏门山，亦作百门山。《魏书·地理志》共有柏门山，《元和志》山在卫县西北八十一里，即孙登隐处。《寰宇记》俗名五岩山。"苏门山，今仍名，在河南省新乡市辉县市百泉镇百泉风景区内，海拔184米，历代名人题咏颇多，是新乡市著名文化山脉，有"中州颐和园"之称。

[96] 淇水：中国北方著名河流。嘉庆《重修大清一统志》卷一百九十九《卫辉府·山川》："淇水在辉县西北，东北流，接彰德府林县界，东南经彰德府汤阴县界，南流复入淇县东南入卫。《诗》：淇水在右。《汉书·地理志》：共县北山，淇水所出，东至黎阳入河。《沟洫志》：贾让言黎阳南七十余里至淇水口。《三国魏志·武帝纪》：建安九年（204）太祖遏淇水入白沟，以通粮道。《水经注》：淇水出河内隆虑县西大号山，东北流，活水注之，又经南罗川，又历经罗城北，东北与女台水会。又东北经淇阳川，经石城西北，又东北，西流水注之。又东出山，分为二水，会立石堰，遏水以沃白沟，左为宛水、右则淇水。自元甫城东南经朝歌县北，又东屈而西转，经顿邱界，又南经顿邱西，又南与泉源水合，又南历枋堰，又南经枋城西，分为二水，一水南入清水，一水东北入顿邱界。《通典》：淇水至卫州汲县界入河，谓之淇水口，即朝歌也，卫居河、淇之间。"淇水，今仍名，黄河支流，发源于山西省晋城市陵川县，南流至河南省新乡市卫辉市东北淇门镇南入黄河。

[97] 永济渠：隋炀帝所开沟通黄河与海河的运河，大业四年（608）年开。《隋书》卷三《炀帝纪》："四年春正月乙巳，诏发河北诸郡男女百余万，开永济渠，引沁水南达于河，北通涿郡。"《明一统志》卷四《广平府·山川》："永济渠在清河县西北一十里，引清漳水入界，旧名孤女渠，隋炀帝征辽时改曰永济，俗名御河。"又乾隆《大清一统志》卷二十二《大名府·山川》："卫河自河南内黄县流入，经大名县南，又东北经元城县东，又东北入山东馆陶县界，即古白沟水，亦名永济渠，亦名御河……"黎氏所引，或来自此。

[98] 馆陶县：今仍名，属河北省邯郸市。

[99] 长子县：属山西潞安府，今为山西省长治市长子县。

[100] 乐平县：属山西平定直隶州，今为山西省晋中市昔阳县。

[101] 临漳县：属河南彰德府，今为河北省邯郸市临漳县。

[102] 《禹贡》：《尚书》中的一篇，著作时间目前尚有争议，从大禹

治水时代到战国西汉初年皆有主其说者。《禹贡》全篇1193字，以自然山脉、河流为标志，将当时所认识的世界（即"天下"）划分为九个州，并分别对九州的疆域、山脉、河流、植被、土壤、物产、贡赋、交通、人民等作简要叙述。是儒家政治理想的重要经典和有关上古中国的重要地理文献。此处黎氏所引，原文为："冀州：既载壶口，治梁及岐。既修大原，至于岳阳；覃怀底绩，至于衡漳。……"

[103] 顺德府：直隶属府，今大致为河北省邢台市，后文有详注。沙、洺，顺德府境内河流名，漳水小支流。

[104] 交河县：直隶河间府属县，详见后文注。

滹沱：滹，音同呼，河流名，中国北方著名河流，后文有详注。

[105] 魏县：今仍名，属河北省邯郸市。

[106] 应劭（约153—196）：字仲远、仲瑗，东汉末年汝南郡南顿县（今河南项城市南顿镇）人，司隶校尉应奉之子，东汉著名学者、法学家。应劭少年好学，博学多闻，灵帝时（168—188）举孝廉，辟为车骑将军何苗掾史，中平六年（189）拜泰山太守，平黄巾有功。献帝兴平元年（190）弃郡奔投袁绍。后卒于邺城。董卓西迁、献帝都许，汉朝典章文物多所丧失，应劭悲叹，决心竭力保存，根据多年见闻和才识，编著成《汉官礼仪》《律略》《春秋断狱》《风俗通义》《汉书集解音义》等一批重要作品。《后汉书》卷七十八有传。"清河在清渊西北"，引自《汉书》卷二十八上《地理志上·魏郡·清渊》应劭注，原文："应劭曰，清河在西北。"清渊县，汉县，属魏郡，在清为山东临清直隶州地。

[107] 天津：直隶属府，在北京东南二百五十里。府地为《禹贡》冀、兖二州之域。周为幽、兖二州之域。战国为燕、齐二国之境。秦为渔阳、上谷二郡地。汉为渔阳、勃海二郡地，后汉因之。晋为燕国、章武国及渤海郡地。后魏为浮阳、章武、渤海三郡地，分属沧、瀛、冀三州。隋属河间、渤海二郡地。唐为瀛、沧二州地。宋、金为清、沧二州地，元因之。明永乐初（1402）置天津左右三卫，为河间府地。清初设关置总兵镇守，雍正三年（1725）改天津卫为直隶州，九年（1731）又升为天津府，领州一县六，府治天津县。据嘉庆《重修大清一统志》卷二十四。今大致为天津直辖市。

[108] 小直沽：天津七十二沽之一，河流名。嘉庆《重修大清一统志》卷二十四《天津府·山川》："直沽在府城北。南则卫河合南路之水，北则白河受北路之水，西则丁字沽受三角淀之水，皆至城东北三岔口合流东注，旧名小直沽。其东南十里曰大直沽……"

[109] 封邱县：属河南卫辉府，今为河南省新乡市封丘县。

淇县：属河南卫辉府，今为河南省鹤壁市淇县。

[110] 夏津县：山东临清直隶州属县，在州治东四十里。县地在汉为信乡侯国，属清河郡，后汉省为甘陵县地，晋、魏为清河县地。隋开皇十六年（596）改置鄃县，属清河郡。唐初属贝州，天宝元年（742）始改县曰夏津。五代汉改属大名府，宋金皆因之。元初属东平路，至元七年（1270）改属高唐州，明因之。清初属东昌府，乾隆四十一年（1776）改属临清州。据嘉庆《重修大清一统志》卷一百八十四。今为山东省德州市夏津县。

[111] 武城县：山东临清直隶州属县，在州治东北七十里。县地战国时为赵国武城邑，汉置为东武城县，属清河郡，后汉属清河国。晋曰武城县，后魏因之。北齐天保七年（556）徙废。隋开皇初（581）复置武城县，仍属清河郡。唐属贝州，宋属恩州，金因之。元初隶东平路，至元七年（1270）改属高唐州，明因之。清初属东昌府，乾隆四十一年（1776）改属临清州。据嘉庆《重修大清一统志》卷一百八十四。今为山东省德州市武城县。

[112] 隈：音同威，山水等弯曲的地方。

[113] 揌：同"碰"。

[114] 夹马营：查乾隆《武城县志》续卷二《街市镇集》在武城县城东北二十五里有甲马营市，"夹""甲"同音易混，或即一地。今武城县西有甲马营镇，且在运河东岸，当即其地，然未在县城东北，而在西。

[115] 宋太祖：即宋朝开国皇帝赵匡胤（927—976），字符朗，祖籍涿郡，生于洛阳。五代后汉隐帝时，应募至枢密使郭威帐下从军，后周建国，广顺元年（951），积功至东西班行首拜滑州副指挥。世宗即位，执掌禁军，随世宗战北汉、征淮南，屡立战功，深得世宗信任，历官殿前都虞侯领严州刺史、殿前都指挥使、定国军节度使、忠武军节度使。世宗卒，改任归德军节度使、检校太尉，执掌后周兵权。显德七年正月初（960），赵匡胤及其部署发动陈桥驿兵变，逼迫后周幼帝禅位，立国号为宋，改元

建隆。赵匡胤称帝后，采取"先南后北"的战略，遣将攻取荆湖、灭亡巴蜀、平定江南、招降吴越，基本结束五代十国长达五十余年的割据混战局面。并在政治上，铲除了藩镇割据的土壤，大兴文教，确立了文官相对于武将的优势地位。在位十七年，开宝九年（976）卒，谥太祖。《宋史》卷一至三有纪。宋太祖出生于洛阳夹马营，《宋史》有载，又嘉庆《重修大清一统志》卷二百六《河南府·古迹》："夹马营在洛阳县东北二十里。《宋史·太祖纪》：后唐天成二年（927）生于洛阳夹马营。《县志》：真宗时建为应天寺，后又改为发祥寺。"夹马营，今洛阳仍有其地名，有夹马营路。

[116] 息县：清代息县属河南光州直隶州所辖，今仍名息县，属信阳市，在河南南部，距武城县甚远，此处叙述或有误。

[117] 昳：音同蝶，指太阳偏西。

[118] 郑家口：直隶故城县境内镇名。嘉庆《重修大清一统志》卷二十二《河间府·关隘》："郑家口镇在故城县西南二十五里，有巡司。又四柳树镇，一名四女祠镇，在县东南十八里，接山东恩县界，皆临卫河。"光绪《续修故城县志》卷二《关隘》："郑家口镇，在县西南二十五里，滨临卫河，为南北水陆要冲。居民稠密，贾肆繁多，前《志》八景之'南埠商舻'，即指此。镇有营有汛，为大都会。自咸丰初年（1851）漕运暂停，商贾渐形萧索而朝烟暮火，风景犹存。"今仍名郑家口镇，为河北衡水市故城县属镇。

[119] 故城县：直隶河间府属县，在府治南二百八十里。县地为汉广川、历二县，皆属信都国，后汉省历县为广川县地。北齐为枣强县地，隋为长河县地。唐元和四年（809）移长河县治此，十年（815）又徙废。元初以唐故长河县置故城县，属河间路。至元二年（1265）并为故城镇，是年复置，属景州，明因之，清属河间府。据嘉庆《重修大清一统志》卷二十一。今为河北省衡水市故城县。

[120] 恩县：山东东昌府属县。德州：山东济南府属散州。详见后文注。

[121] 山右：指山西省。坐北朝南，山西在太行山右，故以山右为别称。

[122] 罽毹：音同技书，指毛毡、毛毯等毛料织物。哈喇，呢绒最上品的毛织物，原产俄罗斯。此两物当为山西商人自蒙古、俄罗斯等地贩买而来。

道光二十一年七月

七月初一日，癸丑，晴。前帮王君船留顿不行，武弁催促再四，始解缆，余舟随之。过三湾，水路曲折，前船行隔十里矣，与后船间一堤相杂，不过数丈，而曲处较临清以下稍长。又涨落水平，舟行无碍。晚，泊北岸，计水程五十里。

初二日，甲寅，晴。巳刻，过故城县。未刻，过四女寺，有镇市。[1]镇距恩县西北四十里，[2]其东北岸别开减水河，大时分泻以杀其势。今水盛，已分流入小河矣。晚泊，计水程七十里。四女寺有四女祠，唐王建《诗注》宋氏五女，贝州宋处士之女也，曰若华、若昭、若伦、若宪、若菌，其父老病，誓不嫁以奉事之。[3]贝州乃今恩县及清平县地。[4]夜，阴风厉。

初三日，乙卯，阴晴。午刻，过德州。[5]州在汉魏六朝为平原郡，唐天宝中安禄山肆乱河北，[6]郡县皆从贼，惟平原太守颜真卿完城固守，首倡大义，能挫贼锋。[7]历代以来，此为必争之地，盖水陆冲途也。北风凄厉，舟行颇迟。晚泊，计水程四十里。

初四日，丙辰，阴晴。东北风仍厉，舟行迟缓。辰刻，过老君堂，[8]岸柳阴浓，地净如扫，人家土墙矮屋，极幽居之趣。兵船十数只，自北而南，询系津门撤戍兵也。[9]未刻，过桑园，颇有镇市。[10]晚泊，计水程七十里，入直隶河间府境。[11]

初五日，丁巳，晴。过景州属之安陵汛。[12]安陵，本汉蓚县地蓚，读曰条，文帝时周亚夫封条候，即此，[13]《水经》大河故渎，经蓚县故城东北，又经安陵县西是也。[14]其城在景州东十七里，今之安陵在州东十里，盖因旧县而名也。巳刻，过吴桥县之连窝镇，[15]询距县城三十里。未刻，过东光县县治，[16]在运河东三里许，临河有马头镇，[17]为商旅所集。申刻，过交河县界。[18]酉刻，抵泊头镇，系缆，大镇市也，亦交河属，[19]计水程一百十里。自临清以下各舟皆倒行，又为前帮所阻，行不能驶。德州以下河水渐平，曲处亦渐大，船可顺流速行。而王君船水手不谙弄舟，犹复倒行迟滞。是日，余本帮船皆顺行，仍为渠所阻。余坐舟托有故，漫越王君帮前进，顺流张帆，前后无阻碍。自入闸河以来，动辄牵制，今乃如出樊笼，喜可知也。

初六日，戊午，晴。辰刻，过薛家窝。[20]未刻，过分水河置闸口，卫河水盛时，由此分流入海。今水大，闸口湍流汹急，较四女寺之分水河涌出尤巨。酉刻，抵沧州泊，[21]计水程一百三十里。沧州城小而寂寥，居民大半旗人、回人。[22]本日无粮艘船，行尤适，以后舟未至，停待之。

初七日，己未，阴晴。辰刻，后船至，坐舟仍归帮行，过兴济县界。[23]申刻，过青县，市肆颇盛。[24]酉刻，泊流头，亦镇市也，[25]计水程一百十里。本日浙省回空粮船纷纷而至，以水路较直，分岸负纤行，两无妨碍。

初八日，庚申，晴。粮艘续过，我舟行迟。未刻，过静海县。[26]晚，泊独流汛，[27]计水程九十里。舟中多鼠，自渡黄后尤肆无忌惮，凡箱箧、衣囊、履席、木器各物，均被啃啮。日未入，即跳跃往来，篷舱上下无一处不作闹，或彻夜不休，竟无术以制之。今夕，舟泊依岸，逼近民居，有二猫在岸侧互斗，鸣声甚狞，舟鼠闻之，伏匿舱底，通宵寂寂无声矣。

初九日，辛酉，阴晴。粮艘续过，舟行仍迟。未刻，过杨柳青，[28]距天津十里许。[29]日暮，停泊，计水程六十里。静海以下，岸地皆种瓜菜，而番瓜尤多，累累铺满塍畦间，[30]市肆堆积如山。每瓜值青蚨数文，惜味不甚甘，当由结实在地故耳。

初十日，壬戌，晴。巳刻舟抵天津关，呈税簿查验讫。[31]粮艘拥挤，项、王二君舟及前运黔铅二帮均泊小直沽河内。[32]余船挽入，以逼仄，复挽至三取书院前。[33]齐帮泊定已暮矣，计水程十五里。自临清至天津，水路共九百三十里。

十一日，癸亥，阴。入城谒天津道陆建瀛，[34]候天津郭鲁堂大令绍曾、[35]城守营张都阃华、[36]催铜委员候补冯如堂通守德峋、[37]紫荆关闉守府，[38]并候同差诸公。重庆徐太守托带建枋，渠有知好在津，来询，遂起载。

十二日，甲子，晴。入城赴天津县冯如堂、项仙舟邀，往梨园观剧，[39]视数出，余先归舟。张都阃来，同邑人也。

十三日，乙丑，晴。遣人送剥费三百金至天津县，[40]具文领出天津道库剥费银五百两。舟鼠作闹甚，晨起，有小猫在邻船，小僮捉置舱中，颇俊而驯，饲以肉饭，防其逸，系以绳。饭后，张升等开舱，鼠满茶匣，捉数头钉木板上，猫见而惧，不敢近。是夕，鼠不复作声矣。夜热甚。

十四日，丙寅，阴晴，郁热。冯如堂招观剧，未往。申刻，大风，雷电，雹，船桅闪闪，几折。江、广回空粮船在关下被风，[41]撞坏沉溺四只，花源以上坏粮船十余只，[42]溺毙数十人。民船亦多坏，死者百余人。我舟幸未提载，且泊处风稍弱，故尔获免。风暴之可畏如此！阅邸抄，[43]六月初四日，广海飓风陡发，大雨倾盆，浪涌如山，击碎英吉利国夷船数十只，所踞马头房寮淹没。汉奸华艇亦经沉坏，溺毙汉夷不可计数，尸浮满海，据星使入奏云云。[44]洵如所言，咦夷肆虐，竟遭天遣，皇朝之福也。第所奏未必确耳。[45]夜，雷电雨。

十五日，丁卯，雷电大雨，数次不休。寄家书一函，浼同邑刘君培元便付入京，[46]转寄回黔。

十六日，戊辰，阴。北风暴烈。郭鲁堂明府招饮，同帮诸君咸集。闻黄河决开封城外，[47]水高二丈，被水六十余州县。海疆未靖，河患复臻，国帑空虚，当局者将如何筹办也！

十七日，己巳，晴。

十八日，庚午，晴。受凉，腹痛泄泻。

十九日，辛未，晴。

二十日，壬申，晴。始获剥船数只提铜。饭后，过郭鲁堂催办剥船。谒陆转运荫奎，昆明人也。[48]午后，浓云蔽空，暴风倏至，舟人急添缆。风雨旋止。

二十一日，癸酉，阴晴。提铜。午后，雷电大雨。夜凉，腹痛，终夕不寐。

二十二日，甲戌，晴。提铜。

二十三日，乙亥，晴。提铜。海口防英夷，新铸铜炮三，其大者重一万二千斤，长丈余，已先载往；次者长九尺余，围二尺余，口径七寸余，加箍八九围，有两耳，尾如兜鍪，[49]顶重一万八百斤，以舟载赴海口。余登邻舟观之，亦巨物也。将晡，西风大作，群舟摇撼可畏，余受惊屡矣。三取书院内有房舍三间，墙壁倾倒，与守者青蚨数千，令其以芦泥补葺，拟迁居焉。

二十四日，丙子，晴。提铜。庆宝斋来。

二十五日，丁丑，晴。提铜。移寓书院右房。

二十六日，戊寅，晴。提铜。

二十七日，己卯，晴。北风劲甚，摇撼窗户，舟上篷皆飞起，第八号舟铜未提毕，而剥船不至。饭后，停以待姚生，亦移入书院同寓。

二十八日，庚辰，晴。无剥船，停以待。饭后，复送剥费二百金至天津县，并面催剥船。归寓无事，闲步白河、[50]丁字沽各处游览。[51]按天津县在秦汉为渔阳、上谷、渤海郡地，唐为瀛、沧二州地，前明置天津、左、右三卫，属河间府。本朝雍正九年，[52]改卫为府，长芦盐政、[53]都转盐运使、[54]分巡天津道，并驻此。应劭曰海之旁出者为勃，古渤海郡则今顺天之宝坻、宁河，[55]山东之海丰等县皆属焉。[56]元时，海运皆由天津东直沽入口，[57]明修会通河，始罢海运。会通河，即今运河也。潞河在其北，亦名白河，即北运河。直沽在府城北。南则卫河合南路之水，北则白河受北路之水，西则丁字沽受三角淀之水，[58]至城东三岔口合流东注。旧名小直沽，其东南十里曰大直沽，又东南百里曰大沽口，众水由此入海。又天津有七十二沽，所谓西沽、咸水沽等，[59]皆在天津县界内。

二十九日，辛巳，晴。寓舍寂寥，无可消遣，舟人有二白兔，取而畜之，猫、兔跳跃室中，观以排闷。久役之苦，乃作儿童伎俩，殊自笑也。

注　释

[1] 四女寺：即四女祠，恩县著名祠庙。嘉庆《重修大清一统志》卷一百六十八《东昌府·祠庙》："四女祠在恩县西北卫河南岸，土人称为四女寺。按四女名不可考，相传汉景帝时人，姓傅，因父无子，四女矢志不嫁以养亲，后俱得仙去。祠有明成化间（1465—1487）碑，具列其事。说虽涉荒诞，然自昔相沿，并称四女，乃《县志》所载题咏。以恩属唐贝州，遂以处士宋玢五女当之，又独诎若宪一人，与四女之名不合，益为附会，不足信矣。"宣统《重修恩县志》卷三《祠祀》："四女寺在县西北五十里。"同《志》卷二《市镇》四女寺在二乡一区，四、九日为市。四女寺镇，即四柳树镇，在恩县东南十八里，见上郑家口镇注。今仍名四女寺镇，属德州市武城县。

[2] 恩县：山东东昌府属县，在府城东北一百八十里，运河所经。县地在汉为清河郡东阳县地，后汉省，晋以后为武城、鄃二县地。隋开皇十

六年（596）析置历亭县，仍属清河郡。唐属贝州，宋属恩州，金徙恩州治此，属大名府路。元初仍为恩州，属东平路。至元二年（1265）以州治历亭县省入，七年（1270）以州直隶中书省。明洪武二年（1369）降州为恩县，改属高唐州，清属东昌府（据嘉庆《重修大清一统志》卷一百六十八）。1956 年，撤销恩县，其地分入周边平原、武城、夏津等县。

[3] 王建《诗注》：指王建《宋氏五女诗注》，乾隆《山东通志》卷三十五《艺文志·宋氏五女注》对此有载，但微有差别，其云："贝州宋处士廷芬五女，若华、若昭、若伦、若宪、若荀。"王建，字仲初，颍川（今河南许昌人），中晚唐诗人。王建出身寒微，早年离家寓居魏州，20 岁左右与著名诗人张籍相识，一起从师求学。贞元十三年（797），辞家从军十三年，北至幽州、南至荆州，创作了一批边塞和军旅诗。元和五年（813）入仕，任昭应县丞，后迁太府寺丞，转秘书郎，再迁太常寺丞，出为陕州司马，世人遂以"王司马"称之。太和五年（833），任光州刺史，此后，行迹不详。王建以乐府诗最为著名，与张籍并称"张王乐府"。王建诗作现存于《王建诗集》《唐诗百名家全集》《宫词》等中，其事迹新旧《唐书》无传，散见于其诗句和《唐诗纪事》《唐才子传》中。

[4] 清平县：山东东昌府属县，在府治北七十里，黎氏前所经。县地在汉为厝、贝邱二县，皆属清河郡。后汉安帝改厝县曰甘陵，移清河国治焉。晋改甘陵曰清河，为清河国治，后魏因之。北齐徙清河郡于信城，省贝邱入清河，改清河县曰贝邱。隋开皇六年（586）改贝邱曰清阳，仍分置贝邱县，十六年（596）始改贝邱曰清平，与清阳皆属清河郡。唐属贝州，永昌初（689）徙清阳于清河。五代周时以清平属大名府，宋、金因之。元属德州，明改属东昌府，清因之。据嘉庆《重修大清一统志》卷一百六十八。清平 1956 年撤县，县地分别划入今山东省临清市、聊城市高唐县。

[5] 德州：山东济南府属散州，在府治西北二百六十里，运河所经州县。县地在《禹贡》为兖州之域，古有鬲氏之地。汉置鬲县，属平原郡。后汉为侯国，晋亦曰鬲县。后魏初属渤海郡，后属安德郡，北齐省入安德。隋开皇六年（586）改置广川县于此，十六年（596）又分置将陵县，仁寿初（601）改广川曰长河，皆属平原郡，唐皆属德州。五代周省长河县入将陵，宋景祐元年（1034）移将陵治长河镇，改属永静军。金属景州。元宪

宗三年（1253）割属河间路，寻升为陵州。至元二年（1265）复为县，三年（1266）复为州。明洪武初（1368）复降为县，属济南府。永乐七年（1409）改德州为陵县，以故陵城为德州，清因之。据嘉庆《重修大清一统志》卷一百六十二。今为山东省德州市德城区。

[6] 天宝：唐代第六任皇帝玄宗李隆基的第二个年号，742—756年。

安禄山（703—757）：康姓，名轧荦山，突厥控制下的粟特人，母突厥人，生于营州柳城（今辽宁省朝阳市），唐朝著名叛臣，藩镇割据的滥觞者、盛唐的直接终结者。安禄山自幼随母生活于突厥部落中，玄宗开元初年，其所在突厥部族破落离散，后同安思顺等结为兄弟，冒姓安，名禄山。成人后，通晓六种语言，成为边境贸易的经纪人牙郎。后得到幽州节度使张守珪的赏识和提拔，升为偏将。开元二十八年（740），任平卢兵马使，贿赂朝中大臣，得到玄宗青睐。天宝元年（742），升为平卢节度使，开始专镇一方。讨好李林甫、杨贵妃，得玄宗专宠，至天宝十年（751）身兼平卢、范阳、河东三镇节度使。天宝十四年（755），安禄山从范阳起兵反唐，次年正月称帝，建国号燕、年号圣武。六月攻破潼关，入长安。唐肃宗至德二年（757），为其子安庆绪所弑杀。《旧唐书》卷二百上、《新唐书》卷二十二上有传。

[7] 颜真卿（709—784）：字清臣，京兆万年（今西安市长安区）人，秘书监颜师古五世从孙，唐代名臣、中国古代著名书法家。真卿少博学能问善书法，开元二十二年（734）及进士第，历官醴泉县尉、监察御史、殿中侍御史，以出语不合宰相杨国忠意，出为东都采访判官，入为武部员外郎，贬为平原太守。料定安禄山终将反叛，加固平原城防、积谷练兵。安禄山反，河北诸郡县望风而降，唯平原郡坚守不下。肃宗即位，拜为工部尚书、御史大夫、河北招讨使，代宗时官至吏部尚书、太子太师，封鲁郡公。兴元元年（784），为宰相卢杞陷害，使往晓谕判将李希烈，为其缢杀。赠司徒，谥文忠。颜真卿为唐代书法大家，擅长行书、楷书，创立"颜体"楷书，与赵孟頫、柳公权、欧阳询并称为楷书四大家。又与柳公权并称"颜柳"，称"颜筋柳骨"。有《多宝塔碑》《颜勤礼碑》等书法作品传世。亦善诗文，有《韵海镜源》《礼乐集》《吴兴集》《庐陵集》《临川集》等，但均佚。《旧唐书》卷一百二十八、《新唐书》卷一百五十三有传。

[8]　老君堂：据乾隆《德州志》卷四《疆域·卫管河路墩台营房》，老君堂系北运河第二处墩台，台上有营房三间。

[9]　津门：即天津。

[10]　桑园镇：山东德州属镇，又名桑儿园、柘园。嘉庆《重修大清一统志》卷一百六十三《济南府·关隘》："桑园镇在德州北四十里，即景州之废安陵城也。明正德中，马仲锡驻桑儿园招流贼刘六等，即此。良店水驿置于此，有水次仓。"乾隆《德州志》卷四《市镇》："按柘园即桑儿园，乾隆十三年（1748）改今名。明正德间（1506—1521）刘六、刘七驻兵桑儿园，围都御史马仲锡，招抚之事载《明史》。或谓桑园以桑渊得名，引经修市之桑设渊为证。查修市在景州北二十里，去桑园甚远，似非确据。"镇为清代运河山东段北段的起点，据乾隆《山东通志》卷十九《漕运》清代山东运河"南自江南邳州界黄林庄起，北至直隶吴桥县界桑园镇止，共长一千一百四十三里一百二十一步六尺五寸"。今仍名桑园镇，属河北省沧州市吴桥县，为县治所在。

[11]　直隶：省名，初设于明，取直属京师之意。明初大致以今江苏、安徽为直隶省，成祖迁都北京，大致以今京津冀之地为直隶，原江苏、安徽之地为南直隶。清入关，定鼎北京，废南直隶，存直隶。

河间府：直隶属府，在京师南四百十里。府地在《禹贡》为冀州之域，春秋为兖、齐及晋东阳地。战国为燕、赵二国之境。秦为巨鹿、上谷二郡地。汉初为巨鹿、涿二郡地。文帝二年（前178）始分置河间国，治乐成（清之献县），属冀州。后汉初，并入信都国，和帝永元三年（89）复置，晋因之。后魏初为河间郡，属定州。太和十一年（487）始分定、冀二州置瀛州。隋开皇初（581）废郡存州，大业初（605）复改州为河间郡。唐武德四年（621）复曰瀛州，天宝元年复曰河间郡，乾元元年（758）复曰瀛州，属河北道。五代晋天福元年（936）割属辽，周显德元年（954）收复，宋仍曰瀛州河间郡。大观二年（1108）升为河间府，置瀛海军节度，属河北东路。金天会七年（1125）为河北东路治，置总管府，正隆间（1156—1161）复置瀛海军节度。元至元二年（1265）置河间路总管府，属中书省。明洪武元年（1368）曰河间府，永乐初（1403）直隶京师，清因之，领州一县十。据嘉庆《重修大清一统志》卷二十一。今大致为河北省沧州市。

[12] 景州：直隶河间府属州，景州在府治东南一百九十里。县地为汉脩县，属信都国，后汉改入勃海郡。晋及后魏因之。隋开皇五年（585）改脩曰蓚，仍属信都郡。唐武德四年（621）于弓高县置观州，以县属之。贞观十七年（643）州废，改属德州。永泰元年（765）还属冀州，五代、宋因之。金始以蓚县属景州。元初升为元州，后复为蓚县。至元二年（1265）自东光移景州来治，属河间路，明初省蓚县入州，属河间府清因之。据嘉庆《重修大清一统志》卷二十一。民国二年（1913）废州为县，遂名景县，今大致为河北省衡水市景县地。

[13] 周亚夫（前199—前143）：丰（今江苏省徐州市丰县）人，西汉开国功臣绛侯周勃之子，著名军事家，汉景帝时吴楚七国之乱的平定者。亚夫初为河内守，其兄袭侯爵三年而犯法，文帝以亚夫贤，立为条侯。文帝后元六年（前158），入为将军驻细柳营备匈奴。匈奴退，拜为中尉。文帝将崩，嘱景帝以亚夫可任军事。景帝嗣位，迁为车骑将军。吴楚七国之乱起，升为太尉，率诸军东出平叛。出其不意，间出武关，固守洛阳，奇兵断叛军粮道，三个月而平定叛乱。乱平，以功为丞相。后为景帝所忌，因事下狱死。《史记》卷五十七、《汉书》卷四十有传。

[14] 安陵：景州景内关隘、市镇。嘉庆《重修大清一统志》卷二十一《河间府·关隘》："安陵镇在景州东十七里，即故县也，明置巡司，今裁。"安陵镇，今仍名，在衡水市景县东10公里。

嘉庆《重修大清一统志》卷二十二《河间府·古迹·脩县故城》载周亚夫与蓚县事颇详，其云："脩县故城在景州南，汉置。文帝后二年（前162）封周亚夫为侯国，《地理志》作脩，《景帝本纪》《周亚夫传》作条，服虔曰'脩'音'条'也。《晋志》作'蓚'，《魏志》仍作'脩'。《隋志》开皇五年（585）复改曰蓚，自后因之，亦名亚夫城。本朝乾隆二十二年（1777）以后，高宗纯皇帝南巡，御制《河间道中诸咏》，有《亚夫城诗》。《水经注》清河东北经脩县故城南，又东北经脩国故城东，周亚夫侯国，世谓之北脩城。又东北经邸阁城东，城侧临清河。晋脩县治，《括地志》脩县故城俗名南条城，在今县南十二里。李吉甫《元和郡县志》东南至德州一百二十里，《州志》南条城在州县十三里，城址尚存，又有故城在州东九里，内有邸阁。"

[15] 连窝镇：河间府吴桥县属镇，嘉庆《重修大清一统志》卷二十二《河间府·关隘》："连窝镇在吴桥县西北四十里，卫河东岸，西南去景州四十里，东北去东光县十八里，为三州县接界处。"连窝镇有水驿，雍正《畿辅通志》卷四十三《驿站》："连窝水驿在县东五十里，卫河西岸，极冲。现存水夫八十五名，夫头十名，探事夫二名，买办送牌夫二名。"乾隆《河间府志》卷五《邮驿》："连窝水驿在县东五十里，卫河西岸，为极冲。现存水夫八十五名，夫头十名，探事送牌应付杂夫十九名，共银二千九十七两五钱四分六厘零，闰月加增。雍正间（1723—1735）裁存银一千八百六十二两四钱九分零。先领于驿丞，乾隆十九年（1754）归并知县掌之。旧有驿马在连窝镇，今裁。"连窝镇，今仍名，以运河分隔东西，东为连镇属东光县，西为连镇乡，属景县。

吴桥县：直隶河间府属县，在府东南二百四十里。县地在汉为平原郡安县，后汉省。晋置东安陵县，属渤海郡。后魏去东字。隋大业初（605）并入东光。唐武德四年（621）复置安陵县，属观州。贞观十七年（643）属德州。宋景祐二年（1035）省入将陵县。金始分将陵之吴桥镇，置吴桥县，属景州。元、明因之，清属河间府。据嘉庆《重修大清一统志》卷二十一。今仍名，大致为河北省沧州市吴桥县。

[16] 东光县：直隶河间府属县，在府治东南一百六十里。县地为汉东光县，属勃海郡，后汉至晋、魏因之。东魏移勃海郡于此。隋开皇初（581）郡废，九年（589）于县置观州。大业初（605）州废，以县属平原郡。唐武德四年（621）于弓高置观州，以县属之。贞观十七年（643）州废，县属沧州。贞元二年（786）又于弓高置景州，以县属之。长庆元年（821）州废，还属沧州，二年（822）又属景州，太和四年（830）又还沧州，景福元年（892）又属景州，天祐五年（908）移州来治。五代周显德四年（957）废景州为定远军，属沧州。宋太平兴国六年（981）以军直隶京师，景德元年（1004）改曰永静军，属河北东路。金初仍升为景州，大安间（1209—1211）避讳改曰观州。元初复曰景州，至元二年（1265）始移州治蓨县，以东光为属县，明因之。清属河间府，雍正七年（1729）改属沧州，九年（1731）还属河间府。据嘉庆《重修大清一统志》卷二十一。今仍名，为河北省沧州市东光县。

[17] 马头镇：河间府东光县属镇，嘉庆《重修大清一统志》卷二十二《河间府·关隘》："马头镇在东光县西三里。又下口镇在县北二十里。皆卫河所经，商旅辏集。"光绪《东光县志》所载不出此。今改名码头镇，沧州市东光县属。

[18] 交河县：直隶河间府属县，在府治东南一百一十里。县地初为汉之建成、成平、景成三县地，皆属勃海郡。后汉省建成、景成，以成平属河间国，晋因之。后魏延昌二年（513）徙县治故景成，属章武郡。隋开皇十八年（598）改成平曰景城，属河间郡。唐武德四年（621）属瀛州，贞观元年（627）属沧州。大历七年（772）还属瀛州，长庆二年（822）分属景州，大中（847—860）后又属瀛州。宋熙宁六年（1073）省景城入乐寿县。金大定七年（1167）始分乐寿置交河县，属献州。元至元二年（1265）又省入乐寿，寻复置。明洪武七年（1374）改属河间府，清因之。据嘉庆《重修大清一统志》卷二十二。1983年交河撤县，政区并入泊头市，县治所在降为县级交河镇，2012年，交河镇直属沧州市辖。

[19] 泊头镇：又名泊头东镇，交河县四镇之首，运河沿岸的著名市镇。嘉庆《重修大清一统志》卷二十二《河间府·关隘》："泊头镇在交河县东五十里，卫河西岸，有城。商贾环集，有管河通判、主簿驻此。旧有泊头镇巡司，今裁。"民国《交河县志》卷一《乡镇》："泊头镇，县东五十里。自新桥驿移镇于此，附运河。西岸有城，商贾环集。管河主簿驻此，旧有巡检司，奉裁。管河主簿，民国二年（1913）夏亦裁。"泊头以其地处冲要，市镇繁华，日占时期，就将交河县治移至这里。1946年，泊头解放，将泊头城区从交河、南皮两县析出，建立泊头市，直属冀中区。1949年撤销，1953年复设，直属河北省，由沧县专区代管。其后，或废为镇，或转隶天津，或转隶他县，1982年复设为市，属沧州专区。1983年，撤销交河县，并入泊头市。沧州为市，泊头市属之。

[20] 薛家窝：在泊头镇北四十里，清傅洪泽《行水金鉴》卷一百五十五《运河水》："……至泊头镇，管河通判驻扎焉。又至交河县新桥驿二十里，至齐家堰二十里，至薛家窝二十里……"薛家窝，今为村名，在沧州市南皮县冯家口镇，运河南岸。

[21] 沧州：直隶天津府属散州，在府城南稍西一百八十里。县地为

秦上谷郡地。汉高帝五年（前201）置勃海郡，治浮阳县，属冀州。后汉移郡南皮，以浮阳为属县，晋因之。后魏太和十一年（487）于浮阳县置浮阳郡，熙平二年（517）又分置沧州，治饶安县。隋开皇初（581）郡废，于后周所置长芦县置漳河郡，寻废。十六年（596）又分置景州，十八年（598）改浮阳县曰清池。大业初（605）二州皆废为渤海、河间二郡地。唐武德元年（618）复置沧州，治清池。天宝元年（742）改景城郡，乾元元年（758）复曰沧州，属河北道。兴元元年（784）置横海军节度使。五代梁乾化三年（915）改曰顺化军，后唐复曰横海军。宋亦曰沧州景城郡横化军节度，属河北东路。金仍曰沧州，元属河间路。明洪武初（1368）始以州治清池县省入，属河间府。清初因之，雍正七年（1729）升为直隶州，领南皮、盐山、庆云、东光四县，九年（1731）改属天津府。据嘉庆《重修大清一统志》卷二十四。今升为地级沧州市，属河北省，辖16个市区县。

[22] 旗人：清代八旗籍属之人。清太祖努尔哈赤统一建州女真诸部后，为适应扩张战争的需要，打破部族血缘的羁绊，建立了军政合一的八旗制度，将所有人口纳入其中。入关后，八旗之人，为统治群体，享有国家优待，为自我区别，便自称"旗人"。

回人：即回族人。乾隆《肃州新志》卷三十《西陲纪略》："哈密夷人于故明时徙居肃州卫东关乡居住者三族。曰维吾儿族，其人与汉俗微同；曰哈喇布族，其人与夷同；曰白面回回，则回族也。今皆男耕女织，为边民矣。士商营伍，咸有其人。"中国回族的产生与伊斯兰教的兴起和穆斯林的扩张紧密相关。早在7世纪的隋唐时期，即有大批波斯和阿拉伯商人经海路和陆路来到广州、泉州、长安、开封地经商、定居。13世纪，蒙古大军西征，大批西域人迁入中国（包括唐代至宋代西迁的回鹘，亦称回纥），融合汉、蒙古、维吾尔等族，在共同的伊斯兰信仰下，逐渐形成一个统一的回民族。回族崇尚经商，故自产生，便流布各地，至今也是中国分布最广的少数民族。

[23] 兴济县：金时旧县，黎氏此处所指当为兴济故县，在清为青县属镇。嘉庆《重修大清一统志》卷二十五《天津府·关隘》："兴济镇在青县东南三十里，即故县也。"同《志》同卷《天津府·古迹》："兴济故城在东县东南三十里，卫河东岸，本范桥镇地。金初置县，属沧州，大定六年

（1166）改属清州，元至元二年（1265）并入会州县，后复置，属清州。明初仍属沧州，本朝顺治六年（1649），并入青县。"兴济，今仍名，为沧州市青县属镇。

[24] 青县：直隶天津府属县，在府城西南一百六十里。县地为汉勃海郡参户县地，后汉省入章武县。隋为长芦、鲁城二县地。唐乾宁中（894—898）置乾宁军。五代晋天福初（936）地入辽，置宁州。周显德六年（959）收复，仍曰乾宁军，并置永安县为治。宋初军废，属沧州。太平兴国七年（982）复置乾宁军，并改永安县曰乾宁。熙宁六年（1072）省县为镇。元符二年（1099）复置县，崇宁三年（1104）又省县。大观二年（1108）升乾宁军为清州，政和三年（1113）赐名乾宁郡，五年（1115）复置乾宁县。金仍曰清州，属河北东路，贞元元年（1153）改县曰会川。元太宗二年（1230）改州曰清宁府，七年（1235）复曰清州，属河间路。明初省会川县入州，洪武七年（1374）废清州为青县，属河间府。清初因之，雍正三年（1725）改属天津州，九年（1731）升天津为府，隶之。据嘉庆《重修大清一统志》卷二十四。今为河北省沧州市青县。

[25] 流头：当为流河，天津府青县属镇。嘉庆《重修大清一统志》卷二十五《天津府·关隘》："流河镇在青县东北三十里，卫河西岸，有管河主簿驻此。"康熙《青县志》卷一《镇店》："流河镇，在城北三十里，即流河驿。三、八日集。"民国《青县志》卷一《集会》流河镇三、八日集，梁石、牲畜、菜蔬、食品、杂货俱有。今仍名流河，为沧州市清河县属镇，在运河北岸。

[26] 静海县：直隶天津府属县，在府治西南七十五里。县地为汉章武、东平二县地，宋为清州窝口砦，金明昌四年（1193）以其地置靖海县，仍属清州。元至元二年（1265）并入会川县，寻复置，属清州。明洪武初（1368）改靖曰静，七年（1374）改属河间府。清初因之，雍正三年（1725）改属天津州，九年（1731）属天津府。据嘉庆《重修大清一统志》卷二十四。今仍名，为天津市静海区。

[27] 独流汛：天津府静海县属镇，以独流河而得名，在独流河与运河交汇处，有渡口。嘉庆《重修大清一统志》卷二十四《天津府·山川》："独流口北在静海县北二十里。《太平寰宇记》御河合潮河东北至独流口入

海。按《九域志》《宋史·河渠志》，皆以独流口为御河入界河之处，《太平寰宇记》则以为御河入海之处，盖入海处其东口也。又《明统志》有独流河在兴济县北至静海县四十五里。"光绪《天津府志》卷二十三《城乡·静海县》独流镇为北乡二镇之一，有巡检、把总。同《志》卷二十一《津梁·静海县》有独流镇渡，南北中三口，县北十八里。民国《静海县志》丑集《全境镇市概况表》独流镇在运河左岸北十八里，三千八百户，交易最多商品为粮食，酒、醋、麻，果品水产等，三、八赶集。今仍名独流，为天津市静海区独流镇。

[28] 杨柳青：静海县渡口名，京津要冲。嘉庆《重修大清一统志》卷二十五《天津府·津梁》："杨柳青渡在静海县北四十五里，东去天津四十余里，即古柳口也。自此渡上韩家树抵京师，较天津差近。"光绪《天津府志》卷二十一《津梁·静海县》："杨柳清渡，在县北四十五里，东去天津县四十余里，地近丁字沽。四面多植杨柳，故名。"清代漕运停止后，杨柳青渡亦渐废，民国《静海县志·津梁》已不载。杨柳青，今仍名，为天津市西青区杨柳青镇，为区治所在。

[29] 天津：指天津府治天津县。县地为汉勃海郡章武县及渔阳郡泉州县地，唐以后为沧州地，元为静海县地，置海滨镇。明永乐二年（1404）筑城置戍，三年（1405）调天津卫及天津左卫治焉，四年（1406）又调天津右卫于此。清初因之，雍正三年（1725）改卫为州，九年（1731）改设天津府，以州境置天津县，为府治。据嘉庆《重修大清一统志》卷二十四。今仍名，大体为天津直辖市主城诸区。

[30] 塍：音同城，田间小垄。

[31] 天津关：清代重要税关，户部所属，设在天津。雍正《畿辅通志》卷四十《关津》："天津关在府城北门外。九河津要，舳舫所集。"天津关乾隆十八年（1753）："税七万四千五百六十九两有奇，凡往来商货有正税、商税二项。正税各按出产地道计数征收，商税按物价每两征银四分，均照部颁见行《条例》。船税按梁头六尺征银六钱二分、七尺七钱二分、八尺八钱、九尺九钱二分、一丈一两二分、丈一尺一两一钱二分、丈二尺一两三钱、丈三尺一两六钱八分、丈四尺二两一钱八分、丈五尺二两五钱八分、丈六尺二两九钱八分［河西务民驳船运粮抵通，旧征粮料，雍正二年

（1724）改于通州征收，乾隆二年（1737）免税]。"《云南铜志》卷三《京运·应纳关税》："直隶天津关《则例》每铜百斤，应征税银六钱七分。"

[32] 小直沽：天津河流名，详见后文"直沽"注。

[33] 三取书院：天津县内学校，天津第一所书院。嘉庆《重修大清一统志》卷二十四《天津府·学校·问津书院》："又三取书院亦在县治，康熙四十八年（1709）建，乾隆二十八年（1763）重修。"光绪《天津府志》卷三十五《学校》："三取书院，在三岔河东岸，旧为赵公祠。康熙五十八年（1720）修筑瞿黄口岸，其地适当堤尾，乃建书院。乾隆二十年（1755）县人王又朴与士商捐修学舍十二间，每岁经费由商款捐领款项内支给。嘉庆六年（1801）众商重修，同治七年（1868）洋人借住于此，移置河东盐官厅后。光绪十三年（1887）经通纲商人拓地改建。"后1900年，八国联军入天津，新书院也遭破坏，从此不振。三取书院为天津的文化、教育事业作出了重要贡献。书院今已不存，旧址在今天津市大口胡同和建国大道西口路南。

[34] 陆建瀛（1792—1853）：字立夫，湖北沔阳（今湖北省仙桃市）人，清朝著名大臣。道光二年（1822）进士，选庶吉士，授编修，入直上书房，迁中允。大考擢侍讲，转侍读。二十年（1840）出为直隶天津道，累擢至布政使。鸦片战争期间，西北兵征入防卫京师，陆建瀛负责后勤善后，灵活能干，诸事得体。二十六年（1846），升云南巡抚，寻调江苏巡抚，议漕粮海运。二十九年（1849），升两江总督，积极救灾、除淮盐积弊。咸丰元年（1851），黄河决口，奏请以工代赈。同年，赏头品顶戴，为钦差大臣率军堵截太平军于九江，次年，败，退守南京，革职留任，旋下狱待审。咸丰三年（1853）三月，太平军攻破南京，被杀。《清史稿》卷三百九十七有传。

[35] 即天津知县郭绍曾，字鲁堂。据光绪《天津府志》卷十四《职官五》郭氏系山东蓬莱（今山东省烟台市蓬莱市）人，进士出身，道光二十三年（1843）年任天津知县，次年离任。然此时尚在道光二十一年，则或为署理。又据《明清进士题名碑录索引》郭氏系道光十六年（1836）年三甲第五十四名进士。

[36] 城守营张都阃华：指天津城守营都司张华。都阃：都，即国都，

闾，即门槛，都闾即都城之门，引申为守卫都城的人，再引申为统兵在外以保国家的将帅，并非具体官职。清代人所称都闾，是武职系统中的都司，次于游击，正四品。张华，据光绪《天津府志》卷十五《职官六》张氏系贵州人，武进士出身，道光二十年（1840）任天津城守营都司。又据道光《遵义府志》卷三十二《选举》张氏系嘉庆乙丑科（1805）武进士。

[37] 冯德峋：其详难考。

[38] 紫荆关：长城著名关口，是太行山进入华北平原的重要通道，关址在今河北易县城西40公里紫荆岭上，遗迹众多，是全国重点文物保护单位。

守府：清代官场对守备的雅称，以其品秩与知府同，因名。闫守府，其详难考。

[39] 梨园：戏曲班子的别称。梨园，本是唐代长安城中的一个地名，唐代宫廷在此设立乐工训练机构，以梨园为名，后世遂以梨园称戏曲班子，戏曲演员也以梨园弟子自称。《新唐书》卷二十二《礼乐志》："玄宗既知音律，又酷爱法曲，选坐部伎子弟三百，教于梨园，声有误者，帝必觉而正之，号皇帝梨园弟子。"

[40] 剥费：雇佣剥船和人工的费用。剥，指用小船转移货物，或转运至大船，或从大船转运至他处。滇铜运至此，将经北运河至通州，河道水势皆发生改变，须改运适合河道之小船转载至通州，故须剥铜。天津转剥及京运各段转剥、剥费事宜，《云南铜志》卷三《京运·起剥雇纤》载之颇详，云："直隶天津县，例准全行起剥至通州，每百斤准销水脚银六分九厘。……正运各起委员，在山东临清以上各处起剥铜斤，支用水脚银两，均准照数报销，并不在于原给水脚银内扣出。惟在天津全剥铜斤至通州，每百斤支用水脚银六分九厘，应在于原给自仪征至通州每百斤例给水脚银三钱四分内扣除。自天津至通州，银三分七厘六忽八微，只准销银三钱二厘九毫九丝三忽二微。如在天津剥系起六存四，所有起六铜斤，每百斤支用水脚银六分九厘，准其如数报销，毋庸在于原给水脚银内扣缴。至加运委员，在仪征换船，运至通州，系用江宁站船装运，所有在天津全剥铜斤至通州，每百斤支用脚银六分九厘，亦准照数报销。再起剥各处内，有前运在此起剥，而后运又不起剥者，有前运不在此起剥，而后运又起剥者，

原无一定，惟随时查勘水势情形，听运员酌量办理，会同地方官雇募，给发取结，回滇报销。嘉庆十四年（1809），户部奏明，正、加各运委员，由仪征至通州起剥，不得过八次。内除天津一次另行核计外，其余起剥，正运每起所用剥费，不得过一千八百两；加运每起，不得过一千六百两。"

[41] 江、广：指江南、湖广。关下：或指天津税关下。

[42] 花源：据光绪《天津府志》卷二十一《津梁》，青县城外水次二十里有花园渡，"源""园"音同易混，或即其地。

[43] 邸抄：也称"邸报""邸钞""朝报""条报""杂报""状报""报状"等，是古代中国一种用于通报的公告性新闻文抄，主要内容是皇帝谕旨、臣僚奏议、官员任免迁调等，属中国古代报纸的原始形态。一般认为邸报起源于汉代京师王侯府邸的中央政务信息搜集传送，目前有明确文献可考的邸报，是唐玄宗时期的"开元杂报"，以系日条事的形式公告朝廷政事。有实物可考的邸报则出现在唐僖宗时期，一种卷首首行题有"进奏院状上"的纸质文书，由于发现于敦煌经卷之中，也被称为"敦煌进奏院状"或"敦煌邸报"。宋代设立都进奏院，统一地方和中央政务信息的收发，因时期的不同，或每日、或每5日、或每10日、或每月，集中对外发报一次，内容主要是皇帝诏书、皇帝日常起居言行、朝廷法令公报、臣僚奏疏、各机构工作报告、边防战报等。当时一般称之为"朝报"，也称"进奏院状报""进奏官报""邸报""邸状""除目"等，以手抄为主，镂版印制为辅。同时从北宋中期起，民间开始用小纸抄写或印刷朝报内容，传播各种或真或假朝政信息的无固定出版日期，以盈利卖售为目的的文书，称为"小报"。明清时期，官方通报基本沿袭宋代办法，只是都进奏院已废，由新设置的通政司负责政务信息的收发，官报一般称为"邸报"，也称"邸钞""阁钞""京报"。明末，邸报开始用活字印刷，清兴，退回手抄。清代内阁、地方督抚衙门可自行发布公报，供相关机构抄送各地。内阁抄发者称"宫门抄"，必须抄发至地方，督抚衙门抄发者称"辕门抄"，抄发省内各地，也上传至京城。清代邸报一般由各省驻京的提塘官抄送。同时自明代中叶开始，京城出现由民间经营的报房，抄录邸报，用民间渠道集中出版售买，有相对固定的出版日期，一般为日刊，间有双日刊、三日刊、多日刊，多在黄昏和晚上发行，早期全部手抄，后逐渐改用印刷，且有了明确的名称"京报"，

更具近现代报纸雏形。据刘家林《中国新闻史》，武汉大学出版社，2012年，第7-39页。

[44] 此事确实，当年夏英军与清廷靖逆将军奕山战于广州，清军大败，奕山以败为胜，并私自与英军媾和，而后英军退回香港，先遭疾疫，再两遭台风，基本丧失战斗能力，被迫推迟了北上侵略计划。

[45] 第：此处是一个表转折的怀疑性语首助词，有如"但是可能……""只是"等，本书中出现如此用法，皆是此意。

[46] 刘培元：黎恂乡人，其详难考。

[47] 开封：河南省治，今为河南省开封市。

[48] 陆荫奎：据《明清进士题名碑录索引》系嘉庆二十四年二甲第十七名进士。陆氏又曾官至江苏巡抚，然史传不载，《云南省志》亦未列传或引为乡贤，或为为官多劣迹者。

[49] 兜鍪：鍪，音同"谋"，头盔的古称，也用以指代士兵，此处即指头盔。

[50] 白河：海河水系重要河流，京津地区历史文化名河，海河支流，通州以下即京津间运河，称北运河。嘉庆《重修大清一统志》卷七《顺天府·山川》："白河源出宣化府赤城县，自北口西流入，经密云县西，又南与潮河合，又南经顺义县东，又南至通州东，为北运河下流，经香河、武清诸县入天津之直沽归海。《汉书·地理志》：渔阳县沽水出塞外，东南至泉州入海，行七百五十里。《水经注》：沽水经赤城南，又东南右合高峰水，又西南流出山，经渔阳县故城西，而南合七度水，又南渔水注之，又南与螺山水合，又南经安乐县故城东，俗谓之西潞水。西南流经狐奴山西，又南经狐奴县故城西，又南阳重沟水注之，又南经浚县为潞河。魏氏《土地记》：城西三十里有潞河，又东南至邕奴县西，笥沟、湿水入焉，俗谓之合口。又东南经泉州县故城东，又东南合清河。周梦旸《水部备考》：密云河本白河上流，自牛栏山下与潮河会。初蓟辽总督驻密云，从通州至牛栏山以车转饷，劳费特甚，嘉靖中（1507—1566）总督刘涛发卒于密云城西杨家庄筑塞新口，开通旧道，令白河与潮河合流。至牛栏山，水势甚大，故通州漕粮直抵密云城下。旧《志》：白河自宣府镇赤城堡东流出边，又东南入密云县西北边城，东南经黄岸口堡及高家庄堡之南，又东至石塘城东北，

会白马关河、冯家峪河，稍南流，会水峪河，经石塘城东而南，至县旧城北折而西，复南屈，经城西至县南十八里，会潮河，乃西南流入怀柔界。经县东七里，又南入顺义县界，至牛栏山东会大水峪河。又南经县城东凡六十里入通州界，南流至州城北，温余河、通惠河皆流入焉。又东南至张家湾会凉水河，屈东流，复折而南，过废潞县东，凡一百二十五里。入香河县界，转东，经香河县西十里复转而南入武清县界，经县东三十里，又东南至三角淀会诸水，南通御河，是为直沽。按白河下流，即今之北运河，元明时运道皆由此。考《元史·河渠志》自通州以下皆呼为白河，故旧《志》北运河只并见于白河，今以漕运所关，减河堤堰工筑周详故，特分载北运河，而昔人所叙白河源流有牵涉运河者，姑仍其旧。至于潮白二河合流之处，今昔不同。"白河，今仍名。

[51] 丁字沽：即西沽，雍正《畿辅通志》卷二十二《川》："西沽在天津县东北，自顺天府武清县纳三角淀之水与白河会而入于直沽河，形如丁字，故又名丁字沽。"嘉庆《重修大清一统志》卷二十四《天津府·山川》："西沽在天津县北三里，子牙河入北运河处也，其上流为大清河。又丁字沽在西沽北，清队入运河。纵横作丁字形，故有是名。自此达北运河，长四十里，淀水浩淼至是始有涯岸，故又名曰河头。乾隆三十二年（1767）高宗纯皇帝巡幸天津，回銮经临西沽，阅视，有御制诗。"光绪《天津府志》卷二十《山水·天津县》："丁字沽在县东北五里，河形如丁字故名丁字沽，有渡曰丁字沽渡（《方舆纪要》）。在县东北自顺天府武清县纳三角淀之水入直沽，即西沽也（旧《通志》）。"丁字沽，今仍在，名仍旧，在天津市红桥区。

[52] 雍正九年：1731年。

[53] 长芦盐政：清代重要盐官，原设于长芦，故名，后徙治天津，长芦名仍旧。雍正《畿辅通志》卷三十六《盐政》："盐者民生所赖，而自汉以后尤关国计。沧、瀛、幽、青四州设官置灶，至后魏始见于史。自宋以前盐法与诸道同。宋太祖以山后十六州入于辽，推恩河朔，特许通商。至明，法始详备。直隶盐运使旧治河间府长芦故县，洪武初称北平河间盐运使，后乃改称长芦，今徙治天津，而长芦之名不改。盖长芦在旧沧州西北四十里，据二十四盐场之中，讯察指挥，呼吸可遍，故古名不可易也。"盐政官设于重要区域性产盐地，官名为巡盐御史，清初袭明制由中央都察院派出，后渐由各地巡抚、总督等兼任。其属官则都转盐运使司盐运使，

都转盐运使司盐运副使、各地盐法道、盐课提举司提举、场大使、运同、运判等官。据《清史稿·职官志》。

[54] 都转盐运使：全称都转盐运使司盐运使，元代始设官，凡产盐省区皆设，职掌一省盐务，是国家盐业专卖的重要制度组成。明清相沿，明代都转盐运使司明置都转运使一人、同知一人、副使一人、判官无定员，专掌盐运之事，其属经历一人、知事一人、库大使、副使各一人，各场盐课司大使、副使，各盐仓大使、副使，各批验所大使、副使各一人。清代盐运使听于盐政，掌督察场民生计，商民行息，水陆挽运，计道里，时往来，平贵贱诸务。其官源于汉之盐铁官、唐之盐铁使、宋之茶盐司，金设山东盐使司与宝坻、沧、解、辽东、西京、北京凡七司，掌干盐利，以佐国用，盐务始独立为政，后世因之。据乾隆《钦定历代职官表》卷六十一《盐政表》及《清史稿·职官志》。

[55] 顺天：直隶属府，京师所在。府地在《禹贡》为冀州之域，周为幽州之域，春秋战国时为燕国，秦为上谷郡地。汉初复为燕国，元凤元年（前80）改为广阳郡，本始元年（前73）又改广阳国，属幽州。后汉建武十三年（37）省入上谷郡，永元八年（96）复置广阳郡，为幽州刺史治。三国魏太和六年（227）复为燕国，晋初因之。建兴（313—317）后没于石勒。永和六年（350）前燕慕容儁尝都此，其后前秦苻坚、后燕慕容垂，相继有其地。后魏为幽州燕郡，北齐置东北道行台，后周建德六年（577）置幽州总管府。隋开皇三年（583）郡废，大业初（605）府废，三年（607）改幽州为涿郡。唐武德三年（620）复曰幽州，置总管府，六年（623）改大总管府，七年（624）改大都督府。贞观初（627）属河北道，开元二年（714）置幽州节度使。天宝元年（742），改幽州为范阳郡，幽州节度使为范阳节度使。干元元年（758）复改郡曰幽州，宝应元年（762）改范阳节度使为幽州节度使，后又兼卢龙节度使。五代后唐仍置幽州及卢龙节度。晋天福初（936）割入辽。辽会同元年（938）改南京幽都府置南京道，开泰元年（1012）改燕京析津府。保大二年（944）入金。金天辅七年（1123）入宋，宋宣和五年（1123）改燕山府广阳郡，置永清军节度，七年（1124）入金。天会三年（1125）仍为燕京析津府，七年（1129）为河北东路，贞元元年（1153）改燕京为中都府，曰大兴，自会宁迁都于此。元太祖十年（1215）置燕京路总管大兴府。至元元年（1264）置大中都，四年（1267）

徙都之，九年（1272）改曰大都，二十一年（1284）置大都路总管府，为中书省治。明洪武元年（1368）改曰北平府，隶山东行中书省。二年（1369）置北平行中书省，九年（1376）为北平承宣布政使司治。永乐九年（1411）建为北京，改北平府为顺天府，十九年（1421）始称京师。清因之，领州五、县十九，统于顺天府尹，亦属直隶总督。据嘉庆《重修大清一统志》卷七。今为北京市。

宝坻、宁河：直隶顺天府属县，今仍名，俱属天津市，分别为宝坻区、宁河区。

[56] 海丰县：山东武定府属县，今为山东省滨州市无棣县。

[57] 直沽：天津著名河流。嘉庆《重修大清一统志》卷二十四《天津府·山川》："直沽在府城北。南则卫河合南路之水，北则白河受北路之水，西则丁字沽受三角淀之水，皆至城东北三岔口合流东注，旧名小直沽。其东南十里曰大直沽，地势平衍，每遇霖潦，群流涨溢，茫无涯涘，故有大直沽之名。又东南百余里为大沽口，众水由此入海，即杜佑《通典》所云三会海口也。新《志》直沽今亦谓之海河。南北运、淀河之会流也。自天津东北三岔口迄大沽口长一百二十里。"天津地区有所谓七十二沽，实皆海河及其支流在不同流经地之不同称呼。光绪《天津府志》卷二十一《山水·天津县》："大直沽以东又有贾家沽、元沽、泥窝、卧河、白塘口、劈地口、三汊沽、四里沽、盘沽、双港、邓善沽、郝家沽、东沽、草头沽、桃园沽、刑家沽、上下小沽，皆海河所经，特因地异名耳。天津有七十二沽之名，今在县境者实只二十一沽，皆从西潞河名也，西潞河一名西沽河。在宝坻者二十九沽，曰剪子沽、南寨沽、五道沽、小塔沽，又小塔沽、王家沽、曹家沽、葫芦沽、青稗沽、于家沽、梁家沽、貂子沽、西鲁沽、东鲁沽、菱角沽、矼石沽、塔沽、半截沽、大洒沽、玛瑙沽、大骆里沽、小骆里沽、滩沽、大沽、北李子沽、南李子沽、八道沽、傍道沽、西壮沽；在宁河者二十二沽，曰齐家沽、南沽、江石沽、大麦沽、傍道沽、捷道沽、麦子沽、东槐沽、中兴沽、北涧沽、盘沽、南涧沽、鉤楼沽、汉沽、马杓沽、李家沽，又李家沽、蛏头沽、宁车沽、塘儿沽、田家沽、丰沽；此二县五十一沽，从东潞河名也。东潞河，一名东沽河（新《通志》）。"

[58] 三角淀：京津地区著名湖泊。嘉庆《重修大清一统志》卷七《顺天府·山川》："三角淀在武清县南，即古鄚奴水也。《水经注》：鄚奴者，

薮泽之名。四面有水曰雍，不流曰奴，南极滹沱，西至泉州。邕奴东极于海，谓之邕奴薮。其泽野有九十九淀，枝流条分，往往径通。《明通志》：三角淀周围二百余里，即古之邕奴水也。范瓮口、王家陀河、掘河、越河、深河、刘道口河、鱼儿里河诸水所聚，东会汉沽港入于海。旧《志》：淀在县南八十余里，东西五六里、南北十余里，又东为四汊港、四汛，可四五里，又东为西沽，三十里合运河，达于天津。按古时惟三角淀最大，又当西沽之上，故诸水皆会入于此，今渐淤而小。新《志》合相近诸淀泊总谓之东淀，云延袤霸州、文安、大成、武清、东安、静海之境，东西亘百六十余里，南北二三十里，或六七十里，为七十二清河之所汇潴。永定河自西北来，子牙河自西南来，咸入之。盖其地本皆古邕奴薮也。"光绪《天津府志》卷二十一《山水·天津县》："三角淀，在武清县南，周二百里，或云即古雍奴水（《天津卫志》）。《水经注》：四面有水曰雍，不流曰奴。其源曰范瓮口王家淀，掘河、越深河、刘道口、鱼儿口河，皆聚于此，东会于直沽入于海，一名笥沟水（《方舆纪要》）。考《天津县册》县西北四十里至安光村，村临三角淀，则淀属津、武二邑分界（前《志》）。"三角淀，今仍名，又名苇淀，东淀、西淀，位于北运河、永定河、凤河等河流的交汇位置。元代开始形成，明清时期得到鼎盛，清中期筑堤束永定河下游水，三角淀来水渐少，逐渐淤废，至民国年间遂失去蓄洪沉沙的作用。今所余水面约二百亩。见王长松、尹钧科：《三角淀的形成与淤废过程研究》，《中国农史》2014年第3期。

[59] 咸水沽：天津河流名。嘉庆《重修大清一统志》卷二十四《天津府·山川》："咸水沽在天津县东南六十里，即古豆子䱉也。《隋书》大业十二年（616）厌次人格谦为盗在豆子䱉中，王世充破斩之。萧德言《括地志》：自渤海至平原，其间滨海之处，土人多谓之豆子䱉。罗氏曰河间之豆子䱉，今咸水沽是也。东去海四十里，地斥卤广数十里。《静海县志》咸水沽在县东一百二十里，乃出海要地，本朝乾隆四年（1739）咸水沽开引河一道，达大韩家庄、巨葛庄诸处，宣泄大泊及秋漠港之积水，使归海河，并建有闸座以时宣节。二十九年（1774）总督方观承以咸水沽地势本高，不虞海潮倒灌，奏请改石闸为水桥。其引河则屡经疏浚，俾资利导焉。"光绪《天津府志》所载同。咸水沽，今仍名，且有咸水沽镇，属天津市津南区。

道光二十一年八月

八月初一日，壬午，晴。提铜七十万斤毕，促经纪发各剥船水脚银。[1] 此项剥价，向例移交天津县，经手者从中克扣，经纪领出不敷，复向各行店需索津贴，经纪又从中侵蚀，仍不敷，往往以乙运之剥价挪给甲运之船。弊端百出，互相羁延，催促数四不应，可恶也夫！

初二日，癸未，晴。钦差领防海兵至府县，[2] 饬经纪供办兵船，愈得藉辞诿延，不惟无剥船，并水脚亦不给。觅之，则逃匿他所矣。

初三日，甲申，阴晴。县役来禀水脚已全给，命兆熙领田贵、张升等押头剥三十八舟开行。午刻，押剥者回称有九舟水脚未给，尚在红桥一带停泊。[3] 余以头剥抵通须早，方副限期，[4] 仍命熙押已清水脚之船先行，而续催经纪补给。甚矣！此辈之狡诈也！

初四日，乙酉，晨雨即晴。县役以兵差支饰，延不封船，余乃命人往各河港自雇民船。薄暮，有四舟至，命人探前九舟水脚给否，云只给四小舟，其大舟七十余载之价仍未给也。唤经纪不至。

初五日，丙戌，晴。晨赴县署，郭鲁堂外出，向其司阍理斥而归。[5] 自雇各船闻水脚由运官亲发，无所克扣，纷纷而集，本日遂提头座船铜。已给水脚之四舟续发。

初六日，丁亥，晴。提铜。防海兵船群至。此次天津防堵调兵至七千，府县之供亿亦苦矣。[6]

初七日，戊子，晴。提铜。前五舟催促再四，经纪始给价。本日开行。

初八日，己丑，晴。提铜。

初九日，庚寅，晴。提铜。秋阳烈甚。

初十日，辛卯，晴。秋阳烈甚。未刻，提铜方毕。大风，雷电雨雹倏至，申刻方息。

十一日，壬辰，阴晴。剥船水脚尚须给银二百余金，余虑经纪之复染指也，遂不移县，自行易钱发给，群剥船以无减扣，咸喜雇船时议百斤钱一百五十文，因日来兵差络绎，钱价骤昂，与各船户议减价，每百斤给钱一百八文。而前移县之银，经纪犹未尽给。是日，余命舟人私往渠辈所在查访来报，余亲往捉获县役，命随人拴系其项。经纪闻之，逃逸。遂命人持柬将役送县押追，渠伏地恳求，限次日寻经纪给清船价，乃释之。盖县役与经纪乃相倚为奸者也。

十二日，癸巳，晴。经纪来，命同核算发给各剥船价钱毕。运铜自泸雇船，船户运至天津而止，提载后，船归船户变卖，此向例也。近年天津木厂，积材山拥，不甚行销，买船料者绝少，是以船户卖十一舟价仅千二百两。而甘船户沿途长支水脚银至二千金有余，除将卖船银抵还，并卖杂物偿银二百余金外，尚欠银六百两有余，无如之何。以其途中尽心竭力，获保平稳抵津也，不敷之数，咸贷免焉。

十三日，甲午，晴。命姚生洎王福、杨洪等，偕押人夫管押剥船开行。余以经纪尾欠未偿，留以待之，且雇轿车由陆路行。[7]午后，入城诣各处辞别，计住津门月余矣。夜半，晕不明。

十四日，乙未，阴晴。五更治装上车，陆路皆沿北河行。[8]早顿蒲沟，[9]未刻过杨村，[10]运河剥船排列如栉，以南粮至此剥运入京故也。晚宿蔡村，[11]计程八十五里。官道多泥泞，车行大半绕道，约程百里有余。村中刈获将毕，种麦者纷纷。弥望绿柳粘天，平原广野，鸦噪牛眠，景物可爱。是日，日初出即有晕，晕上云气一道如箭竖，不知何祥？[12]夜，月明亦晕。途中遇宣化兵赴天津，[13]车马以数百辆计。

十五日，丙申，晴。四更即行，黎明过河西务，[14]早顿安平。[15]申刻，过张家湾。[16]酉刻，抵通州，寓铜局内街连姓民舍，计程一百十里。自天津至通州，水程三百二十里，陆路捷三分之一。夜，月明复有晕。统计自泸至通，水程八千零五十里。天津水路九十里至杨村，九十里至河西务，九十里至漷县，五十里至张家湾，十里至通州。

注　释

[1]　经纪：即经纪人，买卖双方的中间人，通过中间服务赚取佣金，亦称牙客。

[2]　钦差：皇帝亲自任命的临时性专项事务大臣，在清代一般要四品以上官员方可任职。钦差在外，代表皇帝行使权力，事不论大小，皆可先办后奏。

[3] 红桥：天津县著名桥梁。光绪《天津府志》卷二十一《津梁·天津县》："红桥在惠利桥北百步，跨子牙河，水由桥下入白河。光绪□年改建铁桥，由泰西匠人承办。船往来桥下，无轮机开合，与院前异。"

[4] 通：即通州，顺天府属州，京铜运至此，卸船，转陆路进京。通州在顺天府治东四十里，其地在汉为潞县，属渔阳郡，后汉仍曰潞，晋属燕国，后魏仍属渔阳郡，后为郡治。隋开皇初（581）郡废，属涿郡。唐武德二年（619）于县置元州，贞观元年（627）州废，仍属幽州。辽因之。宋宣和中（1119—1125）属燕山府。金大德三年（1151）于县置通州，属大兴府。元属大都路。明初省潞县入州，属顺天府。清因之，顺治十六年（1659）省潮县入州。据嘉庆《重修大清一统志》卷六。今仍名，为北京市通州区。

[5] 阍：音同昏，司阍本指看门人，此处可能代指县衙师爷。

[6] 供亿：即供应、供给，如《旧唐书》卷十四《宪宗本纪上》："虽勤恤之令亟行，而供亿之制犹广。"

[7] 轿车：或指轿与马车，轿乘人，马车载行李；或指有车厢的马车，人、物俱可载。但从后文来看，此处当指后者。

[8] 北河：指北运河，天津西北到通州的运河，以所借水道旧名亦称白河、潞河、沽河。光绪《天津府志》卷二十《山水·庆云县》："北运河者，从其南段而名之也。其上流则分三大支焉。东为潮河，中为白河，西为榆河。潮河即《水经》之鲍邱水，源出承德府丰宁县大阁儿北城根营。白河即《水经》之沽水，源出宣化府独石口厅外堤头河、独石水，合流入口。榆河即《水经》之湿余水，源出宣化府延庆州东南岔道，曰八达岭。潮河、白河本为两水，而榆河则从古入白河者。自明季遏潮河统归白河以便北运，而潮河则北运之东源，白河则北运之中源，榆河则北运之西源矣。东源经流所受凡十二水，中源经流所受凡四十九水，西源经流所受凡十四水。榆河既由延庆州界会入，潮、白河流至通州北界改称潞河，后则统名为北运河。北运河经流所受凡五水，曰通惠河、曰凉水河、曰新凉水河、曰牛家务河、曰纸务河。行通州、香河、武清县境，入天津县界，经旱沟，又东南经郎家沟至蒲沟，又东南流经马厂，又东南经桃花口、黄秦庄，又东南经北仓、南仓，与丁字沽、直沽、西沽合而为三沽。又南经西堤头，

则有永定河合凤河尾，又合大清河尾，自西北来会。……又南流经红桥至小红桥，则有子牙河自西来会……又南流则有两引河东出，曰贾家口引河、陈家沟引河。北运河又南流经狮子林，又南至三岔口与南运河合。"互见前"白河"注。

[9]　蒲沟：北运河支流，见上"北运河"注。

[10]　杨村：顺天府武清县属运河关津，杨村河入运河处，设有官员驻守，管理该段运河事务。嘉庆《重修大清一统志》卷九《顺天府·关隘》："杨村务在武清县东南五十里，明置巡司，万历十五年（1587）改设管河通判，本朝初设守备驻防。今武清县主簿皆移驻于此。《舆程记》由杨村而东南二十里为桃花口，又二十里为丁字沽。由杨村而西北四十里为黄家务，又三十里为河西务，皆运道所经也。"雍正《畿辅通志》卷四十《关津》："《方舆纪要》宣宗初驾征高煦，驻于杨村，即此。"杨村，今仍名，为天津市武清区杨村街道办。

武清县，直隶顺天府属县，在北京东南一百二十里。县地初为汉置雍奴、泉州二县地，属渔阳郡，后汉因之，晋俱属燕国。后魏太平真君七年（446）省泉州入雍奴，为渔阳郡治。隋属涿郡，唐属幽州。天宝初（742）改曰武清。辽属析津府，宋宣和中（1119—1125）属燕山府，金属大兴府，元属漷州，明初改属通州，清属顺天府。据嘉庆《重修大清一统志》卷六。今仍名，为天津市武清区。

[11]　据雍正《畿辅通志》卷四十四《铺司》："蔡村在顺天府武清县东南，有铺司。"今天津市武清区北有南蔡村镇、北蔡村乡，或是其地所在。

[12]　祥：即征兆。古人信天，信天人感应，见天有异象，即认为人间必有事与之对应。

[13]　宣化：直隶属府名、县名，今为河北省张家口市及下属宣化区，为关外要塞。嘉庆《重修大清一统志》卷三十八《宣化府·形势》："前望京都，后控沙漠。左把居庸之险，右拥云中之固。飞狐、紫荆控其南，长城、独石枕其北。群山环抱于东北、洋河萦绕于西南。居道里之中，为要会之地。"明代在宣化设镇，为明九边重镇之一，清设有总兵官镇守。宣化兵，即由此东调的军队。

[14]　河西务：顺天府武清县属运河关津。嘉庆《重修大清一统志》

卷九《顺天府·关隘》："河西务在武清县东北三十里，自元以来皆为漕运要途。《元史·世祖纪》至元二十四年（1287）浚河西务漕渠。又《食货志》至元二十五年（1288）于河西务置漕运司，领接海运事。旧《志》今为商民偫聚，舟舫辐辏之地。明设户部分司，又置巡司。隆庆四年（1570）筑城，周二里许，门四，外环以池，本朝裁。户部分司设游击、管河主簿及巡司于此。"光绪《顺天府志》第二十八《村镇二·武清县镇》："（治）东北三十里河西务镇，在北运河西，京东第一镇也。为管河同知、主簿、巡检治，又参将、守备、千总驻焉。亦曰务关路城，城筑自明隆庆四年（1570），即元中卫屯田处，置漕运司及永备等仓凡十有四，明工部分司所各一。国朝康熙六年（1667）移户部分司于天津，工部分司所废。有铺。有清泠亭在其西南，明万历十四年（1586）建。"河西务，今仍名，为天津市武清区河西务镇。

[15] 安平：直隶顺天府香河县属，光绪《顺天府志》未录，今河北省廊坊市香河县有安平镇，或其旧地。

香河县，直隶顺天府属县，在京城东南一百二十里。县地初为唐武清县地，辽析置香河县，属析津府。宋宣和（1119—1125）中改曰清化，金仍曰香河，属大兴府。元至元十三年（1276）分属漷州，明洪武十年（1377）省入漷县，十三年（1380）复置，属顺天府，清因之。据嘉庆《重修大清一统志》卷六。

[16] 张家湾：顺天府通州属关隘，有城。嘉庆《重修大清一统志》卷九《顺天府·关隘》："张家湾城在通州南十五里，以元时万户张瑄督海运至此而名。东南漕运至此乃运入通州，为南北水陆要会。又自河路南至长店四十里，水势环曲，官船客舫常骈集于此，旧设仓以储粮。嘉靖三十一年（1552）筑城，周九百五丈有奇，门四，又为便门一、水关三，今设都司驻防。"张家湾曾设铜房，京铜至此卸船，转陆运入京，后改设铜房于通州，铜船至通州方卸船，转陆运。《皇朝文献通考》卷十六《钱币考四》载："（乾隆七年，1742）又移铜房于通州，令坐粮厅兼管铜务。先是张家湾设立铜房，每铜船到湾，监督与云南委驻之转运官按数称收，一面给发回批，领运官即回滇报销，一面自张家湾转运至京局。至是以张家湾地方湫隘，车辆稀少，且自湾起岸至京计程六十余里，道路低洼，易于阻滞。

户部议定，将铜房移设通州，令坐粮厅兼管铜务。嗣后，滇省径具批解局，铜斤抵通州交坐粮厅起运至大通桥，由大通桥监督接运至京，并令领运官自行管押赴局交收，倘有短少，亦令运官添补。其由部派往驻札张家湾监督一员，即行停派。云南原委之转运官亦裁去一员，止留杂职一员移驻通州，协理投掣文批之事。至二十六年（1761）复议铜斤至京，既有坐粮厅及大通桥监督为之转运，且领运官既押铜至局，则一应文批，自应由运官办理，无庸更委一员承办。令云南将转运之杂职官一并撤回。又定铜斤自通州运局限期，并预行拨解车价之例。户部奏言铜斤到通，交坐粮厅由五闸运至东便门外，令大通桥监督用车运局，统计应定限两月，全数进局。间值漕粮同时并到，及阴雨泥泞，实在不能依限到局，即令坐粮厅及大通桥监督详报仓场侍郎，查明咨部展限。至铜觔自滇至通，一应水陆脚费，系给发领运官随带应用，其自大通桥运局车价银，应令云南预行拨解，坐粮厅存贮以待。临期，按运给发。从之。"张家湾今仍名，为北京市通州区张家湾镇。

五　交铜纪事

地　　点：北京

时间起迄：道光二十一年八月十六日至二十二年二月三日

　　　　　（公元1841年9月30日至1842年3月14日）

道光二十一年八月

十六日，丁酉，晴。晨，赴局阅视。前头剥船于初七日到，兆熙等已收铜四十余万斤贮局矣。饭后，往候滇运董子襄刺史_{宗超}、余宗山刺史_{崇本}、薛晋甫刺史_{文康}，黔人。[1]夜，月明，仍有晕。

十七日，戊戌，晴。收铜入局。尹晓湖来。

十八日，己亥，阴。饭后往谒何、乌二坐粮厅，[2]候通州刘刺史_{延熙}，黔人，[3]均不值。复候项仙舟、尹晓湖泊经办文件之金姓吏典。尾剥船未至。

十九日，庚子，晴。剥船皆至。收铜。

二十日，辛丑，晴。雇车入都，寓樱桃斜街贵州老馆_{通州至京，陆路四十里}。[4]

二十一日，壬寅，晴。往晤户部清吏司书吏王朴亭，[5]交付应投文件。晚，刑部主政杨春桥_{柄桯}来，[6]余丁酉滇闱分校所得士也。[7]

二十二日，癸卯，晴。往候滇运侯寄舫大令晟，渠系己亥加运二起铜至京，[8]尚未交局。

二十三日，甲辰，晴。雇车回通州，知铜已于二十一日收毕。

二十四日，乙巳，晴。往候王对山大令泊庆宝斋通守。

二十五日，丙午，晴。铜局夫役捆铜。江苏接运黔铅李季方县佐_琮来。[9]

二十六日，丁未，晴。捆铜。往答李季方拜。

二十七日，戊申，阴晴。捆铜。晚，闻雷。

二十八日，己酉。晨雨，北风凄厉，始有寒意。捆铜。

二十九日，庚戌，晴。捆铜。

三十日，辛亥，晴。捆铜。

注　释

[1] 据民国《新纂云南通志》卷十三《历代职官表二》，董宗超，字子襄，江苏上元（今江苏南京市）人，道光时期，曾任大理府云南县知县、

云龙州知州；曲靖府沾益州知州、马龙州知州、宣威州知州；丽江府中甸厅同知。余崇本，字宗山，湖南长沙（今湖南长沙市）人。道光期间，曾任大理府赵州知州；曲靖府平彝县知县、宣威州知州。薛文康，字晋甫，贵州毕节（今贵州省毕节市）人，道光期间，曾任云南府晋宁州知州。

[2] 坐粮厅：户部总督仓场侍郎（分驻通州新城，掌仓谷委积、北河运务，满、汉各一人）属官，满、汉各一人，满员由六部、理藩院郎员，汉员由六部郎员内简用，掌转运输仓，及通济库出纳。据《清史稿》卷一百一十四《职官一》。何、乌二人及金姓吏典皆系户部属官，其详难考。

[3] 刘延熙：据光绪《顺天府志》第八十一《州县表上二》，系贵州大定（今贵州省毕节市大方县）人，道光二十年（1840）五月至二十二年（1842）五月为通州知州。

[4] 贵州老馆：即老贵州会馆，建于康熙五十四年（1715），清代创建最早的贵州会馆。樱桃斜街，今仍名，在北京市西城区。北京贵州会馆共有7所，分别是明万历二十年所建的贵州东馆，清雍正时期（1723—1735）所建的贵州西馆、乾隆年间（1736—1795）所建的贵州中馆、嘉庆二十二年（1817）所建的贵州新馆、光绪十年（1883）所建的贵州南馆，以及民国初年即已无存的校场二条胡同的会馆（参见杨祖恺：《北京贵州会馆始末谈》，《贵州文史天地》，1994年第2期）。

[5] 户部：中国古代负责户口、钱粮、土地、财政的中央部门，初设于隋，沿用至清，但相同的职能机构起源甚早。乾隆《钦定历代职官表》卷六《户部》载其起源、变革颇为简要，其云："《帝典》舜命契为司徒，《周官》司徒掌邦教、敷五典、扰兆民，此地官之始。汉代尚书郎虽分主户口、财帛，而司农、少府二寺综治钱谷。自魏立度支一曹以理财赋，厥后左民、右户建置相沿，国用始归南省。至隋唐定为六部，而户部所掌遂当《周礼》地官之任。然司农、太府两卿（北魏改少府为太府）历代尚兼置不废。逮明太祖罢司农等官，职乃尽归户部矣。惟是自魏晋以来司农但领仓储，太府独司库藏，户部虽有金、仓二子部，而出纳、给受之事仍以属之两寺，盖曹司繁剧、财计事重，一切委输勾检，不能不别有专司者，势也。故明代虽并其事于户部，而中叶分设仓场侍郎专督粮储，不治部事，仍无殊前代司农卿、太仓令之职守。至本朝户部三库即唐宋之太府、左、右藏

库，而特简大臣综理，月要岁会，以受其成则，又近于唐之度支使、宋之三司使。虽职事原属相关，而司存所在，不可不详加条别。"户部主官为尚书，副官为左、右侍郎，明代皆各一人，清代户部尚书满汉各一人，左、右侍郎亦满汉各一人。

清吏司：明清时期六部直属的办事机构，各有若干，明洪武二十九（1396）初设。户部诸清吏司，明清皆以省名命，明代有浙江、江西、湖广、陕西、广东、山东、福建、河南、山西、四川、广西、贵州13个司，清代有山东、山西、河南、江南、江西、福建、浙江、湖广、陕西、四川、广东、广西、云南、贵州14个司。各清吏司官员，主官称郎中，正五品，副职称员外郎，从五品，明代皆各1员。清代，满汉并置，各司根据事务繁简，1~3人不等。据乾隆《钦定历代职官表》卷六。

王朴亭：据后文，字质夫，其他难考。

[6] 杨柄桯：字春桥，亦作炳锃、柄锃。据《明清进士题名碑录索引》系云南邓川州（今云南省大理市洱源县），道光十八年（1838）三甲第五十三名进士。清代职官并无主政之名，或为主事之别称。主事，中下层官僚，各部皆设，刑部主事，职在员外郎之下，正六品。

[7] 丁酉：即道光十七年，1837年，是年，黎氏调为云南乡试同考官。

[8] 侯晟：字寄舫，据民国《新纂云南通志》卷十三《历代职官表二》，道光期间，曾任云南府昆明县知县；曲靖府南宁县知县、宣威州知州；普洱府思茅厅同知；景东直隶厅同知；皆失载籍贯。己亥：即道光十九年，1839年。

[9] 铜、铅运京，嘉庆时一度采取接运方式，由滇黔运员运至湖北，由湖北委员运至江苏，再由江苏委员经运河运至北京，如接力，故谓接运。嘉庆十一年以江苏站船紧张，废止，仍由滇黔运员通程长运至京。此时，皆为长运，与黎氏基本同行之黔铅运员尹晓湖，成功运送至京交足铅数后，还与黎氏等一同引见皇帝，绝非仍是"接运"。然则，此江苏接运委员之来者，不知所为何事，其间当有他情。李琮，字季方，县佐官，难考其详。

道光二十一年九月

九月初一日，壬子。晨雨。捆铜毕。

初二日，癸丑，阴。具文申坐粮厅。验铜连日。遣人助项仙舟押剥船至大通桥。[1]

初三日，甲寅，晴。

初四日，乙卯。五更，风雨凄然。日来，关东料豆至坐粮厅验收，[2]竟置铜于不问。

初五日，丙辰，晴。过候王对山、项仙舟、尹晓湖。午后，登城游览，秋空晴爽，遥见东北蓟、辽诸山苍翠排列，[3]郭外寒烟衰柳点缀秋光，惜人家无菊花可买。玩学使者方按试于此，[4]市肆售书帖颇多，往购二种归。

初六日，丁巳，阴。遣人赴坐粮厅催验铜。

初七日，戊午，晴。遣田贵送尾剥抵通文入都，交王质夫朴亭处。

初八日，己未，晴。令舟人熟悉者赴大通桥觅寓所，定住月河寺。[5]

初九日，庚申，晴。偕兆熙、姚生复登城堞游眺。是日，霜降。[6]

初十日，辛酉，晴。王对山、尹晓湖来。

十一日，壬戌，晴。过候余宗山。

十二日，癸亥，晴。坐粮厅来局验铜。大风飞沙眯目。[7]

十三日，甲子，晴。无船，未发剥。余宗山来。

十四日，乙丑，阴晴。石坝管河州判厉维梁者，[8]给船剥铜四万七千斤，派张升等四人押剥赴大通桥去。午后，州判遣人来报，明日剥料豆，不能给铜帮剥船，盖剥船系州判专管也。余以其故意延搁，将晚，往谒坐粮厅乞船。乌凌阿者出见，[9]盛气凌人，出言不逊，可怪也。

十五日，丙寅，阴晴。州判给船二只，派胡五等押剥前去，兆熙雇车由陆路先赴大通桥。寓月河寺僧房，命田贵同往。

十六日，丁卯，晴。州判给船五只，派杨洪等十人押剥去。

十七日，戊辰，晴。州判给船五只，派叶兴等十人押剥去。

十八日，己巳，晴。押剥人等未还，停上载。

十九日，庚午，晴。州判给船五只，派张升等十人押剥去。自局运铜至闸口上剥船，街路半里许，背夫沿路窃铜，隔数丈许派一人看视，数日来纷纷扰扰，照管维艰。余往来梭织督查，亦疲倦甚矣。

二十日，辛未，阴。州判给船四只，将铜全数发剥讫，派叶兴等八人押往，余及姚生雇轿车二辆，携行李由陆路赴大通桥。申刻，抵月河寺。桥局收铜。

二十一日，壬申，晴。桥局收铜。

二十二日，癸酉，阴。饭后入城，命人觅寓馆。晚，宿老馆水晶宫。

二十三日，甲戌，阴。拟即住水晶宫，行李衣被存留看管人所。午后出城。桥局收铜毕，遂捆铜。

二十四日，乙亥，阴。捆铜。是日立冬。

二十五日，丙子，晴。捆铜。

二十六日，丁丑，晴。命兆熙先移寓老馆内，行李物件，饬役陆续搬移。

二十七日，戊寅，阴。捆铜。

二十八日，己卯，晴，大风。饭后入城，即归。捆铜。

二十九日，庚辰，晴。捆铜。

注　释

[1]　大通桥：据嘉庆《重修大清一统志》卷九《顺天府·桥梁》在京城东便门外。光绪《顺天府志》第四十七《津梁·大兴县》："大兴县曰大通桥，京城东便门外，跨通惠河，亦名大通，故以氏桥。明正统三年（1438）五月建，正德二年（1507）修，隆庆二年（1568）工部郎中崔孔昕又修。国朝康熙中（1662—1722）重修。"桥今已不存，但旧址处有明城墙残迹，今已辟为明城墙遗址公园。

[2]　关东：即山海关以东，今东北地区。

[3]　蓟、辽诸山：蓟，北京地区古称，清代顺天府东仍有蓟州。辽，辽河，在关外北方，出东北方山海关可达。蓟、辽诸山当泛指北京东北向诸山，即燕山山脉的东北段。燕山，嘉庆《重修大清一统志》卷六《顺天府·山川》："燕山在蓟州东南五十五里，高千仞，陡绝不可攀，与遵化州及玉田接界。《隋书·地理志》：无终县有燕山。"

[4] 酕：音同万。酕学使者：未见此官职，就但酕有相习既久而生懈怠之意，其就其文中其所为之事"按试于此"看，似为提督学政之别称。《清史稿》卷一百一十六《职官三》："提督学政，省各一人。以侍郎、京堂、翰、詹、科、道、部属等官，进士出身人员内简用，各带原衔品级。掌学校政令，岁科两试。巡历所至，察师儒优劣，生员勤惰，升其贤者能者，斥其不帅教者。"

[5] 月河寺：北京东郊著名寺院。光绪《顺天府志》第十七《京师志·寺观二》："月河寺在朝阳门外南，月河梵院僧道深别院也。池亭幽匹，甲于都邑（《春明梦余录》）。古名宝藏寺，相传有一粟轩、聚星亭诸迹，已圮废矣（《旧闻考·八十八》程敏政《月河梵院记》，月河梵院在朝阳关外南首宿之西院，后为一粟轩，曾西墅道士所题。轩前峙以巨石，西辟小门，门隐花石屏。屏北为聚星亭，四面皆栏槛。亭东石盆高三尺，夏以沈李浮瓜者。亭前后皆石，少西为石桥，桥西雨花台上建石鼓三。台北草舍一，楹曰'希古'。东聚石为假山峰四，曰云根、曰苍云、曰小金山、曰璧峰。下为石池，接竹引泉，水涓涓自峰顶下池，南入小牖，为里屋。屋南小亭中庋鹦鹉石，重二百斤，色净绿，石之似玉者。凡亭屋台池悉编竹为藩，诘曲相通。自一粟轩折而南东，为老圃，圃之门曰'曦先'，其北藏花之窖，窖东春意亭，亭四周皆榆柳，穿小径以行。东有板桥，桥东为弹琴处，中置石琴，上刻曰'苍雪山人'作。少北为独木桥，折而西为苍雪亭，亭下为击坏处，有小石浮屠。循坡迤东上，为灰堆山，山有聚星亭、望宫阁，历历可指。亭东曰竹坞，下山少南，门曰'看海'，结松为亭，踰松亭为观澜处。远望月河水自城北逶迤而来，触断岸，潺潺有声，别为短墙以嶂风雨曰'考盘'、'榭盘'，旋而北，门曰'野芳'。少南为蜗居，东为北山晚翠楼苑。僧道深通儒，书宣德中住西山苍雪庵，赐号园融，显密宗师，后归老，乃营此自娱，自称苍雪山人）。"

[6] 霜降：中国传统二十四节气之一，太阳位于黄经210°。霜降节气含有天气渐冷、初霜出现的意思，是秋季的最后一个节气，意味着冬天的开始，后一节气即立冬。霜降在每年公历的10月23日左右。

[7] 大风飞沙：即今所谓之沙尘暴，即强风将地面沙、尘吹起，导致空气严重混浊，水平能见度小于1公里的天气现象。沙尘暴主要发生在干旱区少雨、无雨的冬春季节。

[8] 石坝：通州关隘，漕粮从此卸船陆运入仓，坐粮厅兼收铜事务后，京铜亦由此卸船陆运交部。嘉庆《重修大清一统志》卷九《顺天府·关隘》："石坝在通州城北，明嘉靖七年（1528）建。京粮从此盘入大通河。又土坝在州城东，通粮从此起车运入西仓、南仓、中仓。明万历二十二年（1594）建新闸以济漕。"康熙《通州志》卷三《坝闸》："石坝，在州城北关外，明嘉靖七年（1528）建，正兑京粮从此坝搬入通惠河。万历三十三年（1605）题定系通州判官管辖。军粮、经纪、水脚、船户，及白粮经纪、水脚、船户，大项人役催督漕白二粮，自石坝起运至普济等闸抵大通桥入京仓。本朝仍旧。"

管河州判：明清时期因地因事而设的事务性官员，一般由知州、同知、通判负责，在府为通判，在州为州判，在县为主簿，皆因事名职，类似的还有捕粮通判。《明会典》："景泰三年（1452）设山东府、州、县管河官"，是明清管河通判之始设，此后逐渐扩张到凡有一定河工、河务的府、州、县皆设。据乾隆《钦定历代职官表》卷五十九《河道各官表》。

厉维梁：其详难考。

[9] 乌凌阿：当即前文提及之坐粮厅满人主官。

道光二十一年十月

十月初一日，辛巳，晴。入城，召圬匠糊饰水晶宫墙壁。[1]午后归。

初二日，壬午，晴。捆铜。

初三日，癸未，晴。入城视馆舍，便道候经管崇文门税簿，并请发票验入之。[2]书吏王姓，所谓铜王其人也。又有管夫者曰夫王，管车者曰车王，管发钱者曰钱王，皆铜王之族。

初四日，甲申，晴。桥头局捆铜毕。

初五日，乙酉，晴，大风。入城候户部徐书吏、[3]工部路书吏、[4]皆经管铜斤交局事宜者也。各付车价二百金。候同运诸君，多不遇，晚归。

初六日，丙戌，晴。铜王来报，已请龙票出，[5]明日可发铜运局。

初七日，丁亥，晴。发车运铜，由东便门赴户局，[6]余亦雇车至局阅视。

初八日，戊子，晴。发车运铜赴户局。

初九日，己丑，晴，大风。发车运铜赴户局。

初十日，庚寅，晴。户局铜运毕。午后发车运铜，由齐化门赴工局。[7]

十一日，辛卯，晴，大风扬沙，尘埃眯目。发车运铜赴工局。余自月河寺移寓入贵州老馆。寄家书，浼同乡武孝廉池君携回黔。[8]

十二日，壬辰，晴。出城至月河寺捡查遗物。[9]工局铜亦运毕。姚生因暮留寺。

十三日，癸巳，晴。姚生移寓入馆，余赴工局阅视。铜入局后，须人看守，户局派张升、晏发、陈二家中雇工、石小七轿役四人，工局派杨洪、陈贵轿役二人。[10]

十四日，甲午，晴。徐孝廉彬来，渝守徐梅桥公子也。[11]杨春桥来。

十五日，乙未，阴。晨，谒王滿唐侍郎同年玮庆，[12]以现管户部钱法堂事务也。并候徐孝廉、项仙舟。方既堂编修墉来，余戊寅浙闱荐卷生，戊戌始馆选，科名亦太晚矣。[13]夜五更，雪作。

十六日，丙申，雪深数寸。

十七日，丁酉，阴。

十八日，戊戌，晴霁。过候方既堂、杨春桥。夜雪。

十九日，己亥，阴。往晤王质夫。

二十日，庚子，晴。大风。

二十一日，辛丑，晴。王滿唐侍郎赴户局验铜、铅，余及项仙舟、王对山、尹晓湖偕往。姚生移寓入馆后，十五日即感冒伤寒，服药不效，今夕病加剧。

二十二日，壬寅，晴。工局路书吏，字康庄者来。[14]项仙舟来。

二十三日，癸卯，晴。李蘅石博士秉钧来，前滇之顺宁令也。[15]

二十四日，甲辰，阴。往谒祁春浦尚书同年寯藻、杨叠云正詹同年殿邦、石愚泉比部同年纶、程春岚学士同年铨、朱东江刺史同年绍恩。[16]复偕项仙洲过余宗山，商办卖余铜事。

二十五日，乙巳，阴。尹晓湖、余宗山、庆宝斋、石愚泉、杨叠云、祁春浦均来。敝裘不堪，始买黑羔、狐腿皮衣二件。

二十六日，丙午，晴。黔铅运陈涵斋大令图南，任兴义县、[17]徐编修相来。程春岚来。王质夫招赴广德楼剧。[18]

二十七日，阴。[19]孙小柏椿来，前大姚尉也。[20]与余同事半载，出差赴豫，[21]加捐河工主簿，[22]至京复聚晤焉。湖北接运黔铅陈岐山通守凤辉来。[23]李县佐琮来。

二十八日，戊申，晴。杨春桥、薛晋甫来。往候陈岐山、孙小柏、李君琮。

二十九日，己酉，晴，大风。徐孝廉彬招饮文昌馆，[24]余宗山招饮邸寓。

三十日，庚戌，晴，大风。户局徐书吏字戟园者来。[25]

注　释

[1]　圬：音同乌，圬匠，指粉刷匠。

[2]　崇文门：北京南城门最东的一座城门，本是元大都城十一座城门之一，名文明门，民间俗称哈德门、海岱门，夯土筑造。明建北京城，改十一门为九门，文明门依旧，但改名为崇文门，清因之。崇文门以居城南，商民云集、视野开阔，自来入京文人登楼观景、题咏颇多。崇文门设有税关，统管入京九门之税。乾隆十八年（1753）定例，京师崇文税十万二千一百七十五两有奇凡直省商货入京均分地道按数科税，照部颁见行《条

例》征收。一左翼、右翼税，各万两，凡八旗买受田房皆验契钤印计价，每两收税银三分；牲畜之陈于街市者，计价亦每两收税三分，入店则按牲畜之大小征收。一通州分司税一万二千六百四十七两有奇，凡水陆货物皆计价科税；伏地货每价一两征银八厘起；京货每价一两征银三厘，惟糯米按石、牲畜按数，油进店、出店按篓，曲进店、出店按块；通州张家湾酒糖铺、零剪紬绢铺，分别上中下三行，按月科税；均照部颁见行《条例》征收（据《钦定大清会典则例》卷四十七《户部·关税上》）。

据《云南铜志》卷三《京运·应纳关税》："其应纳崇文门税银，均系运员在京，自赴崇文门完纳。"故黎氏亲至完税。

[3] 书吏：明清时期各国家机关编制外聘用的专门从事文书处理、档案管理的专业文职人员。他们一般精通律例，熟悉政府文书处理规范和流程，并且由于来源于地方社会，对地方事务、人情极为熟悉，往往能左右地方朝廷命官的决策行为，是官僚社会顺利运转的重要保证，也是危害其健康的主要隐患。徐书吏，其详难考。

[4] 工部：中国古代负责国家营造、制作的部门始设于隋代，明清智能趋于完善，掌天下工虞器用，辨物庀材以饬邦事。工部之官，源于《尚书·舜典》司空、共工之官及《周礼》冬官，职事比较分散，秦汉将作大匠、少府等皆掌其事。工部主官为尚书，副官为左、右侍郎，明代各一人。清代尚书，满汉各一人，左、右侍郎亦满汉各一人（据乾隆《钦定历代职官表》卷十四《工部表》）。路书吏，其详难考。

[5] 龙票：疑指户部开出的可运铜入库之凭证，以印有龙纹，故俗称龙票。

[6] 东便门：明朝嘉靖四十三年（1564），明廷为防御蒙古骑兵骚扰，在北京城南修建了一面包围南郊部分土地的外城，外城最东端的门就是东便门，本称东偏门。东便门是北京至今保存下来的城门之一，有城楼、箭楼、角楼，及约一公里长的城墙，其中城楼为全国文物重点保护单位。

户局：即户部宝泉局，户部负责铸造钱币的专设机构。

[7] 齐化门：元大都城十一门之一，明代改建北京城，减十一门为九门，重新命名各城门，齐化门改名为朝阳门，是城东的两座城门之一。从元至清，朝阳门皆是漕粮出入的城门。门内即散布京城各粮仓。

工局：即工部宝源局，工部负责铸造钱币的专设机构。

[8]　武孝廉池君：即武池。道光《遵义府志》卷三十二《选举》未载此人，或仅为贵州同乡，非同为遵义籍。

[9]　遗物：此处当作两字解，遗忘之物、遗留之物，指上日从月河寺搬入贵州老馆后，尚遗留在月河寺的行李物件，不是去世之人所留之物。

[10]　此诸人张、晏、杨已见上文，诸轿夫皆难考。

[11]　徐彬：其详难考。

[12]　王蔼唐（1778—1842）：名玮庆，字袭玉，号蔼唐。山东诸城（今山东省潍坊市诸城市）人，清朝大臣、文士。嘉庆十九年（1814）进士，与黎氏同科，故称同年。王蔼唐及进士弟后，选为翰林院庶吉士，后授吏部主事，升员外郎，转福建道监察御史，改署江西道。迁内阁侍读学士。升顺天府丞，又迁大理寺卿、光禄寺卿，左副都御史，升礼部侍郎调户部，署刑部右侍郎。咸丰《青州府志》卷五十《列传》、光绪《增修诸城县续志》第十二皆有传，其兄王琦庆，同榜进士，亦当时名臣，名声玮庆上。钱法堂，清代负责铸造钱币的专门机构，户部、工部各一，皆由满汉右侍郎兼理。乾隆《钦定历代职官表》卷十六《户工二部钱局表》："京师鼓铸统设二局，隶户部者曰宝泉局，岁铸钱六十一卯（以万二千四百八十缗为卯），隶工部者曰宝源局，岁铸钱七十一卯（以六千二百四十九缗二百七十文为卯），遇闰则皆加铸四卯。其局之政令各以其部之右侍郎掌之。初止汉人右侍郎一人，康熙十八年（1679）令满洲右侍郎一人公同管理。"

[13]　方塽：字既堂，编修，即翰林院编修。方塽以戊寅年中举，时为嘉庆二十三年（1818），戊戌年成进士，即道光十八年（1838），中举后二十年方成进士，故云科名太晚。

馆选：即举子中进士确定排名后，集诸进士于保和殿，试以论诏奏议诗赋，录其佳者，进其优异者，选入翰林院任职。

翰林院，初设于唐，但起源甚早，乾隆《钦定历代职官表》卷二十三《翰林院表》载起源、变革："翰林院为儒臣华选，前代为是官者多视朝廷简用而未尝设为定制。自汉以来或在内省，或在外司，或为专职，或为兼领，其建置纷殊，名号同异，未可仆数。世之缀述旧闻者以其均有文翰端司，一概征引以为词林故事，而详考其实，与今之翰林院固有未能一一相准者。盖尝折衷而榷论之，自古文学之任为儒臣，典领者曰制诰、曰国史、曰撰辑、曰书籍，大约不外此数端，而又有侍从左右以备顾问者，则并无定制。综其大概，如周之左右史，及汉东观，唐宋史馆之类，为国史之任，历代著作为撰辑之任；汉魏以来秘书，及唐宋昭文集贤之类为书籍之任；皆有省署员额为职事官，如汉之待诏金马门，诸吏文学，及宋总明观、梁寿光殿、陈西省、北齐文林馆、后周麟趾殿之类，则即所谓侍从左右者，皆用他官入直，而未尝置为定职。若夫翰林之名，则其初专为制诰而设。盖自《周官》内史掌策命，外史掌外令，已为珥笔权，与汉魏以来职在尚书、中书，至唐特建翰林院于禁中，置学士，以专司内命，而翰林之官始重沿袭，至今称为华选。然唐宋所谓翰林学士者，其职在于参受密命，发演丝纶，乃如今军机大臣之承旨书宣，而于他事固无所预。故其时国史著作之官仍以文史著述各守职司，别为一署，不相统摄。自明代改定官制，举历代所为国史、著作之属悉废不置，独并其所掌于翰林院，于是翰林遂为职事官。虽沿用唐宋学士院旧名，其实即历代国史、著作之任，与唐宋之典内庭书诏者，迥不相同矣。我朝……国初翰林与内阁通为内三院，其后改设专署，而凡诏册词命之事尚多由院撰拟。虽其事皆唐宋中书所行之外制，与学士院内命稍殊，而典诰、司存实与翰林本制相合。至侍从禁近，自康熙十六年始命侍讲学士张英等入直南书房，嗣后供奉笔墨者率由词臣抡选，即擢至卿贰，亦称内廷翰林，实为西清专职，盖如古侍中、待诏之比，而恩遇倍优。"清代翰林院主官为掌院学士，清初以后皆以礼部侍郎兼任，由新科进士充任者依次为修撰（从六品）、编修（正七品）、检讨（从七品），第一甲第一名进士授修撰；第二名、第三名及第二甲进士授编修；第三甲进士授以检讨，皆以庶吉士散馆者充之。其试博学鸿词科入试，及奉特旨改馆职者，亦间得除授，不为定额。

[14] 路康庄：其详难考。

[15] 李蘅石博士秉钧：博士李秉钧，字蘅石。博士，其官起源于先秦，最晚在战国时已经出现，班固称六国时往往有博士。秦设博士官，以博通古今而名，无具体政事执掌，但能参与朝廷大议，备左右顾问。有额员七十余名，弟子员数百名。汉初因之，名额减少，武帝立五经博士后，又增广博士弟子，名额渐多，是朝廷选官一途。秦汉博士皆隶太常寺管理。

至三国曹魏，太常中负责赞礼引导者亦名博士，由此博士系统分化为两支，一支负责赞礼引导，一支负责太学。至隋朝，太学从太常寺中分离出来，博士正式分为太常博士和太学博士两大系统。在太常系统中，太常寺卿为主官，博士掌缮写章牍有祀事则具仪以进品物，明清皆为正七品。在太学（国子监）系统中，祭酒为主官，博士为太学所设各学科的主讲者和学生学业、思想督导者，明代为从八品，清代为从七品（据乾隆《钦定历代职官表》卷二十七《太常寺表》及卷三十四《国子监表》）。顺宁，云南顺宁府属县，府治所在，今为云南省临沧市凤庆县，顺宁有滇西最大的铜厂。李秉钧既前为顺宁知县，已是正七品，则此时为博士，当为太常博士，属平级调动，若为国子监博士，则为贬官，似无由。

[16] 此诸人皆嘉庆十九年（1814）黎氏同榜进士。祁寯藻（1793—1866），字春圃（又字淳浦，或是黎氏写作"浦"的缘由）山西寿阳（今山西省晋中市寿阳县）人，清朝晚期名臣。嘉庆十九年进士，选庶吉士，授编修。道光元年（1821），入直南书房。出督湖南学政，累迁庶子。十一年（1831），迁侍讲学士，历通政司副使、光禄寺卿、内阁学士。十六年（1836）授兵部侍郎、督江苏学政，历户部、吏部侍郎，留学政任。十九年（1839），以钦差同侍郎黄爵滋视察福建海防及禁烟事，擢左都御史、兵部尚书。二十一年（1841）调户部尚书，为军机大臣。二十九年（1859）以户部尚书协办大学士。文宗即位，拜体仁阁大学士，仍管户部，咸丰元年（1851），调管工部兼管户部三库。二年（1862）调户部，太平军势力日盛，上言谏阻铸大钱。四年（1854），致仕。十年（1860），英法联军犯津、京，皇帝逃往热河，寯藻谏阻，并言可建都关中。穆宗即位，特诏起用，上《时政六事疏》，得次弟施行。以大学士衔授礼部尚书。同治元年（1862），穆宗入学，命直弘德殿，授读。五年（1866），卒。晋赠太保，祀贤良祠，谥文端。祁寯藻为三任帝师，倡导朴学、延纳寒素，忠君爱国，敢谏敢言，清正廉能，道、咸、同间长期为仕林领袖。《清史稿》卷三百八十五有传。

杨殿邦（1777—1859）：字翰屏、号叠云，安徽泗州（今江苏省淮安市盱眙县）人。嘉庆十九年（1814）进士，选庶吉士，历官顺天乡试同考官、河南乡试正考官、云南学政、监察御史、太仆寺少卿，詹事府詹事兼顺天府尹，出为山东乡试正考官、贵州按察使、山西布政使，入为内阁学士兼礼部侍郎、仓场总督兼户部侍郎。道光二十四年（1844），出为漕运总督，抵御洋人侵略有功。咸丰三年（1853），率军阻击太平军于扬州，兵败革职，戴罪作战，九年（1859）卒于军中，恤赠太仆寺卿，荫一子。咸丰《泗虹合志》卷十一《乡宦》有传。

正詹：即詹事府詹事，为詹事府主官，故称正詹，清代为正三品。清代雍正后，定制不立太子，故其詹事之职迥异于前代。乾隆《钦定历代职官表》卷二十六《詹事府表》云："詹事之名始于秦汉。应劭谓：'詹者，省也、给也。'盖其职在于供给宫中之事，故自太后、皇后、太子，皆有之掌。太后官者曰长信詹事，掌皇后、太子官者则曰皇后詹事、太子詹事。汉景帝始改长信詹事为长信少府，成帝又并皇后詹事于大长秋，而独存太子詹事以主太子家事，自是遂为宫官之定名。历代每建储宫，即置此职。唐宋始以儒臣兼领，明则由翰林官升转。其制稍殊，而其为东宫官属则固未尝有异也。我国家万年垂统，睿虑深长，家法相承，不事建储册立……詹事府各员特姑留以备词臣迁转之阶，与翰林官无异""掌经史文章之事。凡充日讲官、纂修书籍、典试提学，皆与翰林官同。凡遇秋审、朝审，及奉旨下九卿、翰、詹科道会议之事咸入班预议焉。"詹事府詹事满洲、汉人各一人，正三品，汉人詹事兼翰林院侍读学士衔。少詹事满洲汉人各一人，正四品，汉人少詹事兼翰林院侍讲学士衔。黎氏在京交铜时，正是杨殿邦为詹事府詹事之时。

石纶（1770—1844）：字纬昭，号愚泉，又号如轩，安徽宿松县（今安徽省安庆市宿松县）人。嘉庆十九年（1814）进士，选翰林院庶吉士。历官玉牒馆协修，文渊阁检校管理、宗人府主事、刑部湖广司主事、直隶司员外郎。道光五年（1825）湖南乡试主考官（乙酉科）、二十一年（1841）会试同考官（辛丑科）。卒于任。道光二十八年（1828）诏入崇祀乡贤祠。民国《宿松县志》卷三十六下《列传·儒林》有传。

程铨：字春岚。据《明清进士题名碑录索引》，直隶顺天府大兴县（今北京市大兴区）人，三甲第五十九名进士。

朱绍恩：据《明清进士题名碑录索引》，系广西临桂（今广西省桂林市临桂区）人，二甲第九十二名进士。其女朱碧筠为晚清名臣张之洞之母。东江，清代无东江州，然思东江为广东大河，主要流域在广州东北粤东惠州府一带，然查《惠州府志》并无其人。

[17] 兴义县令陈图南，号涵斋。据咸丰《兴义府志》卷四十七《兴义县职官表二》，陈氏系南城（今江西省抚州市南城县）人，道光十七年（1847）署理兴义知县。兴义，贵州兴义府属县（今贵州市兴义市）。

[18] 据前当漏一"观"字。

[19] 当漏书该日干支"丁未"。

[20] 孙椿：字小柏。大姚：云南楚雄府属县，今为云南省楚雄彝族自治州大姚县。县尉，秦官，设于县级政权的负责一县治安和盗贼抓捕事务的专门机构，秩在县令（长）之下，为佐官。秦以后历代相沿，惟在唐代，各县根据自身事务繁简和重要程度形势，设县尉1~4人不等，"分判众曹，收率课调"，负责一县各项工作的具体执行。黎氏道光十八年（1838）任大姚知县，二十年（1840）以运铜去职，二十二年（1842）铜差毕，回任。道光《大姚县志·官师志》未录县尉名单，其详难考。

[21] 豫：河南的简称，以地处《禹贡》豫州地而得名。

[22] 主簿：中国古代官名，初见于秦汉史籍，自秦至清皆设，为主管文书的官吏。《文献通考》卷六十三《职官考十七》："盖古者官府皆有主簿一官，上自三公及御史府，下至九寺五监以至州郡县，皆有之。所职者簿书。"隋唐以前，主簿皆为长官亲信之吏，皆择善文书而机敏能干者为之，实际权势颇重。魏晋以降，战乱频仍，统兵开府之大臣，多以其幕府主簿参预机要，总领府事，权力发展到顶峰。隋唐以后，部分官暑和地方各级政府仍设，仍负责文书工作，但已很少能进入主官的决策圈。元代诸寺、监、院低级文书人员，或称主簿、或称典簿。明清时期，中央官署中太仆寺、鸿胪寺、钦天监的文书官称主簿，太常寺、光禄寺、国子监称典簿，县衙仍称主簿，地方事务性机构如运河管理、河工建造等，也设主簿官管理文书，一般为九品官，品秩虽低，仍是国家编制的正规官员。河工主簿，即负责某地河道管理维护建造机构的文书官员。

[23] 陈凤辉：字岐山。通守：清代官场对通判的别称。未言陈氏为何处知府，其详难考。

[24] 文昌馆：时北京书行商人建有专门会馆名文昌会馆，黎氏所与会饮者，或即此类会馆，然后文多次提及此馆，皆往观剧，或亦当时剧院也。

[25] 徐戟园：其详难考。

道光二十一年十一月

十一月初一日，辛亥，晴，大风。往候李蘅石、王对山。晚，过路康庄议部费。[1]

初二日，壬子，晴。招王、徐、路三书吏洎孙小柏观剧。晚，饮鹿鸣堂，吏至者仅路康庄一人。

初三日，癸丑，晴。往候董给事宗远，[2]子襄刺史兄也，[3]并候石愚泉洎同乡黄主政辅辰、路主政璋。[4]何主政杓朗来，余丁酉滇闱分挍荐举生也。[5]

初四日，甲寅，晴。杨春桥招饮，财盛堂观剧，[6]同席何编修其仁、[7]李兵部汝楳、甘检讨受先，皆滇人。

初五日，乙卯，晴。往候路兰坨璋，[8]并过何君杓朗，晚过路康庄议费。夜大风。

初六日，丙辰，晴。工局传挑铁铜，[9]辰刻往，申刻归。夜，过徐戟园议部费，允。

初七日，丁巳，晴。辰过路康庄，议费再四，始允。黄主事辅辰、孙小柏、李蘅石来。

初八日，戊午，晴。赴工局交铜十万斤。

初九日，己未，晴。赴工局交铜十六万斤。是日，大驾出正阳门至皇穹宇宿坛，[10]余车至大栅栏口，[11]驾方过毕。正阳中门启，[12]车马纷纷出入。余禁仆夫，由右门，不从，亦从中门出焉。夜五更，大风。

初十日，庚申，晴。大驾郊祀礼成，[13]卯刻，回宫。赴工局交铜十万斤，共交三十六万斤毕。

十一日，辛酉，晴。往候同乡黄医兑楳、李医济川，西江人，为姚生病延治也。[14]

十二日，壬戌，晴，大风。赴户局交铜十八万斤。以出城道远，移衾枕寓局内。局夫头张九者饶于财，局内事听其指使。一切嘱伊照拂，屋舍精洁，馆馔丰美，官吏咸来聚饮，亦渠为馆主也。

十三日，癸亥，晴。户局交铜十六万斤。

十四日，甲子，晴。钱法堂赴局验庆、陈二君铜、铅，停秤未收，余归老馆视姚生病，晚仍赴局宿。

十五日，乙丑，晴。户局交铜十五万斤。

十六日，丙寅，晴。户局交铜十六万斤。

十七日，丁卯，晴。户局交铜七万斤，共七十二万斤足数。移行李归馆寓。守铜丁役亦出局。铜运在泸，例载余铜二万四千四百五十斤，抵京后，如途中正、耗铜有沉溺或秤不足数，即以余铜抵补；若正项铜交足无亏，则余铜给运员变卖，除纳沿途关税外，余银归运员，以示体恤。此国恩也。故自夔关至崇文门，皆呈税簿，关吏注明纳税数目，到部总计应纳若干，仍檄运员解缴。此项余铜抵通，存贮民房，俟正、耗铜运局交清，禀请部给行知，赴通由坐粮厅验，方准运铜入都，发商售卖，乃定例也。近年都中铜价甚贱，乏商承买，有山右刘四者居奇垄断、抑勒运员。余偕余宗山、项仙舟筹议援例赴户部具呈，请入奏，恳官为承买。[15]晡后，往谒王薶唐侍郎，面嘱此事。

十八日，戊辰，晴。姚生自十月内染病，医治难痊，日益沉重。始则丁医、黄医，继则李医、刘医，及同乡朋好知医者，咸延请诊视，酌方医多至八九人，车马、药饵之资，余已费青蚨数十千矣。两局守铜、对铜，[16]势须多人照管，因渠病，兆煦日在馆理料汤药，家丁王福、叶兴等数人，日夕轮流侍疾，竟不获分身入局一顾。兑铜之日，侍余者无一仆。局门外看管未兑铜斤，雇他运丁役为之。此行直受渠累不浅。日来，危剩一丝，不能言语，余已决其必不起。有人荐钱医术甚精，延至索酬百金，浼人婉致，苟能起死回生，即如数酬亦可。开方服药，仍无效。

十九日，己巳，晴，大风。送户、工两局实收交广西司吏王质夫处，[17]项仙舟亦往，酌议官买余铜事，盖以承办一切，仍托王质夫故。姚生于申刻病殁，为备衣棺等物。

二十日，庚午，晴。巳刻敛姚生，同行丁役咸哭之。午后往谒王孚远囧卿维诚，前滇臬也。[18]并候侯寄舫大令晟、朱朵山户部昌颐、[19]前署滇元江牧周湘芸诵芬——莲塘师令子也。[20]余及为其属，[21]今以降捐散州牧在京，[22]往候，不值。复过薛晋甫、方既堂、余宗山。

二十一日，辛未，晴。巳刻，移姚生柩寄厝横街萧寺中。[23]午后，出候同乡杨心畲编修培、张尊五吏部仁政。[24]朱东江来。晚偕余宗山、项仙舟赴王质夫宅，议定卖余铜实领价银数目。

二十二日，壬申，晴。王对山招赴文昌馆观剧。杨心畲、张尊五来。

二十三日，癸酉，阴。候陆小雅户部员外郎以煊同年、苏韵庄户部主事应珂同年。[25]

二十四日，甲戌，晴。入内城候王莲舟侍郎同年炳瀛、[26]周篠山侍读同年春祺。[27]由东华门至景山后，[28]谒奎玉廷尚书同年照。[29]转西华门，[30]谒姚荐青学士元之。[31]至老墙根谒祁春浦尚书。过德胜桥下车，[32]睇视御河，[33]皆冻，冰上人纷纷踩踏游戏。西华门外一水尚流澌饮马，知地气未十分寒也。陆小雅、苏韵庄来。

二十五日，乙亥，晴。饭后，谒傅和轩都转同年绳勋、祝蘅畦副宪同年庆蕃，[34]并赴圣安寺视姚生柩。[35]晚，余宗山来。

二十六日，丙子，晴。王莲舟、祝蘅畦、周篠山来。杨春桥来。

二十七日，丁丑，晴。招尹晓湖、王对山、程涵斋观剧于宴汇堂。[36]

二十八日，戊寅，晴。董子襄来。馈王满唐侍郎土仪。

二十九日，己卯，晴。入内城候张奉轩同年梧，时任宗人府主事，[37]并谒杨叠云阁学、[38]祝蘅契副宪，不值。复过李蘅石、余宗山。

注　释

[1]　部费：案《云南铜志》京铜交部并无费用须交，或是非法陋规。

[2]　董宗远：董宗超之兄。

给事：即给事中，秦官而后世因之，但在秦汉为加官，入值禁中，随侍皇帝，备顾问，献纳得失。后汉章帝时省，魏复置，晋因之。南朝宋仍设，隶集书省，掌献纳、省诸闻奏，齐、梁、陈皆因之。北魏亦设给事中，有中给事中、给事中、给事的等级差别，又有选部给事中、北部给事中、南部给事中、主客给事中等的职掌差别，皆为正式职官实缺，但仍有加官。北齐仍设，与北魏颇不同，仿南朝隶集书省，仍入值禁中，掌讽议左右从容献纳。在后周，给事中隶天官府，掌理六经及诸文志，给事于帝左右。隋代亦设，改隶门下省，专职省读奏案，此后历代给事中皆有此职。唐代，给事中仍隶门下省，职掌更加具体和完善，有审读、驳正、监察诸事。经唐末五代之乱，宋初，给事中皆以他官兼任，元丰改制后，始有专职，其后复置门下外省，以给事中为长官，成为一个独立机构，又据唐时中书舍人分署尚书六曹例，以给事中分治六房，明代分给事中为六科，即根源于此。辽亦设给事中于门下省，职掌类于汉晋六朝。金亦有给事中，属宣徽院，但无门下省，特设审官院代行封驳之事。元代给事中兼掌起居注事。至明代，给事中制为之大变，初属通政司，后独立为一级监察机构，称六科都给事中。设吏、户、礼、兵、刑、工六科各都给事中一人，正七品，左右给事中各一人，从七品，给事中吏科四人、户科八人、礼科六人、兵科十人、刑科八人、工科四人，掌侍从规谏、补阙拾遗、稽察六部百司之事。清初，沿明制，六科自为一署。顺治十八年（1661）设满洲、汉人都给事中各一员，满洲汉人左右给事中各一员，汉人给事中二员。康熙四年（1665）六科止留满洲汉人给事中各一员，余俱省。五年（1666）复增设掌印给事中满洲、汉人各一员，雍正元年（1723），以六科隶都察院，听都御史考核，职掌基本与明代同。据《钦定历代职官表》卷十八《都察院表》。

[3] 子襄刺史：即前董宗超。

[4] 黄辅辰：据《明清进士题名碑录索引》系贵州贵筑（今贵州省贵阳市）人，道光十五年（1835）三甲第三名进士。

路璋：据《明清进士题名碑录索引》系贵州毕节（今贵州省毕节市）人，道光十六年（1836）二甲第五十九名进士。

[5] 何主政杓朗：即主事何杓朗，据《明清进士题名碑录索引》系曲靖越州人（今云南省曲靖市麒麟区），道光二十年（1840）年三甲第三十七名进士。丁酉：道光十七年，1837年。

[6] 财盛堂：其详难考。

[7] 同席：指同坐观剧者。何其仁：据《明清进士题名碑录索引》系云南昆明（今云南省昆明市）人，道光二十年（1840）三甲第一名进士。其字或为颐龄，已经前注。李汝楫，其详难考。甘受先，当为甘守先，据《明清进士题名碑录索引》系云南白盐井（今云南省楚雄市大姚县境）人，道光二十年（1840）二甲第三十四名进士。

兵部：六部之一，始设于隋，负责国家军事的机构，但历代名号、事掌各有侧重。《尚书·舜典》"皋陶作士"，士师为其时掌兵事之官，夏建六卿，司马为其一，掌兵事，商周以大司马掌邦政，统六师，平邦国，在《周礼》属夏官，掌五兵、五盾，各辨其物与其等，以待军事。秦统一，以太尉主军事，汉因之，元狩四年（前119）更名大司马。后汉建武二十七年（51）复旧名为太尉，公，掌四方兵事功课。三国魏设五兵尚书，谓中兵、外兵、骑兵、别兵、都兵，尚书郎有驾部、库部、中兵、外兵、别兵、都兵，青龙二年，增置骑兵。晋初无，太康中复设五兵尚书，又分中兵外兵各为左右，遂有七曹，但仍称五兵尚书，大体因循魏制。南朝宋初因晋制，宋世祖大明二年（458）省五兵尚书，顺帝升明元年又置五兵尚书、左氏尚书领驾部曹，都官尚书领库部曹，五兵尚书领中兵、外兵二曹。南齐左民尚书领驾部曹、都官尚书领库部曹、五兵尚书领中兵、外兵二曹。梁武帝置驾部、库部、中兵、外兵、骑兵等郎为五兵尚书，陈承梁制。北魏为七兵尚书，有驾部郎中、有库部属度支尚书等。北齐于尚书省置五兵尚书，六尚书分统列曹，殿中统驾部曹、度支统库部曹。又郑樵《通志》言北齐为五兵，统五曹。曰左中兵，掌诸都督告身、诸宿卫官。曰右中兵，掌畿内丁帐事、诸兵力士。曰左外兵，掌河南及潼关以东诸州丁帐及发召诸兵。曰右外兵，掌河北及潼闗以西诸州，所典与左外兵同。曰都兵，掌鼓吹大乐部、小兵等事。北周官品，正七命大司马，正六命小司马，上大夫正五命，夏官职方、兵部、驾部、武藏等中大夫正四命，夏官小职方、小兵部、小驾部、小武藏等下大夫，正三命，夏官小职方、小兵部、小驾部等上士，正二命，夏官司袍袄、司弓矢、司甲、司稍、司刀盾等中士，正一命。夏官司袍袄、司弓矢、司稍、司甲、司刀盾等下士。隋兼前代五兵之职，置尚书省兵部尚书，统兵部、职方、侍郎各二人，驾部、库部侍郎各二人，炀帝置六曹侍郎以贰尚书，诸曹侍郎并改为郎，又改兵部为兵曹郎，以异侍郎之名。唐因隋制，职掌更清晰具体，兵部尚书一人正三品、侍郎二人正四品下，掌天下军卫武官选授之政令。凡军师卒戍之籍、山川要害之图、厩牧甲仗之数，悉以咨之。其属有四，一曰兵部、二曰职方、三曰驾部、四曰库部，尚书、侍郎总其职务，而奉行其制命。宋亦设兵部，由判部事一人主持部务，掌兵卫、仪仗、卤簿、武举、民兵、厢军、土军、蕃军，四夷官封承袭之事、舆马器械之政、天下地土之图，前代兵部的核心事务籍武官、军师卒戎之政，剥离于于枢密院，其选授小者又归于三班，兵部沦为为冗员，长贰多不备官，郎曹至以一人行四司之事。辽未设兵部，由北枢密院掌兵机、武铨、群牧之政。金设兵部，掌兵籍、军器、城隍、镇戍、廐牧、铺驿、车辂、仪仗、郡邑图志、险阻障塞、远方归化之事。元代兵部，因于金，掌天下郡邑邮驿、屯牧之政令。凡城池废置之故、山川险易之图、兵站屯田之籍、远方归化之人、官私刍牧之地、驼马牛羊鹰隼羽毛皮革之征，驿乘邮运祗应公廨皂隶之制，悉以任之。明代兵部掌天下武卫官军选授简练之政、舆图军制城隍镇戍简练征讨之事、卤簿仪仗禁卫驿传廐牧之事、戎器符勘尺籍武学薪隶之事。明初兵制内领之五军都督府外则统之都司而有事则别选侯伯为总兵官以主征伐原不专隶兵部，自英宗、宪宗以后，承平日久、军伍废弛，兵政遂尽归兵部，凡调兵拨饷及战守机宜皆决于兵部。清代兵部，将军事决策诸权、调兵权、任将权剥离出来，还之于上，其他与明同。据乾隆《钦定历代职官表》卷十二《兵部表》。

[8] 兰坨：或为路璋之字。路璋已见前注。

[9] 铁铜：指铜质不纯，尚含有铁砂杂质的铜材。

[10] 大驾：本指皇帝出巡的最高仪仗等级，高于法驾、小驾，也代指皇帝本身。此处，因为是皇帝亲至南郊祭天，两者兼指。

正阳门：北京城正南中门，俗称前门。明永乐年间（1403—1424）毁元大都城南城墙而在其南二里重建时所建，正统四年（1439）增建箭楼。今门楼、箭楼皆存，为北京著名商业大街。

皇穹宇：天坛建筑群的重要建筑，在祭天的寰丘坛北面，建于明嘉靖九年（1530），名泰神殿，十七年（1538）改名皇穹宇（据明俞汝楫《礼部志稿》卷二十五《祠祭司职掌·郊祀》），乾隆十七年重建（1752），乾隆《钦定大清会典》卷七十一《工部·营缮清吏司》："皇穹宇南向环转，八柱圆檐，上安金顶，基高九尺，径五丈九尺九寸。石栏四十有九。东西南三出陛，各十有四级。左右庑各五间，殿庑覆瓦，均青色。琉璃围垣。"皇穹宇是供奉寰丘祭祀神位、存放祭祀神牌的地方，高 19.5 米，直径 15.6 米。宿坛，即在天坛住宿。据乾隆《钦定大清会典》卷三十六《礼部·祠祭清吏司·吉礼》祭天前一日，皇帝"诣坛，先至皇穹宇、皇乾殿、皇祇室上香，次视坛位，次阅笾豆、牲牢，乃御斋宫。是夜严更宿卫，警跸环巡"。皇帝南郊祭天，每年冬至日进行，其他如有重大事件，亦可随时祭天。

[11] 大栅栏：明清时期北京正阳门外的一条著名商业街，在今天安

门广场南、前门大街西侧。大栅栏街区于明永乐十八年（1420）北京城建成以后开始，很快发展为北京南中轴线上的著名商业街区。其得名，以明清时期在此实行宵禁，于两端借口设置大栅栏，昼启夜闭而得名，大栅栏东西口相距275米。

[12] 中门是皇帝御道，非皇帝经过或有特旨，不开；开，他人亦不得行。

[13] 郊祀礼：有南郊祭天礼和北郊祭地礼，以在郊外祭祀而得名。郊祀，在于沟通天地、联系神人，是中国古代普遍意识形态下，天子权力的合法性基础和终极来源，是合法天子的专属权力，中国古代国家意识形态的中心内容。天子独占的郊祀之礼，理论上起源于上古颛顼"绝地天通"，甲骨文之中的"燎祭"亦是郊祭天帝的形式。秦以后，汉武帝杂合儒学、方术、游仙之礼始定郊祀礼，汉末王莽确定纯粹的儒家郊祀体系，隋唐时期郊祀制度最终完善，后世因袭微改而已。

[14] 此两医，详情难考。西江：查贵州并无此州县，今贵州省黔东南苗族侗族自治州雷山县有西江镇，镇以江而名，或此。

[15] 该例，《云南铜志》未载，但余铜由运员自行售卖，所得归己，则是定例，作为皇帝对运员劳苦之嘉奖。《云南铜志》卷三《京运·应纳关税》："凡运铜各员到京，将应交户部铜斤，按额交收足效，如有下剩余铜，准其领售。"此制当始于乾隆十六年，京铅亦如之。《清高宗实录》卷三百八十七《乾隆十六年四月癸未》载上谕："户部所议铜铅交局赢余之处，奏称'滇省办运铜斤，每百斤给有余铜三斤，以备折耗添秤之用。额铜交足外，余剩令其尽数交局，余铅亦应照此，令其尽数交局'等语。铅斤昨于刑部折内已降谕旨，看来从前成例似是而非，办理亦有名无实。解局铜铅，既有定额，不足者责令赔补，则赢余者即当听其售卖，盖赢余已在正额之外，即不得谓之官物，如应尽解尽收，则从前竟可不必定以额数矣。足额已可完公，又谁肯尽交余数，徒有尽交之名而余铜未尝不留存私售。朕办理庶务，惟期行实政而去虚名，铜铅交局，一遵定额，正额交足，所有余剩铜铅，应听其售卖，以济京师民用，未尝不可。但官解之余，而私售漏税，则不可行，而且启弊，惟令据实纳税，隐匿者治以漏税之罪足矣。此折着发还另议。"

[16] 对：当为"兑"的笔误。

[17] 广西司：即户部广西清吏司，王氏为该司书吏。

[18] 冏卿：明清官场对太仆寺卿的雅称。太仆寺，先秦古官，掌国家马政及君主车马。秦汉相沿，太仆为九卿之一，仍掌天子车马与全国马政，历代相沿不改。其主官，初称太仆，北齐始称太仆寺卿。清代太仆寺卿，满汉各一人，从三品，副官称少卿，仍满汉各一人，正四品。据乾隆《钦定历代职官表》卷三十一《太仆寺表》。

王维诚：字孚远，据民国《新纂云南通志》卷十三《历代职官表》系山东海丰（今山东省滨州市无棣县）人，道光时期，曾任云南按察使。

滇臬：即云南提刑按察使司按察使。提刑按察使司按察使，一般简称按察使，官场亦雅称之为臬台、臬司、宪司，明代设官，清因之，"掌全省刑名按劾之事。振扬风纪，澄清吏治。大者与藩司会议，以听于部院。理合省之驿传。三年大比为监试官、大计为考察官、秋审为主稿官，与布政使称两司"。按察使与布政使属清代司道系统中的两司，统称为监司。乾隆《钦定历代职官表》卷五十二《司道表》载其沿革云："监司分职实为方面之重任。刘昭《续汉书注》引晋太康诏曰：二千石专治民之重，监司清峻于上。吴曾《能改斋漫录》引晋徐邈与范宁书曰'择公方之人以为监司'，谓监司之名始此，盖皆指当时刺史言之。至于藩臬分职考之于古，惟唐转运观察诸使为之权，与至宋之转运使掌经度一路财赋、吏蠹、民瘼，悉条以上达，为今布政使之所由始。提点刑狱，掌察所部狱讼，平其曲直，及专举刺官吏之事，为今按察司之所由始。溯而上之，汉代专重郡守，其临郡国之上者惟十三部刺史。盖郡守地大而权重，有事得以专达。秩至二千石，如今之二三品，治效着闻，则玺书勉励，增秩赐金，其高第即入为卿相，故朝廷不复多设官以临制之。惟刺史以下大夫而临二千石，职专举刺，八月行部录囚徒、考殿最，岁尽入奏。所荐，得为九卿，所劾辄从黜罢。是刺史一官固兼有今日司道之任也。魏晋以后刺史益重，其兼都督带持节者已如今日之督抚，即单车刺史专制一方，亦别无大府以临其上。然综理郡县而受其成，为守令风教之所自出，则其司存有由来也。隋始罢州，惟立总管，唐则有采访、按察、观察、处置之名，转运、租庸、度支、营田之职，两司分理，实启其概。而诸道分巡、防御、团练又为守巡兵备之所托始,盖监司之设至是渐广。宋裁藩镇之权而帅漕宪仓之职始重,元立行省藩司之职实寓于参知政事,复设肃政廉访以重提刑之寄。明初亦设行省,旋改参知政事为承宣布政使,其提刑按察使则即宋提点、元廉访之旧职,而参政、参议、副使、佥事诸职备焉。惟是两司上丞督抚而复参之以巡按,虽仿汉氏刺史之遗意,而统苤为太烦。下辖诸道而均系以藩、臬之衔,亦未足以专其表率也。我朝鉴古定制,两司诸道各专其职,以倡率府县,而归其成于督抚。纲纪肃清,酌繁简而立其中,有非前古所可企及者。"明清两代按察使皆为正三品,各一人,明代布政使为两人(左、右布政使),清代一人,皆从二品。

[19] 朱昌颐(1784—1855):字朵山,浙江海盐(今浙江省嘉兴市海盐县)人,道光丙戌科(1826)状元。实心任事,无所避忌,官声不显,官不过山西道监察御史,吏科给事中。光绪《海盐县志》卷十六《人物传》有传。

[20] 元江:即云南元江直隶州,除其属县外之州地今大致为云南省玉溪市元江哈尼族自治县。周诵芬:字湘芸,据民国《新纂云南通志》系贵州遵义人,黎氏同乡。道光时期,周氏曾任元江直隶州新平知县及直隶州知州。

[21] 及:当为"昔",道光十八年,黎恂曾署理元江直隶州新平县知县。

[22] 降捐:清代捐官的一种任职方式,指革职官员或降职官员,向国家捐银一定数目,从而获得低于原官的任命。《清史稿》卷一百十二《选举志七》:"清制,入官重正途。自捐例开,官吏乃以资进。其始固以蒐罗异途人才,补科目所不及,中叶而后,名器不尊,登进乃滥,仕途因之殽杂矣。捐例不外拯荒、河工、军需三者,曰暂行事例,期满或事竣即停,而现行事例则否。捐途文职小京官至郎中,未入流至道员;武职千、把总至参将。而职官并得捐升,改捐,降捐,捐选补各项班次、分发指省、翎衔、封典、加级、纪录。此外降革留任、离任、原衔、原资、原翎得捐复,坐补原缺。试俸、历俸、实授、保举、试用、离任引见、投供、验看、回避得捐免。平民得捐贡监、封典、职衔。大抵贡监、衔封、加级、纪录无关铨政者,属现行事例,馀属暂行事例。"

散州牧:指散州知州。清明州有直隶州和散州之别,直隶州直隶于省,散州隶于府。明代，直隶州、散州品秩相同，清代直隶州视府，散州视县。

[23]　萧寺：文献难考，不知其详。

[24]　杨培：字心畬，官翰林院编修，据《明清进士碑录题名索引》系贵州贵筑（今贵州省贵阳市）人，道光十三年（1833）年二甲第七十四名进士。

张仁政：其详难考。

[25]　陆以烜：即当陆以烜，烜、烜同，或字小雅，据《明清进士碑录题名索引》系浙江钱塘（今浙江省杭州市）人，嘉庆十九年（1814）二甲第八名进士。

户部员外郎：户部清吏司属官，为清吏司主官郎中之副，从五品，各清吏司因事务繁简不同，各有员外郎数名至数十名不等。

苏应珂：字韵庄，据《明清进士碑录题名索引》系江苏武进（今江苏省常州市武进区）人，嘉庆十九年二甲第八十三名进士。

[26]　王炳瀛：字莲舟，据《明清进士碑录题名索引》系四川安岳人（今四川省资阳市安岳县），嘉庆十九年（1814）二甲第七十名进士。

[27]　周春祺：字篠山，据《明清进士碑录题名索引》系江西南昌（今江西省南昌市）嘉庆十九年（1814）二甲第三十七名进士。

[28]　东华门：紫禁城东门，始建于明永乐十八年（1420）。东华门以靠近太子东宫，专供太子出入。清初，只准内阁官员出入，乾隆朝中期，特许年事已高一、二品大员出入。清代大行皇帝、皇后、皇太后梓宫皆由东华门出，民间亦俗称之为"鬼门""阴门"。景山：位于紫禁城西华门外，是明清时期皇家园林。

景山在元代本为一小山丘，称青山。明成祖修紫禁城，堆煤于此，民间遂称煤山。修紫禁城时，挖护城河之土皆堆于此，山体遂增大增高，形成无座山峰，最高43米。明代又称万寿山、镇山。清改名景山。乾隆十五年（1750），在山顶建亭五座。山前建有绮望楼，供奉孔子，山后建有寿皇殿、观德殿、永思殿，构成了一组融历史和艺术价值于一体的古典建筑群。观德殿是明代宫廷练箭的专用场所，永思殿则是明清历代帝后停灵的地方。今为景山公园，在西城区景山前街北侧。

[29]　奎照：字玉庭，索绰罗氏，满洲正白旗人，清朝大臣，诗人、

画家，英和之子。嘉庆十九年进士，入翰林院，官至礼部尚书、军机大臣，缘父事夺职，复起为左都御史。自其父、其弟至其子，皆入翰林，为八旗士族之冠。《清史稿》卷三百六十三《英和传》有附传。

[30] 西华门：紫禁城西门，始建于明永乐十八年（1420）。西华门正对西苑，清代帝、后游幸西苑、西郊诸园，多从此门而出。

[31] 姚元之（1773—1852）：字伯昂，号荐青，安徽桐城（今安徽省安庆市桐城市）人，姚鼐族孙，清代大臣、书法家、画家。嘉庆十年（1805）进士，选庶吉士，授编修，典陕甘乡试。入直南书房。十七年（1812），大考一等，擢侍讲。十九年（1814）出督河南学政，密陈河南、安徽、湖北多捻军，并把持陈州、汝宁盐运，被嘉纳，累迁至内阁学士。道光十三年（1833），授工部侍郎，调户部、刑部，出典顺天、江西乡试、督浙江学政。十八年（1838）入为左都御史。二十一年（1841），疏陈广东海防战守事宜，授内阁学士。二十三年（1843）致仕。《清史稿》卷三百七十五有传。

[32] 德胜桥：北京城内著名桥梁，建于明初。嘉庆《重修大清一统志》卷九《顺天府·桥梁》："德胜桥在德胜门内积水潭东，水注桥下，东行。"今仍名，在德胜门内大街，桥将积水潭一分为二，西称积水潭、西海，东称什刹海。桥面原为拱形，1919年改为平缓桥面，增设步行道，1943年改石栏板未砖砌宇墙式栏板。现为北京市文物保护单位。

[33] 此御河当指紫禁城的护城河，非指运河山东以北段之旧称。

[34] 傅绳勋（1783—1865）：字接武，号秋屏，山东聊城（今山东省聊城市东昌府区）人。嘉庆十九年（1814）二甲第四十七名进士，选为翰林院庶吉士。历官武英殿协修、工部主事、郎中、军机处章京、方略馆纂修，顺天乡试同考官。道光十一年（1831）出为广东琼州知府，又调四川夔州知府，升陕西潼商兵备道、浙江盐运使、广东盐运使，以赴潮州查办洋人入城事，处理妥善，百姓感恩意、国家布威德，升陕西按察使。又历江宁、广东、云南布政使，升浙江巡抚，旋改江西巡抚，捐银救灾，灾民感戴。调江苏巡抚，抢修堤坝、救济灾民。咸丰元年（1861），辞官回乡。太平军起，奉旨办理团练。卒于家。宣统《聊城县志》卷八《人物志》有传。

都转：全称都转运盐使司运使，俗称盐运使，盐政系统官员，长芦、山东、河东、两淮、两广各一人，从三品。此时傅氏以广东盐运使待新职于京，故两人能相见。

祝庆蕃（1777—1853）：字晋甫，河南固始（今河南省直管固始县）人，蘧畦或为其号。嘉庆十九年（1814）一甲第二名进士，授翰林院编修，官至礼部尚书，为官恪恭，克尽阙职，不惧顶风进谏。光绪《光州志》卷九《仕贤列传》有传。

[35] 圣安寺：京师外城著名古寺，以初建于柳湖村，寺外有湖，湖岸有柳，俗名柳湖寺。光绪《顺天府志》卷十六《寺观》："圣安寺，金刹旧址也，在圣安寺街。金天会中（1123—1135），帝后出金钱为佛觉大师、晦堂大师营缮。皇统初（1141）赐名大延圣寺。大定三年（1163）命晦堂主其事，内府出重帑以赐。六年（1166），新堂成，崇五仞、广十筵，八月朔作大佛于寺以落成之。七年（1167）二月诏改寺额为大圣安。向有金章宗、世宗及李宸妃像。又元中统初（1260）迁祖宗、神主于寺，今久无考。惟存栴檀铜佛像，乾隆年间移奉宁寿宫。其寺在明改名普济，乾隆四十一年（1776）发帑重修。内为天王殿，次为瑞像亭，中为大雄宝殿，额俱御书。有碑二，在瑞像亭内。其一前刻栴檀像，像有诸表、臣记，后刻达摩祖师像，有李言恭赞。其一前刻观音像，后刻关圣像，俱勒万历己丑（1589）八月字。又万历十八年（1590）碑一张，张寿朋撰。"寺今仍存，在北京宣武门外南横街西口。寺庙大殿天王殿是北京至今仅存的两座金代建筑之一（已按，另一为卢沟桥），寺内壁画为相传出自明代大画家商喜之手。自元代起，圣安寺即成为城内达官显宦、诗人学者凭古临游之处。

[36] 程涵齐：难考其详。

宴汇堂：或为北京某剧院，难考其详。

[37] 张梧：或字葊轩，据《明清进士题名碑录索引》系山东蓬莱（今山东省烟台市蓬莱市）人，嘉庆十九年二甲第四十三名进士。

宗人府：明清时期掌管皇家事务的专门机构。宗人之官起源于三代，《周礼》春官小宗伯，掌三族之别，以辨亲疏。秦置宗正掌亲属，汉因之，以皇族为之，主官称宗正卿。晋称大宗正，兼统太医、令史，东晋哀帝时，省太常、太医于门下省，大宗正仍惟掌皇族亲属。南朝宋、齐未置宗正官，梁复置，仍名宗正，主皇室外戚之籍，以宗室为宗正卿，陈因之。北魏立宗正寺，官为宗正寺卿、少卿。北齐，名大宗正寺，掌宗室属籍，统皇子、王国、诸王国、诸长公主家。北周设宗师中大夫,掌皇族,定世系,辨昭穆,训以孝悌,隶大冢宰。隋复名宗正,置卿、少卿。唐复名为宗正寺,置卿、少卿。五代、宋因之。辽以北面官大特哩衮司掌皇族之政教,南面官称宗正司。金初为大宗正府,后以避睿宗讳改为大睦亲府,主官为判大宗正事,以皇族中属亲者充,掌敦睦纠率宗属钦奉王命。元为大宗正府,智能从国初的断事官扎尔呼齐中分化出来,称掌上都、大都所属蒙古人并集赛军站色目与汉人相犯者,主官仍称扎尔呼齐。明洪武三年(1370)设大宗正院,二十二年(1389)改名宗人府,掌皇九族之属籍,以时修其玉牒,书宗室子之适庶、名封、嗣袭、生卒、婚嫁、谥葬之事,凡宗室陈请,为闻于上,选材能、录罪过。主官为宗人令,副官为左、右宗正,左、右宗人,皆各一人,皆正一品,初以亲王领之,后以勋戚大臣摄府事不备官,而所领亦尽移之礼部。清仍名宗人府,从礼部还出,掌皇族之属籍,以时修辑玉牒,辨昭穆、序爵禄,均其惠养而布之教令,凡亲疎之属,胥受治焉。主、副官沿明旧制,称宗令、宗正,宗令以亲王郡王统理,宗正以贝勒贝子兼摄,宗人以镇国、辅国公及将军兼摄,后择贤任使,不复以封爵为限。宗人府主事,即宗人府堂主事,掌奏疏稿案,初制以宗满洲条用,乾隆二十九年(1764)定制以宗室为之,初制四品,康熙九年(1670)定为正六品。汉人主事两名,雍正元年(1723)增置,掌汉文册籍(据乾隆《钦定历代职官表》卷一《宗人府表》)。

[38] 杨叠云:已见前注。

阁学:即内阁学士,内阁属官。内阁,明成祖所设协助皇帝处理政务的机构,一般从翰林院拣选中青年中下级官员中有才干者入阁为大学士,佐理机务,仁、宣以后,重臣入阁,渐渐演变为国家政务处理中枢。清初因之,后圣祖设南书房、世宗设军机处,内阁权力不断削弱,雍正以后沦为皇帝的秘书机构,代拟制诰而已。但诸殿阁大学士、协办大学士,虽不在内阁供职,但皆以六部重臣充任,赞理机务、表率百僚,有宰相、副相之名,一般也视为内阁之臣。乾隆《钦定历代职官表》卷一《内阁表》叙其沿革演变云:"阁职司票拟其官,轫自明初,原不过如知制诰之翰林,并非古宰相之职。而由明以溯历代,其所谓秉钧大臣者官号升降亦复代不相沿……自舜纳大麓、禹宅百揆,见于《尚书》,《亦越》成周有三公论道经邦之文，尚无所谓相，即《说命》《左传》所载傅说爰立作相、齐庆封为左相之类，亦仅取其佐相之义，而非实有是官号也。自秦置丞相、相国以助理万机，汉代因之，始称为宰相之职。迨东汉安帝时众务悉由尚书，魏文帝又置中书监，今自是事归台阁。历南北两朝，皆以中书监、侍中、尚书令、仆射诸官参掌机密，并无常职。其事虽宰相之事，其官已非宰相之官矣。唐则中书令、侍中、尚书令，仅存虚名而以，他官之同中书门下平章事者为丞弼之任。宋以后或称仆射、或称丞相，而所谓丞相者或系中书省或系尚书省，更革不一，中间虽偶袭相名，而要其实亦只三省长官，迥非秦汉之丞相可比。特其职既综理省务，则六尚书悉为其统辖，百司庶府之事皆当听中书门下之裁决而后上闻。故自唐以来，佥壬在位者犹得以窃政而蠹国也。明初尚沿旧制，置中书左、右丞相，自胡惟庸谋逆事觉，始革中书省，分其政于六部。历代所谓宰相之官，由此遂废不设。虽尝仿唐宋集贤、资政之制置大学士，亦仅备顾问，并不与知国政。至成祖肇置内阁，始以翰林入直，浮升大学士，然秩止五品而已。仁、宣以后，大学士往往晋阶保傅，品位尊崇，阁权渐重，用非其人，间有倒持太阿，授之柄者。而核其司存所在，不特非秦汉丞相之官，亦并非汉唐以来三省之职任矣。至汉制以御史大夫递迁丞相，故谓之副相，实则专掌举劾，不司钧轴。宋代始置参知政事，下宰相一等，为今协办大学士权舆所自然。宋之参政乃政府正员，而今协办，职本尚书。诚如《圣训》，不过御史里行、学士里行之类，与宋制亦殊有差别。总之钧衡近地，职参密勿，其事权之属与不属，原不系乎宰相之名，而惟视乎人主之威柄以为操纵。"清代大学士，因明制而微改，定制以保和殿、文华殿、武英殿、体仁阁、文渊阁、东阁六殿阁冠衔，又添设协办大学士，亦从六部尚书中拣选，无冠衔。雍正八年（1730）定制大学士为正一品，协办大学士从其本官尚书衔，从一品。内阁学士皆兼礼部侍郎衔，掌勘对本章、检校籖票，定额满洲六人、汉人四人，雍正八年定制为从二品。内阁另有侍读学士满洲四人、蒙古二人、汉人二人，掌收发本章，总稽翻译，雍正三年（1725）定制从四品。黎氏既称杨叠云为阁学，当为内阁学士。

道光二十一年十二月

十二月初一日，庚辰，晴。晚，过王质夫，云官买铜事具呈后，户部已允入奏。同具呈者余宗山、项仙舟洎余，共三人。

初二日，辛巳，晴。金亚伯大理寺少卿应麟，钱塘人、唐补卿户部郎中惇培，江都人来，皆庚午同举也。[1]

初三日，壬午，晴。铜差交足，例得引见，[2]是日赴户部广西司验到，同往者项仙舟、尹晓湖洎余三人。

初四日，癸未，阴。答金亚伯、唐补卿拜，并候前滇省广通尉毛君。[3]朱朵山来。

初五日，甲申，晴暖，冰冻渐解。夜大风。拟明日遣兆熙赴河南彰德府太守俞云史焜处求助。[4]更静，整治行装。云史，余丙子浙闱分校所得士也。[5]

初六日，乙酉，晴，大风。兆熙出都往河南，家丁张升随侍，偕分发河工主簿孙小柏同道行，并贷给孙君旅费三十金。

初七日，丙戌，晴。

初八日，丁亥，晴。在京各同年招赴祝蘅畦副宪宅会饮。京师月余无雪，是日，内廷设坛祈祷。[6]

初九日，戊子，阴。

初十日，己丑，晴。王藕唐侍郎招饮。晚，携被入东华门理藩院房，[7]偕项仙舟待漏住宿。[8]

十一日，庚寅，晴。卯刻，皇上御门办事，[9]辰刻，户部带领引见于养心殿。[10]仰瞻圣容，较甲午冬瞻觐时稍觉清减矣。[11]海疆多事，大河溃溢，睿念焦劳，未识何日方靖鲸波而奏安澜也。[12]巳刻，归馆。

十二日，辛卯，阴。备文申报滇省督、抚、藩、宪，[13]报明铜斤在部交足，并禀知周雨亭、张方山两太守，[14]由提塘发递。[15]晚，馈朱朵山、石愚泉土仪。

十三日，壬辰，晴。余宗山来。唐补卿招饮，辞未往。

十四日，癸巳，阴晴。往候前丁酉滇省主试张励庵侍御云藻，[16]并过项仙舟、尹晓湖、张摹轩、李蘅石、王质夫。

十五日，甲午，阴，微雪。余宗山来。余铜呈请官买，户部于本日入奏，已奉旨允准。

十六日，乙未，阴。余自交铜后，左臂受风，筋络疼痛不舒，贴以药膏未愈。日前腹痛，今晨泻出鲜血，延医章汝舟五兄济诊脉，[17]云肺肠胃皆风病，系肠风下血。酌方，服药。遣高照、杨洪赴通州发余铜。石愚泉来。晚，赴王藕唐，[18]乞早兑余铜。

十七日，丙申，雨雪终日，[19]厚数寸。服药静坐。同邑朱星垣选贡奎章，寓馆中，晨夕过从，嘱抄沿途起剥文件。[20]

十八日，丁酉，雪霁。晨起，鼻涕不止，头涔涔痛，[21]延章君诊视，云伏风发出之故。[22]余宗山来。晚，杨洪归，云铜已运入局。此次，余洎项、余二君呈售余铜，署钱法堂善侍郎焘，[23]意颇不允。祁春浦尚书、王藕唐侍郎以余故，力为陈说。善公碍难深阻，始获奏准，而其心终不欲，本日有将余铜抵补两局剐出铁砂之说。[24]晚，遣人致王侍郎传语，云已力阻其议矣。夜卧，寒热交作。

十九日，戊戌，晴。偕余宗山赴局交余铜，以项君铜未到，监督不收，各反。

二十日，己亥，晴。辰刻，赴局，巳午刻，余、项二君方至，监督封篆后，[25]坐以待之。开秤兑余及余君铜，未及半而广西司司官来信，云奉善侍郎命，明日来局视兑收，监督遂停兑。各散。

二十一日，庚子，雨雪。晨赴户局，偕余、项二君交铜毕，归已申正矣。前三日，张医云须发汗，[26]以公事未了，迁延不药，而风火愈甚，大肠结轖，[27]上焦燥热，痔病复现，殊形委顿。夜，服药，出微汗。

二十二日，辛丑，阴。避风不出门，延张医诊视，云外感尚未尽，易方服之。余宗山来。金亚伯招饮，辞之。

二十三日，壬寅，晴。避风未出，四体疲乏。

二十四日，癸卯，避风未出。户部传领卖铜价银，余不能往，遣田贵等赴□，浼余宗山代领。计领银三千三百八十两零，携归者二千一百两零，余作领费矣。旋命人持领回银分交工、户书吏处未楚之费。万苦千辛，皆为人作嫁衣裳也。同乡新选陕西耀州刺史邱君承恩招饮，[28]未赴。

二十五日，甲辰，晴。延张君诊脉。滇顺宁太守同乡黄子载先生中位，[29]解象伴南掌贡使入都，[30]是日来顾。午刻，立春。

二十六日，乙巳，晴。助朱星垣朱提一流。[31]

二十七日，丙午，微雪。延张君诊视，云感冒平复，肺脉伏不见，肝胃火盛，盖风荡之故，仍用治风方药。余宗山来。

二十八日，丁未，晴，大风。项仙洲来。

二十九日，戊申，晴。未刻，兆熙自彰德回京，携俞云史贷费七百金至。

三十日，己酉，阴晴。

注 释

[1] 金亚伯：名应麟，字亚伯，道光朝名臣。钱塘，浙江杭州府属县，府治，今浙江杭州市。应麟以举人入资为中书入仕，道光六年（1826）成三甲第三名进士。授刑部主事，总办秋审，累擢郎中，改御史，迁给事中。疏请修改刑例，于斗殴、报盗、劫囚、诬告、私铸、服舍违式、断罪引律、奴婢殴主、故禁故勘平人、应捕人追捕罪人、犯罪存留养亲、官司出入人罪、徒流迁徙地方、外省驻防逃人，逐条论列，多被采取改定；又论铜船恣横不法及驿站扰累诸弊，并下各省督抚禁革。先后封事数十上，劾疆臣琦善、河臣吴邦庆尤为时称。擢太常寺少卿。忧归，服阕，授鸿胪寺卿，疏论水师废弛，漕政颓紊。十九年（1839），出为直隶按察使，鞫护理长芦盐运使杨成业等得赃狱，论遣戍，前运使陈崇礼等并罣议。召为大理寺少卿。二十二年（1842），上疏深揭海疆诸臣欺罔，请练兵制械安定海疆，并上《进预计度支图》《火器图》《筹海战方略》。二十三年（1843），以亲老乞归，不复出。著有《鹰华堂奏议》。《清史稿》卷三百七十八有传。

唐补卿：名惇培，字补卿，江都人。江都，江苏扬州府属县，府治，今为扬州市江都区。据《明清进士碑录题名索引》唐氏系嘉庆二十五年（1820）二甲第二十五名进士。庚午，嘉庆十五年，1810 年。同举，此处仅指同年中举。

大理寺：中国古代审核全国各地刑狱大案的专门机关，其名称和职能皆起源甚早。《礼记·月令》命理瞻伤、察创、视折、审断。决狱讼，必端平。戮有罪，严断刑。郑康成注：理，治狱官也。有虞氏曰士、夏曰大理、周曰司寇。秦置廷尉掌刑辟，九卿之一，秩二千石。汉兴因之，景帝中

390

元六年（前144）更名大理，武帝建元四年（前137）复名廷尉。后汉末，曹操为魏王，又改廷尉为大理，曹丕称帝，又改名廷尉。晋、南朝皆因而未改。北朝魏亦名廷尉。北齐改廷尉为大理寺，后世皆因此名。后周亦为大理寺，且并入刑部中大夫，专理刑狱，始开刑部之名。隋代刑部独立为六部之一，而大理寺官不废。唐代刑名皆经大理审断，自杖以下得专决，其徒刑以上则送刑部而质正。唐代有大狱则以刑部、御史台、大理寺长官为三司，共议论会审，开后世三法司会审大案之先河。宋代因唐制，由大理寺断天下奏狱，刑部复核其审理程序和审理过程，会同署名，然后上奏。辽以伊勒希巴主刑法，大理寺仍置而不废。金仍以大理寺审断天下奏案，详谳疑狱。元代以都护府掌领旧州城及辉和尔之居，受理汉人词讼，至元二十年（1283）改名大理寺，二十二年（1285）复名都护府，但刑狱职掌只是其兼职，元代未设刑部。明大理寺主复审刑部和督察院之案件，并会同刑部、督察院审理大狱。明代大理寺主官为卿，正三品，一员，副官为左、右少卿，正四品，各一员。清因明制，卿满汉各一人，正三品，少卿不分左右，满汉各一人，正四品。据乾隆《钦定历代职官表》卷二十二《大理寺表》。

[2] 引见：低级官僚觐见皇帝的方式。按清制，官非四品以上不得直接面君，须由部院大臣带领，方可觐见。滇铜运官，为七品州县官僚，本无直接面君资格，但滇铜万里京运，运员备历风波生死，方可至京，作为对成功将铜押运至京的运官的嘉奖，皇帝特意给予引见，以为奖慰。凡被引见者，在未来升迁上有一定优待。《云南铜志》卷三《京运·运员引见》："办运京铜正、加各运委员，自滇至京，长途万里，经历川河长江之险，往返三载，跋涉劳累。前钦奉恩旨：'各省知县以上官员，因公事差委，或解饷，或解颜料，或解铜斤等项到京者，于事将完结之前两三日，该部堂官奏明，带来引见。钦此。'又于嘉庆四年（1799）正月内，奉部议奏，滇黔二省委员解运铜铅，承运足数之员，核扣程限无逾，户部照例带领引见后，知照吏部，如系实授丞倅州县，其任内并无不合例事故，与卓异之例相符者，准其入于卓异班内，按照引见日期，与各项人员较先后开用。其题署人员，俟题准实授后，任内并无不合例事故，亦准其入于卓异班内，以实授奉旨之日，较先后升用等因具奏。奉旨：'部议是。钦此。'嗣于嘉庆十一年（1806）奏请三省递运京铜案内，钦奉上谕：'滇省运京铜斤，向系由该省派员解送。嗣据永保奏请，分省递运。经楚省奏明，照议办理。今江苏因河工、海防，

及办理漕务，均关紧要，难以再派运铜，自系实在情形。江省既不能接运，断无只令楚省委员接运之理。看来三省递运一事，势属难行。着仍循旧定章程，滇省委员径运进京，以归简易。至该员等由滇起解押运，长运跋涉，经历风涛，苦累情形，朕所素知。将来该委员运送到京后，果能解交足额，并无迟误逾限之处，该部带领引见时，朕必当酌量施恩，加之鼓励。钦此。'所有正、加各运委员，自滇起程时，由藩司出具考语，详请督抚发给咨文，交给各运员领赉赴部。各运员所运铜斤，照额交足，户部即奏明，带领引见。如所运铜斤有沉失、逾折、挂欠、短少者，不准带领引见。"

[3] 广通：云南楚雄府属县，1958年撤县，地并入禄丰，今为楚雄彝族自治州禄丰县广通镇。毛氏，其详难考。

[4] 俞焜：字昆上，号云史，浙江钱塘（今浙江省杭州市）人，嘉庆二十五年（1820）进士，改庶吉士，授编修。道光十三年（1833）迁御史，十七年（1837）迁河南彰德府知府，擢永定河道，调湖南衡永郴桂道，因事降职。咸丰九年（1859），督办团练，复道员衔。十年（1860）与太平军战，坚守杭州城，殁于阵。赐谥文节，建专祠。《清史稿》卷四百九十三有传。

[5] 丙子：嘉庆二十一年，1816年。

[6] 内廷：相对于外朝而言，清代一般指乾清门以内的禁城，是皇帝日常接见大臣，处理政务的中心。

[7] 理藩院：清代设官，掌内外藩蒙古、回部及诸番部封授、朝觐、疆索、贡献、黜陟、征发之政令，控驭抚绥以固邦翰。所属有旗籍、王会、典属、柔远、徕远、理刑六司。理藩院以尚书一人为主官，左右侍郎、额外侍郎为副官，尚书、左右侍郎皆各一人，均从满洲、蒙古补授，额外侍郎一人，特简蒙古贝勒贝子之贤能者任之。其官源于《周官》大行人，秦汉以降之大鸿胪部、元之宣政院、宣徽院皆有其职。据乾隆《钦定历代职官志》卷十七《理藩院表》。

[8] 漏：中国古代计时器具，引申为时间。待漏：特指大臣在朝方等待上朝。黎、项二人因要引进皇帝，故须在朝方待漏。

[9] 御门办事：又称御门听政，在清代指皇帝到禁城太和门、干清门处理政事。顺治时御太和门，康熙时改御乾清门，后世因之，咸丰后渐废。御门时王公大臣、大学士、内阁学士，各部院、九卿、科、道、侍卫、记注诸官皆侍班。凡奏事、题本、除授、引见皆在此举行。御门办事，冬春两季在辰初三刻，夏秋在辰正三刻进行。

[10] 养心殿：紫禁城内乾清宫西侧的宫殿，始建于明嘉靖年间，呈工字形。清雍正年间，皇帝将寝宫由乾清宫迁至此，乾隆时加以改建，成为皇帝召见群臣、处理政务、读书学习、夜晚就寝的日常工作休息场所。

[11] 甲午：指道光十四年，1834年。

[12] 鲸波：本指惊涛骇浪，此处代指鸦片战争时中英海战和沿海陆地战事。"安澜"与鲸波相对，用风平浪静代指海域无战事。

[13] 督、抚、藩、宪：即总督、巡抚、布政使、按察使。

[14] 周雨亭、张方山：皆难考其详。

[15] 提塘：官名，指各省派驻京师递送中央各部院与各省之间来往公文的官员。清制，直隶、山东、山西、河南、江西、福建、浙江、湖北、湖南、四川、广东、陕甘、新疆、云贵，及漕河，派驻京师提塘官共16名，隶属兵部捷报处。负责邸报刊发递送、本省与各部院往来文书，领送颁给各省官员敕书、州县印信，以及皇帝、太后、皇后遗诏、遗诰，民间表彰等特殊物件。提塘官由各省督抚从本省武进士、武举人中择优推荐，负连带责任。据刘文鹏：《清代提塘考》，《清史研究》，2007年第6期。

[16] 丁酉：指道光十七年，1837年。张励庵：名云藻，字励庵，江苏仪征（今江苏省仪征市）人，道光十五年（1835）二甲第五十一名进士。侍御，无此官，然秦汉古有官侍御史，属御史大夫，亦掌弹劾非法，有类明清御史，清代无此官。据同治《续纂扬州府志》卷八《人物一》，朱氏中进士后，改庶常，授编修，十七年典试云南，二十一年（1841）分校礼闱，补湖南道御史，掌京畿道，稽查大通桥剥运漕粮。京察外用，任直隶霸昌道，升安徽按察使、广西布政使。病归，卒于家。道光二十一年（1841），恰任职湖南道御史，然则侍御史为御史之别称也。

[17] 疑即章汝舟之五兄章济，两人详情皆难考。

[18] 藕：当为"蒻"，笔误。

[19] 雨：此处读作第四声，动词，下雨、下雪。

[20] 朱星垣选贡奎章：即选贡朱奎章，字星垣。据道光《遵义县志》卷三十二《选举》，朱氏系道光十七年（1837）年拔贡生。选贡，明清时期国子监生员的一种获取途径。《明史》卷六十三《选举志》："弘治中，南京祭酒章懋言：'洪、永间国子生以数千计，今在监科贡共止六百余人，岁贡挨次而升，衰迟不振者十常八九。举人坐监，又每多时，差拨不敷，教养

罕效。近年有增贡之举而所拔亦挨次之人，资格所拘，英才多滞。乞于常贡外，令提学行选贡之法。不分廪膳、增广生员，通行考选，务求学行兼优，年富力强，累试优等者，乃以充贡。通计天下之广约取五六百人，以后三五年一行，则人才可渐及往年矣。'乃下部议行之。此选贡所由始也。"清代选贡基本因袭明制，惟选贡人数、间隔、名目略有浮动。清代国子监获取生员的拔贡、优贡、副贡等，亦是选贡的不同方式。

[21] 涔涔：此处指胀痛烦闷的感觉。

[22] 伏风：中国传统中医术语，指潜藏于体内的风湿之气。

[23] 即署理钱法堂户部右侍郎善焘，其详难考。

[24] 指铜材提炼纯度不够，含有铁砂杂质。

[25] 篆：即印章。封篆：即将印章收纳锁闭，此处代指以午休之故，暂时停止兑铜。

[26] 张医：前文作章医，后文又作张医，不知孰是，然据其上下文可知，本是同一人，或为笔误之故。

[27] 𦙾：音同色，此处意指气塞，气结。

[28] 耀州：陕西西安府属州，今为陕西省铜川市耀州区。邱承恩：其详难考。

[29] 即顺宁知府黄中位，字子载。据民国《新纂云南通志》卷十三《历代职官表二》黄氏系贵州贵筑（今贵州省贵阳市）人，道光朝顺宁府第四任知府。又据《明清进士题名碑录索引》黄氏系嘉庆六年（1801）三甲第十一名进士。

[30] 南掌：中南半岛古国，又称缆掌国、澜沧国，即古老挝国，清廷属国，雍正七年（1728）入贡，嗣后常来贡献，直至光绪十一年（1885）没于法人。其地产象，与顺宁府接界，自顺宁府入清朝国界，故由顺宁知府陪同入京奉贡。南掌国，《清史稿》卷五百八十二《属国三》有传。

[31] 朱提一流：即朱提银一流。朱提：古云南昭通地区的名称，其地产好银，汉晋时期，朱提银驰名海内。清代昭通仍是全国的重要白银产地，今昭通鲁甸县西南龙头山尚有清代银厂乐马厂遗址。一流，王莽时期银的计量单位，《汉书》卷二十四《食货志下》："朱提银重八两为一流，值一千五百八十。它银一流，值千。是为银货二品。"清代白银但以两计，此处黎氏或用典故指银八两。

道光二十二年正月

道光二十二年壬寅，[1]正月元日，庚戌，晴。往各处贺节。

初二日，辛亥，晴。往各处贺节。夜大风。

初三日，壬子，晴。

初四日，癸丑，阴。夜雪。

初五日，甲寅，晴。

初六日，乙卯，晴。

初七日，丙辰，晴。赴琉璃厂市，[2]购书数种。

初八日，丁巳，晴。赴琉璃厂市，购书画。

初九日，戊午，阴。晨，谒新任滇方伯岳公镇南。[3]于旅邸过尹晓湖，偕赴吏部书吏陈荫庭处托免调俸满引见事。[4]余浙、滇两省实任扣至癸卯冬十月俸满，[5]应行调取，现因铜差引见，例免再调。第不予，书吏规费犹不免也。议给五十金而允。

初十日，己未，晴。余宗山来，留饭。

十一日，庚寅，晴。是日，大驾出城，宿坛祈谷。

十二日，辛酉，晴。辰刻，大驾回宫。偕黄子载太守往送岳方伯，已行矣。闻直隶安州崔东轩刺史耀廷入都，[6]偕往候之。东轩前任曲靖之南宁，[7]余任平彝，两相契。庚子在滇城，过从数月，尤契合。[8]铜差之行，东轩实怂恿焉。归，留子载太守饭，偕赴琉璃厂市购残书。周湘芸招饮，辞之。

十三日，壬戌，晴。

十四日，癸亥，晴。

十五日，甲子，晴。方既堂、杨春桥招饮，辞之。晚，邀同馆诸乡人饭。天街灯火，游人杂沓，[9]更深，偕朱星垣、兆熙出观。

十六日，乙丑，晴。晨，过崔东轩。午后，张尊五、唐补卿均招饮，辞之。

十七日，丙寅，晴。治归装。

十八日，丁卯，晴。晨，偕尹晓湖送费至陈荫廷处。命张升、陈贵先护送姚生柩南归，[10]程费几至百金。

十九日，戊辰，阴。王蘧唐侍郎病故，闻信往唁。其子甫十岁，两妾守柩而哭。询系患寒热，为医者所误也。归装、整理贮书箱箧等物。夜雨。

二十日，己巳，晴。整理归装，送公费十六金至唐户部补卿处。

二十一日，庚午，阴晴。整理归装。项仙舟来。

二十二日，辛未，阴，冷。崔东轩来。

二十三日，壬申，阴，寒冻。

二十四日，癸酉，寒冻。

二十五日，甲戌，晴。往各处辞别，备会榜同年公费三十金，交张莑轩。备贵州馆费十六金，交杨心畬。馈朱朵山、路莲坨朱提各一流，以朵山为虹舫师侄，莲坨尊人为甲戌同榜也。[11]

二十六日，乙亥，阴。广西司书吏王质夫送给回滇部照，拟二十八日偕尹晓湖结伴行，以无车止。夜雪。

二十七日，丙子，阴，雨雪。平彝李教谕济芳来。[12]方既堂、周篠山来。

二十八日，丁丑，晴。晨赴黄子载太守寓送行，托带器物一箱回滇。兆熙病，为之延张医诊视，服药。

二十九日，戊寅，晴。

三十日，己卯，晴。

注　释

[1]　道光二十二年：1842年，壬寅。

[2]　琉璃厂：北京著名文化街，位于和平门外，东至延寿寺街，西至南北柳巷，全长约750米。辽代为南京析津府城东郊海王村，金代称海王庄。元朝定都北京，始在此设立官窑，烧制琉璃瓦件，为其时四大窑之一。明迁都北京，修内城、皇宫，将其规模扩大，名琉璃厂，为其时工部属五大厂之一。嘉靖三十二年（1553）修建北京外城，琉璃厂被纳入城内。清乾隆年间，停止烧窑，琉璃厂外迁至门头沟琉璃渠，琉璃厂作为地名保留下来。

琉璃厂作为京城著名文化街，则起源于明代，当时已有书店开设，琉璃厂规模最大的书店老二酉堂，即开业于明代。清廷定鼎北京，满汉分城居住，汉族官员多数居住在琉璃厂附近，全国各地的会馆亦多建造于此，清廷又移书市于琉璃厂区域的广安门内慈仁寺（即报国寺），琉璃厂遂发展为京师最大书市。乾隆三十八年（1773）开四库全书馆，编纂人员多居住在琉璃厂附近，常至此买书。另官员、赴京赶考的举子遂亦常聚集于此逛书市。琉璃厂遂以书市为中心，书画、文具、古玩、珍宝诸店也大量入驻，遂成为京城著名的雅游之所。光绪初年，书店达二百二十余家，解放初期仍有一百七十余家。同时，琉璃厂也是京城民间著名的春节集市。1927年，重建和平门，修新华街，琉璃厂街遂分成如今格局的东琉璃长街和西琉璃厂街。据《北京风物志》，北京旅游出版社，1982年，第226-228页。

[3] 方伯岳公镇南：即新任云南布政使岳镇南。岳镇南（1785—1843），字文峰，山东利津（今山东省东营市利津县）人，南宋抗金名将岳飞之后。道光二年（1822）二甲第五名进士，授翰林院编修，后历任监察御史、湖南学政、九江知府、浙江盐运使、甘肃按察使、直隶按察使、云南布政使等职，在滇一年，卒于任。镇南天资聪颖、博览群书，为官清正、办事干练。过世后，入供利津乡贤祠。光绪《利津县志》卷七《宦绩列传》有传。

[4] 陈荫庭：其详难考。俸满引见，指官员任满一定年限，依例调迁时觐见皇帝听训。黎恂明年，依例当调任，但经铜差引见者，可免掉。但调与不调，此等微官，权柄操于吏部书吏。黎氏为免明年再受万里征途之苦，不得不向吏部经手者托情送金。此亦见清代官场腐败之一斑。

[5] 癸卯：即道光二十三年，1843年。

[6] 直隶安州：直隶保定府属州，今为保定市安新县。崔耀廷：或字东轩，据民国《新纂云南通志》卷十三《历代职官表二》系山西壶关（今山西省长治市壶关县）人，道光期间，曾任楚雄府广通县知县，未见任职曲靖府南宁县之记载，咸丰《南宁县志·官师志》亦缺载。

[7] 曲靖：云南属府，详后注。

[8] 庚子：指道光二十年，1840年。当年，黎氏在云南省城候铜差数月，与崔氏有颇多交往时间。

[9] 天街：泛指京城诸街道，以天子所在，故名。时为元宵节，故有灯火之会。

[10] 柩：音同就。灵柩，装着尸体的棺材。

[11] 甲戌：指嘉庆十九年，1814年，是年黎氏中进士。虹舫：黎恂之师，其详难考。查《明清进士题名碑录索引》，嘉庆十九年进士路姓者惟一人，即路孟逵，系贵州毕节（今贵州省毕节市）人，三甲第五十名进士。路孟逵之子当即路莲垞。

[12] 李济芳：其详难考。

道光二十二年二月

二月初一日，庚辰，晴。

初二日，辛巳，晴。雇四套马车三辆、三套马车一辆，[1]发给行户车价。四套价五十五千，三套价四十千。向来出都车价，昂不至此。

初三日，壬午，晴。捡点零物。

注释

[10] 四套马车、三套马车：指由四匹马、三匹马拉行的马车。

六　回滇纪程

地点起止：北京-昆明

时间起迄：道光二十二年二月四日至七月十日，公元 1842 年 3 月 15 日至 8 月 15 日

道光二十二年二月

初四日，癸未，晴。卯刻，装车。行户作恶，克扣车价，舆夫争执迟延，申刻始出都门，行二十里已暮。更静，过卢沟桥，灯火满街，桥上新月如钩，较晓望为佳京师八景有卢沟晓月。[1]二更宿长新店，[2]计程四十里。按卢沟即桑干河，源出山西境。自卢沟下流分二派，一至通州合白河；一至良乡、霸州境为巨马河，[3]经武清合小直沽入海。[4]桥建于金明昌中，[5]长二百余步，畿南壮观也。

初五日，甲申，晴。辰刻，过良乡县。[6]巳刻，顿窦店。[7]午刻，过琉璃河，[8]《金史》名刘李河。源出房山县，[9]流至霸州入拒马河，上建石桥极壮阔，[10]以轮蹄日辗，石接缝处多损。晚，宿涿州，[11]计程九十五里。途中车马纷纷，尘沙蔽目。询督亢陂土，[12]人不知其处。

初六日，乙酉，晴。早顿□碑店，新城县属。[13]未刻，过定兴县。[14]晚宿白河，又名曰白沟河，水涸，惟见白沙，即易水也。[15]计程八十里。

初七日，丙戌，阴晴。午顿安肃县，[16]晚宿保定府，[17]计程一百十里。是日，途中多泥泞，辙深尺许，车行甚艰。

初八日，丁亥，晴。午顿方顺桥，[18]晚宿清风店，定州属，[19]计程一百十里。方顺桥下有水，其上源为完县之祈水，入满城县境曰方顺河。[20]《水经注》光武追铜马五幡于北平，败之于顺水，即此水也。[21]

初九日，戊子，阴晴。卯刻，过定州，古中山国也，[22]后燕慕容垂尝都此。[23]今州城，汉曰卢奴县。郦道元曰城西北有水，渊而不流，水色正黑曰卢，不流曰奴，故以名县。[24]午顿明月店，[25]未刻过新乐县。[26]宋白云汉成帝时，中山王母冯昭仪随王就国，建宫于西乡之乐里，因呼为西乐城，俗讹为新乐，隋因置县焉。[27]县西有伏羲故城，中有羲台，或谓即画卦台也。[28]今弥望皆沙地耳。晚宿伏城驿，[29]计程一百三十里。自清风店以南，路皆沙地，村落白杨甚多，节已春分，[30]野树方有萌芽，了无春色。又清风店大道去腊行车被劫，[31]数月以来，行旅五更早行，须各宿店，车马齐帮。是夜，车数十辆先后同行，鞭声灯影数里不断。戍楼、窝铺兵役张灯鸣锣护送，天晓乃已。近畿盗贼横行如是，边远僻省又当何如？吁，时事可虑哉！

初十日，己丑。辰刻，阴雨，旋霁。过真定府，[32]出城里许过滹沱河。[33]春冰已解，车由浮桥行，尚不甚艰。桥下流水浑浊，急浪汹汹。桥南分右道则往山西，分左道则往河南。差役步行者不知，竟向右道行数里，舆夫望见，乃呼之还。午顿十里铺。[34]未刻后，大风扬沙，黄尘蔽日，行人苦之。晚宿栾城县，[35]计程一百十里。栾城，春秋时晋之栾邑，栾武子封于此。[36]哀四年，齐国夏伐晋，取栾是也。[37]

十一日，庚寅，尘沙冥濛，天雨不净。四更即行，辰刻，顿赵州。[38]申刻，宿柏乡县，[39]计程一百里，距赵州十里许。[40]三日前，盗劫孤商，杀舆夫，劫去银物。驿站大通，今作盗薮，行者无不寒心矣。

十二日，辛卯。子刻，雨风暂息。四更即行，官遣役护送出境始回。午顿内邱县南关，店敝不堪。[41]晚宿顺德府南关，[42]计程一百里。是日，道中多沙，车行颇缓。辰、巳后，北风扬尘，帷幔不能御也。顺德，春秋时之邢国，秦谓之信都，项羽时谓之襄国。[43]赵歇为赵王、张耳为常山王，皆都此，晋石勒亦都此。[44]盖其地西带上党、北控常山，[45]固河北襟要之域矣。夜，月晕。

十三日，壬辰。卯刻，过沙河县。[46]巳刻，顿搭连店，[47]遇熊虚谷司马守谦入觐，过谈。[48]将抵临洺关，[49]北风大作，黄尘蔽空。申刻，兆熙车覆，从人叶兴伤足。晚宿邯郸县广平府属，[50]计程一百里。

十四日，癸巳，晴。四更，乘月色行，二十里过吕翁祠。[51]晨顿杜村，[52]巳刻过磁州，[53]申刻过漳河，宿丰乐镇，[54]入河南彰德府境，[55]计程一百里。邯郸、磁州，官道平适，车行颇速，路旁麦苗吐秀，柳色微黄，渐有春意，不类京外数百里景象。漳河水甚清，为浮以济车马，[56]往来者便焉。遣田贵先赴府署，函嘱俞云史以小车来迎。

十五日，甲午，晴。丑刻，彰德府署遣家丁、轿马来，余先行，黎明至府。[57]云史护送南掌贡差赴卫辉未归，[58]其婿沈桂芬出见吴江人，大兴生员。[59]饭后，余不欲留，以轿车送至樊城，[60]复赠余路费百金及衣料等物。午刻启行，至魏家营，[61]兆熙等大车尖方毕。[62]少憩，偕就道过汤阴县停车，[63]谒岳忠武王祠。[64]忠武，县人也，庙祀始于前明正统，[65]明敕赐额"精忠"。正殿塑王像，左右厢塑王诸子像，后殿塑王及李夫人像，[66]右偏塑王女银瓶像，[67]殿前左偏塑王孙珂像，[68]中建御碑亭。祠内古柏阴森，碑刻林立，殿门外照墙下铁铸秦桧、张俊等五人跪立像，[69]有司岁以春秋上戊日致祭殿门，[70]额曰"靖魔大帝"。按明万历时敕封为"三界靖魔大帝保劫昌运岳武王"，殊属不类。忠武，人臣也，侯之可、王之可，加以帝号则僭矣。并属道士启建金录，[71]尤属不经，此神宗好道之惑也。晚宿宜沟驿，[72]计程一百十里。

十六日，乙未，晴。辰刻，过淇水，清流喷激，有石桥通车马来往。复行三十里，顿淇县。[73]晚宿卫辉府，[74]计程一百十里。黄河已合龙，来日，王定九相国鼎自河工回京，[75]将过站，各馆寓供帐甚盛。夜出街，市地黄数十斤。[76]云史遣人来，云在新乡待余。[77]

十七日，丙申，晴。晨至新乡东关县店，[78]与云史晤，同饭毕，话别而行。晚宿亢村驿，[79]计程一百十里。邯郸以南，始见柳叶，彰德、卫辉间乃见垂柳婀娜。是日，途中村落多有杏花、李花，春色盈眸矣。

十八日，丁酉，晴。四更即行。黎明渡黄河，[80]张帆行，河水多浅淤处，舟人撑篙行。半渡，风逆，卸帆负纤从水中泝行十余里始达南岸。午刻，住冈岭，[81]计程五十二里。南宁乙未喻孝廉公车回，[82]在河北岸与余争先，以船不胜载，乃附他舟而渡，至冈岭复来见。

十九日，戊戌，晴。五更即行，晨顿郑州。[83]自郑以来，南多夹道，伏戎之患，时在于心。有荆州都统自京遣四之车三辆，[84]偶与余车相争，值狭隘，来车阻塞，余车不能前，彼车滞于后，兵丁肆詈，将余车夫毒殴，以旗兵不与较。晚宿郭店驿，[85]计程九十五里。沿途村野枣、梨、柿树孔多，桃杏争妍可爱。是日暖甚。

二十日，己亥，阴晴。晨顿新郑县，[86]县城南门外即洧水，有桥以济往来。[87]春水方生，桥下可通舟楫，多载石炭以达颍河。[88]晚宿石固驿，[89]长葛县境也，[90]计程一百十里。是日，仍多夹道。村庄沿路杂花、生树，不啻万株，惜风尘坌涌，将明媚芳春变作昏霾世界，北地莺花洵不如南土矣。本月朔日之夕，有太守挈眷回京，车数辆，宿此。夜深，盗数十人排门而入，罄其车上资囊掳掠而去。太守及逆旅主人不敢谁何！查系山左夫役来汴役河工者，[91]河务将毕，即散而为盗耳。是夕，余亦防闲，与兆熙和衣而卧，胆为之怯。夜阴，欲雨。

二十一日，庚子。五更即行，避官路狭隘，取道由乡村，路极平顺，人家亦多。晨顿颍桥，[92]颍水所经也。阴雨，复霁。申刻，宿襄城县南关，[93]计程九十里。城下有汝水，可通舟楫。[94]县本春秋郑氾地，周襄王适郑，处氾，即此，后因名襄城县。[95]西南有首山，迤逦绵亘，黄帝之所游也。[96]又，不羹城亦在县东南。[97]是日，郁热，棉衣不能御，乃易袷衣。夜半，大雷电雨。自石固至颍桥，数十里皆陑道，途阔不过丈余，仅容一车。两壁地高二丈许，车从中行，若寇盗自上击，土石阻遏前后路，则陑中车无出理。且道狭，两车不能并行，舆夫过此必大声、必遥呼，前有车来，闻呼声则预于路稍阔处停车候过，此闻彼声亦然。余行此道屡矣，每自颍桥北往，率皆五更早行入陑中，常有戒心，竟不知由乡路行乃稳适若此。大抵官道由古之今，轮蹄辗踏，故辙迹愈深，两旁愈高，若地方有司能改道并易置戍楼于村中，行者可无他虞矣。氾，音凡。氾地有二，此南氾也。南氾在襄城县南，东氾在中牟县南，[98]皆郑地。

二十二日，辛丑。黎明方行。襄城西南多山，宿雾冥濛，峰峦杳霭，天色昏昧欲雨，旋大风自西北来，飞沙吼树，人马几不能行。已刻，顿汝坟桥即遵化塘，[99]过桥里许桥架木为之，上实以土，道旁有"子路问津处""沮溺耦耕处"碑。[100]未刻，过叶县。[101]薄暮，过㶏水，[102]行里许，宿旧县。[103]街市寂寥，食物粗粝而腾贵，盖上年灾歉故也。计程九十里。叶县，古之昆阳。《志》称昆阳在㶏水之北，今旧县在水南，疑《志》误也。[104]汝坟之上冈阜平曲，雅称高隐所居，望古遥集，令人徘徊不置矣。㶏，丈几切，[105]又作溵。

二十三日，壬寅，晴。巳刻，顿独树铺即龙泉镇，裕州属，[106]饭馆在沙石上，来往车马咸集于此。自旧县至此，途多碎石，车行颇艰，独树以南，途复平坦。申刻，抵裕州宿，计程九十里。

二十四日，癸卯，阴。早顿赵河，[107]流水清洁可喜。自裕州而南，地势高平，连绵不断，即古方城境。宛在方城南，内、叶在方城外，自昔称为重地。[108]《淮南子》云天下有九塞，方城其一也。[109]午过博望驿，汉武帝封张骞为侯处。[110]晚宿北新店，[111]计程九十里。

二十五日，甲辰，阴。早过南阳府城外，[112]午顿卅里屯，[113]申刻抵瓦店宿，[114]计城九十里。[115]是日清明，天气寒冷，入店后，细雨冥濛，诵苏子君门九重，坟墓万里诗句，[116]令人增乡关之感。南阳，古申、邓二

403

国地，府治为春秋时宛邑。百里奚亡秦走宛，楚鄙人执之。[117]秦置南阳郡，治宛，嗣后宛城皆为郡治。申城在府北二十里，周宣王舅所封。[118]吕城在府西三十里，虞、夏时国。周为吕侯国，穆王以吕侯为司寇，作《吕刑》是也。[119]后皆为楚所灭。又武城在府北，僖六年，许僖公见楚子于武城；[120]成十六年，郑叛晋，从楚子盟于武城；[121]襄七年，楚子师于武城，为秦援；[122]昭四年，灵王田于武城；[123]皆此武城，非鲁之武城也。[124]

二十六日，乙巳，阴晴。晨顿新野县。[125]申刻，过白河，水深，车卸马，由舟渡过。[126]渡里许，宿南新店，市肆颇盛，以通舟楫故也。[127]计程九十里。新野以南，居人服饰与北土渐异。

二十七日，丙午，阴晴。卯刻，过吕堰，晨顿于村中小店。[128]申刻，抵樊城，[129]寓磁器街黄百顺店。其店伙迎至颍桥，[130]故主之。计程九十里。自京至樊城，陆路共二千三百里。

二十八日，丁未，阴晴。住樊城，黄子载太守伴南掌贡使留樊未行。晚，过之，留饮，并晤童近庵参戎。[131]

二十九日，戊申，晴。住樊城。车行廿余日，行李箱箧多有松损，重整理焉。

三十日，己酉，晴。住樊城。车马劳顿，本拟由水路至常德，[132]已选雇一麻阳大花舻船，[133]议价七十金矣，继思沂江过湖多羁时日，且风波之险从者咸憛憛焉，余亦冀速归，遂改计，由陆路行。向骡行议价。

注　释

[1] 卢沟桥：又名芦沟桥，北京著名古石桥，中国古代著名石拱桥。嘉庆《重修大清一统志》卷九《顺天府·桥梁》："卢沟桥在宛平县西南三十里卢沟河上。《金史·河渠志》大定二十九年（1189）以卢沟河流湍急，命建石桥，明昌三年（1192）成，名曰广利。《元史·百官志》延佑四年（1435）卢沟桥置巡检司。《明统志》卢沟桥正德九年（1514）七月重修，长二百余丈，栏刻为狮形，每早波光晓月、上下荡漾，为燕京八景之一，名曰卢沟晓月。《府志》桥当往来孔道，本朝康熙八年（1669）发帑修筑，圣祖御制碑文以记。"光绪《顺天府志》卷四十七《津梁·宛平县》："卢沟桥，治南

三十里，跨永定河。初架木，金大定二十九年易石，明昌三年三月成，命名广利。国朝康熙元年（1662）修，七年（1668）水溢，桥圮东北十二丈，重修，御制碑文，建亭于桥北。雍正十年（1732）重修桥面，乾隆十七年重修券面、狮柱、石栏。五十年（1785）重修桥面东西两陲，加长石道，桥东西长六十六丈，南北宽二丈四尺，两栏宽二尺七寸。东桥坡长十八丈，西桥坡长三十二丈。东桥翅南长六丈，北长六丈五尺；西桥翅南北均长六丈，出土尺有四寸。桥南河面宽七十三丈八尺，桥北河面宽七十四丈五尺。桥空十有一人，深均长二丈六尺。自南起第一空高二丈一尺七寸，东西宽四丈一尺；二空高二丈二尺，宽四丈一尺五寸；三空高二丈二尺一寸，宽四丈二尺五寸；四空高二丈七寸，宽四丈三尺；五空高二丈三尺六寸，宽四丈四尺；六空高二丈四尺，款四丈五尺，适当河之中流；七空高二丈三尺，宽四丈四尺二寸；八空高二丈二尺七寸，宽四丈三尺五寸；九空高二丈二尺七寸，宽四丈二尺五寸；十空高二丈二尺四寸，宽四丈一尺五寸；十一空高二丈一尺五寸，宽四丈一尺，尽北界止。"桥今仍存，在北京市丰台区永定河上，总长266.5米，河面桥长213.15米，桥身总宽9.3米，桥面宽7.5米；有十一联拱，拱洞由两岸向桥中心逐渐增大，拱券跨径从12.35米至13.42米不等；桥面两侧石栏，北侧望柱140根、南侧141根，间距1.8米至2米，高1.4米，柱间嵌石栏板，板高约0.85米。卢沟桥为全国重点文物保护单位。

晓望：指黎明时的月色。卢沟晓月：即黎明时分卢沟桥的月色。

[2] 新：当为辛。长辛店，旧时京郊著名古镇，在永定河西岸、卢沟桥畔。自古即是从西南方向进入北京地区的必经要道，为京郊著名的繁华重镇。

[3] 巨马河：嘉庆《重修大清一统志》卷十三《保定府·山川》："巨马河即涞水也。自易州涞水县入，南经定兴县西，至涿县南为白沟河。又东南经容城县东北，又东经新城县南，又东南经雄县西，又东入保定县界。《汉书·地理志》：广昌县涞水东南至容城入河。《水经注》：涞水经遒县谓之巨马河，东南经范阳县故城北，易水注之。又东郦亭沟水注之。又东经容城县故城北，又东督亢沟水注之。又东南经益昌县。《寰宇记》：巨马河在雄州北三十里，从易州流入，下至霸州。许元宗《奉使行程录》：白沟河

阔止十数丈，深可二丈，宋与辽以此为界。过河三十里到新城县。旧《志》：巨马河在定兴县西一里，自涞水县流入，至县南河阳渡与易水合，自下通名白沟河。以宋辽分界于此，亦名界河，俗又名曰北河。东南流至白沟店南。其地此去新城县三十里，西南去容城县二十八里，东南抵雄县三十里。旧自白沟店北东流，明永乐末（1424）徙于店南，故道遂湮。又东南流，由永通桥环雄县城西南而东出瓦济桥，又东八里许为柴禾淀，始与九河合流入茅儿湾。其一支由容城县分流至雄县西三里，名黄河湾，又经新安流入四角河。按《水经注》督亢沟亦承涞水，东南至涿县谓之白沟，又南入巨马河，白沟乃巨马支津，下流在今涿州界。自宋以来始总号巨马为白沟。又按《水经注》《元和郡县志》《太平寰宇记》诸书，皆作巨马，后人加手傍作拒马，相传刘琨拒石勒于此得名。"巨马河，今作拒马河，发源于河北省涞源县太行山中，属海河流域大清河支流，北京市五大水系之一。拒马河干流长254公里，在北京市境内长61公里，流域面积433平方公里。拒马河以源头水温常年在7摄氏度左右，成为中国北方最大的冬季不结冰河流。拒马河两岸自然风光秀丽、文物古迹众多。

[4] 卢沟河，即永定河，古湿水，隋称桑干河，金称卢沟河，元明称无定河，海河流域七大水系之一，京津地区著名河流。《明一统志》卷一《京师·山川》："卢沟河在府西南。本桑干河，又名㶟河，俗呼浑河，亦曰小黄河，以流浊故也。其源出山西大同府桑干山，经太行山入宛平县境，出卢沟桥下。东南至看丹口分为二派，其一流至通州高丽庄入白河，其一南经固安至武清县小直沽与卫河合流，入于海。"卢沟河，即永定河。康熙《通州志》卷一《山川》："浑河在州南。源出大同府桑干山，至卢沟桥南丹山口分为三派。其一流至州南高丽庄入潞河，今张家湾下马头入白河之处名浑河嘴是也。余一潞河。一分流为黄沤河。"雍正《畿辅通志》卷二十一《川·顺天府》："永定河在宛平县西三十里，即桑干河，古湿水也，俗曰浑河，亦曰卢沟河，康熙三十七年（1698）赐名永定。"今仍名永定河，流经内蒙古、山西、河北、北京、天津，历43县市，全长747公里，全流域面积4.7万平方公里。

[5] 明昌：金章宗第一个年号，大体在1190—1196年。

[6] 良乡：直隶顺天府属县，在府治西南七十里，为黎氏返滇所经县。

县地在汉为广阳国广阳县，后汉因之。晋属范阳国，后魏属燕郡，北齐省入蓟县。唐为良乡县地。五代唐长兴三年（932）始移良乡县来治，属幽州。辽属南京析津府，宋宣和（1195—1125）中属燕山府。金属大兴府，元属大都路，明属顺天府，清因之。据嘉庆《重修大清一统志》卷六。1958年并入房山县，今为北京市房山区。霸州，直隶顺天府属州，今为河北省廊坊市代管之霸州市。

[7] 窦店：良乡县属镇。光绪《顺天府治》卷二十七《村镇·良乡县》："（治）西南二十五里窦店镇，有铺，北接七里店，南接黄土坡。"今仍名，为北京市房山区窦店镇，地处房山区西南部永定河与大石河之间的冲击平原上，今有窦店古城。

[8] 琉璃河：京冀地区著名河流，拒马河支流。嘉庆《重修大清一统志》卷七《顺天府·山川》："琉璃河源出房山县西北，东南经良乡县西南，又东南经涿州东，又南入保定府新城县界，即古圣水也。《水经注》：圣水出上谷郡西南圣水谷东南，流经大防岭之东首山，又东经玉石山，谓之玉石口。伏流里余，潜源东出，又经颓波泻涧一丈有余，屈而流。又南经良乡县故城西，有防水注之。又南与乐水合。又东过其县故城南，又东经圣聚南，又东与侠河合，又东过涿县东，与桃水合。又东，广阳之水注之。又东南经阳乡城西，又东经方城县故城，又东左会白祀沟，又东南经韩城东，又东南右会清淀水，又东经安次县故城南，又东南注拒马河。《太平寰宇记》：圣水俗名回城水，源出良乡县西北玉石山，东流经县北四里，又南流入范阳县界。《范成大集》：琉璃河又名刘李河，在涿州北三十里，水极清泚，茂林环之。此河大中祥符（1008—1016）间路振《乘轺录》亦谓琉璃河，惟嘉祐中（1056—1063）宋敏求《入蕃录》乃谓之六里河。《明统志》：琉璃河在良乡县南四十里，《金史》作刘李河。旧《志》谓即古圣水。自房山龙泉峪流至霸州入拒马河。按今琉璃河发房山县西北黑龙潭及孔水洞，俗名芦村河。东流经县东南二十里入良乡界，始名琉璃河。经县西南四十里，又南入涿州界，亦名清河。自琉璃桥东行可四五里，折而东南可二三里，得侠河口。又东南可二十里得拒马河口，又东南可七八里为茨村，正西去涿州三十里。东岸有浑河决入之口，土人云旧时浑河从固安之故城村决，而西南至茨村东北合琉璃河，遂直南冲茨村，分为二。后浑河渐徙而

东，至康熙二十七年（1688）始尽淹塞，不复相通，而琉璃河遂南入新城县界。近年屡加修浚，其故道由涿州东经固安、永清、东安、霸州界，今皆为浑河所夺。高宗纯皇帝巡幸经此，屡有《题琉璃河诗》，勒碑。"民国《房山县志》卷二《河流》所载房山八大干流之圣水即此，未载琉璃河之称。又据光绪《顺天府志》卷二十《山川》琉璃河为龙泉河流经房山县境内的名称，其云："琉璃河，龙泉河自房山经境，曰琉璃河。受挟活河水入涿州。"龙泉河，据民国《房山县志》卷二《河流》，为圣水支流。今名琉璃河，发源于北京房山区百花山西南小寒岭，至河北省涿州市东北码头镇注入拒马河，全长129公里。

[9] 房山县：直隶顺天府属县，在京师西南九十里。县地初为汉置良乡县地，初属燕国，改属涿郡。王莽曰广阳，后汉因之。三国魏隶范阳郡，晋先属范阳国，后属范阳郡。北魏属燕郡，北齐天保七年（556）省入蓟县，武平六年（575）复置。隋属涿郡，唐属幽州，圣历元年（698）改为固节县，神龙元年（705）复古名，五代、辽皆因之。金大定二十九年（1189），以置陵故，改名万宁县，明昌二年（1191）又改名奉先县，属涿州。元世祖至元二十七年（1290）以县西北有大房山改名房山县，仍属涿州。明属顺天府涿州，清初因之，雍正六年（1728）涿州降为散州，房山县遂直隶顺天府。据民国《房山县志》卷一。今为北京市房山区。

[10] 拒马河：当即上文巨马河。

石桥：即琉璃河桥，建以石材，又称琉璃河石桥、琉璃桥，北京南部的重要交通要道。雍正《畿辅通志》卷四十二《津梁·顺天府》："琉璃河桥在良乡县南四十里琉璃河上。明嘉靖二十五年建（1546），尚书雷礼有《修琉璃河桥堤记》。"光绪《顺天府志》卷四十七《津梁·良乡县》："琉璃桥，城西南四十里，燕谷店北。明嘉靖二十五年建以石，四十一年（1561）修，长四丈五寸，宽三丈五尺，高一丈三尺五寸，添小桥一。"桥今仍存，南北向，横跨在北京市房山区琉璃河镇北的京石公路上，全长165.5米，宽10.3米，11联孔。桥体用巨石砌筑，桥面两侧条石用铁锭连接。桥面东西两侧有实心栏板和望柱，东侧栏板97块、望柱96个，西侧分别为98个、97个。

[11] 涿州：直隶顺天府属散州，在京师西南一百四十里，黎氏回滇所经。汉高帝置涿县并置涿郡，为其旧地，属幽州，后汉、三国因之。魏

黄初中（220—226）改曰范阳郡，晋曰范阳国，后魏仍为范阳郡，齐、周因之。隋开皇初（581）郡废，大业初（605）以县属涿郡。唐武德初（618）属幽州，七年（624）改县曰范阳。大历四年（769）析置涿州，属河北道。五代晋天福初（936）入辽，仍曰涿州，置永泰军，属析津府。宋宣和四年（1122）赐名涿水郡，升威行军节度。金仍曰涿州，属中都路。元太宗八年（1236）升涿州路，中统四年（1263）复为涿州，属大都路。明洪武初（1368）以州治范阳县省入，属顺天府，清因之。据嘉庆《重修大清一统志》卷六。今为河北省保定市涿州市。

[12] 督亢陂土：即督亢池与都亢之地，素为沃土，荆轲携其图以进秦王者，陂旁有督亢亭。嘉庆《重修大清一统志》卷七《顺天府·山川》："督亢陂在涿州东南，即燕太子丹使荆轲以献秦者。刘向《别录》：督亢膏腴之地。《水经注》：督亢沟上承涞水于涞谷，引之则长潭委注，遏之则微川辍流，水德含和变通。在我东南流经遒县北，又东经楼桑里南，又东经督亢泽，包方城县。《风俗通》曰：沆漭也，言乎滛滛漭漭无涯际也。其水自泽枝分，东经涿县故城南，又东经卢植墓南，又东散为泽渚，北屈注于桃水。《括地志》：督亢陂在范阳县东南十里，径五十余里。旧《志》陂池广衍，跨连新城、固安二境。"其地有都亢亭遗址，为土丘，高出地面，故可望见。《明一统志》："督亢陂在涿州东南，其地沃美，秦求之燕，燕太子丹使荆轲赍督亢地图以进，即此。又为督亢亭。"嘉庆《重修大清一统志》卷九《顺天府·古迹》："督亢亭在固安县南，《后汉书·郡国志》方城县有督亢亭，按《明统志》谓在涿州东南十五里，高丈余，周七十步。"同《志》卷十四《保定府·古迹》督亢亭在新城县北一里紫泉芹河之间，遗址突峙，高二三丈。……盖自易州涞水以东及涿州、固安之界，皆古督亢地也。"督亢陂、亭今皆不存。

[13] □碑店：缺字当为"高"。高碑店，北京东南重要码头，在北京南苑，属保定府新城县境。光绪《顺天府志》卷二十七《村镇·南苑》六里屯东十六里高碑店，燕黄金台近此，台北里许旧有小黄金台。

新城县：直隶保定府属县，在府治东北一百五十里。县地为战国时燕国督亢地，汉置新昌县，属涿郡，后汉省。唐大历四年（769）分固安县地复置新昌县，太和六年（827）又析置新城县，皆属涿州。五代晋入辽，宋时与辽分界于此。宣和四年（1122）归宋，赐名威城。寻入金，复曰新城。元太宗二年（1230）改新泰州，七年（1235）复为新城县，属大都路，十一年（1239），属顺天路。至元二年（1265）属雄州。明洪武六年（1372）改属保定府，清因之。据嘉庆《重修大清一统志》卷十二。1993年，撤销新城县，易名以境内之高碑店并立为市，为京津冀间重要工业城市，属河北省保定市辖。

[14] 定兴县：直隶保定府属县，在府治北少东一百二十里，黎氏回滇所经。县地初为秦之范阳县，汉因之属涿郡，后汉因之。晋属范阳国，后魏属范阳郡。隋开皇初（581）改曰遒县，属上谷郡。唐初废入易县。金大定六年（1166）始改置定兴县，属涿州。元属易州，明洪武六年（1373）改属保定府，清因之。据嘉庆《重修大清一统志》卷十二。今为河北省保定市定兴县。

[15] 白河：亦名北河。雍正，海河支流《畿辅通志》卷二十二《川·保定府》："白沟河在新城县南，巨马、易、沙三水合流于定兴之河阳渡，为白沟河。南流至县界东，经容城县至雄县城南，东入茅儿湾，达玉带河。其分流亦由容城县过雄县西，为黄湾河，又折入新安合四角河。白沟河在新城县南十里，由定兴县南流来。定兴河阳渡为涞、易、沙三河会流处，俗名北河……"易水，有北、中、南之分，此处易水指中易水。同《志》卷二十四《川·易州》："在易州南，一名武水，亦曰中易，源出宽中谷，流至定兴合巨马河入白沟。……按《寰宇记》易州有三易水，其中易出故安阁乡城谷中，即桑钦《水经》之易水。郦道元所云兼武水之称者，今自易州而归于定兴之河阳渡。史云燕太子丹祖送荆轲于易水上，即此也。"河今仍名。

[16] 安肃县：直隶保定府属县，在府治北少东五十里，黎氏回滇所经。县地战国时为燕国武遂邑，汉置北新城县，属中山国，后汉属涿郡，晋属高阳国。后魏曰新城，属高阳郡。永熙二年（533）侨置南营州五郡十一县。北齐惟留昌黎郡领新昌县。隋开皇元年（581）州移，三年（583）郡废，十八年（598）改新昌曰遂城，属上谷郡。唐属易州。五代周置梁门口寨，宋太平兴国六年（981）以遂城县置威卤军，又以梁门寨置静戎军，并置静戎县为治。景德元年（1004）改威卤为广信，静戎为安肃。宣和七年（1125）废安肃军为安肃县，寻复为军，仍治安肃县。金天会七年（1129）

改广信军为遂州，安肃军为徐州，俱属河北东路。天德三年（1151）改徐州为安肃州徐郡军，贞元二年（1154）号遂州为龙山郡，俱改属中都路。泰和四年（1204）废遂州为城县，县属保州，贞祐二年（1214）复置遂州。元至元二年（1265）省遂州入安肃州，后复置遂州，俱属保定路。明初废遂州入安肃州，洪武六年（1373）又降安肃州为县，仍属保定府，清因之。据嘉庆《重修大清一统志》卷十二。1913年以城南有徐河，改名徐水县，今为河北省保定市徐水区，区政府驻地安肃镇。

[17] 保定府：直隶属府，省治，在京师西南三百五十里。其地在《禹贡》为冀州之域，周属幽州，春秋战国属燕，战国时南境分属赵，秦属上谷郡（南境属巨鹿郡），汉属涿郡（分属中山国及巨鹿郡），后汉因之（分属中山、河间二国及巨鹿郡）。晋为范阳国地（兼为高阳、中山、河间、博陵、赵国地），后魏为高阳郡地（兼为范阳、中山、博陵、北平、巨鹿诸郡地，分属肃、幽、定三州），隋为河间郡地（兼为上谷、博陵、信都三郡地），唐为莫州地（兼为涿、易、瀛、定、深诸州地，属河北道）。五代晋天福初（936）割属辽，始置分泰州，开运二年（945）收复，州寻废，仍为莫州地，后周分置雄州。宋建隆元年（960）始复分莫州地置保塞军，府之基址始此。太平兴国六年（981）升保州，政和三年（1113）赐名清苑郡，属河北西路（又分置广信、安肃、永宁、顺安、北平五军，与祁、雄二州及中山府，分属河北东西、路。其涿州地则入辽属南京道）。金天会七年（1129）升保州为顺天军节度，属中都路，又增置遂、安肃、蠡、安、完五州与涿、雄、祁三州及中山府，分属中都、河北东、西路。元太宗十一年（1241）始升顺天军为顺天路，置总管府。至元十二年（1275）改为保定路（领易、祁、雄、安、遂、安肃、完七州，府之疆域自此始大），属中书省。明洪武元年（1368）改保定府隶北平行中书省，七年（1374）隶北平布政使司，永乐后直隶京师。清直隶省治，领州二、县十五。据嘉庆《重修大清一统志》卷十二。今为河北省保定市。

府治清苑县，初为汉置樊舆、广望二国，俱属涿郡。后汉二县皆省入北新城，晋复置，樊舆县寻省，改置乐乡县。后魏太和元年（477）分新城置清苑县，改樊舆置扶舆县，又析置永宁县，与乐乡县俱属高阳郡。北齐省樊舆、北新城、清苑、乐乡四县入永宁，仍改曰乐乡。隋开皇十八年（598）

又改曰清苑，属河间郡。唐武德四年（621）改属莫州，贞观七年（633）还属瀛州，景云二年（711）改属莫州。五代晋初入辽，置泰州。开运二年（945）克复，仍废为清苑县。宋建隆元年（960）于县置保塞军，太平兴国六年（971）改军置保州，仍改县曰保塞，为州治。金大定十六年（1176）复曰清苑。元为保定路治，明为保定府治，清因之。据嘉庆《重修大清一统志》卷十二。今大体为保定市清苑县及竞秀、莲池等市辖区。

[18]　方顺桥：保定府著名古桥，又名双凤桥、访舜桥。嘉庆《重修大清一统志》卷十五《保定府·津梁》："方顺桥在满城县南五十里，隋开皇间（581—600）建。长十五丈，石室雕栏，坚致雄伟。清以来屡加修葺，乾隆二十六年（1761）、四十六年（1781）高宗纯皇帝巡幸五台，銮舆经此，有御制诗。"光绪《保定府志》卷二十《津梁》："方顺桥在满城县城西南五十里，跨方顺河。晋永嘉时（307—313）建，长五十丈，石室雕栏，坚致雄伟。"又据民国《满城县志》卷四《交通》："方顺桥在县南五十里，甃石为之，晋永嘉三年（309）建，隋开皇（581—600）、金明昌年间（1190—1196）继修，明嘉靖间圮，僧德印募修。"桥今仍存，在保定市满城县方顺桥乡方顺桥村龙泉河上，沉降变形、风化严重，是河北省重点文物保护单位。

[19]　清风店：直隶定州直隶州境内关隘。嘉庆《重修大清一统志》卷五十六《定州直隶州·关隘》："清风店在州北三十里，明置巡司，今裁。又明月店在州南三十里。"民国《定县志》卷四《建置下·区村》清风店在第六区，城北三十里，每夏历二、七日逢集。今仍名，为河北省定州市清风店镇。

定州：直隶属直隶州。州地在《禹贡》为冀州之域，春秋鲜虞国地，战国为中山国地，后属赵。秦为巨鹿郡地。汉高帝置中山郡，景帝三年（前154）改中山国，治卢奴县，属冀州，后汉及晋因之。太元八年（383）后燕慕容垂都此，置中山尹。后魏为中山郡，皇始二年（397）于郡置安州，天兴三年（400）改曰定州。高齐改州治卢奴县曰安喜，后周置定州总管府。隋开皇初（581）避讳改鲜虞郡，郡寻废。大业初（605）改定州曰博陵郡，义宁初（617）又改高阳郡。唐武德四年（621）仍曰定州，并置总管府（《旧唐书·地理志》武德六年（623）升为大总管府，七年（624）改都督府，贞观五年（631）府废），天宝初（742）复曰博陵郡，乾元初（758）复曰定州，属河北道。建中四年（783）置义武军节度使[《旧唐书·地理志》定州贞元十三年（797）复为大都督府，十四年（798）废，依旧为州]。五代因之。宋亦曰定州博陵郡，太平兴国初（976）避讳改军名曰定武，政和三年（1113）升为中山府，属河北西路。金天会中（1123—1134）复曰定州，寻复为中山府。元属真定路。明洪武初（1368）复改定州，以州治安喜县省入，仍属真定府。清初因之，雍正二年（1724）升为直隶州，领县二[初领新乐、曲阳二县，十二年（1734）以新乐还属正定府，以保定之深泽改属定州]。据嘉庆《重修大清一统志》卷五十五。今仍名，为河北省直辖县级市。

[20] 完县：直隶保定府属县，1993年改为顺平县，属河北省保定市。

满城县：直隶保定府属县，在府治西北四十里，完县东北，黎氏回滇所经。县地汉始置为北平县，属中山国，后汉至晋因之。后魏孝昌中（525—528）属北平郡，东魏兴和二年（539—542）分置永乐县，属南营州乐良郡。北齐属昌黎郡。后周省永乐县，改北平县曰永乐。隋属上谷郡，唐属易州。天宝元年（742）改曰满城。五代晋天福初（936）入辽，属泰州，开运初（944）还属晋，徙秦州治此，州寻废，县仍属易州。宋景德中省入保塞县，金大定二十八年（1188）复置满城县，属保州。元属保定路，明属保定府，清因之。据嘉庆《重修大清一统志》卷十二。今为河北省保定市满城区。

方顺河：嘉庆《重修大清一统志》卷十三《保定府·山川》："方顺河自完县发源曰祁水，东南流经满城县界为方顺河，又东至清苑县南为石桥河，与清苑河合即古濡水也。"光绪《保定府志》所载略同。此处所引光武帝事，出自《水经注》卷十一《滱水注》，原文为："汉光武追铜马五幡于北平，破之于顺水北。"

[21] 光武：即东汉开国皇帝光武帝刘秀。刘秀（前6—57），字文叔，南阳蔡阳（今湖北省襄阳市枣阳县）人，汉高祖第九世孙，汉景帝子长沙定王刘发之后。刘秀早年在家务农，王莽天凤年间（14—19）入读长安太学，治《尚书》。王莽末年，天下大乱，赤眉、绿林等农民军揭竿而起。22年，刘秀经过深思熟虑，跟从兄长刘縯在舂陵（今湖北枣阳）以恢复汉室为旗号，起兵反莽，随即投归到同样以光复汉室为号的绿林军刘玄之下。次年，刘玄被拥立为帝，建元更始，是为更始帝。同年夏，刘秀以不足两万人驰

援昆阳，大败王莽将数百万万之众，王莽政权陷于瓦解，随即被攻破长安，宣布灭亡。更始帝入长安，刘秀兄刘縯以不服皇威被杀，刘秀深自韬晦，受封武信侯爵，后以行大司马事出抚河北，遂独制一方，势力日涨。更始帝封以萧王，诱其回长安，刘秀遂与之决裂，公开自行发展。公元25年夏，已经跨州据土、带甲百万的刘秀称帝于鄗城千秋亭，复国号汉，建元建武，定都洛阳。称帝后，刘秀先后平灭赤眉、扫平关东，招降河西窦融、攻灭陇西隗嚣、南下收取巴蜀，建武十二年（36），再次统一中国。刘秀治国崇尚儒术、注重士大夫名杰培养，设立尚书台，强化皇权，裁减郡县、淘汰冗员，释放奴婢、赦免刑徒，施行度田、限制豪强，轻徭薄赋、弃开边功，在位期间生产迅速恢复，晚年封禅泰山。建武中元二年（57），卒于洛阳南宫。上庙号世祖，谥号光武皇帝，为中国古代杰出君主之一。《后汉书》卷一、二有本纪。

[22] 古中山国：即指先秦中山国。先秦中山国，史传无专门记录，主要事迹见于刘向所编《战国策·中山策》中，其始末并不清晰。但是建国后大量考古文物的出土，为填补其事迹提供了大量历史资料。吴静安先生根据文献和考古资料，勾勒出了中山国的始末。中山国是白狄中姬姓氏族鲜虞的后代。鲜虞在春秋时还是部落，到战国时中山武公才建立政权，称中山侯。其子中山桓公为魏文侯所灭，不久复国，建都灵寿。中山成王开始称王，到其子中山王□时，国力强盛，曾取得伐燕的巨大胜利，开拓了数百里的疆土。其后中山王妠盗、中山王尚又趋于衰弱，终于被赵武灵王灭国。计共传国七世，其中复国建都灵寿后的王共四世。据吴静安：《中山国始末考述》，《南京师院学报》，1979年第3期。

[23] 后燕：十六国之一。前秦皇帝苻坚败于淝水后，其大将前燕宗室慕容垂脱离前秦，于384年重建燕国，定都中山，史称后燕。后燕盛时，疆域覆盖今河北、山东及辽宁、山西、河南大部。公元407年，为北魏所灭，共传七主，历24年。

慕容垂（326—396）：字道明，原名霸，字道业，昌黎棘城（今辽宁义县）鲜卑族人，十六国前燕文明帝慕容皝第五子，后燕的建立者。慕容垂年少之时，即为其父所赏识器重，少年、青年时期即屡立战功，慕容俊称帝，拜为吴王，也因此为其诸兄弟所排挤。晋海西公太和四年（369），晋权臣桓温北伐，慕容垂大败之于枋头，威名大振。但更遭嫉恨，不得已出投前秦王苻坚。苻坚待以上将位。晋太元八年（383），苻坚伐晋，大败于淝水，慕容垂军未乱，护驾苻坚返回，至邺城而离苻坚而去。次年，重建燕国，称燕王。太元十一年（386）慕容垂自立为帝，改元建兴。称帝后，慕容垂率军南下，收取青、徐、兖诸州，将燕国势力推至淮北一线，又攻灭翟魏、消灭西燕，使后燕成为十六国时期中原地区最强盛的政权。晋太元二十年（395），太子慕容宝与北魏战于参合陂，大败而归。次年，慕容垂亲率大军征伐北魏，攻至北魏都城平城，以病重退军，卒于军中。庙号世祖，谥号成武帝。《晋书》卷一百二十三有传。

[24] 引自《水经注》卷十一《滱水注》，原文为："滱水之右，卢水注之，水上承城内黑水池。《地理志》曰'卢水出北平'，疑为疏阔。阚骃、应劭之徒咸亦言是矣。余按卢奴城内西北隅有水，渊而不流，南北百步、东西百余步，水色正黑，俗名曰黑水池，或云'水黑曰卢，不流曰奴'，故此城藉水以取名矣。"

[25] 明月店：定州直隶州著名关隘、市镇，在定州城南三十里。民国《定县志》卷四《建置下·区村》明月店属第五区，在城西南三十里，夏历四、九日逢集。今仍名，为保定市定州市属明月店镇。

[26] 新乐县：直隶正定府属县，在府治东北九十里，黎氏回滇所经。县地本春秋鲜虞国地，汉置为新市县，属中山国。后汉、晋、后魏因之。隋开皇十六年（596）析置新乐县，大业初（605）省新市入九门县，以新乐入博陵郡。唐属定州，宋属中山府，金、元因之。明属定州，清初属正定府，雍正二年（1724）分属定州，十二年（1734）还属正定府。据嘉庆《重修大清一统志》卷二十七。

[27] 宋白（936—1012）：字太素，大名（今河北省邯郸市大名县）人，宋代词人、官员。宋白建隆二年（961）中进士甲科，乾德初（963）授著作郎，太宗时擢为左拾遗，出知兖州。太平兴国五年（980）任史馆修撰，改集贤殿直学士，又历翰林学，官至吏部尚书。卒，谥文宪。宋白在宋初极有文名，三次主持贡举，又参与编撰《太祖实录》，与李昉主编宋初四大类书之一的《文苑英华》1000卷，又《宋白集》（又名《广平集》）100卷，佚。《宋史》卷四百三十九《文苑传一》有传。

汉成帝：名刘骜（前51—前7），西汉第十任皇帝（不计吕后时期的傀儡），公元前33—前7年在位，元帝嫡长子，元后王政君所生。在位期间任用外戚、荒于酒色，为王莽代汉埋下祸根。卒谥孝成皇帝，庙号统宗。《汉书》卷十有纪。

冯昭仪：汉元帝妃，名媛，名臣冯奉世女。元帝即位两年，以选入宫，数月而至美人，后五年，生子，封为婕妤。其男立为信都王，元帝尊健伃为昭仪。元帝卒，为信都太后，与王俱居储元宫。成帝河平中（前28—前25）随子至封国，后徙国中山，为中山王后。哀帝即位，哀帝祖母傅太后与冯昭仪曾有怨，因事逼死之。哀帝卒，其孙被王莽奉为帝，是为平帝。《汉书》卷九十七下《外戚列传》有其传。

[28] 伏羲：上古传说中中华民族的人文始祖，三皇之首，传说风姓，燧人氏之子。古籍中亦作庖牺、伏戏、牺皇、太昊等。其传说事迹在全国各地流传，多而混乱，或言人头蛇身，与女娲为兄妹婚，结绳记事、教民渔猎，作琴作曲、创制文字，或言即盘古等。也被认为是八卦的创立者。今河南淮阳有历代祭祀的伏羲陵。其事迹多见于诸子之书、汉代谶纬之书、《帝王世纪》等。伏羲故城，乾隆《正定府志》无载。

[29] 伏城驿：正定府属驿站，据雍正《畿辅通志》卷四十三《驿站·正定府》，在正定府城北四十里，交通要冲，存马六十八匹，马夫、门役等五十八名。乾隆《正定府志》卷十九《邮政·正定县》："伏城驿，极冲，在府城北四十五里，乾隆十九年（1754）奉裁驿丞归正定县兼理。驿马六十八匹，每岁额定倒毙马二十匹，每匹价银九两；马夫三十四名，每名日支工食银六分；兽医一名，日支工银六分。传报拨子马夫九名，每名日支工食银六分。抄牌书手二名，每名日支工食银五分二厘；买办厨役共四名，每名日支工食银五分；防夫一名，日支工食银四分；供应过往上司柴薪灯油等项，额支银六十四两五钱二分六厘六毫六丝；租赁公馆马厂等项，额支银二十四两；额马不敷雇觅民马民夫每岁额定银六百六十四两六钱一分五厘二毫四丝；年终造册纸张工价银二十四两；每岁杂支银二百四十四两八钱。每年额支草四万八千九百六十束，共折银四百八十九两六钱；豆一千七百一十三石六斗；共折银一千三百七十两八钱八分；麦子四百八十九石六斗，共折银一百五十九两一钱二分；各项夫役工食银一千七十四两六钱。"

[30] 春分：中国传统历法二十四节气之一，太阳位于黄经零度，为春季之中分点，阳历一般在每年3月20日—21日。

[31] 去腊：去年腊月。腊月，农历十二月，得名于华夏族年终祭祀之俗。《风俗通义》卷八《祀典》："谨按《礼传》夏曰嘉平、殷曰清祀、周曰大蜡，汉改为腊。腊者，猎也，言田猎取兽以祭祀其先祖也。或曰腊者，接也，新故交接，故大祭以报功也。汉家火行，衰于戌，故曰腊也。"

[32] 真定府：即正定府，直隶属府，在京师西南六百一十里，雍正元年（1723）以避世宗讳，改名正定。府地在《禹贡》为冀州之域，春秋属晋，战国属赵，秦为巨鹿郡地。汉高祖置恒山郡，后改曰常山郡。元鼎四年（前113）分置正定国，俱属冀州。后汉建武十三年（37）省正定入常山国。晋仍为常山郡，属冀州，后魏因之。后周宣政元年（578）于郡置恒州。隋开皇初（581）废郡存州。大业初（605）复改州为恒山郡。唐武德初（618）复为恒州，天宝元年（742）复曰常山郡，乾元元年（758）仍曰恒州，属河北道。宝应元年（762）置成德军节度使，兴元元年（784）升都督府，元和十五（820）年改曰镇州（避穆宗名改。天祐二年（905）避朱全忠父讳，改成德军为武顺军。王镕附于晋，复为成德军）五代后唐初，建北都，寻罢，改州为正定府。晋天福七年（942）复曰恒州［又改军曰顺德，开运三年（946），辽号为中京］。汉仍曰镇州，寻复为正定府。周又为镇州，宋复曰正定府常山郡成德军节度，为河北西路治。金因之。元曰正定路，置总管府，属中书省。明曰正定府，直隶京师。清因之，领州一县十三，府治正定县。据嘉庆《重修大清一统志》卷二十七。1913年废府，县仍名，府域今大致为河北省石家庄市。

正定县，正定府治，本战国时中山国东垣邑，汉初置为东垣县，高帝十一年（前196）更名正定，属常山郡。武帝元鼎四年（前113）置正定国，治此。后汉属常山国，晋为常山郡治。后魏属常山郡，北齐复为郡治。后周兼为恒州治，隋为恒山郡治，唐初复为恒山治。载初元年（689）改曰中山，神龙元年（705）复曰正定，长庆（821）后为镇州治，五代因之。宋、金皆为正定府治，元为正定路治，明为正定府治，清因之。据嘉庆《重修大清一统志》卷二十七。今仍名，为河北省石家庄市正定县。

[33] 滹沱河：海河水系重要河流之一，河北省主要河流之一。嘉庆

417

《重修大清一统志》卷二十七《正定府·山川》："滹沱河源出山西代州繁峙县秦戏山，由平定州盂县流入。经平山县北，又东经灵寿、正定二县南，又东经藁城县北、晋州南，又东入保定府束鹿县界。《战国策》赵攻中山以擅滹沱。崔豹《古今注》：后汉永平十年（67）作常山滹沱河、蒲吾渠通漕船。郎蔚之《隋图经》：魏改滹沱曰清宁河。《元和郡县志》：滹沱水在灵寿县西南二十里，又正定县滹沱河南去县一里，又在九门县西九十里，去藁城县二十九里，鼓城县北十三里。《元史·河渠志》：滹沱河在正定县南一里，经藁城县北一里，平山县北十里。延祐七年（1320）正定路言：正定县城南滹沱河北决堤，寖近城，每岁修筑。闻其源本微，与冶河不相通，后二水合，其势遂猛，屡坏大堤。本路达鲁噶齐哈散于至元三十年（1293）引辟冶河，自作一流，滹沱河水十退三四。至大元年（1308）冶河口塞，复入滹沱，自后岁有溃决之患。旧《志》滹沱河，明成化八年（1472）由正定出晋州紫城口南入宁晋泊，十三年（1478）大水堤溃，逼府城西南隅，坏民庐舍，知府田济修筑郡西北曹马口，又于旧河数里外凿新河十余里，分杀其流，复筑堤以御旧河之水，于是水有所归。正德十三年（1518）晋州紫城口淤分为二，一仍由宁晋泊，一东溢由束鹿鸦儿河入深州界，乃就涅盘集迤东筑堤障，东溢之水归宁晋故道。工甫毕，秋水泛涨，仍并南流，而东入束鹿界。嘉靖十一年（1532）太仆寺何栋相视，奏言晋州地形西高东下，水性趋下，遂失故道。议于藁城张村起，至晋州故坝，筑堤障归故道，不果。本朝顺治十二年（1655）又南徙，由藁城南彭村经晋州西南州头村入束鹿县百尺口，至冀州归清水河。今在平山县北八里、灵寿县南五里、正定县南八里，绕藁城县北过晋州，西南达束鹿县。《通志》雍正三年（1735）滹沱河又东徙决州头村，直冲束鹿，环城而流，弥漫四野，时官民咸请障归故道，仍入宁晋泊。怡贤亲王以泊乃三郡众水汇归之地，不可复令浊流淤塞，乃亲行相度，得旧河一道，由木邱南至焦冈入滏阳河，遂遣官疏浚导水，由此南流。又于州头村筑坝障其东下，自是束深无冲溃之虞，泊水亦免填淤之患。乾隆七年、八年（1742、1743）经督臣奏请，建菾坝数处。十一年（1746）高宗纯皇帝西巡驻跸望河亭，指示建坝、挑水之宜，不三四年，河益南徙，淤沙可耕。十五年、二十六年（1750、1771）銮辂再经，并有御制诗纪事。其后各坝工益加培筑，导御有资，士民于河干建坊纪恩，额曰'圣谟底绩'。"河今仍名，发源于山西省繁峙县秦戏山孤山村，西南流经恒山与五台山之间，至界河折向东流，切穿系舟山和太行山，东流入河北献县境，在献县臧桥雨滏阳河汇流为子牙河，入海。全长587公里，流域面积2.73万平方公里。

[34] 十里铺：正定县城南驿递铺司。雍正《畿辅通志》卷四十四《铺司·正定府》："正定县城南为五里铺、十里铺、石家庄铺、坛马铺。"乾隆《正定府志》卷十九《墩汛附铺司》正定县墩台十一座，南五里铺、十里铺、十五里铺、二十里铺、二十五里铺、三十里铺，交界铺。每铺设有马兵两名，守兵三名。今仍名，为石家庄市西兆通镇十里铺村。

[35] 栾城县：直隶正定府属县，在府治南六十里。县地在春秋时为晋国栾邑，战国属赵。汉置为关县，属常山郡，后汉改为栾城县，属常山国。晋省。后魏太和十一年（487）复置栾城县，属赵郡。北齐又废。隋开皇十六年（596）复置，属栾州。大业初（605）属赵郡。唐属赵州，大历三年（768）属恒州，天佑二年（905）更名栾氏。五代后唐复坟，宋属正定府，金因之。元初属赵州，太祖十五年（1220）还属正定路，明属正定府，清因之。据嘉庆《重修大清一统志》卷二十七。今为石家庄市栾城区。

[36] 栾武子：即栾书，春秋时期晋国权臣，文公要臣栾枝之孙，春秋时期军事家、政治家，事景公、厉公、悼公三朝。公元前587—前573年间为晋国正卿，执政期间将晋、楚争霸再次推向高潮。后期为维护自己的权力，激化晋国内部矛盾，被悼公废黜。卒后谥号武，故称栾武子。其事迹见于《春秋左传》和《史记·晋世家》中。

[37] 哀四年：即春秋鲁哀公四年，公元前491年。《左传·哀公四年》："十二月……国夏伐晋，取邢、任、栾、鄗、逆畤、阴人、盂、壶口。"

[38] 赵州：直隶属直隶州，在京师西南七百四十里。州地在春秋为晋国地，战国属赵。秦为巨鹿郡地，汉为常山及巨鹿郡地，后汉为常山国地，晋为赵国地。后魏始于平棘县置赵郡，属殷州。隋开皇初（581）郡废，十六年（596）改置栾州。大业初（605）复为赵郡，唐武德初（618）改曰赵州，五年（622）改曰栾州（时以大陆县之栾州省入，因改名焉），贞观初（627）复曰赵州。天宝初（742）又曰赵郡。乾元初（758）复曰赵州，属北河道，五代因之。宋崇宁四年（1105）号庆源军节度，宣和元年（1119）

升庆源府，属河北西路。金复曰赵州，天德三年（1151）改曰沃州，亦曰赵郡军。元复曰赵州，属正定路。明洪武初（1368）以州治平棘县省入，属正定府。清初因之，雍正二年（1724）升为直隶州，领县五。据嘉庆《重修大清一统志》卷五十一。赵州，今为河北省石家庄市赵县，其属县分隶周边各市。

[39] 柏乡县：直隶赵州直隶州属县，在州治南六十里。县地本春秋晋国鄗邑地。汉置鄗县，属常山郡。又分置柏乡侯国，属巨鹿郡。后汉建武初（25）改鄗曰高邑，省柏乡县入之，属常山国，为冀州刺史治。晋初改属赵国。后魏属赵郡，北齐徙治房子县界。隋开皇十六年（596）复于故高邑界置柏乡县，属栾州，大业初（605）属赵州。唐属赵州。宋崇宁五年（1106）省为镇，入高邑，元佑初（1086）复置，属庆源府。金属沃州。元、明俱属赵州。清初属正定府，雍正二年（1724）还属赵州。据嘉庆《重修大清一统志》卷五十一。今仍名，为河北省邢台市柏乡县。

[40] 据《大清一统志》柏乡县在赵州南六十里，是以此处当指距赵州界十里，而非赵州城。

[41] 内邱县：直隶顺德府属县，在府治北六十里山，黎氏回滇所经。县地汉初置为中邱县，属常山郡，后汉属赵国，晋因之，从省入柏人。后魏太和二十一年（497）复置，属南巨鹿郡，孝昌中（525—528）属南赵郡。隋开皇初（581）避讳改曰内邱，属襄国郡。唐武德四年（621）属赵州，五年（622）还属邢州。五代、宋、金因之。元属顺德路、明属顺德府，清因之。据嘉庆《重修大清一统志》卷三十。今为河北省邢台市内丘县。内丘之"丘"，清代以前皆作"丘"，清以避孔子讳，改为"邱"。2009 年 8 月，内丘县政府发文，明确更正为丘。

[42] 顺德府：直隶属府，在京师西南一千里。府地在《禹贡》冀州之域，殷时为邢都，周初为邢国，春秋属晋，战国属赵。秦属巨鹿郡，汉为赵、广平二国及巨鹿、常山二郡地。后汉属赵国及巨鹿郡，晋为广平郡及赵国地［李吉甫《元和郡县志》永嘉六年（312）石勒都此，至季龙徙都邺，为襄国郡］。后魏为北广平、南赵二郡地。周武帝置襄国郡（按《隋书·地里志》齐废易阳入襄国，置襄国郡，《元和志》作周武帝改襄国郡。盖齐置郡于易阳，周始移于襄国也）。隋开皇初（581）郡废，十六年（596）

置邢州，大业初（605）复为襄国郡。唐武德元年（618）复曰邢州，置总管府，四年（621）府罢。天宝初（742）改曰巨鹿郡，乾元初（758）复曰邢州，属河北道，中和二年（882）徙昭义军节度于此。五代唐开平二年（908）改保义军，后唐同光元年（923）改安国军。宋初仍曰邢州巨鹿郡、安国军节度使，宣和中（1119—1125）升信德府，属河北西路。金天会七年（1129）复降为邢州，仍置安国军节度，属河北西路。元初置元帅府，后改安抚司，中统三年（1262）升为顺德府，至元二年（1265）置顺德路总管府，属中书省。明洪武初（1368）仍为顺德府，直隶京师。清因之，领县九。据嘉庆《重修大清一统志》卷三十。今大致为河北省邢台市。

[43] 此叙顺德沿革，实叙顺德府治邢台县之沿革。嘉庆《重修大清一统志》卷三十《顺德府·邢台县》："商时邢都，周初为邢国，秦置信都县，项羽改曰襄国。汉属赵国，后汉因之，建安十七年（212）割属魏郡。晋属广平郡，复并入任县。后魏太和二十年（496）复置，属北广平郡。建义初（528）分属易阳郡，周武帝置襄国郡。隋开皇初（581）郡废，九年（589）改曰龙冈，十六年（596）为邢州治，寻为襄国郡治。唐初仍为邢州治。五代因之。宋宣和二年（1120）改曰邢台，为信德府治。金仍为邢州治。元为顺德路治。明为顺德府治，清因之。"今大致为邢台市桥东、桥西两区。

[44] 赵歇（？—前204）：秦末楚汉之际著名政客，赵国贵族。秦二世二年（前208），被张耳、陈余立为赵王，都信都。秦将章邯攻赵，重兵围巨鹿。项羽率军解围，大破章邯。汉元年（前206），被项羽立为代王，张耳为常山王。陈余击败张耳，复立赵歇为赵王，陈余为辅。汉三年（前204），韩信攻赵，战于井陉，陈余败死，赵歇逃至信都，被追杀亡。史无立传，其事迹见于《史记》卷八十九《张耳陈余列传》及卷九十二《淮阴侯列传》中。

张耳（前264—前202）：秦末楚汉之际著名政客，大梁（今河南省开封市）人。张耳年少时为魏公子无忌著名宾客，官至内黄县令。魏亡，秦通缉张耳并另一魏国名士陈余，二人结为刎颈之交，相与变更姓名，逃亡陈地。陈胜、吴广起于大泽乡，两人投奔，为左右校尉。秦二世元年（前209）八月，两人随陈胜将武臣进至邯郸，陈胜称王于陈地，乃劝武臣称王于赵，张耳为右丞相，陈余为大将军。部将李良叛乱，杀武臣，张耳逃脱，招集未叛士卒，立原赵国宗室赵歇为赵王，迁都信都。二世二年（前207），秦将章邯率军攻赵，张耳偕赵歇巨鹿，被围。张耳求救于拥兵数万于巨鹿城北的陈余，陈余不救。项羽解巨鹿之围，张耳收陈余兵权，两人遂公开成为仇敌。汉元年（前206），张耳随项羽入关，被封为常山王，都信都。陈余结交齐王田荣，率军袭击张耳。汉二年（前205），陈余攻破常山，张耳归汉。后遂韩信攻破赵国，陈余败死。汉四年（前203），刘邦立张耳为赵王。次年，卒，其子继位，后为刘邦取缔。《史记》卷八十九《张耳陈余列传》。

石勒（274—333）：字世龙，上党武乡（今山西省晋中市榆社县）羯人，十六国时期后赵的建立者。石勒出身部落小帅，年少时曾为其父代管所部族人，深得人心。后因饥荒，曾被掠卖为奴。西晋八王之乱，天下大乱，石勒投靠匈奴汉国（后改国号为赵，史称前赵）刘渊，为其将，屡立战功。汉以之经营河北，石勒在汉人张宾辅助下，以襄国（今河北邢台市）为根基，先后灭亡晋朝在北方的势力王浚、邵续、段匹磾，吞并青州曹嶷，基本稳定据有河北之地。前赵暴发内部争权的平阳之变，刘曜为君，石勒宣布脱离，于东晋建武三年（319）自立为赵王，都襄国。咸和四年（329），并关中，灭前赵，伐代国，成为当时北方最强大的政权。次年，石勒称帝。咸和八年（333）秋，病逝。石勒建立政权后，重用汉族士大夫，推行文教、发展经济，对十六国时期中原生产力的恢复和民族融合作出了积极贡献。《晋书》卷一百四至一百五有石勒载记。

[45] 上党：今山西长治地区，在太行山南段西部。战国为韩上党地，秦置上党郡，后世汉、晋、后魏皆因之，在清代为潞安府地。常山，即正定府地区，以其在汉晋唐宋时，屡名为常山郡（已按，初为恒山郡，以避汉文帝讳，改名常山，后世因之）、常山国，故名。

[46] 沙河县：直隶顺德府属县，在府治南三十五里。县地本汉襄国县地，隋开皇十六年（596）始析龙冈地置沙河县，属邢州。唐武德初（618）于县置温州，四年（621）州废，县还属邢州，五代因之。宋属信德府。金属邢州。元属顺德路。明属顺德府，清因之。据嘉庆《重修大清一统志》卷三十。今仍名，为河北省邢台市属县级沙河市。

[47] 搭连店：当作褡裢店，沙河县大市镇，距城二十里，每一、四、六、八日逢集，而县城仅三、八日逢（据民国《沙河县志》卷一《村庄表》、卷五《市集》）。今沙河市有褡裢店街道办事处，当即其旧地。

[48] 熊守谦：字虚谷，为州同知或府同知，其详难考。

[49] 临洺关：广平府永年县四镇之一，有集有城。光绪《永平府志》卷十六《关隘·永年县》："临洺关在县西四十五里，宋金以来为镇。永年有临洺东西二镇，关左倚高山，右临洺水，势甚雄壮。明初城址犹存，嘉靖间（1507—1566）重筑，有通判分司署。国朝初设巡司，后改通判，今移设同知、千总驻此。"光绪《永年县志》卷五《建置》："临洺镇城在县西四十五里，旧有遗址。明嘉靖二十一年（1542）知府陈俎、知县阎文贵重建，南北二百二十丈，东西半之。基广一丈八尺，高一丈九尺。六门城楼台堞具备。明设巡检，万历二十六年（1598）移通判驻之。国朝道光二十二年（1842）通判缺裁，广平府同知移驻临洺镇。同治六年（1867）同知林世俊详请兴修，经费不敷，及半而止。"今仍名，为河北省邯郸市永年县临洺关镇，今县治所在。

永年县初为春秋晋国曲梁邑。汉置为曲梁侯国，属广平国。后汉属魏郡，晋为曲梁县，属广平郡。后魏为广平郡治，北齐省曲梁，改置广年县。隋仁寿元年（601）避讳改曰永年。大业初（605）为武安郡治。唐为洺州治。五代、宋、金、因之。元为广平路治。明为广平府治，清因之。据嘉庆《重修大清一统志》卷三十二。今为邯郸市永年县。

[50] 广平府：直隶属府，在京师西南九百五十里十里，府治永年县。府地在《禹贡》为冀州之域，春秋属晋，战国属赵。秦为邯郸郡地，汉初分置广平郡［郦道元《水经注》秦距鹿郡，景帝中元元年（前149）为广平郡］征和二年（前91）改平干国，五凤二年（前56）复为广平国，属冀州。后汉建武十三年（57）省广平国为巨鹿郡地。建安十七年（212）割广平、任城二县属魏郡，余仍属巨广，十八年（213）分置魏郡西部都尉。三国魏黄初二年（221）复置广平郡，晋属司州，后魏因之。北周建德六年（577）于郡置洺州，隋开皇初（581）废郡存州，大业初（605）改州为武安郡。唐武德初（618）复曰洺州，二年（619）陷窦建德，四年（621）建德平，立山东道大行台，五年（622）罢行台，置大总管府，六年（623）罢总管。

天宝元年（742）复曰广平郡。乾元元年（758）复曰洺州，属河北道，五代因之。宋仍曰洺州广平郡，属河北西路，金因之。元太宗八年（1236）置邢洺路，宪宗二年（1252）为洺磁路。至元十五年（1278）改广平路隶中书省。明洪武初（1368）曰广平府，属北平布政使司，永乐后直隶京师。清因之，领州一县九。据嘉庆《重修大清一统志》卷三十二。今大致为河北省邯郸市。

邯郸县：直隶广平府属县，在府治西南五十里。县地春秋时为卫国地，后属晋，战国为赵国都城。秦始皇十九年（前228）置邯郸郡。汉高帝四年（前203），改置赵国，治邯郸县。景帝三年（前154）复为邯郸郡，五年（前152）复为赵国，属冀州。后汉因之，建安十七年（212）国废，以县属魏郡。三国魏属广平郡，晋初因之，后又属魏郡。后魏太平真君六年（445）还属广平郡，东魏天平初（534）并入临漳县。隋开皇十六年（596）复置，属武安郡。唐武德四年（621），属磁州。贞观元年（627）属洺州，永泰元年（765）又属磁州，五代、宋、金、元因之。明洪武初（1368）改属广平，清因之。据嘉庆《重修大清一统志》卷三十二。今仍名，有邯郸市邯郸县。

[51] 吕翁祠：邯郸县境内著名祠庙，又名吕仙祠。嘉庆《重修大清一统志》卷三十三《广平府·祠庙》："吕翁祠在邯郸县北二十里。唐李泌《枕中记》载卢生邯郸道上吕翁事（己按，即黄粱一梦事），后人因建祠，名曰黄仙祠。明世宗御书额曰'风雷隆一仙宫'。《邯郸县志》本朝康熙七年（1668）总督白秉真重修，有记。乾隆十五年（1750），高宗纯皇帝南巡，恭建行宫于祠之东。"光绪《广平府志》卷四十一《寺观下·邯郸县》："吕仙祠俗名黄粱梦，在县北二十里王化铺。明弘治十一年，知县卢锴重修，久废。国朝乾隆五十一年（1786）河南巡抚毕沅捐修三殿，前有桥有亭，并新之。其东为八仙阁，祠门外照壁镶嵌'蓬莱仙境'四大字，传为仙笔。"吕翁，即吕洞宾，道教上洞八仙之一，吕翁祠传说还是吕洞宾衣冠冢所在。祠今仍在，在今邯郸县南吕固乡南吕固村，大为扩建，为邯郸县著名旅游景区。

[52] 杜村：邯郸县境内村庄名，查民国《邯郸县志》未有杜村之载，今邯郸市邯山区马头镇西南有杜村，在黎氏回滇方向上，或是其地。

[53] 磁州：直隶广平府属散州，在府治西南一百二十里。县地初为汉魏郡武安县地，后周分置滏阳县。隋开皇十年（590）于县置磁州，大业初（605）州废，属魏郡。唐武德元年（618）复置磁州，贞观元年（627）州废，属相州。永泰元年（765）复置磁州，属河北道。天佑三年（906）改曰惠州。五代唐复曰磁州。宋曰磁州滏阳郡，属西路，金因之。元太祖十年（1215）改置滏阳军节度，属正定路。太宗八年（1236）属邢洺路，宪宗二年（1252）属洺磁路，至元十五年（1278）属广平路。明洪武初（1368）省滏阳县入州，属河南彰德府。清初因之，雍正四年（1726）改属广平府。嘉庆《重修大清一统志》卷三十二。今为邯郸市磁县。

[54] 丰乐镇：河南彰德府境内关隘，名镇。嘉庆《重修大清一统志》卷一百九十七《彰德府·关隘》："丰乐镇在安阳县西四十里，接直隶磁州界。本朝乾隆十五年（1750）高宗纯皇帝巡幸河南，经此，有御制《丰乐镇诗》勒石。"嘉庆《安阳县志》卷四《疆域》丰乐镇在县北四十里，卷十三《古迹》："丰乐镇，《金史·地理志》安阳镇三，有丰乐。案名从丰乐，相沿莫知所起。据《通鉴》太史令王亮苏坦言于魏主嗣曰，按《谶书》'魏当都邺，始得丰乐'，镇之取义，或由于是。"今为河南省安阳市安阳县安丰乡。

[55] 彰德府：河南属府，在省治北三百六十里。府地在《禹贡》冀州之域，商时河亶甲所都，春秋属晋，战国属魏。秦为邯郸、上党二县地。汉高帝分置魏郡，治邺，属冀州。后汉初平中（190—193）为冀州治。三国魏建邺都，晋仍曰魏郡，属司州，十六国时期入于赵、燕及苻秦［咸康初（335）石虎改太守为魏尹，升平初（357）慕容儁置司隶校尉，太和末（371）苻坚仍置冀州］。后魏天兴四年（401）改置相州，东魏天平元年（534）迁都，改曰司州魏尹。北齐改魏尹为清都尹，后周建德六年（577）复曰相州魏郡，大象二年（580）移治安阳。隋开皇初（581）郡废，大业初（605）州废，复曰魏郡。唐武德元年（618）复曰相州（《旧唐书·地理志》置总管府，四年罢，六年复置，九年罢，贞观十年复置都督府，十六年罢）。天宝初（742）改曰邺郡，乾初（758）复曰相州，属河北道。广德（763—764）以后常置节度使［《唐书·方镇表》广德元年（763）置相卫节度使，治相州，大历元年（766）赐号昭义军节度，建中元年（780）徙治潞州，

而相州属魏博节度，太和三年（827）复置相卫澶节度使，治相州，寻罢，仍属魏博。《五代史·职方考》相州故属天雄军节度，梁分置昭德军，后唐复属天雄］。五代晋天福二年（937）于州置彰德军节度。宋曰相州邺郡彰德军，属河北西路。金明昌三年（1192）升为彰德府，仍属河北西路。元太宗四年（1232）立彰德总帅府，宪宗二年（1252）为散府，属真定路。至元二年（1265）复置总管府，属中书省。明仍为彰德府，属河南布政使司。清初因之，属河南省。雍正四年（1726）以磁州改属直隶，以磁州所属之武安县属彰德府，领县七。嘉庆《重修大清一统志》卷一百九十六。今大体为河南省安阳市。

[56] 浮：指浮桥。

[57] 至府：即至府城。彰德府治安阳县，县城即府城。安阳县，初为战国魏宁新中邑，秦昭襄王五十年（前257）改曰安阳。汉为荡阴县地，晋始置安阳县，属魏郡。东魏天平初（534）并入邺县，后周大象二年（578）自邺移相州治此，改县曰邺。隋开皇十年（590）复曰安阳，大业初（605）为魏郡治，唐复为相州治，五代、宋因之。金为彰德府治。元为彰德路治。明为彰德府治，清因。嘉庆《重修大清一统志》卷一百九十六。今大致为安阳市安阳县及市辖诸区。

[58] 南掌贡差：即前云南掌国向清廷进贡大象事。前黎氏在京，云南顺宁府知府黄中位送南掌国使者至京时曾与之会面，则此时俞焜护送之南掌贡差，当为南掌使者回国经过彰德府，特别护送出彰德府。

[59] 沈桂芬：即晚晴洋务派名臣沈桂芬（1818—1880），字经笙，顺天宛平（今北京市宛平县）人，原籍江苏吴江（今江苏苏州吴江区）。道光二十七年（1847）进士，选庶吉士，授编修。咸丰二年（1851），大考一等，擢庶子，累迁内阁学士。出典浙江、广东乡试，督陕甘学政，入充会试副总裁。八年（1858）丁父忧，服满，补原官，升礼部右侍郎。同治二年（1863），出署山西巡抚，次年，实授。又丁母忧，六年（1867），起为礼部右侍郎，充经筵讲官，命为军机大臣。历户部、吏部，擢督察院左都御史，兼总理各国事务衙门。九年（1859）迁兵部尚书，十一年（1861）加太子少保。光绪元年（1875），协办大学士。坐京畿大旱，交部议革职，特旨改为革职留任，旋复原官，充翰林院掌院学士，晋太子太保。六年（1880），病逝，

赠太子太傅，谥文定。沈桂芬是洋务运动代表性大臣之一，是洋务派在中央的实权派代表人物之一，为军机大臣十余年，清廉节俭，不以清节自矜，甚得士林好评。《清史稿》卷四百三十六有传。

[60]　樊城：当指位于河南怀庆府之古迹樊城，在黄河北岸。嘉庆《重修大清一统志》卷二百三《怀庆府·古迹》："樊城在武陟县西南四十里，今名古樊城，相传樊哙屯兵于此。"道光《武陟县志》卷十九《古迹》："樊城，在县西南三十里。旧《志》云汉樊哙屯兵处。按阳樊攒茅诸地，相去不远，此城盖即古之樊国，樊仲山所居，因以得名也。若舞阳侯屯兵之说，则全无依据。"

[61]　魏家营：安阳县南地名，嘉庆《安阳县志》未载，今安阳市文峰区有魏家营村，或其旧地。

[62]　尖方：此处当指往其大车上堆累行李。车厢为方，为求所载物件之稳固，必层累递减而上，愈上而愈尖，故曰尖方。

[63]　汤阴县：河南彰德府属县，在府治西南四十五里，黎氏回滇所经。县地初为战国魏荡阴邑，汉置荡阴县属河内郡，后汉因之。建安十七年（212）改属魏郡，魏、晋因之。东魏天平初（534）并入邺县。隋开皇六年（586）复置汤阴县，属汲郡。唐武德四年（621）改置汤源县，属卫州，六年（623）改属相州。贞观元年（627）复曰汤阴县，五代因之。宋宣和二年（1120）改属浚州，寻还属相州。金属彰德府，元属彰德路，明属彰德府，清因之。据嘉庆《重修大清一统志》卷一百九十六。今仍名，为安阳市汤阴县。

[64]　岳忠武王祠：即岳飞祠。岳飞（1103—1142），字鹏举，宋代相州汤阴（今河南安阳汤阴县）人，抗金名将，中国古代著名军事家、军事战略家，南宋"中兴四将"之一。岳飞出身于普通而能节食以济饥的农家，少时即沉默寡言，有气节，好读《左氏春秋》《孙吴兵法》，又拜师学武艺，一县无敌。宣和四年（1122），岳飞应募入军，开始军旅生涯。靖康元年（1126），金军大举侵宋，岳飞投身抗金前线，与金军十数战皆捷，以军功升修武郎、武翼郎。高宗即位，岳飞上书请求亲征，以小臣越职言事，革职，并驱逐出军。岳飞转投于招抚使张所账下，又私自投归东京留守宗泽，败金兵于氾水关，再积功至统制。杜充弃守开封，金军大举南侵，渡江追

击高宗，建炎四年（1130），岳飞率军收复建康。绍兴四年（1134）岳飞一举收复襄阳六郡，实现南宋政权对失地的第一次大片收复，岳飞因功授清远军节度使、湖北路荆襄潭州制置使，成为宋朝最年轻的建节元帅。五年（1135）岳飞一举收复洞庭湖义军杨幺。六年（1136），岳飞从鄂州率大军北伐，收复商州、虢州。绍兴十年（1140）岳飞再次从鄂州北伐，一路皆捷，又取得郾城大捷、朱仙镇大捷，大军包围开封，金太子完颜兀术即将渡河北退，高宗以十二道金牌催逼岳飞班师，所复河南之地，重为金军占领。宋、金和议达成，绍兴十一年底（1142），岳飞被高宗、秦桧冤杀于大理寺狱中。孝宗即位，即为岳飞平反，朝廷以礼迁葬之于西湖栖霞岭，后又追谥"武穆"，宁宗又追封为鄂王，理宗时改谥"忠武"。岳飞的武功为保全南宋半壁江山及其承载的先进文明，作出了重要贡献。其军事实践和军事思想，大大丰富了中国古代的军事思想。其书法和诗文，亦是中国古代的艺术杰作。《宋史》卷三百六十五有传。

[65] 正统：明代第六任皇帝，英宗朱祁镇的第一个年号，大致在1436—1449年。

[66] 李夫人：即岳飞第二位妻子，传说叫李娃。

[67] 银瓶：民间说法中岳飞的次女，李夫人所生。

[68] 岳珂：岳飞孙，三子岳霖之子。孝宗为岳飞平反昭雪后，岳霖多方搜集岳飞旧事，其子岳珂在此基础上编成《鄂国金佗稡编》28卷、《续编》30卷，是后世研究岳飞的重要史料。

[69] 秦桧（1909—1155）：字会之，江宁（今江苏南京）人，南宋著名奸臣，对金主和派代表人物。秦桧政和五年（1115）进士，补密州教授，继中词学兼茂科，历太学学正。靖康元年（1127）金兵攻汴京，索割太原、中山、河间三镇，秦桧颇能持正守义，后随徽宗、钦宗被虏至金，遂投降金朝。在金朝帮助下，南返，配合高宗力主与金媾和。绍兴元年（1131）擢参知政事，又拜右仆射同中书门下平章事兼知枢密院事，次年以劾罢，出为观文殿学士提举江州太平观。绍兴八年（1138），再拜相，遂专权，奉行割地、称臣、纳贡的议和政策，并大力贬斥和打击主战派文武大臣，斥逐异己、屡兴大狱，以"莫须有"之罪害死岳飞父子，在当时即被社会舆论一致视为奸臣。但前后两次拜相，执政十九年，深得高宗宠信，历封秦

国公、魏国公。绍兴二十五年（1155），病逝，赠申王，谥忠献。宁宗开禧二年（1206），诏夺其王爵，改谥谬丑。明正德八年（1513），人们铸秦桧夫妇铁像跪于岳飞墓前，以示鞭挞。自铸像后五百年里，这些跪像曾因八次打击被毁、9次重铸，民间爱憎，在此纤毫毕见。《宋史》卷四百七十三《奸臣三》有传。

张俊（1086—1154）：字伯英，凤翔府成纪（今甘肃天水）人，南宋中兴四名将之一。十六岁从军，为弓箭手，多次参与平乱，积功至至武德郎。靖康元年（1127）以后，积极抗金，提出南渡保江策略。高宗即位，任御前营前军统制，又以多次平叛获胜，升观察使、节度使、御前右军统制。建炎三年（1129），率部取得明州之役的胜利，建立高宗南渡后的第一次战役胜利。四年（1130），改任浙西、江东制置使，又改神武军右都统制，领定江、昭庆二镇节度使。绍兴元年（1131），以平乱功，进太尉，又出为浙西江东宣抚使、淮西宣抚使。六年（1136）又率部在藕塘大败伪齐军，进领镇洮、崇信、奉宁军三镇节度使。八年（1138），宋金首次议和，张俊加少傅及"安民靖难功臣"。次年，金军毁约南侵，兼任河河北诸路招讨使，率军渡淮，攻占亳州。十年（1140）。金军再犯，宋诸将齐出，皆获大胜，又奉诏退军。十一年（1141），金军又犯，所部与友军共同取得柘皋之战的胜利，迫使金兵退回。后张俊转而主和，带头交出兵权，并与高宗、秦桧沆瀣一气，排挤打压主战派，构陷岳飞。以此立功，十二年（1142），封清河郡王。二十六年（1156），卒，追封循王。张俊在当时还以贪婪好财名闻天下。明代时，以构陷岳飞，被铸铁像跪于岳飞墓前。《宋史》卷三百六十九有传。

[70]　春秋上戊日：春，春季；秋，秋季；上戊日，每月上旬之戊日；春秋上戊日，即春秋两季每月上旬之戊日。

[71]　金箓：即金箓，其一指道教的一种斋醮科仪名。《长春真人西游记》卷上："宋德芳辈指战场白骨曰：'我们当荐以金箓，此亦余北行中因缘一端耳。'"即设金箓道场来追荐这些孤魂。《海琼白真人语录》卷二《鹤林法语》："祖师曰：九幽拔罪有金箓白简之法，金箓即黄箓，以故上天亦立黄箓院。黄者，为众色之宗；箓者，为万真之符。此言黄中理气，总御万真出幽入明，济生渡死。箓者亦录之义，录鬼神籍耳；黄者亦主玄之义，

主鬼神之事耳。盖幽冥之鬼神，有所主宰而摄录之也。"其二指天帝诏书。《初学记》卷二十三，北周宇文逌《道教实花序》："可道非道，因金箓以诠言；上德不德，寄玉京而阐述说。"其三指灵宝斋法六种之一。唐王维《王右丞集》二《奉和圣制庆玄元皇帝玉像之作应制》诗："玉京移大像，金箓会群仙。"《旧唐书·武宗纪》上："帝在藩时，颇好道术修摄之事，是秋（文宗开成五年）召道士赵归真等八十一人入禁中，于三殿修金箓道场，帝幸三殿，于九天坛亲受法箓。"

[72] 宜沟驿：汤阴县内驿站，嘉庆《重修大清一统志》卷一百九十七《彰德府·关隘》："宜沟驿在汤阴县南二十五里，有驿丞，又置宜沟递运所。"今仍名，为汤阴县宜沟镇。

[73] 淇县：河南卫辉府属县，在府治北五十里，黎氏回滇所经。县地初为殷商沬邑地，周初为卫国地，春秋属晋，为朝歌邑。汉置为朝歌县，属河内郡，后汉建安十七年（212）属魏郡。三国魏置朝歌郡，寻废，晋属汲郡，刘宋仍属河内郡。后魏废，东魏复置，又析置临淇县，属林虑郡。隋大业初（605）改曰卫县，移汲郡来治。唐武德初为卫州治，贞观元年（627）仍移州治汲，以县属之。五代因之。宋天圣四年（1026）属安利军，熙宁六年（1073）废入黎阳。元祐初（1086）复置，属浚州，金因之。元宪宗五年（1256）改置淇州，又置临淇路为倚郭。中统元年（1260）属大名路，至元三年（1266）属卫辉路，省临淇县入州。明洪武初（1368）废州为淇县，属卫辉府，清因之。据嘉庆《重修大清一统志》卷一百九十九。今仍名，为河南省鹤壁市淇县。

[74] 卫辉府：河南属府，在省治西北一百六十里。府地在《禹贡》为冀、兖二州之域。殷末迁都于此，周初为邶、墉、卫三国，后并为卫国。春秋时卫迁楚邱，地寻属晋。战国属魏，秦为东郡及三川郡地。汉为河内郡地，后汉因之。三国魏置朝歌郡，后省。晋泰始二年（266）改置汲郡，治汲，后魏因之。东魏兴和二年（540）置义州，治汲，北齐废。后周宣政元年（578）改置卫州，又分置修武郡，治朝歌。隋开皇初（581）郡废，大业初（605）以州为汲郡，治卫县。唐武德元年（618）复置义州，改汲郡为卫州，四年（621）废义州。贞观元年（627）移卫州治汲县，天宝元年（742）又改曰汲郡，乾元元年（758）复故，属河北道。五代亦曰卫州，

宋曰卫州汲郡，属河北西路。金天会七年（1129）因宋置防御使，明昌三年（1192）升为河平军置节度，以滑州为支郡。大定二十六年（1186）以避河患，徙于共城，寻复故。贞佑三年（1215）徙治胙城。元初仍治汲，中统元年（1260）置卫辉路总管府，属中书省。明为卫辉府，属河南布政使司。清因之，属河南省。雍正五年（1727）省胙城入延津，乾隆四十八年（1783）以归德之考城、开封之封邱来属，领县十。据嘉庆《重修大清一统志》卷一百九十九。今大体为河南省新乡市、鹤壁市地。

卫辉府治汲县，初为殷牧野地，周为墉、卫二国地，战国为魏汲邑。汉置汲县，属河内郡，后汉因之。三国魏属朝歌郡，晋泰始二年（266）置汲郡，后废。后魏太和十二年（487）复置，兴和二年（540）于此置义州及伍城郡伍城县。北齐废州，后周废郡，以伍城县属卫州。隋开皇六年（586）仍改曰汲县，大业初（605）属汲郡，唐武德元年（618）复置义州，四年（621）州废，县属卫州。贞观元年（627）自卫县移卫州来治，五代及宋因之，金迁州治于共城及胙城，寻复故。元为卫辉路治，明为卫辉府治，清因之。今为河南新乡市卫辉市。

[75] 王定九相国鼎：即道光朝名臣王鼎。王鼎（1768—1842），字定九，陕西蒲城（今陕西渭南市蒲城县）人。嘉庆元年（1796）年进士，选庶吉士。丁母忧，去职，服除，授编修。以大考升擢，累迁内阁学士。十九年（1814），授工部侍郎。又调吏部，兼署户部、刑部。二十三年（1818），兼管顺天府尹事，数奉使出外按事。次年，调刑部、户部。道光二年（1832），署河南巡抚，擢左都御史。丁父忧。服除，以一品衔署户部侍郎，授军机大臣。出典浙江乡试，并按德清徐倪氏大案，浙人称颂。六年（1826），授户部尚书。八年（1838），回疆平，以赞画功，加太子太保，绘像紫光阁。又出查办芦、盐积弊，裁撤两淮盐政，事权归并总督，两江总督陶澍得以成功革新盐政。十一年（1831），署直隶总督，次年，管理刑部事务。十五年（1835），协办大学士，仍管刑部，入值上书房。十八年（1838），拜东阁大学士，二十年（1840），加太子太保。二十一年（1841）夏，河决河南祥符，奉使治理，署河道总督，次年二月竣工，费省工速，积劳成疾。叙功，晋太子太师。英人犯海，王鼎大力主战。和议成，林则徐以罪贬谪，王鼎力争之，草遗疏，劾大学士穆彰阿误国，闭户自缢，冀以尸谏。军机

章京，毁其疏，别具以上。赠太保，谥文恪，入祀贤良祠。特诏入祀陕西乡贤祠。王鼎为官清操绝俗，平生不受请托，亦不请托于人，死之日，家无余资。《清史稿》卷三百六十三有传。另，自明初罢丞相职后，明清遂无宰相之官，明代中期以后，凡入内阁者皆有相名，清康熙以后，内阁权轻，但凡拜殿阁大学士者，皆视为宰相，故黎氏以是称王鼎为相国。

[76] 地黄：玄参科多年生草本植物，一般生于海拔 50～1100 米的山坡及路旁荒地，高可达 30 厘米。根茎肉质，鲜时色黄，栽培条件下，可为紫红，直径可大 5.5 厘米。叶片呈卵形至长椭圆形，叶脉凹陷，花生在茎顶部，略呈总状花序排列，花冠外紫红色，内黄紫色，药室矩形，蒴果卵形、长卵形，花果期 4 月—7 月。其根为传统中药，依炮制方法差异，有鲜地黄、干地黄与熟地黄之别。鲜地黄清热凉血，熟地黄补血滋阴，生精补髓，保健益寿。

[77] 新乡：河南卫辉府属县，在府治西南五十里，黎氏回滇所经。县地初为周之墉国，汉初为汲县地。元鼎六年（前 111）分置获嘉县，属河内郡，后汉为侯国。晋属汲郡，后省。后魏太和二十三年（499）复置，北齐废。隋开皇初（581）改置新乡县，属河内郡。唐武德初（618）属义州，四年（621）州废，属殷州。贞观元年（627）还属卫州，五代因之。宋熙宁六年（1073）省入汲县，元祐二年（1087）复置，属卫州，金因之。元属卫辉路，明属卫辉府，清因之。据嘉庆《重修大清一统志》卷一百九十九。今仍名，为河南省新乡市新乡县。

[78] 新乡东关县店：当指设在新乡县城的驿站新中驿，嘉庆《重修大清一统志》卷二百《卫辉府·关隘》："新中驿在新乡县治东，又有新乡递运所。"乾隆《新乡县志》卷十《驿传》："新中驿，明时设，国朝顺治二年（1645）裁并归县站，定极冲额，设驿马一百四十四匹，塘马三匹，驿塘扛轿夫一百六十五名，详见《赋役》。《河南通志》云：新中驿，县管，极冲，至省一百七十里。东至汲县五十里，西至获嘉县四十里，南至开封府阳武县六十里，北至辉县四十里。《大清会典》：自京师达于四方凡四路，一曰中路之河南，由河南者凡三路，一之湖北、之湖南、之广西，一之贵州、之云南。"

[79] 亢村驿：卫辉府获嘉县境内驿站。嘉庆《重修大清一统志》卷

二百《卫辉府·关隘》："在获嘉县南三十里，设有驿丞，又有亢村递运所。"乾隆《获嘉县志》卷三《邮传》："明额马十七匹、骡二十八头、南马十三匹。国朝□□首冲，额设驿马一百一十四，增十二匹，共驿马一百二十二匹。驿马夫五十二匹，增六名，共五十八名。塘马四匹，裁一匹，塘马夫四名，裁一名。探马夫四名，递送公文马夫两名。扛轿夫八十名，马牌子二名，馆夫八名，裁三名，驿卒两名，裁一名，兽医一名。夫马工料见《赋役》。"又"亢村递运所，额设车四十三两，牛一百七十二只，久裁"。今仍名，为新乡市获嘉县亢村镇。

[80] 据前本月十五日记事，沈桂芬必以轿车送黎恂至樊城，可知此黄河北岸之渡口当在武陟县境内，武陟正与郑州隔黄河相对。

[81] 冈岭：其详难考。

[82] 乙未：道光十五年，1835年。公车回：指应礼部试后回乡。公车，前文已注。

喻孝廉：指喻怀恭。据咸丰《南宁县志》卷八《选举表》，怀恭系道光十五年乙未科举人，道光二十七年丁未科（1847）进士。道光二十一年有辛丑科会试，怀恭未中而返籍，故两人能相遇。

[83] 郑州：河南开封府属州，在府治西少南一百四十里，黎氏回滇所经。县地周初为管国地，春秋属郑，战国属韩。秦属三川郡，汉属河南郡，为京、中牟二县地。晋为荥阳郡地，后周为荥州地，隋初为郑州地。开皇十六年（596）始分置管城县，于县置管州，大业初（605）废管州，移郑州来治，寻改为荥阳郡。唐武德四年（621）徙郑州治虎牢，复置管州。贞观元年（627）州废，七年（633）复移郑州来治。天宝初（742）改曰荥阳郡，乾元初（758）复曰郑州，五代因之。宋曰郑州荥阳郡，景佑元年（1034）置奉宁军节度，熙宁五年（1072）州废，属开封府。元丰八年（1085）复置，属京西路。金曰郑州，属南京路，元属汴梁路。明初省管城县入州，属开封府。清初因之，雍正二年（1724）分为直隶州，领荥阳、荥泽、河阴、汜水四县，十二年（1734）仍属开封府。据嘉庆《重修大清一统志》卷一百八十六。今大体为河南省郑州市主城区辖地。

[84] 都统：清以前亦偶有此官号，十六国前秦符坚曾置少年都统，统率禁卫军羽林郎，又有河西鲜卑大都统，为赐予少数民族首领的官号。

北齐门下省主衣局有都统二人。唐代有诸道行营都统。辽北面行军官有行军都统、副都统。清代都统起初则是八旗军政组织中每旗的最高长官，满语称"固山额真"，后设蒙古八旗、汉军八旗，亦皆设置。清入关定鼎后，各地驻防的八旗军，未设驻防将军之处，皆设都统、副都统，管理驻地军政，监管驻地民政。都统初制正一品，后改从一品，副都统正二品。另，乾隆后期，在八旗未驻的新疆乌鲁木齐地区亦设都统，但只掌军政。据乾隆《钦定历代职官表》卷四十四《八旗都统表》。

[85] 郭店驿：开封府境内驿站。嘉庆重修《大清一统志》卷一百八十七《开封府·关隘》："郭店驿在新郑县北四十里。《金史·地理志》钧州新郑镇一郭店。"康熙《新郑县志》卷一《驿管铺》："郭店驿在县北四十里，额设驿马一百十七匹，马夫六十二名，驿丞管理。驿馆三间。"今仍名，为郑州市新郑县郭店镇。

[86] 新郑县：河南开封府属县，在府治西南一百六十里，黎氏回滇所经。县地周初为郐国地，春秋为郑国都城，战国属韩，尝都之。秦置新郑县，又分置苑陵、西陵二县，皆属河南郡，汉、后汉因之。晋省新郑入苑陵，属荥阳郡。东魏天平初（534）改属广武郡。隋开皇十八年（598）复置新郑县，属管州。大业初（605）省苑陵县入之，属荥阳郡。唐初属管州，贞观元年（627）属郑州，五代因之。宋熙宁五年（1073）改属开封府，元丰八年（1085）复属郑州。金改属钧州，元因之。明隆庆五年（1571）属开封府，清初因之。雍正二年（1724）改属禹州，十二年（1734）属许州府，乾隆六年（1741）改许州府为直隶州，仍分属开封府。据嘉庆重修《大清一统志》卷一百八十六。今仍名，为郑州市属县级新郑市。

[87] 洧水：中国北方著名河流。嘉庆《重修大清一统志》卷二百十八《许州直隶州·山川》："洧水在长葛县西北二十里，俗曰双洎河。自河南登封县流经开封府密县、新郑东南入长葛县界，又东入开封府洧川县界。《左传·襄公元年》晋伐郑，入其郛，败其徒兵于洧上。昭公十九年（前550），郑大水，龙斗于时门之外洧渊。《战国策》苏秦说韩王曰：东有宛、穰、洧水。《汉书·地理志》：洧水东南至长平入颍水。《水经》：洧水出河南密县西南马岭山，又东南过其县南，又东过郑县南，又东南过长社县北注，洧水东流，绥水会焉。又东襄荷水注之，又东会滴沥泉水，又东流，

434

南与承云二水合。又东微水注之，又东经密县故城南，又左会□泉水，又东南与马□水合，又东合武定水，又东与虎脆山水合，又东南赤涧水注之，又东南流潬水注之，又东南经郐城南，又东经阴坂北，又东经新郑故城中，又东为洧渊水。今洧水自郑城西北入而东南流经郑城南，又东与黄水合，又东南流，南濮、北濮二水入东南兴龙渊水，合为一。又东南分为二水，其枝水东南流注沙一水，东经许昌县，又东入汾仓城内，又东经隐陵县故城南，又东隐陵陂水注之。萧德言《括地志》：洧水在郑州新郑县北三里，古新郑城南，与秦水合。《元和志》：洧水在新郑县西北二十里长葛县，洧水自西北流入，去县十三里，流入许昌县。《明统志》：洧水出密县，东会溱水，为雙洎河。"洧水，今仍名，源出今郑州市属登封市阳城山，自长葛县以下，其故道原经鄢陵、扶沟两县，南流至西华县西入颍水。洧水流域在上古是黄帝部族活动的中心，是我国上古境内人类活动最密集的地区之一，《诗经·溱洧》篇即产生于此。

[88] 颍河：又称颍水，河南省著名河流，淮河最大支流。嘉庆《重修大清一统志》卷二百五《河南府·山川》："颍水在登封县南，东流入开封府密县界。《汉书·地理志》：阳城县阳干山颍水所出，东至下蔡入淮，过郡三，行千五百里。《水经注》：颍水出阳城县西北少室山，有三源奇发。右水出阳干山之颍谷，其水东北流；中水导源少室通阜，东南流经负黍亭东，亦或谓是水为瀙水，东与右水合；左水出少室南溪，东合颍水，又东五渡水注之，经阳城县故城南，又经箕山北东，与龙渊水合，又东平洛溪水注之，又东出阳城关，历康城南。《县志》：水在县西，亦名双溪河。又有少阳河在县西南十五里，源亦出少室山，东流入颍。"颍河，今仍名，发源于河南西部伏牛山山脉嵩山东麓，流经河南登封、鲁山、平顶山、禹州、许昌、周口、项城、沈丘等县市，于常胜沟口进入安徽省界首县界，流经太和、阜阳、颍上等县市，于沫河口汇入淮河。全长577公里，流域面积36728平方公里。颍河流域是华夏文明的重要发祥地，两岸遍布龙山文化等重要文化遗存，禹州瓦店遗址被认为是夏朝都城级别的遗址，是中华文明探源工程的重要支撑证据。

[89] 石固驿：许州直隶州长葛县境内驿站。民国《长葛县志》卷一《交通·驿传》："长葛驿传前代无考，旧《志》赋籍内载驿站原额银六百四

十五两一钱五分九厘，马匹夫役数目未详。乾隆初年奉文裁驿，止留驿马四匹。一切差使俱由新郑直至许州，惟由新至许路长，南北部院暨洧禹上下，马递公文仍旧接替驰送，以四匹良马奔驰于东西南北之冲，不敷支应，殊为劳瘁。未详何时，驿马增至五十八匹、马夫二十七名、扛轿夫三十六名，送公文马夫一名、探马夫二名、马牌子一名、走递夫二名、留肆夫二十一名。石固设有驿丞专司其事。"今仍名，为许昌市长葛市石固镇。

[90] 长葛县：河南许州直隶州属县，在州治正北四十里，黎氏回滇所经。县地初为春秋郑国长葛邑，汉置长社县，属颍川郡，后汉、晋、宋因之。后魏自许昌移颍川郡来治，东魏天平初（534）兼置颍川。武定七年（549）州徙治颍阴，县废。隋开皇六年（586）复于故县地置长葛县，属许州。大业初（605）属颍川郡。唐属许州，五代因之。宋属颍昌府。金、元、明因之，俱属许州。清初属开封府，后分属许州府，今仍属许州。据嘉庆《重修大清一统志》卷二百十八。今仍名，为许昌市县级长葛市。

许州直隶州，在河南省治西南二百五十里。州地在《禹贡》为豫州之域，周为许国，秦置许县，汉分置颍阴县，皆属颍川郡，后汉因之。建安元年（196）自洛迁都于此。三国魏黄初二年（221）改许曰许昌。晋为颍川郡治。后魏又徙郡治长社。东魏分置许昌郡，属颍州。武定七年（549）移颍州颍川郡治颍阴，改曰郑州。北齐改颍阴为长社，废许昌郡，县属郑州。北周改州曰许州，隋开皇初（581）郡废，大业初（605）州废，复为颍川郡。唐武德四年（621）复曰许州。贞观十三年（639）置都督府，十六年（642）府罢。天宝初（742）复曰颍川郡，乾元初（758）仍曰许州，属河南道。贞元十年（794）置忠武军节度使，五代梁改匡国军，后唐复故。宋初曰许州许昌郡忠武军，隶京西北路。元丰三年（1080）升为颍昌府，崇宁四年（1105）属京畿路，宣和三年（1121）仍属京西北路。金曰许州昌武军，属南京路。元曰许州，属汴梁路。明属开封府，清初因之，雍正二年（1724）升为直隶州，十二年（1734）又升为许州府，置石梁县为附郭，以禹州、密县、新郑来属。乾隆六年（1741）仍改府为直隶州，裁石梁县，以禹州治县新郑，仍隶开封府，领县四。据嘉庆《重修大清一统志》卷二百十八。今大致为河南省许昌市。

[91] 汴：汴京，开封在北宋的名称。

[92] 颍桥：襄城县著名桥梁。嘉庆《重修大清一统志》卷二十九《许州直隶州·津梁》："颍桥在襄城县东北四十里，与州接界。唐德宗时哥舒曜及李希烈战于颍桥，败之，即此。本朝康熙四十年修（1701），乾隆十年（1745）重建。"乾隆《襄城县志》卷二《津梁》："颍桥在县北四十里颍镇，渡夫两名，官给以工食。其桥跨颍河上，由来已久，前莫可考。顺治十六年（1659），知县江宁余二闻，加意兴修。并邑之耆老田遇进等，倡捐重修。康熙四十年，知县山阴陈治安捐俸，并募乡耆等重修。嗣后颍镇居民贡生盛愈捐资，又复重修。乾隆十年，知县黔南汪运正独捐廉资购买石板六十余方，铁锭百十余枚，重修完固。"桥今已废，故址在今襄城县颍桥回族镇颍河上。

[93] 襄城县：河南许州直隶州属县，在州治西南九十里，黎氏回滇所经。县地初为春秋郑国汜邑，战国魏襄城邑。秦置襄城县，汉属颍川郡，后汉因之。晋泰始二年（265）于县置襄城郡，后魏永安中（528—530）以郡属广州。武定中（543—550）徙广州治襄城，后周改曰汝州，隋开皇初（581）郡废，大业初（605）州废，县属颍川郡。唐武德元年（618）复置汝州，贞观元年（627）州废，县属许州，开元四年（716）属仙州，二十六年（738）改属汝州，二十八年（740）迁属许州，天宝七载（748）属临汝郡。乾元初（758）又属汝州，五代及宋因之。金泰和七年（1207）属许州，元、明因之。清初属开封府，后分属许州府，今仍属许州。据嘉庆《重修大清一统志》卷二百十八。今仍名，为许昌市襄城县。

[94] 汝水：又名汝河，河南省著名河流。嘉庆《重修大清一统志》卷二百五《河南府·山川》："汝水在嵩县东南，北流入伊阳县界。《汉书·地理志》：高陵山，汝水出东南，至新蔡县入淮，过郡四，行千三百五十里。《水经注》：汝水出梁县勉乡西天息山，郦《注》今汝水出鲁阳县之大盂山黄柏谷岩鄣梁高山岫……"同《志》卷二百十八《许州直隶州·山川》："汝水自汝州郏县流入，东南流经襄城县南，又东南经郾城县南为大溵河。流入陈州府西华县界，俗曰沙河。郦道元《水经注》汝水东南兴龙山水会，又东南经襄城县故城南，又东南流经西不羹城南，又东南经繁邱城南，又东南合湛水，又东南经定陵县故城北。水右则滍水左入焉，左则百尺沟出焉。又东南昆水注之，又东南经奇頟城西北，溃水出焉，世谓之大㶖水。

汝水经奇頟城西，又东南流经郾县故城北，又东得醴口水，又东南流经邓城西，又东南合无水。又汝水于奇頟城西别东泒谓之濦水，东北流，枝渎右出，世谓之死汝。又东北经召陵城北，练沟出焉，又东汶沟出焉。又东经征羌城北，汾水合，小濦水南流注于大濦水。大濦水取称，盖藉濦、汾注而总受其目。乐史《太平寰宇记》郾城县大濦水在县南一里，上承汝水，自襄城至奇頟城分流，南为汝水，北为潵水。《通鉴》唐宪宗元和十一年（816）初置淮颍水运使，运扬子院米，自淮阴溯淮入颍，至项城入潵，输于郾城，以馈淮西行营。旧《志》潵河一名沙河，在郾城县南西十步。"元代以前，汝河只有一条。一源发源于伏牛山区木达岭，一源发源于嵩山跑马岭，在襄城县岔河口汇入沙河，统称汝河，亦名濦水，于郾城县南流入西平、上蔡、汝南诸县。元至正年间（1341—1370），汝水泛滥，官府自汝阳截断汝水，汝水遂东注，改道入颍水，是为北汝河。其下游遂称南汝河。截流分南北后，南汝河源头便在今河南省泌阳县五峰山，流经遂平、汝南、平舆、正阳诸县，在新蔡县班台与小洪河合流，再汇入大洪河，入淮。现在称汝河，一般指南汝河。与小洪河合流前，汝河全长 222.5 公里，流域面积 7376 平方公里。

[95] 周襄王：名郑，惠王之子，东周第七任君主，公元前 652—前 619 年在位。在位期间，诸侯争霸愈加激烈，齐桓公、晋文公相继称霸，代行天子职权，襄王不得已而积极配合，以求王族安宁。

襄王适郑处氾事：指《左传·僖公二十四年》，周惠王与其弟王子带发生内乱，携子襄王及诸臣出逃至郑国，驻于氾。原文："郑之入滑也，滑人听命。师还，又即卫。郑公子士泄、堵俞弥帅师伐滑。王使伯服、游孙伯如郑请滑。郑伯怨惠王之入而不与厉公爵也，又怨襄王之与卫滑也，故不听王命而执二子。王怒，将以狄伐郑。富辰谏曰：'不可……'王弗听，使颓叔、桃子出狄师。夏，狄伐郑，取栎。王德狄人，将以其女为后。富辰谏曰：'不可……'王又弗听。秋，颓叔、桃子奉大叔以狄师伐周，大败周师，获周公忌父、原伯、毛伯、富辰。王出适郑，处于氾。……"

[96] 首山：许州境内名山。乾隆《河南通志》卷七《山川下·许州》："首山在襄城县南五里，古传黄帝炼药处。史称天下名山有八，首山其一也。"

嘉庆《重修大清一统志》卷二百十八《许州直隶州·山川》："首山在襄城县南五里，横亘九里，县西诸山迤逦直接，嵩华实起于此，上有圣泉。"首山，今仍名。

黄帝：与炎帝并中华民族的人文祖先，华夏上古五帝之一（或说三皇之一），兴于姬水，姓公孙，名曰轩辕。败神农，斩蚩尤，第一次实现华夏诸部的统一，也是上古众多技术发明的名义拥有者。黄帝传说在中华各地都很流行，其事迹主要记载《史记·五帝本纪》《山海经》《帝王世纪》等书中。近年来的考古发现，倾向于黄帝部族是历史上真实的存在，由于当时人类普遍认识的原因而被神化，大多关于黄帝的神话传说是有事实根底的。

[97] 不羹城：指西不羹城，襄城县著名古迹。嘉庆《重修大清一统志》卷二十九《许州直隶州·古迹》："西不羹城在襄城县东南二十里。《左传·昭公十一年》楚大城陈蔡、不羹。《汉书·地理志》襄城有西不羹，《史记注》韦昭曰：'三国、楚别都也。颍川定陵有东不羹，襄城有西不羹。'《水经注》汝水东南经西不羹城南。《括地志》故城在县东三十里，旧《志》今呼为尧城。又县东有襄亭，傅俊迎光武处。"

[98] 中牟县：河南开封府属县，今为河南省郑州市中牟县。

[99] 汝坟桥：南阳府叶县境内著名桥梁。嘉庆《重修大清一统志》卷二百一十二《南阳府·津梁》："汝坟桥在叶县北灈水上，明天启中（1621—1627）建，本朝乾隆四年（1739）修。"同治《叶县志》卷二《津梁》："汝坟桥在县北十五里灈河上，明天启中（1621—1627）知县王者佐创建，嗣经淹没。乾隆四年（1739）知县张可举详请重修，旋修旋圮。知县石其灏议搭浮桥，春拆秋筑。详孟南易□任公所属，共捐银三百两。□典生息，每岁得银五十两，以作经费。"桥今仍存，在今平顶山市叶县遵化店镇汝坟店村。

[100] 此记载似出自《太平寰宇记》，该记卷八《汝南府八》："黄城山，《圣贤冢墓记》云南阳叶县方城邑西，有黄城山，即长沮桀溺所耕处，下有东流水，即子路问津之所。"此典故出自《论语·微子》，全文为："长沮、桀溺耦而耕，孔子过之，使子路问津焉。长沮曰：'夫执舆者为谁？'子路曰：'为孔丘。'曰：'是鲁孔丘与？'曰：'是也。'曰：'是知津矣。'

问于桀溺，桀溺曰：'子为谁？'曰：'为仲由。'曰：'是鲁孔丘之徒与？'对曰：'然。'曰：'滔滔者天下皆是也，而谁以易之。且而与其从避人之士也，岂若从避世之士哉？'耕而不辍。子路行以告，夫子怃然曰：'鸟兽不可与同群，吾非斯人之徒与而谁与？天下有道，丘不与易也。'"

[101]　叶县：河南南阳府属县，在府治北一百三十里。县地初为春秋楚叶邑地，汉置叶县，属南阳郡，后汉因之。晋属襄城郡，刘宋大明元年（457）省，北魏复置，北齐移襄州来治。后周州废，置南襄城郡。隋开皇初（581）郡废，大业初（605）县属颍川郡。唐武德四年（621）于县置叶州，五年（622）州废，县属北澧州。贞观中（627—649）属许州。开元四年（716）置仙州，二十六年（738）州废，县属汝州。大历四年（769）复置仙州，五年（770）又废，县仍属汝州，五代及宋因之。金泰和八年（1208）改属裕州，元、明因之。清属南阳府。据嘉庆《重修大清一统志》卷二百一十。今仍名，为河南平顶山市叶县。

[102]　瀙：音同志，瀙水，南阳府境内重要河流。嘉庆《重修大清一统志》卷二百一十《南阳府·山川》："瀙水自汝州宝丰县东，流经叶县北，又东经舞阳县北，又东入许州襄城县界，俗名沙河。《左传·僖公三十三年》：楚人与晋人夹泜水而军。《后汉书·光武纪》：光武击王寻、王邑，从昆阳城西水上，冲其中坚，会大风，雨下如注，瀙水盛溢，寻、邑大败。《水经注》：瀙水出南阳鲁阳县之尧山，东南经昆阳县故城北，又东经西不羹亭南，于定陵城北东入汝。新《志》：有小瀙河在南召县东北，自神林川流入瀙水。"瀙水，今称沙河，是淮河支流颍河的一级支流，发源于平顶山市鲁山县伏牛山主峰尧山，流经平顶山市、漯河市、周口市的8个县（市、区），在周口市川汇区汇入沙颍河干流，全长418公里，总流域面积4974平方公里。

[103]　旧县：南阳府叶县属镇，汉代颍川郡昆阳县县治所在。嘉庆《重修大清一统志》卷二百一十二《南阳府·关隘》："旧县镇在叶县南三十里，元置巡司，明初废。"同治《叶县志》卷二《村庄》旧县有南北牌二村，皆在县南三十里。北牌村附十六庄，南牌村附三十九庄。今为叶县叶邑镇。

[104]　《志》：未知具体何《志》。

[105]　丈几切：即以丈之声母与几之韵母合拼，得zhi音。这是中国古代字音的拼读方式，以前字之声合后字之韵而得新字之音。

[106] 独树铺：裕州境内驿递铺司。康熙《裕州志》卷二《驿铺》州城东北四十里有龙泉店铺，当即独树铺。今仍名，为南阳市方城县独树镇。

裕州：河南南阳府属散州，在府治东北一百二十里。州地初为春秋楚国方城地，秦置阳城县，汉改堵阳县，属南阳郡，后汉因之。晋属南阳国，刘宋改为赭阳，后魏改置方城县，属襄城郡。西魏为襄邑郡治，隋开皇初（581）郡废，县属消州，大业初（605）属淯阳郡。唐武德初（618），于县置北澧州。贞观八年（634）改曰鲁州，九年（635）州废，县属唐州，五代因之。宋庆历四年（1044）省入南阳，元丰元年（1078）复置，仍属唐州。金泰和八年（1208）始置裕州，属南京路。元属南阳府，明洪武初（1368）省方城县入州，仍属南阳府，清因之。据嘉庆《重修大清一统志》卷二百一十。今为河南省南阳市方城县。

[107] 赵河：长江支流汉江水系。嘉庆《重修大清一统志》卷二百一十二《南阳府·关隘》："赵河源出裕州西北郦山之麓，东南流经州南，又西南流经唐县北二十里圆潭，南流入沘水。又潘河源出当阳山，流经城东入赵河。" 康熙《裕州志》卷一《山川》："赵河，州西三十五里，发源郦山麓，东南会于潘河。"赵河，今仍名，发源于河南省南阳市方城县境内五朵山南麓，西南流至邓州市境内汇入湍河，注入汉江。

[108] 宛：宛城，南阳的别称，战国秦汉之时为宛邑、宛县地，故得名。内、叶：指南阳府内乡县和叶县，两县分别在南阳西北和东北，扼自两方入南阳盆地之门户。

[109] 《淮南子》：又名《淮南鸿烈》《刘安子》，中国道家的重要著作，战国汉初系统阐述黄老之学的代表作品，西汉景、武之时淮南王刘安及其宾客集体编写。原书有内篇二十一卷、中篇八卷、外篇三十三卷，今仅存内篇，且有脱文。该书以道家思想为主，杂糅阴阳、墨、法、儒诸家，故《汉书·艺文志》《四库全书总目提要》均归之入杂家。此外该书在论证阐述自己的思想时，引用了很多上古神话，诸如女娲补天、后羿射日、共工怒触不周山、嫦娥奔月等，为中国神话的保存和流传作出了重要贡献。此处所引出自《淮南子》卷四《地形训》，原文为："何谓九塞？曰太汾、渑阨、荆阮、方城、殽阪、井陉、令疵、句注、居庸。"

[110] 博望驿：南阳府重要驿站，嘉庆《重修大清一统志》卷二百一

十二《南阳府·关隘》："博望驿在南阳县北六十里。有驿丞，兼置递运所。"光绪《南阳县志》卷八《驿递》："博望驿，在县东北博望镇，北至裕州六十里。"今仍名，为南阳市方城县博望镇。

汉武帝：公元前141—前87年在位，姓刘，名彻，高帝曾孙、景帝中子，汉代第五任皇帝（未计吕后时之傀儡），中国古代杰出君主，杰出政治家、战略家。武帝十六岁即位，罢黜百家、独尊儒术，开辟儒生进仕之途，建立制度性选拔人才的察举制度，颁布推恩令，架空王国势力，实行盐铁专卖，设立十三部刺史，监察地方，改定历法、完善礼仪，南平两越、北伐匈奴、经营西域、开拓西南、平定朝鲜，将汉代统治推向极盛，初步奠定今天我国的疆域格局，为凝聚和塑造汉民族的精神作出重大贡献。卒，谥武帝，庙号世宗。《汉书》卷六有《武帝纪》。

张骞（前164—前114）：字子文，汉中城固（今陕西省汉中市城固县）人，中国古代杰出的外交家、旅行家、探险家。武帝建元二年（前139），张骞奉命出使大月氏，希望与汉联合攻击匈奴。途经匈奴领地，被匈奴携至王庭扣押，十年后，方才寻得机会，逃离匈奴，继续寻找大月氏，并成功到达。但大月氏并不愿意卷入汉匈战争，张骞在西域各地调查访问后，于元朔元年（前128）取道昆仑山北麓南疆回国，进入羌地时又为匈奴所虏，扣押一年多，趁匈奴内乱逃走，于元朔三年（前126）回到长安，并向武帝作了西域情况的详细汇报，为武帝决策再次开发西南夷提供了重要情报。元朔六年（前123），张骞以校尉为向导，随大将军卫青出征匈奴，因功封博望候。元狩二年（前121），再随军出击匈奴，误期当斩，以侯爵赎罪，免为庶人。元狩四年（前119），汉廷取得对匈奴漠北决战的胜利，匈奴开始大规模西徙，张骞以中郎将身份率领庞大使团再次出使西域，并分遣使者至中亚、西南亚各国进行外交活动。元鼎二年（前115），张骞携同乌孙国使者十余名回到长安，西域人第一次出现在中原地区。张骞迁官大行，负责各国使者和宾客事务。次年卒。张骞西域之行，不仅成功地联系了汉朝与西域各国，建立政治交流关系，还开通了汉朝于西域各国的道路，为后世著名的丝绸之路的形成作出了奠基性贡献，西域的大量物种也传入内地。张骞出使，被评价为"凿空"之旅。《汉书》卷六十一有传。

[111] 北新店：即新店，南阳县著名集镇。光绪《南阳县志》卷三《集

镇》去县治东北三十里为新店，商贾走集……居民贸迁，南集许坊，北集新店。"今南阳市宛城区有新店乡，当即其旧地。

[112] 南阳府：河南属府，在省治西南六百一十里。府地在《禹贡》为豫州之域，春秋为申、邓二国地，战国分属楚、韩。秦始置南阳郡，汉因之，郡治宛。三国魏置荆州（《晋书·地理志》南阳、襄阳、南乡属魏。而荆州之名南北双立）。晋为南阳国，南北朝宋仍曰南阳郡，南齐因之。后魏属荆州，隋开皇初（581）郡废，大业初（605）属南阳郡，唐武德三年（621）改置宛州。贞观八年（634）州废，属邓州（时东境置唐州），五代、宋皆因之。金末始于南阳县置申州，与邓州俱属南京路。元至元八年（1271）升为南阳府，属河南江北行省。明属河南布政使司，清因之，属河南省，领州二县十一。

府治南阳县，县城即府城。南阳县周初为申国地，春秋为楚宛邑地，汉置为宛县，为南阳郡治，三国魏及晋因之。北魏分置上陌县，北周省宛县入上陌，改曰上宛。隋开皇初（581）始改南阳县属邓州，大业初（605）属南阳郡。唐武德三年（621）置宛州，贞观八年州废，县仍属邓州，五代及宋因之。金末置申州于此，元明俱为南阳府治，清因之。据嘉庆《重修大清一统志》卷二百一十。南阳府今大体为河南省南阳市，南阳县大体为南阳市宛城区、卧龙区。

[113] 卅里屯：南阳县属镇，又名中雷镇。光绪《南阳县志》卷三《集镇》："中雷镇在县南三十里，旧尝置屯，故亦曰三十里屯。"今南阳市宛城区黄台岗镇有三十里屯村，或即其地。

[114] 瓦店：南阳县属镇，在中雷镇南。光绪《南阳县志》卷三《集镇》："中雷以南三十里为瓦店，是谓林水驿，驿丞治之。明将军邓愈败元兵于此。或曰汉之小长安也，邓禹尝寓焉。地滨淯水，民习舟楫，帆樯出入，时有盈余，其市多菽麦，亦有麻油、枣梨。夏秋乘水涨下舟宛口，输之汉，时获倍称之息。至非其时，则折阅亦如之。初，汉置安众侯国在县西南，唐编为乡，宋以后为镇。地小人众，无山林之饶，然自县以西王村、马集、陆官营，俗大抵勤俭，颇有夏人之遗。"今仍名，为南阳市宛城区瓦店镇。

[115] 城："程"之笔误。

[116] 苏子：即苏轼，见前注。此处所引为苏轼贬谪黄州三年后寒食

节期间所作《寒食雨二首之二》，原诗为："春江欲入户，雨势来不已。小屋如渔舟，蒙蒙水云里。空庖煮寒菜，破灶烧湿苇。那知是寒食，但见乌衔纸。君门深九重，坟墓在万里。也拟哭涂穷，死灰吹不起。"（据《东坡全集》卷十二）

[117] 百里奚：春秋时期秦国名臣，事秦穆公（前659—前621在位），一说为南阳宛人，一说为虞国（今山西省运城市平陆县）人。百里奚出身贫困，曾为虞国大夫。后晋灭虞，随同虞君虏往晋国，拒为近官。后以陪嫁奴隶，从秦穆公夫人入秦。途中逃亡，至楚境而为楚国边境之民捕得。秦穆公闻其贤，派人以五张黑羊皮从楚人手中换回，拜为上大夫，授以国政，故世人又称之为"五羖大夫"。百里奚辅助秦穆公内修政教、给惠于民，在秦国西部开地千里，称霸西戎，为秦国后来的崛起和统一战争奠定了强大的后方基础。在东方，则使秦国积极参与事务，三置晋国之君、远救荆州之祸，穆公也成为春秋时期著名霸主。但正史中事迹较少，主要散见于《左传》和《史记·秦本纪》之中。不过，南阳民间有大量百里奚的故事流传。"亡秦走宛，楚鄙人执之"为《史记》卷五《秦本纪》原文。

鄙人：即边鄙之人，生活在边境上的居民。

[118] 申城：西周申国故城遗址。嘉庆《重修大清一统志》卷二百一十一《南阳府·古迹》："申城在南阳县北二十里，周宣王时封申伯国。《后汉书·郡国志》：宛有屈申城，在仙凫县城南一百五十里，即申城也。《括地志》：故申城在南阳北二三十里。"光绪《南阳县志》卷二《古迹》："申城在县北三十里。《汉书·地理志》：宛县故申伯国，有屈申城。《潜夫论》：申城在宛北序山之下。《博物记》：宛有申亭。《舆地志》：南阳县北有申城。《史记正义》：在邓州南阳县北三十里。《方舆纪要》：在府北二十里。《大清一统志》与《纪要》同。"

周宣王，姬姓，名静，又作靖，周厉王之子，西周第十一任天子，公元前827—782年在位。周宣王继位于厉王乱国之后，效法文、武、成、康之治，任用召穆公、尹吉甫、仲山甫、虢文公、申伯、韩侯等一批贤臣，修复公室、广进谏言、安顿百姓、修缮武器，国力迅速恢复。对外讨伐猃狁、西戎、徐淮、荆楚，国势大张，诸侯重新朝拜周天子，史称"宣王中兴"。晚年刚愎自用、任意出师，遭致大败，新培育出的国力为之消耗殆尽。

其事迹主要载于《史记》卷四《周本纪》中。

申国：姜姓，宣王时封于申。

[119] 吕城：西周吕国故城遗址。光绪《南阳县志》卷二《古迹》："吕城，在县西三十里。《潜夫论》：宛西三十里有吕城。《水经注》：梅溪又经宛西吕城东。《括地志》：故吕城在南阳县西三十里。《元一统志》：今南阳县西有董吕村，即古吕城。宋王应麟《诗地理考》曰：司马彪《郡国志》汝南新蔡有大吕亭，故吕侯国。欧阳忞《舆地广记》：蔡州新蔡县，古吕侯国。今以《左传》考之，楚有申、吕时，新蔡属蔡，非楚邑，当以在宛县为正。《明一统志》：吕城在府西南三十里，今名董吕村。《大清一统志》：吕城，南阳县西南三十里，按今县西二十五里有董营，或谓即董吕村。"吕国，为上古古国，姜姓，始祖伯夷，为四岳之官，舜时佐禹平水土者，受封于吕，后世以国为姓。初国于河东吕梁，商末佐武王灭商，徙封于宋地，后又迁南阳。虞，舜之国号。

周穆王：姬姓，名满，昭王之子，西周第五任天子。在位期间流传于今的主要政事是任吕侯作刑法，以适合的刑法加强统治，《尚书·吕刑》即记叙其事。周穆王好远游，古时又大量关于他的传说，主要收录在《穆天子传》中。

《吕刑》：《尚书·周书》的第二十九篇，周穆王命吕侯主持对周代的法典进行重修，因名《吕刑》。修订目的是为了适应已经变化的统治形势。其具体内容已经失传，《尚书·吕刑》记载的主要是修订刑法的主要原则和目的，以及个别代表性法律条文。《吕刑》最革新的内容是废止了残酷的法律条文，并规定了赎刑的原则和方式，进一步体现出周统治阶层"明德慎罚"的治国思想。

司寇：先秦古官，掌管刑狱、纠察违法。位在三公之下，与司马、司空、司士、司徒并为五官。后世廷尉、大理、刑部之官皆源于此。详见前文刑部注。

[120] 楚子：即楚王，古制，"远国虽大，爵不过子"，故中原文献称楚王为楚子，其时楚王为楚成王。

僖六年：即鲁僖公六年，公元前654年。《左传·僖公六年》："冬，蔡穆侯将许僖公以见楚子于武城。许男面缚，衔璧，大夫衰绖，士舆榇。楚子问诸逢伯，对曰：'昔武王克殷，微子启如是。武王亲释其缚，受其璧而祓之。焚其榇，礼而命之，使复其所。'楚子从之。"

[121] 此楚子为楚共王。成十六年，即鲁成公十六年，公元前575年。《左传·成公十六年》："十六年春，楚子自武城使公子成以汝阴之田求成于郑。郑叛晋，子驷从楚子盟于武城。"

[122] 此楚子亦为楚共王。

襄七年：即鲁襄公七年，公元前566年。但黎氏此处所引，在襄公九年（前564），《左传·襄公九年》："秋，楚子师于武城，以为秦援。秦人侵晋，晋饥，弗能报也。"

[123] 灵王：即楚灵王，芈姓、熊氏，初名围，即位后改名虔，公元前540—前529年在位。楚灵王是共王次子，郏敖四年（前541），趁探病时弑杀其侄（即郏敖），后自立为王。灵王有才而侈，三年（前538）大会诸侯于申，率联军攻吴，败吴于朱方（今江苏镇江东），杀逃亡至此的齐国乱臣庆封。又以晋、鲁、卫未与申之会，欲以武力臣服诸侯，四出征伐。数年间，灭陈、灭蔡、围徐逼吴。性好奢侈，好筑高台，不顾民瘾。十一年（前529），灵王率师伐徐，驻于乾溪，耽于享乐，不思进兵，民怨沸腾。公子弃疾在都城发动政变，杀太子，另立王，灵王大军闻讯，如鸟兽散，只剩下灵王一人，方省悟，自缢而死。其事迹见于《春秋左传》及《史记·楚世家》中。

昭四年：即鲁昭公四年，公元前538年。《左传·昭公四年》："夏，诸侯如楚……六月丙午，楚子合诸侯于申……宋太子佐后至，王田于武城，久而弗见……"

[124] 武城：南阳古迹。据嘉庆《重修大清一统志》卷二百一十一《南阳府·古迹》："武城在南阳县北，一名武延城，春秋时申地，后属楚。《左传·僖公六年》：蔡穆公将许僖公以见楚子于武城。又《襄公七年》：秦人侵晋，楚子师武城为秦援。杜预注，武城在宛县北。《元统志》：武延城在南阳北百五里。《明统志》：俗呼西城相近有蒙城，俗呼东城。"光绪《南阳县志》所载略同。此诸武城事，皆引自《春秋左传》。

[125] 新野县：河南南阳府属县，在府治东南五十里，黎氏回滇所经。县地初为汉之新野县，属南阳郡，后汉因之。晋初为义阳郡治，后改置新野郡，宋、齐及北魏因之。后周郡废，改县曰棘阳。隋开皇初（581）复曰

446

新野。大业初（605）仍属南阳郡。唐武德四年（621）于县置新州，旋废县，属邓州。乾元（758—760）后省入穰县，宋、金为新野镇。元复置县，属邓州，明、清因之，皆南阳府。据嘉庆《重修大清一统志》卷二百一十。今仍名，为南阳市新野县。

[126]　白河：即淯河，汉江北岸支流，河南省著名河流。乾隆《新野县志》卷一《山川》："白河即淯水，源出嵩县双鸡岭，经宛至县北四十里冈头镇，分而为二。其一东经沙堰镇，南折至县东北五里许，复折而西，始与湍水合，系白河故道湮塞日久，因名曰旧白河。其一自冈头西南与潦水合，潦亦名大涧河，经樊家集与湍水合，舟楫往来，名曰新白河。三水至城西北合流，以下统名曰白河，南入汉江。"今名白河，主要流域均在南阳市境内。

[127]　南新店：即新店镇，新野县境内著名集镇。乾隆《新野县志》卷一《集镇》载在城南三十里。

[128]　吕堰：湖北襄阳县境内驿站，市镇。康熙《湖广通志》卷十五《城池志公署附·襄阳县》吕堰驿在县北七十里。同治《襄阳县志》卷四《驿铺》："吕堰驿，扛夫八十名、额马七十三匹、马夫三十六名半、兽医二名"；又卷一《乡镇》："吕堰驿红绫铺地方，距城六十里。地当南北孔道，驿递事繁，文设巡检、物设把总，五方杂处，稽查惟严。"今称古驿，在湖北省襄阳市襄州区古驿镇。此地多堰塘，而居民吕姓为多，故称吕堰驿。

[129]　樊城：襄阳县名镇、著名古迹，汉末三国魏樊城旧址，曾被关羽截汉水灌城，水淹于禁七军。嘉庆《重修大清一统志》卷二百一十一《襄阳府·古迹》："樊城在襄阳县北。《水经注》：樊城周四里，南半沦水，城西南有曹仁记水碑，杜元凯重刊，其后书伐吴之事也。《元和志》：襄州临汉县南至州二里，即古樊城，西魏于此立赡养县，属邓城郡。周天和五年（570）改属襄州，天宝元年（742）改为临汉县，县城南临汉水。欧阳忞《舆地广记》：邓城有樊城镇。《府志》：樊城与襄阳对峙，城西有铁窗口，晋人铸铁桓，列树堤岸，以通水道，如窗棂然。"同治《襄阳县志》卷一《乡镇》："樊城在县北隔汉水，晋宋间置县，后周废樊城入安养。唐改临汉，宋省入襄阳，虽不名县，而城犹存。宋季，元兵破之。后以修城书者，惟嘉靖三十九年（1560）一见。于《明志》尚有九门，东迎旭，东南没于水，南会通、公馆，西南迎汉，西北朝觐，正北朝圣、定中，东北屏襄。

岁久，城圮，濠亦平。道光八年（1828）知府郑敦允筑石堤以捍水，事载《堤防志》。十五年（1835）知县纪昌期倡修土城，咸丰十年（1860）守道毛鸿宾、知府启芳、同知艾俊美修城浚濠以资防堵，十一年（1861）守道金国琛于米公祠截断旧城，增加砖垛，炮位由迎旭门闸口引汉水入濠。同治元年（1862）守道欧阳正墉添设墩台于米公祠后，更于朝觐门外开濠数十丈。三年（1864）同知姚振镛于城上建瓦屋83间，以便弁兵栖止。同知张瀚添设南岸要隘。分驻同知一员，县丞一员、右营守备一员。"樊城与襄阳城互为犄角，为长江中游战略要地，历来为兵家所必争，清雍正元年（1723）后襄阳府同知常驻樊城。

[130]　颍桥：查同治《襄阳县志》并无此桥记载，则或为前注河南许州直隶州襄城县之颍桥。

[131]　童近庵：其详文献难考。

[132]　常德：湖南属府，在省治西北六百七十里，黎氏回滇先取道遵义回乡，故先至常德。府地在《禹贡》为荆州之域，春秋战国时属楚秦黔中郡地汉高帝置武陵郡，王莽时改为建平郡，后汉复故，顺帝时为荆州刺史治。三国属吴，晋属荆州，南朝宋、齐属郢州，梁置武州，后废。陈天嘉元年（560）复置武州，太建七年（575）改曰沅州。隋平陈，郡废，改曰朗州。大业初（605）仍曰武陵郡。唐武德四年（621）平萧铣，复置朗州，开元中（713—741）属江南西道，天宝初（742）仍曰武陵郡，改属山南东道。乾元初（758）复曰朗州。五代时属楚，后周行逢据其地，初为永顺节度，后改武平军。宋建隆四年（963）罢军（《宋史·地理志》乾德二年，964年，降为团练）仍曰朗州武陵郡。祥符五年（1012）改曰鼎州（祝穆《方舆胜览》时升永安军，又改靖康军）。政和七年（1117）置常德军节度[《宋史·地理志》建炎四年（1130）升鼎澧州镇抚使，绍兴元年（1131）置荆湖北路安抚使，三十二年（1162）罢]，乾道元年（1165）升为常德府，属荆湖北路。元为常德路，属湖广行省。明复曰常德府，属湖广布政使司。清初因之，康熙三年（1664）属湖南省，领县四。据嘉庆《重修大清一统志》卷三百六十四。今仍名，为湖南省常德市。

[133]　麻阳：湖南沅州府属县，详见后注。

䑦：音同夸，䑦船，载沙石的空船。花䑦船，文献难考。

448

道光二十二年三月

三月初一日，庚戌，晴。雇骡十九头，余买驮轿行，计费一百二十余金。

初二日，辛亥，晴。整易行装。

初三日，壬子，晴。启行，过汉江，水甚涸，弥望皆沙洲也。过襄阳府城，[1]道由岘山之麓。[2]未刻，抵欧家庙住，[3]计程五十里，店屋狭窄不堪。

初四日，癸丑。午顿宜城县，[4]南风甚厉。晚宿新店，[5]村落十数家，店屋尤窄，几无置行李地。天阴，欲雨，更静，复见星。计程九十里。自襄阳至此，路皆沿汉江行，途中时见帆樯上下。第下水风不利，计余即舟行，两日内亦迟滞不能速。

初五日，甲寅，阴。行里许，过渡水，阔不过数丈，亦通舟楫，土人云南漳河也。[6]上流水道约四百余里，途中冈阜重叠，行者谓之过山。[7]民居散布冈侧，植棘为垣，半皆茅屋。平衍处渐有稻田，亦有塘堰潴水。午顿丽阳驿，[8]店市萧条。自此而南，冈岭弥高，地多荒瘠，骡行登降颇艰。午后，细雨湿衣。申刻，抵乐乡关宿。[9]居人数百家，稍有市物，关北一水甚清，建石桥，出水仅尺许，其源出西山，故清流峻快也。乐乡，唐县名。[10]陈伯玉《晚次乐乡县诗》所云"野戍荒烟断，深山古木平"，确切此间风景。[11]计程九十里。按南漳水发源南漳县境，[12]流经当阳县境合沮水。[13]沮水发源房县境，[14]经南漳县、荆门州至当阳合南漳，流至枝江县入大江。宋淳祐中，[15]孟珙障而东之，[16]北入于汉。"沮"本作"雎"，《左传·哀六年》楚子所谓江汉雎漳是也。[17]今襄阳以南，沮水左右地，皆曰沮中，亦曰柤中。沮中民夷错处，水陆行险，多膏腴沃壤良田。

初六日，乙卯，晴。晓行，二十里间，地多腴美。过石桥驿，[18]午顿南桥，[19]溪水东流，清快可羡。途中炎热。晚宿荆门州，[20]计程八十五里。自石桥至荆门，冈岭杂沓，近西皆高山，地土硗瘠，民居多茅舍，植竹缘坡，宛似黔山景象。荆门，宋陆象山曾知军事。[21]城西山麓，有蒙、惠二泉，[22]清流喷激，余昔过此，尝往观，今以日暮，不及游览。更静，星月澄霁，忽阴云自北起，雷电大雨。

初七日，丙辰。晓行三里许，登陟高岭，[23]岭之下路分东、南，东赴沙洋一百二十里，[24]南赴荆州大道。骡行此岭艰甚，盖荆门十三站中，[25]山路之绝高者，过此道皆平坦矣。午顿团林铺，晚宿建阳驿，[26]计程九十五里。建阳市肆较繁，旅店殊狭。是日，黄沙蔽空，北风凄紧，日色无光。村中妇女咸荷锄种豆，又多持镢掘野菜，形状鄙俗，惟麦陇摇青，稻田广布，农人播谷，纷纷为可观耳。距荆门二十里，有掇刀石，相传为关壮缪遗迹，祠中一石，坼痕犹存。[27]从人皆入祠周览，余以骡车难下未入。

初八日，丁巳，晴。黄沙未散。午顿四方铺，[28]晚宿荆州府，[29]计程九十里。在樊所雇骡力乏，不能至常德，遂命骡夫至黄金口，[30]以其余价雇船，由水路行。逆旅主人朱姓承办船只护送。自樊城至荆州，陆路共五百五里。

初九日，戊午。余弃骡车行，另雇肩舆行。驮骡出门西行，由毛家口渡江。[31]舆夫贪捷，竟由东南行，至烧箕洼淤路口，[32]浓云大雨忽至，不识骡夫在何所。不得已，呼渡舟沂流二十余里，剪江至太平口，[33]幸雨止，衣履未尽湿。登岸视之，兆熙等亦押驮骡渡江将毕。行十五里抵弥陀寺，[34]天将暮，觅饭店宿，而驮骡、行李无寄顿处，乃借曾姓花行寓焉。计程四十余里。太平口即虎渡口，江面本阔，近年被水冲刷，堤岸奔溃淤沙，成一小江。驮骡易舟两次，方渡毕。虎渡南岸昔年街市数百家，人烟丛集，今皆被水坍塌，所存仅十之一二。弥陀寺街市亦半没于水，败瓦颓垣，狼藉满地。寺街之前，即黄金口，小水通江所经也。

初十日，己未，阴晴。行四十里至李家口，[35]亦有舟楫，惟水浅多搁船。复行二十里抵黄金口，水尚浅，容易搁舟。复行十里至池口公安县境，[36]水乃较深。逆旅主人已雇舟二只以待。卸装入船，船户与骡夫计算水脚钱文讫，已暮矣。计程七十里。沿途堤岸修筑者纷纷，池口上年奔溃尤甚，人夫数百，皆发帑金为之。荆州至池口，水陆一百十里。

十一日，庚申，阴晴。卯刻开行，午过税关，舟人纳税。晚泊澧州属之瓦窑河，[37]计水程九十里。沿途堤岸处处有夫修筑。

十二日，辛酉，阴晴。东南风逆，负纤行。午刻，过焦溪镇，市千余家，颇繁盛。[38]晚泊安乡县属之夹洲，岸边店屋数家而已，[39]计水程八十余里。两岸仍有筑堤者。焦溪以下二十里许，水分为二，一东流入洞庭，南流者河面甚狭。夹洲堤岸之西有一湖，不识何名。

十三日，壬戌，阴。行数里，澧水自西来，会东来流水入安乡、华容。[40]

我舟泝澧水西行十里，水流清而急。至汇口，澧水复分为二，一东流，一南流。我舟顺南流行，水面渐阔，岸上踏水车者纷纷。行二十里许，澧水南流入安乡、华容境，麻河水来会。[41]我舟西南入麻河，自此皆上水矣。水阔仅数丈，沙壅处深仅尺许，舟屡搁浅。将晡，宿麻河。岸上居人七八家，瓦屋颓坏，皆近年被水所淹没。水程八十里。夜雨达旦。

十四日，癸亥。终日雨。北风顺利，挂帆而行，水面渐阔，分支渐多，以西北湖水流通，兼常德河水分流亦广，故东西南北水路皆通。晚泊高岸，[42]计水程一百六十里。夜雨，三更始息。

十五日，甲子，阴晴。无风，负纤行。辰刻，过牛鼻滩。[43]未刻，过德山，道书称为第五十三福地。[44]上长数里，枉水出焉，流入沅水，谓之枉渚，《楚辞》"朝发枉渚"是也。[45]距常德城十里，[46]滨江冈头一塔，尖秀可观。沅江至此，水面颇宽，木簰自黔来者。[47]申刻，抵常德府，计水程七十五里。自池口至常德，水路四百九十里。

十六日，乙丑，阴晴。与坐舟议加水脚，载至浦市，[48]另雇一舟，贮书箱各物。

十七日，丙寅，晴。黄沙蔽天。入市购磁器等物。

十八日，丁卯，晴。黄沙未散。入市购布泊《诗》《书》《春秋传》等书。[49]遣从人高照、役晏发附客舟先行赴滇。

十九日，戊辰，晴。开行。巳刻，过河洑山，山在滨江北岸，冈峦逶迤相连，上建佛刹，树林蓊蔚，极高敞幽秀之胜。[50]山畔有檠瓠石，江水出其下，所谓武陵溪也。[51]不数里，过邹溪，[52]有小水流入，江岸街市颇盛。未刻，上铜官脑滩，[53]水势溜急，滩下江中有洲长十里，滩上居民设梁取鱼，用木排聚斜布滩头，需材无算。申刻，抵桃源县，[54]舟人买酒肉相犒。计水程九十里。

二十日，己巳，阴晴，郁热。午刻，上毛公刺滩。[55]申刻，过穿石洞，悬崖壁立数十丈，一洞中穿，空阔可容百余人。相传马新息征五溪蛮时，于此穿石窍以避暑疫。[56]考史，亦载其穿岸为室事，第未知即此地否。岩上建伏波祠，颇壮丽。[57]桃源缘江数十里，溪山隐秀，林树葱茏，绿萝山一带尤为峭蒨。[58]渊明《桃花源记》固属寓言，[59]然其地幽深，固称隐者居也。道书以为第四十二福地，理或然欤。晚泊仙人溪，[60]计水程九十里。

夜雨。按《汉书》援讨武陵蛮，军次下隽，[61]有两道可入。从壶口则路近而水险，[62]从充则路夷而运远。[63]援进营壶口，贼乘高守险，水急，船不得上。会暑甚，士卒多疫死，援亦中病，乃穿岸为屋以避炎气。《地志》曰壶头山，名在辰州府城东一百三十里。以山头与东海方壶相似，故名。据此，则壶头即穿石矣。

二十一日，庚午。辰刻，过界首，[64]桃源、辰州交界处也。[65]午刻，过鱼子洞滩，[66]江岸石壁陡立，无纤路，缘崖凿窄径，可容一足。又于崖上凿石窍，贯联铁索，长数百丈，负纤者攀挽而行。午后，风雨交至，挂帆行十里许，风愈急，客舟在前有断樯折帆者，急命舟子落帆，仅留数叶。雨势愈猛，乃泊崖畔沙边。风雨不止，遂宿于此。两岸均无人家，孤篷寂寂，有戒心焉。计水程五十里。

二十二日，辛未，阴晴。黄沙蔽空，北风凄紧。自缆子弯以上节节皆滩，[67]江中恶石林立，禁舟人张帆，但令负纤，故行迟。将午至洞庭溪，[68]买肉沽酒以犒长年。余携兆熙登岸，行五里，入伏波祠，具香楮拜谒。[69]祠塑新息侯并夫人像，往来者必祭赛。盖侯征蛮卒，军旋，被梁松构陷，冤几不白，然其余威所及，尚能使谒者谕降群蛮，[70]英灵不泯，固宜庙祀而血食也。[71]复行五里至烧纸铺，[72]危岸临江，居人数十家，颇不寂寞，柴薪、竹笋，卖者纷纷。舟挽至，泊焉。是日，上水一客舟，苦贪便风，在滩挝坏。此处滩石峥嵘，使帆易于失利，故不负纤为稳耳。[73]计水程三十里。自缆子弯上至大眼溪共四十里，通为清浪滩，[74]乃沅江诸滩之最长者。

二十三日，壬申，阴雨。江水涨高数尺，过大眼溪、小眼溪、结滩、曲滩、朱红溪等处，滩石栉比，幸非极险耳。[75]自界石以上，两岸山岩巉峭，如在峡中，居民皆倚崖架屋，檐前护以栏楯。岸上柴薪堆积，其价甚贱。晚泊白溶，[76]计水程六十里。夜雨达旦，江涨愈高。

二十四日，癸酉。雨至巳刻方息。舟人饭后始行，上横石滩，[77]流急浪涌，余舟缆断，几危。上九溪滩，汹涌尤甚。[78]横石、九溪，皆滩之最恶者。以江涨，矶石淹没，舟缘岸而行，故无大碍。复上高丽洞。[79]晚泊焦溪塘，[80]计水程四十里。

二十五日，甲戌，晴。辰刻，过辰州府，古黔中郡治此。[81]酉水源出四川酉阳州，[82]至府城西里许，会于沅江，俗称北河，即酉水也。[83]辰州以上江路颇平，将晚，上三洲滩泊，[84]计水程七十里。

二十六日，乙亥，晴。过泸溪县，城邑甚小。[85]县西一水名武溪，源出武山东，流经县城入沅江，五溪之一也。[86]马伏波征蛮时，歌"滔滔武溪何深"，即此，亦曰潕溪。[87]诸溪之水皆流汇沅江焉。又按曾氏说，[88]《禹贡》之九江，一曰沅出牂牁且兰县东，北注洞庭湖入江、二曰渐出武陵索县东，入于海、[89]三曰无出牂牁且兰县东南、[90]入沅。无，或作潕，又作潕、[91]四曰辰出武陵辰阳县东，入沅、[92]五曰叙出武陵义陵县西，北入沅、[93]六曰酉出武陵充县东南，入沅、七曰湘出零陵东北、[94]注洞庭湖入江、八曰资出零陵东北，入沅、[95]九曰澧出武陵东北，注洞庭洞入江、[96]前六水皆可总以沅，即今镇远至武陵大小诸水也。[97]潕溪亦曰卢江，县以此名。县境大小溪又以数十计，皆入沅，其名莫考又按镇远城外水，亦曰潕阳江、[98]疑即流通此水而得名。辰州数十里间，山蛮不甚峭拔、[99]泸溪以上复巉岩森列，距县十余里。南岸石壁如削，长竟数里，舟行其下可畏。午刻过马觜岩，峙江南岸，巉峭险绝，形似马觜、[100]双瞳宛然。岩下水颇平，舟人摇桨而上，不数里，过白龙岩，石壁峭拔数十丈。[101]峙江白岸岩下居人置窑烧石成灰，负担入船，载卖者络绎不绝。穷民牟利，忘险若此。又自马觜岩以上，沿岸恶石嶙峋，幸水平，故舟行无碍。复行十数里，岩石渐少，江东南岸土山秀出可爱，已近浦市矣。申刻，抵浦市，计水程七十里。是日，立夏。

二十七日，丙子。雇铜仁小舟七只过载，以便道由麻阳、铜仁归家省视，麻阳河小，大舟难行故也。申刻开行，酉刻过辰溪县，入麻阳小河、[102]风雨即至。舟子撑篙行数里，天暝不辨程途，乃泊沙岸。夜雨达旦。舟小而狭，孤篷上漏下湿，彻夜不成眠。计水程七十里。

二十八日，丁丑。雨至亭午方息，溪水涨高五六尺。申刻，过烂泥，小聚落也、[103]浦市至此为一站。晚泊柳溪口，计水程七十里。

二十九日，戊寅。水复涨高三尺许，溪边柳树半没，舟子撑篙穿柳港中行。天容阴黯，细雨濛濛。巳刻，过高村，烟火以数百家。[104]计距高村数里，一水通镇筸，亦可行舟。午后，雨益大，溪益涨，舟行益艰。晚泊漆店江口，[105]计水程五十里。沿路洲石淹没，岸花鲜秀，舟过可手撷也。溪岸多置水轮，汲以灌畦，与吾乡等。夜雨昏暗，矮屋兀坐，如闭置笼中，行旅之苦于斯为极。

注 释

[1] 襄阳府：湖北省属府，在省治西北六百八十里。府地在《禹贡》为荆豫二州之域，周为邓、榖、卢、罗、鄀、郡诸国之地。春秋属楚，秦为南郡北境。汉为南郡襄阳县，后汉因之。建安十三年（208）分置襄阳郡，属荆州。三国属魏。晋初为荆州治。东晋侨置雍州，又侨置梁州，寻省，又置宁蛮校尉（《晋书·职官志》武帝置南蛮校尉于襄阳，元康中（291—299）南蛮校尉为荆州刺史。江左初省，安帝时于襄阳置宁蛮校尉）。南朝宋仍置雍州，西魏恭帝元年（554）改曰襄州，周置总管府。隋开皇初（581）郡废。大业初（605）府废，复改为襄阳郡（李吉甫《元和郡县志》隋置行台属荆州）。武德四年（621）复曰襄州，置山南道行台。七年（624）罢行台，置都督府。贞观七年（623）府罢，开元二十一年（733）为山南东道采访使治所（至德二年，757年，置山南东道节度，仍治襄阳），天宝元年（742）改为襄阳郡，乾元元年（758）复为襄州（《元和志》永贞元年，805年，升为大都督府），五代因之。宋曰襄州襄阳郡、山南东道节度，属京西南路。宣和元年（1119）升为襄阳府，元至元十年（1373）降为散府，十一年（1374）复为总管府，又立荆湖等路行枢密院。十二年（1375）又立荆湖行中书省，后复罢，属河南江北行中书省。明洪武初（1368）曰襄阳府，改属湖广布政使司。清初因之，康熙三年（1664）属湖北省，领州一县六。

襄阳府城：襄阳府治襄阳县，县城即府城。汉置襄阳县，属南郡，后汉因之，三国魏为襄阳郡治，晋属襄阳郡。南北朝为襄阳郡治，唐为襄州治，宋为襄阳府治，元为襄阳路治，明仍为府治，清因之。据嘉庆《重修大清一统志》卷三百四十六。今为湖北省襄阳市，襄阳县今为襄阳市襄城区、樊城区、襄州区。

[2] 岘山：襄阳县名山。嘉庆《重修大清一统志》卷三百四十六《襄阳府·山川》："岘山在襄阳县南九里（康熙《湖广通志》为七里），一名岘首山。《三国吴志·孙坚传》坚围襄阳，单马行岘山。《晋书·羊祜传》祜乐山水，每风景必造岘山，置酒言咏。郦道元《水经注》岘山上有桓宣所筑城，又有桓宣碑。羊祜镇襄阳尝登之，及祜卒，后人立碑于故处，望者

悲感，谓之堕泪碑。山上又有镇南将军胡奭碑，又有征西将军周访碑。《元和志》岘山东临汉水，古今大路。"同治《襄阳县志》卷一《山川》："岘山在县南七里，土山戴石，高可三百余步，羊叔子镇襄阳，每登山置酒，即此。"光绪《襄阳府志》卷二《山川》："岘山在县南七里，一名岘首山。山上有桓宣所筑城，又有桓宣碑。羊祜之镇襄阳也，与邹润甫尝登之，及祜薨后，人立碑于故处山上。又有征南将军奭碑、征西将军周访碑，山下水中杜元凯沉碑处。岘山东临汉水，古今通路，亦曰南岘。《唐六典》岘山，山南道之名山也，山腰南北通衢，为郡城之门户。案旧《志》泥于岘山、岘首之辨，偏指西南诸山为羊后置酒处，不知岘犹之凤，曰紫盖、曰万山，随峰异名者也。若《水经注》《元和志》所纪之在是山，则固莫之易也。"岘山，今仍名，在襄阳城西南1公里，已辟为森林公园，东临汉江，历来为兵家必争之地。

[3] 欧家庙：襄阳县南关隘、著名市镇。同治《襄阳县志》卷一《乡镇》："欧家庙程稍渡地方，距城五十里，旧有土阜，周围干河。嘉庆元年（1796）教匪之乱，里绅梁友谷筑堡于此，保全甚众。盖自宜入襄阳第一关隘也。设汛员。"今为襄阳市襄城区欧庙镇属欧家庙村。

[4] 宜城县：湖北襄阳府属县，在府治东南一百二十里。县地初为春秋楚鄢邑，秦置鄢县，汉因之，属南郡。后汉为鄢侯国，晋属襄阳郡，南朝宋、齐因之。梁改为率道县，后魏改置宜城郡。北周废郡，县属武泉郡。隋属襄阳郡。唐武德四年（621）属郢州，贞观八年（634）还属襄州，天宝元年（742）改曰宜城。宋属襄阳府，元属襄阳路，明仍属襄阳府，清因之。据嘉庆《重修大清一统志》卷三百四十六。今仍名，为襄阳市属宜城县级市。

[5] 新店：宜城县西南小村庄名，在宜城南关通往云贵驿道的驿路上。今宜城市孔湾镇东有新店村，或即其旧地。

[6] 南漳河：黎氏自注于页眉，今附在该日记事末尾。

[7] 过山：称以土名，文献难考。

[8] 丽阳驿：湖北荆门直隶州境内驿站，嘉庆《重修大清一统志》卷三百四十二《安陆府·关隘》："丽阳驿在荆门州北一百二十里。"乾隆《荆门州志》卷八《官廨》："丽阳驿在州北一百二十里，额设马一百四匹、马

夫五十二名，有兽医。衙署门屋共十九间，马厩如之。"今湖北省钟祥市胡集镇有丽阳村，或其旧地。

[9] 乐乡关：据康熙《湖广通志》卷十三《关隘志·荆门州》乐乡关在州北八十里。乐乡曾为本地旧县，嘉庆《重修大清一统志》卷三百四十二《安陆府·古迹》："乐乡故城在荆门州北九十里。晋置县，属武宁郡，宋因之。后魏置郢州。隋属竟陵郡。唐属襄州。五代周并入宜城。《宋书·州郡志》武宁太守，晋安帝隆安五年（401）桓元以沮漳降蛮，立领县乐乡。《隋书·地理志》：竟陵郡乐乡，旧置武宁郡，西魏置郢州，开皇七年（587）郡废，大业初（605）州废。《旧唐书·地理志》：晋于合城郡置乐乡县，武德四年（621）置郢州，贞观八年（634）废郢州，以乐乡属襄州。《寰宇记》：乐乡县，周显德二年（955）并入宜城，开宝五年（972）割属荆门军。"同治《荆门直隶州志》卷二《关隘》乐乡关在州北八十里，唐尉迟敬德建，今废。今荆门市双河镇有乐乡关村，或即其旧地。

[10] 乐乡：曾为本地旧县，嘉庆《重修大清一统志》卷三百四十二《安陆府·古迹》："乐乡故城在荆门州北九十里。晋置县，属武宁郡，宋因之。后魏置郢州。隋属竟陵郡。唐属襄州。五代周并入宜城。《宋书·州郡志》：武宁太守，晋安帝隆安五年（401）桓元以沮漳降蛮，立领县乐乡。《隋书·地理志》：竟陵郡乐乡，旧置武宁郡，西魏置郢州，开皇七年（587）郡废，大业初（605）州废。《旧唐书·地理志》：晋于合城郡置乐乡县，武德四年（621）置郢州，贞观八年（634）废郢州，以乐乡属襄州。《寰宇记》：乐乡县，周显德二年（955）并入宜城，开宝五年（972）割属荆门军。"今荆门市双河镇有乐乡关村，或即其旧地。

[11] 陈伯玉（661—702）：即初唐著名诗人、唐代诗风的革新人物陈子昂，其字伯玉，梓州射洪（今四川遂宁市射洪县）人。家世富豪，苦节读书，尤善属文。早年作《感遇诗》三十首，入长安，为京兆司功王适所见，惊赞将来必为天下文宗。睿宗初年（684）中进士第，官麟台正字，升右拾遗，直言敢谏，颇得赏识。又随武攸宜东征契丹，对边情、民情多所了解。攸宜以前锋败，屯兵边境不敢进，子昂屡献策出兵，不听，遭贬斥。圣历元年（698），以父老解官回乡，其父旋卒，居丧间为权臣武三思陷害致死。子昂不满唐初诗风沿袭六朝之绮靡纤弱，作诗风骨峥嵘、寓意深远、

苍劲有力，力图变革诗风。卒后，唐代诗风果为之革新。《旧唐书》卷一百九十中、《新唐书》卷一百七皆有传。有《陈拾遗集》10卷传世。此处所引为该诗之颈联，全诗为："故乡杳无际，日暮且孤征。川原迷旧国，道路入边城。野戍荒烟断，深山古木平。如何此时恨，噭噭夜猿鸣。"据《陈拾遗集》卷一。

[12] 南漳县：湖北襄阳府属县，今仍名，为襄阳市襄阳县。

[13] 当阳县：湖北荆门直隶州属县，今仍名，为湖北省宜昌市县级当阳市。

[14] 房县：湖北郧阳府属县，今仍名，为湖北省十堰市房县。

[15] 淳祐：南宋理宗赵昀的第五个年号，1241—1252年。

[16] 孟珙（1195—1246）：字璞玉，随州枣阳（今湖北省襄阳市枣阳市）人，南宋名将，中国古代著名军事家、军事统帅，在抗金、抗蒙诸战中屡立战功，为南宋后期国家赖安之名将。《宋史》卷四百一十二有传。其本传载绍定元年（1228），孟珙创平堰于枣阳，自城至军西十八里，由八累河经渐水侧，水跨九阜，建通天槽八十有三丈，溉田十万顷，立十庄三辖，使军民分屯。是年，收十五万石。当即此事。

[17] 哀六年：即鲁哀公六年，公元前489年。此楚子为楚昭王。原文为："初，昭王有疾。卜曰：'河为祟。'王弗祭。大夫请祭诸郊，王曰：'三代命祀，祭不越望。江、汉、睢、漳，楚之望也。祸福之至，不是过也。不谷虽不德，河非所获罪也。'遂弗祭。"

[18] 石桥驿：荆门直隶州境内驿站，重要集镇。康熙《湖广通志》卷十五《城池志》："石桥驿在州北六十里。"乾隆《荆门州志》卷八《官廨》："石桥驿在州北六十里，额设马一百四匹、马夫五十二名。衙署门屋共十八间，马厩如之，附建社谷仓三间于后。"今仍名，为湖北省荆门市东宝区石桥驿镇。

[19] 南桥：查乾隆《荆门州志》卷七《桥梁》无南桥，惟州北三十五里有小南桥，黎氏此时距荆门州城尚有半日路程，则小南桥当即南桥。小南桥有集镇。

[20] 荆门州：即湖北荆门直隶州，在府治西九十里。州地在汉为南郡编县地，后汉因之。晋安帝分置长宁县，并置长宁郡。宋明帝改郡曰永

宁，属荆州。齐置北新阳郡，以长宁县属焉。西魏置基州章山郡，后周永宁郡废。隋开皇七年（587）章山郡废，十八年（598）改长宁曰长林，属南郡。唐武德四年（621）置基州及章山县，七年（624）州废，属荆州。贞观二十一年（647）分置荆门县，亦属荆州。五代梁时，高氏建荆门军。宋开宝五年（972）移长林县于郭下，熙宁六年（1073）军废，以长林县属江陵府。元祐三年（1088）复置荆门军，端平三年（1236）移军治当阳，以长林为属县。元至元十四年（1277）升为府，十五年（1278）移治古荆门城，降为州，属荆湖北道。明洪武初（1368）以州治长林县省入，属荆州府，嘉靖十年（1531）改属承天府。清属安陆府，乾隆五十六年（1791年）升为直隶州。据嘉庆《重修大清一统志》卷三百四十二。今大体为湖北省安陆市东宝区、掇刀区地。

[21] 陆象山（1139—1193）：名九渊，字子静，号象山，南宋抚州金溪（今江西省抚州市今溪县）人，南宋著名理学家、思想家、教育家，宋明心学的开创者，在宋时与朱熹齐名。少好天地宇宙之思，好学多问。乾道八年登进士第（1172），调隆兴靖安县主簿。丁母忧，服阕，改建宁崇安县。以召为审察，不赴，侍从复荐除国子正教，除敕令所删定官。感于靖康之耻，访知勇士，与议恢复大略。上奏复国仇、尊德乐道等五事，除将作监丞，为给事中。给事中王信驳其奏，诏主管台州崇道观。不就，还乡讲学。绍熙二年（1191）起知荆门军，创修军城，稳固边防，甚有政绩。次年，卒。陆九渊提出了"心即理"的学说，认为"宇宙便是吾心，吾心即是宇宙"。明代王守仁，继承发展其学说，称王"陆王学派"。有《象山先生全集》传世。《宋史》卷四百三十四《儒林四》有传。

[22] 二泉：为荆门州著名泉源。嘉庆《重修大清一统志》卷三百四十二《安陆府·山川》："蒙泉在荆门州西蒙山下。《舆地纪胜》在军城西硖石山之麓，南曰蒙泉，西北曰惠泉，每昼夜两潮，水溢数寸。《明统志》蒙泉水尝寒惠，泉水尝温。宋知州彭乘为三沼延，其流至竹陂河入汉江。"乾隆《荆门州志》卷六《山川》："蒙、惠二泉在象山下。宋陆九渊知军时，观察张垓行部至郡，书'蒙泉'二大字于蒙泉上，明知州康一元书'惠泉'二大字于惠泉上。蒙泉旧有亭久圮，州牧舒成龙重建，额曰'养正惠泉'，亭犹存，修而新之，额曰'流清'。"同治《荆门直隶州志》分而述之，内

容大同。两泉今仍在，分别称大泉、小泉。

[23]　陡高岭：文献难考。

[24]　沙洋：荆门直隶州属镇，嘉庆《重修大清一统志》卷三百四十二《荆门直隶州·关隘》："沙洋镇在州东南一百四十里汉水上，水利同知驻此。"同治《荆门直隶州志》卷二《集镇》："沙洋在州东南一百二十里，今设州同署。"今仍名，1928年至1998年间，或为市、或为县、或为镇、或为区，1998年撤区设县，至今未变，县治沙洋镇。

[25]　十三站：当即十三铺，据乾隆《荆门州志》卷八《官廨》属荆门州南路铺司，在州前埔南十三里。

[26]　团林铺：荆门州荆山驿所管铺司，据乾隆《荆门州志》卷八《官廨》属荆门州南路铺司，州前铺十三里至十三铺，又二十里掇刀铺，又十五里黄岭铺，又五里团林铺。今仍名，为荆门市沙洋县团林铺镇。

建阳驿：荆门直隶州境内驿站，康熙《湖广通志》卷十五《城池志·公署附》："建阳驿在州南九十里，设有巡检司。"乾隆《荆门州志》卷八《官廨》：建阳驿兼管建阳司巡检事，在州南九十里。驿署在街西，渐圮。额设马一百四匹、马夫五十二名。乾隆十四年（1749）迁建新署于新开十字街，州牧舒成龙捐俸襄助，共建衙署门屋二十七间，马厩二十二间，复附建设谷仓六间于头门内。"今仍名，为沙洋县十里铺镇建阳村。

[27]　掇刀石：荆门名胜。《明一统志》卷六十《承天府·山川》："掇刀石在荆门州南二十里。蜀汉将关羽往来荆襄，于此屯兵，掇刀石上痕迹尚存，傍有羽庙。"康熙《湖广通志》卷八《山川志·荆门州》："掇刀石，州南二十里。相传关忠义掇刀于此，遗迹俨然。"同治《荆门直隶州志》卷一《古迹·掇刀石图说》："掇刀石，州南二十里，在虎牙关南黄岭铺北。周围数十里，地面高敞。关夫子往来荆襄，常屯兵于此。帐前有石，巉岏碧色，尝竖青龙刀于石罅中。今以手摩之辄动，然千夫之力不能举也，故名掇刀石。迨后修夫子祠，覆刀于内，祠外有马跑泉遗迹存焉。明孔克学题诗云'赤兔生花汗血毛，战余松下解征袍。将军一笑风云散，曾借巉岩寄宝刀'，历来香火最盛，后燬。国初荆镇总兵郑修复，乾隆乙丑（1745）州牧舒成龙重修，嘱僧官相庆董其事。庙之南北添建甕门二座，祠宇巍焕，四方瞻仰者络绎不绝。临川令李官捐产一百亩，住持僧复购李淑白等水陆

田七十二亩,以供祀事,香火称极盛焉。"今仍名,为荆门市掇刀区区治所在。遗迹所在已开发为荆门市著名文化景区。

[28] 四方铺:荆门直隶州建阳驿所管铺司,据乾隆《荆门州志》卷八《官廨》自建阳驿掘港铺十里至建阳铺,又十里十里铺,又十里左溪铺,又十里四方铺。今荆门市沙洋县纪山镇有四方村,当是其旧地。

[29] 荆州府:湖北属府,在省治西八百里。府地在《禹贡》为荆州之域,周为楚地,春秋时为郢都。秦昭襄王二十九年(前278)拔郢,置南郡。汉高祖元年(前206)为临江国,五年(前202)仍为南郡。景帝二年(前155)为临江国,中元二年(前148)仍为南郡。武帝时置荆州刺史,南郡隶焉,后汉因之。三国初属蜀,后属吴,晋平吴因之,为荆州刺史治所,宋、齐因之。梁元帝平建康,定都江陵,寻入西魏,以封后梁主萧詧为附庸,置江陵总管府。隋开皇初(581)废,七年(587)并梁,复置江陵总管,二十年(600)改为荆州总管,大业初(605)复曰南郡。唐武德四年(621)改为荆州,五年(621)置大总管府。天宝初(742)曰江陵郡,乾元元年(758)复为荆州大都督府,至德二年(755)置荆南节度,上元元年(760)升为江陵府。五代时为南平国,宋曰江陵府江陵郡、荆南节度,属荆湖北路。元至元十三年(1272)改上路总管府,天历二年(1329)改曰中兴路,隶河南行省,曰荆湖北道。明洪武初(1368)改曰荆州府,属湖广布政司。清初因之,康熙三年(1664)属湖北省,领县八。据嘉庆《重修大清一统志》卷三百四十四。今仍名,大体为湖北省荆州市地。

府治江陵县,春秋为楚郢都,汉置江陵县,为南郡治,后汉因之。晋兼为荆州治,宋、齐以后因之。隋为南郡治。唐为江陵府治,五代、宋、元因之。明为荆州府治,清因之。据嘉庆《重修大清一统志》卷三百四十四。今仍名,大致为荆州市江陵区。

[30] 黄金口:荆州府公安县重要合水口。康熙《湖广通志》卷九《山川志·公安县》:"黄金口,县东二十五里。自虎渡口支分江水,至此东入茶船口,合吴达河诸水为东河,下至箭子溪,绕黄山之麓而东入洞庭。"同治《公安县志》卷一《山川》所载略同,惟注明入洞庭处为安乡,并引袁宏道《黄金口诗》云:"乡落也陶然,篱花古岸边。田翁扣虱坐,溪女带竿眠。小港芦租户,低仓米税船。河刀与生酒,兴剧不论钱。"黄金口有市集。

今仍名，为荆州市公安县夹竹园镇黄金口村。

[31] 毛家口：诸志无载，同治《公安县志》卷二《津梁》有毛公渡，云在黄金口上，或即其地。今荆州市公安县有毛家港镇，或其旧地。

[32] 烧箕洼：地名太小，文献难考。

[33] 太平口：即虎渡口，公安境内长江南岸的重要分流河道。康熙《湖广通志》卷九《山川志·公安县》："虎渡口，支河在县东。大江自虎渡口支分而南，入县境，经港口会孙黄河、便河之水，东过焦圻一箭河，至汇口入洞庭，即《禹贡》导江所谓东至于澧也。袁宏道《澧游记》、郦道元注《水经》，于江陵枚回洲下有南北江之名。南江即江水，由澧入洞庭道，陵谷变迁，大江独专其澎湃，而南江之迹稍湮，仅为衣带细流。然江水会澧故道，犹可考云。按明虎渡口，两旁皆砌以石，口仅丈许，故江流之入甚细。自吴逆蹂躏，石尽拆毁，今阔数十丈矣。夏秋水涨，江流奔突，南水逆泛数百里，汪洋浩瀚，几与大江等。"同治《公安县志》称虎渡，所载不出此。今荆州市公安县西章庄铺镇有太平村，或其旧地。

[34] 弥陀寺：同治《公安县志》乡市、寺观均无此名。

[35] 李家口：公安县与江陵县交界处市集。同治《公安县志》卷二《乡市》："李家口市在茅穗里，江、公交界。"

[36] 池口：文献难考。

公安县：湖北荆州府属县，在府治南一百二十里，黎氏回滇所经。县地汉置孱陵县地，属武陵郡，后汉因之。三国蜀汉析置公安县，吴为南郡治。晋太康元年（280）改县曰江安，郡曰南平，孱陵仍属焉，南朝宋因之。南齐移郡治孱陵，江安为属县。陈复为公安，光大二年（568）以江陵属。后梁（西梁）乃于公安置荆州，隋开皇九年（589）省孱陵入公安，仍属荆州。唐属江陵府，五代及宋因之。元属中兴路，明属荆州府，清因之。据嘉庆《重修大清一统志》卷三百四十四。今仍名，为荆州市公安县。

[37] 澧州：湖南属直隶州，在省城西北六百二十里。州地初为汉孱陵、零阳二县地，属武陵郡。三国吴分属天门郡，东晋析置义阳郡，宋、齐以后因之。隋平陈，废郡置松州，兼置沣阳县为治。寻，改州为澧州。大业初（605）曰沣阳郡，唐武德四年（621）复为澧州，天宝初（742）仍曰澧阳郡，乾元初（758）复曰沣州，属江南道。五代属楚，后为周行逢所

据。宋亦曰澧州澧阳郡，属荆湖北路。元至元中（1364—1394）立澧州路总管府，属湖广行省。明洪武初（1368）曰澧州府，属湖广布政使司，二十九年（1396）降为州，以州治澧阳县省入，明年改属岳州府。清初因之，雍正七年（1729）改为直隶州，属湖南省，领县五。据嘉庆《重修大清一统志》卷三百七十三。今大致皆属湖南省常德市。

瓦窑河：据同治《直隶澧州志》卷三《川》澧州无瓦窑河之载，但有窑口，云在州东北四十里，江水偕涔水入澧处。由黎氏回滇程途方向来看，或是其地。

[38] 焦溪镇：查同治《直隶澧州志》未有此市镇入载，或非澧州之地。

[39] 安乡县：湖南澧州直隶州属县，在州治东南一百二十里。县地初为汉武陵郡孱陵县地，后汉建武十六年（40）分置作唐县，三国吴为南郡治。晋太康元年（280）置南平郡治于作唐。东晋分置义阳郡，南朝宋、齐、梁因之。陈复为南平郡治，隋废南平郡，改作唐曰孱陵县，又废义阳郡置安乡县，俱属澧阳郡。唐初，二县属澧州，贞观元年（627）省孱陵入安乡，五代因之。宋属澧州澧阳郡。元属澧州路。明属澧州，隶岳州府，清初因之，雍正七年（1729）改属澧州。据嘉庆《重修大清一统志》卷三百七十三。今仍名，为湖南省常德市安乡县。

夹洲：文献难考。

[40] 澧水：湖南省主要河流之一，长江洞庭湖南岸支流。同治《直隶澧州志》卷三《川》："澧水，《禹贡》：荆及衡阳，惟荆州江汉朝宗于海。九江孔殷，岷山导江，东别为沱，又东至于澧，过九江，至于东陵。《蔡氏集传》：澧，水名。《水经》：出武陵克县，至长沙下隽县西北入江。郑氏云：《经》言过，言会者水也，言至者，会山或泽也。澧宜，山泽之名。东陵，巴陵也。汉之下隽、九江，即今之洞庭。孔殷九水，皆合于洞庭，甚得其正道也。澧水，其九江之一，与《山海经》《汉书》言澧源互异。今据《永定志》，其邑人庄以宽亲溯水源，称澧水之源有三，一由凉水口东流，一由绿水北流，一由上下洞西流。东流者，源出今桑植县与鹤峰州抵界之地，名七眼泉。上有大岩可容数百人，下有七眼泉水涌出，趋源河老城，经凉水口出两夹涧。北流者，源出桑植县与龙山县抵界之栗山坡，在桑植西旗趋夹石河过新街至绿水河。西流者源出今永顺县境内十万坪，趋上洞、

下洞、两江口，与绿水河会，二十里至两夹涧与凉水口之水会，是名龙江口，三源合为一。经南岔东，过安福所，赤溪等水注之。东南流经苦竹河入永定县界，东至茅冈，温汤注之。又东南经永顺界，贺虎溪水注之。又东过大庸所，在永顺境内武溪注之。又东，大庸溪注之。又东，无事溪注之，东过永定城南，仙人溪注之。又东，西溪注之、社溪注之、杨家溪注之，乃东至潭口入慈利界。据《慈利志》澧水从潭口又东，鲤鱼溪、穿石溪注之。又东，古洞溪、围布溪注之。又东，宜坤溪注之。又东，九渡水北流会焉。又东，团岩溪注之。又东，双溪注之，娄水东流会焉。又东，绕慈利县治北，阳野溪注之。又东，零溪注之、遗笔溪注之。又东过东山下鸭子口，至界溪河入石门县界，东至三江口，渫水会焉。又东，龙溪注之，名龙溪口，桑溪注之。又东，合溪注之。入澧州界，恶蛇溪注之。又东至澧州城西猪羊山，分为二正流。由伍家凹东行旁流，冲入南面城壕，东会淡水正流，名外河。冲入城壕者，名内河。明于城堤铸石堤，名文良制，制冲水南，趋以护城垣。正流又东至澧州城南，分而为二，其旁流入龙口，乃与内河水合流。正流至关山下，道水会焉。又东至六冢口，其城壕龙口合流，名内河之水，及今所名淡水、虎渡水、涔水会焉，又东，观音港水会焉。又东至汇口入安乡界，焦圻、一箭河水会焉。由是澧分为二，一东南至羌口入天心湖，出南嘴，合沅水入洞庭湖，一东北至窑澌，经安乡县南，古淡水东注之，谓之淡口。又东与赤沙湖会，其湖水北通江南，注澧处曰决口。又东南注于沅水，曰澧口，其入洞庭处曰澧江口。《山海经》：葛山之首无草木，澧水出焉。《汉书·地理志》：历山，澧水所从出，东至下隽入江，过郡二，行一千二百里。桑钦《水经》曰：澧水出武陵充县西历山东，过其县南，又东过零阳县之北，又东过作唐县北，又东至长沙下隽县西北东入于江。郦道元《水经注》曰澧水自充县东经临澧、零阳二县故界，水之两岸白石双立类人，高各三十丈，周四十丈。古老传言，昔充县尉与零县争论封境，因相伤害，化而为石，东标零阳，西碣充县，废省临澧，即其地。澧水又东，茹水注之，又东与温水会，合零溪水。又东，九度水注之。又东，娄水入焉。又东，经临澧县，右会渫水。渫水右合黄水，东注澧水，谓之渫口。又东经澧阳县南，晋太康四年（283）立天门郡治也。又东历层步山，山高秀特，山下有峭涧，泉流所发，南流注于澧。

澧水入作唐县，左合涔水，又东，淡水出焉。又南经故郡城东，东转，经作唐县南，又东经安南县南，淡水注之。水上承澧水于作唐县，东经其县北，又东注于澧，谓之淡口，即王仲宣《赠士孙文始诗》曰'悠悠淡澧'者也。又东与赤沙湖水会，湖水北通江而南注澧，谓之决口。又东南，注于沅水，曰澧口，盖其支渎耳。《离骚》曰'沅有芷兮澧有兰'。水流注于洞庭湖，俗谓之澧江口也。"今名澧江、澧水，今仍名，发源于湖南省张家界市桑植县杉木界，流经永顺、大庸、慈利、石门、临澧、澧县、津市入洞庭湖，全长378公里，流域面积近2万平方公里。

华容：湖南岳州府属县，今仍名，为湖南省岳阳市华容县。

[41] 麻河：澧水支流，今岳阳市华容县注滋口镇有麻河村，麻河或经其地。

[42] 高岸：文献难考。

[43] 牛鼻滩：嘉庆《常德府志》无载，然今常德市鼎城区有牛鼻滩镇，或即其地。

[44] 德山：即善德山。康熙《湖广通志》卷八《山川志·武陵县》："善德山在城东南十五里，旧名枉山，亦曰枉人山。《水经注》：沅水又东历小湾，谓之枉渚，渚东里许便得枉人山。山西带循溪一百余里，茂竹便娟，披溪荫渚，长川径引，远注于沅。《唐书·地理志》：武陵县有枉山。《广舆记》：隋刺史樊子盖以尧时善卷居此，因名善德山，即道书第五十三福地。"嘉庆《常德府志》所载略同。德山，今仍名，在常德市区南部，沅江支流枉水河东岸，山林俊秀，现为常德市著名文化公园，善卷文化、屈原文化、佛教文化、考古文化、湖湘文化等皆是其特色。

[45] 枉水：常德府著名河流。嘉庆《重修大清一统志》卷三百六十四《常德府·山川》："枉水在武陵县南，一名苍溪。源出金霞山，东北流经善德山入沅。《楚辞·涉江》：朝发枉渚兮，夕宿辰阳。《方舆胜览》：源出武陵县南苍山，名曰枉渚，善卷所居。按《名胜志》枉水源出县东南十五里枉山，《明统志》因之。而《水经注》沅水东历小湾，谓之枉渚，渚东里许便得枉人山，山西带循溪一百余里则枉山，乃水流所经，非水源之所出也。以为源出枉山者误。"嘉庆《常德府志》卷五《山川考二·枉水》又云："按此水在武陵南乡，其源有二。西源自安化界东流为花岩溪，经连四

464

桥、金家坊，又东北经沙溪坪出南汊港。东源亦近安化界，东流经沧山西麓，又经金霞山东麓，经黄土店出两汊港，二源会合。北经陡山，历草茶坪、黄石港，东经茅湾至柱山西注于沅。自发源处至注沅处，约行百七十里。旧《志》源出柱山，误。"柱水，今仍名。

[46] 常德城：即常德府城，常德府治武陵县，县城即府城。武陵县初为汉置之临沅县，属武陵郡。王莽改曰监沅，后汉复名，为武临郡治。晋以后因之。隋改置武陵县，仍为郡治。唐为朗州治，宋为鼎州治，南宋为常德府治，元为路治，明复为府治，清因之。据嘉庆《重修大清一统志》卷三百六十四。今大致为湖南省常德市武陵区及鼎城区。

常德府，湖南属府，在省治西北六百七十里。府地在《禹贡》为荆州之域，春秋、战国时属楚秦黔中郡地。汉高帝置武陵郡，后汉因之，顺帝时为荆州刺史治。三国属吴、晋，属荆州。南北朝宋、齐属郢州。梁置武州，后废。陈天嘉元年（560）复置武州，太建七年（575）改曰沅州。隋平陈，郡废，改曰朗州。大业初（605）仍曰武陵郡。唐武德四年（621）平萧铣，复置朗州。开元中（713—741）属江南西道，天宝初仍（742）曰武陵郡，改属山南东道。乾元初（758）复曰朗州。五代时属楚，后周行逢据其地，初为永顺节度，后改武平军。宋建隆四年（963）罢军，仍曰朗州武陵郡。大中祥符五年（1012）改曰鼎州，政和七年（1117）置常德军节度，乾道元年（1165）升为常德府，属荆湖北路。元为常德路，属湖广行省。明复曰常德府，属湖广布政使司。清初因之，康熙三年（1664）属湖南省，领县四。据嘉庆《重修大清一统志》卷三百六十四。今仍名，其地皆为湖南省常德市。

[47] 沅江：又称沅水，长江洞庭湖南岸支流。嘉庆《重修大清一统志》卷三百六十四《常德府·山川》："沅水在武陵县南，今谓之沅江。自辰州府沅陵县东流入桃源县界，又东入武陵县界，又东入龙阳县界，又东入沅江县界入洞庭湖。《汉书·地理志·武临郡》临沅注，应劭曰：沅水出牂牁，入于江。《水经注》：沅水东北过临沅县南，与沅南县分水，有夷望水注之，又东得关下山，又东历临沅县，西为明月池白壁湾，又东历三石涧，又东带绿萝山，又东经平山西，又东经临沅县南，又东历小湾，谓之柱渚。又东历龙阳县氾州，又东经龙阳县北，又东合寿溪，又东至长沙下

隽县西北，下注洞庭湖，入于江。《府志》：沅水入桃源合大小敷溪、夷望、沈水诸溪，经白马洞为白马江，亦名桃川江，又东合延溪、邹溪，又自沅江县富池，经新窖至倒水港。"嘉庆《常德府志》卷五《山川考二》："沅水，在府城南。《水经注》沅水出牂牁且兰县为旁沟水，又东至镡城县为沅水，东经无阳县，又东北过临沅县南，又东至长沙下隽县西北入于江（临沅县与沅南县分水）。沅南县西有夷望山，山南有夷望溪水注沅。沅水又东得关下山东，带关溪泻注沅渎。又东历临沅县西，为明月池、白璧湾。又东历三石涧，又东带绿萝山，又东经临沅县南，县南临沅水，因以为名。南对沅南县，在沅水之阴，因以沅南为名。沅水又东历小湾，谓之枉渚。沅水又东入龙阳县，有淡水南注沅，亦曰渐水也。水所入之处，谓之鼎口。沅水又东历龙阳县之氾洲，又东经龙阳县北城侧，又东合寿溪下注洞庭湖，方会于江。"今称沅江，主源发源于今贵州省都匀市苗岭山脉，称剑江，流过都匀称马尾河（龙头江），在凯里岔河口纳入重安江后称清水河，在天柱县流入湖南怀化境，在黔阳县纳入舞水后，始称沅江。沅江是湖南省第二大河流，在境内干流全长 1000 余公里，流域面积近 9 万平方公里。

[48] 浦市：亦名浦口，湖南辰州府泸溪县境内重要市镇、关隘。乾隆《辰州府志》卷二《疆里考上》浦市镇在县南六十里，与沅陵交界。同《志》卷七《城池·泸溪县·关隘》："浦口堡，县南六十里。宋隆兴中（1163—1164）章才邵言浦口地平衍膏腴，多水口，又当沅、靖二州之冲，一有蛮隙，为害不细。"沅江中游，滇黔边区著名水陆要津，古"五溪蛮"门户之地。今仍名，为湘西土家族苗族自治州泸溪县浦市镇，沅江西岸，湘西四大名镇之一，中国历史文化名镇。

[49] 《诗》：即《诗经》，儒家五经之一。中国古代最早的一部诗歌总集，在内容结构上分为反映各地民间生活的《风》、反映周人正声雅乐的《雅》和反映天子、贵族宗庙祭祀的《颂》三个部分，具体涉及劳动、爱情、战争、徭役、风俗、婚姻、祭祀、宴会，以及天象、地貌、动物、植物等社会生活的方方面面，是反映西周初年至春秋中叶的一部社会生活画卷。据说《诗》本有数千篇，孔子秉承"诗无邪"的思想，删定为 305 篇，故又称《诗三百》。西汉初年，传学《诗经》的主要有鲁人申培公、齐人辕固生、燕人韩婴，称三家诗。另有鲁人毛亨和赵人毛苌的辑注本，称《毛诗》。后

世，惟《毛诗》长久传学不失，申、辕、韩三家皆先后亡佚。黎氏所购《诗》，为后世《诗经》的注本。

《书》：即《尚书》《书经》，儒家五经之一，中国古代政治哲学的源头。《尚书》是中国古代最早的历史文献汇编，以散文的方式记载了上起尧舜、下至春秋中期约1500年的历史，基本内容是帝王的文告和君臣谈话记录，反映了其时的天文、地理、哲学、教育、刑法、典章制度等意识形态和上层建筑多方面的状况。传世至今的《尚书》分为《今文尚书》和《古文尚书》。《今文尚书》共28篇，是秦汉之际，博士伏生用当时文字书写下来的版本。《古文尚书》来源武帝末年孔安国所献的用"蝌蚪文"（古文字）写成的比《今文尚书》多出16篇的版本，到西汉末刘向编书时共析为58篇。宋儒开始怀疑《古文尚书》的真伪，清代考据学家阎若璩、惠栋彻底证明其为伪作。虽然如此，其意义仍不能被完全否定，而且近年公布《清华简》，也表明《古文尚书》中不少篇章并非伪作。《尚书》重要注本有唐代孔颖达的《尚书正义》、宋代蔡沈的《尚书集传》、清代孙星衍的《尚书今古文注疏》。黎氏所购为《尚书》的某一注本。

《春秋传》：儒家经典，五经之一的《春秋》的传注本。流传至今，最经典的是《春秋左氏传》《春秋公羊传》《春秋谷梁传》三个传本，称"春秋三传"。《春秋》本是鲁国编年体史书，传说经孔子删定之后，流传开去，但语言极度简略，意义极为深奥，无注释，则无法理解，因此当时即有为之作注者。《春秋左氏传》传为春秋战国之际左丘明所传，记事起自鲁隐公元年（前722），止于鲁悼公十四年（前453），通过记叙春秋具体史实，来说明《春秋》的记事纲目。也有研究认为，这是一部独立撰写的史书，无关为《春秋经》作注之事。春秋时期的历史，主要依赖于该传，具有极高的史料价值。《春秋公羊传》为战国齐人公羊高所传，记事与《春秋经》一致（前722—前481），对史事的解释较为简略，重在阐释《春秋经》的微言大义，阐释时灌注了较深的法家思想。《春秋谷梁传》相传为战国时谷梁赤所传，但其内容来自于孔子弟子子夏，到西汉时方成书。《谷梁传》记事与《春秋经》一致，主要以语录体和对话体来解释《春秋经》，是用儒家思想阐释《春秋经》的微言大义，因此也被视为儒家思想最纯的传本。

[50] 河洑山：武陵县名山，在沅江岸，又名半山、武山、武陵山、

太和山。同治《武陵县志》卷二《山川》："半山，县西二十里，一名武山，一名武陵山，一名太和山，一名河洑山。山顶有道德观，山阿有耆闍寺，南麓有清胜泉、崔婆井，西麓有白云洞，洞口有巨石。滨沅水。案杨嗣昌《平山诗序》云《水经注》曰：沅水又东经平山西南，临沅水，今河洑山是也。自绿萝以下无西南两面临水之山，唯此山方域无爽，而□泉满腹四溢，青冷尤为吻合。旧《志》讹此为武山，案《水经注》沅陵县西有武溪，源出武山。《辰州志》武山在泸溪县西百八十里，去此盖将千里，安得以此山冒之□今案文弱之辨详矣。然考《寰宇记》诸书，平山原有武山之名，与泸溪武山为二，其名起自宋时，并非明《郡志》所杜撰。但《水经注》及《武陵记》载武山有盘瓠石，窟中有盘瓠遗像，此自指泸溪、武山。《明一统志》《通志》引之以夸此山，则不合耳。"山今仍名，在常德市西沅江北岸，系楚南佛、道名山。山有大小山岭56条，沟谷42条，地势险峻，是湘黔渝边地的咽喉之地，自古为兵家所必争。今在其地开辟出河洑山国家级森林公园，保护面积300余公顷，有植物种类115科542种，并有名胜古迹50余处。

[51] 武陵溪：沅江北岸支流。嘉庆《重修大清一统志》卷三百六十四《常德府·山川》："武陵溪在武陵县西三十里，源出平山，南流入沅。唐孟浩然有诗。《方舆胜览》：武陵溪亦名德胜泉。"同治《武陵县治》卷三《山川》："武陵溪在县西，源出高吾山东南，流至平山西注沅水，源流约数里，唐孟浩然有诗。"

[52] 邹溪：常德府桃源县沅江支流。嘉庆《重修大清一统志》卷三百六十四《常德府·山川》："邹溪在桃源县东四十里，源出县东北八十里水田村，南流入沅。"嘉庆《常德府志》卷三《山川考二·桃源县》："邹溪在县东四十里，一名陬溪。《龙膺志》：源出县北盘塘桥，八十里南流入沅溪，岸有市民数千家，商贾辐辏。"光绪《桃源县志》卷一《山川》："陬溪一曰邹溪，县东北四十里，源出安福之界，由腊鸡港西南流经盘塘观，会发源真武殿诸水，流至水田坪，高家峪、黄龙观、东田峪诸水，自西来注之。又南经黄溪港、鹿田坪、畲田坪二水由花园东来注之。又西南至印山，会让浒坪、吕真人桥诸水而合流，经岩拦滩、让家坝，有黄花桥、三店口、毛家桥、青峰湖诸水，自西来注之。源出马蝗湖，经高龙嘴、李家桥、蒯

家垱，至长乐桥口汇敞溪内河，又南经观音桥入沅。有市民数千家，商贾辐辏，为邑东北第一繁会之区。"

[53]　铜官脑滩：其详文献难考。

[54]　桃源县：湖南常德府属县，在府治西八十里，黎氏取道回乡所经。县地初为汉临沅县地，后汉建武二十六年（50）分置沅南县，属武陵郡，晋以后因之。隋省入武陵。宋乾德元年（963）析置桃源县，属鼎州，南宋属常德府。元元贞元年（1295）升为州，属常德路，明洪武三年（1370）后降为县，属常德府，清因之。嘉庆《重修大清一统志》卷三百六十四。今仍名，为常德市桃源县。

[55]　毛公剌滩：其详文献难考。

[56]　马新息：即东汉名将马援。马援（前14—49），字文渊，扶风茂陵（今陕西省咸阳市杨凌区）人。援少孤而有大志。王莽时期，为郡督邮，因私放囚犯，避地边郡，畜牧致富，役使数百家。王莽末年，因兄荐，任为新城大尹（即汉中太守）。王莽败亡，又避乱凉州。隗嚣割据陇西，甚敬重援，聘为绥德将军，共与决策。公孙述称帝于蜀，援为隗嚣出使蜀地，不受述封侯大将军之位，断言述为井底之蛙。又为隗嚣出使光武帝，归而立谏嚣归附光武。旋随隗嚣子入质于洛阳，遂留居关中。隗嚣绝汉自立，援助汉分化隗嚣，又堆米为山作图，指划进军之策，汉遂取陇西。建武九年（33），拜为太中大夫，十一年（35）出为陇西太守，在任六年，平定西羌、安顿民生，羌汉敬服。十七年（41）入为虎贲中郎将，上疏请复铸五铢钱，蒙准。又出平邪教李广之乱。旋以交趾女子征侧、征贰反叛称王，占领交趾郡，九真、日南、合浦响应，玺书拜马援为伏波将军，就地率师远征。出入三年，斩杀二征、传首洛阳，并修订越人律令，调整行政区划、缮城整田、安定民生、发展生产、立铜柱为疆，而后班师，越人感戴。以功封新息侯，故世称马息侯。二十四年（48），援以伏波将军出征武陵五溪蛮，次年春末，进驻壶头，水势湍急，蛮兵又凭高据险，紧守关隘，汉兵不得进。又以天热，士卒多染暑疾疫，援亦未免。乃命于河岸山边，凿石成窟，以避炎热。后病死军中，但五溪蛮亦请降。遭部将耿舒、虎贲中郎将梁松等构陷，被追夺爵位，不得安葬。后平反。明帝立，永平三年（60），其女立为皇后。十七年（74），立坟筑祠。章帝建初二年（78），追谥忠成

侯。宋时，被追封为王。至清，与历代名臣四十人从祀历代帝王庙。马援一生征战，为巩固边疆、凝聚多民族大一统的国家作出了重要贡献。《后汉书》卷五十四有传。

五溪蛮：又称武溪蛮、武陵蛮、武陵五溪蛮，是东汉到宋代时期，居住于今湘鄂渝黔边区沅江流域的诸少数民族的总称，以西汉在此设武陵郡，而此间溪流众多，民多依溪而居得名。《南史》卷七十九下《夷貊传下》认为五溪蛮为雄溪、樠溪、辰溪、酉溪、武溪。

穿石洞：光绪《桃源县志》未明载，其卷一《山川》载有穿石山，云："在关下山东五里，一曰白璧山、一曰空舲峡。三面临江，形如半月，峰棱突立，下有大窦，东西洞达，是即古松梁山马援渡军处。有舲经滩，其上风籁传空，下则泉响不断。在邑南七十里。"今仍名穿石山，为桃源县著名风景名胜旅游区。又该志卷二《城池》有伏波石室，云："在县南六十里伏波洞，即马援凿以避暑处。《九域志》桃源钦山有马援所凿二石室，滨江，高瞭，石窟数十。"两洞相隔仅十里，然观黎氏所叙，为后者。

[57] 伏波祠：即马援祠。伏波祠，马援两次南征沿途，多有后人祭祀的祠堂，在常德府即有三，嘉庆《重修大清一统志》卷三百六十五《常德府·祠庙》："马伏波祠有三：一武陵县南沅水上，一在桃源县东高吾铺临沅水，一在桃源县南二里，祀汉马援。"此为在桃源县南者，光绪《桃源县志》卷二《坛庙》称伏波将军庙，云："在县南三里，嘉靖十年（1531）知县汪洋重修，后废。光绪八年（1882）知县谭为堃移旧城隍正殿于庙后。十二年（1886）知县朱益濬以奉祀伏波。十六年（1890）知县余良栋建庙于山岭，移奉靖节神主。"

[58] 绿萝山：桃源县境内名山。嘉庆《重修大清一统志》卷三百六十四《常德府·山川》："绿萝山在桃源县南十五里，下有潭。《水经注》沅水东带绿萝山，颓岩临水，悬萝钓渚，渔咏幽谷，浮响若钟，道书以为第四十二福地。"光绪《桃源县志》卷一《山川》："绿萝山在燕子岩东五里，群峰叠耸，绵亘十余里，颓岩临水，悬萝钓渚，望之若浮若坠。山多中空，蹴之有声，遗韵浮响，音若钟磬，道书所谓二十四福地。其东有峰，曰笔架山。在邑南十里。"山今仍名。

[59] 《桃花源记》：本是陶渊明《桃花源诗》之序，借武陵渔人偶然

的一次行踪，描述了一个安宁和平、平等自由、富足无争的理想世界，寄以表达对美好生活的向往和对现实生活的不满。《桃花源记》文字简明，叙事圆畅，情深意浓而不外显，色明景美而可乱真，性真德美，望文而见，有极高的文学艺术成就，是中国古代经典散文之一。

[60] 仙人溪：沅江支流，光绪《桃源县志》有大、小仙人溪之载。该《志》卷一《山川》："小仙人溪，邑西南九十里。源出梁王山，南流入沅。大仙人溪，源出火石崖，西南流经铜柱山，又西南流至关下山，东入沅。《水经注》谓关溪，一谓千人溪。相传隔岸有石千人，曳之不动，故名。袁中郎记仙人滩上碣石平滑如一方雪，即此。"

[61] 下隽：西汉县名，今一般认为在洞庭湖东北。

[62] 壶口：壶头山口，非县名。壶头山，今仍名，在湖南省沅陵县东北。

[63] 充：汉武陵郡属县，故治在家张家界市永定区。

[64] 界首：据民国《沅陵县志》卷八《里社》在县城东一百八十里，为城东乡村社。

[65] 辰州：湖南属府，在省治西四百里。府地在《禹贡》为荆州之域，战国属楚，为黔中。秦置黔中郡，汉为武陵郡地，后汉、晋及宋、齐以后因之。陈天嘉元年（560）分置沅州及通宁郡，太建七年（575）州废，改置沅陵郡。隋开皇中（581—600）郡废，改置辰州，大业初（605）仍曰沅陵郡，属荆州。唐武德三年（621）复曰辰州，景云二年（711）置都督府，开元二十七年（739）府罢，属黔中道。天宝初（742）改为泸溪郡，乾元初（758）复曰辰州。五代时属楚，宋亦曰辰州泸溪郡，属荆湖北路。元曰辰州路，属湖广行省。明曰辰州府，属湖广布政使司，清因之，属湖南省，领县四。府治沅陵县。据嘉庆《重修大清一统志》卷三百六十六。今大致为为湖南省怀化市的东北部分。

[66] 鱼子洞滩：乾隆《辰州府志》、光绪《沅陵县志》俱无此滩。然据后文此滩必在界首（县东一百八十里）与缆子湾（县东一百五十里）间，此间《县志》所载诸滩惟县东一百七十里之思危滩，则鱼洞子滩或其异名。

[67] 缆子弯：即缆子湾，据光绪《沅陵县志》卷八《里社》，在县城东一百五十里，为城东乡村社。

[68] 洞庭溪：据光绪《沅陵县志》卷八《里社》洞庭溪在县城东一百四十里，为城东乡村社。

[69] 伏波祠：祀东汉将军马援者，然查光绪《沅陵县志》卷十四《坛庙》所载马媛祠庙惟沅陵城南之伏波将军庙，方位道理均不与黎氏所往者合。然亦载该庙"旧在壶头山，相传五代时楚王马希范建"。查该志卷四《山川》："壶头山在县东一百三十里，形如海上方台，山顶有水，一池月映逾明。山中生韭，云伏波屯兵时所种。或无意遇之，捆而负归。按《水经注》壶头山高一百里，广圆三百里。山下水际为新息侯马援征五溪蛮停军处……"若此，壶头山即无庙，亦有遗迹，故黎氏可得携子而往祀焉。

[70] 谒者：古代官名，始见于春秋战国之时，为国君、天子传达的近侍官，掌宾赞受事，秦汉皆因而设之。后汉皇后官属大长秋，亦设中宫谒者二人，掌为皇后传达。南朝梁设谒者台，掌朝觐宾飨、奉诏出使，陈、隋皆因之。此职，唐改为通事舍人，明清为通政司之官。另，后魏、北齐有中谒者仆射，隋唐改称内谒者全部由宦官充任，只为皇帝沟通内外廷而服务。宋以后罢。据乾隆《钦定历代职官表》卷二十一《通政司表》。另，谒者也用来泛指皇帝临时排出的使者，负责传达通报的奴仆。

[71] 此马援事载在《后汉书·马援传》与《南蛮传》中。梁松，字伯孙，东汉初期名臣，梁统之子，光武帝宠臣。以父故，年少为郎官，稍长，尚婚光武帝长女舞阴长公主。松博通经书，明习故事，与诸儒修明堂、辟雍、郊祀、封禅诸礼仪。光武帝崩，受遗诏辅政。但为人颇自私狭隘，早年马援病，松以帝婿之尊问疾于马援床下，援以其为好友之子，未答拜，遂衔恨在心。后援征五溪蛮，受困，部将耿舒上书诬陷，梁松奉命亲至调查，会援卒，遂再诬陷之，致援夺爵，不葬。明帝时，又请托郡县，事发，免官，怀怨望，飞书诽谤，下狱死，除其侯国。《后汉书》卷六十四《梁统传》有附传。

庙祀而血食：指立庙祭祀，享受世间人的祭品。古代祭祀，多杀牲取血以祭，故称受祭者为血食。

[72] 烧纸铺：文献难考其详。

[73] 据其所叙文意，"不"当为"以"之笔误。

[74] 清浪滩：沅江沅陵县段著名险滩，《大清一统志》作清娘滩。康熙《湖广通志》卷十二《山川志·沅陵县》："清浪滩在城东一百二十里，

怪石嵯峨，激流数里，上有伏波祠。"同治《沅陵县志》卷四《山川》："清浪滩，县东一百二十里。滩上水际有七星岩，滩口有山门滩、闪电洲。又名敬畏滩。怪石横涌，白浪拍天者三十里。上建伏波祠。乾隆二十四年（1759）潘善人正琥督工凿修，险阻十去其八。"今仍名，为怀化著名风景名胜区，主景区在湖南省怀化市沅陵县清浪乡。

[75] 此诸滩据同治《沅陵县志》卷四《山川》，曲滩在县东七十五里，结滩当为碣滩，在县东八十里，其余诸滩未载；朱红溪，本作蒸鱼溪，县东北七十五里，入沅；大宴溪，或即大眼溪，县东一百里，入沅；小眼溪，无载。

[76] 白溶：当作北溶，同治《沅陵县志》卷八《里社》北溶在县东六十里，为东乡属村社。今仍名，在沅陵县北溶乡。

[77] 横石：即横石滩，在九矶滩北，沅江沅陵县段著名险滩。嘉庆《重修大清一统志》卷三百六十六《辰州府·山川》："横石滩在沅陵县东四十里沅水中，有石梁横架水底，亦名横水洞。"同治《沅陵县志》所载略同。

[78] 九溪滩：当作九矶滩，沅江沅陵县段著名险滩。嘉庆《重修大清一统志》卷三百六十六《辰州府·山川》："九矶滩在沅陵县东三十里沅水中，长可二里，矶凡有九，盘曲中流。"同治《沅陵县志》卷四《山川》："九矶滩在县东三十里，石矶有九，盘曲嶙峋，水流泻渝。"

[79] 高丽洞：文献难考。

[80] 焦溪塘：或即焦溪入沅江处，同治《沅陵县志》卷四《山川》："焦溪，县西二十里，入沅。"

[81] 辰州府为黔中郡事已见前注。辰州府治沅陵县，府城即县城。县地初为汉置武陵郡沅陵县，王莽改曰沅陆，后汉复名，晋及宋、齐因之。陈为沅陵郡治，隋因之。唐为辰州治，宋因之。元为辰州路治。明为辰州府治，清因之。据嘉庆《重修大清一统志》卷三百六十六。今仍名，为湖南省怀化市沅陵县。

[82] 酉阳州：四川属直隶州，在省治东稍南一千七百四十里。今仍名，为重庆市酉阳县。

[83] 酉水：渝鄂湘黔边著名河流，沅江最大支流。嘉庆《重修大清一统志》卷三百七十二《永顺府·山川》："酉水在永顺县西南，源出县西北，南流经县西南，又东南流入辰州府沅陵县界。《汉书·地理志·武陵郡

充注》，酉源山酉水所出，南至沅陵入沅，行千二百里。郦道元《水经注》酉水导源益州巴郡临江县，故武陵之充县酉源山，东南流经黔阳故县南，又东经迁陵故县界，与西乡溪合，谓之西乡溪口。又东经迁陵县故城北，东经酉阳故县南。按《湖南通志》沅陵县有酉阳水，源出小酉山，东北流入酉水，《禹贡》注所云酉水出今沅陵县者是也。永顺县酉水源出县之冲正保白羊水，经葛藤寨入沅陵境，为酉溪，即《沅陵志》所载出苗地了角山者是也。其自四川酉阳州而下，经保靖永顺沅陵入沅者曰北河，所汇溪水皆曰酉水。而《汉书·地理志·武陵郡》充县注曰，酉源山酉水所出，《水经注》则云酉水导源益州巴郡临江县武城之充县。夫武陵与巴郡异郡，不宜一水而两地。《明志》施州卫忠建司南有白河，源出将军山下，流入沅。施南鹤峰与龙山、桑植接壤，考今水道，充县酉水似《汉书·武陵郡》为得其实也。"又卷三百六十六《辰州府·山川》："酉水在沅陵县西北，自永顺府永顺县流入，合会溪入沅，一名酉溪，又名北河。《水经注》：酉水东经沅陵县北，又东南经潘承明垒西，又南注沅水。阚骃谓之受水、其水所决入，名曰酉口。"酉水，今仍名，有南北二源，北源为主源，发源于湖北省恩施土家族苗族自治州宣恩县酉源山，南流至湖南省龙山县境，经湖北来凤，重庆酉阳，至秀山与南源秀水河合流。南源秀水河发源于贵州省松桃县山羊溪，北流至重庆秀山县，纳龙潭河，东北至秀山石堤镇汇入北源。二源合流后，东南流入湖南省湘西土家族苗族自治州保靖县，又经花垣、永顺、古丈，于沅陵县城关镇入沅江。干流全长 477 公里，流域面积近 1.9 万平方公里。

[84] 三洲滩：沅江沅陵县段险滩，据同治《沅陵县志》卷四《山川》在县西南四十五里。

[85] 泸溪县：湖南辰州府属县，在府治西一百一十里。县地初为汉沅陵县地，梁天监十年（511）置卢州，寻废。隋大业末（617）萧铣析置卢溪县。唐属辰州，宋因之。元属辰州路。明属辰州府。清改卢为泸，仍属辰州府。据嘉庆《重修大清一统志》卷三百六十六。今仍名，为湖南省湘西土家族苗族自治州泸溪县。

[86] 武溪：沅江泸溪县段支流。嘉庆《重修大清一统志》卷三百六十六《辰州府·山川》："武溪在泸溪县西，源出武山，合小河，经县城南合沅水，一名武水、一名卢水。《后汉书·南蛮传》建武二十三年（47）精

夫相单程等据险隘寇郡县，武威将军刘尚发南郡、长沙、武陵兵万余人，乘船溯沅水入武溪击之。又马援征蛮亦至此。《水经注》：武水源出武山，南流注于沅。杜佑《通典》：泸溪县有武溪水。《元和志》：卢水在卢溪县西二百五十里，即武溪所出。"乾隆《辰州府志》卷四《山川·泸溪县》："武溪，《县志》云即古潕溪，源出武山（今乾州厅境），在邑西一百五十里。又谓之武陵溪，亦五溪之一。《汉书·马援传》注'潕'作'武'，在今辰州界。潕江，五江之一，首受故且兰，南流至无阳故县（今芷江），又东流入沅，曰在辰州界则非故且兰明矣。《明史》：在武陵者有雄溪、横溪、辰溪、酉溪、武溪，谓之五溪蛮。《荆州记》：五溪有武溪无潕溪，综而阅之，潕之为江，武之为溪也，明矣。且武陵名溪，实始于此，非如后之武陵名县在属百里之外，至于名郡又加广焉。马援门生善吹笛，援作歌以和之曰'武溪深'，即此。援虽未曾至是，不妨即是以托兴也。"武溪，今仍名，其汇入沅江处有武溪镇。

[87] 马援有门生名爰寄生，善吹笛，马援因作《武溪深》歌，和其曲而唱之。其歌全文为："滔滔武溪一何深，鸟飞不渡，兽不能临。嗟哉！武溪多毒淫。"据晋人崔豹《古今注》卷中《音乐第三》。

[88] 曾氏：《尚书》注家之一，查《四库全书》曾氏之注始出现于宋朝人之《尚书》注，然其详难考。

[89] 渐水：湘黔边区重要河流，沅江支流，又名鼎水、淡水。嘉庆《重修大清一统志》卷三百六十四《常德府·山川》："渐水在武陵县北，流入龙阳县西北入沅，一名淡水，一名鼎水，亦谓之鼎江。《汉书·地理志》武陵郡索渐水东入沅。《水经注》：澹水出汉寿县西阳山，南流东折，经其县南，阚骃以为兴水所出，东入沅。而是水入东历诸湖方南注沅，亦曰渐水也。水所入之处谓之鼎口。《方舆胜览》：武陵县有水名鼎口，尤多鱼。按《朗陵地图》云：昔有神鼎出乎其间。《府志》：源出梁山西麓灵泉寺侧石罅中，东北经崆笼城下，又东北历诸湖而出鼎港。《龙阳县志》：鼎口旁有小江，亦曰小港，在县西北四十里，去武陵县亦四十里，即鼎水入沅处。"

光绪《桃源县志》卷一《川》："渐水一名淡水，源出石门太浮山西南麓，至桃源东北境入武陵界。《水经注》：淡水东入龙阳，源出汉寿县东，历诸湖南入源。亦曰渐水而未详其源出何山。旧《府志》则谓出武陵县梁山之灵泉。然今考淡水正源实出石门太浮山西南麓六角垭之荷花泉，东南流经桃源北境之高公桥、马桥坪，东南流约二十余里乃入武陵界，又三十余里乃合梁山之灵泉，则旧称出自梁山尚疏也。王璨诗'悠悠淡澧水'，以淡、澧并称。宋曾彦和以为九江之一，则其水必甚大。今考太浮山至龙阳鼎口入沅处，曲折可三百余里，所以为九江之一欤。又今淡水下流至武陵龙阳间，平原广野，支分不一，《水经》：阚骃以为兴水所入，乃今武陵牛鼻滩小河口下，沅水盛则北注沅水，衰则南注。又云：淡水又东历诸湖方注沅，乃今龙阳县东北二十里之鼎口。又云：沣水过作唐县，淡水出焉，经安南县，淡水注之。今淡水于武陵，南分半鼻小河，北分至安乡通沣故支流，亦称淡。是淡水三支而武陵鼎口为正，以其经桃源县境，故并详之。"案武陵所谓五溪，今湘西黔东一带河流，虽可数名，而纵横交错，相互灌注，至今犹难一一辨清而无异议焉。

[90] 牂牁：音同脏科，指今贵州地区。牂牁本是一种植物名，《华阳国志》卷四《南中志》："周之季世，楚威王遣将军庄蹻泝沅水出且兰，以伐夜郎，植牂柯系船。于是且兰既克，夜郎又降，而秦夺楚黔中地，无路得反，遂留王滇池。蹻，楚庄王苗裔也，以牂柯系船，因名且兰为牂柯国。"汉武帝开西南夷，设为牂牁郡，辖地与今贵州省大致相当，而东西微多出。且兰，贵州部落古国，汉武帝开西南夷，元鼎六年（前 111）以伐南越兵灭之，即于其地设且兰县。《汉书》卷二十八上《地理志上》："沅水东南至益阳入江，过郡二，行二千五百三十里。应劭曰：故且兰侯邑也。且，音苴。"其地约在今贵州福泉、贵定、龙丽、贵阳、黄平、都匀等县市一带。

[91] 无：即无水，潕溪，湘黔边区重要河流，沅江支流。嘉庆《重修大清一统志》卷三百六十八《沅州府·山川》："无水在郡城西南，自贵州思州府玉屏县东流二十里至挂榜滩入郡城界，又东流百七十里至郡城西，又经城南折而东南流，至黔阳县城西入沅水。一曰巫水，亦曰潕水，又曰舞水，一作潕水，武陵五溪之一。《汉书·地理志》：无阳无水首受故且兰南入沅，行八百九十里。《水经注》：无水出故且兰，南流至无阳故县，又东南。"互见前"武溪"注。

[92] 辰阳：县名，东汉建武二十六年（40）设，属武陵郡，至隋而分属清江、明阳二郡，其地大致与今贵州铜仁地区相当。

辰：即辰溪、辰水、辰江，湘黔边区重要河流，沅江支流。嘉庆《重修大清一统志》卷三百五十八《沅州府·山川》："辰水在辰溪县西南，一名锦水，亦名辰溪，又名锦江。自贵州铜仁府铜仁县西南流入凤凰营及沅州府麻阳县界，又东北流入辰溪县西南入沅。武陵五溪之一。《汉书·地理志》：辰阳三山谷，辰水所出，南入沅，七百五十里。《水经注》：辰水出三山谷，独母水注之，又经辰阳县北。按此水经古锦州，故谓之锦水。沅陵县东一里亦有辰水，源出三崿山，南流入沅，与此水名同实异。"道光《辰溪县志》卷五《山川》："辰江，《禹贡》：九江之一。《水经注》：出县三山谷独母水，源出龙门山。《汉书·地理志》：辰水出贵州梵净山，南经溪口至铜仁施溪司流入麻阳，经县城南流二百三十里，至辰溪县城西南入沅。"今名锦江河，发源于贵州省铜仁市境内梵净山南麓，流经江口县、铜仁市碧江区入湖南湘西土家族苗族自治县凤凰县境，又入麻阳苗族自治县境，东流至辰溪县辰阳镇汇入沅江。全长117公里，流域面积7558平方公里。

辰溪县，湖南辰州府属县，因辰溪而名，在府治南一百七十里。县地初为汉置辰阳县，属武陵郡，王莽改曰会亭，郦道元《水经注》作会真，后汉复名，晋及宋、齐因之。梁置南阳郡，隋开皇初（581）废，改置寿州。平陈后，改县曰辰溪，十八年（598）改州曰充州。大业初（605）州废，县属沅陵郡，唐属辰州，宋因之。元属辰州路。明属辰州府，清因之。据嘉庆《重修大清一统志》卷三百六十六。今仍名，为怀化市辰溪县。

[93] 义陵县：汉武陵郡治所在县，唐代从其旧地析置溆浦县，后世因之。

叙：即叙水、溆水，沅江支流，湘西重要河流。嘉庆《重修大清一统志》卷三百六十六《辰州府·山川》："溆水在溆浦县南。《离骚》云'入溆浦余儃徊兮，迷不知吾之所如'，是也。古名序水，序亦作叙，亦名序溪，又名双龙江，亦曰溆川。源出县东南顿家山西北，流入辰溪县南。《水经注》：序溪水出义陵郡义陵县鄜梁山西北，流经义陵县，又西北入于沅。《府志》：溆水发源处名龙湾溪，至溆浦县东合龙潭溪，西流至县南二里之龙堆，又西经大溆山入辰溪县南界江口入沅。"今仍名溆水，有二源，一出溆浦县架枧田，一出梁山，由北而南流，至祖下坪两源相合，东流，又北流至县城，又西流至江口镇入沅，全流域均在溆浦县境，全长143公里，流域面积3290平方公里。

[94] 零陵：初为泉陵候国，属零陵郡，后汉为零陵郡治，隋改为零陵县，后世因之。清为湖南永州府属县。今为湖南省永州市零陵区。

湘：即湘江，又称湘水，长江南岸支流，湖南省最大河流。乾隆《大清一统志》卷三百五十五《桂林府·山川》："湘江源出兴安县阳海山北，流至灵渠，分为湘水。东经全州合罗、灌二水，又东入湖广东安县界。《汉书·地理志》：零陵阳海山，湘水所出，北至酃入江。《水经注》：湘水出零陵始安县阳海山，即阳朔山也，湘、漓同源，分为二水。南为漓水，北至湘州东北，过零陵县东越城峤水注之，又经零陵县南，又东北经观阳与观水合，又东北过洮阳县东，又东北过泉陵县西。《元和志》：湘水出全义县东南八十里阳朔山，其初则觞，为之舟至洞庭，日月若出入其中。旧《志》谓之海阳江，又名中江，至分水塘分流。一自花桥下全州，曰湘江。"又卷二百八十二《永州府·山川》："湘江自广西全州流至黄沙河入东安县境一百七十里，至石期市入零陵县境，又东流七十里至湘口合潇水，北流一百四十里入祁阳县境，又东北入衡州府常宁县界。《水经注》：湘水自洮阳合洮水，又东北过泉陵县西与营水合，又东北与应水合，又东北得□口水，又东北经祁阳县南，余溪水注之。又北与宜溪水合。《元和志》：湘水经零陵县西十余里祁阳县南三十步。《明统志》：湘江流至湘口与潇水合，水至清，虽十丈见底。中有穴名大濩，每春夏江涨，数百步外皆奔入穴中，有声如雷。《府志》：湘江自全州柳浦流入，经东安县东南四十里，中多滩险，东流至零陵县界，有垂慢滩、石箅滩，又其下为石马、古墙、巴州、泠水、七里等滩，经祁阳城稍折而南，过归阳九洲，始折而北，其中滩碛最多。有蒋赖滩、人字滩、狮子洑滩、柘州滩、姑洲滩、沥浙滩、凤凰滩、沥涧滩、三门滩、圆鼓滩、马口滩、黄鱼口滩、茅箭滩、紫罗滩、西洲滩、㴸浪滩、石板滩、归阳滩、九洲滩、洋濑滩，水石俱险峻。"又卷三百六十二《衡州府·山川》："湘江自永州府祁阳县流入常宁县西北界，又东北入衡阳县，又东北入衡山县东界，北入长沙府湘潭县界。桑钦《水经》：湘水过重安县东，又东北过酃县西，承水从东南来注之，注湘水北。又历印石，又北经衡山县东，又东北经湘南县东，又历湘西县县北六十里。衡阳县湘水，西南自永州祁阳县界入衡山县，湘水在县东。《衡阳县志》：湘水自祁阳东经常宁县界，经衡阳县南八十里松柏铺南，又东北至江口入衡阳境，又北流岿水，自东流注之，又北经霞山东，又北经花光山东，又北经日雁峰东，又北经衡州府城东，又北过石鼓山东，烝水自西来注之。湘水合烝水，名曰烝湘水。转东流至来河口，来河水自南注之。又北至九里铺南入衡山县境。自河口至此，北流三百一十里。"今仍名湘江，其源头颇有争议，然《大清一统志》之广西兴安县发源说，认可度较高。但兴安亦有两源，一为海洋河，一为桂河，又称白石河，其中学界对白石河的认可度更多。湘江自广西兴安县流入湖南省永州市，又经衡阳市、株洲市、湘潭市、长沙市，至岳阳市湘阴县注入洞庭湖。流域全长800余公里，接纳大小支流1300余条，纵贯湖南南北，流域面积9万余平方公里。

[95] 资：即资水、资江，湖南省重要河流，长江重要支流。嘉庆《重修大清一统志》卷三百六十四《常德府·山川》："资水在沅江县西南。自长沙府益阳县流入，又北流入洞庭湖。其支流自县南瓦石矶分流，东流至长沙府湘阴县界入湘水。桑钦《水经》：资水又东与沅水入于湖中，东北入于江。注，湖，即洞庭湖也，所入之处谓之益阳江口。按资水在县南，自益阳县流入，沅水在县北，自龙阳县流入，于沅江县东北同流入于洞庭。自《方舆胜览》以沅水为芷水，而芷、资声近，后人遂以资水为芷水，因即以资水为沅水，而三水经流各异，未可牵附也。"又卷三百五十四《长沙府·山川》："资江在益阳县南。自宝庆府新化县流经安化县西北名邵河，又东北经益阳县南曰益阳江，又东北至常德府沅江县界入洞庭湖。其支流又自沅江县东流至湘阴县界入湘。《水经注》：资水又东北过益阳县北。注，东北出益阳县，其间经流山峡名为茱萸江，盖水变名也。又东经益阳县北，又谓之资水。《元和志》：资水一名茱萸江，南自邵州流入，流益阳县南三十步。《舆图》：资水自安化县西境东北流经县西北界少东南，会敷溪而入益阳县界。旧《志》：资水自益阳县西南会泥溪及占溪而东北流，又会桃花江□溪而经益阳故城南，又东至县城西南，中有鸡子洲。又东至白鹿山下，汇为白鹿潭。又东至县东，经龟台山、蛇山之北而东流至羊角潭，中有工洲、千家洲。又东汇为清水潭，又东北，中有烟波洲、三台洲，北流入沅江县为芷江，其支流自沅江县瓦石矶分派至县西九十里，东流至林子口入湘。"今仍名资江，有东西两源。西源名赧水，发源于湖南省邵阳市城步苗族自治县北青山；东源名夫夷水，发源于广西壮族自治区资源县越城岭。

两源北流至邵阳市双江口合流,始称资江,流经邵阳、新华、安化、桃江、益阳等县市,于益阳市甘溪港注入洞庭湖。干流全长 653 公里,基本自中部贯穿湖南南北,流域面积 2.8 万余平方公里。

[96] 洞庭洞:洞庭湖之笔误。

[97] 镇远:贵州府名,府治镇远县。府地大致为黔东南苗族侗族自治州,县地大致为今之镇远县地。

[98] 潕阳江:道光《镇远府志》称镇阳江,沅江支流。其卷五《山川·镇远县附郭》云:"镇阳江,在府治前,即潕溪,亦作潕为潕,五溪之一。发源于黄平都凹山,与兴隆、瓮安诸溪水,合流至此,东入沅水,通舟。《后汉书》所云楚将庄豪(已案:即庄蹻)循沅水将兵伐夜郎,至且兰椓船于岸而步战,以且兰有椓船牂牁处,遂易其名为牂牁。则此水当为牂牁江无疑。"今名舞阳河。

[99] 蛮:当为"峦"之笔误。

[100] 觜:同嘴。此处所指即随后所言之马嘴岩,《县志》无载,其详难考。岩今仍名,在今湖南省怀化市辰溪县船溪乡小溪河村沅江东岸有地名马嘴岩,或即其旧地。

[101] 白龙岩:文献难考其详。今泸溪县白沙镇辛女溪村沅江西岸有此地名,或即其旧地。

[102] 麻阳小河:就地图及前注之辰溪及黎氏回程路线观之,似为辰溪,或转入辰溪之小河。

[103] 烂泥:即滥泥,麻阳县重要市镇。同治《新修麻阳县志》卷一《市镇》:"滥泥市在县东九十五里,隶一都里,居茅坪、桑林之间,为境中要道。近建行台,并置小站,夫、马一如严门之数,而旅店、村沽无一不具,往来过客食用称便。"今为湖南省怀化市麻阳苗族自治县兰里镇。

[104] 高村:麻阳县重要市镇。同治《新修麻阳县志》卷一《市镇》:"高村市在县东七十里,隶三都里,当水陆之冲要,为行旅所必经。烟户繁多,商贾辐辏,驻巡检把总各一员资巡防。"今仍名,为湖南省怀化市麻阳苗族自治县高村镇。

[105] 漆店江:《县志》未载此江,其详难考。

道光二十二年四月

四月初一日，己卯，阴雨终日。四山云雾忽开忽合，溪涨渐消，沿溪水车尤多，飞轮宛转，迅驶如风，岸上农人犹称雨未足。山田之难治若此！申刻，过麻阳县，[1]城市寂寞，[2]停舟买肉菜即行。晚泊筒心溪，[3]计水程六十里。

初二日，庚辰。侵晓大雨，至辰方息。开行，过铜漕溶、贵州滩、鱼梁滩、鹅滩、铜鼓滩等处，急流汹涌。[4]以舟小，沿岸负纤撑篙行，尚无停阻。岸上崖岭间，茬桐稠茂，[5]沿溪多美竹秀木。雨后峰腰，时有白云笼罩，岩畔瀑布奔流，溪山清景悦人心目。惟瓜皮偪窄，腰膂难伸，殊觉愁闷耳。贵州滩以上，入贵州铜仁府界。[6]晚泊马龙溪，有街市，[7]计水程六十里。

初三日，辛巳，阴。上马脚岩、黄腊关诸滩。[8]午刻，过铜仁府，泊南门外，市米菜即行。铜仁沿江山岩尖耸，时露秀气。城西南两水汇流，中有盘石名铜崖，突出江心，上建亭阁，颇觉奇秀，形家所称印浮水面也。[9]自铜仁以上，节节皆滩。晚泊溪岸，约水程六十里。按铜仁城外省溪自西口来，又一水自西来，会流于铜崖，土人称省溪为大江，西来者为小江，[10]亦通舟楫，山内出蓝靛、[11]桐油，为利不少。夜雨通宵。

初四日，壬午。亭午，略开霁。溪涨愈消，而石滩绵联不断，大约半里一滩，所上滩以数十计，奔流抖迅，[12]舟至滩下，视滩头如高屋。然舟子或以篙撑，或以缆挽，或裸体入水引拽，舟亦随之而上，盖舟既轻而易为力，故所向无阻。第此辈劳苦备至，除食费外，所获仅青蚨数百，亦可悯矣。诸滩上多斜堆石卵，壅水令高于岸，或设水轮，或设水碾，因滩陡，故易施也。申刻，过挂盘，[13]两岸人家数百。晚，系缆挂口，亦有小村市，约水程六十里。更静，大雨。

初五日，癸未。黎明大雨，雨止方行，上十余滩。午刻，抵省溪江口，计水程三十里。税关前一水，[14]源出梵净山，[15]南流会于省溪。竹箭奔流，不通舟楫，舟行至此，水路告尽。余昔年有句云"如今始脱风波险，稳向深山深处行"，殆预为此行言之。起载，寓江姓悦来行。自浦市至省溪，水路共四百二十里。

初六日，甲申，阴雨。住省溪。夫役少，议脚价未允。

初七日，乙酉，阴雨。住省溪。

初八日，丙戌，终日雨。夫役索价昂，不得已，议允。行户秤较行李，计用舆夫十一名，挑抬夯夫三十八名，夫头一名。

初九日，丁亥。整治行李毕，给发脚价。雨大不能行。姚生之枢，张升等前期载至省溪岸间停寄，乃嘱行户、雇夫缓日昇枢送至其家，[16]给夫价二十六金。

初十日，戊子。雨止，巳刻启行。石路尚少泥泞，过阴溪桥，[17]有一水流入省溪。申刻，宿李子园，[18]计程四十里。夜见星月，惟郁热殊甚。未曙，山雨至矣。

十一日，己丑。黎明，冒雨行，至过江屯，[19]省溪上源也。过渡，行十里顿罗家屯，[20]雨稍细，山路高险，所历坨弯、坡背梁、斑鸠井等处，[21]尤为险极，加以久雨泥泞，役夫艰苦，每遇险处，即下肩舆步行。酉刻，过洋溪，将暮矣，[22]复登山行数里，抵丁木坳宿。[23]山店偪窄，役夫嘈杂不堪，计程七十里。坨弯，印江境，[24]洋溪，则石阡府境也。[25]

十二日，庚寅，阴。所过白果塥、羊古脑、马跑井等处，[26]山径窄险，泥泞尤甚，役夫苦之。白果塥山势陡斜，路阔不过三尺，下临无地，苟一跌坠，则不知所归。余及兆熙缓步审顾而行，心胆为怯。甚矣！山行之险也。午后，上勤赚顶，[27]大雾迷漫，忽聚忽散。将晡，大雨复至。晚宿大坝场，[28]店屋既陋，其主复倨傲可憎，晚饭无菜。计程六十里。此一站最难行，俗称为单边路，晴干犹可，泥滑冰冻，举步寒心。

十三日，辛卯。侵晓，大雨。夫役等饭毕始行，而雷雨不止。冒雨行石路八里，至野猪宅以下，两岩巉峭。至寺河坝，岩洞中出水，喷为水帘，入溪清澄如练，可喜。[29]住塘头，[30]街市颇盛，计程五十里。此地气候较早，节届小满，[31]田禾栽插已毕。旅店中郁热挥汗。犒夫役酒资。夜深，雷雨达旦。

十四日，壬辰，雨不止。冒雨行二十里，过桶口渡，水涨高丈余。[32]桶口即乌江下流，由思南入涪州之水也。[33]四山溪水奔流，淹没道路，行李大半雨湿。过渡，夯夫未至，拟住宿关前，而挑衣被者已前行，不得已，随之,但见雾雨迷濛而已。上山行十五里,至箐口,路渐易行。至任家场,[34]雨方息。忽见数山秀列,途亦颇平,不觉心目俱爽。晚宿合朋溪,[35]夯夫以路滑行缓,住任家场,计程五十里。夜,炽炭烘衣箱。

十五日,癸巳,阴。晨顿长林坝场,[36]申后,宿老鹰坝。[37]是日,滑泥颇少,山路多平稳。所过没根坡、七星关等处,[38]路虽陡峻,较桶口以东为易行矣。数日所历,乃思南、石阡犬牙相错之境。计程四十三里。夜雨。

十六日,甲午。侵晓,细雨。行抵峰岩。[39]饭方毕而雨大至,欲留住,行李已前进,余亦行。稍顷,雨止。将午至大堰塘,[40]路渐平。塘长二里许,水没行路,纤道从田塍窄径行。晚宿黄心树,[41]计程四十八里。夜细雨。拟明日遣役先赴家报归信。

十七日,乙未,阴雨。晨顿罗村,午过天神堂,晡后宿湄潭县。[42]夯夫数人,力疲落后,遣人迎之,二更始到。自黄心树至家,途径平坦易行,以久雨泥泞故,役夫艰苦万状。湄邑向产茶叶、桐油、柏油、橡茧,今于途中见缲家蚕丝者,询之,云利始近年。吾乡亦宜桑,归当令人广植之。计程五十五里。

十八日,丙申,阴。晨顿黄家坝,[43]晚宿三渡关,[44]计程五十里。

十九日,丁酉。晨顿□□□。午后大雨,未刻抵家,计程五十里。自省溪至家,山路五百二十里。

二十日,戊戌,阴雨。

二十一日,己亥,阴雨。

二十二日,庚子,阴雨。

二十三日,辛丑,阴雨。

二十四日,壬寅,阴雨。姚生之母来家坐骗。[45]

二十五日,癸卯,阴雨。

二十六日,甲辰,阴雨。

二十七日,乙巳,阴雨。姚生之弟妇亦来家,余避往桂花树宅。[46]

二十八日,丙午,阴。

二十九日,丁未,阴雨。

三十日,戊申,阴雨。

注　释

[1]　麻阳县：湖南沅州府属县，在府城北一百二十里，黎氏回乡所经。县地初为汉沅陵、辰阳二县地，属武陵郡，后汉、晋、宋、齐、梁皆因之。陈天嘉三年（562）置麻阳戍。隋为沅陵、辰溪二县地，属沅陵郡。唐武德三年（620）置麻阳县，属辰州。垂拱二年（686）析置锦州，兼设卢阳县，为州治，四年（688）又析置龙门县，寻省。五代废锦州为寨，麻阳隶辰州。宋大平兴国中（976—984）置招谕县，熙宁七年（1074）属沅州，八年（1075）并锦州寨及招谕县入，移治。元属沅州路。明隶沅州，属辰州府，清初因之，乾隆元年（1736）属沅州府。据嘉庆《重修大清一统志》卷三百六十八。今仍名，为湖南省怀化市麻阳苗族自治县。

沅州府，湖南属府，在省治西南一千二百二十五里。府地为汉武陵郡地，三国初属蜀，寻复属吴，晋因之。宋改属郢州，齐如故。梁属南阳郡，陈为沅陵郡地。隋开皇九年（589）平陈，废沅陵郡，置辰州。大业初（605）州废，复置沅陵郡，寻省。唐贞观八年（634）置巫州，天授二年（691）改曰沅州，长安四年（704）析置舞州，开元十三年（725）复沅州曰巫州，亦为潭阳郡，属江南西道，又改舞州曰鹤州。二十年（732）又改曰业州，亦为龙标郡。大历五年（770）改巫州曰叙州，仍为潭阳郡；又改业州曰将州，亦为龙溪郡。五代后唐长兴三年（932）楚马希范置懿州，汉乾祐三年（950）希萼又改曰洽州，懿、奖仍为溪峒地。宋乾德三年（965）复洽州曰懿州，遂为羁縻州，属荆湖路。熙宁七年（1074）收复，置沅州潭阳郡。元丰中（1078—1085）属荆湖北路。元至元十二年（1275）立沅州安抚司，十四年（1277）改沅州路，属湖广行中书省。明初改为沅州府，洪武九年（1376）复为州，隶辰州府，属湖广布政使司。清初因之，乾隆元年（1736）升为府，于州治置芷江县，分辰州府之黔阳、麻阳二县隶焉，领县三。据嘉庆《重修大清一统志》卷三百六十八。今其地皆属湖南省怀化市。

[2]　城市：指城中之市，即麻阳县城中的市场和商业状况。

[3]　筒心溪：辰溪小支流，同治《新修麻阳县志》未载，但其卷一《水·附各滩》有铜信溪口滩，音近易混，当即一地。又卷一《村庄》有铜信溪，属三都里。又卷一《渡》有铜信渡，在县西四十里。

[4] 此诸滩皆辰溪湘黔交界处之滩,铜漕溶当即铜漕滩,同治《新修麻阳县志》未载,但其卷一《水·附各滩》载而未述。其余诸滩皆在贵州铜仁府境,然道光《铜仁府治》未有诸滩之列,故其详皆难考。

[5] 荏桐:大戟科落叶乔木。树皮灰色,枝条粗壮,卵圆形叶。开花,雌雄同株,花蕊棕褐色、花瓣白色,有淡红色脉纹,呈倒卵形。结果,果近似球状,种皮木质。花果期3月—9月。从荏桐中提炼的桐油是重要工业油料,不透水、不透气、不传电、抗酸碱、防腐蚀、耐冷热,广泛用于制漆、塑料、电器、人造皮革、人造汽油、油墨等行业。与油桃、核桃、乌桕并称中国四大木本油料。

[6] 铜仁府:贵州属府,在贵州省治东六百六十里。府地在《禹贡》为荆州南裔之地。汉为武陵郡辰阳县地,隋属清江、明阳二郡。唐初为辰州地,垂拱二年(686)分置锦州,五代后没于蛮。宋为思、珍二州地(马端临《文献通考》思州,宋为羁縻州,隶黔州。大观元年(1107)蕃部长田佑恭愿为王民,始建州。又珍州,古蛮夷之地。唐贞观七年(633)开山洞置,五代复为蛮夷,宋赐名珍州。元置铜仁大小江等处长官司,属思州军民安抚司。明洪武初,改置铜仁长官司。永乐十一年(1413),置铜仁府,隶贵州布政使司。清因之,属贵州省,领县一土司四。据嘉庆《重修大清一统志》卷五百零七。今为贵州省铜仁市大部。

[7] 马龙溪:其详难考。

[8] 马脚岩、黄腊关:其详难考。

[9] 铜崖:铜仁名胜。嘉庆《重修大清一统志》卷五百零七《铜仁府·山川》:"铜崖在府城西南,当大小两江合流中,挺然耸立,高数十仞。《郡志》:相传渔人得铜鼎儒、释、道三像于此,郡以得名。"道光《铜仁府志》卷二《山川·铜江十二景》有"中流砥柱",云"有石浮于江心,出水面百余尺,江流泛汛,巨石特立,若力挽颓波,一郡之奇观也",疑即铜崖。

形家:指中国传统风水师,观地形水势以助人选宅立墓、趋吉避凶的专业人士,也称堪舆家。风水活动,现代一般认为是迷信,但科学研究发现其中也蕴含了一些人居环境学的科学道理。《四库全书总目》卷一百零九《子部十九·术数二》编者案:"相宅相墓自称堪舆家。考《汉志》有《堪舆金匮》十四卷列于五行,颜师古注引许慎曰'堪天道,舆地道',其文不甚明。而《史记·日者列传》有武帝聚会占家问某日可娶妇否，堪舆家言不可之文。《隋志》则作堪余，亦皆日辰之书。则堪舆，占家也，又自称曰形家。考《汉志》有《宫宅地形》二十卷列于《形法》，其名稍近。然《形法》所列兼相人、相物，则非相宅、相地之专名，亦属假借。今题曰相宅、相墓，用《隋志》之文从其质也。"

[10] 省溪：道光《铜仁府志》诸山川未列此溪，但卷二《邮传》载有省溪铺，云有铺夫三名，当即其地，然未载方向道里。同《志》卷二《古迹》有省溪坝场长官司，宋置，隶思南宣慰司，洪武间（1368—1398）改隶，寻废，亦当是此地。要之，其当为铜仁西之要地也。

[11] 原文蓝下只有一青旁，疑为此靛字。蓝靛，多年生草本植物马蓝的叶经加工而制得得粉末状或团状物，是一种重要的蓝色染料。也具有较好的药用价值，适用于温毒、发斑、血热、胸痛咳血、口疮、小儿惊痫等症状。

[12] 阧：同陡。

[13] 挂盘：其详难考。

[14] 省溪江口：设有税关，为铜仁府境内重要税关，据乾隆《贵州通志》卷十四《食货·课程》："省溪江口税，年额杂税银四百九十八两二钱九分一厘一毫，遇闰加征银三十九两八钱四分三厘。"

[15] 梵净山：贵州名山，在铜仁府境内，汉魏时期称三山谷，唐称辰山。嘉庆《重修大清一统志》卷五百零七《铜仁府·山川》："梵净山在府城东朗溪司东，即思印山。《寰宇记》：思印县东南有思印山。《黔记》：一名月镜。北接乌罗司界，自铜仁西二百余里，群山环列，中耸一峰，如刀劈斧裂，思印江出此。"乾隆《贵州通志》卷五《山川·铜仁县》："梵净山在乌罗司北，一名月镜山。群峰耸峙，分为九支，中涌一峰，周围仅四丈，突兀陡绝，其高千仞，中如斧划。隔五六尺许，名曰金刀峡，峡有飞桥相接，左右皆立梵宇，广阔可容数十人。寺侧有石，曰说法台，陡者攀绳上下如蹈空而行。寺在极顶，风峭不可，瓦冶以铁，千里风烟，可一览而尽。有拜佛台、香炉峰、绵絮岩、炼丹台、藏经岩。有井曰定心水，山后有池曰九龙池。又相传有辟支佛遗迹。山下有九十九溪环纡折，黔中名胜，概无踰于此。"道光《铜仁府志》所载未出此。梵净山，今仍名，为

武陵山脉主峰，乌江水系与沅江水系之分水岭，地跨铜仁市江口、印江、松桃三县地。梵净山与山西五台山、四川峨眉山、安徽九华山、浙江普陀山，并为中国五大佛教名山。梵净山还是国家级自然保护区，联合国"人与生物圈"保护网成员，国家4A级风景名胜区。

[16] 舁：音同鱼，抬、载、携带等意。

[17] 阴溪桥：其详难考。

[18] 李子园：其详难考。

[19] 过江屯：其详难考。

[20] 罗家屯：其详难考。

[21] 坨弯、坡背梁、斑鸠井：道光《铜仁府志》皆无载，其详难考。

[22] 洋溪：乌江支流，思南府安化县著名边界集市。嘉庆《重修大清一统志》卷五百零五《石阡府·山川》："洋溪在府城北十里。《府志》源出铜仁府提溪司山下，西南流入府界，又西经龙泉县界与桶口河合，入于乌江。"民国《石阡县志》卷一《山川》："洋溪，源出江口县之提溪司，西流经印江县之斗合，又西至本属亚木，有公鹅屯、斗产坝之水来注。至凯斜河，有凯斜河诸水来注。又西至打铁都，有平半、屯底、鲁花桥诸水来注。自是经溜口槽出浮桥口，入龙底江。"洋溪入乌江处，有集市名洋溪。道光《续思南府志》卷一《疆域》："洋溪，在县南一百四十里，与印江分治。铺民七十余户，场期二、七（印江县部分长期为四、九日）。"今仍名，为铜仁市印江土家族苗族自治县洋溪镇，镇西有洋溪村。

安化县，贵州思南府属县，附郭县。县地在汉武陵郡酉阳县地，在隋为务川县地，唐为思州治，又置思王县属思州。五代时，俱废。宋仍为务川县地。元置思州安抚司，领水特姜长官司。明洪武初（1368）改水德江长官司，隶思南宣慰司，治镇远州。二十二年（1389）还治水德江，永乐中（1403—1424）始为思南府治。万历三十三年（1605）安化县，仍为府治。清因之。据嘉庆《重修大清一统志》卷五百零四。今为铜仁市思南县。

[23] 丁木坳：道光《续思南府志》未载，但今铜仁市印江土家族苗族自治县洋溪镇洋溪村546县道右侧有该地名，或即此处。

[24] 印江：贵州思南府属县，在府治南四十里。县地初为汉武陵郡酉阳县地，自晋至陈为黔阳县地，隋为务川县地。唐开元四年（716）置思

邛县，属思州，五代时废。宋政和八年（1118）置邛水县，属思州，宣和中废为堡。绍兴初（1131）复为县，隶黔州。元置思邛江等处长官司，属思州安抚司，后讹邛为印。明洪武初（1368）属思南宣慰司，永乐中（1403—1424）属思南府，弘治七年（1494）改置印江县，仍属思南府，清因之。据嘉庆《重修大清一统志》卷五百零四。今仍名，为贵州省铜仁市印江县。

思南府，贵州省属府，在省治东北六百里。府地在《禹贡》为荆州荒裔，战国时为楚地，秦属黔中郡，汉为武陵郡酉阳县地。三国吴以后为黔阳县地。隋为巴东郡务川县。唐于县置务州，贞观初（627）改为思州，天宝初（742）改州为安夷郡隶江南道。乾元元年（758）复为思州。五代时入于蛮，宋政和八年（1118）复置思州，属夔州路。宣和中（1119—1125）废，绍兴初（1131）复置。元初置思州军民安抚司，泰定中（1323—1328）改为宣慰司。明洪武五年（1372）析置思南宣慰司，属湖广。永乐中置思南府，属贵州布政司。清因之，属贵州省，领县三、土司二。据嘉庆《重修大清一统志》卷五百零四。今其地大致属铜仁市。

[25] 石阡府：贵州属府，在省治东北四百八十里。府地在《禹贡》为荆州荒裔之地，汉为牂牁郡地，晋分置夜郎郡[《晋书·地理志》永嘉二年（308）分牂牁立平夷、夜郎二郡]，刘宋因之。隋属明阳郡。唐为思、夷二州地。五代时入于蛮，宋大观三年（1109）内附，建为承州，宣和间废。元置石阡等处军民，长官司属思州安抚司。明洪武初（1368）属思州宣慰司（《明统志》元置石阡军民长官司，洪武初去军民字，止称石阡长官司），永乐十一年置（1413）石阡府，属贵州布政司。清因之，属贵州省，领县一土司一。据嘉庆《重修大清一统志》卷五百零五。今仍名，为贵州省铜仁市石阡县。洋溪，在安化县与以印江县界，皆属思南府，不属石阡府，黎氏此处或误。

[26] 塝：音piǎn，方言山坡之意。白果塝、羊古脑、马跑井，地名皆小，其详难考。

[27] 勤赚顶：其详难考。

[28] 大坝场：安化县南路墟市。道光《思南府续志》卷一《疆域·安化县》："大坝场，县南七十里，铺民百余户，场期三、八日。"今仍名，为

铜仁市思南县大坝场镇，思南重要乡镇。

[29] 野猪宅、寺河坝：地名皆小，其详难考。

[30] 塘头：安化县著名大集市。道光《思南府续志》卷一《疆域·安化县》："塘头，县南五十里，铺民三百余户，场期六、十日。"今仍名，为铜仁市思南县塘头镇。

[31] 小满：中国传统历法二十四节气之一，太阳到达黄经60度，夏熟作物籽粒开始灌浆饱满，但尚未成熟。其时在每年公历5月20日—22日。

[32] 桶口渡：乌江渡口，石阡府属。道光《思南府续志》卷二《关梁》："德江上渡，在城南一里，由上渡而上二十里至掌溪渡，又十里至邵家桥渡，又十里至江口渡。由江口溯大江而上，又五里至思林土沱渡，又三十里至桶口渡（石阡府属）……"今铜仁市思南乡香坝镇东，乌江东岸地名桶口坡，西岸有桶口行政村、桶口自然村，当即其旧地。

[33] 思南：贵州属府。府地在《禹贡》为荆州荒裔之地，战国时为楚地。秦属黔中郡，汉为武陵郡酉阳县地。三国吴为黔阳县地，至陈不改。隋为巴东郡务川县地。唐初于县置务州，贞观四年（630）改为思州，天宝初（742）改州为宁夷郡，隶江南道。乾元元年（758）复为思州。五代时入于蛮。宋政和八年（1118）复置思州，属夔州路。宣和中废，绍兴初（1131）复置。元初置思州军民安抚司，泰定三年（1326）改为宣慰司。明洪武五年（1372）析置思南宣慰司，属湖广。永乐十一年（1413）置思南府属贵州布政司。清因之，属贵州省，领县三土司四。府治安化县，今思南县。据嘉庆《重修大清一统志》卷五百零四。今其地并入铜仁市。

[34] 任家场：文献难考。

[35] 合朋溪：《府志》未载，然有同名市集。道光《思南府续志》卷一《疆域·安化县》："合朋，县西迤北一百里，铺民三十余户，场期三、八日。"今仍名，为铜仁市思南合朋溪镇。

[36] 长林坝场：据乾隆《贵州通志》卷六《地理·关梁·石阡府》系石阡府驿递铺司之一，称长林铺，民国《思南县志》卷二《塘铺》只录其名。今铜仁市思南县长坝镇，或其旧地。

[37] 老鹰坝：地名太小，文献难考。

[38] 没根坡、七星关：地名皆太小，文献难考。

[39] 峰岩：石阡府驿递铺司之一，乾隆《贵州通志》卷六《地理·关梁·石阡府》、民国《石阡县志》卷二《塘铺》皆录其名。

[40] 大堰塘：石阡府村庄名，据民国《石阡县志》民国时期属第八区第三团首村。

[41] 黄心树：地名太小，文献难考。

[42] 湄潭县：贵州平越直隶州属县，在州城北二百二十里。县初建于隋大业十一年（615），为羁縻义泉县地，后或更名，仍为羁縻地。元初为播州军民安抚司之苦竹坝三里七牌地，后改为容山长官司，属播州军民安抚司。明万历二十八年（1600）裁容山司，置湄潭驿，寻改县，属平越府，清因之。嘉庆三年（1798）废府改直隶州，仍属之。据嘉庆《重修大清一统志》卷五百十二。今仍名，为贵州省遵义市湄潭县。

平越直隶州，在贵州省治东一百七十里。州地在《禹贡》为荆梁南境，秦为且兰地，汉为牂牁郡治，后汉因之。晋属牂牁郡，

刘宋因之。齐为南牂牁郡治。隋初为牂州地，大业初（605）仍改州为牂牁郡。唐羁縻牂州。宋入于蛮，南宋嘉泰初（1201）始内附。元至元中（1264—1294）置平月长官司，属管番民总管。明洪武十四年（1381）始置平越卫，属四川，寻改隶贵州都司。万历中（1573—1620）兼置平越军民府。清为平越府，隶贵州省。嘉庆三年（1798）改为直隶州，裁平越县，以所属黄平州改属镇远府。领县三土司一。据嘉庆《重修大清一统志》卷五百十二。今其地多入于贵州省都匀市。

[43] 黄家坝：今湄潭县乌江北岸有皇家坝镇，或即其旧地。

[44] 三渡关：遵义县著名场市。道光《遵义府志》卷六《城池场市附·遵义县》："三渡关，城东百里乐里，二、七日集。"《明一统志》卷七十二《遵义府·关隘》："三渡关在宣慰司东八十里。"今为遵义市黄花港区三渡镇。

宣慰司：即播州宣尉司，驻地在府城。

[45] 坐骗：观其前后，似有无理取闹，以行讹诈之意。

[46] 弟妇：弟之妻。姚生随黎氏运铜进京，病殁于京，其母、其弟妇来黎氏家者，归咎于黎恂也。恂不耐其烦，故避居他所。

道光二十二年五月

五月初一日，己酉。命兆勋赴县具控："姚生赴京，本非余意，以其自滇归家，复赴泸力恳随行，情碍难却，始令偕往。汉阳以下为伊修治尾船中舱，拨随人伺应。凡途中劳苦担险之事，兆熙身任之，伊皆处其逸。入京即病，医药之费、侍奉之勤，同馆诸乡人悉知、悉见。其殁也，所存衣物亦凭同朱星垣等发箧登记，衣履外尚存白金数十两，缄封，咸令携归赴其家。嗣棺殓之资、运柩之费至一百数十金，皆余借贷措备，所以待之者至矣！其客死异乡，命也！今不以为德，反以为怨，藉端赖骗，云伊尚存数百金在余处。伊此行，仍仿在滇例，岁给修四十金，未及两载，不识数百金从何而来？凭空讹诈，是尚有天理乎噫！"

初二日，庚戌，阴雨。

初三日，辛亥，阴雨。

初四日，壬子，阴。

初五日，癸丑，阴。兆勋自县归，姚生之弟妇去。

初六日，甲寅，阴。县役至，取姚生之母去。

初七日，乙卯，始晴。铜运在江，以舟行涉险，默祈神佑，是日，家中设演剧台座酬愿，从俗例也。

初八日，丙辰，晴。演剧祀神。

初九日，丁巳。邀亲友来家聚饮。

初十日，戊午。客去，而家中人酬应亦疲甚矣。

十一日，己未。

十二日，庚申。兆勋赴县。

十三日，辛酉。

十四日，壬戌。

十五日，癸亥。

十六日，甲子。

十七日，乙丑。

十八日，丙寅。

十九日，丁卯。兆勋赴案，与姚生之弟姚五对质，官判结案。

二十日，戊辰。赴禹门寺进香。[1]

二十一日，己巳。兆勋归。

二十二日，庚午，晴。拜祀先考墓。[2]

二十三日，辛未。终日雨。

二十四日，壬申，晴。拜祀先妣墓。[3]

二十五日，癸酉，阴雨。

二十六日，甲戌，雨。

二十七日，乙亥，晴。拜祀各祖墓，并往望山堂奠亡姊。[4]

二十八日，丙子。

二十九日，丁丑。

注 释

[1] 禹门寺：遵义县著名寺庙，黎氏家族书院。道光《遵义府志》卷八《寺观·遵义县》："禹门寺，在治东七十里，山周四五里。其西乔林崇壁，乐安江经其下，回潭一碧，环山而东。明万历初（1573—1620），黎朝邦父子始创伽蓝于上，名沙滩寺。明亡，朝邦子黄冈知县怀智落发住此，名龙兴禅院。顺治丁亥（1647）僧丈雪避乱来居，旋去。丁丑（1661）冬再至，遂开道场，易名禹门寺，广建禅居，上下蜂房各开户牖，禅和诸子日至十百。北建藏经楼，贮《四部释藏》。后，丈雪归四川昭觉寺，其徒一掩继传，棒喝丈雪。有禹门六景，《石头山》《锁江桥》《溪声》《牧笛》《沙汀》《月浦》六诗。今寺中《释藏》如旧，故遗联扁多破，山丈雪手笔，赵州中峰《破山丈雪》、一掩《福圆》各诗文语录板并存贮。"同治年间（1862—1874），寺毁于战火。光绪十一年（1885），黎氏子弟日本钦差大使黎庶昌出使归来，捐银万两重建，供入从日本带回之《南藏》佛经、鼎、炉、华瓶等。1919年，失火毁。1995年，信徒等人出资重建，规模大减。

[2] 先考：中国古代子女对已故父亲的称呼。

[3] 先妣：中国古代子女对已故母亲的称呼。

[4] 姊：同"姊"，即姐。亡姊，黎恂已故之姐。

道光二十二年六月

六月初一日，戊寅。治行装。

初二日，己卯。治行装。

初三日，庚辰。治行装。

初四日，辛巳，晴。赴禹门寺定僧规。

初五日，壬午。

初六日，癸未，晴。卯刻，携兆祺自家启行，晚宿船漕溪，[1]从者田贵、王福、叶兴、杨洪。以不欲族戚知余行期也，故仓卒出门，携被而已，行李各物犹未行。计程七十里。

初七日，甲申，晴。所雇郡城夫役来沙坝接换。午后，往㜷板凳，[2]计程五十里。余之便道归家也，本拟留住两月，以姚姓缠扰，心绪作恶，无意清理家事，虽留四十余日，犹蘧庐一宿耳。[3]方悔不如勿归，且益省吾乡习俗之坏。府县诸公皆知余归，以未请回籍假，不欲往谒，故由郡城径过，并亲知处亦未往。

初八日，乙酉，晴。留待行李。晚雷雨。

初九日，丙戌。午后大雨。酉刻，行李至。

初十日，丁亥，晴。遣杨洪归。早顿新站。[4]未刻，渡乌江，上霸王坡，遇雨，宿母猪箐。[5]计程六十五里。

十一日，戊子，晴。早顿排沙铺，宿熄峰，[6]计程六十里。

十二日，己丑，晴。子元弟作广文于开州，纡道往视之。[7]州人萧户部时馨、编修时馥，自都托寄衣物，便道过其家。[8]其尊人亦诸生也，[9]款留午饭而行。过养牛圈一带，山势颇开阔雄秀，故里中多有中科者。[10]申刻，抵开州学署，计与子元别已七年。侄辈渐能成立，见之色喜。惟子元形容苍老，不类昔年矣。同榜费徽五德慎作正斋，[11]闻余至，即过谈。计程七十里。

十三日，庚寅，晴。留住一日，费徽五终日来谈旧，至夜深方去。余倦欲眠，思与子元熟计家事无暇也。

十四日，辛卯，晴。晨候宋刺史良，壬辰甲榜也。[12]复候史目田君、把总刘君、副贡李君。[13]归，与子元于檐下略计家事，饭后，遂别而行。径路多歧，小价饶凤引道，中途值大雨，避路旁茅店移时。晚宿长田，[14]计程四十里。是日亭午，烈日当空，而舆中腰膂畏冷，几不胜葛衣，由开州地气高寒故。夜，阴雨达旦。

十五日，壬辰。遣饶凤反。阴雨濛濛，四山幂雾，凄冷如深秋。舆中畏冷，添御裌衣。路复歧，杂荆榛满野。行五十里，抵扎座合大道。[15]午后晴霁，复行三十里，宿沙子哨。[16]

十六日，癸巳，晴。午刻，抵贵阳府，[17]寓城外水沟高升店。[18]兆祺等自熄烽由大路行，已于十四日先至此。计程四十里。自家由开州，行道至贵阳，陆路四百八十里。

十七日，甲午，晴。往候姻家杨和轩广文之愉、曹云屏广文锦。[19]

十八日，乙未，晴。和轩招饮。

十九日，丙申，晴。云屏招饮。谒吴观察振棫，甲戌同榜。[20]

二十日，丁酉，阴晴。自贵阳启行，宿清镇县，[21]计程六十里。清镇一带山颇开阔，尖峰秀出，固可居之地也。

二十一日，戊戌，晴。早顿芦荻哨，[22]宿安平县，[23]计程六十里。

二十二日，己亥，阴晴。早顿石板房，[24]宿安顺府，[25]计程八十三里。安顺地控上游，提督驻此，城高不过二丈，又多坍塌，设有警恐，未足恃也。[26]

二十三日，庚子。行不数里即雨，午刻雨尤大，途中无避处。抵镇宁州宿，[27]行李多湿。计程六十四里。

二十四日，辛丑，阴晴。早顿黄菓树，白水河瀑布飞流喷雪，黔中一大观也。[28]饭后，停舆视之。自此以上，山路重叠矣。宿坡贡，[29]计程六十三里。

二十五日，壬寅，阴晴。坡路屡上屡下，役夫苦之。过安乐塘，[30]路稍平。途中已遇雨，住郎岱，[31]行李方抵店，雷电大雨，山水涌流。兆祺受暑，腹痛呕吐，开方服药。计程六十里。出贵阳以来，天气多阴，晨暮舆中畏冷，尝御裌衣。临安郑受山太守绍谦奉讳归粤，中途遇之。[32]

二十六日，癸卯。黎明大雨，雨止方行。顿打铁关，[33]红饭豆浆鲜而得饱。下拉邦坡，入滇第一大山也。[34]自打铁关山凹下视群山，云雾漫漫，不辨高下，至山腰，云开始见山溪。舆中凉冷，可易葛而裘，几忘三伏之暑，下至拉当而热气蒸人矣。[35]未刻，宿毛口，热尤甚。[36]计程四十三里。夜，郁热不能眠。四更，雷雨，始凉。

二十七日，甲辰，晴。黎明过盘江渡。[37]早顿阿都田公馆，[38]询土人雨足否，云山田尚待泽，盖日来毛口以上少雨也。未刻，住花贡，[39]计程三十八里。自过打铁关，两山夹江，路途险峻，阿都田以西，山岭重重，傒上傒下，舆夫苦甚，途长抵五十余里。晚雷雨，夜雨至晓。

二十八日，乙巳。晓上老鹰岩，山路陡峻。[40]雨后，四山云气弥漫，不辨林壑。半坡塘石岩最险处，岩下雾铺满舆中，不觉险也。[41]过老鹰卡等处，雾雨湿衣。辰刻，云气渐散而山腰草树间白云萦绕，如兜罗绵。途中无顿处，未早餐。自老鹰岩始，跬步皆坡，夫役咸放短以舒肩力。过白沙坡，路较平。[42]未刻，住松岜，俗名罐子窑，[43]计程五十里。是日，天阴不暑，将夕，始见斜阳。夜多蚊。

二十九日，丙午，晴。早顿上寨公馆，[44]沿途多土山，不似前三日之险。卓午，上南金坡，[45]骄阳酷烈，舆夫汗流浃背，再易夫，乃登顶。未刻，住杨松，[46]计程四十三里。

注　释

[1]　船漕溪：其详难考。

[2]　沙坝：即沙滩坝，黎氏家籍所在。嬾：同"懒"。懒板凳：遵义县属南路驿递铺司，在县城外四十里。道光《遵义府志》卷二十六《兵妨·驿递附·遵义县》："（遵义县）置铺二十八，铺夫五十四名。附郭底塘铺……南路十里至忠庄铺，十里至半边街铺，十里至养马水铺，十里至懒板凳铺……"

[3]　蘧：音同渠。蘧庐：古代驿站的住宿处，后世泛指旅店。语出《庄子·天运》："仁义，先王之蘧庐也。止可以一宿，而不可久处。"

[4]　新站：遵义县属南路驿递铺司，乾隆《贵州通志》卷六《关梁·遵义府》载有铺兵两名，在上文懒板凳铺南二十里。道光《遵义府志》卷二十六《兵妨·驿递附·遵义县》："……懒板凳铺，十里至董村铺，十里至新站铺……"

［5］霸王坡、母猪箐：地名皆小，其详难考。

［6］排沙铺：已入贵阳府开州境，然查道光《贵阳府志》未得，开州诸村寨亦未有此，恐为小地名。

息烽：贵州贵阳府修文县属地。嘉庆《重修大清一统志》卷五百《贵阳府·古迹》："息烽废所在府城东北一百十里。明崇祯三年（1630）以贵州前卫故绝六屯，并割底寨司地建息烽守御所，有城。本朝康熙二十六年（1687）省入修文县。"民国《息烽县志》卷二《沿革》，民国三年（1914）贵州政府移贵筑县治于息烽城，改名息烽县，今因之，为贵阳市息烽县。

［7］子元：黎恂之弟黎恺之字，据道光《遵义府志》卷三十二《选举》系道光五年（1825）举人。开州：贵州贵阳府属散州，在府治东一百二十里。州地初为汉牂柯郡地，元置乖西军民府，属管番民总管。明崇祯四年（1631）置开州，属贵阳府，清因之。据嘉庆《重修大清一统志》卷五百。今为贵阳市开阳县。

［8］据《明清进士题名碑录索引》萧时馨系道光二十四年三甲第十名进士，萧时馥系道光二十年二甲第五十二名进士。

［9］尊人：即父亲。

［10］养牛圈：其详难考。

［11］费氏，名德慎，字徽五，与黎恂同为嘉庆十五年（1810）庚午科举人。

正斋：历代未有此职官，当是某官之雅称。由费德慎举人出身而为此官来看，或指儒学官员系统之州学正。州学正与教授、县教谕等俱正八品，皆掌训迪学校生徒，课艺业勤惰，评品行优劣，以听于学政。据《清史稿·职官志》。

［12］宋刺史良：开州知州宋良，壬辰甲榜，即道光十二年（1832）年进士，据《明清进士题名碑录索引》宋氏系陕西神木（今陕西省榆林市神木县）人，该年恩科三甲第九十七名进士。

［13］史目田、刘君、李君：官小难考。

［14］长田：道光《贵阳府志》未录，其详难考。

［15］札座：当作札佐，贵阳府贵筑县境内场市。据道光《贵阳府志》卷二十七《疆理图·贵筑县》在城北七十里，有大堡、小堡两寨，有札佐

河经过，有札佐场，居民九百余户，子、午日逢集。

[16] 沙子哨：贵阳府贵筑县境内村寨。据道光《贵阳府志》卷二十七《疆理图·贵筑县》在城北四十里，有居民二百二十余户，丑、未日逢集。

[17] 贵阳府：贵州属府，省治。府地在《禹贡》为梁州荒裔之地，汉元鼎六年（前111）开为牂牁郡，晋及刘宋因之，南齐为牂牁郡治，梁以后入于蛮。隋开皇初（581）置牂州，大业初（605）改为牂牁郡，唐初亦置牂州，隶黔州都督府，寻废。五代时为八番，宋置大万谷落总管府。元至元中（1364—1294）置顺元路军民安抚司，并置亦奚不薛总管府，皆统于八番、顺元等处军民宣慰司。明洪武四年（1371）置贵州宣抚司，六年（1373）升为宣慰使司，隶四川行省。永乐十一年（1413）改隶贵州布政司，成化十二年（1476）分置程番府，隆庆二年（1568）移府治于省城，改为贵阳府。万历二十九年（1601）改曰贵阳军民府，清因之，为贵州省治。康熙二十六年（1687）复曰贵阳府，领州三、县四、土司二十七。据嘉庆《重修大清一统志》卷五百。今为贵州省会贵阳市。

府治贵筑县，初为汉故且兰县地，隋置牂牁县，为牂牁郡治。唐改建安县，仍为牂州治。元置贵州等处长官司，隶顺元路安抚司。明初改为贵筑长官司，隶贵州宣慰司。洪武四年（1371）增置贵州卫，二十八年（1395）又增置贵州前卫，俱隶贵州都司。万历十四年（1586）废贵筑长官司，改置新贵县，属贵阳府。清康熙二十六年（1687）废贵州贵前二卫，改置贵筑县，与新贵同为附郭县，三十四年（1694）省新贵入贵筑县。据嘉庆《重修大清一统志》卷五百。今大致为贵阳市主城区北部及息烽县。

[18] 高升店：或为客栈名。

[19] 姻家：指黎氏儿媳或女婿之父。

杨之愉：字和轩。曹锦：字云屏。二人皆为府、县学教师，其详难考。

[20] 吴振棫：黎恂嘉庆十九年（1814）甲戌同科进士，据《明清进士题名碑录索引》系浙江钱塘（今浙江省杭州市）人，二甲第五十四名进士。据道光《贵阳府志》卷九《职官表》吴氏系贵州提学道道员，道光二十三年（1843）四月二十日始任，在黎恂此行之后，则此时或在任贵州其他道员，《府志》未载矣。

[21] 清镇：安顺府属县，在府治东一百二十里。县地初为汉为牂牁

郡地，唐宋时为羁縻蛮地，元为贵州宣慰司地。明洪武二十一年（1388）置威清站，隶贵州卫，二十三年（1390）改置威清卫，隶贵州都司，崇祯三年（1630）又置镇西卫及赫声、威武二守御所。清康熙二十六年（1687）改置清镇县，而以卫所附入之，属安顺府。据嘉庆《重修大清一统志》卷五百零一。今为贵阳市清镇市。

[22] 芦荻哨：清镇县西市场。民国《清镇县志稿》卷三《建设下·市场》有芦荻哨场，距城三十里，亥、未日逢场。今清镇市西南红枫湖镇有芦荻村，村东有芦荻哨自然村，或其旧地。

[23] 安平县：贵州安顺府属县，在府治西东六十里。县地初为汉为牂牁郡地，唐宋俱为罗甸国地，元为金竹府地。明洪武二十三年（1390）置平坝卫，属贵州都司，崇祯三年（1630）又置柔远守御所。清康熙二十六年（1687）改平坝卫为安平县，而以柔远所附入，属安顺府。据嘉庆《重修大清一统志》卷五百零一。1914年，民国贵州政府更名为平坝县，后遂因之，2014年12月国务院批准更名为平坝区，属安顺市。

[24] 石板房：查咸丰《安顺府志》未载此地名，今安顺市西秀区大西桥镇有石板房村，在滇黔大道上，或即其旧地。

[25] 安顺府：贵州属府，在省治西一百八十里。府地在《禹贡》为梁州荒裔之地。汉为牂牁郡地。三国蜀汉分立为兴古郡，晋及南朝宋、齐皆因之。梁以后入于蛮。唐为罗甸国地。宋为普里部地。元时内附，置普定府，隶云南省，至元中（1264—1294）改为罗甸宣慰司［《元史·地理志》普里部归附后，改普定府。乌鲁司请并罗甸宣慰司，隶云南省。至元二十七年（1290）罢之，仍以其地隶云南。乌罗斯旧作斡罗思］。大德七年（1303）改普定路，属曲靖宣慰司。明洪武十四年（1381）仍置普定府，十五年（1382）又析置安顺州属焉。十八年（1385）府废，以州属普定卫，隶四川，正统三年（1438）改隶贵州。万历三十年（1602）升安顺州为军民府。清为安顺府，雍正五年（1727）以普安州及普安、安南二县改属南笼府，领州二、县三、土司五。据嘉庆《重修大清一统志》卷五百零一。今仍名，为贵州省安顺市。府治为安顺府亲领地，不属州县。

[26] 提督：起初为宋代开始的一种临时性专官委任方式，意为"提调监督"，凡军事、民政、礼仪、学校、漕运、营建等均可提督，如提督营

屯田、提督推算官、提督修造祠堂、提督虎翼突骑军马、提督会同馆、提督学政、提督漕运等。明代中后期起，各省巡抚、镇守总兵官加提督军务、提督等衔成为常例。神宗时期，提督军务总兵官成为各省专官，负责一省军务。清代因之，但权力只限于全省绿营军，秩从一品。此处提督，指贵州提督军务总兵官，初驻贵阳府，后徙治安顺府。嘉庆《重修大清一统志》卷五百零一《安顺府·形势》言安顺"崇山峻岭为郭郭，惊涛急流为沟池；冲剧，夷汉襟喉"。这也是贵州提督由贵阳徙治安顺的原因所在。安顺既有如此形势，又是提督所驻扎一省军事中心，城墙矮小，又坍而不修，自非保安一方之计。

[27] 镇宁州：贵州安顺府属散州，在府城西五十五里。县地古为九州荒服之地，汉、唐《志》为牂牁罗甸国地。元始置镇宁州，明洪武十四年（1381）属普定府，寻改属四川普定卫。正统三年（1438）改贵州布政使司，嘉靖十二年（1533）迁州治于安庄卫城，万历三十年（1602）改属安顺府。清因之，康熙十一年（1672）省卫入州。据嘉庆《重修大清一统志》卷五百零一。今为安顺市镇宁布依族苗族自治县。

[28] 白水河瀑布：此即著名的黄果树瀑布，以处于白水河干流上，古称白水河瀑布，以周边多黄葛榕，亦称黄葛墅、黄桷树瀑布。黄果树瀑布位于今镇宁县黄果树镇南，是亚洲最大瀑布，高77.8米，宽101米，现为国家5A级风景名胜区。嘉庆《重修大清一统志》卷五百零一《安顺府·山川》："白水河在镇宁州南三十里，流入永宁州西慕役司西北三十里驿道侧入盘江。《名山记》悬飞瀑布，直下数十仞，为河湍激若雷，平旦云雾塞其下。《通志》飞瀑轰雷，下注绿潭。相传水犀潜其中，瀑内有水帘洞，甚深杳，土人多入此避兵。《滇程记》对飞泉高岫，上旧有望水亭，今毁。镇宁、永宁二州界壤相错处。"

[29] 坡贡：安顺府永宁州境内驿站，有驿、有站、有铺司。乾隆《贵州通志》卷六《关梁·安顺府》："坡贡驿在坡贡。上至郎岱四十五里，下至镇宁五十里，以关岭驿驿丞加巡检衔移驻管理。"今仍名，为安顺市关岭布依族苗族自治县坡贡镇。

永宁州，贵州安顺府属散州，在府城西一百四十里。古九州岛荒服之地，汉唐为牂牁地，元置为永宁州，属普定路，后废。明洪武十六年（1383）

仍置永宁州，属普定府，十八年（1385）府废，属普定卫，隶贵州都司。正统三年（1438）改属贵州布政使司，万历三十年（1602）改属安顺府，清因之。据嘉庆《重修大清一统志》卷五百零一。1914年，民国贵州政府改名为关岭县，1981年改为关岭布依族苗族自治县，至今因之。

[30]　安乐塘：文献难考。

[31]　郎岱山：安顺府有郎岱厅，但咸丰《安顺府志》未载有郎岱山，疑即郎岱城周边之山。郎岱有城、有驿站。乾隆《贵州通志》卷六《关梁·安顺府》："郎岱驿在郎岱。上至毛口三十二里，下至坡贡四十五里，郎岱同知管理。咸丰《安顺府志》卷十三《路》所载同。"咸丰《安顺府志》卷十九《营建志》："郎岱城，乾隆二十四年（1759）建，周三里五分有奇，高一丈三尺，长六百三十丈六尺，甃以石。门四，东曰近日，西曰应爽，南曰来熏，北曰承恩。门楼四、炮台四。"旧址在今六盘水市六枝特区郎岱镇。

郎岱厅，安顺府属，原为水西陇氏土司地。康熙十八年（1679），改为外委土千总，分为二土目，一管郎岱本枝，一管六枝。雍正九年（1731），合两土目，改为设郎岱厅，治郎岱，添设安顺府同知一员分驻其地。据乾隆《贵州通志》卷三《建置·安顺府》。

[32]　郑受山太守绍谦：指云南临安府知府郑绍谦，字受山。郑绍谦，据民国《新纂云南通志》卷十三《历代职官表三》系广西桂林（今广西省桂林市）人，道光期间，曾任临安府知府、普洱府知府，系道光《普洱府志》纂修者。

奉讳：指因丁忧去官。

[33]　打铁关：普定县属关隘。咸丰《安顺府志》卷十三《关·普定县》："打铁关在城南一百十五里丁当枝，南通白石岩场，北通补陇壁。"

普定县，贵州安顺府属县，附郭县。县地在汉为牂牁郡地，元置为普定县，隶普定路。明洪武初（1368）于普定府增置普定卫。二十五年（1392）升为军民指挥使司，属四川布政司。正统三年（1438）改属贵州都司清康熙十一年（1672）改为普定县，为府治。据嘉庆《重修大清一统志》卷五百零一《安顺府·山川》。今大致为安顺市普定县及西秀区。

[34]　拉邦坡：咸丰《安顺府治》未载此山，其处有驿递铺司。普定县境内驿递铺司。咸丰《安顺府治》卷十三《路》："……郎岱在城铺十二

里至打铁关铺，十里至拉邦铺，十里至那当铺……"

[35] 拉当：当为那当，普定县境内驿递铺司，详见上"拉邦坡"注。

[36] 毛口：安顺府境内驿站。乾隆《贵州通志》卷六《地理·关梁》："毛口驿在西林渡腰站。上至列当三十三里，下至郎岱三十二里。以黄丝驿驿丞加巡检衔移驻管理。"咸丰《安顺府治》所载同。旧址在今六盘水市六枝特区郎岱镇，为原毛口布依族苗族乡政府治地。

[37] 盘江渡：当指位于今关岭、晴隆二县交界处之北盘江渡口，明末建铁索桥，清建木桥。嘉庆《重修大清一统志》卷五百零一《安顺府·山川》记此段北盘江及渡口、桥梁颇详。其云："盘江在永宁州东四十里。《明统志》源自西堡诸溪，流经皮古、毛口诸屯合规模小溪水，至下马坡转南入岩穴，或隐或见，下通乌泥江。《名胜志》：盘江源出乌撒，经曲靖西由七星关，下入安南境，北转而东南至慕役司乌泥江通广西，入南海。《三国志》：诸葛亮南征至盘江，即此。夏秋暴雨，水气红绿色为瘴。过渡处，两山陡夹，水势汹涌行者惮之。《黔记》：有盘江渡在顶营司西。《旅途志》按郑旻曰盘江下流至打罕，舟船始通，然迄无行者。《通志》盘江旧以舟渡多覆溺，明崇祯初（1628）参政朱家民议建桥，水深不可架石，乃炼铁为绳，悬两崖间，覆以板，复于桥东西建堞楼以司启闭。岸旁琳宫梵宇、金碧交辉。明末毁，今重建木桥。《滇程记》自黄土坡陡顶下坡，凡二十里而至盘江，江广三十余丈，水深无底。"

[38] 阿都田：兴义府安南县境内驿站。咸丰《兴义府志》卷七《道里·安南县道里》："阿都田驿，东至郎岱厅那当铺二十里，西至普安县半坡铺三十七里。按《会典》阿都田驿东二十里郎岱厅那当铺，又阿都田驿西十五里安黑，十二里花贡，十里普安县半坡铺。"今名已废，地在今黔西南苗族布依族自治州晴隆县北境。

安南县，贵州兴义府属县，在府城在北一百九十里。县地在汉为牂牁郡地，三国汉及晋俱属兴古郡，唐为牂州地。元为普安州地，隶云南行省。明洪武十七年（1384）置尾洒驿，属普定军民府，二十三年（1390）改置安南卫，隶贵州都司。清康熙二十六年（1687）改为安南县，属安顺府。雍正五年（1737）改属南笼府，即今兴义府。据嘉庆《重修大清一统志》卷五百一十。今大致为贵州省黔西南苗族布依族自治州晴隆县。

[39] 花贡：安南县境内驿站铺司，详见上"阿都田"注。今贵州省黔西南布依族苗族自治州晴隆县有花贡镇，当即其地。

[40] 老鹰岩：旧有老鹰岩驿，详见后"杨松"注。

[41] 半坡塘：当与半坡铺同地，在普安县境。咸丰《兴义府志》卷三十《驿站·普安县铺》半坡铺在县东北四十里。

[42] 白沙坡：其详难考。

[43] 罐子窑：贵州兴义普安县境内驿站，有驿、有站。乾隆《贵州通志》卷六《地理·关梁·普安县》："礶子窑驿在礶子窑，上至杨松三十三里，下至列当三十五里，以普安县典史给以驿丞铃记，移驻管理。"咸丰《兴义府志》所载略同。罐子窑驿，在松岿山，故亦名松岿。今仍名，为贵州省黔西南州普安县罐子窑镇。

普安县，在兴义府城东南二百四十八里。县地初属汉牂牁郡地，元为普安路，明置新城、新兴二千户所。清顺治十八年（1661）置普安县，属安顺府。康熙十一年（1672）省新城所，二十二年（1683）省新兴所，雍正五年（1727）改隶南笼府。嘉庆二年（1797）南笼府改名兴义府，普安县隶之。三年（1798）置县丞于新城，知县、县丞分疆而治。据嘉庆《重修大清一统志》卷五百一十。今仍名，为贵州省黔西南州普安县。

兴义府，贵州省属府，在省治西南五百四十里。府地在《禹贡》为梁州南境，秦以前为夜郎地，汉为牂牁郡地，蜀汉为兴古郡地。唐为盘州地，隶戎州都督府，天宝（742—755）后没于蛮（己案：即南诏、大理）。元宪宗七年（1257）置于矢部万户所，至元十三年（1276）废为普安路地。明洪武二十三年（1390）设安笼守御所，属普安卫，隶贵州都司。弘治十一年（1498）分安笼所之阿能等十八寨隶广西，万历四十二年（1612）仍归隶贵州。清初因之，康熙二十五年（1686）改安笼所为南笼厅，移安顺府通判驻其地。雍正五年（1727）升为府，分广西泗城府西隆州所属红江以北之地设永丰州，又以安顺府之普安州及普安、安南二县属焉。嘉庆二年（1797）改南笼府为兴义府，并所属之永丰州改为贞丰州，三年（1798）裁普安州属之黄草坝州判，以其地设兴义县。十四年（1809）升普安州为直隶州（己案，应为厅），今领州一县三。据嘉庆《重修大清一统志》卷五百一十。今大致为贵州省黔西南布依族苗族自治州。

[44] 上寨：普安直隶厅境内驿站、铺司名。光绪《普安直隶厅志》卷四《邮传》："上寨驿在治东北七十里，乾隆二十一年（1756）改归厅管。"同卷《邮铺》："刘官屯铺（厅治北八里）十里至猪场河铺，十里至旧营铺，十里至杨松铺，十里至查亭铺，十五里至上寨铺，此由东北赴省大路也。由刘官屯二十里至大山凹铺，十五里至海子铺，十五里至大坡铺，十里至峨乡铺，十里至亦资孔铺，十里至鲁尾铺，二十里至永安铺，此由西入滇大道也。"

[45] 南金坡：其详难考。

[46] 杨松：普安直隶厅境内地名，有驿站、铺司。乾隆《贵州通志》卷六《地理·关梁·普安县》："杨松驿在杨松。上至刘官屯三十四里，下至礶子窑三十三里，以江西坡驿丞加巡检衔移驻管理。"杨松驿后有改移。光绪《普安直隶厅志》卷四《邮传》："……按旧有湘满驿在厅城、软桥驿在城北四十里。雍正六年（1728）改新路，裁本城湘满驿，移软桥驿于刘官屯，设刘官屯驿、江西坡驿，向属普安县。移杨松设杨松驿，改隶普安州。乾隆十七年（1752）开老鹰岩新驿路，移杨松驿于上寨，设上寨驿。十八年（1753）刘官屯裁驿丞，二十一年（1756）裁上寨驿丞，以亦资孔驿丞兼管巡检事。"旧址在今贵州省六盘水市盘县旧营乡杨松村。

道光二十二年七月

七月初一日，丁未，阴晴。过支家塘一带，[1]路傍山厂，石径多坍，不便行。上猪肠河，[2]仅二三里至刘官屯，[3]距普安城数里，驿路不由其间。[4]未刻，过大山凹，[5]计程五十五里。夜，雷雨。

初二日，戊申。欲晨饭而炊不熟，遂行，中途市苦荞饼度饥。自此以上，无中伙处，滇、黔道路不同如此。未刻，住亦资孔，[6]计程五十里。晚，蚊雷成阵。夜，大雨。

初三日，己酉，山雨冥濛。行至平彝所，[7]雨益大，移时乃止。过滇南胜境，入寺小憩。[8]晚抵平彝县，[9]书役等皆出城伺迎，余昔署任耳。[10]渠辈犹敬旧长官，颇见人情之厚。闻余在任时挈获恶棍陈阿信，[11]半月前病毙，外卡地方去一害矣。时正任马君午阳铜差赴省，新任鲁君承宗初至，以疲乏未过候。[12]计程五十里。遣役先往会城觅馆寓。是日立秋。

初四日，庚戌，晴。至烟墩哨，[13]雷电急雨将至，余及兆祺促舆夫急趋，获抵白水驿店，[14]行李落后，多被湿。余褥被尤甚，以火烘之。计程六十里。

初五日，辛亥，阴晴。宿沾益州，计程四十五里。抵店后，雷电大雨。候署刺史王诚斋别驾同善。[15]龙川江巡检梁君时敏，赴甘肃回滇宿此，亦来过。[16]

初六日，壬子，阴晴。宿马龙州。将晡，大雨，行李在后尽湿。计程七十三里。过邻店，[17]候梁君。时州刺史为王诚斋兼署。

初七日，癸丑。侵晓，乌云四合，余意欲留而夫役已纷纷就道。途中大雨，山水骤发，所行路涌流如小溪。过小哨，有人家而无避雨处。至乌龙箐，雨方息。[18]午后，上关岭，雨复至。[19]宿易隆驿，计程八十六里。是日，途长雨又甚，衣被行李无不湿透。兆祺受凉头痛，早卧，余以火烘衣物至三更，亦疲极矣。

初八日，甲寅。朝雨至，巳刻乃止。午后，舆中热甚。宿杨林驿，计程七十里。夫役等并行李，趁船由子行，[20]薄暮方至。

初九日，乙卯。阴雨忽至忽散，西风凄冷，途途泥泞。宿板桥，计程六十里。

初十日，丙辰，阴雨。行四十里，午刻抵昆明会城。是役也，往反计二年，往历水陆程途一万里，反历水陆程途六千五百里，自渝重赴鲺口视捞铜，洎沿途纤道留顿之程不计焉。凡历府境四十五，历厅、州、县境一百四十五，并志之，[21]以备遗忘。[22]自贵阳至滇城，陆路一千一百五十三里。

注　释

[1]　支家塘：其详难考。

[2]　猪肠河：当为猪场河，光绪《普安直隶厅志》卷三《山水》："猪场河，在城北三十里，源出孔官河，东流至鹦哥嘴合丰洞河，庚戌桥入毛河。"今仍名，发源于盘县南部大山镇大桥河林场，东南流至上寨村以南转东流，至盘县玛依镇以南的牛角山玛依河后始称猪场河，沿盘县、普安县边界流至盘县罗汉乡南黄家桥汇入马别河。全长约38公里。

[3]　刘官屯：普安直隶厅境内驿站。乾隆《贵州通志》卷六《地理·关梁·普安州》："刘官屯驿在普安州北五里。上至亦资孔五十里，下至杨松三十四里，以软桥驿驿丞加巡检衔管理。"旧址在今六盘水市盘县刘官镇。

[4]　普安城：即直隶普安厅城。普安直隶厅，在兴义府城西三百五里。县地初为西南夷地，后属牂牁郡，三国汉为兴古郡地，隋属牂州。唐武德七年（624）置西平州，贞观八年（634）改盘州，领附唐、平夷、盘水三县，隶戎州都督府。后为南诏之东鄙，东爨乌蛮居之，号于矢部。其后爨为附宋，号齐弥部，寻为于矢部。元初置于矢万户府，至至元十三年（1286）改普安路总管府隶云南行省。明洪武十六年（1383）置普安军民府，隶云南布政使司，二十年（1387）府废，改置普安卫军民指挥使司，隶云南都司，寻改隶贵州都司。永乐九年（1411）又增置普安安抚司，隶普安卫。十三年（1413）改为州，隶贵州布政使司。万历三十年（1602）改属安顺府。清康熙二十六年（1687）省卫入州，雍正五年（1723）改隶南笼府。嘉庆二年（1797）南笼府改名兴义府，普安州隶之。十四年（1809）升为直隶州，十六年（1811）又改为直隶厅。据嘉庆《重修大清一统志》卷五

百十四。宣统元年（1909）改为盘州厅，民国建立，1913年，改为盘县。今为贵州省盘州市。

[5] 大山凹：地名太小，其详难考。

[6] 亦资孔：驿站名，在普安厅西部石象山上。乾隆《贵州通志》卷六《地理·关梁·普安州》："亦资孔驿在亦资孔。上至滇省多罗驿六十里，下至刘官屯五十里。初以普安卫守备理，国朝康熙二十六年（1687）裁卫设驿丞管理。"互见上"杨松"注。旧址在今盘州市亦资镇。

[7] 平彝所：明代平彝卫治地旧址，旧址在今盘县平关镇。

[8] 滇南胜境：黔滇驿道上的重要关隘，为两省分界，清代设有哨所，滇黔名胜。嘉庆《重修大清一统志》卷四百八十四《曲靖府·关隘》："滇南胜境哨在平夷县东十五里，接贵州普安州界。有坊，题曰'滇南胜境'，为滇黔分界处。设有哨兵。自黔至此，山始平坦。"今称胜境关，在云南省曲靖市富源县城东7.5公里老黑山上，有石牌坊，今仍存，石龙古寺，重建。黎氏所憩，即石龙寺。胜境关牌坊东，今存有较完好的古驿道千余米。

[9] 平彝县：云南曲靖府属县，在府城东北九十里，黎氏回滇所经。其地初为滇国地，秦及汉初为夜郎国地。汉开西南夷，为牂柯郡平夷县地，后汉、三国因之。晋改郡为平蛮郡，县为平蛮县，南朝宋、齐因之。梁时爨氏不宾，郡县废，为东爨乌蛮阿芋路部地。隋开为羁縻恭州、协州地，后并为羁縻开边县。唐武德七年（626）复置为平夷县，隶戎州都督府西平州，天宝时改盘州。天宝后为南诏国地，属东爨摩弥部，大理国因之。元初为普安路摩弥部万户普摩千户地，后相继为云南行中书省曲靖总管府沾益州罗山县地、曲靖宣抚司亦佐县地。明洪武十四年（1381）设平夷千户所，二十三年（1390）升为平夷卫，属云南都司。清康熙二十六年（1687）省入沾益州，三十四年（1695）改为平彝县，属曲靖府。据嘉庆《重修大清一统志》卷四百八十四及康熙《平彝县志》卷二《建置》。1954年更名富源，今为曲靖市富源县。

[10] 黎氏初至云南，即署理平彝知县，道光十八年（1838）乃调署元江直隶州新平知县（民国《元江志稿》卷十三《职官志一·官制题名》据），其平彝故吏多在，故来迎接。

[11] 挐：同"拿"。陈阿信：难考其详。

[12] 民国《新纂云南通志》卷十三《职官表》马午阳系甘肃（今甘肃省）人，鲁承宗系浙江会稽（今浙江省绍兴市）人，道光时期两任先后任平彝知县。

[13] 烟墩哨：曲靖府南宁县境内哨、塘名。道光《云南通志稿》卷四十四《建置志五之二·关哨汛塘二》曲靖府南宁县有烟墩哨塘，引旧《云南通志》沾益州有烟堆哨，在城北二十里。堆、墩，音义皆近，当为一处。又清包家吉《滇游日记》记光绪元年由平彝道入滇，十月初八日，"……又十里有哨房数椽，是为烟墩哨。又十里……是为白水铺……"。有清一代，烟墩哨地或哨、塘屡改，故前后《志》所言不一也。白水铺在白水驿，今为曲靖市沾益区白水镇，镇东十里左右有小墩村，当即其旧地。

[14] 白水驿：云南曲靖府南宁县境内驿站，有关城，为入滇东、西路的交汇处。咸丰《南宁县志》卷二《关哨》："白水关在城东八十里。《一统志》旧有土官巡司、流官驿丞。后裁巡司，设白水关驿，以驿丞兼巡司事，本朝乾隆二十一年（1755）裁汰，移白崖巡检驻此，兼管驿务。《滇程记》：自乌撒达沾益而南，谓之西路；自普安达平彝而西，谓之东路；合于白水关，谓之十字路。"又雍正《云南通志》卷六《城池·邮传·曲靖府》："白水驿……旧设马三十匹，今增十四，并定南堡夫一百名俱驿丞管理。"咸丰年间，仍此数。又清包家吉《滇游日记》光绪元年十月初八日记事，载该地"村居联络，夹道成衢，是为白水铺，设有巡检署，曲靖府之南宁县属也。邮舍身整，规模亦丽"。白水驿旧址在今曲靖市沾益区白水镇。

曲靖，云南属府，铜运所经，在省治东北三百里。府地在《禹贡》为梁州荒裔之地，汉为益州、牂牁二郡地。三国汉改置建宁郡（东境为兴古郡地），晋置宁州（东境分置平蛮郡，东北境分置西平郡），宋因之，齐改建宁郡曰建平郡。梁末，州郡俱废（为爨氏所据）。隋置恭州、协州地。唐武德初（618）开置南宁州，改恭州置曲州，析协州置靖州，四年（621）置总管府，八年（625）更名郎州（《唐书·地理志》武德元年开南中，因故同乐县置治味，五年（622）侨治益州，八年复治味，更名郎州）。贞观元年（627）罢都督府，开元五年（717）复故名曰南宁州，隶戎州都督府（按《南蛮传》永徽初（650），始罢郎州督府，与《志》异）。天宝末，没于蒙氏，置石城郡。宋时段氏因之，后为摩弥部所据。元初内附，置摩弥部万户府，至元八年（1271）改为中路，十三年（1276）改曲靖路总管府，二十五年（1288）升为宣抚司，隶云南行中书省。明洪武中改为曲靖军民府，隶云南布政使司。清因之，属云南省，领州六县二。据嘉庆《重修大清一统志》卷四百八十四。今为云南省曲靖市。

南宁，曲靖府附郭县，府治所在。汉武帝时处置味县于其地，属益州郡，后汉因之。三国汉为建宁郡治，晋分置同乐县，宋因之。齐以同乐县为郡治，味县属焉。梁末入于蛮。唐复置味县，为南宁治。天宝（742—756）末入于蛮。蒙氏改置石城郡，宋时段氏据之，后又为乌蛮摩弥部酋据此。元初置千户所，隶摩弥部万户府。至元中改为南宁州，二十二年（1285）改为南宁县。明曰南宁县，省越州石堡山之地入之，为曲靖府治，清因之。据嘉庆《重修大清一统志》卷四百八十四。今大致为曲靖市麒麟区。

[15] 王诚斋：民国《新纂云南通志》卷十三《历代职官表二》、光绪《沾益州志》均未载，且所载道光朝沾益知州，未有王姓者。

[16] 龙川江巡检司，在云南永昌府腾越州。嘉庆《重修大清一统志》卷四百八十七《永昌府·关隘》："龙川江关在腾越州东六十里，江之西岸。明正统十四年（1449）置巡司及土驿丞李氏，清革驿丞，仍设巡司戍守。"

梁时敏：其详难考。

[17] 邻店：此处指相邻的旅店。

[18] 乌龙箐：曲靖府马龙州境之山，设有哨所。嘉庆《重修大清一统志》卷四百八十四《曲靖府·山川》："乌龙箐在马龙州西南三十里，亦谓之箐口哨。相近有黄土坡、青石坡。"今仍名，有乌龙箐村，在曲靖市马龙县旧县镇西。

[19] 关岭，即关索岭，又名杨磨山、小关索岭，马龙州名山，山上有关，或称木密关。《明史》卷四十六《地理志七》："马龙州西有杨磨山，一名关索岭。"民国《续修马龙县志》卷三《山川》："杨磨山，即关索岭，县南七十里，俗传武侯会盟处。崖岭千寻，通道一线。俯瞰群山横纵，隐如龙蛇。其上有武侯等祠。"清初陈鼎《滇游记》："木密关即木密所也。有小关索岭，上有武侯及索祠，祠前铜马一，乃唐时物也。古柏参天，俱大数围，道旁有碑，云：'武侯平蛮，会盟于此。'按史：亮盟南人于木密，即此也。"包家吉光绪二年（1876）三月十八日公差毕回经此，云："五里小

关岭，道旁有碑，大书'武侯平南会盟于此'，旁镌'康熙戊戌三月谷旦，滇黔使者蒋陈锡重立'。碑在小关岭塘房之左，前经过时未见也。"其称小关岭，或与贵州安顺府之关岭相区别也。西南地区称关索岭之山，颇有几处，贵州关岭县、四川冕宁县亦有，而关索正史实无其人。

[20] 此句颇难解。据咨曲靖梁晓强先生，"子"为"水"之笔误，黎氏乃是由嘉丽泽中水道行。光绪《续修嵩明州志》卷一《山川》："嘉丽泽在州东南十五里，泉水交汇，周百余里，流入寻甸。"

[21] 志：记录。

[22] 根据黎恂日记中具体记载的统计（含只提到经过的某个小地名或山川名，而未提及的相应州县名），入京行程共历 28 府、1 直隶厅、5 直隶州，101 州县（含所经直隶州亲辖地及府辖厅），及京师。回滇行程，共历 25 府、1 直隶厅、6 直隶州，77 州县（含所经直隶州、厅及府亲辖地）。往返，去除来回重复之府厅州县，共历 48 府、2 直隶厅、11 直隶州，172 厅州县（府辖厅、散州、县）。详见附录一《黎恂经行府厅州县表》。

附录一

黎恂经行府厅州县表

注：本表依据黎恂入京、返滇所历地方先后之序排列。惟省府州县之界既依山川形势之变，亦多军事政治之需而强行区划，犬牙交错，固不可免，而陆路、水道经行其间，益难随此疆彼界之变而划一齐整。虽然，当其行于交错之地，本表亦尽依文中可考地名之提示，竭力示其反复出入之状，以见此万里征途之曲折艰难耳。黎恂此行，历时两年，往返所经行凡48府、2直隶厅、11直隶州，172厅州县（府辖厅、散州、县）。

		云南省				
至泸纪程		云南府	昆明县	嵩明州		
		曲靖府	寻甸州	马龙州	沾益州	宣威州
		贵州省				
		大定府	威宁州	毕节县		
		四川省				
		叙永直隶厅	永宁县			
川江纪程		泸州直隶州	纳溪县	泸州	合江县	
		重庆府	永川县	江津县	巴县	江北厅	长寿县
			涪州			
		忠州直隶州	丰都县	忠州		
		夔州府	万县	云阳县	奉节县	巫山县
		湖北省				
		宜昌府	巴东县	归州	东湖县	
		荆州府	宜都县	枝江县	松滋县	江陵县	石首县
			监利县			

续表

川江纪程	湖南省					
^	岳州府	巴陵县				
^	湖北省					
^	汉阳府	沔阳州				
^	武昌府	嘉鱼县	江夏县			
^	汉阳府	汉阳县				
长江纪程	湖北省					
^	武昌府	江夏县				
^	黄州府	黄冈县				
^	武昌府	武昌县				
^	黄州府	蕲水县				
^	武昌府	大冶县				
^	黄州府	蕲州	广济县			
^	江西省					
^	九江府	德化县	湖口县	彭泽县		
^	安徽省					
^	安庆府	宿松县	望江县			
^	池州府	东流县				
^	安庆府	怀宁县				
^	池州府	贵池县	铜陵县			
^	庐州府	无为州				
^	太平府	繁昌县	芜湖县			
^	和州直隶州	和州				
^	太平府	芜湖县	当涂县			
^	江苏省					
^	江宁府	江宁县	上元县	六合县		

附录一

511

续表

	江苏省					
	扬州府	仪征县	江都县	甘泉县	高邮州	宝应县
	淮安府	山阳县	清河县	桃源县		
	徐州府	宿迁县	邳州			
	山东省					
	兖州府	峄县				
	江苏省					
	徐州府	沛县				
	山东省					
	兖州府	滕县				
	江苏省					
	徐州府	沛县				
运河纪程	山东省					
	济宁直隶州	鱼台县	济宁州			
	兖州府	汶上县				
	泰安府	东平州	东阿县			
	兖州府	寿张县	阳谷县			
	泰安府	东阿县				
	兖州府	阳谷县				
	东昌府	聊城县	清平县			
	临清直隶州	临清州	夏津县	武城县		
	直隶省					
	河间府	故城县				
	山东省					
	东昌府	恩县				
	济南府	德州				
	直隶省					
	河间府	景州	吴桥县	东光县	交河县	
	天津府	沧州	青县	静海县	天津县	
	顺天府	武清县	香河县	通州		
交铜纪事	北京					

续表

回滇纪程	直隶省					
	顺天府	京师	宛平县	良乡县	涿州	
	保定府	新城县	定兴县	安肃县	清苑县	满城县
	定州直隶州	定州				
	正定府	新乐县	正定县	栾城县		
	赵州直隶州	赵州	柏乡县			
	顺德府	内邱县	邢台县	沙河县		
	广平府	永年县	邯郸县	磁州		
	河南省					
	彰德府	安阳县	汤阴县			
	卫辉府	淇县	汲县	新乡县	获嘉县	
	怀庆府	武陟县				
	开封府	郑州	新郑县			
	许州直隶州	长葛县	许州	襄城县		
	南阳府	叶县	裕州	南阳县	新野县	
	湖北省					
	襄阳府	襄阳县	宜城县			
	荆门直隶州	荆门州				
	荆州府	江陵县	公安县			
	湖南省					
	澧州直隶州	澧州	安乡县			
	常德府	武陵县	桃源县			
	辰州府	沅陵县	泸溪县	辰溪县		
	沅州府	麻阳县				
	贵州省					
	铜仁府	铜仁县				
	石阡府					
	思南府	印江县	安化县			

续表

回滇纪程	石阡府	石阡府				
	平越直隶州	湄潭县				
	遵义府	遵义县				
	贵阳府	修文县	开州	贵筑县		
	安顺府	清镇县	安平县	安顺府	普定县	郎岱厅
		镇宁州	永宁州			
	兴义府	安南县	普安县			
	普安直隶厅	普安厅				
	云南省					
	曲靖府	平彝县	南宁县	沾益州	南宁县	马龙州
		寻甸州				
	云南府	嵩明州	昆明县			

附录二

人物索引表

注：1. 本表所列人物，均是黎恂此趟铜差发生交往关系或亲见、亲闻的同时人物，历史人物不入此表，无姓无名者不录。

2. 凡人物之名可考者，皆以名，不可确定者以文中提到的字、号或官职、职业为据。

3. 人物排列以字母顺序为序，同一字母下的人物按在文中出现的先后顺序为序，同姓者集中排列。

4. 人物出处体例为：年.月.日，年为皇帝年号，月、日均为中国传统农历，月数后带"*"者，为闰月。

A	阿步伊：21.2.30
C	承安：20.8.13 陈铸：20.8.14 陈二：20.9.26、21.10.13 陈君：20.11.12 陈太守：20.11.21 陈坡：20.12.24 陈贵：21.10.13、22.1.18 陈图南：21.10.26 陈凤辉：21.10.27 陈君（运铜官）：21.11.14 陈荫庭：22.1.9、22.1.18 陈阿信：22.7.3 谌厚泽：20.8.17、20.9.2、20.9.6、20.9.20

续表

C	谌忠宣：20.9.20 谌厚光：20.9.20 纯永寿：20.10.19 程家颋：20.12.6 程铨：21.10.24、21.10.26 程涵齐：21.11.27 成世瑄：21.3.18、21.3.21 崔耀廷：22.1.12、22.1.16、22.1.22 曹锦：22.6.17、22.6.19
D	但明伦：20.12.6、20.12.7、20.12.9、20.12.10 端木医：21.5.2 董宗超：21.8.16、21.11.28 董宗远：21.11.3 道光帝：21.11.9、21.11.10、21.12.11、22.1.11、22.1.12 丁医：21.11.18
F	福珠郎阿：20.10.8 福泰：21.2.19 方仲坚：21.3.21、21.3.24、21.3.26、21.3.27、21.3.29 方墉：21.10.15、21.10.18、21.11.20、22.1.12、21.1.27 冯德峋：21.7.11、21.7.11、21.7.14 费德顺：22.6.12、22.6.13
G	高镶：20.7.25 高照：20.7.26、20.10.17、20.11.2、20.11.11、20.11.27、20.12.1、20.12.29、 　　　21.4.29、21.12.16、22.3.18 高殿臣：20.10.3、20.10.4、20.10.17 高振洛：20.12.6 盖星阶：20.8.1 甘长顺：20.8.21、20.12.1、21.2.2、21.8.12

续表

G	甘受先：21.11.4 管应龙：20.8.26 耿清梅：21.5.3 郭绍曾：21.7.11、21.7.16、21.7.20、21.8.5 傅绳勋：21.11.25
H	胡叟：20.7.29 胡五：21.9.15 恒泰：20.8.13、20.8.14 贺登举：20.8.17 黄鲁溪：20.8.17 黄家声：21.3.19、21.3.21 黄荣曾：21.3.19 黄家达：21.3.19、21.3.28 黄辅辰：21.11.3、21.11.7 黄兑楣：21.11.11、21.11.18 黄中位：21.12.25、22.1.12、22.1.28、22.2.28 黄百顺：22.2.27 何渭珍：20.12.24、21.1.11 何颐龄：21.1.11、21.11.4 何坐粮厅：21.8.18 何杓朗：21.11.3、21.11.5 侯晟：21.8.22、21.11.20 虹舫：21.1.25
J	金典史：21.8.18 金应麟：21.12.2、21.12.4、21.12.22 江姓商行主：22.4.5
K	奎照：21.11.24

L	黎兆熙：20.7.26、20.7.29、20.8.16、20.10.7、20.11.11、20.11.14、20.11.14、20.11.19、20.11.29、20.12.1、21.1.1、21.3.19、21.3*.8、21.3*.10、21.3*.17、21.3*.23、21.4.6、21.4.10、21.4.22、21.6.9、21.6.11、21.8.3、21.8.16、21.9.9、21.9.15、21.12.5、21.12.6、21.12.29、22.1.15、22.1.28、22.2.13、22.2.15、22.2.20、22.3.9、22.3.22、22.4.12、22.5.1
	黎兆熙妻：20.7.26
	黎兆祺：20.7.26、20.11.18、22.6.6、22.6.16、22.6.25、22.7.4、22.7.7
	黎兆淳：20.7.26、20.9.26、20.10.7
	黎兆普：20.7.26
	黎恂妻：20.7.26
	黎恺：20.9.20、22.6.12、22.6.13、22.6.14
	黎兆勋：20.9.2、20.9.25、20.9.26、22.5.1、22.5.5、22.5.12、22.5.19、22.5.21
	黎靖：20.10.22、20.10.24、20.10.26、20.11.2、20.11.5、20.11.7
	梁金诏：20.7.27
	梁时敏：22.7.5
	吕延庆：20.8.17
	李君：20.11.7
	李畬吴：20.12.1
	李琮：21.8.25、21.8.26、21.10.27、21.10.28
	李秉钧：21.10.23、21.11.1、21.11.7、21.11.29、21.12.14
	李汝楳：21.11.4
	李济川：21.11.11、21.11.18
	李济芳：21.1.27
	李君：22.6.14
	陆建瀛：21.7.11
	陆荫奎：21.7.20
	陆以烜：21.11.23、21.11.24

续表

L	刘培元：21.7.15 刘延熙：21.8.18 刘四：21.11.17 刘医：21.11.18 刘君：22.6.14 厉维梁：21.9.14 路康庄：21.10.5、21.10.22、21.11.1、21.11.2、21.11.7 路璋：21.11.3、21.11.5 路莲：21.1.25 鲁承宗：22.7.3
M	毛君：21.12.4 马午阳：22.7.3
P	彭承裕：20.7.28 彭衍墀：20.9.29 彭芷湾：20.10.26 潘医：21.3*.14
Q	庆霖：20.9.26、20.9.27、20.9.29、21.3*.21、21.3*.26、21.4.10、21.4.13、21.4.22、21.5.24、21.7.24、21.8.24、21.10.25、21.11.14 祁寯藻：21.10.24、21.10.25、21.11.24、21.12.18 钱医：21.11.18 邱承恩：21.12.24
R	饶凤：22.6.14、22.6.15
S	申某：20.8.18 沈鹤年：20.8.18 沈耀鋆：20.12.5、20.12.6、20.12.8 沈春溪：21.3*.4 沈桂芬：22.2.15

续表

S	邵镇：20.9.12、20.9.19 宋小茗：20.9.12 宋良：22.6.14 苏君：20.10.14 苏应珂：21.11.23、21.11.24 孙善宝：20.12.24、21.1.4 孙悦：21.1.8、21.1.10 孙椿：21.10.27、21.10.28、21.11.2、21.11.7、21.12.6 石小七：21.10.13 石纶：21.10.24、21.10.25、21.11.3、21.12.12、21.12.16 善焘：21.12.18、21.12.20
T	田贵：20.7、20.10.28、20.11.11、20.11.23、21.1.4、21.8.3、21.9.7、21.9.15、21.12.24、22.2.14、22.6.6 田君：22.6.14 童翚：20.8.7 童惟斋：21.3*.5 童近庵：22.2.28 汤氏：20.11.5、20.11.8 唐汝明：21.3*.12 唐惇培：21.12.2、21.12.4、21.12.13、22.1.16、22.1.20
W	王福：20.7、21.8.13、21.11.18、22.6.6 王泰：20.7、20.9.29 王祖培：20.8.18 王畬：20.8.18、20.10.8、20.10.23、20.12.21、21.3*.8、21.3*.10、21.3*.11、21.3*.28、21.4.12、21.4.13、21.4.14、21.5.11、21.5.14、21.5.15、21.5.20、21.5.23、21.7.5、21.7.10、21.8.24、21.9.5、21.9.10、21.10.21、21.11.1、21.11.22、21.11.27、22.1.26

续表

W	王嘉麟：21.2.20 王兆琛：21.3.12 王吉霖：21.6.16 王朴亭：21.8.21、21.9.7、21.10.19、21.10.26、21.11.2、21.11.19、21.11.21、21.12.1、21.12.14、22.1.26 王书吏：21.10.3 王玮庆：21.10.15、21.10.21、21.11.17、21.11.28、21.12.10、21.12.16、21.12.18、22.1.19 王维诚：21.11.20 王炳瀛：21.11.24、21.11.26 王鼎：22.2.16 王同善：22.7.5、22.7.6 吴均：20.8.8 吴松雨：21.3*.4 吴振棫：22.6.19 武俊：20.12.24 武池：21.10.11 伍长华：20.12.24 伍承钦：21.3.22 完颜麟庆：21.4.10 乌凌阿：21.8.18、21.9.14
X	项瀛：20.8.13、20.8.22、20.9.2、20.9.6、20.9.27、20.9.28、20.10.6、20.10.20、20.10.22、20.10.25、20.10.29、20.12.21、20.12.22、21.1.5、21.3*.12、21.3*.16、21.3*.18、21.3*.28、21.4.10、21.4.13、21.4.22、21.5.11、21.5.14、21.5.23、21.6.2、21.7.10、21.7.12、21.8.18、21.9.2、21.9.5、21.10.15、21.10.21、21.10.22、21.10.24、21.11.17、21.11.19、21.11.21、21.12.1、21.12.3、21.12.10、21.12.14、21.12.18、21.12.19、21.12.20、21.12.21、21.12.28、22.1.21 夏铭修：20.8.17、20.9.2 夏廷燮：20.9.10、20.9.11、20.10.27、20.10.27、20.11.6

续表

X	夏廷桢：20.12.23 徐锡金：20.8.17、20.8.19 徐泽醇：20.10.20、20.10.20、20.10.25、20.11.8、20.11.10、21.7.11、21.10.14 徐敦治：21.3*.16 徐戟园：21.10.5、21.10.29、21.11.2、21.11.6 徐彬：21.10.14、21.10.15、21.10.29 徐相：21.10.26 薛开科：20.8.18 薛文康：21.8.16、21.10.28、21.11.20 宣瑛：20.10.21 宣麟：20.10.21 谢正国：20.12.5、20.12.6、20.12.8 熊守谦：22.2.13 萧时馨：22.6.12 萧时馥：22.6.12
Y	叶兴：20.7、21.9.17、21.9.20、21.11.18、22.2.13、22.6.6 晏发：20.7、21.6.14、21.10.13、22.3.18 杨庆：20.7、20.9.29 杨鸿：20.7.26、20.10.17、20.11.11 杨洪：21.8.13、21.9.16、21.10.13、21.12.16、21.12.18、22.6.6、22.6.10 杨霈：20.10.10、20.10.20、20.10.22 杨柄桯：21.8.21、21.10.14、21.10.18、21.10.28、21.11.4、21.11.26、22.1.15 杨殿邦：21.10.24、21.10.25、21.11.29 杨培：21.11.21、21.11.22、22.1.25 杨之愉：22.6.17、22.6.18 姚世俊：20.7.21、20.9.26、20.10.7、20.10.11、20.10.17、20.10.19、20.10.29、20.11.2、20.11.11、20.11.23、20.12.1、20.1.1、21.3.18、21.3*.2、21.3*.17、21.4.6、21.6.9、21.6.11、21.7.27、21.8.13、21.9.9、21.9.20、21.10.12、21.10.13、21.10.21、21.11.11、21.11.14、21.11.18、21.11.19、21.11.20、21.11.21、21.11.25、22.1.18、22.4.9、22.5.1

续表

Y	姚元之：21.11.24 姚世俊母：22.4.24、22.5.5 姚世俊弟妇：22.4.27、22.5.5 姚五：22.5.19 英某：20.8.14 尹思敬：20.9.6、20.11.6、20.11.7、21.3*.21、21.3*.22、21.3*.23、21.3*.27、21.3*.30、21.4.2、21.4.9、21.4.13、21.4.22、21.5.15、21.5.14、21.8.17、21.8.18、21.9.5、21.9.10、21.10.21、21.10.25、21.11.27、21.12.3、21.12.14、22.1.9、22.1.18、22.1.26 闫守府：21.7.11 余崇本：21.8.16、21.9.11、21.9.11、21.10.24、21.10.25、21.10.29、21.11.17、21.11.20、21.11.21、21.11.25、21.11.29、21.12.1、21.12.13、21.12.15、21.12.18、21.12.19、21.12.20、21.12.21、21.12.22、21.12.24、21.12.27、22.1.10 俞焜：21.12.5、21.12.29、22.2.14、22.2.15、22.2.16、22.2.17 岳镇南：22.1.9、22.1.12 喻怀仁：22.2.18
Z	邹家模：20.8.17 张其仁：20.10.6 张君：20.11.7 张升：20.11.11、21.7.13、21.8.3、21.9.14、21.9.19、21.10.13、21.12.6、22.1.18、22.4.9 张医：21.5.8 张华：21.7.11、21.7.12 张九：21.11.12 张仁政：21.11.21、21.11.22、22.1.16

续表

Z	张梧：21.11.29、21.12.14、22.1.25 张方山：21.12.12 张云藻：21.12.14 兆衡：20.10.26 郑士范：20.11.7 朱其章：20.11.21 朱恭寿：21.3*.2、21.3*.3、21.3*.4、21.3*.5 朱笏斋：21.3*.3 朱树：21.3*.20、21.5.1、21.5.3、21.5.11 朱绍恩：21.10.24、21.11.21 朱昌颐：21.11.20、21.12.4、21.12.12、22.1.25 朱奎章：21.12.17、21.12.26、22.1.15、22.5.1 朱姓旅店主：22.3.8 赵德辙：20.12.23 赵廷樟：21.3*.18 周力增：21.3*.16 周诵芬：21.11.20 周莲塘：21.11.20 周春祺：21.11.24、21.11.26、21.1.27 周雨亭：21.12.12 祝庆蕃：21.11.25、21.11.26、21.11.29、21.12.8 章汝舟：21.12.16 章济：21.12.16、21.12.18、21.12.21、21.12.22、21.12.25、21.12.27、22.1.28 曾姓花行主：22.3.9 郑绍谦：22.6.25

附录三

民国《续遵义府志·黎恂传》

注：黎恂之传，光绪《桐乡县志》、民国《续遵义府志》、民国《贵州通志》皆有之，惟民国《续遵义府志》为详。今所录于此者，即民国《续遵义府志》卷二十上《列传一》黎恂之传。该传文又明确记载由郑珍君撰写。郑珍，贵州清代闻名全国的三大经学家之一，黎恂之甥兼婿兼学生，青少年读书时曾受益于黎恂自桐乡购回之书匪浅。今其文集中，收录有其《诰授奉政大夫云南东川府巧家厅同知舅氏雪楼先生行状》及《舅氏雪楼黎府君墓铭》。

黎恂，字雪楼，晚自号拙叟。父安理，官山东长山县知县，《国史》、前《志》均有传。安理遭继祖母之难，家贫，年四十余，惟受徒自给，故督恂甚严。十六岁补学官弟子，嘉庆庚午举于乡，甲戌成进士。改知县，签发浙江，补桐乡县知县。五年以父忧归，引疾居家十四年。再起复，拣发云南，迭署平彝、新平知县，补大姚县知县，署云县（案，当为云州）、沅江（案，沅当为元）、沾益、大姚县等县，升东川府巧家厅同知。咸丰元年致仕。又十余年，年七十有九卒。恂初仕桐乡，甫三十余，海内承平。浙江又人文渊薮，公余辄延接人士，谈论上下今古，时复弹琴咏歌，声闻户外。尝曰："人以进士为读书之终，我以进士为读书之始。稽古，吾志也。"逮忧归，乃以廉俸万金购置书籍。是时，遵义方僻陋，自明至今学士文人可著录者甚少，至是郑珍以甥行，莫友芝以年家子皆从恂发箧陈书，大肆力于学。厥后，珍、友芝名满东南，称经学大师。子兆勋，侄庶蕃、庶焘、庶昌，孙汝谦，皆以文学知名当世。流风遗韵，沾溉百年，而筚缕开先者，恂也。恂为吏多善政，及遇变，才以足以济之。其在桐乡，天下方无事，一以不扰为治。正狱讼，弭盗贼，宽赋役，厘漕务，暇则修先儒张考夫墓，举愿学备忘录，以诏学子。在云南凡三弭回变。初署新平，平彝蔡刁氏谋反事觉，恂自省驰三昼夜，勒兵补剿，擒蔡母子及伪总督以下四十余人，

525

赦其胁从，贼遂解散。署大姚县，缅宁回与两湖客民械斗，回故以市羊与汉人，构衅拥众千余，胁镇道就理愕不出。恂公服坐堂，皇呼其酋，叱曰汝曹反耶！佥曰不敢。曰既不敢，为一样曲直，当诉我。挥众退，立与亭决。再任大姚，举办团练。会川匪王某结众烧梅市堡，渡金沙江入城，据仁和街。恂督团拒守，擒斩六百余人。贼遂溃。踰月，回复围白盐井，再率团练创走。总督林则徐善其法，下他州县仿行。方以卓异荐，题升巧家厅同知。恂叹曰吾本为贫仕，以赔累牵率至今，忽忽遂十六年，可休矣，遂称病归。归而黔中乱作，同时亲故，死亡略尽，无复浙归时林下之乐。更数年，贼犯境，室燬于火，藏书烬尽，携家转徙石阡、桐梓。所至焚香展卷，意兴翛然。为文冲夷典雅，气息在庐陵、震川间。诗尤所长，出入唐宋，不主一家。著有《蛉石轩诗文集》若干卷。子兆勋，兆熙早卒，诗近渔阳，有《野茶冈人学吟草》；兆祺、兆铨、兆普，《孝友》另有传。侄庶昌、孙汝谦。"

参考文献

一、古籍和地志

[1] （唐）孔颖达. 尚书正义[M]. 十三经注疏本. 北京：中华书局，1980.

[2] （唐）孔颖达，等. 毛诗正义[M]. 十三经注疏本. 北京：中华书局，1980.

[3] （汉）郑玄. （唐）贾公彦. 周礼注疏[M]. 十三经注疏本. 北京：中华书局，1980.

[4] （宋）朱熹. 四书章句集注[M]. 北京：中华书局，2012.

[5] 杨伯峻. 春秋左传注[M]. 修订版. 北京：中华书局，1995.

[6] （唐）杜佑. 通典[CD]. 文渊阁四库全书. 上海：上海人民出版社，1999.

[7] （元）马端临. 文献通考[CD]. 文渊阁四库全书. 上海：上海人民出版社，1999.

[8] （明）王圻. 续文献通考[CD]. 文渊阁四库全书. 上海：上海人民出版社，1999.

[9] 钦定续文献通考[CD]. 文渊阁四库全书. 上海：上海人民出版社，1999.

[10] 钦定大清会典则例[CD]. 文渊阁四库全书. 上海：上海人民出版社，1999.

[11] 钦定大清会典事例[G]. 嘉庆二十五年刻本.

[12] 皇朝文献通考[M]. 文渊阁四库全书. 上海：上海人民出版社，1999.

[13] 同治钦定户部则例[G]. 同治十三年刊本.

[14] 光绪大清会典[G]. 续修四库全书：第794册. 上海：上海古籍出版社，1995.

[15] 皇朝通志[CD]. 文渊阁四库全书. 上海：上海人民出版社，1999.

[16] 钦定历代职官表[CD]. 文渊阁四库全书. 上海：上海人民出版社，

1999.

[17] 清实录[M]. 北京：中华书局，1986.

[18] 世宗宪皇帝朱批谕旨[CD]. 文渊阁四库全书. 上海：上海人民出版社，1999.

[19]（汉）司马迁. 史记[M]. 北京：中华书局，1982.

[20]（汉）班固. 汉书[M]. 北京：中华书局，1962.

[21]（晋）陈寿. 三国志[M]. 北京：中华书局，1982.

[22]（南朝宋）范晔. 后汉书[M]. 北京：中华书局，1965.

[23]（唐）房玄龄. 晋书[M]. 北京：中华书局，1974.

[24]（梁）沈约. 宋书[M]. 北京：中华书局，1974.

[25]（梁）萧子显. 南齐书[M]. 北京：中华书局，1972.

[26]（唐）姚思廉. 梁书[M]. 北京：中华书局，1973.

[27]（北齐）魏收. 魏书[M]. 北京：中华书局，1974.

[28]（唐）李延寿. 南史[M]. 北京：中华书局，1975.

[29]（后晋）刘昫. 旧唐书[M]. 北京：中华书局，1975.

[30]（宋）欧阳修，宋祁. 新唐书[M]. 北京：中华书局，1975.

[31]（宋）欧阳修. 新五代史[M]. 北京：中华书局，1974.

[32]（元）脱脱. 宋史[M]. 北京：中华书局，1977.

[33]（元）脱脱. 金史[M]. 北京：中华书局，1975.

[34]（明）宋濂. 元史[M]. 北京：中华书局，1976.

[35]（清）张廷玉，等. 明史[M]. 北京：中华书局，1974.

[36] 赵尔巽. 清史稿[M]. 北京：中华书局，1977.

[37]（晋）常璩. 华阳国志[M]. 任乃强，校补图注. 上海：上海古籍出版社，1987.

[38]（北魏）郦道元. 水经注[M]. 陈桥驿，校正. 北京：中华书局，2007.

[39]（唐）李泰. 括地志辑校[M]. 贺次君，校注. 北京：中华书局，1980.

[40]（唐）李吉甫. 元和郡县图志[M]. 北京：中华书局，1983.

[41]（宋）乐史. 太平寰宇记[M]. 北京：中华书局，2008.

[42]（宋）元丰九域志[M]. 北京：中华书局，2005.

[43]（宋）祝穆. 方舆胜览[M]. 北京：中华书局，2003.

[44]（宋）王象之. 舆地纪胜[M]. 北京：中华书局，1992.

[45] 明一统志[CD]. 文渊阁四库全书. 上海：上海人民出版社，1999.

[46] 弘治黄州府志[M]. 上海：上海古籍书店，1956.

[47] （明）董斯张. 吴兴备志[CD]. 文渊阁四库全书. 上海：上海人民出版社，1999.

[48] 万历湖州府志[CD]. 文渊阁四库全书. 上海：上海人民出版社，1999.

[49] 乾隆大清一统志[CD]. 文渊阁四库全书. 上海：上海人民出版社，1999.

[50] 嘉庆重修大清一统志[M]. 上海：上海古籍出版社，2008.

[51] 乾隆云南通志[CD]. 文渊阁四库全书. 上海：上海人民出版社，1999.

[52] 乾隆贵州通志[CD]. 文渊阁四库全书. 上海：上海人民出版社，1999.

[53] 雍正四川通志[CD]. 文渊阁四库全书. 上海：上海人民出版社，1999.

[54] 康熙湖广通志[CD]. 文渊阁四库全书. 上海：上海人民出版社，1999.

[55] 乾隆江西通志[CD]. 文渊阁四库全书. 上海：上海人民出版社，1999.

[56] 乾隆江南通志[CD]. 文渊阁四库全书. 上海：上海人民出版社，1999.

[57] 乾隆山东通志[CD]. 文渊阁四库全书. 上海：上海人民出版社，1999.

[58] 雍正畿辅通志[CD]. 文渊阁四库全书. 上海：上海人民出版社，1999.

[59] 乾隆山西通志[CD]. 文渊阁四库全书. 上海：上海人民出版社，1999.

[60] 乾隆河南通志[CD]. 文渊阁四库全书. 上海：上海人民出版社，1999.

[61] 光绪吉林通志[M]. 南京：凤凰出版社，2009.

[62] 民国湖北通志[M]. 民国十年刻本.

[63] 民国贵州通志[M]//中国方志集成·贵州省志. 成都：巴蜀书社，2006.

[64] 民国新纂云南通志[M]. 李春龙，等，点校. 昆明：云南人民出版社，2007.

[65] 民国续修新平县志[M]. 民国二十二年石印本影印. 台北：台北成文出版社，1967.

[66] 民国元江志稿[M]. 民国二十二年石印本影印. 台北：台北成文出版社，1967.

[67] 道光昆明县志[M]//中国方志集成·云南府县志辑. 南京：凤凰出版社，2009.

[68] 光绪续修嵩明州志[M]//中国方志集成·云南府县志辑. 南京：凤凰出版社，2009.

[69] 光绪沾益州志[M]//中国方志集成·云南府县志辑. 南京：凤凰出版社，2009.

[70] 道光宣威州志[M]//中国方志集成·云南府县志辑. 南京：凤凰出版社，2009.

[71] 民国宣威县志稿[M]//中国方志集成·云南府县志辑. 南京：凤凰出版社，2009.

[72] 道光大姚县志[M]//中国方志集成·云南府县志辑. 南京：凤凰出版社，2009.

[73] 康熙平彝县志[M]//中国方志集成·云南府县志辑. 南京：凤凰出版社，2009.

[74] 咸丰南宁县志[M]//中国方志集成·云南府县志辑. 南京：凤凰出版社，2009.

[75] 道光广南府志[M]//中国方志集成·云南府县志辑. 南京：凤凰出版社，2009.

[76] 民国威宁县志[M]//中国方志集成·贵州府县志辑. 成都：巴蜀书社，2006.

[77] 道光大定府志[M]//中国方志集成·贵州府县志辑. 成都：巴蜀书社，2006.

[78] 乾隆毕节县志[M]//中国方志集成·贵州府县志辑. 成都：巴蜀书社，2006.

[79] 同治毕节县志稿[M]//中国方志集成·贵州府县志辑. 成都：巴蜀书社，2006.

[80] 道光仁怀直隶厅志[M]//中国方志集成·贵州府县志辑. 成都：巴蜀书社，2006.

[81] 道光遵义府志[M]//中国方志集成·贵州府县志辑. 成都：巴蜀书社，2006.

[82] 民国续遵义府志[M]//中国方志集成·贵州府县志辑. 成都：巴蜀书社，2006.

[83] 光绪黎平府志[M]//中国方志集成·贵州府县志辑. 成都：巴蜀书社，2006.

[84] 咸丰兴义府志[M]//中国方志集成·贵州府县志辑. 成都：巴蜀书社，2006.

[85] 道光镇远府志[M]//中国方志集成·贵州府县志辑. 成都：巴蜀书社，2006.

[86] 道光铜仁府治[M]//中国方志集成·贵州府县志辑. 成都：巴蜀书社，2006.

[87] 道光思南府续志[M]//中国方志集成·贵州府县志辑. 成都：巴蜀书社，2006.

[88] 民国思南县志[M]//中国方志集成·贵州府县志辑. 成都：巴蜀书社，2006.

[89] 民国石阡县志[M]//中国方志集成·贵州府县志辑. 成都：巴蜀书社，2006.

[90] 康熙湄潭县志[M]//中国方志集成·贵州府县志辑. 成都：巴蜀书社，2006.

[91] 光绪平越直隶州志[M]//中国方志集成·贵州府县志辑. 成都：巴蜀书社，2006.

[92] 民国息烽县志[M]//中国方志集成·贵州府县志辑. 成都：巴蜀书社，2006.

[93] 道光贵阳府志[M]//中国方志集成·贵州府县志辑. 成都：巴蜀书社，2006.

[94] 民国清镇县志稿[M]//中国方志集成·贵州府县志辑. 成都：巴蜀书社，2006.

[95] 咸丰安顺府志[M]//中国方志集成·贵州府县志辑. 成都：巴蜀书社，2006.

[96] 咸丰安顺府志[M]//中国方志集成·贵州府县志辑. 成都：巴蜀书社，2006.

[97] 咸丰兴义府志[M]//中国方志集成·贵州府县志辑. 成都：巴蜀书社，2006.

[98] 光绪普安直隶厅志[M]//中国方志集成·贵州府县志辑. 成都：巴蜀书社，2006.

[99] 民国叙永县志[M]//中国方志集成·四川府县志辑. 成都：巴蜀书社，1992.

[100] 嘉庆纳溪县志[M]//中国方志集成·四川府县志辑. 成都：巴蜀书社，1992.

[101] 光绪直隶泸州志[M]//中国方志集成·四川府县志辑. 成都：巴蜀书社，1992.

[102] 民国合江县志[M]//中国方志集成·四川府县志辑. 成都：巴蜀书社，1992.

[103] 光绪永川县志[M]//中国方志集成·四川府县志辑. 成都：巴蜀书社，1992.

[104] 民国江津县志[M]//中国方志集成·四川府县志辑. 成都：巴蜀书社，1992.

[105] 民国巴县志[M]//中国方志集成·四川府县志辑. 成都：巴蜀书社，1992.

[106] 道光江北厅志[M]//中国方志集成·四川府县志辑. 成都：巴蜀书社，1992.

[107] 道光重庆府志[M]//中国方志集成·四川府县志辑. 成都：巴蜀书社，1992.

[108] 同治重修涪州志[M]//中国方志集成·四川府县志辑. 成都：巴蜀书社，1992.

[109] 光绪重修丰都县志[M]//中国方志集成·四川府县志辑. 成都：巴蜀书社，1992.

[110] 同治直隶忠州志[M]//中国方志集成·四川府县志辑. 成都：巴蜀书社，1992.

[111] 道光夔州府治[M]//中国方志集成·四川府县志辑. 成都：巴蜀书社，1992.

[112] 民国云阳县志[M]//中国方志集成·四川府县志辑. 成都：巴蜀书社，1992.

[113] 光绪奉节县志[M]//中国方志集成·四川府县志辑. 成都：巴蜀书社，1992.

[114] 光绪巫山县志[M]//中国方志集成·四川府县志辑. 成都：巴蜀书社，1992.

[115] 同治巴东县志[M]//中国方志集成·湖北府县志辑. 南京：凤凰出版社，2013.

[116] 同治归州志[M]//中国方志集成·湖北府县志辑. 南京：凤凰出版社，2013.

[117] 同治宜昌府志[M]//中国方志集成·湖北府县志辑.南京：凤凰出版社，2013.

[118] 同治续修东湖县志[M]//中国方志集成·湖北府县志辑.南京：凤凰出版社，2013.

[119] 同治宜都县志[M]//中国方志集成·湖北府县志辑.南京：凤凰出版社，2013.

[120] 同治枝江县志[M]//中国方志集成·湖北府县志辑.南京：凤凰出版社，2013.

[121] 光绪荆州府志[M]//中国方志集成·湖北府县志辑.南京：凤凰出版社，2013.

[122] 光绪续修江陵县志[M]//中国方志集成·湖北府县志辑.南京：凤凰出版社，2013.

[123] 同治石首县志[M]//中国方志集成·湖北府县志辑.南京：凤凰出版社，2013.

[124] 同治监利县志[M]//中国方志集成·湖北府县志辑.南京：凤凰出版社，2013.

[125] 光绪沔阳州志[M]//A 中国方志集成·湖北府县志辑.南京：凤凰出版社，2013.

[126] 同治重修嘉鱼县志[M]//中国方志集成·湖北府县志辑.南京：凤凰出版社，2013.

[127] 同治襄阳县志[M]//中国方志集成·湖北府县志辑.南京：凤凰出版社，2013.

[128] 光绪襄阳府志[M]//中国方志集成·湖北府县志辑.南京：凤凰出版社，2013.

[129] 同治江夏县志[M]//中国方志集成·湖北府县志辑.南京：凤凰出版社，2013.

[130] 同治续辑汉阳县志[M]//中国方志集成·湖北府县志辑.南京：凤凰出版社，2013.

[131] 同治施南府志[M]//中国方志集成·湖北府县志辑.南京：凤凰出版社，2013.

[132] 乾隆汉阳府志[M]//中国方志集成·湖北府县志辑.南京：凤凰出版社，2013.

[133] 民国汉口小志[M]//中国方志集成·湖北府县志辑. 南京：凤凰出版社，2013.

[134] 光绪黄冈县志[M]//中国方志集成·湖北府县志辑. 南京：凤凰出版社，2013.

[135] 光绪黄州府志[M]//中国方志集成·湖北府县志辑. 南京：凤凰出版社，2013.

[136] 乾隆武昌县志[M]//中国方志集成·湖北府县志辑. 南京：凤凰出版社，2013.

[137] 光绪武昌县志[M]//中国方志集成·湖北府县志辑. 南京：凤凰出版社，2013.

[138] 光绪蕲水县志[M]//中国方志集成·湖北府县志辑. 南京：凤凰出版社，2013.

[139] 嘉靖大冶县志[M]//中国方志集成·湖北府县志辑. 南京：凤凰出版社，2013.

[140] 同治大冶县志[M]//中国方志集成·湖北府县志辑. 南京：凤凰出版社，2013.

[141] 光绪蕲州志[M]//中国方志集成·湖北府县志辑. 南京：凤凰出版社，2013.

[142] 康熙广济县志[M]//中国方志集成·湖北府县志辑. 南京：凤凰出版社，2013.

[143] 同治广济县志[M]//中国方志集成·湖北府县志辑. 南京：凤凰出版社，2013.

[144] 乾隆荆门州志[M]//中国方志集成·湖北府县志辑. 南京：凤凰出版社，2013.

[145] 同治荆门直隶州志[M]//中国方志集成·湖北府县志辑. 南京：凤凰出版社，2013.

[146] 同治公安县志[M]//中国方志集成·湖南府县志辑. 南京：凤凰出版社，2013.

[147] 同治巴陵县志[M]//中国方志集成·湖南府县志辑. 南京：凤凰出版社，2003.

[148] 光绪巴陵县志[M]//中国方志集成·湖南府县志辑. 南京：凤凰出版社，2003.

[149] 乾隆岳州府志[M]//中国方志集成·湖南府县志辑. 南京：凤凰出版社，2003.

[150] 同治直隶澧州志[M]//中国方志集成·湖南府县志辑. 南京：凤凰出版社，2003.

[151] 嘉庆常德府志[M]//中国方志集成·湖南府县志辑. 南京：凤凰出版社，2003.

[152] 乾隆辰州府志[M]//中国方志集成·湖南府县志辑. 南京：凤凰出版社，2003.

[153] 同治武陵县志[M]//中国方志集成·湖南府县志辑. 南京：凤凰出版社，2003.

[154] 光绪桃源县志[M]//中国方志集成·湖南府县志辑. 南京：凤凰出版社，2003.

[155] 同治沅陵县志[M]//中国方志集成·湖南府县志辑. 南京：凤凰出版社，2003.

[156] 民国沅陵县志[M]//中国方志集成·湖南府县志辑. 南京：凤凰出版社，2003.

[157] 道光辰溪县志[M]//中国方志集成·湖南府县志辑. 南京：凤凰出版社，2003.

[158] 同治新修麻阳县志[M]//中国方志集成·湖南府县志辑. 南京：凤凰出版社，2003.

[159] 同治九江府志[M]//中国方志集成·江西府县志辑. 南京：江苏古籍出版社，1996.

[160] 同治德化县志[M]//中国方志集成·江西府县志辑. 南京：江苏古籍出版社，1996.

[161] 乾隆望江县志[M]//中国方志集成·安徽府县志辑. 南京：凤凰出版社，2010.

[162] 乾隆池州府志[M]//中国方志集成·安徽府县志辑. 南京：凤凰出版社，2010.

[163] 康熙安庆府志[M]//中国方志集成·安徽府县志辑. 南京：凤凰出版社，2010.

[164] 民国怀宁县志[M]//中国方志集成·安徽府县志辑. 南京：凤凰出版社，2010.

[165] 光绪贵池县志[M]//中国方志集成·安徽府县志辑. 南京：凤凰出版社，2010.
[166] 光绪青阳县志[M]//中国方志集成·安徽府县志辑. 南京：凤凰出版社，2010.
[167] 乾隆铜陵县志[M]//中国方志集成·安徽府县志辑. 南京：凤凰出版社，2010.
[168] 道光繁昌县志[M]//中国方志集成·安徽府县志辑. 南京：凤凰出版社，2010.
[169] 乾隆太平府志[M]//中国方志集成·安徽府县志辑. 南京：凤凰出版社，2010.
[170] 民国宿松县志[M]//中国方志集成·安徽府县志辑. 南京：凤凰出版社，2010.
[171] 同治上江两县志[M]//中国方志集成·江苏府县志辑. 南京：凤凰出版社，2008.
[172] 同治续纂江宁府志[M]//中国方志集成·江苏府县志辑. 南京：凤凰出版社，2008.
[173] 光绪六合县志[M]//中国方志集成·江苏府县志辑. 南京：凤凰出版社，2008.
[174] 嘉庆新修江宁府志[M]//中国方志集成·江苏府县志辑. 南京：凤凰出版社，2008.
[175] 乾隆江都县志[M]//中国方志集成·江苏府县志辑. 南京：凤凰出版社，2008.
[176] 嘉庆江都县续志[M]//中国方志集成·江苏府县志辑. 南京：凤凰出版社，2008.
[177] 嘉庆重修扬州府志[M]//中国方志集成·江苏府县志辑. 南京：凤凰出版社，2008.
[178] 嘉庆高邮州志[M]//中国方志集成·江苏府县志辑. 南京：凤凰出版社，2008.
[179] 道光续增高邮州志[M]//中国方志集成·江苏府县志辑. 南京：凤凰出版社，2008.
[180] 光绪再续高邮州志[M]//中国方志集成·江苏府县志辑. 南京：凤凰出版社，2008.

[181] 民国三续高邮州志[M]//中国方志集成·江苏府县志辑. 南京：凤凰出版社，2008.

[182] 高邮志余[M]//中国方志集成·江苏府县志辑. 南京：凤凰出版社，2008.

[183] 高邮志余补[M]//中国方志集成·江苏府县志辑. 南京：凤凰出版社，2008.

[184] 光绪淮安府志[M]//中国方志集成·江苏府县志辑. 南京：凤凰出版社，2008.

[185] 同治重修山阳县志[M]//中国方志集成·江苏府县志辑. 南京：凤凰出版社，2008.

[186] 光绪丙子清河县志[M]//中国方志集成·江苏府县志辑. 南京：凤凰出版社，2008.

[187] 乾隆重修桃源县志[M]//中国方志集成·江苏府县志辑. 南京：凤凰出版社，2008.

[188] 同治徐州府志[M]//中国方志集成·江苏府县志辑. 南京：凤凰出版社，2008.

[189] 民国宿迁县志[M]//中国方志集成·江苏府县志辑. 南京：凤凰出版社，2008.

[190] 咸丰邳州志[M]//中国方志集成·江苏府县志辑. 南京：凤凰出版社，2008.

[191] 民国沛县志[M]//中国方志集成·江苏府县志辑. 南京：凤凰出版社，2008.

[192] 咸丰泗虹合志[M]//中国方志集成·江苏府县志辑. 南京：凤凰出版社，2008.

[193] 光绪直隶通州志[M]//中国方志集成·江苏府县志辑. 南京：凤凰出版社，2008.

[194] 光绪峄县志[M]//中国方志集成·山东府县志辑. 南京：凤凰出版社，2004.

[195] 嘉庆长山县志[M]//中国方志集成·山东府县志辑. 南京：凤凰出版社，2004.

[196] 乾隆兖州府志[M]//中国方志集成·山东府县志辑. 南京：凤凰出版社，2004.

[197] 道光滕县志[M]//中国方志集成·山东府县志辑. 南京：凤凰出版社，2004.

[198] 光绪鱼台县志[M]//中国方志集成·山东府县志辑. 南京：凤凰出版社，2004.

[199] 道光济宁直隶州志[M]//中国方志集成·山东府县志辑. 南京：凤凰出版社，2004.

[200] 光绪东平州志[M]//中国方志集成·山东府县志辑. 南京：凤凰出版社，2004.

[201] 道光东阿县志[M]//中国方志集成·山东府县志辑. 南京：凤凰出版社，2004.

[202] 光绪阳谷县志[M]//中国方志集成·山东府县志辑. 南京：凤凰出版社，2004.

[203] 嘉庆东昌府志[M]//中国方志集成·山东府县志辑. 南京：凤凰出版社，2004.

[204] 宣统聊城县志[M]//中国方志集成·山东府县志辑. 南京：凤凰出版社，2004.

[205] 民国清平县志[M]//中国方志集成·山东府县志辑. 南京：凤凰出版社，2004.

[206] 乾隆临清直隶州志[M]//中国方志集成·山东府县志辑. 南京：凤凰出版社，2004.

[207] 民国清河县志[M]//中国方志集成·山东府县志辑. 南京：凤凰出版社，2004.

[208] 光绪续修故城县志[M]//中国方志集成·山东府县志辑. 南京：凤凰出版社，2004.

[209] 宣统重修恩县志[M]//中国方志集成·山东府县志辑. 南京：凤凰出版社，2004.

[210] 乾隆德州志[M]//中国方志集成·山东府县志辑. 南京：凤凰出版社，2004.

[211] 光绪增修诸城县续志[M]//中国方志集成·山东府县志辑. 南京：凤凰出版社，2004.

[212] 光绪利津县志[M]//中国方志集成·山东府县志辑. 南京：凤凰出版社，2004.

[213] 咸丰青州府志[M]//中国方志集成·山东府县志辑. 南京：凤凰出版社，2004.

[214] 乾隆河间府志[M]//中国方志集成·河北府县志辑. 上海：上海书店出版社，2006.

[215] 光绪东光县志[M]//中国方志集成·河北府县志辑. 上海：上海书店出版社，2006.

[216] 民国交河县志[M]//中国方志集成·河北府县志辑. 上海：上海书店出版社，2006.

[217] 康熙青县志[M]//中国方志集成·河北府县志辑. 上海：上海书店出版社，2006.

[218] 民国青县志[M]//中国方志集成·河北府县志辑. 上海：上海书店出版社，2006.

[219] 光绪保定府志[M]//中国方志集成·河北府县志辑. 上海：上海书店出版社，2006.

[220] 民国满城县志[M]//中国方志集成·河北府县志辑. 上海：上海书店出版社，2006.

[221] 民国定县志[M]//中国方志集成·河北府县志辑. 上海：上海书店出版社，2006.

[222] 乾隆正定府志[M]//中国方志集成·河北府县志辑. 上海：上海书店出版社，2006.

[223] 民国沙河县志[M]//中国方志集成·河北府县志辑. 上海：上海书店出版社，2006.

[224] 光绪永平府志[M]//中国方志集成·河北府县志辑. 上海：上海书店出版社，2006.

[225] 光绪永年县志[M]//中国方志集成·河北府县志辑. 上海：上海书店出版社，2006.

[226] 民国邯郸县志[M]//中国方志集成·河北府县志辑. 上海：上海书店出版社，2006.

[227] 光绪天津府志[M]//中国方志集成·天津府县志辑. 上海：上海书店出版社，2004.

[228] 民国静海县志[M]//中国方志集成·天津府县志辑. 上海：上海书店出版社，2004.

[229] 光绪顺天府志[M]//中国方志集成·北京府县志辑. 上海：上海书店出版社，2002.

[230] 康熙通州志[M]//中国方志集成·北京府县志辑. 上海：上海书店出版社，2002.

[231] 民国房山县志[M]//中国方志集成·北京府县志辑. 上海：上海书店出版社，2002.

[232] 嘉庆安阳县志[M]//中国方志集成·河南府县志辑. 上海：上海书店出版社，2013.

[233] 光绪光州志[M]//中国方志集成·河南府县志辑. 上海：上海书店出版社，2013.

[234] 道光武陟县志[M]//中国方志集成·河南府县志辑. 上海：上海书店出版社，2013.

[235] 乾隆新乡县志[M]//中国方志集成·河南府县志辑. 上海：上海书店出版社，2013.

[236] 乾隆获嘉县志[M]//中国方志集成·河南府县志辑. 上海：上海书店出版社，2013.

[237] 康熙新郑县志[M]//中国方志集成·河南府县志辑. 上海：上海书店出版社，2013.

[238] 民国长葛县志[M]//中国方志集成·河南府县志辑. 上海：上海书店出版社，2013.

[239] 乾隆襄城县志[M]//中国方志集成·河南府县志辑. 上海：上海书店出版社，2013.

[240] 同治叶县志[M]//中国方志集成·河南府县志辑. 上海：上海书店出版社，2013.

[241] 康熙裕州志[M]//中国方志集成·河南府县志辑. 上海：上海书店出版社，2013.

[242] 光绪南阳县志[M]//中国方志集成·河南府县志辑. 上海：上海书店出版社，2013.

[243] 乾隆新野县志[M]//中国方志集成·河南府县志辑. 上海：上海书店出版社，2013.

[244] 光绪桐乡县志[M]//中国方志集成·浙江府县志辑. 上海：上海书店出版社，2011.

[245] 光绪乌程县志[M]//中国方志集成·浙江府县志辑. 上海：上海书店出版社，2011.

[246] 光绪海盐县志[M]//中国方志集成·浙江府县志辑. 上海：上海书店出版社，2011.

[247] 道光肇庆府志[M]//中国方志集成·广东府县志辑. 上海：上海书店出版社，2003.

[248] 乾隆肃州新志[M]//中国方志集成·甘肃府县志辑. 南京：凤凰出版社，2009.

[249]（清）马士图. 莫愁湖志[M]. 光绪八年重刻本.

[250] 胡祥翰. 金陵胜迹志[M]. 南京：南京出版社，2012.

[251] 江陵县志编纂委员会. 江陵县志[M]. 武汉：湖北人民出版社，1990.

[252] 北京风物志编写组. 北京风物志[M]. 北京：旅游出版社，1982.

[253]（清）戴瑞徵. 云南铜志[M]//方国瑜. 云南史料丛刊：第12册. 昆明：云南大学出版社，2001.

[254]（清）吴其浚. 滇南矿厂图略[M]. 云南省图书馆藏道光刻本.

[255]（清）郭庆藩. 庄子集释[M]. 北京：中华书局，2012.

[256] 何宁. 淮南子集释[M]. 北京：中华书局，1998.

[257]（汉）许慎. 说文解字[CD]. 文渊阁四库全书. 上海：上海人民出版社，1999.

[258]（汉）应劭. 风俗通义[CD]. 文渊阁四库全书. 上海：上海人民出版社，1999.

[259]（晋）崔豹. 古今注[CD]. 文渊阁四库全书. 上海：上海人民出版社，1999.

[260]（北齐）颜之推. 颜氏家训[CD]. 文渊阁四库全书. 上海：上海人民出版社，1999.

[261]（唐）陈子昂. 陈拾遗集[CD]. 文渊阁四库全书. 上海：上海人民出版社，1999.

[262]（唐）李白. 李太白文集[CD]. 文渊阁四库全书. 上海：上海人民出版社，1999.

[263]（唐）徐坚. 初学记[CD]. 文渊阁四库全书. 上海：上海人民出版社，1999.

[264]（前蜀）杜光庭. 墉城集仙录[CD]. 文渊阁四库全书. 上海：上海人民出版社，1999.

[265]（宋）苏轼. 东坡全集[CD]. 文渊阁四库全书. 上海：上海人民出版社，1999.

[266]（宋）王宗稷. 东坡先生年谱[CD]. 文渊阁四库全书. 上海：上海人民出版社，1999.

[267]（宋）陆游. 入蜀记[CD]. 文渊阁四库全书. 上海：上海人民出版社，1999.

[268]（宋）陆游. 老学庵笔记[CD]. 文渊阁四库全书. 上海：上海人民出版社，1999.

[269]（宋）范成大. 吴船录[CD]. 文渊阁四库全书. 上海：上海人民出版社，1999.

[270]（宋）单锷. 吴中水利书[CD]. 文渊阁四库全书. 上海：上海人民出版社，1999.

[271]（宋）谢显道，等. 海琼白真人语录[CD]. 文渊阁四库全书. 上海：上海人民出版社，1999.

[272]（宋）王巩. 闻见杂录[CD]. 文渊阁四库全书. 上海：上海人民出版社，1999.

[273]（元）李志常. 长春真人西游记[M]. 党宝海，译注. 石家庄：河北人民出版社，2001.

[274]（明）黄训. 名臣经济录[M]. 文渊阁四库全书. 上海：上海人民出版社，1999.

[275]（清）陈鼎. 滇游记[M]//方国瑜. 云南史料丛刊·第11卷. 昆明：云南大学出版社，2001.

[276]（清）严可均. 全上古三代秦汉三国六朝文[M]. 上海：上海古籍出版社，2009.

[277]（清）王士禛. 蜀道驿程记[CD]. 文渊阁四库全书. 上海：上海人民出版社，1999.

[278]（清）吴之振. 宋诗钞[CD]. 文渊阁四库全书. 上海：上海人民出版社，1999.

[279]（清）张船山. 船山诗草[M]. 北京：中华书局，1986.

[280]（清）沈季友. 檇李诗系[CD]. 文渊阁四库全书. 上海：上海人民出

版社，1999.

[281]（清）傅洪泽行水金鉴[CD]. 文渊阁四库全书. 上海：上海人民出版社，1999.

[282]（清）蒋作锦. 东原考古录[M]. 光绪十八年刻本.

[283]（清）包家吉. 滇游日记[M]//方国瑜. 云南史料丛刊·第12卷. 昆明：云南大学出版社，2001.

[284] 徐世昌. 清诗汇[M]. 北京：北京出版社，1997.

[285] 中国人民大学清史研究所. 清代的矿业[M]. 北京：中华书局，1983.

二、工具书和今人专著

[1] 严中平. 清代云南铜政考[M]. 北京：中华书局，1957.

[2] 朱保炯，谢沛霖. 明清进士题名碑录索引[M]. 上海：上海古籍出版社，1979.

[3] 汉语大字典编辑委员会. 汉语大字典缩印本[Z]. 成都：四川辞书出版社，1992.

[4] 中国道教协会，苏州道教协会. 道教大辞典[Z]. 北京：华夏出版社，1994.

[5] 朱铸禹. 中国历代画家名人辞典[Z]. 北京：人民美术出版社，2003.

[6] 王效清，王小清. 中国古建筑术语辞典[Z]. 北京：文物出版社，2007.

[7] 刘家林. 中国新闻史[M]. 武汉：武汉大学出版社，2012.

[8] 马琦. 国家资源：清代滇铜黔铅开发研究[M]. 北京：人民出版社，2013.

[9] 茅海建. 天朝的崩溃[M]. 北京：三联书店，2014.

[10] 杨寿川. 云南矿业开发史[M]. 北京：社会科学文献出版社，2014.

[11] 赵永康. 川江地理考略[M]. 北京：团结出版社，2016.

[12] 中国佛教网. 佛教辞典[EB/OL]. http://www.fodian.org/.

三、期刊论文和专门网站文章

[1] 吴静安. 中山国始末考述[J]. 南京师院学报，1979（3）.

[2] 李尚英：论天理教起义的性质和目的[J]. 中国社会科学院研究生院学报，1985（2）.

[3] 黄清源. 徐鸿儒起义史实辨疏[J]. 山东社会科学，1987（4）.
[4] 李尚英. 白莲教起义和天理教起义的比较研究[J]. 中国社会科学院研究生院学报，1988（3）.
[5] 伍贻业. 台湾故宫博物院藏清代南京回族探花伍长华之史料[J]. 西北第二民族学院学报（哲学社会科学版），1990（2）.
[6] 李尚英. 八卦教的渊源、定名及其与天理教的关系[J]. 清史研究，1992（2）.
[7] 杨祖恺. 北京贵州会馆始末谈[J]. 贵州文史天地，1994（2）.
[8] 田建阳. 清代乡试"调帘"溯源考[J]. 鸡西大学学报，2015（2）.
[9] 铁波乐. 川江船文化[J]. 巴蜀史志，2004（3）.
[10] 刘开美. 夷陵古城变迁中的步阐垒考[J]. 三峡文化研究，2007（1）.
[11] 刘文鹏. 清代提塘考[J]. 清史研究，2007（6）.
[12] 张剑. 莫友芝《影山词》考论[J]. 长沙理工大学学报（社会科学版），2008（3）.
[13] 刘文波. 清代任官中的署理、护理差异[J]. 历史教学，2011（2）.
[14] 赵逵等. 试论川盐古道[J]. 盐业史研究，2014（3）.
[15] 王长松，尹钧科. 三角淀的形成与淤废过程研究[J]. 中国农史，2014（3）.
[16] 长江重庆航道工程局. 清代州官沉铁治滩[EB/OL]. http//www. cqweb. cn/ aspx/Default/newshow. aspx?classid=317&id=3165.

后 记

　　我亦浪人，素好万里孤旅。我亦穷人，好之而已矣。万里之行，是高人，万里行去自有万里之资。我乃庸人，无有万里之资，不敢作万里之行。龟缩书斋，神游而已矣。神游亦不易，柴米油盐，子子老老，俗人万几，饭碗为大，安得常有闲心之觅哉。人生世间，亦固当先有所利之，而后方取之，此亦人道，亦我之本也。何日而得鹏翔九天，快意万里者，天机也。天机不可泄露，我不知也。

　　去岁方春，领此《运铜纪程》校注之事，心窃喜之。将有一年，随此长江铜舟，出入风波，神游万里矣。铜运主官黎公，博学多识而好江山人文之美。万里行去，往往寻幽问胜，抒发悠情，即不得登岸踏访者，亦翻检册籍，辨其究竟，厘其旧事，状其今貌。公务履行，官场交游，船工百态，沿途风俗，鹤飞鼠蹿，巧遇横遭，凡所触目动情，亦皆一一录之焉。其万里所行经，又皆区区小足未曾涉足之地，空怀凤想，神往已久。所谓大江波涛、运河帆樯、京华烟云、秦淮绮梦、云梦之泽、桃源秘境，今托黎公之记，得一一游览矣。而运河工程之所以勘为世界遗产者，今知非惟工程之古之巨，且亦我古人地理之学明，而堵疏之道神也。亦知幽燕之地八百年帝都，非惟形胜，实亦河泽之多，物产之富，四通八达，钟灵毓秀，古称天府，自王者之居也。

　　故此书之所谓校注也，补注为多，所补者又其沿途山川城镇、名胜古迹之沿革源流、人文故事之为多也，虽画蛇黎公，而深度则充而扩之，所以增游览者好事之心也。今之所谓深度游者，料难企及。故好万里之行而深度之游者，我以是书奉之。至于它它，我愿虽好，然诚不知有几人披阅？求人一骂，人安有暇？且我亦配人一骂乎？我之为学于今也，呵呵而已。

　　虽然，得此万里长游之机，所欲鸣谢之人亦多矣。我校党委李书记以数十年金融学研究沉淀之思考，为我校开此服务地方之铜商文化研究，使我有此饭碗，偶发饱足之骚；浦校长、张副校长屡次亲临，指导扶持；我院杨院长黔云教授奔波云贵，搜纳校注底本；曲靖梁先生晓强多为指导，精心苦力审稿纠误，一如己事；泸州赵先生永康，则多为解疑答难，提供信息；交大出版社黄编辑庆斌、杨编辑岳峰、吴女士编辑迪，领编校之劳，不厌其繁。恩重不言谢，劳苦天自酬，谨谢焉！

鄙陋后学　王瑰
丁酉三月　谨记于曲靖师范学院